KB175864

문제해결

Be the Solver

프로세스 개선
방법론

문제해결

Be the Solver

프로세스 개선
방법론

송인식 지음

이담
Books

'문제 해결 방법론(PSM)'[1]의 재발견!

오랜 기간 기업의 경영 혁신을 지배해온 「6시그마」의 핵심은 무엇일까? 필자의 과제 수행 경험과 강의, 멘토링, 바이블 시리즈 집필 등 20년 넘게 연구를 지속해오면서 6시그마를 지배하는 가장 중요한 요소가 무엇인지 깨닫게 되었다. 그것은 바로 '문제 처리(Problem Handling)', '문제 해결(Problem Solving)', '문제 회피(Problem Avoiding)'이다. 이에 그동안 유지해온 타이틀『6시그마 바이블』 시리즈와『Quality Bible』 Series를 이들 세 영역에 초점을 맞춘『Be the Solver』 시리즈로 통합하고, 관련 내용들의 체계를 재정립한 뒤 개정판을 내놓게 되었다.

기업에서 도입한 경영 혁신의 핵심은 대부분 '문제 처리/문제 해결/문제 회피(이하 '3대 문제 유형')'를 위해 사전 활동으로 '과제 선정'이 요구되고, '3대 문제 유형'을 통해 사후 활동인 '성과 평가'가 이루어진다. 또 '3대 문제 유형'을 책임지고 담당할 '리더'가 정해지고, 그들의 '3대 문제 유형' 능력을 키우기 위해 체계적인 '전문 학습'이 기업으로부터 제공된다. 이들을 하나로 엮으면 다음의 개요도가 완성된다.[2]

---

1) Problem Solving Methodology.
2) 송인식(2016),『The Solver』, 이담북스, p.38 편집.

상기 개요도에서 화살표로 연결된 내용들은 '용어 정의'를, 아래 밑줄 친 내용들은 '활동(Activity)'을 각각 나타낸다. 기업에는 모든 형태의 문제(공식화될 경우 '과제')들이 존재하고 이들을 해결하기 위해 세계적인 석학들이 다양한 방법론들을 제시했는데, 이같이 문제들을 해결하기 위한 접근법을 통틀어 '**문제 해결 방법론(PSM, Problem Solving Methodology)**'이라고 한다.

필자의 연구에 따르면 앞서 피력한 대로 문제들 유형은 '문제 처리 영역', '문제 해결 영역' 그리고 '문제 회피 영역'으로 나뉜다. '문제 처리 영역'은 '사소한 다수(Trivial Many)'의 문제들이, '문제 해결 영역'은 고질적이고 만성적인 문제들이, 또 '문제 회피 영역'은 연구 개발처럼 '콘셉트 설계(Concept Design)'가 필요한 문제 유형들이 포함된다. '문제 회피(Problem Avoiding)'의 의미는 설계 제품이 아직 고객에게 전달되지 않은 상태에서 '향후 예상되는 문제들을 미리 회피시키기 위해 설계 노력을 강구함'이 담긴 엔지니어 용어이다. 이들 '3대 문제 유형'과 시리즈에 포함돼 있는 '문제 해결 방법론'을 연결시켜 정리하면 다음과 같다.

[총서]: 문제 해결 역량을 높이기 위한 이론과 전체 시리즈 활용법 소개.
- The Solver → 시리즈 전체를 아우르며 문제 해결 전문가가 되기 위한 가이드라인 제시.

[문제 처리 영역]: '사소한 다수(Trivial Many)'의 문제들이 속함.

- 빠른 해결 방법론 → 전문가 간 협의를 통해 해결할 수 있는 문제에 적합. '실험 계획(DOE)'[3]을 위주로 진행되는 과제도 본 방법론에 포함됨 (로드맵: 21 - 세부 로드맵).
- 원가 절감 방법론 → 원가 절감형 개발 과제에 적합. 'VE'[4]를 로드맵화한 방법론(로드맵: 12 - 세부 로드맵).
- 단순 분석 방법론 → 분석 양이 한두 건으로 적고 과제 전체를 5장 정도로 마무리할 수 있는 문제 해결에 적합.
- 즉 실천(개선) 방법론 → 분석 없이 바로 처리되며, 1장으로 완료가 가능한 문제 해결에 적합.
- 실험 계획(DOE) → '요인 설계'와 '강건 설계(다구치 방법)'로 구성됨(로드맵: PDCA Cycle).

[문제 해결 영역]: 고질적이고 만성적인 문제들이 속함.
- 프로세스 개선 방법론 → 분석적 심도가 깊은 문제 해결에 적합(로드맵: 40 - 세부 로드맵).
- 통계적 품질 관리(SQC) → 생산 중 문제 해결 방법론. '통계적 품질 관리'의 핵심 도구인 '관리도'와 '프로세스 능력'을 중심으로 전개.
- 영업 수주 방법론 → 영업 수주 활동에 적합. 영업·마케팅 부문(로드맵: 12 - 세부 로드맵).
- 시리즈에 포함되지 않은 동일 영역의 기존 방법론들 → TPM, TQC, SQC, CEDAC, RCA(Root Cause Analysis) 등.[5]

---

3) Design of Experiment.
4) Value Engineering(가치 공학).
5) TPM(Total Productive Maintenance), TQC(Total Quality Control), SQC(Statistical Quality Control), CEDAC(Cause and Effect Diagram with Additional Cards).

[문제 회피 영역]: '콘셉트 설계(Concept Design)'가 포함된 문제들이 속함.

- 제품 설계 방법론 → 제품의 설계·개발에 적합. 연구 개발(R&D) 부문(로드맵: 50 - 세부 로드맵).
- 프로세스 설계 방법론 → 프로세스 설계·개발에 적합. 금융/서비스 부문(로드맵: 50 - 세부 로드맵).
- FMEA → 설계의 잠재 문제를 적출해 해결하는 데 쓰임. Design FMEA 와 Process FMEA로 구성됨. 'DFQ(Design for Quality) Process'로 전개.
- 신뢰성(Reliability) 분석 → 제품의 미래 품질을 확보하기 위해 수명을 확률적으로 분석·해석하는 데 적합.
- 시리즈에 포함되지 않은 동일 영역의 기존 방법론들 → TRIZ, NPI 등.6)

본문은 '[문제 해결 영역]'을 다루고 있으며 특히 '프로세스 개선 방법론'을 상세히 소개한다. 이해를 돕기 위해 개요도로 나타내면 다음과 같다.

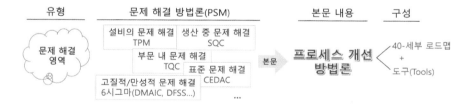

개요도로부터 본문은 '문제 해결 영역'을 위해 개발된 기존 여러 방법론들 중 '프로세스 개선 방법론'을 자세히 다룬다. '프로세스 개선 방법론'은 '**40-세부 로드맵**'과 '**도구(Tools)**'로 구성돼 있다.

---

6) TRIZ(Teoriya Resheniya Izobretatelskikh Zadach), DFQ Process(Design for Quality Process), NPI (New Product Introduction).

다음은 지금까지의 내용을 요약한 표로, 굵게 표시한 항목이 본문의 주제이다. 『**Be the Solver**』 시리즈에 포함된 다른 방법론들도 동일한 구조로 표현되므로 각 책의 본문에 들어가기 전 반드시 정독해주기 바란다.

분류	『Be the Solver』시리즈
총서	The Solver
문제 해결 방법론 (PSM)	[문제 처리 영역] 빠른 해결 방법론, 원가 절감 방법론, 단순 분석 방법론, 즉 실천(개선) 방법론 [문제 해결 영역] 프로세스 개선 방법론, 영업 수주 방법론 [문제 회피 영역] 제품 설계 방법론, 프로세스 설계 방법론
데이터 분석 방법론	확증적 자료 분석(CDA), 탐색적 자료 분석(EDA), R분석(빅 데이터 분석), 정성적 자료 분석(QDA)
경영 혁신 방법론	혁신 운영법, 과제 선정법, 과제성과 평가법, 문제해결 역량향상 학습법
품질 향상 방법론	[문제 처리 영역] 실험 계획(DOE) [문제 해결 영역] 통계적 품질 관리(SQC) − 관리도/프로세스 능력 중심 [문제 회피 영역] FMEA, 신뢰성 분석

　　본문은 '[문제 해결 영역]'을 다루는 여러 방법론들 중 '프로세스 개선 방법론'에 한정한다. '프로세스 개선 방법론'은 프로세스 내 존재하는 고질적이고 만성적인 문제 해결에 최적합한 방법론이다. 또 전개는 6시그마에서의 'D-M-A-I-C'를 발전시킨 '40-세부 로드맵'의 활용이 특징이다.

　　'D-M-A-I-C'는 거시적인 흐름이다. 이 거시적 흐름을 한국형으로 체계화한 것이 '15-Step'이다. 그러나 앞으로 본문에서 '15-Step'보다 훨씬 더 조밀한 '세부 로드맵'에 대해 학습한다. 상황에 따라 각 '세부 로드맵'을 설명하는 데 반드시 필요한 도구(Tools)들의 용법에 대해서도 기술할 것이며, 다른 서적에서 볼 수 없는 '파워포인트' 장표의 작성 방법에 대해서도 상세히 다룰 것이다. 따라서 본 책의 본문을 리더가 접하면 고질 문제 해결의 'A'부터 'Z'까지를 깊이 있게 학습 받게 된다. 또 'D-M-A-I-C' 각 초입부에 해당 Phase별 개념을 파악할 수 있도록 필자의 강의 노하우를 전수하고 있어 사내 멘토 활동을 수준 높게 영위할 수 있도록 지원한다.

　　본문으로 들어가기에 앞서 「'문제 해결(Problem Solving)' 개요」는 기존 시리즈 제목인 '6시그마 바이블'에서 왜 'Be the Solver'로 바뀌어야 하는지 그 배경을 설명한다. 우선 「1. 기업에서 일어나는 혁신의 민낯」은 그동안 지적돼 온 6시그마의 어두운 그늘을 간결하고 심도 있게 파헤친다. 이어 「2. The

Solver의 탄생」에서는 앞으로 집중해야 할 대상이 '기업 내 문제 해결'임을 알리고, 관련 용어 정의 및 '프로세스 개선 방법론'의 기본 사항들을 조목조목 전달한다. 「3. 로드맵에 대한 고찰」은 '로드맵 탄생 배경'과 '정의'에 대해 이해한 후 핵심에 자리하는 '로드맵'엔 어떤 것들이 있으며, 또 어떻게 생겨났는지를 기본적으로 알아보고 과연 로드맵을 어떻게 이해하고 받아들여야 하는지 나름대로의 시각에서 해석한다. 특히 「3.3. 문제 유형별 전용 '로드맵'의 유도」는 자체 연구 결과의 집약체이며 문제 해결에 자주 쓰이는 방법론들이 어떻게 'D-M-A-I-C'로부터 유도되는지를 잘 보여준다. 끝으로 「4. '세부 로드맵' 구조 이해」는 '15-Step'이 갖고 있는 공통 항목들을 유형별로 구분해 상세히 설명한다. 독자들은 이 학습으로 '문제 해결 방법론(PSM)'에 대해 구체적이고 쉬우며 깊이 있게 접근할 수 있는 기회를 갖는다.

또 책 초반부의 '『Be the Solver』 시리즈 전체 이해하기'는 본문으로 가기 위한 **중요한 기본 정보를 제공하므로 반드시 최우선적으로 필독**하기 바란다. 그러나 이들 내용에 익숙한 독자라면 건너뛰고 바로 본문으로 들어가도 좋다.

본 개정판을 통해 국내 기업의 경영 혁신 흐름이 Post-Sigma로 진입하는 계기가 되며, 내용적으로도 한 단계 더 업그레이드되는 데 일조하길 간절히 기원하는 바이다.

저자 송 인 식

차례

'문제 해결(Problem Solving)' 개요

'기업'은 '조직'으로 뭉쳐진 구조물이며, '조직'은 다시 '사람'과 '프로세스'의 합체이다. '프로세스'는 완전하지 않으며 기업을 지탱하고 발전시키기 위해 끊임없이 변화하고 개선시켜야 할 대상이 되고, 그 핵심에 '사람'이 있다. 프로세스의 '변화'와 '개선'은 그 이전의 불완전함을 전제로 하고, '불완전함'이란 곧 '문제'의 속성과 연결된다. 결국 기업에서의 '사람'은 '문제의 해결'이란 근본적 역할 수행에 충실해야 한다.

1. 기업에서 일어나는 혁신의 민낯

기업인을 대상으로 한 강의 때마다 자사 제품들의 'Life Cycle'에 대해 질문하곤 한다. '라이프 사이클'은 "신제품이 시장에 도입되고(도입기) 보급·발전되어 성숙기에 들어갔다가(성숙기), 다른 신제품의 개발 등에 따라 판매량이 줄어들어(포화기) 시장에서 사라지거나 퇴출되는(쇠퇴기) 일련의 과정이다. 정확한 근거는 없지만 실무자들이 다소 과장 섞어 얘기하는 자사 제품의 라이프 사이클 기간과 각자의 느낌은 다음으로 요약된다.

- 철강 5년 주기 → 분기
- 자동차 3~5년 주기 → 반기
- 전자 제품 1년 주기 → 하루(상당히 과장됐다!)
- 건자재 3~5년 주기 → 예측 불가(또는 변동이 심해 도대체 모르겠음)

우스갯소리로도 들리지만 한편으론 기업 운영이 그만큼 힘들고 가까운 미래조차 예측해내기 어렵다는 현실을 반영한다. 앞서가는 공룡 기업들은 이 같은 환경에 다음과 같이 적응하고 있다(매일경제 2017.7.4일자).

"…(중략) 실리콘밸리에는 어마어마한 현금 자산을 바탕으로 인재와 지식재산권을 끌어들이는 변화무쌍한 백상아리들이 서식한다. 애플, 구글, 페이스북은 물론 아마존, 마이크로소프트, 테슬라, 엔비디아 같은 기업들이 그들이다. 이들은 덩치만 컸지 변화에 서툴렀던 과거의 대형 기업들과는 차원이 다르다. 조그마한 시그널에도 조직과 인재를 변화시키는 속도를 보면 웬만한 스타트 업을 능가한다. 만일 자신을 위협하는 존재가 나타나면 아예 인수·합병(M&A)을 하거나 고액 연봉을 주고 소화·흡수해버린다. 진출할 수 있는 영역이라면 재빠르게 나아가서 시장을 선점하고 또 다른 영역으로 넘어간다. 덩치와 무자비함은 골리앗이지만, 다윗보다 빠르고 재치 있는 존재다. 실리콘밸리 백상아리들만의 특징이다. (중략)…"

결국 생존과 영리, 두 마리 토끼를 동시에 잡아야 할 기업 입장에선 '변화와 혁신' 구호가 마치 백화점 "특별 세일 기간"이 연중 내내 이루어져 '특별하지도 않은' 것처럼 일상화돼 있다. 그러나 '변화와 혁신'은 손오공 깃털처럼 원하는 대로 순식간에 변모하진 못한다. 따라서 촉매제 역할의 경영 혁신 도구를 활용하는데, 최근까지의 대표적 도구에 '6시그마 경영 혁신'이 자리한다. 그럼 '6시그마 경영 혁신'은 충분히 제 역할을 다하고 있는 걸까?

1.1. 다 아는 6시그마, 듣기 싫은 6시그마

6시그마가 국내에 도입된 시기는 모토로라에서의 최초 시작이 1986년, 대중화시킨 GE社의 공식화가 1996년임을 감안하면 그 이후 어느 때라도 가능하나 대체로 1997년경으로 보고 있다. 자그마치 20여 년 동안 기업의 경영 혁신 도구로써 그 지위를 누려온 셈이다.

한 기업의 경영 혁신 도구임을 자청한 것들엔 '6시그마'를 빼고도 여럿이 존재하는데 대체로 일본에서 구체화된 'TQC(또는 TQM)', 'TPM', 'TPI' 들이 대표적이다. 'T'는 'Total'의 첫 자로 "전사"의 의미를 담는다. 회사 내 전 임직원이 참여해야 최고의 품질 수준을 유지할 수 있다는 뜻이다. 그럼에도 '6시그마'와 견주기는 어려운데 다음의 강한 특징들이 '6시그마'에 담겨 있기 때문이다.

- 인사와 맞물린 인증 제도가 있어 전 임직원이 일정 자격 요건을 갖춰야 했다.
- 기업 내 핵심 문제 해결을 넘어 그 전방 업무인 전략, 기획은 물론 후방 업무인 대 고객 서비스까지 전체 가치 사슬로 확장되었다.
- 제조 부문뿐만 아니라 보험, 카드, 건설, 병원 등 서비스 부문까지 전 산업에 파급되었다. 심지어 체육계인 '히딩크 훈련법'부터 '감자탕 집'처럼 개별 음식점, 또는 자녀 교육부터 여행지 선정까지 분야를 막론하고 그 사례가 전파되기도 하였다.
- 교육 프로그램이 고도로 잘 체계화돼 있고 명확해서 수많은 경영 혁신 기법들은 물론 통계적·정성적 도구들을 대부분 흡수 통합하였다(예로써, TRIZ, QFD, FMEA, 신뢰성처럼 독립적으로 기능하는 도구들이 로드맵 내 필요 위치에 하나의 도구로써 붙어버렸다).

한마디로 '6시그마'를 표현할 적정 단어로 "전체(All)"란 수식어가 걸맞지 않을까 싶다. '전 산업으로의 확산', '전 부서 대상', '전 임직원의 리더화', '전체 도구들의 집합체' 등이 그것이다.

상황이 이렇다 보니 '6시그마'의 존재를 삼척동자도 다 알게 되었다. '삼척동자'는 키가 약 66cm 되는 세상 물정 모르는 어린아이를 가리키므로 적어도 국내에서의 '6시그마'는 특정 영역에 종사하는 전문가들만의 용어가 아닌 대중적인 일반 명사로써 작용한다. 대학생들도 대부분 알 만한 용어이다. 이런 세태는 컨설팅을 업으로 삼는 필자에겐 매우 불편한 상황이 연출되기도 한다. '6시그마'를 모르는 사람이 없으므로 '더 많이 안다'고 주장하며 제공해줄 만한 아이템이 별로 남아 있지 않기 때문이다. 예를 들어 특강 요청을 하면서 "도구 얘기는 필요 없고요!"나 "6시그마의 개요나 필요성은 다 알고 있어요",

또는 "우리가 안 하고 있거나 모르는 것만 포함시켰으면 하거든요" 하는 식이다.

모두가 알아버린 그야말로 특별날 것도 없는 '6시그마'는 기존의 학습자들로 하여금 시간이 지나면서 알고 있음의 '겸손함'을 넘어 때론 '거만함'으로까지 변질되기도 한다. 마치 곪은 곳을 치유하는 항생제의 강도가 더욱 세지지 않는 한 부작용을 막을 수 없는 처지에 놓인 상황 같다. 굉장히 강한 정보를 제공하지 않는 한 대부분은 그 가치가 평가절하 된다. 한 컨설팅 회사의 마케팅 담당자는 이렇게까지 표현한다. "제안서 낼 때 DFSS(Design for Six Sigma)처럼 'Six Sigma'란 단어가 들어가면 기업에서 매우 싫어합니다. 그래서 '연구 개발 방법론'으로 풀어 표현하고 있습니다."

6시그마의 유용성을 간파한 일부 기업들에선 여전히 품질을 높이려는 유일한 대안으로 '6시그마 품질 혁신'을 유지, 강조하고 있다. 그러나 정작 안을 들여다보면 넘쳐나는 리더들을 어떻게 관리해야 할지 머리 아파하거나, 피로도가 쌓인 중간 계층들의 볼멘소리를 달래기 위해 벨트 취득의 벽을 낮추는 제도 도입 등 불편한(?) 여러 일들에 시달린다. 6시그마를 지지하고 그 속에서 비즈니스를 영위하던 컨설턴트들조차 이제 '6시그마'는 한물간 그야말로 'Old'한 과거의 혁신 도구로 간주하곤 한다. 마치 '6시그마'는 더 이상 발전할 내용도 없고, 설사 내용을 잘 안다 해도 자랑할 만한 것이 못 되며, 매우 유용하다고 설파할수록 오히려 듣기 싫은 감정도 그에 비례해서 커져만 가는 느낌이 팽배하다.

필자가 너무 부정적으로 현실을 보고 있는 것은 아닐까? 매일 한 회사에 출근하는 임직원들보다 여러 기업을 돌아보는 업의 특성상 귀동냥을 통한 현황 파악은 좀 더 객관적이지 않을까? 거의 맞는 현실이다.

6시그마 경영 혁신을 전사적으로 추진하던 한 기업의 **BB**후보자 한 명이 필자와 멘토링 중 "다음 지도 시간엔 못 뵐 것 같습니다" 하기에 "아 어디 좋은데 가시나 봐요?" 하고 되물었더니 다음의 말이 돌아왔다. "솔직히 6시그마로 시달리는 게 너무 지쳐서요"라고. 교육 등 얼마의 기간 동안 함께했기에 편하게 지내던 과장이라 농담으로 들리기도 했지만 당시 기업의 강력한 경영 혁신추진에 비추어보면 그냥 하는 소리로만 들리지는 않았다.

그런데 한 3주 후 같은 부서원들로부터 전해 들은 해당 과장의 소식은 약간의 반전이 포함돼 있었다. "옮겨간 회사도 6시그마를 하고 있는데 **BB**로 가있던데요?" 사실 그 과장은 인증 시험을 치르기 직전에 퇴사했으므로 엄격히얘기하면 'BB 후보자'이지 'BB'는 아니었다. 들리는 얘기로는 이력서에 'BB'라고 적었다고 한다. 왜 그랬을까? 비단 예로 든 과장 한 명에게만 일어나는현상은 아니다. 요즘같이 이직이 하나의 경향으로 자리하는 시기에 상당수의기업인들이 'BB' 또는 'MBB'를 경력란에 기입한다. 퇴사 후 다른 기업에 들어가야 할 상황에서 과거 6시그마 경영 혁신에 대단히 부정적이었는지 여부는사실 크게 중요치 않다. 필자는 이런 현상을 "벨트 자격은 하나의 금전적 가치를 지닌다"로 해석한다. 퇴사 후 원하는 기업에 들어가려 할 때 '벨트 인증'경력을 기술하는 것은 본인의 가치를 매기는 주요 척도들 중 하나로 인식한다는 뜻이다. '본인의 가치'란 곧 입사를 희망하는 기업 내에서의 본인의 위상을결정하거나 혹은 '연봉 결정'과 직결되는 사안이므로 '벨트 인증 여부'는 본인가치 평가의 측정 수단으로 작용함에 틀림없다.

6시그마 경영 혁신에 피로감을 많이 느낀 사람이거나 아니면 애초부터 시달림이 싫었던 직원이 **퇴사 후 타 기업에 입사해야 할 상황에서 벨트 인증이 본인의 가치를 결정하는 한 요소로 인식하는 행태는 분명 자기모순적 사고임에**

틀림없다.

최근 가깝게 지내던 한 지인이 입사를 희망하는 기업 면접 때의 광경을 전해주었다. 이력서에 기입된 '6시그마 경영 혁신 운영 경험'에 대해 "6시그마는 이제 한물갔는데 우리 기업에서의 활용 가치가 있을까요?" 하고 물었다고 한다. 지인은 그 순간 "6시그마는 구닥다리인데 이걸 경력이라 주장할 수 있는 건가요?"란 소리로 들려 매우 당황했다고 한다. 하지만 전열을 가다듬고 "6시그마는 어떨지 모르지만 그 속에 포함된 도구들, 예를 들어 공정 능력이나 개발에서의 QFD, 관리도, 실험 계획, 가설 검정 등등이 사라지거나 사용되지 않고 사장되는 것은 아닙니다. 기업 내 어디서든 사용하고 있고 또 반드시 써야 하는 것들이므로 6시그마를 어떤 관점으로 봐야 하는지가 중요할 것 같습니다"로 답했다고 한다. 물론 지인은 합격 후 기업에 입사해 현재까지 잘 적응하고 있다.

'6시그마'에 대해 "한물간" 또는 "사고의 제약을 만드는 부정적 한계" 또는 "피로감과 부작용만 양산하는 혁신"식의 시각이 있지만, 한편으론 지인의 답변처럼 그 속에 포함된 피해 가지 못하고 반드시 사용해야 할 대다수의 도구, 용법, 방법들은 어떻게 해석해야 할까? **6시그마에 부정적이었던 퇴사자가 '벨트 인증'을 본인의 가치로 인식하는 것도 모순이지만, 마찬가지로 6시그마는 부정하면서 그 안의 대다수 도구들을 불가피하게 활용해야 하는 측면 역시 또 하나의 모순임**에 틀림없다.

1.3. 계속되는 혁신 찾기, "뭐 새로운 혁신 방법 없나요?"

교육 강의를 마치고 귀가하던 중 한 카페에 앉아 잠시 휴식하고 있던 차에 낯선 전화 한 통을 받았다. 본인을 모 대기업 혁신 운영 담당자로 소개하며

"혹시 A기업에서 수행한다는 문제 해결 방법론에 대해 알고 계신 내용이 있나요?" 하고 물어왔다. 필자가 자주 쓰는 용어가 "Problem Solving"인 것이 문의의 배경인 듯싶었다. 들어본 정도의 수준이라고만 답한 뒤 어떤 일 때문인지 되물었더니 "문제 해결을 수월하게 한다고 하는데 해당 방법을 벤치마킹하고 싶어서요"란 답변이 왔다. 6시그마를 도입하지 않은 회사는 거의 없다시피 했으니 그에 익숙할 만도 한데 또 다른 혁신 방법론을 찾는다?

사실 국내 기업들에 어느 순간부터 휘몰아친 6시그마는 그야말로 광풍에 가까웠다. 과연 이 기세가 꺾일 것인지에 대해 의구심을 가질 필요조차 없을 정도로 모든 분야에 속속들이 파고들었고, 지속된 기간만도 20년을 훌쩍 넘어섰다. 기업 혁신 접근법들 중 하나가 20년 이상 변함없이 지속됐다면 국내 기업 체질에 딱 맞는다 해도 과언이 아닐 듯싶다. 또 강산도 변할 만큼의 긴 시간 동안 상당한 수준의 내재화가 이루어진 것도 사실이다. 교재가 기업별 특성에 맞게 잘 구성되었고, 모호한 도구들의 용법도 구체화됐으며, 과제 효과를 평가할 FEA(Financial Effects Analysis)의 탄생도 국내 기업의 소산물들 중 하나이다. 사업 부장 과제라는 큰 규모의 과제 선정부터 세부 과제 발굴과 수행 관리 체계 역시 국내 기업들의 연구 과정을 통해 탄생한 특징 있는 결과물이다. 그런데 이 시점에 왜 오랜 기간 발전시켜 온 많은 성과물을 부정하는 듯한 모습을 보이며 좀 더 쉽고 빠른 문제 해결 방법론을 또 찾아 헤매는 것일까?

필자는 기업 내 문제 해결에 있어 쉽고 빠른 방법론이 있다고는 절대로 믿지 않는다. 왜냐하면 대부분의 기업들은 IT 인프라가 잘 갖춰져 있어 현상 파악력이 뛰어나고 그로부터 돌출된 문제들 역시 고도화된 프로세스 관리 기술로 거의 실시간 해결하는 역량들을 발휘한다. 따라서 결과적으로 남아 있을 문제들은 고질적이거나 발생 빈도는 높지 않으면서 한 번 생기면 타격이 큰 유형들이다. 이들은 빠른 방법론만으로는 해결이 어려운 특징을 갖는다. 빠르고 쉬운 방법론은 그와 같이 접근해도 해결이 가능한 상태의 문제를 대상으로 삼는다는 뜻이지 결코 어렵고 고질적인 문제들까지를 대상에 포함한다는 뜻은 아니다.

사자성어 중에 '중도반단(中途半斷)'이 있다. "시작한 일을 완전히 끝내지 않고 중간에 흐지부지한다"는 뜻이다. 6시그마는 자그마치 20년 이상을 국내 기업들의 혁신 문화를 담당해왔다. 그러나 머릿속에서 사라지는 데는 순식간이란 느낌이 든다. 그동안 쌓아온 많은 노력과 결과물들을 구식으로 치부하기보다 부족한 점을 메우며 좀 더 발전적인 모습의 Post－Sigma를 완성해야 하지 않을까? 그러기 위해 우리가 해놓은 것들을 검토하며 각 기업에 맞는 구조로의 미세화 작업, 또는 내재화 작업을 이루는 데 심대한 고민과 연구가 뒷받침되길 강력히 제안하는 바이다. 다시 새로운 것, 또 더 쉬운 방법만을 찾아 헤매기보다 있는 것으로부터 훨씬 더 발전된 완성체를 추구하는 것이 현재 고도로 학습된 우리의 지적 수준에 맞지 않을까!

2. The Solver의 탄생

　　　　　　　　6시그마 경영 혁신이 국내 기업들의 저변에까지 상당 기간 확산됐지만 운영의 묘를 살리지 못한 점은 해결해야 할 숙제로 남게 됐다. 운영의 긍정적인 면은 살리고 부정적인 면은 줄이거나 없애는 노력이 필요한 시점이다. 그러기 위해선 기업에서 선호되는 경영 혁신 방법들 모두에 대해서도 전면적인 고찰이 필요하다.

　기업에서 오랜 기간 선호되는 대표적 경영 혁신 도구들에 'TQC', 'TPM', 'TPI'와 같이 전사를 대상으로 한 접근법들이 있다. 'T'는 'Total'의 첫 자로 '전사'를 지칭한다. 최근엔 'TRIZ'나 'Moonshot Thinking' 들도 거론되기도 했다. 주로 국내외 선진 기업들에 도입된 방식들이 벤치마킹 대상이 되는 공통점이 있다. 선진 기업에서 도입한 방식이고 또 계속 유지하고 있으니 검증됐다고 판단하는 모양새다. 6시그마도 같은 맥락에서 크게 확산된 바 있다.

　그런데 이들 방식엔 공통점이 있다. 회사 관점에서 도입하다 보니 전체가 내용을 공감하며 함께 학습해나가야 하므로 낮은 단계부터 기반을 하나씩 쌓아가야 하고 운영을 위한 규칙도 마련해야 한다. 예를 들어 설비를 보전하기 위해서는 기본 단계인 '3정 5S'부터 시작해 '자주 보전' 수준을 확립하고 이후 최고 수준인 '예측 보전'까지 가든가, 부문 내 문제를 해결하기 위해 '동아리'의 조직화, 기본 도구들의 학습, 성과 평가의 체계화를 이룰 필요가 있다. 또는 사전 학습이 필요한 경우 교육 일정 마련, 커리큘럼 결정, 인증 제도나 과제 관리 체계 정립을 통해 모두가 한 방향으로 하나의 제도 안에서 움직이도록 유도한다. 그런데 바로 이 부분에 약간의 불가피한 독이 숨어 있다. 전체를 위한 '운영'을 강조하다 보면 경영 혁신 방법들을 도입한 애초의 배경 또는 본질이 흐려지는 사태가 발생하곤 한다. 본말이 전도되는 사항으로 쉽게 말해 부작용이 생길 수 있는 환경이 조성된다.

부작용은 저항 세력을 양산하고 이들은 기회가 있을 때마다 혁신 추진 동력을 약화시킨다. 이 같은 마찰이 자연스럽게 동력으로 재연소하면 더 큰 추진력을 얻지만 충분히 설득하지 못할 경우 뒷다리를 잡는 일부터 시작해 상황이 나빠질 경우 전체를 와해시키는 압력 집단으로 성장한다. 저항 세력에 의한 와해는 곧 해왔던 모든 것들이 "오랫동안 쌓이고 쌓인 폐단", 즉 '적폐(積弊)'가 되며 순식간에 청산되는 대상이 된다. 주로 대표이사가 바뀌는 시점에 소위 '적폐 청산'이 이루어진다.

그렇다면 **기업이 여러 경영 혁신 방법들을 도입한 배경, 즉 본질은 무엇일까? 앞으로 이 부분에 집중할 경우 그동안 운영에서 야기됐던 부작용을 줄이면서 소기의 목적을 달성할 수 있지 않을까? '본질'은 "본디부터 갖고 있는 모습"이므로 본질을 이해하는 일은 곧 모든 활동의 정상화의 지름길이다.** 이제 '본질'에 대해 알아보자.

2.1. "6시그마를 한다?"에서 "문제를 해결한다!"로

기업에서 추진하는 경영 혁신 활동은 목적이나 처한 상황이 다르므로 어느 방식을 택할 것인지 특정 짓긴 어렵다. 또 방식을 바꿔가며 점차 발전해나가기도 하므로 현재 어느 방식을 도입하고 있는지 관찰하는 것만으로 잘하고 있는지 그렇지 않은지의 평은 의미가 없다. 그러나 기업에서 경영 혁신을 도입하는 목적은 체질 강화를 통한 수익 실현에 있으며 수익은 곧 기업 내 존재하는 해결할 사안들, 또는 해야 할 일들이 원하는 목표 수준에 도달돼야 창출된다. 이때 "해결할 사안들"과 "해야 할 일들"을 묶어 당면한 기업의 '문제(Problem)'로 정의하면 결국 기업은 '문제 해결(Problem Solving)'이 경영 혁신 활동을 수행하는 주된 이유로 작용한다. 물론 경영 혁신 활동이 체질 강화를 목적으로 이용된다지만 이 역시 궁극적으로 수익 창출을 위한 체질 강화적 차원에서 이해돼야 한다.

기업 내에서 관찰되는 '문제'들은 사소한 일상적인 문제부터 아주 복잡하고 어려운 문제에 이르기까지 다양한 형태로 존재한다. 예를 들어 전표를 찍는 정상적인 활동은 단순하지만 수행하는 담당자는 반복적인 업무에 문제의식을 갖고 자동화하는 방안을 고려할 수 있다. 반면, 생산에 종사하는 엔지니어는 상위 5대 불량들의 해결을 위해 노력하지만 근본 원인을 찾지 못해 골머리를 앓을 수도 있다. 이들 사이에도 다양한 형태의 문제들이 존재하는데 고객을 대면할 때의 설득 문제, ERP 검색 시 컴퓨터 작동이 느린 문제, 설비 작동 시 소음 문제, 소모품 구매 후 경비 처리가 불편한 문제, 보고서 작성 때 문서 레이아웃이 불편했던 문제 등등 수없이 많은 문제들이 기술될 수 있다.

그러나 이 모든 문제들을 다 해결하려고 나서지 않는 이유는 그냥 둬도 자연히 무마되거나 굳이 시간을 들여 처리할 필요가 없는 소소한 일상적 문제들이 상당수 포함돼 있기 때문이다. 결국 현 문제들의 우선순위화가 중요하고 이때 순위가 높다고 판단되는 '문제'들은 공식화 과정을 밟는다. '공식화'란 문제 해결의 중요도를 감안해 특별히 적합한 인력을 리더로 정하고, 활동에 필요한 지원도 결정해주며 해결에 요구되는 적절한 시간적 범위도 제공되는 일종의 승인 과정이다. 따라서 리더는 책임 의식을 갖고 몰두할 수 있는 환경을 제공받는다. 이와 같이 기업에서 일련의 과정을 거쳐 우선순위를 정한 뒤 모든 임직원들 앞에서 **최종 공식화한 '문제'를 '과제(Project)'**라고 한다. 다음 [그림 O-1]은 기업에서 '과제'와 관련된 용어 정의를 표현한 개요도이다.[7]

---

7) 송인식(2016), 『The Solver』, 이담북스, p.38.

[그림 O-1] 용어들 정의와 서로 간 관계

[그림 O-1]에서 화살표 아래 글을 차례로 읽어나가면 원 안의 용어 정의
를 이해할 수 있다.

정리하면 **지금껏 추진했던 '6시그마 경영 혁신'의 사실상 본질은 기업에서
겪고 있는 난제들을 해결함으로써 수익 향상과 성장을 꾀하려는 것이며, 따라
서 "6시그마를 하고 있는가?"의 표현에서 "문제 해결을 잘하고 있는가?"처럼
'문제'에 초점을 맞추는 노력이 필요**하다.

2.2. '문제(Problem)'의 유형

기업에는 수익 창출이란 공동의 목표를 달성하기 위해 여러 기능 부서들이
하나의 큰 흐름을 형성하며 상호작용한다. 만일 이들을 분리해 독립적으로 관
찰하면 각 기능 부서별로 각자의 목표가 있음을 알 수 있다. 각기 역할이 다
르기 때문에 나타나는 현상이다. 예를 들어 구매팀은 아이템 단가 절감을, 생
산은 생산 원가나 불량률 저감, 기획팀은 미래 회사 먹을거리 아이템 결정 여
부가 중요하다. 또 연구소는 매출에 기여할 신상품 개발이, 영업은 당연히 매
출이나 판매량 증대가 주요 목표다.

기업 관점에서 반드시 이행해 목표를 달성해야 하는 우선순위가 높은 문제
들, 즉 공식화된 '과제'들은 이 기능 부서들에 배분되며 해당 부서원들은 본인
들의 업무 특성에 맞는 본인들만의 시각에서 배분된 문제(과제)들을 바라본다.

그러나 **해결이 필요한 '문제'의 속성은 기능 부서의 업무 프로세스나 특성에 맞춰 결정되기보다 이미 탄생 시점부터 고유한 모습으로 존재하며, 따라서 문제의 속성을 구분할 경우 가장 효율적인 접근법 결정이 가능**하다. 다음 [그림 O－2]는 기능 부서들의 역할을 고려한 '문제 유형'의 구분 예이다.8)

[그림 O－2] '문제 유형' 구분도

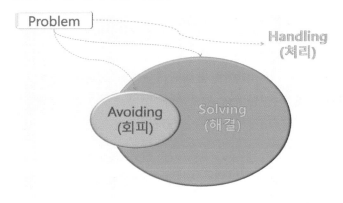

Trivial Many

　[그림 O－2]에서 '문제 처리(Problem Handling)'는 빠른 문제 해결을 요하는 '사소한 다수(Trivial Many)'의 과제들이 대상이다. '[문제 처리 영역]'에는 담당자들이 모여 협의를 통해 전개되는 '빠른 해결 방법론', 원가 절감형 과제에 적용되는 '제품 원가 절감 방법론', 단순 분석이 요구될 시 5장 정도로 정리되는 '단순 분석 방법론', 분석이 필요치 않거나 별 고려 없이 바로 실행하는 '즉 실천(개선) 방법론'이 포함된다. 반면에 '문제 해결(Problem Solving)'은 심도 깊은 원인 분석 과정이 요구되는 과제들이 해당되며, 이때 '분석'은

---

8) 송인식(2016), 『The Solver』, 이담북스, pp.72~80.

'데이터 분석(Data Analysis)'과 '고장 해석(Failure Analysis)' 모두가 활용된다. '[문제 해결 영역]'의 대표 방법론에 '프로세스 개선 방법론', '통계적 품질 관리(SQC) - 관리도/프로세스 능력 중심'이 있다.

끝으로 '문제 회피(Problem Avoiding)'는 개발 중인 제품의 향후 발생 가능한 문제를 미리 회피시키는 유형들로 '[문제 회피 영역]'의 대표 방법론에 '제품(또는 프로세스) 설계 방법론', 'FMEA', '신뢰성 분석'이 있다. 본 책의 본문은 '문제 해결'에 대해서만 설명하고 있으며 다른 유형들에 대해서는 관련 서적을 참고하기 바란다.[9]

2.3. 'D-M-A-I-C'는 고도의 '문제 해결 로드맵'

앞의 [그림 O-2]에서 언급된 '문제'의 유형들 중 '문제 해결'에 대해 좀 더 알아보자. 빠른 해결이 가능한 '문제 처리'와 달리 '문제 해결'은 오랜 기간 미결로 남아 있는 소위 "고질적이고 만성적인 문제"를 대상으로 한다. "왜 고질적이고 만성적인가?"라고 물었을 때 적절한 답변은 바로 "근본 원인이 밝혀지지 않아서…"이다. 확실한 원인이 밝혀졌다면 이미 해결됐거나 해결 과정을 밟고 있을 터이다.

필자는 이 대목에서 6시그마가 와해(?)된 매우 주된 요인들 중 하나를 발견한다. 기업에서 발생되는 문제 유형들이 [그림 O-2]와 같이 '[문제 처리 영역]'과 '[문제 해결 영역]'으로 구분해 각각에 맞는 접근법으로 임해야 함에도 대부분 하나의 접근법인 '(프로세스 개선 방법론의) DMAIC 로드맵'만을 고집한다. 물론 'Easy Sigma'나 'Quick Six Sigma'를 개발해 변화를 꾀하려는 움

---

9) 송인식(2016), 『The Solver』, 이담북스, pp.72~80.

직임도 있었으나 그 배경이 6시그마 경영 혁신의 강력한 추진을 무마하거나 누적된 피로도를 완화시킬 목적으로 도입된 예가 많다. 즉 '프로세스 개선 방법론'은 계속 바탕에 깔고 가되, 빠르게 처리할 문제들만 별도로 다루자는 취지다. 표면상으론 '문제 처리'와 '문제 해결'이 구분돼 각기 적합한 방법론을 적용하고 있는 것처럼 보인다.

그러나 필자는 '[문제 해결 영역]'은 현업에서 발생 빈도가 낮을뿐더러 난이도는 매우 높은 아주 특별한 경우로 해석한다. 따라서 그를 위한 '[문제 해결 영역]'의 대표 격인 '프로세스 개선 방법론' 역시 바탕에 깔고 가기보다 매우 특별하게 활용되는 별도의 고급 방법론으로 인식한다. 예를 들어, 한 개 기업에서 1년 동안의 과제 전수를 조사하며 리더들과 인터뷰를 시행한 결과 사뭇 놀라운 결과를 발견했는데 '약 96% 이상'의 과제가 '프로세스 개선 방법론'을 적용한 반면 실제 이 방법론으로 수행돼야 할 과제의 비율은 단지 '3~4%'에 불과했다. 대부분인 '약 93% 이상'은 '[문제 처리 영역]'에 특화된 방법론으로 개선이 가능했다. 또 '93%'의 과제를 수행하는 리더들에게 현재의 '프로세스 개선 방법론'이 아닌 협의만으로 개선에 이르는 '빠른 해결 방법론'을 권했을 때 수행 만족도가 최고점에 이르렀고 대다수가 차기 과제 때 재활용한다는 의견도 내비쳤다.

왜 '프로세스 개선 방법론'이 특별한 걸까? 우선 탄생 배경이 그러하다. 마이클 해리가 몸담고 있던 모토로라는 당시 일본의 무차별적 고품질 공세 속에 몇몇 사업부는 생존의 기로에 서 있었고 그때 살기 위해 도입한 방법론이 'DMAIC 로드맵을 적용한 6시그마'였다. 우리 기업처럼 잘하고 있는데 더 잘해보겠다고 도입한 방법론이 아니라는 얘기다. 마이클 해리는 현재의 문제를 '통계적 문제'로 바꿔 깊이 있는 분석을 수행했으며 분석 결과를 바탕으로 '통계적 해결책'을 마련하였다. 모토로라 사례를 통해 'DMAIC의 특별함'은 탄생 당시 존폐 기로에 섰던 급박한 환경에서 "문제 해결을 위해 우리는 '분석

(Analysis)'을 깊이 있게 했다!"는, 즉 '분석의 심도'가 깊었음을 시사한다.

　한편 '프로세스 개선 방법론(DMAIC 로드맵 적용)'에 적합한 '2~3%' 과제들의 수행 리더들을 인터뷰한 결과, '[문제 해결 영역]' 과제에 대해 분석적 수행 역량이 매우 취약하다는 것이 드러났다. '확증적 자료 분석(가설 검정)' 외에 '탐색적 자료 분석'에 대한 소양이 모두 필요했고, 또 데이터양이 크게 증가함에 따라 '빅 데이터 분석'의 지식도 갖추고 있어야 했다. 그동안 6시그마 경영 혁신을 통해 BB나 MBB를 대상으로 한 통계 교육보다 한두 단계 더 높은 고급 과정의 학습이 추가돼야 하는 점을 확인한 것이다.

　또 하나 중요한 분석이 '고장 해석(Failure Analysis)'이다. 실물을 분석하는 영역으로 물리·화학적 해석이 핵심이다. 이에는 간단한 광학 분석부터 '전자 현미경'의 미세 표면 상태를 보는 마이크로 해석이나 ICP－Mass 등을 이용한 미량 분석에 이르기까지 증상을 유발하는 원인들의 규명 활동이 포함된다. 프로세스나 제품에서 일어나는 다양한 원치 않는 증상들은 데이터 변동을 야기한다. 따라서 1차로 '데이터 분석'을 통해 변동 위치를 파악한 뒤, 2차로 변동을 유발한 대상(4M: 사람, 설비, 제품/재료, 방법 등)을 물리·화학적으로 해석해 메커니즘을 밝혀내는 '사실 분석'이 매우 중요하다. 물론 실물이 있다면 '데이터 분석' 없이 바로 '고장 해석'으로 넘어간다. 개선은 제품이나 프로세스를 대상으로 하기 때문에 '데이터 분석'은 근본 원인 규명을 위한 중간 절차에 지나지 않는다. 데이터를 꿰뚫어 실제 프로세스에서 일어나는 현상을 볼 수 있는 능력을 '통찰력(Insight)'이라고 부르는 이유가 여기에 있다.

　정리하면 **'[문제 해결 영역]'의 과제는 '데이터 분석'과 '고장 해석'으로 이어지는 '사실 분석'이 중요하며, 이에는 '프로세스 개선 방법론'이 최적이다. '프로세스 개선 방법론'을 '[문제 처리 영역]'의 과제에 적용할 시 불필요한 분석 과정을 거치게 됨으로써 Paper Work 등 부작용을 양산한다는 점 철저히 명심하자.**

3. 로드맵에 대한 고찰

'The Solver'가 전용으로 사용할 로드맵에는 어떤 것들이 있으며, 시간에 따른 발전 및 국내에서 보편화된 로드맵인 한국형 '15‒Step'과, 필자가 주장하는 '세부 로드맵'의 탄생에 대해 알아보자.

3.1. 로드맵의 탄생 배경과 의미

1990년도 모토로라 CEO 로버트 갤빈의 주선으로 일리노이주의 샤움버그에 '모토로라 Six Sigma 연구소'를 설립해 운영하게 된 마이클 해리는 'MAIC(Measure‒Analyze‒Improve‒Control) 로드맵'을 완성했으며, 이것은 마이클 해리가 1984년부터 현업에서 경험을 통해 성과를 보았던 문제 해결에 대한 통계적 접근을 그대로 반영한다.

[그림 0‒3] 마이클 해리의 '문제 해결 로드맵(MAIC)' 개념

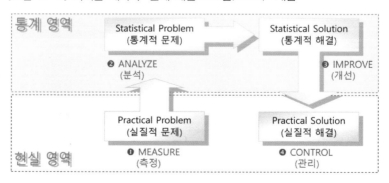

[그림 O-3]에서 '현실 영역'의 '실질적 문제(Practical Problem)'가 발생하면(Measure Phase), 통상적으로는 바로 '실질적 해결(Practical Solution)'을 보려고 하나 이런 섣부른 접근은 오히려 문제의 '근본 원인'이 파악 안 된 상태에서 더 큰 피해를 야기할 수 있고, 또 완화시켰다 해도 미봉책에 그쳐 재발의 빌미를 제공할 가능성이 높다. 따라서 손발이 먼저 움직이는 직접적인 접근보다 문제의 '근본 원인'을 찾는 노력이 선행돼야 하는데 이것이 '통계 영역'의 '통계적 문제(Statistical Problem)'화다. 앞서 설명한 바와 같이 '통계'란 "모아서 계산한다"는 의미로 이를 위해서는 수치화가 전제 조건이다. 만일 '실질적 문제'를 '통계적 문제'로 전환해서 현상을 해석하려면 프로세스로부터의 수치 자료 수집은 필수이다. 사실 프로세스에는 수많은 수치 데이터가 존재하며, 그 하나하나는 해당 프로세스의 시작부터 끝까지를 포함해 모든 변동을 조금도 빠뜨리지 않고 간직한 보고이다. 모든 변경점들은 바로 데이터에 녹아 있으므로 그 수치 데이터로부터 마치 금광을 캐는 마음으로 문제의 근원을 파악하는 데 시간과 노력을 투자해볼 만하다(Analyze Phase). 이런 충분한 해석 과정을 거치면 수치 데이터로부터 표준에 위배되거나 왜곡된 현상을 감지할 수 있게 되고 급기야 그와 같은 잘못된 결과가 재발하지 않도록 '통계적 해결'을 내놓는 단계에 이른다. 여기가 'Improve Phase'다. 수치 데이터로부터 프로세스를 어떻게 관리해야 하는가에 대한 윤곽이 나왔으므로 실제 프로세스에서 그 가능성을 확인하는 과정이 필요한데 이것이 '실질적 해결(Practical Solution)'인 'Control Phase'이다.

결국 마이클 해리의 문제 해결 방식은 수치 데이터를 이용해 미리 분석하는 점이 가장 중요한 핵심이며, 당시 그로부터 얻은 효과가 기대 이상이었다는 데서 이후 6시그마의 탄생으로 자연스레 연결됐음을 알 수 있다. 그러나 마이클 해리의 로드맵 개념 중 '현실 영역'과 '통계 영역'을 구분하지 않으면 조금 과장될 수 있겠으나 필자는 이를 '기승전결'의 흐름에 빗대고자 한다.

'기승전결(起承轉結)'은 본래 한시에 쓰이는 구성 단계다. 한시는 5언 절구이건 7언 율시이건 기본적으로 한 연당 4행으로 된 형식을 철저하게 지키는데 그런 한시의 각 행을 '기(起), 승(承), 전(轉), 결(結)'로 명명한다. 현대 시에서도 의미상 4단계로 나눌 수 있을 경우 '기승전결'의 구조를 갖는다고 말한다. 개념을 확장해서 어떤 행위를 한시처럼 4단계로 구분 지을 수 있을 때 모두 '기승전결'로 부른다. 한시에서의 '기승전결'의 의미를 정리하면 다음과 같다.

· **기(起)** '일어나다'라는 뜻이다. 시상이 발생하는 것으로, 소설의 구성 단계 중 '발단'에 해당한다. 'MAIC' 시각에선 문제의 발견과 규모를 확인하게 될 'Measure Phase'에 대응한다.

· **승(承)** '잇다'라는 뜻이다. '기'에서 일어난 시상을 이어 나가거나 좀 더 확장하는 단계로, 소설의 구성 단계 중 '전개'에 해당한다. 'MAIC' 시각에선 'M Phase'에서 확인된 현상과 규모를 보고, 그를 야기한 근본 원인들의 다양한 출처들로 시야를 확대해 나가는데 이 과정은 'Analyze Phase'에 대응한다.

· **전(轉)** '바뀌다'라는 뜻이다. '승'으로 이어져 온 시상이 급 전개를 보이거나 혹은 변화를 보이는 부분이며, 소설의 구성 단계 중 '절정'에 해당한다. 'MAIC' 시각에선 'A Phase'에서 확인된 근본 문제들이 향후 어떻게 바뀔지에 대한 윤곽이 나오며, 그들을 통해 최적화의 '절정'에 이르게 될 것이므로 이 과정은 'Improve Phase'에 대응한다.

· **결(結)** '맺다'라는 뜻이다. '전'까지 고조되었던 시상이 맺어지는 단계이며, 소설의 구성 단계 중 '결말'에 해당한다. 'MAIC' 시각에선 'I Phase'의 최적화가 실질적인 상품이나 프로세스에 적용/운영되고 그로 인해 확실히 문제가 해결됐음을 확인한 후 개선 결과를 유지시키는 마무리에 들어가게 되므로 이와 같은 '결말' 과정은 'Control Phase'에 대응한다.

이제 주변을 한번 둘러보자. 지난 일의 회상도 좋고 최근에 수행한 과제의 기억을 더듬는 것도 괜찮다. 과연 '기승전결'의 행태를 띠고 있지 않는 것이

있을까? 어떤 일을 벌이거나 수행하면 왜 하는지 그 동기가 있고, 문제가 있으면 파악하려 들며, 확인되면 해결하고, 마무리하는 과정들이 계속 반복된다. 만일 문제의 근원이 너무 확실해서 추적할 필요가 없으면 분석 과정은 건너뛰면 그만이다. 이 같은 전개를 '즉 실천(Quick Fix Solution)'이라고 하며, 흐름상 '기승전결'의 구조는 그대로 유지된다. 마이클 해리의 'MAIC'와 한시의 '기승전결'의 유사성을 통해 그들이 문제 해결에서의 고유한 흐름임을 확인한다. 이것은 바로 다음의 논의를 공론화하기 위한 사전 포석이다.

즉, 경영 혁신 방법을 새롭게 도입하려는 기업은 수익과 성장을 담보하기 위해 직원의 '일하는 방법'을 바꾸려는 의도가 깔려 있고, 이때 '일하는 방법'의 실체는 바로 '로드맵'이다. 로드맵은 지금껏 설명해온 것처럼 특별하거나 복잡한 것이 아니라 단지 '문제시하고 – 원인 찾고 – 해결하고 – 결론짓는' 아주 일반적인 행위에 'M – A – I – C'라는 이름을 붙여놓은 것뿐이다. 즉 앞으로 **어떤 일을 하든 'MAIC'라고 하는 일반적 흐름을 벗어날 수 없으며, 공기와 같이 그냥 존재하는 것이므로 사라지거나 다른 것으로 대체될 수 없는 고유함 그 자체이다. 따라서 영원성을 지닌다.** 판타지 같기도 하지만 **'M – A – I – C' 의 고유함의 특성은 연구 개발에서의 '제품 설계 방법론'이나 영업에서의 '영 업 수주 방법론', 그 외의 'P – D – C – A' 같은 로드맵을 유도하는 원천으로 작용**한다.

다음은 지금까지 알려진 주요 로드맵들의 탄생 배경에 대해 알아보자. 이후 본문의 내용에 대해서는 국내 컨설팅 회사인 '네모 파트너즈'의 민철희 파트너가 조사해서 직원들과 공유한 내용을 그대로 옮겨놓았다. 다음은 그 전문이다.

제가 아는 내용과 첨부한 GE의 DFSS 총괄 담당자인 Roger Hoerl의 회고에 따르면, 1996년에 전면적인 6시그마 추진을 하면서 GE Capital에서 Define이 추가돼, 'DMAIC'가 GE에 표준화되었고요. 1997년부터 'CQ(Commercial Quality)', 'GB', 'DFSS'라는 Initiative가 시작되었는데, 'CQ'는 GE Capital 과 같이 GE 내에 40%의 매출을 차지했던 Finance 영역에의 6시그마 적용 필요성, 또한 GE Aircraft Engines이나 Power Systems와 같이 일반 제조 (Manufacturing)와 성격이 다른 Engineering 사업, 또는 제조업에서도 매출 전표 처리 업무 등에서의 6시그마 적용 필요성을 충족시키는 활동으로 시 작되었습니다. 이 영역에는 기본적으로 'DMAIC'가 사용된 것으로 판단됩니다. 다만, 일반 제조 회사의 생산 및 기술 분야에만 적용될 것으로 보였던 6시그마를 모든 영역에 적용할 수 있다는 가능성의 확인이 'CQ' 활동의 시사점입니다.

당시 함께 시작된 DFSS는 신상품 개발 영역에서의 6시그마 수준 확보를 위한 로드맵으로서, 외부 컨설턴트들의 도움을 받아 DMAIC와 균형을 맞추고, 통합되어 사용하도록 'DMADV'라는 5단계 로드맵을 만들었습니다. 이는 얼마 안 가서 'CQ'의 Business Process Design에 대한 DFSS 표준 로드맵으로도 사용되기 시작합니다.

한편 GE 내에 'CRD(Corporate Research & Development)'를 비롯한 특정 연구소들에서는 'DIDOV'라는 로드맵을 만들어 특허로 등록했습니다. 2001 년에 GE CRD 홈페이지에서 다운로드했던 자료들에 의하면 'DIDOV 로드맵'을 사용한 프로젝트는 2001년에 보고된 것이 처음이고, 'DMADV 로드맵'을 사용한 프로젝트는 1998년에 처음 보고되었습니다. 또한 'DIDOV'의 특허 등록도 2001년입니다. 이러한 사실을 통해 짐작하기에는 초기에 'DMADV'를 DFSS 로드맵으로 표준화하면서 이를 Technology 영역이나 CQ 영역 모두 사용하다가, Technology 영역에 대해 다시 특화한, 'DIDOV 로드맵'을 개발한 것 같습니다. 또한 제가 가진 자료로 볼 때, 2000년에 GE 가 발표했던 자료에 'DIDOV'와 'DMADV'가 표현된 이후 발표된 어떤 GE DFSS 관련 소개 자료에도 'DIDOV 로드맵'이 출현하지 않습니다. 따라서 이들 자료는 모두 'CQ'에 해당한다고 볼 수 있습니다.

'DIDOV 로드맵'을 사용한 프로젝트는 워낙 중요한 기술 개발에 사용되어 외부 공개를 하지 않는 원칙이 적용돼 더 이상 찾기 힘들 수 있고, 'CQ'에 대한 GE 외부의 관심이 증대되면서 'DMADV 로드맵'과 사례들의 소개가 빈번해진 것이 아닌가 생각됩니다.

이상과 같이 해리 박사의 'MAIC'를 시작으로, 과제 선정 배경과 수행 당위성 기술의 필요로 'Define'이 추가됐고, 이후 'CQ' 및 'DMADV'와 R&D의 'DIDOV'에 이르는 로드맵의 탄생을 알아보았다. 그렇다면 국내는 어땠을까?

3.2. 한국형 로드맵, '15-Step'의 탄생

국내에서 6시그마를 공식적으로 처음 도입한 회사는 1996년에서 1997년에 걸쳐 한국 중공업, LG전자 창원 공장, 삼성SDI(당시 '삼성전관')로 알려져 있다. 한국 중공업과 LG전자는 업종 면에서 큰 차이점이 있으나 내부적으로는 미국의 GE사와 밀접한 사업적 관계를 유지한 공통점이 있어 국내 여타 회사들에 비해 6시그마의 도입이 상대적으로 용이했던 것으로 알려져 있다. LG전자는 1996년 창원 공장을 시작으로 1998년 LG전자 전 사업 부문과 전 그룹 계열사로 확대 적용하기 시작했으며, 로드맵은 'DMAIC'가 주축이 되고, 자체 'DFSS 연구회'를 운영하며 관련 서적을 출판하는 등 'DFSS 로드맵'에 대해서도 활발한 응용 연구를 수행하였다.

삼성그룹은 초기 삼성SDI의 자체 로드맵인 'C-S-I(Chart-Solve-Implement)'에서 1999년 미국 SBTI사 컨설팅을 시작으로 'DMAIC'와 'DIDOV' 등 GE가 정립한 로드맵들이 정착되기 시작했다. 그러나 삼성전자, 삼성전기 등 계열사별로 미국 내 서로 다른 컨설팅 회사로부터 6시그마가 도입되면서 각각의 특징들이 생겨나는데, 2000년 초부터 6시그마가 그룹 차원에서의 경영 혁신 활동으로 자리매김하면서, 2002년도에 각 계열사의 MBB를 뽑아 그들의 축적된 경험과 정보를 통합해 그룹 공통 교재를 만들었다. 이때부터 'DMAIC 로드맵'을 15개의 Step으로 구분해 설명하는 시도가 이루어졌다. 그룹 교재는 이듬해인 2003년까지 각 계열사에 배포되었고 이후 삼성에서 나와 컨설턴트 로 활동하는 MBB(BB)들에 의해 대체로 국내 대부분 회사에서 15 - Step으로 전파 또는 정착되는 계기가 되었다. 물론 이전 미국으로부터의 도입 당시 '12 - Step'이나 '21 - Step' 등 다양한 유형이 있었지만 삼성그룹의 핵심 인력들 이 다양한 출처로부터 수집한 자료를 갖고 장기간의 개발 지원하에 정립하였 으므로 실무적으로 유용한 결과물이 되었음을 인정하지 않을 수 없다. 이후 'DFSS 로드맵'도 개발됐는데 역시 15 - Step이었으며, 'DIDOV'와의 특허 등 지적 재산권 침해 등을 고려해 'DMAD(O)V'로 정립되었다. 물론 'DMAD(O)V' 는 기술 분야에 사용되는 '_t(Technical)'뿐만 아니라 간접·서비스 부문에서의 '_c(Commercial)'도 함께 개발되었다. 특히, 삼성경제연구소(SERI)에서 자체적 으로 서비스 부문의 'DMADOV 로드맵'을 개발해 그룹 내 관련 분야 컨설팅 을 수행하기도 했다. 현재 국내에는 회사별, 업종별로 약간의 차이는 있으나 평균적으로 로드맵은 프로세스를 개선하는 개념이면 'DMAIC'의 '15 - Step', 새로운 프로세스 정립이나 신제품 개발이면 'DMAD(O)V'의 '15 - Step'을 사 용한다. 로드맵의 명확화나 체계화의 관점에서 6시그마 발상지인 미국보다 한 발 앞선 것이라 평해본다. 다음 [그림 O - 4]는 일반적 '로드맵'의 분류도이다.

　　[그림 O - 4]의 비교도를 간단히 살펴보면 'Process'가 존재하면 'MAIC'를 타되, 만일 Analyze Phase에서 'X'들을 분석한 결과 현 체계에서 최적화할 수 있는 방안이 없으면 'Small Change'의 필요성이 대두되어 'D(O)V' 흐름으로 빠진다. 그러나 아예 'Process' 자체가 없어 신규로 개발해야 하면 'IDOV'로

[그림 O-4] 로드맵 비교도(DMAIC, DIDOV, DMADOV)

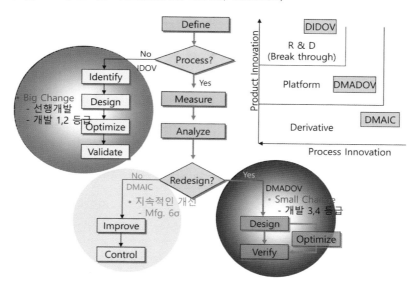

들어가는 'Big Change' 과정이 전개된다. 새롭게 개발되는 대상(프로세스든 제품이든)이 규모가 크든 작든 접근법은 유사하므로 'DIDOV'와 'DMAD(O)V'의 흐름 역시 유사하나 고려해야 할 내용 등에서 약간의 차이를 보이는데, 일반적으로 'DIDOV'가 다루는 범위가 훨씬 넓다. 예로써 새로운 설계로 초창기의 시장성부터 고려해야 하고, 따라서 깊이 있는 마케팅 기법의 도입이라든가, 'Design Phase'에서의 '상위 수준 설계(High Level Design)' 시 생산 프로세스나 신뢰성 등의 고려가 더욱 폭넓게 이뤄져야 하는 부담 등이다.

국내에서 지금까지 알려진 로드맵인 'DMAIC', 'DMAD(O)V', 'DIDOV' 외에 문제의 사안이 단순하거나 시간적으로 4～12개월이 아닌 1～3개월 내에 처리가 가능한 과제들도 통합해 운영되는 모델이 구축되기 시작했다. 따라서 로드맵도 이런 상황에 맞춰 회사별로 단순화되거나 약간씩의 변형이 이뤄지는

데 모두 기본 방법론에 기반을 둔 응용화 과정으로 이해될 수 있다. 대표적인 예로 'Easy 6시그마' 'Quick Win' 'Lean 6시그마'가 있으며, 대체로 'DMAIC' 'DMAD(O)V'를 단순화한 로드맵들이다. 또 'Work-out'을 도입해 문제를 바로 해결하는 'DMWI(Define, Measure, Workout, Improve)' 등도 있으며, 최근 필자가 개발해 활용도가 매우 높은 'DMwC'로 발전하였다. 빠른 문제 해결 방법론은 업체 수만큼이나 그 다양성의 존재를 인정해야 한다. 더불어 출처 역시 'DMAIC' 'DMAD(O)V' 'DIDOV'에 근거한다는 점도 인정해야 한다. GE가 왜 그렇게 벤치마킹이 돼야 하는지를 엿볼 수 있는 대목이다.

한국형 로드맵에 대한 기본 이해가 섰으면 이제부터 로드맵을 좀 더 깊이 있게 탐색해보자. 그러나 내용은 'DMAIC 로드맵'이 지향하는 목표나 그에 속한 도구, 산출물 등이 아닌 방법론을 학습하는 데 꼭 필요하고 가슴속 깊이 새겨야 할 기본 개념들에 초점을 맞출 것이다.

3.3. 문제 유형별 전용 '로드맵'의 유도

앞서 'DMAIC 로드맵'은 문제를 해결할 때 늘 따를 수밖에 없는 고유한 흐름임을 강조한 바 있다. 따라서 기업 내 여러 기능 부서별 업무 특성에 최적화된 로드맵을 'DMAIC 로드맵'으로부터 유도할 수 있다. 가장 간단한 로드맵인 '즉 실천(개선)'부터 알아보자.

[그림 O-5] '즉 실천(개선) 방법론'의 로드맵 유도

DM C ⇨ Quick Fix Solution
   A I 빠짐

[그림 O‒5]는 'DMAIC'에서 '분석(A)'과 '개선(I)'이 빠지면 '즉 실천
(Quick Fix Solution)'이 된다. "현 수준(상태)의 분석이나 개선 과정 없이 바
로 실제 프로세스(또는 제품)를 조정 또는 정상화시키는 방법론"이다. 흐름이
단순하므로 "즉 실천(개선) 방법론=즉 실천(개선) 로드맵"이다. 다음은 '빠른
해결 방법론'의 'DMwC 로드맵'이다.

[그림 O‒6] '빠른 해결 방법론'의 로드맵 유도

[그림 O‒6]은 'DMAIC 로드맵'에서 '분석(A)'과 '개선(I)'이 합쳐져
'w(work-out)'로 진행되는 방법론이다. 'w Phase'는 문제 해결을 위해 관련 담
당자들이 모여 논의나 협의를 통해 원인을 찾고(Analyze), 우선순위가 높은
'X'들에 대해 동일하게 논의나 협의로 '개선(Improve)'까지 수행한다. 현업에
서 활용도가 가장 높은 방법론이다. 특히 '데밍 싸이클'인 'Plan‒Do‒Check
‒Act'로 전개됨에 따라 TQC에서의 부문 내 과제 수행이나 연구 개발 부문
에서 '실험 계획(DOE)'만으로 수행되는 과제에도 매우 유용하다. 다음은 연구
개발(R&D) 부문에서 유용한 로드맵의 유도이다.

[그림 O‒7] '제품(또는 프로세스) 설계 방법론'의 로드맵 유도

[그림 O‒7]은 'DMAIC 로드맵'에서 '분석(A)'의 앞쪽 반은 '(기능) 분석

(Analyze)'으로, 나머지 뒤쪽 반은 '개선(I)'과 합쳐져 '설계(Design)'로 진행되는 방법론이다. 연구 개발에서는 아직 제품이나 프로세스가 만들어지지 않았으므로 먼저 대상을 형성(콘셉트 설계)시킨 다음 최적화(Design)가 이어진다. 또 제품이나 프로세스가 새롭게 구성됐으므로 현업에 바로 적용하는 '관리(Control)'보다 완성도를 점검하는 '검증(Verify)' 활동이 요구된다. 다음은 영업·마케팅 부문에서의 '수주 과제'에 대한 로드맵 유도이다.

[그림 O-8] '영업 수주 방법론'의 로드맵 유도

　[그림 O-8]의 영업 수주는 고객과의 대면을 통해 '요구 사항(Xs)'을 만족시켜 주거나 조정 과정을 통해 매출과 연계시키는 활동이 핵심이다. '요구 사항(Xs)'이 발생되는 'Measure Phase'부터 '대응 안'을 마련하는 '현상 분석(A)과 대응책 마련(I)' 사이를 수주 여부가 결정될 때까지 반복하는 특징이 있다.
　사실 앞서 설명한 로드맵들 외에 다양한 목적으로 탄생한 여러 방법론들의 각 로드맵을 'DMAIC 로드맵'으로부터 유도할 수 있다. **'M-A-I-C'가 문제 해결 과정의 고유한 흐름인 '기승전결'의 속성을 띠기 때문이다.**

3.4.　'DMAIC 로드맵'에서 탄생한 보물, '세부 로드맵'

　필자가 미국 SBTI社로부터 '제품 설계 방법론(DFSS)' 컨설팅을 받았던 1999년으로 거슬러 올라가 보겠다. 당시 필자는 삼성SDI(구 삼성전관)의 로드맵인 'C‒S‒I' 체계에서 이미 'BB자격'을 획득한 상태였지만 DFSS 교육을 6개월에 걸쳐 받으면서 마케팅부터 부품 신뢰성, 프로세스 관리에 이르기까지 다양한 도구들을 배우는 데 여념이 없었다. 특히 통계 도구들에 대해서는 이미 BB자격임에도 불구하고 아주 기초적인 수준에 머물러 있었던지라 교육 기간 내내 배워서 써먹기는커녕 이해하기도 너무 어려워 답답해하던 기억만이 떠오른다. 지금도 일부 업체를 방문하다 보면 과거 필자와 같이 다양한 도구나 통계적 접근법에 골머리를 썩이며 주로 '통계'라고 하는 도구에 얽매인 리더들을 심심찮게 접하곤 한다. 필자가 교육을 받았던 1999년 이후 수년이 지날 때까지도 사내 컨설턴트 자격으로 교육을 진행하면서 도구나 통계적 학습에 치중했던 것도 사실이다. 그러나 "일하는 방법이다"라는 명제는 너무 자주 들어왔지만 아직도 그 실체가 무엇인지 인지하지 못하고 여전히 허송세월하고 있는 것은 아닌지 각자 스스로에 되물을 필요가 있다.

사실 '일하는 방식'의 표현은 다소 모호한 구석이 있다. 당연히 "그럼 '일하는 방식'이 뭔데요?" 하고 질문이 나올 수 있기 때문이다. '일하는 방법'을 구체적으로 설명하면 바로 '로드맵'이다. 즉, **'로드맵'이 '일하는 방법'의 실체**인 셈이다. 2002년도를 전후해 6시그마에 입문하는 초년생들이 'DMAIC 로드맵'보다 좀 더 세분화된 '15‒Step'을 학습하게 되면서 과제 수행 시 문제 해결에 대한 접근성이 높아졌으며, 따라서 실무자에겐 '15‒Step'의 구분이 과제 수행 전 바탕 지식으로 자리 잡게 되었다. 리더는 '15‒Step'의 이해를 높일 필요성이 있는 반면, 사업 부장은 상위 흐름인 'DMAIC'를 알 필요가 있었는데 이것은 과제를 직접적으로 수행하기보다 관리하에 있던 벨트들의 과제 수행 내용을 이해하고 올바로 점검할 수준의 기본 지식이 필요했기 때문이다.

그러나 초창기의 문제 해결 방법에 대한 이해가 조금씩 바뀌어갔다. 1999년 미국 SBTI사로부터 교육을 받을 당시 주로 도구들의 학습에만 몰두한 데서, 2002년도엔 15‒Step의 탄생을 계기로 방법론 학습에 집중했던 단계를 거쳐 이제는 이보다 더 세분화된 '세부 로드맵'을 이해해야 하는 시기가 도래했다. '세부 로드맵'은 필자가 기존 국내외에서 수행한 **2,000**여 건의 과제를 분석한 결과 목적지로 가기 위한 **15**개의 돌다리를 좀 더 세분화함으로써 그동안 수면에 잠겨 있어 밟아야 하나 말아야 하나 고민했던 로드맵의 실체를 완전히 드러낸 결과물이다. 리더들은 반드시 '세부 로드맵'을 숙지해야 하며, 따라서 임원은 이제 'DMAIC 로드맵'의 이해에서 '15-Step'의 이해로 한 단계 그 수준을 높여야 할 때가 되었다. 그만큼 국내 문제 해결 방법론에 대한 학습 수준이 높아졌음을 방증하는 결과이다. 그럼 'DMAIC → 15-Step → 세부 로드맵'을 우리가 어떻게 이해해야 하고 그 특징은 무엇인지에 대해 한 단계 더 들어가 볼 필요가 있다.

"일하는 방법의 실체는 로드맵"이다. 로드맵은 강 이쪽에서 저쪽 편으로 건너기 위해 밟아야 할 징검다리이다. 이론적으로는 강 반대편으로 가기 위한 징검다리는 무수히 존재한다. 그 많은 가능한 경로 중에 가장 빠르고 효율적으로 건널 수 있는 최적의 경로에 'D-M-A-I-C' 돌다리가 있다. 즉 어느 분야에 속해 있고 어떤 문제를 해결할지에 관계없이 강 건너 반대편의 목표로 하는 불빛을 향해 위험을 최소화한 상태에서 건너야 하면 그냥 'DMAIC'의 돌다리를 밟고 가면 그만이다. 그리고 각 'D-M-A-I-C'의 돌다리를 밟았을 때, 그 상태에서 무엇을 해야 하고 무슨 산출물을 내야 하는지도 다 가르쳐주므로 그대로 수행한다. **여기서 고려해야 할 중요한 요소는 "어느 분야, 어떤 목적을 갖든지 모두 동일한 돌다리를 밟고 갈 수 있다"는 데 효용성이 있다.**

그런데 최초의 돌다리인 'DMAIC'는 너무 띄엄띄엄 있어서 초보자가 밟고 가기에 다소 어려움이 있었다. 따라서 초보자들을 좀 더 쉽고 빠르게 적응시키기 위해 각 Phase를 3개씩으로 분할해 15개를 구성했는데 이것이 '15-Step'의 탄생 배경이다. 즉, 돌다리를 15개로 쪼개서 조밀하게 놓았으므로 강 반대편으로 가기가 훨씬 수월해진 것이다. 따라서 15개의 돌다리를 밟고 갈 때 각각에서의 해야 할 일과 산출물을 만들어낼 수 있게 되었고, 이때 만일 목표로 하는 강 건너 불빛에서 멀어지는 쪽으로 간다고 판단되면 그동안 밟아왔던 돌다리를 빨리 되돌아보고 어디서부터 잘못 밟았는지 신속히 파악해 재밟는 과정을 반복한다. 이 같은 과정으로부터 수행 결과의 재현성을 높이는 '문제 해결'의 체계화가 이루어진다.

그러나 현재와 같이 15 – Step의 이해도가 높아진 상태에서는 학습 강도 역시 더 높아질 필요가 있다. 즉, 각 Step에서의 활동과 산출물을 보다 더 정밀하게 요구하는 수준에 이르게 되는데 이는 기존에 정립한 체계를 한 단계 수준 향상시킬 시점에 이르렀음을 시사한다. 필자는 이것을 '세부 로드맵'으로 정의한 바 있다. 예를 들어, Define Phase 경우 세 개 Step의 활동과 산출물을 정의하는 기존의 전개 대신, '세부 로드맵' 관점으로 재정립하면 '과제 선정 배경 기술 → 문제 기술 → 목표 기술 → 효과 기술 → 범위 기술 → 팀원 기술 → 일정 기술'의 흐름을 보인다. 이를 부연하면 "과제를 왜 하는지에 대한 대외적인 경향을 3C 관점에서 설명하고(과제 선정 배경 기술), 그를 쫓아가지 못하는 우리의 문제가 무엇인지 기술하며(문제 기술), 이를 극복하면 목표가 달성되고(목표 기술), 달성된 차이만큼의 양에 단가를 곱하면 수익이 생긴다(효과 기술). 여기까지가 과제를 왜 해야 하는지에 대한 당위성을 설명하며, 이후부터는 과제를 어떻게 할 것인지에 대한 '과제 관리' 차원의 기술이 필요한데, 우선 과제의 범위(프로세스, 공간적, 시간적, 유형적, 기술적)가 어디이며(범위 기술), 그 범위에 속한 전문가와 함께 과제를 해야 성공 확률이 높아질 것이므로 팀 구성을 언급하고(팀원 기술), 이들과 함께 어떤 일정으로 수행할 것인지를 간트차트화한다(일정 기술)"와 같이 **하나의 명확한 이야기 구성(Story Line)을** 완성한다.

이것은 마치 강 이쪽에서 반대편으로 건너갈 때 우리가 밟고 가는 로드맵을 기존의 겅둥겅둥 정신없이, 그리고 바삐 이용하는 대신 이제는 조밀하게 밟고 나감으로써 앞뒤 간의 연계성이 명료해지고, 따라서 동화를 읽는 듯한 이야기 구성이 가능해진다. 필자가 과제 지도할 때 흐름을 설명하는 자리에서 "과제의 품질이 떨어지는 이유는 이야기 구성의 맥이 끊기기 때문이며, 문제 해결은 바로 그 지점으로부터 시작됩니다. 과제의 첫 장을 들어 올리면 Control Phase의 마지막 장이 쭉 끌려오는, 마치 물이 흘러가는 듯한 흐름을 유지해야 과제의 성공 가능성이 높아집니다"라고 강조한다.

과제 리더들에겐 바로 '세부 로드맵'의 학습이 필요하고 중요하며 그를 통해 과제 성공 가능성을 높여나간다. 물론 과제 성과도 중요하지만 꼭 성과가 만족스럽지 않아도 '세부 로드맵'을 밟고 왔다면 미흡한 성과 달성의 원인 파악이 가능하다. 즉 추가 개선 여지가 생긴다는 뜻이다. 지금까지 설명된 '세부 로드맵'의 특징을 두 가지로 요약하면 다음과 같다.

· **'세부 로드맵'은 문제 해결 로드맵의 온전한 모습이다.** '일하는 방법'의 구체적 실체는 바로 '로드맵'이다. '로드맵'은 목적지로 가기 위한 돌다리이며, 기존에는 'D-M-A-I-C'처럼 밟아야 할 돌다리 간 거리가 다소 멀어 접근성이 떨어졌으나 15-Step의 출현으로 이런 문제는 대부분 해소되었다. 그러나 10여 년의 수행 기간 동안 더욱 심화된 학습의 필요성이 요구되었다. 그에 따라 15-Step 속에 존재하고 있었으나 수면 위로 드러나 있지 않았던 '세부 로드맵'을 수면 위로 부상시킴으로써 문제 해결 로드맵의 완전한 실체를 완성하였다. 이제 15-Step은 문제해결 시 기본 로드맵이고, 적어도 과제를 수행해야 할 리더라면 지금부터 '세부 로드맵'을 꿰뚫고 있어야 한다.

· **'세부 로드맵'의 흐름은 이야기로 구성(Story Line)돼 있다.** 밟고 가야 할 돌다리 사이 간격이 더욱 짧아짐으로써 접근성이 매우 높아진 한편 앞뒤 간의 연계성도 명료해져 리더가 문제를 해결하기 위해 왜 이 돌다리를 밟았고, 또 다음 저 돌다리를 왜 밟아야 하는지에 대한 설명이 명확해졌다. 목표를 달성했을 때 리더가 어떻게 그 일을 이뤄냈는지 로드맵을 통해 인과성이 설명돼야 한다. 그 인과성은 활동의

앞뒤 간 연계성을 통해 확인되며, 따라서 하나의 긴 소설 같은 구성이 존재해야 한다. 이것은 성과를 이룬 과정과 결과가 우연히 발생한 것이 아니라 다른 동료들에 의해서도 재현될 수 있음을 암시한다. 소설을 재미있게 읽고 결론에 공감하는 것도 이전 상황 전개에 대해 그 인과성을 우리가 충분히 받아들이기 때문이다. 이제 문제 해결 과정은 소설 문학과 같은 예술의 경지로 가야 할 때가 아닌가 싶다.

다음 [그림 O-9]는 '40-세부 로드맵'을 나타낸다. 5개의 DMAIC Phase가 있고, 각 Phase별 3개씩 총 15-Step이 위치하며, 그 아래 전체 40개의 '세부 로드맵'이 존재한다. 어느 문제를 해결하든 전 과정은 총 40개 세부 활동으로 이뤄지며, 문제의 상태에 따라 '세부 로드맵'은 선택적으로 활용된다. 40개 '세부 로드맵' 중 일부만 적용될 경우 '빠른 해결 방법론'이 된다.

[그림 O-9] 'DMAIC'의 '5Phase - 15Step - 40 세부 로드맵'

이어 [그림 O-10] 내 로드맵의 '횡적 개념'과 '종적 개념'에 대해 알아보자.

[그림 O-10] 로드맵의 '횡적 개념'과 '종적 개념' 개요도

과제 리더들이 문제 해결 과정에 처음 입문한다고 가정해보자. 이들이 가장 먼저 접하는 활동은 짧게는 3~5일에서, 길게는 4주간의 교육을 받는 일이다. 교육을 받을 때 각종 도구들과 로드맵 학습이 주를 이루는데, 이때 도구보다 로드맵 학습에 좀 더 많은 노력이 필요함을 역설한 바 있다. 문제 해결 과정의 실체가 '로드맵'이기 때문이다. 앞서 설명한 바와 같이 로드맵도 'DMAIC → 15-Step → 세부 로드맵'으로 이어지는 구체적인 학습의 필요성이 있으며, 이것이 바로 리더들이 받아들여야 할 문제 해결의 '횡적 개념'에 해당한다. 즉, **횡적 개념**이란 리더들이 '세부 로드맵'의 정의와 흐름을 명확히 이해하는 데서부터 출발한다. 그러나 교육의 현실을 한번 생각해보자. '흐름 이해의 학습'보다 교육 시간의 대부분이 '도구 이해의 학습'에 치중해 있는 게 현실이다. '도구(Tools)'란 다음과 같이 리더가 해당 Step(또는 돌다리)에 섰을 때 문제 해결을 위해 활용하는 것들이다.

'프로세스 개선 방법론'의 큰 장점 중 하나는 바로 [그림 O-11]처럼 도구들이 각 '세부 로드맵'별로 잘 정리·배열돼 있다는 점이다. 그러나 이들은 한 가지 목적을 위해 탄생한 경우는 매우 드물다. 과거부터 필요에 의해 독립적으로, 또는 관련성을 갖고 제각각 개발된 도구들이며 현재의 로드맵 흐름 속, 필요한 위치에 정교하게 배열돼 있음은 매우 놀라운 일이다. 예를 들어, 'Process Map'과 '특성 요인도'에 이은 '우선 순위화'를 위한 'X-Y Matrix'도 그렇고, 이어지는 'Process FMEA'의 '잠재 인자 도출'과의 연결도 매우 절묘하다. '가설 검정'과 'DOE' 활용의 연속성도 그렇고, 또 과거 'Deming Cycle'이라고 하는 'P-D-C-A Cycle'이 Improve Phase의 'Step-12. 결과 검증'과 Control Phase의 'Step-13. 관리 계획 수립' 및 'Step-14. 관리 계획 실행'에서 한 개의 소규모 로드맵으로 활용되는 점도 큰 특징들 중 하나이다. 즉, 도구가 새롭게 발굴되거나 개발되면 그것은 로드맵 어디엔가 하나의 용도로 그냥 턱 붙어버린다. 이것은 앞서 강조했던 바와 같이 DMAIC가 새로운 개념의 일하는 방식이 아니라 우리가 늘 하던 대로의 문제 해결 접근법에 지나지 않으며, 거기에 그냥 'D-M-A-I-C'라는 명칭만 부여한 결과이기 때문이다. 너무나 당연한 '일하는 방법'이므로 그 자체를 부정할 순 없으며, 모든 도구들은 흐름 속 어디엔가 필요한 만큼 붙여 이용된다.

그러나 현재의 교육 체계는 로드맵 자체보다 도구 사용이 어렵다는 미명하에 도구 학습에 많은 시간을 할애한다. 예를 들어, 배워야 할 많은 도구들 중 Measure Phase로부터 쏟아져 나오는 '확률 통계관련 도구'들을 떠올려보자. 고등학교 때부터 대학교에 이르기까지, 또 사회에 나와 여러 분야에서 직장 생활을 하는 데 있어 사실 '확률 통계'라고 하는 단어는 모두에게 그리 편하게 들리는 용어가 아니다. 가급적이면 직면하지 않기 위해 노력할뿐더러 설령 맞닥뜨리면 머리가 딱 굳어버리며 하얘지는 백색 증후군에 시달린다. 또 한 번 마음먹고 이해를 시도하면 그 순간 더 이상 접근하지 못하도록 갖은 어려운 용어와 원리 등으로 도배를 하는 바람에 조금 하다가 스스로 포기해버리는 것도 사라지지 않는 교육의 악습 중 하나다.

그런데 이런 두려운(?) 확률 통계 과정이 경영 혁신의 전사 도입으로 직원 한 명 한 명에게는 피할 수 없는 현실이 되고 말았다. 또 과제 수행 중 '통계적 측정'이 매우 중요하므로 교육 초기부터 '기초 통계'는 기본이고, '미니탭 교육'과 함께 Measure Phase부터 정신없이 쏟아지는 난제들에 그나마 학교를 벗어나 확률 통계의 늪에서 벗어났다고 안심하고 있던 많은 선량한 직장인들에게서 아우성이 일기 시작했다. 급기야 리더들은 확률 통계의 어려움을 호소하기 시작했고, 중요한 문제 해결 로드맵은 이들 목소리에 깊이 잠기면서 확률 통계가 문제 해결의 전면에 부상하고 말았다. 급기야 여러 VOC를 접한 임원들은 '문제 해결 = 통계'라는 공식으로까지 인식하게 되었고, 그런 인식을 불식시킨다는 명분하에 컨설팅 회사들은 교재와 교육 모두에 확률 통계의 비중을 더욱더 확대하는 계기가 되었다. 실로 악순환의 연속이다. 오죽하면 한 회사의 임원을 네 번이나 만나는 자리에서 아무리 '프로세스 개선 방법론'을 반복해 요령 있게 설명해도 답변은 매번 한결같았을까! 즉 "복잡한 통계를 써야하는 통계 덩어리는 우리 부서와는 거리가 있어, 그런 통계를 쓸 일이 없거든. 우리에겐 안 맞는 방법이야!"

업무를 볼 때 확률 통계를 알고 있으면 훨씬 능률적으로 문제 해결에 임할 수 있다. 그러나 '문제 해결＝확률 통계'로 인식되는 것에 대해서는 전적으로 동의할 수 없다. 과거 운전면허 시험장에서 실기를 통과할 수 있는 다양한 요령을 체득한 경험이 있을 것이다. 실제로 자동차의 기계적 작동 메커니즘을 잘 알지 못해도 목적지까지 운전해서 갈 수 있듯이 확률 통계적 접근 또한 잘 만들어진 가이드라인을 따를 경우 그 근본 원리를 이해 못해도 우리가 얻고자 하는 결론을 유도해낼 수 있다. 확률 통계는 목표를 달성하기 위해 필요한 많은 도구들 중 하나에 지나지 않는다. 따라서 교육을 담당하는 운영자뿐만 아니라 교육을 받는 리더들 역시 로드맵인 '횡적 개념'을 이해하는 데 정해진 교육 시간의 많은 비중을 할애해야 하고 스스로도 그와 같은 학습이 될 수 있도록 노력해야 한다. 이것은 '프로세스 개선 방법론'의 본질을 똑바로 볼 수 있는 매우 중요한 요소이다.

[그림 O-12] 문제 해결에 중요한 '로드맵'이 '통계'에 가려진 개요도

확률통계의 어려움 호소로 이들 관심이 고조됨에 따라 문제 해결의
실체인 '로드맵'이 가려 아예 잘 보이지 않는 현실이 돼버렸다

[그림 O-12]는 확률 통계의 어려움 호소로 이들의 관심이 비정상적으로 고조됨에 따라 문제 해결 실체인 '로드맵'이 가려 아예 잘 보이지 않는 현실

을 반영한 표현이다. 다음은 '종적 개념'에 대해 알아보자.

 '**종적 개념**'은 리더들이 과제 목표를 달성하기 위해 로드맵, 즉 돌다리를 밟고 섰을 때, 그 위에서 얼마나 많은 고민을 한 뒤 요구한 산출물을 만들어내느냐를 나타낸 개념이다. 'DMAIC'이나 '15 – Step' 또는 '세부 로드맵' 모두 각 단계에서 반드시 얻어내야 하는 산출물이 있으며, 그 산출물을 만들어내기 위해 리더들이 본인의 업무나 프로세스를 대상으로 얼마나 많은 고민을 하거나 시간을 투입했느냐가 과제 수행 품질을 전적으로 좌우한다. 과제 지도를 하다 보면 매 단계에 리더가 얼마나 심사숙고했는지가 '파워포인트' 장표상에 바로바로 드러난다. 예를 들어, **Analyze Phase**에서 한 요인에 대해 검정을 수행할 때 '원 자료(Raw Data)'로 통계 검정을 수행한 후 '유의함'과 같이 결론 내린 경우를 들 수 있다. 이때 유의하면 왜 유의한지, 또는 유의하므로 프로세스의 어느 부분을 어떻게 개선할지 등 방향을 잡기 위해 분석의 심도를 높여야 함에도 단순히 'p – 값'을 통한 유의성 검정으로 모든 분석을 대체해 버린다. 또 데이터 수집 후 프로세스의 왜곡된 면을 찾기 위해 필요하면 수일에 걸쳐 여러 방면으로 데이터를 해부하는 노력을 기울여야 함에도 마치 방법론 적용만으로 유용한 결과가 저절로 얻어진다고 믿고 있든가, 아니면 아예 시도 자체를 하지 않는 경우도 비일비재하다. 또 정성적 분석에서 흔히 나오는 상황인데, 관련된 전문가들의 협의로부터 결론을 내야 함에도 대부분 리더 혼자 평가하고 선정해버리는 사례도 부지기수다.

 이런 경험을 한 리더들은 여지없이 문제 해결 과정은 'Paper Work'로 치부해버리기 일쑤고, 부질없는 활동에 본인들이 해야 할 업무의 상당 시간을 방해받는 것으로 생각하며, 결국 'Two Job'의 현실을 비판하거나 체계적 방법론을 부정하기에 이른다. 모든 혁신 활동들이 임직원 모두에 의해 전폭적으로 지지받는 상태에서 운영되리라 기대하는 것은 모순이다. 그러나 필자가 강조하는 것은 적어도 'Two Job'이라고 하는 의미가 제한된 시간 내에 '본연의 업무+불필요한 문제 해결 업무'처럼 중복 상황으로 인식해서는 안 된다는 것이다.

처음 입문하는 리더 경우 '횡적 개념'의 '로드맵'을 이해하는 데 들어가는 수고와 동시에 과제를 수행할 때 매 단계에 깊이 있게 고민해야 하는 '종적 개념'의 두 경우를 'Two Job'으로 인식해야 한다. 만일 '로드맵'을 완벽하게 소화하면, 과제 수행 중 매 단계에서 양질의 산출물을 얻기 위해 깊이 있는 고민, 즉 '종적 개념'에만 몰두하면 될 일이다. **초기 문제 해결 과정에 입문하는 '리더'들 경우 바로 이런 '횡적 개념'과 '종적 개념'을 동시에 수행해야 하는 부담 때문에 어려움을 겪는다고 해석**해야 한다.

그 외에 불필요한 'Paper Work'라든가 '파워포인트'만 멋지게 꾸미면 'OK'라는 인식을 통해 'Two Job'이라고 생각하는 것은 선정된 과제가 4개월에 걸쳐 수행할 정도의 분량이 아니던가, 아니면 실현 가능한 과제를 정치적 의도로 선정한 것은 아닌지 스스로 자문해야 한다. 일상 업무와 과제의 합치야말로 로드맵의 흐름, 즉 '횡적 개념'을 완벽히 소화하는 데서 가능하며, 그제야 문제 해결 과정을 잘 이해하고 있으며, 기업 문화로 정착되었다는 판단을 할 수 있다. 그리고 각 단계별로 깊이 있는 고민을 할 수 있을 정도(즉, '종적 개념'의 도입이 가능할 정도)의 과제를 선정하는 것도 중요한 활동으로 인식돼야 한다.

4. '세부 로드맵' 구조 이해

　　　　　　　　　본격적인 'DMAIC 로드맵' 설명에 앞서 15 -
Step 관점에서의 전체 로드맵 구조에 대해 알아보자. 숲속 나무 분포와 성향
(로드맵 구조)을 파악하고 난 뒤 개별 나무의 특징(세부 로드맵)을 학습하는
게 효과적이다. 다음 [그림 O - 13]은 '구조 설명용'의 'DMAIC 15 - Step'이
므로 '과제 수행용'은 [그림 O - 9]에 소개된 '40 - 세부 로드맵'을 참고하기
바란다.

[그림 O - 13] '구조 설명'용 'DMAIC 15 - Step 로드맵' 개요도

　로드맵 상에 '고객 정의'와 그들로부터 수집된 'VOC', 그리고 최종 'CTQ'에 이르기까지 전체 과정을 기술하는 위치가 두 곳 있는데, Define Phase의 'Step‒1. 과제 선정 배경'과 Measure Phase의 'Step‒4. Y의 선정'이다.

　로드맵을 오랫동안 접해온 리더들까지도 사실 이들의 차이를 잘 인지하지 못하고 먼저 진행했던 과제들의 양식을 구분 없이 따라 사용하는 경우가 많다. Define Phase의 'Step‒1. 과제 선정 배경'을 예로 들어보자. 과제 목표는 궁극적으로 '고객 만족'을 지향하므로 과제 선정 역시 고객의 소리로부터 시작된다. 따라서 '고객 정의 → VOC → CCR → CTQ → 잠재 PJT 발굴 → 과제 선정'의 과정이 성립한다. 이 같은 과정을 통해 과제가 선정된 경우 그 자체가 '선정 배경'이므로 요약해서 '파워포인트'로 정리하면 그만이다.

　그러나 통상 앞서 기술된 절차 모두를 거쳐 과제가 발굴되기보다 부문별로 그간에 잘 알려진 이슈들이 내부 협의를 거쳐 과제화하는 경우가 많다. 따라서 선정 과정을 일일이 원칙대로 열거하기보다 협의를 통해 발굴된 과제들은 'Step‒1. 과제 선정 배경'에서 협의 내용을 간단히 기술하는 것이 더 효과적이고 실무적으로도 자료 작성 부담이 적다. 다만 사업부 과제처럼 큰 이슈를 정한 뒤 세부 활동 영역으로 나눠 단일 과제들을 발굴하면 '고객 정의 → VOC → CCR → CTQ → 잠재 PJT 발굴 → 과제 선정'의 전체가 필요하다. 이때는 '고객 선정'부터 '과제 선정'에 이르는 전 과정을 하나하나 연결해 기술하는 것이 원칙이다. 그러나 업무 부하가 많이 걸리므로 사업부 소속 담당 부서에서 추진할 사안이지 리더 본인이 추진할 일은 아니다. 단지 리더는 사업부 일원이므로 사업부 전개 내용 중 본인에 해당하는 '배경'만 인용한다.

[그림 O-14] Define에서의 '고객 정의~VOC~CTQ' 전개

Define

01 과제선정 배경

고객/VOC/VOP

CTQ도출

잠재PJT 발굴

PJT 우선순위화

과제선정 배경 기술

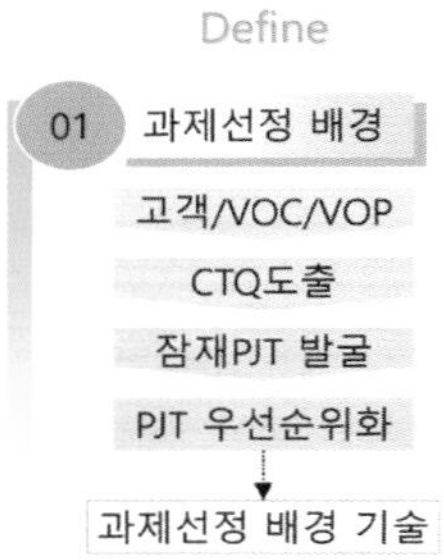

다음은 **Measure Phase**의 '<u>**Step-4. Y의 선정**</u>'에서 '고객 정의 → VOC → CCR → CTQ'가 또다시 전개된다. 그러나 '**Step-1.** 과제 선정 배경'과 분명한 차이가 있는데, 과제 선정 자체에 목적을 두기보다 과제 지표인 'Y'를 선정하는 데 목적이 있다. 따라서 이 시점에서의 '고객'은 과제 선정 시점에서 고려해야 할 다양한 계층이 아닌 본인 과제와 직접적으로 관련된 '핵심 프로세스의 고객'에 한정한다. 전개 과정은 동일하나 그 '목적'과 '고객의 범위'에 차이가 있다는 점을 염두에 둬야 한다. 흐름은 다음 [그림 O-15]와 같다.

[그림 O-15] Measure에서의 '고객 정의~VOC~CTQ' 전개

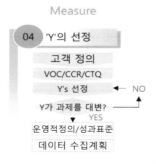

Measure

04 'Y'의 선정

고객 정의

VOC/CCR/CTQ

Y's 선정 ← NO

Y가 과제를 대변? ─┘

↓ YES

운영적정의/성과표준

데이터 수집계획

'개선'은 로드맵 중 'Improve Phase'만을 연상한다. 그러나 실제 '개선'은 로드맵 속에 네 군데나 있다. 즉, Measure Phase의 'Step‒5. 현 수준 평가' 내 '측정 시스템 분석', Improve Phase의 'Step‒11. 최적화', Control Phase 의 'Step‒13. 관리 계획 수립' 내 '실수 방지' 및 'Step‒14. 관리 계획 실행' 내 'Do → Check → Act'에서의 '성과 모니터링'이 그것이다.

각 위치별 활동 내용은 해당 본문에서 자세히 다루고 있으므로 여기선 이해 를 돕는 선에서 전체적인 개념만 설명한다. 'Step‒5. 현 수준 평가' 내 '측정 시스템 분석'은 측정기와 그를 둘러싼 사람, 환경까지 포함한 데이터의 신뢰성 평가 과정이다. 데이터 산포는 프로세스에서 정확하게 만들지 못해 생기기도 하고, 측정 시 오차가 발생할 때도 생긴다. Measure Phase의 고유 활동인 '현 수준' 계산은 수집된 데이터의 산포가 최소가 될수록 '시그마 수준'엔 유리하 다. 이때 제품이 완전하게 제조되지 못해 생긴 산포는 'Step‒11. 최적화'에서 '개선(Improve)'하지만, 측정 시 생긴 오차(산포)는 별개로 <u>Step‒11. 최적화</u>'에서 줄이려면 그 사이에 진행될 '가설 검정' 등의 분석 과정은 신뢰할 수 없는 데이터 때문에 그 결과 역시 신뢰할 수 없다.

정리하면 Measure Phase에서 측정 오차를 줄이면 데이터 산포가 줄어들므 로 '현 수준(시그마 수준)'도 따라서 좋아진다. 결국 '측정 시스템'의 개선은 '시그마 수준' 향상으로 직결되며, 따라서 Improve Phase에서의 '최적화'와 동 일시된다. 정확히 '개선(Improve)' 활동이 이뤄지는 셈이다.

[그림 O-16] Measure에서의 'Improve(개선)' 위치

Improve Phase의 '<u>Step-11. 최적화</u>'는 과제 수행 목적이 '개선'에 있고, 또 대부분의 '개선'이 이곳에서 일어나므로 별도의 설명은 생략한다. 다음 [그림 O-17]과 같다.

[그림 O-17] Improve에서의 'Improve(개선)' 위치

이어 설명할 '개선' 위치는 '<u>Step-13. 관리 계획 수립</u>'의 '실수 방지'다. Control Phase는 Improve에서 개선된 최적화 내용을 실제 프로세스에 적용하는 활동이 핵심이다. 그러나 개선 내용이 실제 프로세스에 바로 적용될 경우 예상치 못한 대형 사고가 발생할 수 있으며, 이 경우 심각한 결과를 초래하기 때문에 위험 관리 차원에서 '잠재 문제 분석'이 선행된다. '잠재 문제(Potential

Problem)'는 '최적 대안'이 실제 프로세스에 적용될 때 마치 이를 방해하는 장벽처럼 작용하므로 반드시 제거돼야 하는 대상이며, 따라서 '개선' 영역으로 고려된다. 즉, 최적화를 통해 프로세스에 긍정적 변화가 오는 것이 가장 바람직하지만 개선을 방해하는 주변 환경 역시 개선돼야 예상 목표의 달성이 가능하다. 다음 [그림 O-18]은 또 하나의 'Improve(개선)'가 Control Phase 내 '실수 방지/개선'에서 이루어짐을 보여준다.

[그림 O-18] Control에서의 'Improve(개선)' 위치

끝으로 '<u>Step-14. 관리 계획 실행</u>' 내 'Do → Check → Act'에서의 '성과 모니터링'이다. 'Step-13. 관리 계획 수립'에서 작성된 계획대로 실제 프로세스에 최적화 내용을 '약 3~4주' 동안 적용하는 단계이다. 실제 프로세스 속에는 제어되지 않는 다양한 변동 요인들이 존재하므로 이때 실제 프로세스에서 예상치 못한 문제가 발생할 경우 당연히 추가적인 개선 조치가 뒤따라야 한다. 따라서 과제 수행 중 최종으로 이루어지는 '개선'이며, 여기서 예정했던 목표 달성에 실패하면 경우에 따라서는 과제의 전면적인 재검토가 필요할 수 있다. 다음 [그림 O-19]는 네 번째 'Improve(개선)'가 이루어지는 Control Phase 내 위치를 나타낸다.

[그림 O-19] Control에서의 'Improve(개선)' 위치

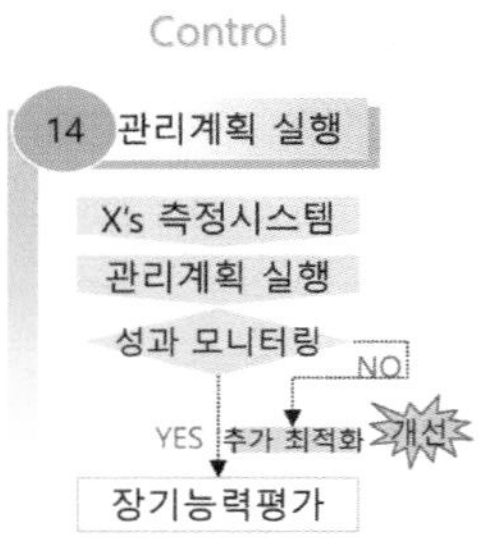

4.3. '계획 수립'이 있는 단계

로드맵에 '계획'을 수립하는 위치가 있다. 이들은 Analyze Phase의 'Step-7. 분석 계획 수립'과, Improve Phase의 'Step-10. 개선 계획 수립' 및 Control Phase의 'Step-13. 관리 계획 수립'이다. '계획 수립'은 이전 Phase에서의 내용과 앞으로 전개될 Phase에서의 활동을 매개하는 역할과, 각 Phase에서의 향후 전개가 어떻게 이루어질지에 대한 개요, 즉 '목차' 역할을 한다.

상세한 설명은 해당 본문에서 논의되겠지만 'Step-7. 분석 계획 수립'에서 구성된 각 '잠재 원인 변수'별 순서는 'Step-8. 데이터 분석' 시 그 순서 그대로 검정이 수행된다('목차' 역할). 또 분석 과정에 특이점이 존재할 경우 이를 'Step-7. 분석 계획 수립'에 미리 기술함으로써 향후 분석을 예측할 수 있도록 돕는다. Improve Phase의 'Step-10. 개선 계획 수립' 역시 동일한데, 이곳에 나열된 각 '개선 방향'별 순서 그대로 'Step-11. 최적화'에서 구체화 과정이 수행된다. Control Phase의 'Step-13. 관리 계획 수립'에서도 최적화 내용을 실제 프로세스에 적용 및 관찰하는 전반적인 활동이 이 시점에 정립되므

로 '<u>Step - 14. 관리 계획 실행</u>'의 윤곽을 한눈에 파악할 수 있다. 이와 같이 'DMAIC 로드맵'의 핵심 활동인 'Analyze, Improve, Control'의 첫 Step에서 '계획' 또는 '목차' 기능이 공통으로 포함된다. 다음 [그림 O - 20]은 활동 전 '계획 수립'이 있는 로드맵 내 위치를 각각 나타낸다.

[그림 O - 20] DMAIC 15-Step 중 '계획 수립'이 있는 위치

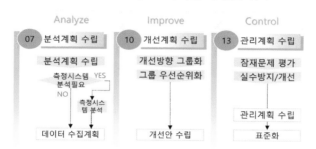

4.4. PDCA Cycle이 포함된 위치

'데밍 사이클(Deming Cycle)'이라 불리는 'PDCA Cycle'은 'TQC(Total Quality Control)'에서 부문 내 문제를 해결할 때 필수로 활용되는 로드맵이다. 프로세스의 한 영역을 오랜 기간 담당해온 소규모 부서에선 원치 않는 증상이 나타날 시 '데이터 분석'이나 '통계 해석'을 통해 원인을 찾기보다 그간 쌓아온 노하우를 통해 원인 규명과 개선이 빠르게 진행된다. 이런 특징 때문에 바로 계획을 세워(Plan) 조취를 취한 뒤(Do) 제대로 된 결과가 나오는지 확인하며(Check) 개선이 확인되면 유지키 위한 활동으로 들어간다(Act). 물론 분석과정이 포함될 수 있지만 기본적으로 노하우 등의 전문적 소양을 이용하므로

그 속도가 빠른 특징이 있다.

[그림 O‒13]에 소개된 'DMAIC 15‒Step'에는 'PDCA Cycle'을 활용할 수 있는 구간이 다음 [그림 O‒21]과 같이 네 군데나 있다.

[그림 O‒21] DMAIC 15-Step 중 'PDCA Cycle'이 있는 위치

[그림 O‒21] 중 첫 번째인 Measure Phase의 '측정 시스템 분석(MSA)'은 측정 변동의 원인을 찾기 위해 'Plan(계획)‒Do(수행)‒Check(분석)‒Act(보완)'로 정밀성과 정확성 평가를 하며, 기준에 미달 시 재시도를 해야 하므로 'PDCA' 과정이 반복된다(PDCA Cycle). 두 번째 Improve Phase의 'Step‒11. 최적화'는 '대안 인자'와 '제어 인자'별 최적화 과정이 다른데, 특히 후자의 경우 '실험 계획(DOE)'의 적용 빈도가 높고 이때 'Plan(계획)‒Do(수행)‒Check(분석)‒Act(보완)'로 전개된다. 세 번째 Improve의 'Step‒12. 결과 검증'은 'Step‒11. 최적화'에서 확정된 내용들을 검증하는 활동으로 이 역시 'Plan(계획)‒Do(수행)‒Check(분석)‒Act(보완)' 과정을 밟으며, 'Act'에서 '단기 시그마 수준'을 얻어 목표 달성 여부를 확인한다. 네 번째 Control Phase의 'Step‒13. 관리 계획 수립(Plan)'과 'Step‒14. 관리 계획 실행(DCA)'은 최적화 내용들을 실제 프로세스 환경에 적용하는 활동으로 동일하게 'PDCA Cycle'로 전개된다.

4.5. 'Y'를 설명하는 위치와 'X'를 설명하는 위치

전체 로드맵 흐름 중 'Y'와 'X'를 설명하는 위치가 구분돼 있는데, 'Y'는 'Step-4. Y의 선정'과 'Step-5. 현 수준 평가'에서 중요하고, 그 이후부터는 대부분 'X'에 대해서만 논의가 이뤄진다. 'Y'는 '종속 변수', 즉 'X'가 정해지면 그에 따라 결정되는 값이므로 이를 통상 '모니터링(Monitoring) 대상'으로 간주하는 데 반해, 'X'는 '독립 변수'라 하고 실질적인 'Y'를 지배하는 역할을 하므로 '관리(Controlling) 대상'이다. 'DMAIC 로드맵' 중 맨 끝의 'Control Phase' 역시 '관리'란 뜻이며, 그 대상은 'X'들이다.

[그림 O-22] 'DMAIC 로드맵' 중 'Y'와 'X'를 설명하는 위치 개요도

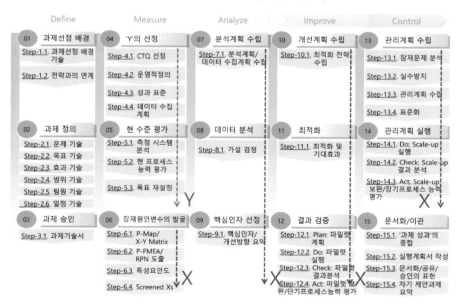

정리하면 'X'들을 대상으로 전개되는 구간은 '<u>Step - 6. 잠재 원인 변수의</u> <u>발굴</u>~<u>Step - 14. 관리 계획 실행</u>'까지이며, 이 과정은 원인'들을 찾아 문제 극복을 위한 '개선 방향'을 도출하고, 프로세스의 최적화를 이루며, 실제 프로세스에서의 완전한 운영까지를 포함한다. 'Y'와 'X'가 구분된 것을 알면 전체 '세부 로드맵' 구조를 이해하는 데 많은 도움을 준다. 앞의 [그림 O - 22]는 전체 로드맵에서의 'Y'와 'X'의 영역을 구분해놓은 개요도이다.

Define

‘프로세스 개선 방법론’의 ‘세부 로드맵’을 얼마나 잘 이해하고 있는가? 그들이 그냥 구성된 것이 아니라 기본적인 이야기식으로 전개된다는 사실을 알고 있는가? 우리는 ‘세부 로드맵’이 물이 흘러가는 구조로 이루어졌음을 이해하게 될 것이다.

'Define'은 말 그대로 '정의'이다. '정의(定義)'의 사전적 의미는 "어떤 말이나 사물의 뜻을 명확히 밝혀 규정하는 것"이다. 과제가 탄생한 배경, 추진에 대한 당위성, 추진에 필요한 자원 또는 일정 등을 밝히고 규정하는 과정에 해당한다. 만일 과제 탄생 배경이 불명확하거나 충분한 근거를 갖추지 못한 경우, 또는 문제에 대한 공감대 형성이 미흡한 경우, 목표가 회사의 이익이나 프로세스의 효율을 꾀하지 못하는 등의 결과를 보이면 당연히 과제 추진은 시작도 못 해보고 사장될 것이다.

통상 DMAIC는 15개의 하부 Step(DMAIC별 3개씩)으로 구분되고, 그 하부 Step은 또 몇 개로 나뉘는데 이를 '세부 로드맵'으로 정의한 바 있다. 본문에서의 학습은 'DMAIC' 또는 '15‒Step'보다 '세부 로드맵'에 더 충실할 것이다. 따라서 '세부 로드맵' 상위의 'DMAIC' 또는 '15‒Step' 분류 체계는 편의를 위해 명목상 유지하는 것으로 간주한다.

교육 중 필자는 '세부 로드맵'에 대해 강물을 건너기 위한 '징검다리'에 비유하곤 한다. 따라서 해결이 필요한 문제가 앞에 놓이면 고민할 것도 없이 Define Phase의 첫 '세부 로드맵'을 밟고 올라선다. 그 이후부터는 이미 마련된 정해진 징검다리를 계속 밟고 나가면 될 일이다. 강 건너 희미하게 비치는 불빛을 '과제의 목표'로 간주할 경우, 남은 일은 안전한 이동과 확실한 목표점 도달을 위해 정해놓은 돌다리 위에서 얼마나 깊이 있게 고민해줄 것인가가 중요할 뿐이다. 그렇다면 Define Phase에서의 '세부 로드맵'엔 어떤 것들이 있으며, 또 어떻게 구성돼 있는지 하나씩 베일을 벗겨보자.

　　　　　　　　　　본 '과제 개요'는 본격적인 **Define Phase**의
전개에 앞서, 선정된 과제를 쉽고 간단하게 조망하기 위한 방법을 설명한다.

　경험적으로 '세부 로드맵'이 완료되면 전체 장표는 약 60여 장, 또는 그 이
상 되는 것이 보통이다. 따라서 제3자에게 자료 내용을 정확히 전달하기 위해
일일이 보여주며 설명하는 데는 분명 한계가 있다. 특히 임원들을 대상으로
완료 과제를 발표할 때, 본론으로 들어가기 전 과제에 대한 전체 개요를 한
장 정도로 요약해 보여주면 이해력을 크게 높일 수 있다.

　필자의 경우 미국 SBTI社로부터 컨설팅이 시작될 당시 'Project Team
Charter'라는 제목으로 과제 시작 전 과제 개요를 작성해줄 것을 요구받아 많
은 양을 일일이 작성했던 기억이 난다. 물론 과제를 시작하지도 않은 시점이
라 상황 파악도 잘 안 된 상태였고 영문으로 무지막지하게 작성해줄 것을 요
구받는 바람에 모두들 입들이 삐쳐 나온 상태로 낯선 단어와 문장들을 해석하
며 대응하느라 연수원에서 날밤을 새운 적도 있다.

　즉 'Project Team Charter'는 과제 시작 초기 시점엔 수행할 과제가 어떤
내용이고 누가 무슨 이유로 참여하며 목표는 무엇이고 앞으로 어떻게 전개될
것인지 등을 기술하는 용도와, 과제 완료 시점엔 종합 발표나 내용 보고 시
많은 분량을 단 한 장에 요약함으로써 효율적으로 전달할 목적 등에 유용하게
이용된다. 어쨌든 한 조직의 구성원이고, 또 그 속에서 상호작용하기 위해서는
수개월간 깊이 있게 고민했던 과정과 내용을 짧은 시간과 분량으로 공유하는
방식은 여러모로 필수적 과정으로 인식된다. 다음 [그림 D-1]은 그 예의 일
부이다.

[그림 D-1] 프로젝트 팀 차터(Project Team Charter)

▪ SIX SIGMA TEAM CHARTER

Project Name			New growth	
Project Leader		DBB		
Telephone Number		Telephone Number		
Champion		SBU / Location		
Project Start Date		Targeted Commercial Introduction Date		
Development Stage		Charter Revision Date		

Element	Description	Team Charter				
1. New Process:	Describe the new Processt.					
2. Process Description:	Describe the functional requirements for the process.					
3. Project Description	Describe the purpose, scope and key objectives of the Six Sigma project (which critical parameters of the design are you addressing?)					
4. Market Segment:	What is the targeted market segment?					
5. Benefit to External Customers:	Who are the targeted customers and what benefits will they see relative to competitive options?					
6. Competitive Issues:	What are the key competitive issues?					
7. Killer Variables:	What are the potential show stoppers that could kill this project?					
8. Key project sign-off requirements	What key deliverables are required for the completion of this six sigma project.					
9. Business Returns:	What are the business returns anticipated and when?	NPV			M$	
		IRR			%	
			1999	2000	2001	2002	units
		Mkt Share	30%				%
		Volume	10K / year				M units
		Cost	$490				$/unit

[그림 D-1]과 같이 단어도 어렵거니와 매번 과제 시작 시점에 이 작업을 한다고 생각해보라. 가뜩이나 처음 시작하는 리더들에게 무척이나 까다로운 방법론으로 여겨질 것이다. 그러나 이 모든 작업을 수행하기보다 핵심 내용을 중심으로 간단히 요약하는 방법에 대해 알아보자. 그 예가 다음 [그림 D-2] 이다.

[그림 D-2] 'Step-0. 프로젝트 팀 차터' 작성 예

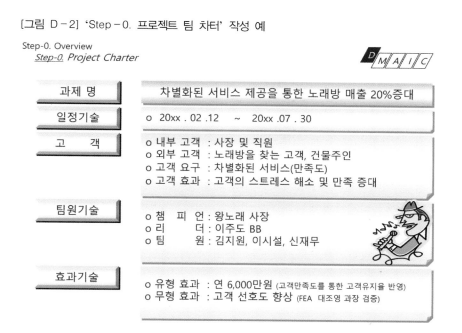

[그림 D-2]의 항목은 '과제 명', '일정 기술', '고객', '팀원 기술', '효과 기술' 등 핵심 내용으로 구성돼 있으며, 이들 중 '팀원 기술'과 '효과 기술'은 매우 중요하므로 특별히 강조할 대목이다. 경영자는 '재무성과'에 관심이 많다!

Step-1. 과제 선정 배경

삼성그룹 경우 Define Phase의 첫 번째 하부 단계를 'Step-1. 프로젝트 선정'으로 분류한다. 문제 해결을 위해 가장 먼저 맞닥뜨려야 할 사항이 과제 선정이기 때문이다. 사실 '과제 선정'은 항상 숙제로 남아 있는 영역이기도 하다. 왜냐하면 어느 정형화된 흐름과 각종 툴들의 지원 속에서 과제 선정 자체도 필요할 때마다 뚝뚝 떨어져주기를 내심 기대하는 경우가 많기 때문이다. 그러나 '과제 선정'을 주제로 여기서 일일이 열거하는 것은 범위를 많이 벗어나므로 일반론 위주로 설명하고 자세한 사항은 『Be the Solver_과제 선정』편을 참고하기 바란다. 이하 본문은 과제 선정이 비교적 용이한 제조 부문을 빼고 핵심 기능 부서들 중 하나인 '영업, 구매'의 사례를 들어 과제 선정의 특징을 설명한다.

그 이후 'Step-1.1. 과제 선정 배경 기술'을 시작점으로 로드맵에 맞춰 주요 설명을 이어나갈 것이다. 실제 여러 컨설팅 업체와 기업들에서 'Step-1'을 '과제 선정'이 아닌 '과제 선정 배경'으로 정하고 있다. 참고로 '과제 선정 배경'은 삼성그룹 경우 'Step-2. 과제 정의'의 첫 단계로 분류하고 있으며, '과제 추진 배경' 또는 'Business Case' 등의 여러 용어로도 불린다.

Step-1.1. 과제 선정 배경 기술

1.1.1. '과제 선정' 일반론

문제 해결 활동의 가장 중심에 위치한 것이 '과제 수행'이 아닌가 싶다. '과제 수행'을 통해 성과가 창출되고 그 결과를 바탕으로 재무 구조 개선에 얼마만큼 기여했는지가 파악된다. 따라서 성과 극대화를 위한 질 높은 '과제 선정'은 기업마다 중요한 관심 사항이 될 수밖에 없다. 그러나 도구 추종자(?)들은 마치 특정 기법을 통해 중요 과제들이 쉽게 얻어지리란 기대 심리도 팽배하다. 또 이런 요구를 반영하듯 여러 컨설팅 업체에서 다양한 '과제 선정 방법론'을 독자적 모델로 소개하며 상품화까지 하고 있다. 과연 기업 특성과 현실에 맞는 최적의 과제 선정 방법론이 존재하는 것일까? 기업의 과제 선정과 관련한 많은 컨설팅을 수행해본 필자로서는 '있다'고 일단 단언하고 싶다. 그러나 전제 조건이 붙는다. 반드시 몇몇의 특정 방법론으로 대변할 수는 없다. 이어지는 다음 두 회사의 과제 선정 사례를 통해 바람직한 방법이 무엇인지 생각해보는 시간을 가져보자.

A사는 경영 혁신 활동을 2년 정도 수행해왔으며 그동안 각 부서별로 중요하다고 생각되는 문제들을 과제화해서 수행해왔으나(Bottom‑up), 3년 차에 들면서 이제는 경영 전략과 연계된 '과제 선정(Top‑down)'을 하기로 결정하였다. 물론 경영 혁신 활동을 시작했던 초창기에도 이를 몰랐던 것은 아니었으나 바로 시작해야 하는 시간적 제약과 임직원의 인식 부족으로 일단 쉬운 방법을 선택했었다. 이에 여러 컨설팅 업체에 문의한 결과 '외부 환경 분석 → 내부 능력 분석 → 산업 동향 분석 → 전략 과제 도출'이라고 하는 큰 흐름을 바탕으로 각 활동에 속해 있는 다양한 분석 도구들을 활용하는 과제 선정 방법론을 채택하였다. 물론 이 작업을 수행하기 위해 전사의 임원들과 각 기능부서장들이 일정 기간 동안 인터뷰 대상이 된다거나 막대한 분량의 회사 운영 지표들을 검토하는 과정이 정신없이 이뤄졌다. 약 한 달여 기간 동안의 수행 결과가 사장과 임직원들이 모두 모인 강당에서 발표되었으며, 보름 뒤 최종적으로 요약된 과제들이 트리 구조로 정리돼 다시 사장과 임직원들이 모인 자리에서 발표되었고, 이를 바탕으로 3년 차 과제 수행이 시작되었다.

다음은 5년 차에 들어가는 B사의 사례이다. 사장의 강력한 리더십으로 경영 혁신을 시작한 이래 지속적으로 수준 향상을 꾀하려 노력했던 이 회사는 그동안의 과제 선정 방법에 회의를 느끼고 있었다. 실로 좋다고 하는 방법론을 모두 끌어다 운영해보았으나 최종 선정된 과제들이 이미 실무자들이 대부분 염두에 두고 있던 내용들의 다듬어진 결과라는 것을 느끼고 있던 차였다. 그러나 기존의 방법들이 과제 선정을 위해 다소 부족했다고는 얘기하지 않았다. 너무 큰 노력과 많은 임직원들이 과정에 투입되었고 시간도 만만치 않게 소요되었던 터라 공식적으로 비판하는 문제에 있어서는 누구도 선뜻 나서지 못하는 상황이었다. 또 방법이 잘못되었다기보다 그에 참여하는 임직원들의 적극성이 떨어지거나 성공 가능한 수준에 요령껏 대응했단 것도 암암리에 인지하고 있었다. 이런 상황을 너무나도 잘 알고 있던 B사의 혁신팀 부서장은 다음과 같은 과제 선정 방법을 공식화하였다. 즉, 기존에 운영돼온 프로세스 수준향상과 관련된 모든 과제는 팀장 주관하에 운영토록 하고, 사업부장 과제만큼은 기존 사업 계획의 목표를 초과할 수 있는 창조적이고 혁신적인 유형으로 도출하라고 지시한 것이다. 약 2주간의 혼란한 분위기가 이어졌다. "뭘 하라는 거지? 기존 사업 계획 목표도 죽죽 늘려 잡는 상황에서, 그건 기본으로 하고 혁신적인 과제를 추가로 창조하라니!" 의견이 분분하였으나 급기야 사업부장에 따라 의미 있는 변화가 일어나기 시작했다. 기존의 임원, 기능별 부서장, 관련 담당자를 대상으로 개별 인터뷰를 통해 상황 파악을 하던 패턴에서, 사업부장이 부서장, 과장 및 말단 사원까지 모두 회의실에 모이게 한 뒤, 취지를 설명하고 사업 계획 추가 목표를 달성하기 위한 내부 토론회를 개최한 것이다. 처음엔 말을 아끼던 직원들이 사업부장의 추가 목표 달성을 위한 과제를 생각한 대로 제시하자 너무 과도하다고 이의 제기를 하고 나서기 시작했다. 거기서 결정되면 과도한 과제를 직접 수행할 당사자가 바로 회의에 참석한 본인들이었기 때문이다. 시간이 갈수록 분위기가 험악(?)해지기도 했다. 그러나 어느 순간 정말 혁신적인 추가 목표 달성을 위한 과제가 도출돼야 한다는 피할 수 없는 상황을 절실히 인식하게 된 부서장과 직원들이 머리를 맞대고 고민하기 시작했다. 결국 5시간의 마라톤 회의를 거치면서 "그거 한번 해볼 만하다!" 하는 공감대가 형성된 사업부 과제가 탄생했고, 이후 몇 번의 수정 작업을 거쳐 급기야 간접 부문임에도 10개월 뒤 20여 억 원의 순수 재무성과를 창출하는 BP사례가 되는 영광을 안았다.

위의 A사와 B사의 예에서처럼 규격화된 방법론을 통해 과제를 선정하려는 접근과, 그와는 대조적으로 관계된 임직원이 모두 모여 머리를 맞대고 혁신성 있는 과제를 뽑아내기 위해 몰두하는 방식 중 어느 것이 더 현실적이고 실질적인 성과를 낼지 우열을 가릴 수는 있지 않을까? 일단 B사의 차별화된 운영에 대해 경영 혁신을 주관하던 혁신팀 부서장이 상황을 정확히 인지하고 있었다는 점, 두 번째로 그를 바탕으로 다소 무리가 있다고 판단되지만 과제 선정을 위한 가이드라인을 명확하게 제시했다는 점에 큰 의미가 있다. 즉, 그 가이드라인이 모호하지 않았다. 이미 마무리된 사업 계획을 제외한, 말 그대로 '혁신적인' 과제의 선정을 주문했던 것이다. 물론 회사 전체 사업부장들이 그에 동조해서 모두 혁신적인 과제를 도출했다고는 볼 수 없다. 그러나 적어도 기존과 분명히 차별화된 난이도 높으면서 성과에 기여할 수 있는 혁신적인 과제들이 늘어났으며, 기존 사업 계획의 목표를 추가 달성하는 등 경영 혁신 활동의 변곡점이 됐다는 것은 부인할 수 없는 사실이다.

또 과제 난이도가 높아진 것과 비례해 과제 수행에 따른 리더들의 접근 방식도 한층 업그레이드되는 계기가 되었다. 기존의 DMAIC Phase별로 한 달씩 정해지던 방식에서 철저한 시간 계획과 활동의 세분화를 적시하고 문제 발생 시 진지하게 모여 토론하는 분위기 등 진정한 경영 혁신 활동이 무엇인지를 보여주는 듯했다. 결론적으로 질 높은 과제를 선정하는 규격화된 방법을 찾고 그것을 기업 성향에 맞게 개발해서 활용하는 것도 중요하지만 그보다는 B사와 같은 사례를 벤치마킹해서 확실한 Top-down의 면모와 성과를 기대하는

[그림 D-3] 일반론적인 '과제 도출-과제 수행-과제 관리 사이클' 개요도

과제도출 일반론

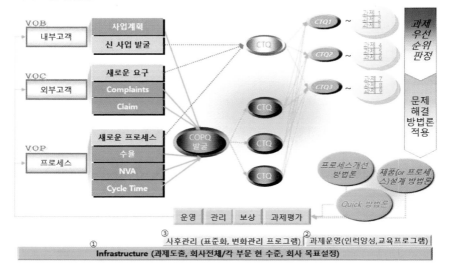

전략도 고려해봄 직하다. [그림 D-3]은 경영 혁신 활동에서 일반적으로 얘기하는 과제 도출 방법, 수행 및 관리 사이클의 개요도이다.

[그림 D-3]에서 경영 혁신의 핵심 전략은 '고객 만족'에 둘 수 있다. 따라서 과제 선정의 출발점은 '고객'이다. 고객은 그림 왼편에 나열된 '내부 고객, 외부 고객, 프로세스'로 구분된다. 통상 고객 유형은 '내부 고객, 외부 고객, 이해 관계자'로 분류하나 '이해 관계자' 대신 과제 선정에 직접 관계되는 '프로세스'를 넣었다. '고객'이 만들어내는 것은 오직 하나다. 즉, '소리(VOC, Voice of Customer)'다. 따라서 '내부 고객 → VOB(Voice of Business)', '외부 고객 → VOC', '프로세스 → VOP(Voice of Process)'에 각각 대응한다.

또 각 고객의 소리에서 분홍색 글틀인 "신사업 발굴, 새로운 요구, 새로운 프로세스"는 모두 기존에 없던 것을 찾아내거나 만들어내는 활동이므로 고객

의 핵심 요구 사항을 특성화시킨 'CTQ'를 끄집어내야 한다. 반면에 파란색 글들인 "사업 계획, Complaints, Claim, 수율, NVA(Non Value‒added), Cycle Time" 등은 현재 운영되는 체계이다. 이들은 비효율적인 문제를 찾아 개선하는 것이 주요하므로 비효율적인 활동을 금액 단위로 환산한 'COPQ(Cost of Poor Quality)'를 구한 뒤 금액을 줄이기 위한 'CTQ'를 도출한다. 이어 'CTQ' 들을 다시 세분화한 뒤(CTQ Flow down), 'CTQ'의 특성에 서술어를 붙여 '과제'를 탄생시킨다. 물론 적합한지에 대한 평가와, 긴급성 및 재무성과가 큰 과제별로 우선순위를 매겨 최종 확정 단계에 이른다. 수행 방법론 선택은 과제의 탄생 배경이 '사업 계획', 'Complaints' 등 현 운영 체계에서 나온 것이면 '프로세스 개선 방법론'을, '신사업 발굴'이나 '새로운 요구' 등 새롭게 창출하는 체계로부터 유래했으면 '제품(또는 프로세스) 설계 방법론', 그 외에 단기간에 처리가 가능하면 '빠른 해결 방법론'을 적용한다.

과제를 선정하는 다양한 방법과 '고객의 소리'를 듣는 방법인 인터뷰나 설문 또는 현재 운영되고 있는 각종 지표를 조사하는 등의 접근법들이 추가돼야 하나 이들에 대한 논의는 분량과 본문의 목적을 고려할 때 적합하지 않아 이 정도에서 정리하겠다. 다음 절에서는 컨설팅 경험을 바탕으로 정립한 영업, 구매 부문의 과제 유형에 대해 알아보자.

1.1.2. 영업·구매 부문에서의 과제 유형

기업에 소속된 수많은 기능 부서들 중에 왜 하필 영업·구매의 과제 유형을 설명하려는 걸까? 의문을 제기할 수도 있다. 제조 부문 경우 생산 중 관리가 꼭 필요한 지표들이 있으며 관리 수준 대비 부족한 지표들을 골라 과제로 선정한다. 예를 들면, 불량률이나 수율, 시간당 생산량 등 생산성 지표나, Lead

Time, Tack Time, Cycle Time과 같은 소요 시간 지표, 또 원가나 비용과 관련된 재무 지표를 보면 당장 무엇을 어떻게 해야 할지 가늠할 수 있다. 그러나 이들 관리 지표들을 'CTQ Flow-down'처럼 하향 전개해 세분화하는 것은 별 의미가 없을 수 있다. 제품의 종류와 생산 방식도 다양할뿐더러 굳이 그렇게 하지 않아도 기업의 생산 구조 속에서 개선해야 할 사항들은 해당 분야에 소속된 부서장 또는 직원들이 너무도 잘 알고 있기 때문이다.

　문제는 간접 부문에서 나타난다. 과제 선정을 위해 컨설팅을 하다 보면 "우리 부서는 아무리 생각해도 뽑을 과제가 없거든요. 타사 사례 좀 보여줄 수 없나요?" 하고 애초부터 선제공격으로 맞서는 경우가 허다하다. 또 타사 사례를 알려주면 백이면 백 모두 이구동성으로 하는 말이 있다. "아! 그건 우리하고 이런 부분이 달라서 도움이 안 되겠는데요. 다른 예는 없을까요?" 이런 답변을 들을 때면 필자도 부드럽게 매번 똑같이 해주는 말이 있다. "없어요. 이 세상에 서로 다른 두 회사의 특정 부서에서 업무가 100% 똑같이 행해지는 경우가 몇이나 되겠습니까?" 하고. 타사를 벤치마킹해서 바로 우리에게 적용하면 이상적이지만 서로 간의 차이점을 인식하고 '힌트'를 얻는 정도에서 만족하면 나름 의의가 있다. 그러나 스스로 결과를 내려는 노력은 하지 않으면서 타사의 예를 원형 그대로 받아들이려는 시도는 너무도 염치없다. 그런데 이런 현상은 경영 혁신 활동의 초기에 더욱 두드러지며 대표적인 부서가 바로 '영업 부문'이다.

　기업마다 영업 업무에 다소 차이가 있는데 가령 물류나 채권 관리 또는 재고 관리까지 아우르는 경우 그나마 과제 선정에 큰 어려움은 없다. 물류는 과제를 뽑기 위한 소위 텃밭이고, 채권이나 재고 역시 가만히 들여다보면 비용이나 시간 감소 측면의 다양한 소재거리가 그득하기 때문이다. 그러나 순수하게 영업 고유의 '수주 활동'만 존재하는 경우 확실히 과제 선정 때 임원이나 부서장의 반발이 만만치 않다. 바로 수주 업무의 특수성 때문이다. 수주 업무는 내부 활동보다 고객을 만나기 위해 밖에서 활동이 이루어지고, 회사의 존속을 좌지우지할 매출 계약을 성사시킬 최전선의 전투병으로 인식된다. 웬만한 잘못이 없는 한 수주 활동은 철저히 보장된다. 밖에서의 활동이 상대적으로 강조되다 보니 안에서의 비효율은 순위에서 밀리기도 하고, 수주 자체에 모든 평가와 실적이 집중돼 있으므로 과제 수행에 대해 어느 정도 관용이 베풀어진다.

수주가 본연의 업무인 영업 부문 임원이나 부서장과 면담을 하면 "우리는 수주만 잘하면 되므로 혁신에서 얘기하는 방법론의 적용은 잘 안 맞습니다. 특히 통계적 사고는 몸으로 뛰는 영업 사원들에겐 별로 도움 되지 않을뿐더러 과제 수행한답시고 앉아서 문서 작업에 시간을 투입하는 것은 회사 차원에서도 좋은 모습이 될 수 없습니다. 수주 활동이 주 업무이고 또 반드시 달성해야 하는 중대사인데 그것을 과제로 구분해서 수행하는 것도 이상하지 않습니까? 영업은 그 특수성을 인정하고 혁신 활동에서 제외돼야 합니다" 하는 반응이 대부분이다. 맞는 말이다. 또 영업 부문의 과제를 수행하다 보면 자주 듣는 말이기 때문에 어느 특정한 기업으로부터 나올 수 있는 편향된 얘기라기보다 일반적인 표현으로 이해돼야 한다.

그러나 혁신 관점의 사고든 다른 관점의 사고든 상기한 해석 중 놓치고 있는 것이 하나 있다. 그것은 영업도 하나의 프로세스로 운영된다는 점이다. 즉, 영업 활동도 기업 같은 큰 조직에 속한 여러 기능 부서들 중 하나이며, 조직에서의 기능은 필연적으로 프로세스에 의해 운영되는 속성을 띨 수밖에 없다.

프로세스 없이 개개인의 능력과 판단에 의해 업무가 이뤄지면 어떻게 될까? 또 그것이 가능할까? 고객으로부터 견적 요청이 오면 그것을 검토할 연구소의 BOM(Bill of Materials) 생성, 구매의 원가 산정, 생산의 투자 계획, 경영 관리의 예상 수익 산정, 물류팀의 물류비용 산정 등 견적 요청 한 건에 대해 여러 전문 부서의 지원과 협업이 필수적이며, 전체 프로세스 체계를 거쳐 나온 견적서를 들고 고객에게 다가서는 것이 영업 사원의 역할이다. 또 만일 고객이 그 견적에 대해 새로운 요구나 추가적인 요청을 하면 영업 사원은 다시금이들 부서의 의견 수렴 과정을 거쳐 이후 대응을 위한 의사 결정을 하므로 결국 영업도 프로세스 안에서 모든 업무가 온전히 이루어짐을 알 수 있다.

모든 수주 활동이 여타 업무들과 동일하게 프로세스 안에서 이뤄지므로 그속에서 혁신 과제를 발굴하는 것도 가능하다. 그러나 영업 업무는 우리가 생각하는 것보다 복잡도가 훨씬 높다. 발굴할 과제가 없는 것이 아니라 업무의이해 부족 때문에 과제 찾는 작업이 어려울 수 있다는 뜻이다. 쉬운 설명을위해 다음 [그림 D-4]와 같이 영업 업무의 속성을 개요도로 나타내보았다.

[그림 D-4] 영업 부문에서의 업무 유형

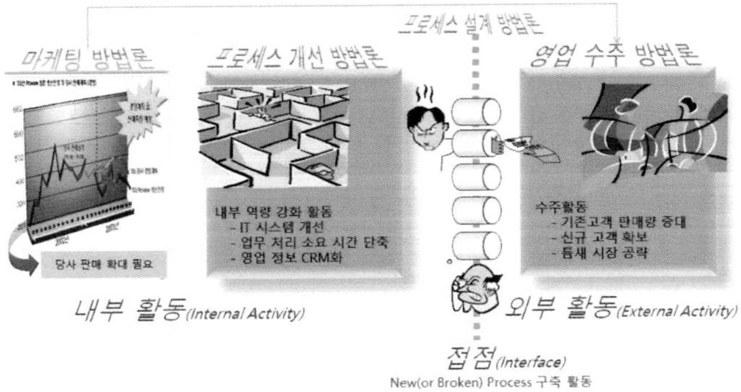

개요도를 잘 관찰하면 영업에서 과제 발굴이 쉽지 않은 이유를 어렵지 않게파악할 수 있다. 즉 평상 시 영업 부서에서 혁신 활동을 탐탁지 않게 여기는것도 일리가 있다는 생각이 든다. 역으로 개요도를 통해 영업 업무가 "복잡하구나!" 하는 공감대가 형성될 경우 영업 부문도 '문제 해결 방법론' 적용의 좋은 수혜처가 될 수 있다.

[그림 D-4]처럼 영업 활동을 구분해놓으면 어느 한쪽에서 다른 쪽을 바라볼 때 왜곡이 발생할 수 있다. '영업 프로세스' 한 개 체계 속에 여러 유형이 존재하기 때문이다. 그림 오른쪽의 '외부 활동(External Activity)'[10]을 보자. '외부 활동'은 순수 수주를 위한 영업 고유 활동이다. 예를 들어 기존 고객의 물량을 추가로 확대한다거나, 새로운 고객 또는 틈새시장(Niche Market)을 확보하는 활동들이 포함된다. 따라서 이들을 혁신 과제로 선정하면 '문제 해결 방법론'은 '영업 수주 방법론'이 적합하다.

'영업 수주 방법론'은 'DMAIC 로드맵' 체계를 그대로 따르면서 영업 수주 업무의 특수성을 고려한 로드맵을 갖고 있다. 실제 현업에 적용했을 때 영업 직원들의 만족도는 대단히 높다. 그만큼 수주 업무의 속성을 정확히 반영하며, 접근성과 효용성 또한 매우 높은 게 특징이다. '영업 수주 방법론'이 적용되면 초기 '고객 선정'부터 '수주 여부'에 이르기까지 활동 하나하나가 로드맵을 따라 일목요연하게 인과성을 갖고 정리되며, 어느 전략이 수주에 유리하고 불리한지 검토도 가능하다. 수주 노하우가 그대로 축적되며, 따라서 문제 해결에서 가장 중요한 제3자에 의한 재현도 가능하다. 즉 수주 업무가 개인의 영업적 수완이나 역량 또는 회사의 지원이나 그때그때의 시황에 따라 결정되기보다 다른 직원에 의해 재현이 가능한 체계적인 프로세스임을 인지하게 된다.

---

10) '용어' 및 '정의'는 필자가 정립하였다.

[그림 D-5] 영업 부문에서의 문제 해결 개요

사다리의 끝이 어딘가.....

이런 상황은 모 회사의 영업 임직원을 대상으로 한 특강에서 다음과 같이 설명한 바 있다. 대형 건물의 고층에 화재가 발생했을 때 그 건물 내의 인명 구조 가능성은 사다리를 얼마나 화재 현장에 근접시키는가에 달려 있다. 불이 너무 강해 사다리로 접근하기 어려운 상황이면 처한 환경에 충분히 학습과 훈련을 받은 소방대원일수록 내화 망투로 불길을 가리거나 불길이 좀 약한 측면 또는 하단에 댄 뒤 2차적인 접근을 시도하는 등 뭔가 발 빠른 대응을 시도할 것이다. 일단 그렇게만 되면 대형 화재에 아직 미숙한 신입 소방대원도 적어도 사다리가 놓인 지점까지 순식간에 도달할 수 있다. 이를 통해 시급을 다투는 인명을 한 명이라도 더 구조하는 데 일조할 수 있다. 사다리가 최대로 도달한 지점부터 신입 소방대원이든, 선임 소방대원이든 인명 구조를 위해 개개인의 역량을 최대로 발휘하는 활동이 시작된다.

'대형 화재'를 경쟁이 심한 '경쟁 환경'으로, 구해내야 할 '인명'을 고객으로부터 확보해야 할 '수주 물량', 그리고 '사다리'를 '프로세스', '소방대원'을 '영업 직원'으로 대체해보자. 수주가 결정되는 시점 또는 직전까지, 즉 고객에게 최대로 가깝고 빠르게 접근할 수 있는 프로세스 체계가 마련될수록 신입 사원이 역량을 발휘할 기회는 더욱 늘어난다. 이때 수주 가능성 역시 높아질 것이다. 고객 접점에서 이루어진 경험은 영업 노하우가 더욱 발전되고 축적되는 계기가 될 수 있다.

그에 반해 [그림 D-4]의 '<u>내부 활동(Internal Activity)</u>'은 한마디로 수주를 지원하는 활동이다. 견적 요청에 대한 견적서 작성이나 고객 불만 또는 클레임 처리, 고객의 새로운 요구를 들어주는 활동 등도 포함된다. 경우에 따라서는 고객 정보를 관리하고 그를 활용해 수주 활동을 지원하는 일도 있다. 이와 같이 외부 활동 중 발생된 다양한 고객으로부터의 요구 사항들을 얼마나 빠르고 정확히 대응해서 궁극적으로 고객 만족을 높여주느냐가 '내부 활동'의 존재 이유이며 목표다. 따라서 처리 프로세스상 비효율적이거나 적절히 처리되지 못한 과거 사례 등을 조사하여 중요도가 높은 순부터 정리하면 이들이 역량 강화 목적의 중요 과제가 될 수 있다. 물론 재무성과는 없거나 크지 않을 수도 있다. 그러나 영업의 궁극적 목표인 수주 확대에 필요한 다양한 요구들을 빠르고 정확하게 처리해줘야 그 결과를 들고 고객 대면에 박차를 가할 수 있다. 이와 같은 '내부 활동'의 역량을 강화시키는 과제가 선정되면 기존 프로세스가 있는 상태에서의 효율화를 꾀하는 것이므로 '문제 해결 방법론' 중 '프로세스 개선 방법론'이나 '빠른 해결 방법론'이 적절하다.

끝으로 [그림 D-4]에서 '내부 활동'과 '외부 활동'의 중간 지점에 '<u>접점(Interface) 영역</u>'이 있다. 개념은 간단하다. 즉, 수주를 목적으로 영업 사원이 '외부 활동'을 하다 고객으로부터 기존에 받아보지 못했던 새로운 요구를 전해 들었다고 가정하자. 수주와 관련된 시급한 사항으로 영업 직원은 그 내용을 들고 사내로 들어와 처리해줄 담당자를 찾았으나 없다는 것을 알고 난감한 처지에 놓인다. 담당자가 없다는 것은 프로세스가 없다는 것을 의미한다. 즉, 처리가 필요한 내용을 가져왔을 때 넣어야 할 통이 없다는 것을 [그림 D-4]의 '접점(Interface)' 영역에 그림으로 나타냈다. 예를 들어 제품을 만들어 판매만 하던 상황에서 수익 구조를 개선하기 위해 제품을 설치해주는 영역까지 시장을 확대한다면 기존 중간 도매상들을 대상으로 한 영업 활동에서 이제는 설치를 요청한 새로운 고객을 대면하게 될 것이고, 이때 전에 받아보지 못한 새로운 요구나 요청사항들이 발생할 수 있다. 이들 모두를 제품만 판매하던 기존 프로세스 체계에서 수용하지 못하면 다른 대책을 강구해야 한다. 이와 같이 환경 변화로부터 신규 프로세스 신설이 요구될 경우 '문제 회피 영역'의 '프로세스 설계 방법론'이 적용된다. '회피'는 새로 정립되는 프로세스가 향후 문제를 야기하지 않도록 철저히 설계돼야 함을 강조한 표현이다.

지금까지 '영업 부문'에 대해 설명했는데 이와 거의 유사한 대표적 부문이 바로 '구매'이다. '구매 부문' 역시 '외부 활동'과 '내부 활동' 그리고 '접점 영역'으로 구분되기 때문이다. 차이가 있다면 영업 활동이 '을'의 입장에 놓여 있는 반면 구매 활동은 '갑'의 입장에서 업무가 이루어진다. 영업에서 상세한 설명이 있었으므로 여기서는 각 활동별 대응되는 과제 유형들을 기술해보겠다. 우선 '<u>외부 활동</u>'에는 사용 부품의 구조 개선을 통한 원가 절감, 단가 인하를 위한 협상 전략, 협력 업체의 프로세스 최적화 지원을 통한 단가 하향, 신규 구매 업체 개발(소싱의 다변화), 시장 정보 입수 등이 있으며, '<u>내부 활동</u>'으로는 영업과 같이 빠르고 정확한 일 처리를 목적으로 단가 산정의 효율화나, IT화 등이 포함된다. '<u>접점(Interface)</u>' 관점에서는 e-Bidding 시스템 도입, 또는 체계화나 신규 요구의 처리를 위한 프로세스 정립 등이 해당한다.

'세부 로드맵' 체계에서 '과제 선정 배경'을 전개하는 방법은 내용적인 측면에서 크게 3가지로 분류된다. 즉, '3C 분석'이 그것인데 '3C'는 '고객(Customer), 경쟁사(Competitor), 자사(Corporation/Company)'이다.

만일 본인이 과제 지도를 하거나 또는 리더 입장에서 '3C'를 설명하려면 우선 대상 과제의 선정 배경이 위의 세 가지 분류 중 어디에 속하는지 판독해본다. 물론 두 개나 셋 모두가 포함될 수도 있으나 경험적으로 프로세스 개선 과제는 위의 세 개 중 한 개에 대부분 속한다. 예를 들어, '고객(Customer)'의 경우 "고객의 선호도가 어떻게 변해왔고 앞으로 어떻게 변해갈 것인가?", "M/S가 최근 수년간 또는 앞으로 어떻게 변해갈 것인가?", "시장 수요가 또 얼마에서 향후 얼마로 변해가는가?"에 따라 우리가 대응해야 할 필요성이 생기며, 이런 환경 변화가 과제 선정 배경이 될 수 있다. '경쟁사(Competitor)' 관점은 "경쟁사가 최근 무엇을 개발했다", "어떤 전략을 구사하고 있다", "어떤 방침을 세웠다" 등등의 경쟁사 동향 정보를 수집한 결과에 따라 당사도 해야 된다는 결론에 이르면 과제의 선정 배경이 쉽게 정리된다. 또 '자사(Corporation)' 관점은 "대표 이사가 OO 내용을 하라고 하셨더라", "어느 팀에서 문제점을 발견해 추진할 수밖에 없는 상황이 되었다", "자체 분석 결과 개선 항목에 대한 점유율이 높아 처리가 불가피하다" 등의 관점에서 과제가 선정된 배경이 될 수 있다.

과제의 선정 배경을 위와 같이 구분해봄으로써 향후 추진 과정을 경쟁사에 맞출 것인지, 고객에 맞출 것인지, 아니면 회사의 프로세스 최적화에 맞출 것인지 등 방향성을 짐작할 수 있고, 또 막연한 배경 기술보다 과제의 유형을 명확히 가늠할 수 있다는 취지에서 '3C' 전개는 매우 필요한 전개 방법이라 할 수 있다. 말보다는 '百聞이 不如一見'이므로 '노래방 매출 올리기'라고 하는 간단한 예를 통해 과제 선정 배경을 좀 더 밀도 있게 학습해보자.

참고로 '노래방 매출 올리기'는 필자가 'DMAIC Phase'와 '15 – Step' 및 '세부 로드맵'의 상세한 설명을 위해 도입한 가상의 사례이다. 가상이긴 하나 실제 과제 수행과 동일한 구조로 흐름을 형성하며 현업에서 수집 가능한 유사 데이터를 이용해 분석과 개선 방향, 최적화까지 정교한 시나리오로 이루어져 있다. '파워포인트'로 작성돼 있으며 독자들의 요청이 있을 경우 무료로 배포하고 있다(책 표지 주소 참조). 따라서 해당 자료를 참고해서 본문을 읽어나가면 이해하는 데 더 큰 도움을 받을 수 있다. 그 외에 현업에서 발생 가능한 실 사례 소개를 통해 학습 수준을 높이려는 노력도 시도할 것이다.

이제 여러분이 지도하고 있는 과제 리더가 다음 [그림 D – 6]과 같은 '과제 선정 배경'을 작성해 와서 잘된 것인지 문의한다고 가정하자.

[그림 D – 6] 'Step – 1.1. 과제 선정 배경 기술' 예(수정 전)

Step-1. 과제 선정 배경
 Step-1.1. 과제 선정 배경 기술

▶ 노래방 업계의 경쟁이 심화되어 당 업소의 매출이 지속적으로 감소하고 있음

▶ 주변의 노래방 개업 수가 최근 증가추세를 보이고 있으며, 차별화된 서비스 및 시설이 훌륭한 소수의 업소는 매출이 급등하고 있음.

▶ 당 업소의 매출을 증대시키기 위해서는 차별화된 서비스의 제공 및 홍보강화 전략이 필수적인 것으로 판단됨

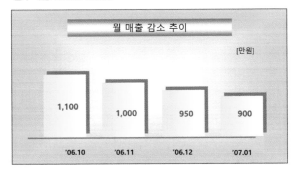

[그림 D-6]의 예에서 '과제 선정 배경'을 지도하기 위해서는 우선 다음과 같은 몇 가지 사항을 관찰해볼 필요가 있다.

◉ '과제 선정 배경'이 3C 중 어디에 속하는지 파악해본다.

[그림 D-6]의 문장을 보면, 고객(Customer)의 노래방에 대한 기호나 만족도 변화 또는 Market Share 등이기보다 경쟁사(Competitor)의 '차별화된 서비스 및 시설'에 대한 내용과 자사(Company)의 내부 분석을 통한 월 매출 감소 설명이 복합된 것으로 보인다. 그러나 매출 감소의 주요인이 주변 노래방 업소의 차별화 전략에 기인하고 있으므로 리더는 아마 이 부분을 염두에 두고 과제 추진을 모색하고 있는 것으로 생각된다(경쟁사 관점에 무게를 둠). 따라서 향후 전개 방향에 대한 단서가 엿보이며, 이 부분에 대해서 과제 선정의 적절성을 리더와 질의응답식으로 확인해나간다.

◉ 그래프 또는 시각화된 부분과 글로 기술된 내용이 일치하는지를 확인한다.

막대그래프는 노래방 업소의 월 매출 감소 추이를 보이고 있고, 상단 첫 줄은 이를 설명하고 있다. 그 이하 네 개의 줄은 특별한 시각화 도구 없이 내용만 기술하고 있음을 알 수 있다. 기술된 내용과 그림/차트를 일치시킨다.

◉ 글로 기술된 내용 중에 '원인'이나 '개선책' 등이 있는지 확인한다.

'세부 로드맵'은 모든 문제 해결 활동을 추진하는 데 있어 혹여 중요 사항을 빠트리지 않고 목표를 달성하도록 체계적으로 지원한다. 다시 말해 **무슨 내용의 활동을 하더라도 '세부 로드맵' 어딘가에 모두 포함시킬 수 있다는 뜻**이다. 만일 '과제 선정 배경'상에서 문제의 '원인'이 기술됐으면 이것은 Analyze Phase에서 논할 일이고, '개선책'을 표현했으면 이것은 Improve Phase에서 깊이 있게 조명할 일이다. 따라서 '원인' 또는 '개선책' 등은 가급적 설명에서 빼도록 유도한다. 앞서 예의 경우, '주변 노래방 업소의 증가와 차별화된 서비스'가 표현돼 있지만 매출 감소의 핵심 요인으로 단언하고 있지는 않다. 따라서 '경쟁사의 동향' 정도로 보는 것이 좋을 것 같으며, 매출 감소에 대해 내부의 주요 요인이 있음을 리더가 따로 염두에 두고 있거나, 또는 과제 수행을 통해 파악하려는 핵심 사항이 될 수도 있다. 그러나 네 번째 줄부터는 확실히 개선책을 표현하고 있어 현 단계에서 확정하기보다 **Analyze Phase**를 거쳐 해결 방안을 모색하는 쪽으로 유도할 필요가 있다.

◉ 장표 구성을 '여백', '통일', '균형', '강조' 관점에서 살펴본다.

자료는 본인이 볼 목적으로 작성한다기보다 제3자를 위하거나 보관을 목적으로 한다. 따라서 자료로서의 가치가 있으려면 내용 전달에 필요한 기본 사양을 갖춰야 한다. 이는 임원에게 프레젠테이션을 하거나, 또는 팀원들과의 의견 교환을 위해서라도 꼭 고려해야 할 주요 사항이다. 기업에서 과제 지도를 하다 보면 이 부분을 소홀히 하는 바람에 보는 사람도 이해하기 어렵고 정작 본인도 정리가 안 돼 **Paper Work**로 인식하곤 한다. 로드맵이 많이 진행된 상태에서의 편집은 작업량이 크게 증가할 것이므로 아예 초기부터 이 부분을 잡아주는 것이 좋다.

우선 '여백'을 본다. '**여백**'은 장표 상하좌우의 여백이 일정하게 유지되고 있는지를 보는 것이다. 매 장표에 여백의 불균형은 성의가 없어 보이기 쉽다. [그림 D‒6] 경우 상하좌우의 여백은 동일하게 잘 확보된 것으로 보인다. 두 번째 '**통일**'은 글자체나 각 장표마다 반복되는 제목, 장표 우측 상단의 로드맵 아이콘 등 공통으로 반복되는 것들을 동일하게 맞추는 작업이다. [그림 D‒6]에서 각 모서리의 제목은 잘 구성되었으나 이들이 다른 장표에서도 동일하게 반복되는지 확인한다. 그러나 기술된 내용 중 네 번째 줄은 글자체가 'HY울릉도M'으로 다른 줄들의 '맑은 고딕'과는 통일돼 있지 않다. 따라서 한쪽 글

자체로 통일시키도록 유도한다. 세 번째 '**균형**'은 장표 내용들의 무게중심을 의미한다. 내용들이 위나 아래 또는 좌우 등 한쪽으로 쏠려 있으면 심리적으로 불안정하게 느껴질 수 있다. 예에서는 막대그래프가 왼쪽으로 쏠려 있어 중앙으로 조금 이동시키거나 또는 크기를 오른쪽으로 늘려 장표의 전체적인 무게중심이 한가운데로 올 수 있게 유도한다. 끝으로 '**강조**'는 매 장표 내용은 항상 전달코자 하는 의미를 담고 있으므로, 본인이 정확히 설명하려고 하는 것이 무엇인지 강조할 필요가 있다. 통상 프레젠테이션을 할 때 청중은 넘어가는 장표의 전체를 파악하기보다 그래프나 굵게, 또는 색으로 강조한 부분을 주시한다. 또 발표자가 각 장표의 핵심 전달 사항을 드러내지 않으면 본인도 모르게 말수가 많아져 발표 시간이 길어지기 일쑤다. 예에서는 그래프를 설명하는 첫 줄이 핵심이므로(과제 선정 배경이 됨) 이를 굵게 표현한 뒤 빨간색 등으로 색 처리를 해 전달하고자 하는 내용을 강조하도록 유도한다.

'과제 선정 배경'에 대한 위와 같은 검토는 항상 기본적으로 수행한다. 그러나 과제를 수행해봤거나 내공을 많이 쌓은 리더라도 다양한 형태로 작성된 배경을 동일한 잣대로 처리해내기는 쉽지 않다. 따라서 직전 네 가지를 기본적으로 파악한 뒤 다음과 같은 수순으로 멘토링을 실행한다. 설사 멘토링이 아니더라도 본인이 동일한 관점에서 활용하면 수행에 도움 받을 수 있다. 다음은 사내 멘토로서 과제 지도 때 기본적으로 파악해야 하는 사항들이며, 과제를 수행 중인 리더면 꼭 염두에 둬야 할 내용이기도 하다. 본 과정은 '과제 선정 배경'뿐만 아니라 이후 설명될 '문제 기술'에도 그대로 적용되며, 편의상 'Define Phase 4대 작성 원칙'으로 명명하겠다.

① 리더가 표현하고자 하는 '과제 선정 배경'의 핵심 '단어'나 '구어'를 찾아낸다.

3C 관점의 배경을 확인했으면(예의 경우는 '경쟁사 관점'), 리더가 중추적으

로 생각하고 있는 배경을 담은 '단어'나 '구' 등을 끄집어낸다. 필요하면 질문을 던지기도 한다. 예에서는 '경쟁사 관점'에서 두 번째 줄인 '주변 경쟁 업소 최근 증가세'와, '자사 관점'에서의 '매출액 감소세'가 될 수 있다.

② 핵심 배경에 대해 시각화시킬 수 있는 도구를 생각한다.

자료는 반드시 시각화시킬 수 있어야 한다. 만일 그래프나 사진 등으로 표현이 어려우면 표를 활용하는 것도 가능하다. 또 시각화 도구가 두 개 이상이면 왼쪽에서 오른쪽으로 '큰 규모 → 작은 규모'로의 상황 전개가 바람직하다. 예를 들면, 회사 매출 전체의 연도별 변화를 먼저 보이고 해당 과제가 목표로 하는 제품의 매출을 보이거나 국내 전체 시장의 흐름을 보인 뒤, 자사 상품의 흐름을 보이는 식이다. 예에서는 '주변 노래방 업소의 증가세'를 시각화시킨 뒤 당사의 매출 감소세를 표현하는 것으로 설정하였다(고 가정한다).

③ 시각화된 도구에 대해 6하원칙으로 내용을 기술한다.

그래프를 설명하면서 '원인'이나 '해결책'이 거론되지 않게 하는 방법은 시각화된 도구의 내용을 6하원칙으로 표현하는 것이다. 전달력도 뛰어나고 장표도 훨씬 단순화될 수 있다. 예를 들면, "2007년 1월 현재, 우리 업소 반경 1km 이내에서 영업을 하고 있는 노래방 업소는 총 20개로 월평균 3.3개씩 지속적으로 증가하는 추세임" 등으로 표현하는 식이다. 기술이 끝나면 그들을 종합해 '시사점(Implication)'을 적는다. 소위 '한 줄 논평'이며 기술한 내용은 객관적 사실에 근거하는 반면, '시사점'은 리더 본인의 생각을 나타내는 차이점이 있다.

④ 장표 구성을 '여백', '통일', '균형', '강조' 관점에서 표현한다.

장표를 예쁘게, 또는 있어 보이게 하자는 게 목적이 아니라 내용을 정확하고 쉽게 전달하고자 하는 것이 목적이므로 앞에서 설명된 '여백', '통일', '균형', '강조' 내용을 토대로 기술한다.

앞서 기술한 'Define Phase 4대 작성 원칙'의 지도법에 따라 제시된 [그림 D-6]의 '노래방 매출 올리기' 예를 보완한 결과는 다음 [그림 D-7]과 같다.

[그림 D-7] 'Step-1.1. 과제 선정 배경기술' 예(수정 후)

Step-1. 과제 선정 배경
  Step-1.1. 과제 선정 배경 기술

▶ '07년 1월 현재, 우리업소 반경 1Km 이내에서 영업을 하고 있는 노래방 업소는 총 20개로 월 평균 3.3개씩 지속적으로 증가하는 추세임.

▶ 이로 인해 당 업소의 월 매출규모는 '06.10월부터 월 평균 약 67만원씩 지속적으로 감소해 '07년.1월 현재 900만원에 이른 상황임.

➡ 역 성장 가능성과 매출 급감 대처를 위해 빠르고 구체적인 대안 마련이 시급함.

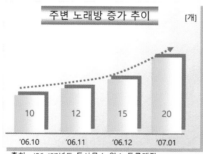

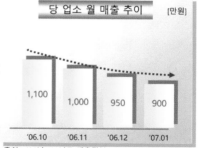

우선 [그림 D-6]의 리더가 기술해온 내용 중 핵심 단어로 '주변 경쟁 업소 최근 증가세'를 통해 노래방 업소 증가 추세(Define Phase 4대 작성 원칙 '①')를 막대그래프(Define Phase 4대 작성 원칙 '②')로 추가했으며, 그에 따른 당 업소의 월 매출 감소세가 두드러지고 있음을 드러냈다. 이는 '3C' 중

'경쟁사' 관점에서 과제가 선정됐음을 암시한다. 제3자가 주변 경쟁 업소의 증가세와 당 업소의 매출 감소 경향을 보는 순간 '아, 뭔가 조치가 필요하겠구나!' 하는 생각이 든다면 과제 선정 배경을 적절하게 표현한 것이다. 또 그래프 밑에는 그 출처를 밝힘으로써 자료의 객관성과 신뢰성 있음을 표현하고 있다. 그래프가 완성됐으면 이어 그들의 내용을 기술한다. 예에서도 알 수 있듯이 6하원칙(Define Phase 4대 작성 원칙 '③')에 근거해 그래프 내용을 그대로 기술한다. 따라서 문제의 '원인'이나 '해결책'이 나타날 기회가 원천적으로 봉쇄된다. 화살표로 연결된 '시사점'은 리더의 의견이며 객관적 사실로부터 판단컨대 문제 해결이 시급함을 강조하고 있다. 그 외에 '여백', '통일', '균형', '강조' 관점에서 장표를 정리(Define Phase 4대 작성 원칙 '④')한다. [그림 D-6]보다 훨씬 정돈된 모습으로 다가올 것이다.

Step-1.2. 전략과의 연계

　기업에서의 과제는 Top-down의 모습일 때 그 효과가 배가되며, 따라서 과제는 회사의 전략적 방향과 일치되게 선정한다. 'Step-1.1. 과제 선정 배경 기술'에서 '3C' 관점의 환경 분석이 정리되면 이를 바탕으로 수행될 과제가 회사의 전략 어디에 매달려 있는지를 시각적으로 표현한다. 물론 과제 윤곽이 명료하지 않거나 또는 리더가 전략의 어디에 연결시켜야 할지 난감해할 수도 있다. 아무리 'Top-down'이라고 해도 과제 하나하나까지 모두 전개해내기는 어렵기 때문이다. 그러나 핵심 과제들은 이 같은 전개가 필요하며 사업부 워크숍 등을 통해 정리되는 것이 가장 바람직하다.
　운영이 잘 이루어지는 기업의 경우 매년 말 CTQ-Tree를 사업부 단위까지 전개한 뒤 방향과 목표 수준을 설정해주고, 각 사업부는 그를 바탕으로 연계된 과제를 선정하기도 한다. 어느 경로를 거치든 'Step - 1.1. 과제 선정 배경 기술'이 완료된 이후에는 그를 바탕으로 'Step - 1.2. 전략과의 연계'를 작성한다. 다음 [그림 D - 8]은 [그림 D - 7]과 연결된 '전략과의 연계'를 작성한 사례이다(라고 가정한다).

[그림 D - 8] 'Step - 1.2. 전략과의 연계' 예

Step-1. 과제 선정 배경
Step-1.2. 전략과의 연계

▶ 올해 회사의 업계 1위 등극을 위한 실천전략인 '매출 20%성장', '생산성 20%향상', '비용 30%감소', '업무효율 30% 향상'에 대해

▶ 본 과제는 다음과 같이 '매출 20%성장-영업이익 흑자전환-A제품 영업이익 흑자화'와 연계됨.

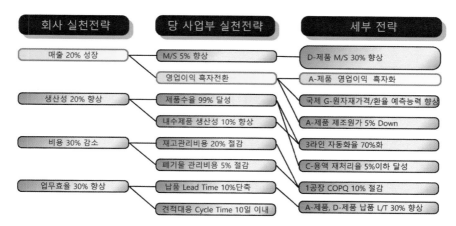

[그림 D - 8]을 보면 'A - 제품 영업 이익 흑자 화'는 사업부의 "영업 이익 흑자 전환", 그리고 회사의 "매출 20% 성장" 목표와 연계돼 있음을 알 수 있다.

Step - 2. 과제 정의

　　　　　　　　　본 단원은 크게 과제를 왜 해야 하는지에 대한 당위성을 설명하는 과정(과제 정의)과, 향후 과제를 어떻게 꾸려나갈 것인지를 설명하는 과정(과제 관리)으로 구분된다. 일반적으로 둘을 합쳐 '과제 정의'라고 총칭한다. '세부 로드맵'상으로 전자는 '문제 기술', '목표 기술', '효과 기술'을, 후자는 '범위 기술', '팀원 기술', '일정 기술'로 구성된다. 본문에서 리더가 확실히 알아두어야 할 사항은 이들을 각각의 독립된 '세부 로드맵'으로 간주하기보다, **연결된 하나의 이야기로** 이해하는 일이다.

　　좀 더 부연하면, 'Step - 1. 과제 선정 배경'처럼 **세상 밖에서는** 경쟁 업소가 증가하고 있고, 또 당사 매출도 감소하는 상황에서 환경적 변화에 대응하지 못하는, 또는 쫓아가지 못하는 **우리의 문제**가 무엇인지 생각해내야 한다. 따라서 우리의 문제를 논하는 단계인 '<u>문제 기술</u>'이 오게 되고, 그 문제를 극복하면 목표가 달성될 것이므로 '<u>목표 기술</u>'이 이어진다. 다시 목표를 달성하면 '향상시킨 정도×단가' 개념의 득이 생기므로 '재무 효과' 및 운영의 효율이 높아지는 '비재무 효과'인 '<u>효과 기술</u>'이 온다. 여기까지 오면 과제를 왜 해야 하는지가 표면으로 드러난다. 만일 사업부장을 설득시키지 못하면 과제는 당위성을 잃어버리고 사장되고 말 것이다. 반대로 사업부장이 내용을 수용하면, 다음은 과제를 어느 프로세스에서 집중적으로 수행할 것인지를 보이는 '<u>범위 기술</u>'이, 또 이 범위 내에서 활동하는 전문가와 함께 추진해야 성공 가능성이 높을 것이므로 좋은 팀원을 구성하기 위한 노력이 필요한데 이는 '<u>팀원 기술</u>'에서, 끝으로 이들과 함께 언제 무엇을 수행해나갈 것인지를 계획하는 '<u>일정 기술</u>'이 전개된다. 이렇게 본다면 과제 첫 장부터 여기까지 마치 물이 흘러가는 듯한 매끄러운 연결이 느껴져야 한다.

　　모름지기 진행 중이거나 완료된 과제의 면모를 보면 이 같은 흐름이 관찰되지 않고 맥이 끊긴 채로 **Define Phase**를 완료하는 경우가 흔하다. **Define Phase**에서 과제의 당위성과 앞으로의 전개 모습이 관찰되지 않는 한 과제의 존재 가치가 퇴색되거나 아예 사라질 수도 있다. '노래방 매출 올리기' 예로 돌아가 이 부분들을 상세히 다뤄보도록 하자.

Step-2.1. 문제 기술

이해를 돕기 위해 리더가 'Step-1. 과제 선정 배경' 작성에 이어 다음 [그림 D-9]와 같이 'Step-2. 과제 정의'의 '문제 기술'을 작성해왔다고 가정하자. 여러분이 사내 멘토라면, 또는 본인이 직접 작성한 내용이면 어떤 조치가 필요할까?

[그림 D-9] 'Step-2.1. 문제 기술' 예(수정 전)

Step-2. 과제 정의
Step-2.1. 문제 기술

▶ 현재 가장 큰 문제는 실내 인테리어가 오래되어 냄새가 나는 방도 있으며,

▶ 기기가 낡아 최근 다양한 부가적인 서비스를 제공하지 못하고 있음.

▶ 매출을 향상시키기 위해서는 이와 같은 인프라를 구축하여 고객을 만족시키는 것이 가장 시급한 것으로 파악됨.

일단 'Define Phase 4대 작성 원칙'에 따라 ① '핵심 단어'나 '구어'를 찾아
보면 "인테리어" 또는 "부가 서비스" 정도가 될 수 있다. 리더는 늘 문제 해
결에 고민하고 있고 그 대상이 본인 업무 영역에 속해 있으므로 표현은 다소
미흡할지언정 말하고 싶은 핵심은 항상 장표에 포함돼 있다. 따라서 멘토링하
는 입장에서 핵심 용어를 잡아내는 일은 약간의 훈련만 돼 있으면 결코 어려
운 일이 아니다. 또 리더 스스로도 본인이 기술한 내용을 객관적으로 관찰함
으로써 동일한 효과를 낼 수 있다.

다음으로 ② '시각화할 수 있는 도구'를 연상해보면 '인테리어'에 대해서는
당 업소 내 낡고 현대 감각에 뒤떨어진 상황을 사진과 함께 언급해서 문제점
을 지적하는 방법을, '부가 서비스'는 최근 유행하고 있는 서비스를 타 업소별
로 조사해서 당사가 뒤떨어진 부분을 부각하는 방법을 고려해볼 수 있다. 또
는 이 둘을 모두 반영해 방문 고객들에게 설문한 뒤 그 결과를 차트로 기술하
는 방법도 고려해볼 만하다. 본문은 과제를 수행하는 리더 격의 노래방 사장
이 '고객 만족도' 조사를 수행한 다음 해석 내용을 '문제 기술'에 적용한 것으
로 가정한다.

③ 시각화 도구(그래프, 그림, 표 등)에 대해 6하원칙에 근거한 내용 기술은
설문 과정과 그 결과를 대상으로 한다(고 가정한다). 끝으로 ④ 자료 작성의
기본 다듬기인 '여백', '통일', '균형', '강조'는 현 리더가 작성해온 장표를 볼
때 대체로 잘 표현돼 있다. 따라서 약간의 보완만이 필요한 것으로 가정한다.

다음 [그림 D-10]은 'Define Phase 4대 작성 원칙'에 따라 재구성한 결과
를 보여준다.

Step-2. 과제 정의
Step-2.1. 문제 기술

'07년 3월 현재, 약 3개월간 당 업소 방문고객 100명을 대상으로 만족도를 설문 조사한 결과,

▶ '인테리어' 부문에서 전체 대상자의 75%가 '불만족'을, 13%가 '매우 불만족'을 보이는 등 내부환경이 고객을 전혀 만족시키지 못한 것으로 파악됨.

▶ 또한, '부가서비스' 측면에서도 '불만족' 이상이 전체 대상자 중 86%가 타 업소에 비해 낙후되거나 현 Trend를 반영하지 못하는 것으로 응답함.

▷ 매출 향상을 위해 인테리어, 부가서비스 등 현안 문제를 파악하여 해결하는 것이 시급함.

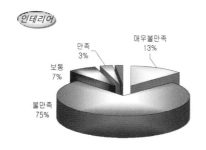
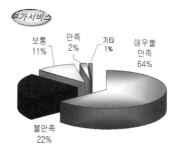

<출처> 'xx년 1~3월 자체 고객만족도 조사

우선 고객 반응을 극명하게 전달할 '만족도 조사'를 통해 시각화 도구와 6 하원칙으로 기술하고 있으며, 화살표로 연결된 시사점으로부터 조사를 통해 리더가 느끼는 문제의 심각성이 명확하게 부각돼 있음을 알 수 있다. 또 내용도 주관적이라기보다 조사 내용을 토대로 하고 있으며, 추가로 자료의 신뢰성을 강조하는 측면에서 장표 하단에 '출처'도 정확하게 기록하고 있다.

보통 **Define Phase**에서 '과제 선정 배경'과 '문제 기술'이 정리되면 **80%**는 완료된 것이나 다름없다. 그만큼 정리가 어수선하고 내용 중복도 많으며 흐름의 맥도 끊기는 경우가 실제 많이 발생한다.

'문제 기술'이 마무리되면, "문제를 극복하면 어떻게 될까?"를 상상해보자. 당연히 목표가 달성돼야 한다. 따라서 '문제 기술' 다음에 '목표 기술'이 나오게 마련이다.

멘토링을 하다 보면 '목표(Goal)'의 정의에 혼선을 갖고 기술하는 경우를 많이 본다. '목표'를 설정하기 위해서는 기본적으로 세 가지 용어를 이해하고 있어야 한다. 즉, '절대 수준(Entitlement)', '목표(Goal)', '현 수준(Baseline)'이 그것이다. 다음은 용어들에 대한 정의와 보충 설명이다.

· **절대 수준(Entitlement)** 영어 사전에는 동사형 'Entitle', 즉 '~의 칭호를 주다', '권리를 주다'의 명사형이라고만 나와 있다. 다만 'Entitlement'의 명사형은 '영영사전'에는 포함돼 있다. 그러나 해석상 '절대 수준'이란 표현은 찾을 수 없다. '절대 수준'은 삼성그룹에서 정의한 용어이며, 가장 적절한 해석 같아 인용하였다. 'Entitlement'는 '97년도 6시그마가 미국으로부터 국내에 본격 도입될 당시 교재에 있었던 단어로, 정의는 "부가가치가 있고 필수적인 작업/활동만 할 경우 나타나는 기존 프로세스의 성과 수준"이다. 그 바로 상위 개념이 '분야 최고(Best - In - Class) - 한 산업 분야에서 특정 프로세스의 최고 성과 수준'이고, 또 그 위가 '세계 최고(World Class) - 특정 프로세스의 최고 성과 수준'이다. 따라서 굳이 'Entitlement'를 풀어 설명하면 "'프로세스 맵'을 그린 뒤 '비부가가치 활동(Non Value - added)'으로 규정된 활동을 제외하면 '고객에게 필요한 가치만을 부여하는 활동(Value - added)'만 남게 되며, 이때 평가한 '수율'이나 '특성'이 해당 프로세스가 최고로 올릴 수 있는 수준"으로 설명된다. '절대 수준'은 통상 '불량률/결점률 등은 0, 수율/만족도 등은 100'을, 앞서가는 경쟁사가 존재할 경우 '경쟁사 최고 수준'을, 또는 최고 수준이 없을 경우 '경쟁사를 밟고 올라설 수 있는 수준', '회사의 정책상 요구되는 수치', 'Process 분석을 통해 NVA를 제거한 상태에서 측정된 특성의 양' 등을 참고해서 정의한다.
그림에서 '절대 수준'은 '90%'로, 그 근거는 '경쟁사 최고 수준'을 조사해서 설정된 것으로 기술하고 있다.

[그림 D−11] '절대 수준' 개요도

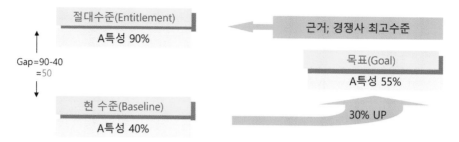

- **현 수준(Baseline)** 영어 사전에선 '기준선'이다. 과제 수행에서는 '현 수준'으로 해석한다. '공정 능력', '프로세스 능력' 또는 'Process Capability' 등으로도 불리며, 데이터를 수집·평가하는 상세 과정은 Measure Phase에서 진행하므로 Define Phase에서는 보통 현재 관리하고 있는 값 또는 간단한 표집을 통해 얻어진 값들을 사용한다. 기술적 특성이 아닌 경우 대부분 '%' 단위가 많은데 과제의 'Y'가 아직 명확하게 확정되지 않은 상태에서 가장 손쉬운 자료를 활용하다 보니 생기는 현상이다. 그림에서 'A'라는 특성의 현 수준이 '40%'임을 알 수 있다. 이 프로세스에서 최고로 올릴 수 있는 수준인 '절대 수준'과는 그 Gap이 '50' 정도가 된다는 것도 알 수 있다.

- **목표(Goal)** '목표'에 대한 정의는 확실하게 알아둘 필요가 있는데, 이것은 교육이나 멘토링 때 대부분의 리더들이 잘못 이해해 부적절하게 표현하는 경우가 많기 때문이다. 즉, **'목표'는 '절대 수준'과 '현 수준' 사이 어딘가에 정해지는 값**이며, 사업부장의 영향력이 가장 많이 작용하는 항목이기도 하다. 과제를 발표하다 보면 사업부장들은 거의 십중팔구 이 목표에 질문을 던지는데 다른 내용보다는 가장 손쉽게 읽히는 대목이기도 하려니와 과제의 중요한 점검 항목이기 때문이다. 그림에서는 '30% up'으로 표현하고 있는데, 이것은 전체 Gap '50'을 '30%' 줄인다는 의미이며, 따라서 '50×0.3＝15' 양만큼 '현 수준'을 올린다는 뜻이다. 즉, 이 경우의 특성 'A'의 '목표'는 '40+15＝55'가 될 것이다. 그런데 '목표'에서 '절대 수준'까지는 여전히 '90−55＝35'의 Gap이 존재하며, 이 양은 차후 누군가가 과제 등으로 줄여야 한다.
현재로서는 인력이나 시간, 기타 지원 등을 고려할 때 할 수 있는 최대한의 목표가 정해질 것이며, 이는 사업부장과의 협의를 거쳐 확정된다.

‘목표’를 수립할 때 ‘절대 수준’이 없어도 설정은 가능하나, ‘절대 수준’이 있는 경우 어느 수준까지 가야 하는지가 명백해지고, 또 달성을 위해 들여야 할 노력의 정도도 파악된다. 따라서 리더의 역량, 지원해야 할 자원의 정도, 한 번에 갈지 아니면 나눠서 갈지 등 다양한 전략적 방책들을 생각하고 판단할 수 있다. ‘목표’만 설정하기보다 반드시 ‘절대 수준’을 함께 반영하는 습관을 들여보기 바란다.

다음 [그림 D-12]는 ‘목표 기술’에 대한 ‘노래방 매출 올리기’ 과제의 예를 보여준다.

[그림 D-12] ‘Step-2.2. 목표 기술’ 예(노래방 매출 올리기)

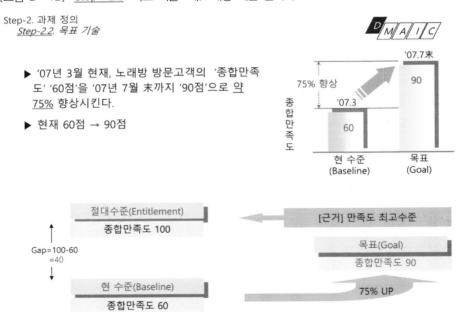

우선 '종합 만족도'는 '절대 수준'을 '100점'으로 설정하였다. 물론 주변 경쟁 업소의 만족도 점수를 조사해서 가장 높은 수준을 설정할 수도 있으나 어렵더라도 최상의 값으로 결정하였다(고 가정한다). '현 수준'에 대한 통계적 접근은 Measure Phase에서 하기로 하고, '문제 기술'에서 간단히 조사한 결과를 그대로 적용하였다. '종합 만족도'를 좀 더 세분하려면 Measure Phase에서 구체적인 조사가 이행될 수 있다. '목표'는 신중하게 설정할 필요가 있는데 '100점'에 너무 근접하면 설문 특성상 달성이 어려울 것이고, 통상 '90점' 이상이면 만족도가 매우 높다는 기존의 경험 수치를 반영하였다(고 가정한다). 그러나 사업부장이 더 높은 수준을 요구할 수도 있다. 본문은 '90점'으로 정하였다. '현 수준'과 '절대 수준'의 Gap이 '100－60＝40'이므로, 만일 '목표'인 '90'을 만들기 위해서는 '40×0.75＝30점'이 '현 수준'에 더해져야 한다. 따라서 '종합 만족도'를 '75%' 높이는 것이 본 과제의 주된 활동이다.

[그림 D－12]의 오른쪽에 내용을 간단한 막대그래프로 시각화시켰다. 과제의 '종합 만족도'는 크면 클수록 좋은 '망대 특성'이므로 작은 막대에서 큰 막대로의 향상이 예상된다. 반대로 '불량률/결점률' 같은 '망소 특성'은 막대그래프 위치가 바뀌어 표현된다. 막대그래프는 '목표를 기술'하는 데 그대로 이용한다. 즉, "'07년 3월 현재, 노래방 방문 고객의 '종합 만족도' '60점'을 '07년 7월 末까지 '90점'으로 약 75% 향상시킨다"가 될 것이다. '75%'라는 의미를 다시 한번 되뇌기 바란다. '목표 기술' 바로 아래에 목표 값만을 반복해서 다시 강조(현재 60점 → 90점)해놓았다.

Step－2.3. 효과 기술

앞서 '목표 기술'에 대해 언급했다. 이어 **'목표'를 달성하면 어떤 결과가 초**

래될까를 생각해보자. '망대 특성'이면 일정 양만큼의 상승이 예상될 것이고, '망소 특성'이면 일정 양만큼의 감소가 예상된다. 결국 경영 혁신은 기업에 '수익'을 안겨주기 위한 활동이며, 따라서 그 '증가분 또는 감소분'만큼에 '단가'를 곱한 성과액을 산출할 수 있다. 물론 모든 특성에 금전적 효과를 기대할 순 없으므로 효과를 표현하는 다양한 방식에 관심을 가질 필요가 있다. 이에 대해서는 『Be the Solver_과제 성과 평가』편에 자세히 소개하고 있으므로 관심 있는 독자는 참고하기 바란다. 다음 [그림 D−13]은 효과 계산에 대한 개념도이다.

[그림 D−13] '효과 기술' 개요도

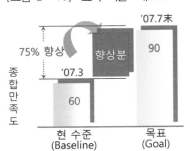

정리하면, 목표를 달성했을 때 '기대 목표에서 현 수준을 뺀 양('향상분'으로 정의)'에 '단가'를 곱하여 얻어지는 **재무성과**'와, 금전적 효과는 아니지만 프로세스의 효율을 높이는 **비재무성과**(회사에 따라 '체질 개선 성과'로도 불림)'로 구분된다. '재무성과'와 '비재무성과'를 합쳐 '효과'라고 부른다.

특히 '재무성과'는 각 회사의 혁신 사무국에서 교육 과정을 통해 배출한 '재무 효과 평가 전문가' − FEA(Financial Effects Analyst) − 들이 완료 과제에 대해 재무적으로 기여하는 금액을 산출해 반영하고 있으며, '비재무성과'는 통상 별도의 평가 기준을 마련해 효과를 산출한다. 두 성과를 구분하는 가장 큰 기준은 '손익 계산서에 직접적인 반영이 되느냐의 여부'에 달려 있다. 참고로 '비재무성과'는 사안에 따라 '준 재무성과'와 '체질 개선 성과'로 다시 나뉜다 (『Be the Solver_과제 성과 평가』편 참조).

다음 [그림 D-14]는 '재무성과'와 '비재무성과'의 일반적 분류를 나타낸 예다.

[그림 D-14] '효과'의 구분과 세부 항목 예

재무성과	○ 수익증대 효과 - 판매량 증대 - 판가 인상	○ 투입비용 절감 - 구입단가 인하 - 성인화 - 경비 절감 등	○ 효율 향상 - 공정품질 향상 - 자산 감축 등	
비재무성과	➤ 구조 및 프로세스 개선 – B/S 구조개선 – L/T 단축 – 업무 정확도 향상	➤ 비용 및 수익감소 회피 – 발생 예상비용 회피 – 수익감소 회피 • 고객/물량 • 판가	➤ 만족도 향상 – 고객 – 종업원 – 공급자	➤ 기 타 – 대외 신인도 – 기업 선호도 – 각종 수상

'노래방 매출 올리기' 과제의 '효과 기술'에 대한 예로 돌아가 보자. [그림 D-14]의 분류 기준에 근거했을 때, '종합 만족도'는 고객을 대상으로 하는 만큼 '비재무성과' 범주에 속하며, 따라서 [그림 D-15]의 '재무성과'란에 '해당 사항 없음'으로 표기하였다.

그러나 서비스를 주업으로 하고 있는 금융 분야 등에서는 만족도 향상이 매우 중요하며, 이 값의 향상이 매출에 얼마나 기여하는지 산정 방식을 자체적으로 연구해 활용하기도 한다. 따라서 그를 참고해 산출 근거에 대한 상황을 설정해보았다. 즉, '고객 만족도'가 '5점' 향상 시 기존 '고객 유지율(예를 들어 한 번 찾아온 손님이 계속 찾아오는 비율. 물론 상황별 정의가 다를 수 있지만 여기선 이해만을 돕는 정도로 활용코자 한다.)'이 1%이고, 이 경우 연간

수익이 1,000만 원 발생한다고 가정한다. 이때 '노래방 매출 올리기'의 예를
금액으로 환산하면 약 6,000만 원의 기대 수익을 예상할 수 있다(고 가정한다).
  다음 [그림 D-15]는 '노래방 매출 올리기'의 '효과 기술' 예를 나타낸 '파
워포인트' 장표이다.

[그림 D-15] 'Step-2.3. 효과 기술' 예(노래방 매출 올리기)

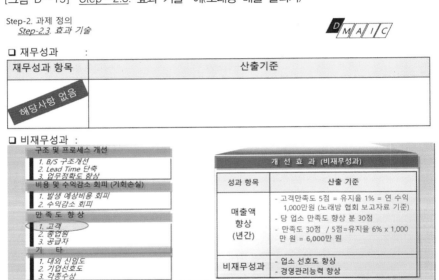

  [그림 D-15]의 '만족도 향상'과 관련한 성과 6,000만 원은 비재무성과다.
즉, 설사 달성됐더라도 '손익 계산서'에 직접 반영은 안 된다. 그러나 대부분
의 회사들에서 과제 효과 산정 시 금액 단위를 사용해 성과 규모를 추정하기
도 하는데, 이는 단순히 비재무성과를 글로 나열하는 것보다 과제 수행 결과를
이해하는 데 큰 도움을 준다. 따라서 모든 과제의 효과를 금액 단위(원 등)로
표현해 운영하는 것이 바람직하며, 이때 COPQ(Cost of Poor Quality: 저품질

때문에 들어가는 비용) 개념으로 금액화하는 등 업종별로 산출 기준을 연구해 적용할 수 있다. COPQ 및 성과 산출은 주제에서 벗어나므로 자세한 설명은 『Be the Solver_과제 성과 평가』편을 참고하기 바란다.

지금까지 거론된 '과제 선정 배경', '문제 기술', '목표 기술', '효과 기술'까지가 '과제 정의', 즉 과제를 왜 해야 하는지에 대한 당위성을 설명한다. 이후부터 이 중요한 과제를 향후 어떻게 끌고 나갈 것인지에 대한 '과제 관리' 방안이 이어진다. 물론 앞 내용을 포함해서 모두 '과제 정의'로 명명한다.

Step-2.4. 범위 기술

과제 범위를 정의하는 단계이다. 한마디로 쉽게 표현하면 "바닷물을 끓여서는 안 된다"이다. 미국 컨설팅 회사로부터 처음 국내 교육이 진행되고 동시에 과제가 수행되면서 중도 탈락하는, 또는 스스로 포기해야 하는 과제들이 상당 수 출몰했는데, 여러 원인이 있었지만 바로 이 '범위' 설정에 문제가 있었던 경우가 많았다. 비슷한 상황은 그 이후로도 2000년 초반까지 이어졌는데, 최초 과제 선정 단계에서 자원을 고려치 않고 너무 의욕이 앞섰거나, 또는 진행 과정에서 사업부장의 요구로 개선 폭이 넓어져 스스로 감당 못할 수준에 이른 경우도 있었다. 반대로 너무 좁은 범위를 가져가는 바람에 수행 속도를 늦추고 불필요한 문서 작업에 몰두하는 경우도 종종 발생하였다.

어떻게 하면 과제 범위를 적절하게 설정할 수 있을까? 과제는 '과제 정의'를 토대로 사업부장이 수행 여부를 결정하므로 만일 '승인'이 떨어지면 그 순간부터 과제의 성공적 추진과 성과 창출이 가장 중요한 핵심 이슈로 떠오른다. 따라서 이들을 전략적으로 달성하기 위한 범위가 어디까지인지 가능한 한 미리 명확하게 설정하는 것이 필수적이다.

경험적으로 '범위'는 기존의 **'프로세스 범위'** 외에 추가로 **'공간적 범위'**, **'시간적 범위'**, **'유형적 범위'**, **'기술적 범위'**를 고려하는 것이 바람직하다. 다음은 '프로세스 범위'의 정의와 작성 예를 나타낸다.

> ・**프로세스 범위**　프로세스 관점에서의 '시작'과 '끝'을 정하는 것이 목적이다. 멘토링을 하다 보면 이 단계에서 '상세 프로세스 맵'을 그리는 경우를 보게 되는데, '시작'과 '끝'을 정하므로 '상세 프로세스 맵'보다 거시적인 맵을 이용하는 것이 바람직하다. 가장 많이 사용되는 도구에 'SIPOC(Supply – Input – Process – Output – Customer)'이다. 드물지만 상황에 따라 거꾸로 'COPIS'로도 쓰인다. 발음은 '사이폭', '시폭' 또는 단어 '에스 아이 피 오 시' 등으로 불린다. 다음 [그림 D – 16]은 적용 예이다.

[그림 D – 16] '범위 기술' 중 '프로세스 범위' 예(SIPOC 사용)

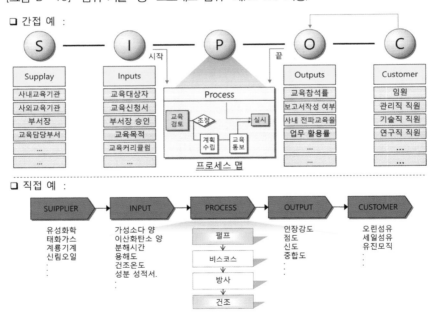

[그림 D-16]에서 'S'는 '공급자'이며 'I', 즉 'Input'을 제공하는 주체이다. 예를 들어, 교육 종목과 내용, 일정 등을 제공하는 '사/내외 교육 기관', '교육 담당 부서' 및 '부서장'이 'Supply'에 해당한다(고 가정한다). 'Input'은 5M(Man, Machine, Material, Method, Measurement)-1I(Information)-1E(Environment)를 기반으로 프로세스에 들어가는 요소들이며 보통 '프로세스 변수'로 불린다. '프로세스 변수'에 대해서는 Measure Phase의 '잠재 원인 변수의 발굴'에서 좀 더 자세히 다룰 것이다. 'P'는 '프로세스 범위'의 핵심으로 문제 해결을 위해 회사의 어느 영역을 파고들 것인지를 알린다. 프로세스의 '시작'은 '교육 검토'로, '끝'은 '실시'로 한정하고 있다(고 가정한다). 'O'는 프로세스의 산출물로 교육 실시 후 전체 과정을 평가할 '특성'들이 온다. 예를 들어 '교육 참석률'도 중요할 것이고, 다녀와서 '사내 전파 교육률'과 같이 내용을 공유하는 것도 중요할 것이다. 'C'는 프로세스의 수혜자를 적는데 본 예 경우 임직원이 해당될 것이다. [그림 D-16] 아래엔 직접 부문의 예를 추가하였다. 다음은 '프로세스 범위' 이외의 범위 설정들에 대한 설명이다.

> **· 공간적 범위** 필자가 경험상 범위를 명확히 할 목적으로 추가한 항목이다. '공간적 범위'의 정의는 과제의 최종 산출물인 최적 조건. 최적 대안을 적용할 공간의 범위이다. 즉. 특정 사업장에만 적용되는 것인지 아니면 타 지역 사업장까지 적용할 것인지 또는 전사를 대상으로 하는지 등 물리적 공간을 명시한다. 과제 규모와 최적화의 확장성 여부 등을 가늠해볼 수 있다. 예를 들어, 한 공정 라인에만 적용되면 '제1라인' 등으로, 본사의 영업 부서에 적용되는 경우면 '본사 영업부' 등으로 표시한다. 물리적 공간으로의 표현이 어려우면 '프로세스 범위'의 시작과 끝에 걸쳐 과제 수행에 관여하는 부서들의 부서명. 팀명 등을 기술한다.

- **시간적 범위** 멘토링 때 리더들에게 '시간적 범위'를 적어보라고 하면 '과제 수행 기간', 즉 '일정'을 적는 경우가 있다. '일정'은 Define Phase 맨 끝에서 기술하며 여기서는 과제에 필요한 '데이터의 시간적 범위'를 일컫는다. 주로 금융권 과제의 경우가 해당되는데, 예를 들면 생명보험사 등에서 법적으로 2년간 의무 보관이 필요한 서류를 대상으로 하는 과제이면 2년을 넘어선 자료는 관심 대상에서 제외될 것이다. 이 경우 '시간적 범위'는 '보관 기간 2년 내 OO서류' 등으로 기술한다. 또는 특정 기간 내 생산된 제품이나 상품에 대해 과제가 수행되면 이 역시 '시간적 범위'에서 기술한다. '시간적 범위'는 대부분의 과제 경우 해당 사항이 없는 경우가 많은데 이때는 '범위 기술'에서 항목을 제외한다.

- **유형적 범위** '공간적 범위'와 함께 거의 대부분의 과제에서 쓰이는 항목이다. 제품 또는 상품에 대한 가치를 향상시키는 과제를 수행할 경우 통상 그들 제품 또는 상품 모두를 대상으로 하기보다 그중에서 특정 모델이나 유형에 한정하는 경우가 많다. 예를 들면 과제명이 '~OO필터 불량 최소화'라면 '유형적 범위'는 생산되는 모든 필터가 아닌 '2인치 미만 특수 필터', 또는 '모델 No3762~3764' 등으로 표현해서 과제에서 다루려는 대상을 명확하게 정의한다. 또 '환경 만족도 향상'일 경우 '대기, 수질, 폐기물 관리' 중에서 '유형적 범위'는 '수질'에만 관련돼 있음을 명시하는 식이다. 경우에 따라서는 '파레토 차트'를 그려 8:2원리에 입각한 상위 점유율을 선택해 규정하는 방법도 있다. 본 과정은 Define Phase임을 잊어서는 안 된다. 무엇을 대상으로 과제를 수행하는지 제3자에게 명확하게 전달하고 평가를 받아야 이후 진행 과정에서 발생할 이견 차이를 최소화하고 목적하는 바도 쉽게 이룰 수 있다. '유형적 범위'는 어떤 식으로든 과제 수행과 관계하기 때문에 반드시 적용할 것을 권장한다.

- **기술적 범위** 문제 해결을 위해 기존 또는 최근의 기술을 적용하기보다 새로운 원리나 공법 또는 방법 등을 적용해서 목적을 이루려는 경우가 있다. 예를 들어, 물질의 '형광의 원리'를 이용하는 대신 '플라스마 방전의 원리'를 응용한다든지 또는 '시스템 독립 운영 체제'에서 '웹 기반 체제'로의 인프라 변화를 고려한다든지 등이다. 주로 연구 개발과 관련한 설계성 과제에 유용하게 활용되며, 제조나 간접, 서비스 부문에서는 활용빈도가 낮으므로 적용할 대상이 없으면 제외한다. 주로 'MGPP(Multi Generation Product Plan)'가 이용된다.

설명된 '범위 기술'이 양적으로 많아 보이나 막상 장표 한 장에 간략히 정리되므로 작성에 대한 부담은 없다. 과제의 초점을 어디에다 둘 것인지 명확히 하자는 취지이므로 이 외에 리더들이 추가를 원하는 항목이 있으면 반영해도 무방하다. [그림 D-17]은 '노래방 매출 올리기'의 '범위 기술' 예이다.

[그림 D-17] 'Step-2.4. 범위 기술' 예(노래방 매출 올리기)

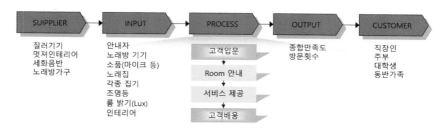

Step-2. 과제 정의
  Step-2.4. 범위 기술

DMAIC

❑ 프로세스 범위 : 고객응대 프로세스

| SUIPPLIER | INPUT | PROCESS | OUTPUT | CUSTOMER |

질러기기   안내자   고객입문   종합만족도   직장인
멋져인테리어   노래방 기기   방문횟수   주부
세화음반   소품(마이크 등) Room 안내   대학생
노래방가구   노래집   동반가족
                각종 집기   서비스 제공
                조명등
                룸 밝기(Lux)   고객배웅
                인테리어

❑ 공간적 범위 : 당 업소

❑ 유형적 범위 : 정의한 5개 만족도 중, 인테리어 만족도, 서비스 만족도, 부가서비스 만족도

[그림 D-17]에서 '프로세스 범위'는 정의대로 기술돼 있고, 그중 'Process'는 전체 프로세스가 아닌 '시작'과 '끝'만 보이면 되므로 중간은 핵심 단계만 표현하였다. 예에서 '최적화'를 이룰 대상 프로세스는 '[시작] 고객 입문'부터 '[끝] 고객 배웅' 사이에 존재한다는 것을 알 수 있다. 단, 장표 초두에 프로세스명인 '고객 응대 프로세스'를 기입하여 어느 유형의 프로세스인지를 알리고 있는데, 만일 표준 프로세스명이 있으면 그를 사용한다. '프로세스명'은 향후

Control Phase의 'Step‒13. 관리 계획 수립' 작성 시 '프로세스명'을 기입하는 난에도 동일하게 적용된다. '공간적 범위'는 최적화가 노래방 업소에만 적용될 것이므로 '당 업소'라고 기술했다. 만일 여러 부서가 관련될 경우 서비스팀, 영업팀, 관리팀 등 부서명이 올 수 있다.

'시간적 범위'는 데이터의 특별한 시간적 제약이 없으므로 제외하였다. '유형적 범위'는 과제의 'Y'가 '종합 만족도'이므로 이를 구성하는 다섯 가지 만족도들 중 기술한 세 가지만 중점적으로 향상시킬 것임을 확인하고 있다(고 가정한다). 또 '기술적 범위'는 만족도 향상을 위해 차세대 방법이나 기법이 이용되는 것은 아니므로 대상에서 제외하였다.

'범위 기술'이 잘 정의됐으면 이 범위에 속하는 전문가와 함께 과제를 수행해야 성공 가능성이 높을 것이므로 팀원의 구성이 필요하다. 따라서 다음에는 '팀원 기술'이 와야 한다.

Step‒2.5. 팀원 기술

과제를 수행함에 있어 '사람'만큼 중요한 요소가 있을까? 초창기 경영 혁신 도입 시 연구, 제조, 관리 부문별로 핵심 인력을 추천받는 것도 모자라 대표이사가 직접 인사 카드를 챙기며 과제 수행 인력을 선정하기도 했다. 또 팀원을 구성하는 방법도 다양했는데 타 부서의 프로세스 개선과 연계될 경우 그쪽 부서장의 과제 수행 여부를 확인받아 팀원 영입을 정당화하거나, 인센티브의 비율 조정을 통해 도움이 될 만한 인력을 섭외(?)하는 해프닝도 있었다. 또는 반대로, 팀원이 되어 추가 업무 부담을 염려한 나머지 프로세스도 잘 모르는 부하 직원을 추천하고 본인은 빠지거나, 관리하에 놓인 프로세스 개선 때 인증률 관리 목적으로 이 사람, 저 사람 유령 팀원을 잔뜩 투입시키는 등 다양한 모습의 팀원이 구성되었다. 또 한 번이라도 과제 수행 경험이 있는 직원은 여기저기서 팀원에 들어오도록 요청받는 바람에 업무 부하가 일부에 편중되는 부작용도 있었다.

기업별 혁신 운영 노하우가 높은 수준으로 쌓인 지금 과제 리더와 팀원들의 구성에도 많은 변화가 있다. 많은 기업이 특정인에 한정된 문제 해결 전문가보다 전 간부의 문제 해결 전문가 양성을 추진 중인 곳도 있으며, 그 수준도 계속 업그레이드되고 있다. 따라서 팀원 구성도 인증 자격이 있는 리더와 그렇지 않은 팀원들의 구성에서 적어도 모든 구성원이 문제 해결 자격을 보유한 상태로 변모하고 있다. 의사소통 수준도 그만큼 상향평준화되고 있다.

문제 해결 역량의 향상으로부터 최근 팀원 구성 시 '프로세스 이해도'와 함께 특히 '열정'을 가진 사원을 요구하는 경향이 짙어졌다. 오랜 혁신 추진으로 프로세스 질이 일정 부분 향상되었고, 따라서 과제의 난이도도 그만큼 높아졌기 때문에 열정을 갖고 함께 고민하고 연구하는 인력이 필요한 것으로 보인다. 팀원은 과제 성공의 열쇠를 쥔 핵심 요소이며 또 인센티브를 공유할 대상이기도 하다. 정말 도움을 많이 줄 수 있고 열정적으로 과제를 완수하는 데 기여할 인력이면 금상첨화다.

Define Phase에서 '팀원 기술'을 전개하는 방법은 한 장에 요약해서 표현하는 것이 가장 좋다. 이를 위해 다음과 같은 요소들의 사용을 권장한다.

> • **조직도** 조직도라고 표현했지만 한 조직의 위계를 보여주는 대신 과제 수행 인력의 구성도쯤으로 이해하면 좋을 것 같다. 여기에는 기본적으로 '사업부장', '지도 위원(멘토)', '리더', '팀원'들의 이름이 있으며, 각자의 역할도 규정한다.

[그림 D - 18] '조직도' 작성 예

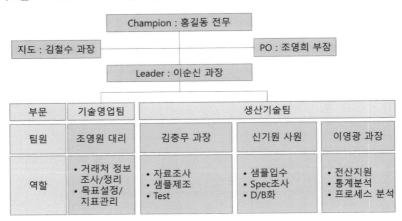

　　[그림 D - 18]의 '지도: 김철수 과장'은 혁신 운영이 제도적으로 정착된 회사 경우 자체적으로 양성된 인력을 배정하지만 그렇지 않고 초기 단계거나 양성이 안 된 경우 외부에서 영입된 컨설팅 회사의 인력, 즉 '전문 위원'이 들어가기도 한다. 'PO'는 'Process Owner'로 과제의 개선 내용을 프로세스에 함께 적용하고 지속적으로 관리할 주체를 일컫는다. 따라서 과제 시작부터 완료 때까지 지원과 관심을 보여야 하는 대상이다. 과제 프로세스 범위가 팀 내에 한정된 경우는 '팀장'이 바로 'PO'가 된다.

　　'리더'는 현재 보유하고 있는 인증 제도가 있으면 해당 타이틀을 함께 기입하나 프로세스를 정확하게 이해하고 또 팀원 이외의 직원들과도 쉽게 교류를 할 수 있는 인물이 필요하다. 실제 과제를 수행하다 보면 성과를 내는 일보다 사람과의 관계를 헤쳐 나가는 일이 더 어렵다는 것을 깨닫곤 한다. 필자의 경험이기도 한데 연구소에 있으면서 제조 프로세스에 관련된 불량 개선 과제를 추진하다 보면 현장의 여러 데이터나 실험 등이 필요하며, 그때마다 프로세스 담당자들의 손길이 꼭 필요하다. 이들의 도움 여하에 따라 과제 품질에 영향을 받기 때문에 결재를 거쳐 협조를 요청하지만 개인적인 친분이 없거나 효과를 공유하지 못할 경우 진행에 차질이 생기며 그때마다 과제 추진에 많은 스트레스를 받곤 했다. 요구를 들어주는 입장에서는 본인의 업무 부하가 커지므로 부담이 생기기 때문이다. 따라서 현업 담당자들과의 관계를 무리 없이 조율할 수 있는 능력의 소유자가 프로세스의 전문성 못지않게 중요하므로 '리더'는 소통을 위한 노력에도 관심을 가져야 한다.

· **ARMI모델** GE에서 사용하고 있는 팀원의 단계별 역할을 보여주는 도표이다. '조직도'상으로는 각 팀원이 '세부 로드맵' 전 단계에서 활동하고 있는 것으로 보이나 실제로는 어느 특정 단계에서 기여를 많이 하는 경우가 대부분이다. 또 '기여율'을 파악해 평가와 인센티브에 차이를 두려는 의도도 있다. 영어 단어는 'A-Approve', 'R-Resource', 'M-Member', 'I-Interested Party'를 나타내며, 각 예는 다음 [그림 D-19]에 나타냈다.

[그림 D-19] 'ARMI 모델' 작성 예

Key Stakeholders	단계				
	D	M	A	I	C
홍길동 전무	A			A	A
조영희 부장	I				I
이순신 과장	M	M	M	M	M
김충무 과장		M	R	M	
이영광 과장			M		R
조영원 대리	M				M
신기원 사원		M			M

A (Approve) : 승인 주체. 주로 사업부장
R (Resource) : 해당 기술 전문가.
M (Member) : 팀원
I (Interested party): 방향성을 제공하는 주체. 주로 'PO(Process Owner)'

(계속) 사업부장인 '홍길동 전무'는 'D', 'I', 'C' Phase에서 '승인'을 하는 주체이고, '조영희 부장'은 'PO'로 과제 수행 초기인 'D Phase'에서 문제나 목표 설정 등 방향성 제시와, 완료 시점에 실제 프로세스에 적용을 위한 관리 계획 아이디어 제공 및 관리 주체로서의 참여가 예상된다. 팀원들은 매 단계에 100% 역할보다 핵심 역할을 할 단계가 구분돼 있고, 'M'으로 표기돼 있다. 경우에 따라 팀원이면서 전문 지식을 통해 과제 성공에 기여할 수도 있는데, 이것은 'R', 즉 'Resource'로서의 역할로, 간혹 외부 전문가나 사내 전문성을 지닌 인력의 도움이 필요할 때도 쓰인다. 'ARMI 모델'을 통해 팀원들의 '과제 기여 정도'가 파악될 수 있어 성과에 대한 인센티브를 제공할 때도 이용된다.

· 운영 규칙(Ground Rule) 과제가 중요하고 회사 또는 부서에서 반드시 성공해야 하는 시급성을 요하는 경우 리더나 각 팀원들에게 할당된 역할만을 요구하는 것은 이치에 맞지 않는다. 따라서 정기적으로 모여 진행 사항을 점검하고 해야 할 일들을 공유하는 시간이 필요한데 이것이 '운영 규칙'이다. 주기성은 유지하되 너무 자주, 또는 너무 길게 잡지 말고 진도를 공유하기 위한 적정 수준을 결정한다. [그림 D - 20]은 작성 예를 나타낸다.

[그림 D - 20] '운영 규칙' 작성 예

사업부장	◇ 보고일 결정(매달 끝 주, 금, 10:00AM). 변경 시 보고일 결정.
팀원	◇ 총괄 과제 Leading은 이주도 담당. ◇ 매주 1회 정기회의(화요일 10:00AM). ◇ 모든 의사 결정은 팀원의 협의를 거쳐 Leader가 최종적으로 확정. ◇ 1회/월 미팅 실시(매월 3째 주 화상 회의 실시(필요 시 팀 회의). ◇ 사업부장 보고 결과 팀원 전원에게 F/B. ◇ 개발 Process 테스트 후 팀 회의 실시. 미비점과 보완 사항 점검
혁신 추진 팀	◇ 과제 등록 일정, 방법, 지도, 교육 일정 변경 협의.
지도위원, 사내 멘토	◇ 템플릿 제공, 멘토링 내용 사전 공유(월 2회 지도, 교육 1회)

[그림 D - 20]에서 '운영 규칙'은 과제 진도와 활동을 논의하기 위한 회의 일정, 정보 공유 방법 등이 포함된다. 목표 달성을 위해 규칙은 반드시 필요하

다. 안 그러면 일이 한두 사람에게 몰려 과제 품질을 저해하는 요인이 된다. [그림 D−21]은 '팀원 기술'의 작성 예이다.

[그림 D−21] 'Step−2.5. 팀원 기술' 예(노래방 매출 올리기)

Step-2. 과제 정의
Step-2.5. 팀원 기술

Key Stakeholders	단계				
	D	M	A	I	C
왕노래 사장	A	A	A	A	A
이주도	M	M	M	M	M
김지원	M	M		M	
이시설		M	M	M	M
신재무	M			R	M
김환한		R		R	R

A (Approve) : 승인 주체. 주로 챔피언
R (Resource): 해당 기술 전문가.
M (Member) : 팀원
I (Interested party): 방향성을 제공하는 주체. 주로 'PO'
※ '김환한'은 노래방 인테리어 전문가로 필요 단계에서 조안을 얻고자 표기함.

사업부장	◆ 보고일 결정(매달 마지막 주 금요일 10:00AM), 변경 시 보고일 결정.
팀원	◆ 총괄 과제 Leading은 이주도 담당 ◆ 매주 1회 정기 회의 (화요일 10:00AM) ◆ 모든 의사결정은 팀원의 협의를 거쳐 Leader가 최종적으로 결정 ◆ 1회/월 과제미팅 실시(매월 3 째 주 팀원 화상회의 실시. 추가 협의 필요 시 팀 회의 소집) ◆ 사업부장 보고 결과 팀원 전원에게 Feed Back (교육/출장 등으로 인한 불참도 고려) ◆ 개발 Process 테스트 후 팀 회의 실시. 미비점과 보완사항 Check
혁신 추진팀	◆ 과제등록 일정, 방법, 지도, 교육일정 변경 협의
지도위원, 사내 멘토	◆ 템플릿 제공, 지도 내용 사전 공유(2회/월 지도, 1회/교육)

[그림 D−21]은 '노래방 매출 올리기'의 '팀원 기술' 예이다. 그림에서 '조직도', 'ARMI 모델' 및 '운영 규칙'을 한 장표에 표기했다. 정리도 중요한 기술 중 하나이다. 불필요하게 장표를 늘리기보다 한 주제는 한 장에 표현하는 요령도 필요하다. 필자는 리더들이 한 주제를 2~4장에 정리해 오더라도 모두 한 장에 편집하도록 유도하는데 만족도가 매우 높다.

'무엇을' '언제까지' 할 것인가의 일정 계획이 필요하다. 교육 과정에 처음 입문하면 통상 한 달에 한 주는 교육 기간이므로 과제 수행도 한 달에 한 개 Phase씩 완료하도록 유도했다. 그러나 현실은 다르다. 문제의 근원이 모호하여 Analyze Phase가 길게 소요될 수도 있고, 또는 근본 원인은 대충 알겠는데 개선을 적용하는 데 많은 시간이 필요한 과제도 있다. 이때 동일하게 한 달씩 기계적으로 일정을 배분하다 보면 예정대로 추진하기도 어렵거니와 부하가 많이 걸리는 'Improve'와 'Control' 경우 둘이 합쳐져 한 달 만에 결론짓고 어정쩡하게 종료하는 경우도 허다하다. 해당 월에 Phase가 빨리 끝나도 문제인데 여유 있게 대응하다 막바지에 서두르며 부실을 자초하는 일도 자주 목격된다. 모두 일정 관리를 어설프게 해서 생기는 악순환이다. 따라서 '일정 계획을 수립하는 일'과 '계획대로 관리하고 운영하는 기술'도 과제 수행 못지않게 중요한 요소 중 하나다.

일정을 계획하고 수립하는 일은 과제의 성격에 따라 초기부터 잘 배분해야 한다. 통상 현 프로세스의 효율을 높이는 개선 과제 경우 4개월을 전체 수행 기간으로 잡을 때, '답을 알고 있는 유형'과 '알고 있지 못한 유형'으로 크게 분류할 수 있는데, 이때 전자의 경우는 Analyze Phase를 2주 정도로 최소화하고 대신 Improve Phase를 약 1.5~2개월로 설정한다. 후자의 경우는 Analyze Phase를 1.5~2개월로 길게 설정하는 방법이 주효하다. 또 Control Phase는 별로 할 일이 없어도 3주~1달은 확보해야 하는데, 이것은 실제 프로세스에 적용해 장기적인 경향을 판단하는 기간이므로 최소한 그 정도의 기간 동안 최적화 내용이 운영돼야 장기 성향의 데이터가 확보될 수 있기 때문이다. 결국, Control 3주, Analyze+Improve 10주(2.5개월)가 되며, 나머지 약 3주 정도가 Define과 Measure Phase를 수행할 수 있는 최소한의 기간이다. DM Phase는 활동 사항이 많아 처음 접하는 리더들이 적응에 어려움이 있으나 대개 기업 시스템이 잘 갖춰져 있어 데이터 수집이 용이하므로 3주 정도는 충분히 대응할 수 있는 기간이다.

일정을 수립할 때 특별한 상황이 아니면 주로 '간트 차트(Gantt Chart)'를 사용하며 실례를 들면 다음 [그림 D-22]와 같다.

[그림 D-22] 간트 차트 작성 예

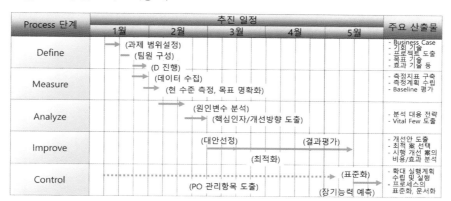

[그림 D-22]는 Analyze Phase를 약 3주로, Improve Phase를 10주(2.5개월)로 설정한 예를 보여준다.

'일정'을 기술할 때는 과제가 Analyze Phase와 Improve Phase 중 어디에 힘을 쏟아야 할지 지도 위원(또는 사내 멘토)과 미리 협의하여 결정한다. 결정된 내용은 간트 차트 상단에 서너 줄 정도 기술하여 일정을 전략적으로 안배했음을 강조한다. 한 달에 한 Phase씩 교육이 진행되는 특수한 상황을 제외하고 과제 특성에 맞게 활동 중심의 일정 배분이 이루어져야 하며, 기타 주기적인 회의, 보고회나 Phase별 산출물 등도 포함시키거나 기록할 수 있다. 다음

[그림 D - 23]은 '노래방 매출 올리기'의 '일정 기술' 예를 보여준다.

[그림 D - 23] 'Step - 2.6. 일정 기술' 예(노래방 매출 올리기)

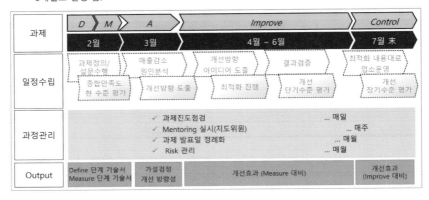

Step-2. 과제 정의
Step-2.6. 일정 기술

▶ 당 업소의 매출액 감소원인은 대부분 윤곽이 잡혀 있어 A단계의 부하는 상대적으로 적을 것으로 판단됨에 따라 A단계는 1개월로, 고객 요구사항을 조사하여 대면서비스 및 내부인테리어, 부가서비스를 업소에 적용하는 기간은 상대적으로 길게 소요될 것으로 판단되어 I단계는 3개월로 설정 함.

여기까지가 Define Phase의 '과제 정의'이다. 과제는 장표의 맨 첫 장을 들어 올리면 Control Phase의 맨 끝 장이 끌려오도록 구성돼야 한다. 그만큼 각 장표의 결과물이 다음 장의 입력으로 작용해야 하며, 또 소설과 같이 이야기 식으로 전개돼야 하고 그 흐름은 마치 물이 높은 데서 낮은 데로 흘러가는 듯한 느낌을 줘야 한다. 모든 분야의 '도'는 한 곳으로 통한다. 문제 해결의 경지는 바로 '흐름'에 있다. 이것이 필자가 계속 강조하고 있는 '로드맵'이다. 다음은 Define Phase의 세 번째 Step인 '과제 승인'에 대해 알아보자.

Step-3. 과제 승인

Step-3.1. 과제 기술서

'과제 승인'은 지금까지 기술된 **Define Phase** 내용을 이용해 사업부장의 승인을 얻는 과정이다. 국내 대부분의 기업 경우 2000년대 초부터 **PMS(Project Management System)**가 도입되면서 모든 승인 절차와 과제 등록 및 진행 상태를 IT인프라를 통해 관리하고 있다. 따라서 '승인' 과정이 매우 단순화된 것도 사실이다. 또 사후 관리까지 같은 시스템 내에서 대부분 이뤄짐에 따라 과제 활동의 모든 것이 담겨 있다. PMS엔 과제 완료 보고서 저장, 관리, 모니터링 등이 포함된다. IT 한국의 면모를 유감없이 발휘한 예이다.

그러나 '과제 승인'을 위해 본문에서 IT인프라를 소개할 필요는 없을 것 같다. 대신 '**Step-1. 과제 선정 배경**'과 '**Step-2. 과제 정의**'를 한 장의 용지에 요약하고, 이를 사업부장에게 보고한다는 가정하에 '과제 기술서' 작성 예를 보이고 마무리하고자 한다. 사실 기업에서 이루어지는 과제의 약 93%는 '과제 기술서' 단 한 장만으로도 **Define Phase**가 끝날 수 있다. 리더별 업무 영역이 전문화돼 있어 문제 유형도 좁은 범위에 걸쳐 있기 때문이며, 따라서 구구절절 설명할 필요가 없다. 결국 **Define**은 과제 상황을 한 장에 압축할 리더의 문제 표현 능력에 좌지우지되며, 따라서 이 역시 리더가 갖춰야 할 '핵심 역량' 중 하나로 여겨진다. 필자는 문제 해결을 위한 첫 교육 시간 때 항상 제시된 상황에 대해 '과제 기술서' 작성 실습을 최소 4시간가량 진행한다. 그 중요성을 감안한 필자의 대응 방안이다.

다음 [그림 D-24]는 '노래방 매출 올리기'의 '과제 기술서' 작성 예를 나타낸다.

[그림 D – 24] 'Step – 3.1. 과제 기술서' 예(노래방 매출 올리기)

Step-3. 과제 승인
Step-3.1. 과제 기술서

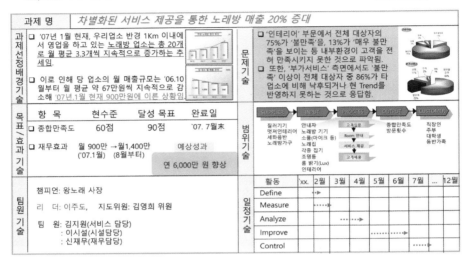

앞서 작성된 '세부 로드맵' 내용이 그대로 반영돼 있음을 알 수 있다. 과제
의 승인이 완료되면 다음은 Measure, 즉 '현 수준(또는 시그마 수준)'을 '측
정'하는 활동으로 들어간다.

Measure

'Measure'는 '측정'이란 뜻이다. Define Phase에서 과제 수행의 필요성
과 당위성, 수행 범위 등을 논했다면, 여기서는 그 정해진 범위(프로세
스)의 운영 수준이 얼마인지를 측정하는 것이 핵심이다. '현 수준 측정'
이 끝나면 '목표 재설정'이 있게 되고, 활동은 문제 해결의 실마리가 포
함된 '잠재 원인 변수의 발굴'로 자연스럽게 연결된다.

Measure Phase 개요

               'Measure'는 '측정'이란 뜻이다. Define Phase 와는 'Step – 2.4. 범위 기술' 중 '프로세스 범위'와 연결된다. 즉, '프로세스 범위'에서 개선 대상이 되는 프로세스의 '시작'과 '끝'을 기술했으며, 이 '시작~ 끝' 사이에서 일어나는 활동의 수준 또는 관리 능력을 하나의 수치로 표현하는 활동이 'Measure', 즉 '측정'이다.

  '측정' 활동을 좀 더 세분화해보자. 정해놓은 '프로세스 범위'에서 활동 수준 또는 능력을 대푯값 하나로 표현하려면 당연히 '특성' 또는 '지표'가 필요하다(운영적 정의). 또 어느 데이터가 표준에 부합된 결과이고, 어느 것이 그렇지 않은지 구분하기 위한 기준이 필요한데 이는 미리 정해져야 하며(성과 표준), 수치화를 위해 필요한 자료들이 수집돼야 한다(데이터 수집 계획). 수집된 원 자료가 정말 믿음직스러워서 앞서 정한 '프로세스 범위'의 관리 능력을 충분히 설명해줄 것인지 확인하기 위해 데이터 신뢰성을 평가한다(측정 시스템 분석). 모든 작업이 적합한 절차에 의해 이루어졌고 원하는 결과를 얻으면 다음은 수집된 데이터를 토대로 프로세스 관리 능력을 평가한다(프로세스 능력 평가).

  Measure Phase에서 측정된 '프로세스 능력'은 Define Phase의 'Step – 2.2. 목표 기술'에 나타낸 수치와 차이를 보일 수 있다. 계획에 근거해 프로세스로부터 명확한 데이터를 수집한 후 평가됐기 때문에 있을 수 있는 차이로 받아들인다. 즉, Define Phase 경우 믿을 만한 자료를 수집해 '현 수준'을 측정할 수도 있지만 보통 추정치 정도가 대부분이다. Measure Phase와 달리 데이터 신뢰성 평가가 이루어졌는지, 그리고 측정 시스템의 합격 기준을 통과했는지 불명확하기 때문이다. 따라서 굳이 차이가 나더라도 수정할 필요는 없다.

  '프로세스 능력'이 하나의 대푯값으로 표현됐으면 다음은 신뢰할 수 있는

'현 수준'을 바탕으로 좀 더 바람직한 모습으로의 목표를 재설정한다(<u>목표 재설정</u>). Define Phase에서 'Step - 2.2. 목표 기술'이 한 번 있었으므로 '재설정'의 표현이 적절하다.

여기까지가 과제 지표 'Y'에 대한 **세부 로드맵**이며, 이후부터 'Y'에 대한 이야기는 싹 들어가고 Control Phase까지 'X'들의 이야기로만 채워진다. 개선 대상은 'Y'가 아니라 그를 좌지우지하는 'X'들이란 논리가 지배하기 때문이다. 통상 'Y'는 그냥 쳐다보는 대상, 즉 'Monitoring'한다고 하고, 'X'는 과제 'Y'를 원하는 수준에 유지시키기 위해 꽉 잡고 있는 제어 대상, 즉 'Controling'한다고 한다. 여기서 얘기하는 'Control'이란 바로 'X'들을 대상으로 '제어'한다는 뜻이며 첫 단추가 Measure Phase의 세 번째 Step에서 채워진다. 이것을 '<u>잠재 원인 변수의 발굴</u>'이라고 한다. 이때 'Y'와 가장 연관성이 있을 것으로 생각되는 '프로세스 변수'들을 정성적인 방법으로 발굴한다.

이어지는 단원부터 Measure Phase의 전체 작동 원리와 용어를 소개하는 차원에서 필자가 지도 시간이나 강의 중에 활용하고 있는 강의 자료를 삽입하였다. 사내 멘토로 활동하고 있는 사원이면 Measure Phase를 이해하는 데 큰 도움이 될 것이다. 또 '문제 해결' 학습에 처음 입문하는 새내기들을 위해 혼란스러워할 용어들을 한 번에 정리해주는 효과도 매우 크므로 사내 교육에 그대로 활용해도 무방하다.

'VOC'부터 '현 수준 평가'까지

본 과정은 'Step – 4. Y의 선정'을 압축한 내
용이며, Measure Phase 개요 진입 시점에 교육생들을 대상으로 설명해주면 효
과가 크다.

예비 리더를 대상으로 교육이나 지도를 할 때면 본격적으로 문제 해결 로드맵
으로 들어가는 Measure Phase에 대해 쉽고 빠르게 전체 내용을 전달할 수는 없
을까 하고 늘 고민해왔다. 그 고민의 결과물이 바로 한 장의 A4 용지 또는 화이
트보드에 표현할 수 있는 분량의 'INSIK – M'이다. 'M 단계를 인식한다'라는 의
미인데 물론 필자 이름을 넣어 명명한 것이다(죄송). 다음 [그림 M – 1]부터 내용
이 시작된다.

[그림 M – 1] 고객, 리더, 과제의 개요도

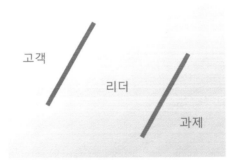

그림에서 '고객', '리더', '과제'가 나열돼 있고, 중간에 선들이 그어져 있다.
'고객'이 만들어내는 것은 무엇일까? 이 질문을 해보면 의외로 답변을 못하고
곰곰이 생각하는 리더들이 있는데 정답은 '소리(VOC)'가 되겠다. 정확히 '고객

의 소리(Voice of Customer)'다. '고객'은 '소리'만을 만들어내며, 만일 대형 할인점에서 계산대에 서 있던 고객이 "아, 짜증 나!"라고 표현한 경우, 이 말은 바로 이해하기 어려우므로 매장 관리자가 확인해본 결과 "기다리는 데 너무 오래 걸린다"라는 구체적인 표현을 얻었다면 이를 'CCR(Critical Customer Requirement)'이라 부른다. 여러 짜증 나는 고객의 요구 사항들 중에서 주요하게 받아들여야 할 내용이므로 우리말로는 '핵심적인 고객 요구' 정도 된다.

또 구체화된 고객의 소리를 만족시켜 주기 위해 활동을 한다면 개선 전후 향상 정도를 확인할 특성이 필요한데 본 예에서는 '대기 시간', '계산 소요시간' 등이 될 것이며, 이같이 고객의 '핵심 요구 사항(CCR)'을 특성화시킨 명사를 'CTQ(Critical to Quality)'라고 한다. 익숙한 용어들이다. 즉, '리더'가 '고객'에게 "대기 시간이 길다는 건가요?" 하고 물으면 '고객'은 "아, 그렇다니까요!" 하고 바로 알아들을 수 있으므로 'CTQ'는 '리더'와 '고객'과의 의사소통을 원활하게 해주는 매개 역할을 한다. 개요도는 다음 [그림 M − 2]와 같다.

[그림 M − 2] VOC, CCR, CTQ 개요도

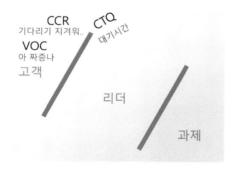

요약하면, 'CTQ'는 '고객'과 '리더'의 접점에 위치하며 둘 간의 의사소통을

위한 매개체이고, 또 '고객'으로부터 나온 '소리(VOC)'를 '특성'화한 것이므로 '고객 쪽에 매달린 특성'으로 이해된다.

이제 [그림 M-1]에서 '리더'와 '과제'를 보자. '리더'가 '과제'를 열심히 수행해서 성과를 크게 냈다면 그리고 큰 성과를 제3자에게 자랑(?)하려 한다면 과연 필요한 것이 무엇일까? 과제를 잘했다고 본인이 아무리 주장한들 평가자가 이를 받아들이지 못하거나 이해하지 못하면 성과에 대한 보상은 곧 사라지고 말 것이다. 따라서 필요한 것이 무엇이냐는 질문에 대한 답은 과제 지표인 'Y'이다. 과제 수행 전에 'Y'의 현 수준이 '10'이었는데 과제 수행 후 '100'으로 향상됐다면 10배의 성과를 낸 것이다. 이렇게 '리더'와 '과제'와의 의사소통을 원활히 해줄 특성이 'Y'이며, 따라서 'Y'는 '과제 쪽에 매달린 특성'임을 쉽게 알 수 있다. 그림으로 표현하면 다음 [그림 M-3]과 같다.

[그림 M-3] 'Y'의 개요

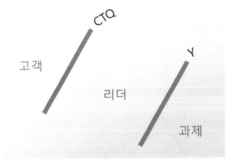

한편 [그림 M-1]에서 '과제'를 생각해보자. '과제'란 고객이 원하는 '핵심적 요구 사항(CCR)'을 만족시켜 주기 위해 수행하는 것이므로 다음 [그림 M-4]와 같이 화살표의 흐름으로 설명된다.

[그림 M-4] 'CTQ → Y'로의 전환

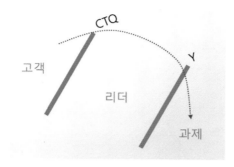

[그림 M-4]에서 '고객의 소리(VOC)'를 만족시켜 주기 위해 '과제'를 수행하려면 반드시 'CTQ'로부터 'Y'로의 전환 과정이 필요하다. 앞에서도 언급했듯이 'CTQ'는 '고객' 쪽에 매달린 특성이고, 'Y'는 '과제' 쪽에 매달린 특성이므로 이들이 연결돼야 할 필요성이 있는데, 연결 과정을 통상 '직접', '대용특성', '제약 특성', '하위 특성'이라는 용어들로 설명한다.

'**직접**'은 'CTQ'가 프로세스에서 바로 측정할 수 있는 특성이면 명칭을 바꿀 필요 없이 그대로 'Y'의 명칭으로 쓴다. 그러나 측정이 어렵거나 불가한 경우 'CTQ'를 대변할 다른 측정 가능한 특성을 고려해야 하며, 이렇게 바뀐 특성을 '**대용 특성**'이라고 한다. 또 'CTQ'가 좋아지면 반대로 특성이 나빠지는 경우, 'CTQ' 자체를 측정하기는 어렵지만 이 나빠지는 특성이 측정 가능해 'Y'로 정해질 때 '**제약 특성**'이라고 한다. '제약 특성'은 넓게는 '대용 특성'에 포함된다. 끝으로 'CTQ'가 너무 커서 하나로 측정이 곤란한 경우 여럿으로 쪼개어 'Y들'로 가져올 수 있는데 이것을 '**하위 특성**'이라고 한다. 'Y'가 정해지면 이제야 비로소 과제 수행 영역으로 발을 들여놓은 것이다. 다음 [그림 M-5]는 'CTQ → Y의 전환 과정'을 사례와 함께 표현한 개요도이다.

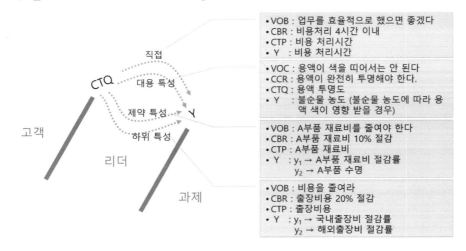

[그림 M-5]에서 첫 번째 '직접'의 경우, 내부 소리를 특성화한 'CTP'[11])의 '비용 처리 시간'이 현업에서 측정이 가능하므로 'Y'도 동일하게 '비용 처리 시간'으로 정했다. 두 번째 '대용 특성'은 고객이 요구한 품질 특성이 '용액 투명도'인데 이를 직접적으로 측정할 수단이 없거나, 한다 해도 장비 구입에 큰 비용이 들어 현실성이 없을 때를 가정하였다. 다행히 '용액 투명도'가 '불순물 농도'에 좌우된다는 것이 알려져 있으며 농도 측정이 가능할 경우 '불순물 농도'로 'Y'를 정했다. 세 번째 '제약 특성'은 'A부품 재료비'를 줄이면 품질 저하로 '수명'이 줄어드는 역비례 관계가 문제될 수 있으므로 'Y_1'은 'A부품 재료비 절감률' 외에 'Y_2'로 'A부품 수명'이 함께 고려돼야 한다. 이때 'A부품 수명'은 '제약 특성'으로 분류된다. 끝으로 '하위 특성'은 'CTP'인 '출장 비용'이 '국내'와 '해외'로 나뉘며, 둘의 처리 프로세스가 다르므로 'Y'는 '국

---

11) 이들에 대한 용어 정의는 'Step-4. Y의 선정'에서 상세히 다룰 것이다.

내 출장비 절감률'과 '해외 출장비 절감률'로 각각 구분하여 과제를 수행해야 한다. 참고로 'CTQ'는 '외부 고객'으로부터, 'CTP'는 '내부 고객'으로부터 형성된 특성이며 형성 출처가 다를 뿐 용어 쓰임새는 차이가 없다.

'Y'가 정해지면 다음 고려 대상은 '측정 방법'이다. [그림 M-5]처럼 정해진 'Y'는 고객의 소리를 특성화(CTQ)해서 얻어진 지표다. 따라서 사내에서 측정하고 있을 수도 그렇지 않을 수도 있다. 만일 새롭게 측정해야 할 지표면 누가 측정하더라도 동일한 현상에 대해 동일한 값이 나오도록 측정 과정을 명확히 해야 하는데 이것을 '운영적 정의(Operational Definition)'라고 한다. 관련 내용은 'Step-4.1. CTQ 선정'의 '4.1.2. Y를 정하는 방법'에서 자세히 소개할 것이다. 다음 [그림 M-6]은 'Y'와 '운영적 정의' 간 관계를 나타낸다.

[그림 M-6] 'Y'의 '운영적 정의'

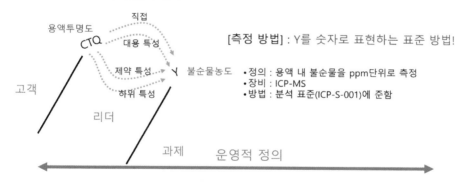

[그림 M-6]에서 '운영적 정의'는 'Y가 정해지는 과정'과 '측정 방법'까지를 포괄한다. '측정 방법'은 곧 "Y를 숫자로 표현하는 표준 방법"이다.

'운영적 정의'가 정해지면 다음은 '성과 표준(Performance Standard)'이 필요하다. '성과 표준'은 '규격(Specification)'을 포함한 광의의 한계 값이다. 상세한 설명은 'Step‑4. Y의 선정'으로 일단 미루도록 하겠다. [그림 M‑6]의 'Y'인 '불순물 농도'는 몇 차례 측정해서 분포로 관리하면 '연속 자료'이면서 '망소 특성'이므로 '성과 표준'은 'USL(Upper Spec. Limit)'이 필요하다. 만일 '이산 자료'이면서 '불량' 또는 '결점' 특성들이 'Y'로 결정되면 'Step‑4.2.'에서 논하게 될 '운영적 정의'처럼 그에 맞는 '성과 표준'이 와야 한다.

  '성과 표준'이 결정되면 그다음으로 진행될 세부 로드맵은 무엇일까? '운영적 정의'에 쓰인 방법대로 데이터를 수집해야 하므로 '데이터 수집 계획'이 나오고, 그 데이터가 믿을 수 있어야 '현 수준'을 평가한 뒤 목표 달성 후 제3자에게 성과를 이해시킬 수 있으므로 데이터에 대한 신뢰성이 필요하다. 따라서 측정 시스템에 대한 'MSA(Measurement System Analysis)'가 수반된다. 이어서 Measure Phase의 본래 수행 목적인 '현 수준'이 평가된다. '현 수준 평가' 때 어느 식(분포)을 사용할 것인가는 'Step‑4. Y의 선정'에서 결정된다. 다음 [그림 M‑7]에서 그 과정을 상세하게 도식화하였다.

[그림 M‑7] 'Y의 선정'과 '현 수준 평가'와의 관계

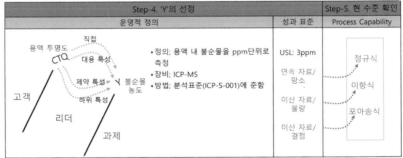

[그림 M - 7] 중 주목할 부분은 오른쪽 끝의 '정규식', '이항식', '포아송식'이다. 만일 'Y'가 '연속 자료'면 '현 수준'을 측정하기 위해 필요한 식이 '정규 분포'이며, 이로부터 대푯값인 '시그마 수준'을 산출할 수 있다. 만일 'Y'가 '~율'이나 '양불 판정' 등이면 '이항 분포'를 사용해서 '시그마 수준'을, 단위 당 결점 수의 개념이면 '포아송 분포'로부터 현 수준을 평가한다. '문제 해결' 과정은 '로드맵'으로 구체화된다. 따라서 '고객 정의 → VOC → CCR → CTQ(CTP) → Y → 운영적 정의 → 성과 표준 → 분포(선택)'까지 마치 물의 흐름처럼 일관성 있게 흘러가야 한다. 어딘가에서 흐름의 맥이 끊기면 과제의 품질은 그곳에서부터 문제가 발생되고 있음을 알아야 한다. 역으로 사내 멘토 자격으로 과제 지도를 할 경우 흐름의 단절(로드맵상 내용 연결이 안 되는 경우)이 일어난 맥을 짚어낼 수 있으면 성과로 유도할 수 있는 능력이 배양됐다고 평할 수 있다.

'현 수준', 즉 프로세스 능력이 평가된 후의 '세부 로드맵'은 '목표의 재설정'이다. Define Phase는 데이터 수집을 충실히 하지 않은 상태에서 '현 수준'과 '목표'를 설정할 가능성이 있으나, Measure Phase는 체계적으로 수집 후 신뢰성을 평가하며 그 신뢰도를 바탕으로 'PPM'이나 '시그마 수준'으로의 목표를 재설정한다.

이어지는 본문부터 Measure의 각 '세부 로드맵'들에 대해 그림과 함께 좀 더 상세하게 알아보자. 참고로 지금까지의 설명은 Measure Phase의 전체 개요를 설명한 것이므로 일부 내용은 중복됨을 알린다.

Step - 4. 'Y'의 선정

멘토링을 하다 보면 리더들조차 'Y'에 대한 명확한 정의를 모르는 경우가 허다하다. 가장 혼란스러워하는 부분이 'CTQ'와의 연관성이며 장표상에 'CTQ', 'Y' 등을 표현하는 데 있어서도 매우 서투르고 논리가 정연하지 못하다. '개요'에서 설명했듯이 '현 수준'을 평가하기 위해서는 '특성' 또는 '지표'가 요구된다. 그렇다면 이 '특성'이나 '지표'는 또 어디에서 오는 걸까?

Step - 4.1. CTQ(Critical to Quality) 선정

'CTQ'는 문제 해결을 수행하는 모든 사람이 가장 많이 듣는 용어들 중 하나일 것이다. 또 한편으로는 워낙 많이 듣다 보니 모두가 굉장히 익숙한 용어로 알고 있지만 현실은 꼭 그렇지만은 않다. 예를 들면 어느 과제의 CTQ로 '출장 경비 절감'이라고 했을 때, 정말 적절한 표현인지 따져볼 필요가 있다. 이런 유형은 대단히 많이 관찰되는데 '원가 경쟁력', '경영 지원 경비 절감', 'Lead Time 단축', '특수 전자 제품 개발 능력 확보' 등 수없이 많다. '표현이 뭐가 잘못되었나요?' 하고 질문을 던질 수도 있다. 따라서 'CTQ'의 명확한 사전적 정의가 필요하지만 공교롭게도 영어 사전엔 들어 있지 않아 다른 방법을 모색해봐야 한다.

2000년도에 조성된 'iSixSigma(www.isixsigma.com)'라고 하는 사이트가 있다. 전 세계적으로 과제를 수행하면서 갖게 되는 각종 의문 등을 사이트를 통해 공개적으로 묻고 답할 수 있으며, 각종 정보도 얻을 수 있다. 여기 들어가면 용어 사전인 'Dictionary'가 있으며, 'CTQ' 정의를 찾아보면 그 내용은 다음과 같다.

> · CTQs(Critical to Quality) CTQs(Critical to Quality) are the key measurable characteristics of a product or process whose performance standards or specification limits must be met in order to satisfy the customer. (번역) 고객 만족을 위해 '성과 표준' 또는 규격 한계를 충족시켜야 할 제품이나 프로세스의 핵심적인 측정 가능한 특성들.

용어 사전의 정의에서 중점적으로 확인해야 할 대목은 **"측정 가능한 특성"** 이다. 즉, 'CTQ'는 측정이 가능한 형태로 표현돼야 하므로 적어도 앞서 예시한 '출장 경비 절감', '원가 경쟁력', '경영 지원 경비 절감', 'Lead Time 단축', '특수 전자 제품 개발 능력 확보' 등은 '출장 경비 절감률', '원가 경쟁력 수준', '경영 지원 경비 절감률', 'Lead Time', '특수 전자 제품 개발 능력 수준(또는 개발 지수 등)'과 같이 표현해야 한다. 물론 학습 중인 리더들 경우 "'원가 경쟁력 수준'도 측정 가능한가요?" 하고 바로 질문을 던질지도 모른다. 그러나 이 부분은 다음에 이어질 '운영적 정의'에서 해결하면 될 일이다. 그때 다시 설명이 있을 것이다.

'CTQ'에 대한 정의는 그렇다 치고 리더들이 선정하는 과제의 'CTQ'는 도대체 어떤 방식으로 뽑아내는 것일까? 질문에 대한 답은 앞에서 언급한 'CTQ의 사전적 정의'에 내포돼 있다. 즉 "고객 만족을 위해……"로 시작하는 내용 중 바로 '고객'이 그것이다. **'고객'이 만드는 것은 딱 한 가지가 있는데 바로 '소리(Voice)'다.** '고객'을 만족시키려면 당연히 그들이 생각하는 바를 미리 파악해야 하며, 따라서 설문 등이 필요한데 이와 같은 일련의 작업은 그 '소리(Voice)'를 듣기 위함이다.

　　원리원칙대로라면 우선 '시장 세분(Market Segmentation)'을 통해 연구자가 관심을 가질 만한 공간적 영역을 정한 뒤, 그 공간에서 자사 제품을 구입해줄 고객을 찾는 '고객 세분(Customer Segmentation)'이 있어야 한다. 다음, 세분화된 고객 중 자사 제품을 구매할 가능성이 높은 '고객'이 정해지며(Target)그들이 원하는 바를 성취시켜 줘야 판매로 이어질 것이므로 그들의 '소리'를 듣게 되는데, 이를 '고객의 소리'라 하고, 영어로는 'Voice of Customer', 통상 줄여서 'VOC'라고 한다. 제품 개발을 목적으로 하는 '제품 설계 방법론'서는 이를 특히 '원시 데이터'라고 명명한다. '프로세스 개선 과제' 경우, 과거 수십 년간 프로세스가 운영되고 있는 상황에서 CTQ 선정을 위한 첫 관문인 '고객'은 거의 정해져 있는 경우가 태반이므로 'VOC'를 얻기 위한 부담은 다소 줄어든다. 다음 [그림 M－9]는 Measure Phase에서 첫 장표를 구성할 '고객 정의'의 한 예이다.

[그림 M-9] 'Step-4.1. CTQ 선정(고객 정의)' 예

Step-4. 'Y'의 선정
 Step-4.1. CTQ 선정_고객정의

과제 CTQ를 찾기 위해, 고려할 수 있는 잠재고객을 나열한 뒤 가장 영향력 있을 것으로 생각되는 고객을 아래와 같이 선정함. 내부고객은 팀원들 의견으로부터 '품질 담당'을 정함.

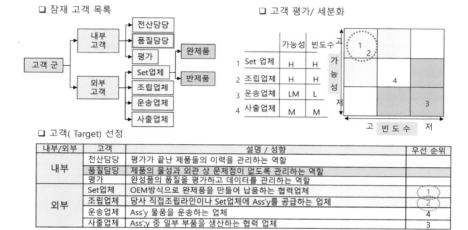

'내부 고객'의 사전적 정의는 없으나 통상 '만들어놓은 결과물을 받아서 다음 작업을 수행하는 사내 모든 주체', 즉 '제품이나 서비스 등이 완성된 것이 아니라 중간 과정을 처리하는 대상자'를 일컫는다. 반면에 '외부 고객'은 'End User'로 불리는 대상으로 '제품이나 서비스, 프로세스 등 완성된 결과물을 구매하거나 수령하는 사외 모든 주체'를 말한다. 그 외에 '완제품 규격을 관리하는 기관'이나 '정부 기관', '주주' 등 제품, 서비스 등과 간접적인 관계로 얽혀 있는 대상을 '이해 관계자'라 하고 고객의 한 유형으로 분류한다.

[그림 M-9]의 '고객 정의' 예에서 '내부 고객'은 과제와의 연계성을 쉽게 파악할 수 있을 것으로 판단돼 단순히 팀원들의 Multi-Voting으로 '품질 담

당'을 선정하였다(고 가정한다). 그러나 '외부 고객'에 대해서는 심도 있는 고려가 필요한 것으로 판단하고 과제에 미칠 영향이 클 '가능성'과 과제 수행 기간 동안 지속적으로 접촉할 '빈도 수'를 매트릭스로 평가한 뒤, 'Set 업체' 와 '조립 업체'를 최종 선정한 것으로 가정하였다. 그 아래는 고객이 어떻게 프로세스와 연계돼 있는지를 표로 요약해놓았다.

실제 과제를 수행하다 보면 정의대로 모든 게 순조롭게 돌아가진 않는다. 예를 들어 '고객'만 보더라도 정의에 따르면 '외부 고객'은 'End User'가 돼야 하나 고객과 접점을 두고 있을 몇몇 부서들을 빼고는 대다수 조직 내 리더들은 본인 과제에서 'End User'와 맞닥트릴 기회가 거의 없다. 간단한 예로 'A 불량률'을 줄이기 위해 근본 원인을 찾아내야 할 상황에서 고객의 소리를 듣고 'CTQ'를 찾다 보면 'A 불량률'이 등장하지 않을 수도 있다. 한편으론 'CTQ'를 찾는 노력도 불필요한데, 왜냐하면 'A 불량률'은 이미 개선 대상이 돼야 할 중요 지표로 관리되고, 줄이기로 의사 결정도 한 상태이기 때문에 굳이 고객을 찾고 'VOC'를 수집하는 일은 너무 비효율적이다.

큰 조직의 기업에서조차 과제의 상당수가 완제품을 구매할 'End User'와 직접적으로 관계하는 경우는 매우 드물다. 따라서 평소 '내부 고객'과 '외부 고객'을 분류하는 방법은 '프로세스 범위'를 중심으로 내용물을 넘겨주는 대상은 '내부 고객', '프로세스 범위'로부터 나온 내용물을 넘겨받는 주체를 '외부 고객'의 개념으로 정의하는 것도 한 방법이다. 직접적인 분류가 어려우면 극단적으로 나름 해석을 통해 정하는 것도 한 방법이다.

과제 지도 때는 사업부장, 팀장을 '내부 고객'으로, 그 외의 다른 고려 대상자들을 '외부 고객'으로 정하도록 유도한다. 가장 손쉬운 접근이다. 다음 [그림 M-10]은 [그림 M-9]와 동일한 방식으로 '노래방 매출 올리기'의 '고객'을 정의한 예이다.

[그림 M-10] 'Step-4.1. CTQ 선정(고객 정의)' 예(노래방 매출 올리기)

Step-4. 'Y'의 선정
  Step-4.1. CTQ 선정_고객정의

과제 CTQ를 찾기 위해, 고려할 수 있는 잠재고객을 나열한 뒤 가장 영향력 있을 것이라고 생각되는 고객을 아래와 같이 선정함.

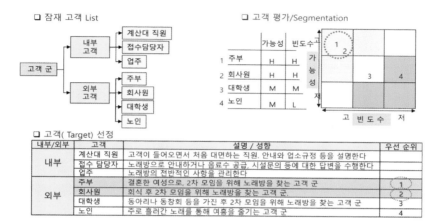

❑ 고객(Target) 선정

내부/외부	고객	설명 / 성향	우선 순위
내부	계산대 직원	고객이 들어오면서 처음 대면하는 직원. 안내와 업소규정 등을 설명한다	
	접수 담당자	노래방으로 안내하거나 음료수 공급, 시설물의 등에 대한 답변을 수행한다	
	업주	노래방의 전반적인 사항을 관리한다	
외부	주부	결혼한 여성으로, 2차 모임을 위해 노래방을 찾는 고객 군	1
	회사원	회식 후 2차 모임을 위해 노래방을 찾는 고객 군.	2
	대학생	동아리나 동창회 등을 가진 후 2차 모임을 위해 노래방을 찾는 고객 군	3
	노인	주로 흘러간 노래를 통해 여흥을 즐기는 고객 군	4

[그림 M-10]의 예에서 '내부 고객'은 고객과 항상 접촉하는 인력들이므로 모두 중요하다고 판단하여 'VOC'를 들어야 할 대상으로 확정했다(고 가정한다). 따라서 별도의 선별 과정은 불필요하다. 반면, 아파트와 대형 빌딩이 많은 주변 환경 여건상 '외부 고객'들은 평가를 통해 '방문 가능성'과 '빈도 수'가 높은 '주부'와 '회사원'을 '핵심 외부 고객'으로 선정하였다.

'고객'이 정해졌으므로 다음은 그들의 소리, 즉 'VOC'를 듣는 단계로 넘어간다.

4.1.1. VOC, CCR, CTQ 간의 관계

자! 대형 할인 마트에 방문했다고 가정하자. 그리고 물품을 카트에 잔뜩 실은 쇼핑객들 중 한 명이 [그림 M − 11]에서와 같이 "아, 짜증 나!" 하고 소리쳤다고 가정하자. 만일 이 소리를 매장 관리자가 들었다면 무슨 생각을 하게 될까? 아마도 고객이 카트가 고장이 나 불필요한 힘을 주고 끌고 가다 너무 지쳐 한마디 했을 수도 있고, 또는 사람이 너무 많아 번잡한 데 따른 신경질적 반응으로 생각할 수도 있을 것이다. 아니면 구매하고자 했던 제품이 없어 발길을 돌리면서 시간 손실을 개탄하는 소리로도 생각할 수 있는 등 사실 무한한 이유가 존재한다. 정녕 고객 만족을 우선으로 생각하는 관리자이면 바로 그 손님에게로 달려가 "손님, 무슨 일 때문에 그러십니까?" 하고 물어볼 것이다. 그때 손님은 "계산하려고 줄 서 있는 중인데 기다리는 것이 너무 지쳐서 좀 빠르게 처리됐으면 좋겠어요" 하고 대답을 했다고 하자. 그 순간 수많은 가능성들 중에서 관리자는 바로 한 가지 − 대기하는 데 시간이 너무 오래 걸린다. − 라고 하는 구체적인 요구를 파악하게 된다.

[그림 M − 11] VOC의 예

이와 같이 고객은 평상시 구체적인 표현보다 그들이 생각하는 언어로 서비스나 상품을 표현하게 되는데 예에서와 같이 "아, 짜증 나!"라고 한 것을 'VOC'라고 한다면, 관리자가 한 번 물어서 확인한 "대기 시간이 길다"는 고객의 핵심 요구 사항이므로 이를 특히 'CCR(Critical Customer Requirement)'이라고 표현한다. 'CCR'은 고객이 요구한 핵심 사항이므로 만일 관리자가 이를 만족시키기 위해 과제를 수행하면 과제 시작 전후의 개선 정도를 측정할 특성이 필요하며 따라서 "대기 시간이 길다"에 대해서 가장 좋은 특성은 '대기 시간'이 될 수 있다. 이때 '대기 시간'은 바로 'CTQ'이며, 앞서 설명한 바와 같이 **'CTQ'는 고객에 매달린 특성**으로 이해된다.

$$VOC \rightarrow CCR \rightarrow CTQ \tag{M.1}$$

논의된 내용은 고객의 정의 중 주로 '외부 고객'에 대한 설명이다. 하지만 '외부 고객'이 있는 곳이면 항상 '내부 고객'도 공존한다. 할인마트 예에서 '계산대 직원'이 '내부 고객'이 될 가능성이 가장 높다. 따라서 '대기 시간'을 줄이기 위해서는 이들의 소리도 매우 중요하며 과제 수행에서 함께 고려하는 것이 바람직하다. 만일 이들을 '내부 고객'으로 정해 그들의 소리를 들을 경우 특히 'VOB(Voice of Business)'라고 한다. 또 (M.1)의 전개와 마찬가지로 'VOB' 중 핵심적인 요구 사항을 'CCR'에 대응시켜 'CBR(Critical Business Requirement)'이라고 한다. 그리고 이들의 요구를 만족시키기 위해 'CTQ'에 대응하는 'CTP(Critical to Process)'가 있으며 '프로세스의 핵심적인 측정 가능한 특성'으로 해석한다.

VOB → CBR → CTP (M.2)

다른 예를 들어 보자. 2003년 아시안컵 예선 E조 조별리그 코엘류 사단과 베트남과의 첫 경기. 우리나라는 이 경기에서 우위를 보이는 경기를 했으나 1:0으로 패하는 바람에 많은 축구 애호가들의 질타를 받은 일이 있다. 당시 관중석에서 누군가가 "아! 저것도 축구라고……", 또 다른 관람객이 "돌아버리겠네", 그리고 최종 한 관람객이 "때려치워라!"라고 소리쳤다고 가정하자. 만일 '대한축구협회' 기술 위원회 한 명이 이 소리를 듣고, 향후 축구 대표팀의 기량을 높여 고객을 만족시킬 활동을 준비한다고 결정했다면(물론 상황이 좀 과장되긴 했다.) 그 '소리'들이 정확히 무엇을 요구하는지 확인하기 위해 질문이 필요하다. 확인 결과를 순서대로 나열하면 다음과 같다. 즉 "아! 저것도 축구라고…… → 공을 빼앗기면 안 된다(중요 위치에서 공을 빼앗기는 순간을 보고)", "돌아버리겠네. → 패스 좀 정확하게 해라(패스할 때 딴 방향으로 가는 것을 보고)", "때려치워라. → 슛을 하면 엉뚱한 데로 차지 마라(슛이 상대편 골대 한참 위로 뜬 상황을 보고)"라는 것으로 파악되었다(고 가정하자).

관람객들이 최초 했던 얘기는 결국 'VOC'에 해당한다. 또 기술 위원이 재차 확인한 내용('→' 다음 표현)은 여러 가능한 요구들 중 구체성을 띠므로 'CCR'에 해당한다. 예를 들어, "아! 저것도 축구라고"는 자체만으로 의중을 파악하기 어렵지만 "공을 빼앗기면 안 된다"는 누구나 골 점유를 확실히 하라는 뜻으로 받아들이기 때문이다. 이제 기술 위원이 조사된 내용을 국가대표팀의 기량 향상을 위한 핵심 주제로 가져간다면 개선 전후 향상 정도를 측정해야 하며, 따라서 'CCR'에 대한 '특성화'가 필요하다. 다음 [표 M-1]을 보자.

[표 M-1] VOC, CCR, CTQ의 관계

VOC	CCR	CTQ
야! 저것도 축구라고……	공을 빼앗기면 안 된다.	볼 점유율
돌아버리겠네.	패스 좀 정확하게 해라.	패스 성공률
때려치워라.	슛을 하면 엉뚱한 데로 차지 마라.	유효 슈팅 수

‘VOC’만 보면 무슨 내용인지 알 수 없지만 한두 번 더 물어보면 예를 든 ‘CCR’처럼 구체적으로 이해할 수 있는 내용을 얻는다. 다시 ‘CCR’을 특성화 하면 [표 M-1]의 예와 같이 ‘CTQ’가 된다. 사실 ‘CTQ’는 고객으로부터 나온 요구 사항에 기반을 두므로 반드시 기존에 측정해오던 특성일 필요는 없다. ‘거래 만족도’, ‘처리 신뢰도’, ‘조작 안정도’ 등과 같이 ‘~도’로 표현하는 방법과, ‘거래 수준’, ‘처리 수준’, ‘조작 수준’ 등과 같이 ‘~수준’으로 표현하는 방법도 있다. 어떻게 수치로 표현할 것인가는 이어지는 ‘운영적 정의’에서 고민할 일이다. 고객의 요구 사항이고 꼭 만족시켜야 하는 상황이면 말이다.

그런데 프로세스 개선 과제의 경우, 위에서 설명한 ‘VOC’처럼 전혀 이해할 수 없는 표현이 수집되는 경우는 거의 찾아보기 힘들다. 그 이유는 프로세스 가 짧게는 수년에서, 길게는 수십 년 동안 운영돼왔기 때문에 고객층이 이미 결정돼 있고, 따라서 숨겨진 ‘VOC’를 찾기 위해 특별히 노력하지 않는 한 표면적인 요구 내용은 거의 결정돼 있는 게 현실이다. 즉, ‘VOC’가 모호한 표현이 아닌 구체적인 ‘품질 특성’이나 ‘서비스명’으로 나타나며, 따라서 ‘VOC’ 자체가 바로 ‘CCR’의 성격을 띤다.

다음 [표 M-2]는 볼펜 사용 고객을 대상으로 수집한 ‘VOC-CCR-CTQ’ 를 보여준 예이다(라고 가정한다).

VOC	CCR	CTQ
■ 찌꺼기가 많이 나온다. ■ 잉크가 많이 번진다. ■ 빨리 굳어 심이 막힌다.	■ 잉크 찌꺼기 노출 기준 0.001g 이하 ■ 잉크 번짐 1㎜ 이하 ■ 10만 번 이상 사용	■ 찌꺼기 노출량 ■ 잉크 번짐 폭 ■ 사용 횟수

'VOC'가 "짜증 난다!"나 "이거 못 쓰겠는데!" 등의 모호한 표현 대신 '찌꺼기 나옴'이나 '잉크가 번짐'과 같이 이미 구체성을 띠므로 'VOC'는 'CCR'처럼 보인다. 따라서 볼펜 예의 'CCR'을 적어 내기 위해서는 최소한 'VOC'에서 언급된 수준보다 한 단계 더 구체적인 요구 사항으로의 표현이 필요하다. 이때 고객에게 다시 되묻는 상황을 떠올려보자. 즉, "찌꺼기가 많이 나온다" 경우 고객에게 되묻는다면 "어느 정도 돼야 적정 찌꺼기 양이라고 보시나요?"와 같이 고객이 수치로 말해줄 때까지 계속해서 질문한다. 볼펜 예에서처럼 "잉크 찌꺼기 노출기준 0.001g 이하는 돼야 하지 않겠어요?"라고 했다면 바로 이 표현이 'CCR'로 적합하다. 물론 현실적으로 들어주기 어려운 한계값이 나와도 일단 '고객 요구'로써 수용한다.

'CCR'이 구체적일수록 'CTQ'를 정하는 일은 상대적으로 쉬워진다. 물론 현업에서 예와 같이 고객에게 직접 되묻는 상황은 잘 발생하지 않는다. 설사 그렇더라도 [표 M-2]의 'CCR' 표현처럼 가급적 객관적인 수치를 통해 표현하는 습관을 들이자. 출처에 따라서는 'VOC'가 모호한 경우 'VOC-CCR' 사이에 'Issue'란을 삽입해 'CCR'로 부드럽게 넘어가도록 공간을 마련하기도 한다. 그러나 내용적으로 'VOC-Issue-CCR'로 또 구분해야 하는 번거로움이 생긴다. 볼펜의 예처럼 수집된 'VOC'에 대해 소리를 낸 사람에게 재질문을 반복함으로써(또는 가상으로라도) **'CCR'에 수치가 포함되도록 한다.** 습관화될 수 있도록 노력하기 바란다.

[표 M - 1]과 [표 M - 2]를 이해하려면 QFD(Quality Function Deployment)를 알아야 한다. 사실 VOC - CCR - CTQ 전개의 원조는 QFD이며, [표 M - 2]는 QFD의 축소판이다. QFD는 1972년 일본에서 '신제품 개발과 품질 보증'의 부제로서 17 - Step으로 된 '품질 전개'의 기본 틀이 발표되었다. 이후 미쓰비시 중공업(고베 조선소)에서 '품질 표'가 발표되면서 신제품 개발의 품질 보증을 원류 단계부터 행하는 하나의 도구로 정착되었다. 1978년 아카오 요지, 미즈노 시게루가 함께 쓴 '품질 기능 전개'가 미국에서 출판돼 전 세계로 확산되는 계기가 되었다.

QFD전개의 첫 활동은 '시장 분할(Market Segmentation)'이다. 신상품이 판매될 지역이 어딘지 찾는 작업이다. 분할된 시장에서 실제 수요를 창출할 '고객'을 선정하면 그 고객으로부터 향후 판매할 상품의 기능이나 요구 사항들을 수집하는데, 이를 '원시 데이터'라고 한다. '원시 데이터'를 상품 개발에 정확히 반영하기 위해 좀 더 구체적인 표현으로 정리하면 이를 '요구 품질'이라 하고 표현에 있어서도 부정적이지 않고, 간결하며, 특성을 포함하지 않도록 하는 작성 규칙이 있다. '요구 품질'은 고객의 요구 사항을 정리한 것이니 결국 이를 상품에 적용하기 위해 연구 개발자가 알아들을 수 있는 기술 용어로 바꿔줘야 하는데 이를 '품질 특성'이라고 한다. '품질 특성'은 하나의 '요구 품질'에 여럿 나올 수 있으며, '요구 품질'과 '품질 특성' 간 매트릭스 평가를 통해 핵심적인 '품질 특성'이 걸러 나오고, 이 산출물을 'CTQ'라고 한다. 즉, 신상품 개발에서 가장 중요한 것은 고객이 말한 '요구 품질'을 상품에 잘 반영해줬는지 'CTQ'를 통해 확인할 수 있다.

다음 [표 M - 3]은 볼펜의 예를 통해 '원시 데이터'로부터 'CTQ'가 나오기까지를 QFD 관점에서 재구성한 개념도이다.

속성(고객)	원시데이터	요구품질	품질특성
고등학생 (16세 여)	추울 때 안 써진다	저온에서도 잘 써진다	잉크점도
	오래 쓰면 손가락이 아프다	축의 표면이 부드럽다	표면 Roughness, 촉감
		축이 손가락을 보호한다	축 구조 적합도
대학생 (19세 남)	스프링 고장이 잦다	스프링이 강하다	강도
		스프링 탄성이 오래 유지된다	탄성도, 수명
	튜브가 휘어진다	튜브가 유연하다	복원력
		튜브가 고온에서 상태를 유지한다	내열도

   [표 M-3]에서 '속성'은 답변을 해준 고객이 누구인가를 나타내고, '원시 데이터'는 'VOC'에 대응된다. '요구 품질'은 '원시 데이터(VOC)'의 구체화된 표현이므로 'CCR'에 대응하고(실제로는 상대적 중요도 평가를 통해 CCR이 정해진다), '요구 품질'과 '품질 특성'의 매트릭스 평가를 통해 나온 우선순위가 가장 높은 특성(하단부의 'CTQ' 표시 3개)이 'CTQs'이다. 즉, 앞서 배운 VOC-CCR-CTQ 전개는 QFD를 단순화한 결과이며, 다음과 같이 용어들 간 대응 관계가 성립한다.

· 원시 데이터 VOC
· 요구 품질 CCR
· 품질 특성 중 우선순위 높은 것 CTQ

QFD는 신상품이나 프로세스 설계 때 쓰이는 도구이며, '문제 회피 영역' 중 '제품 설계 방법론'의 Measure('DMADV'는 'M', 'DIDOV'는 'I') Phase에서 활용된다. '제품 설계 방법론'은 고객이 가장 중요시하는 몇몇 특성에 선택과 집중을 하는 반면, '프로세스 개선 방법론'은 오랫동안 운영돼온 프로세스 내 문제점 해결에 적합하다. 따라서 고객 요구 사항이 명백한 경우 QFD를 사용하면 작은 망치면 충분할 자리에 큰 해머를 쓰는 격으로 불필요한 전개가 될 수 있다. 이에 '축약형 QFD'가 이용된다. 다음 [그림 M-12]는 '노래방 매출 올리기'의 'Step-4.1. CTQ 선정' 예이다.

[그림 M-12] 'Step-4.1. CTQ 선정' 예_축약형 QFD(노래방 매출 올리기)

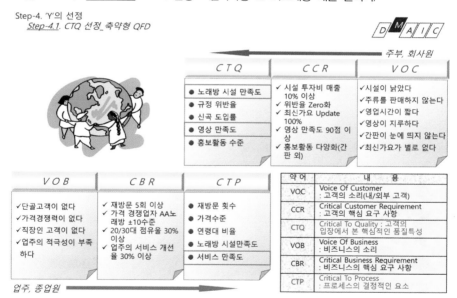

[그림 M-12]에서 '외부 고객'은 '주부'와 '회사원'이, '내부 고객'은 '업주'와 '종업원'임을 오른쪽 상단과 왼쪽 하단에서 확인할 수 있다. 이들의 'VOC/VOB'가 수집돼 있고 계속해서 'CCR/CBR', 'CTQ/CTP'가 있다.

'CTQ', 'CTP'에 들어 있는 특성들은 QFD로 보면 '품질 특성'에 해당하며 (항목 제목인 'CTQ', 'CTP'는 사실 '품질 특성'으로 표현해야 옳다.), 특히 빨간색 네모를 해둔 특성들이 과제에서 향상시켜야 할 중요한 특성들로 'CTQ'들에 해당한다. 또 'CTP'가 내부 프로세스의 중요한 특성이자 고객의 요구를 향상시키기 위해 필요한 '제약 특성(고객이 많은 것을 요구할수록 프로세스 운영자는 더 많은 시간과 돈을 투입해야 함)'이므로 'CTQ'와 늘 함께 고려해야 한다. 따라서 제약 관계의 특성을 'CTQ'에 통합시켜 같이 고려하는 것이 바람직하다.

만일 '품질 특성'들이 많으면 QFD를 사용하거나, 또는 Tree 구조를 통해 그들 간의 상하관계나 인과관계를 따져 과제 수행에 적합한 CTQ를 선정할 수 있다. 그러나 프로세스 개선 과제에서는 팀원들의 의견 수렴을 통해 간단히 뽑혀지는 것이 일반적이다. '노래방 매출 올리기'의 [그림 M-12]에 굵은 네모로 표기한 것처럼 프로세스 개선 과제 성향을 반영해 팀원들 간 논의를 거쳐 CTQ가 선정된 것으로 가정한다.

'CTQ'를 뽑았으면 이어질 활동은 '운영적 정의'와 '성과 표준'이다. 이들에 대해 자세히 알아보자.

4.1.2. 'Y'를 정하는 방법

프로세스의 고질 문제를 개선한다고 가정하자. 많은 노력을 들여 문제가 해소됐음을 공식화하려면 어떻게 표현해야 할까? 단지 "좋아졌습니다"라고 하면 될 것인지, 아니면 "저를 믿어주세요" 하든지 뭔가 수를 내야겠지만 여전히 설득력이 떨어진다. 만일 고질 문제가 프로세스를 잘 관리하지 못해 생겨났다면 앞서 학습한 바와 같이 상황을 대표할 특성, 즉 'CTQ'가 필요하다. 예로써 '프로세스 운영 수준'을 지표로 정했다고 가정하자. 그리고 이어 '프로세스 운영 수준'이라고 하는 'CTQ'를 측정해 현재가 얼마인데 노력을 통해 향후 더 높은 수준인 얼마로 만들 것이라고 발표하면 훨씬 객관적인 상황이 될 듯싶다.

그러나 한 가지 문제가 있다. '프로세스 운영 수준'은 표현이 너무 막연하고 구체적이지 못해 누군가 이 지표를 접했을 때 무엇을 개선하려고 하는지 납득하기 매우 어렵다. 따라서 보다 업무적으로 공유가 가능하고, 명료하게 받아들일 수 있는 지표로의 전환이 요구된다.

앞서 「4.1.1. VOC, CCR, CTQ 간의 관계」에서 'VOC~CCR~CTQ'의 관계를 논한 바 있다. 즉 'CTQ'는 "고객의 소리(VOC)를 측정 가능한 형태로 표현한 특성"이자 **'고객 쪽에 매달린 특성'**이었다. 따라서 고객의 정제되지 않은 다양한 요구들을 특성으로 전환하는 과정에 일부는 프로세스에서 측정하고 있는 'CTQ'도 있지만 경우에 따라서는 기존에 전혀 고려치 않은 새로운 'CTQ'도 발생할 수 있다. 예를 들어 '프로세스 운영 수준', '조직 만족도', '매출 정보 제공 신뢰도', '소모품 비용 절감률(어느 금액대비 절감인지 정의하지 않고 단지 VOC~CCR 중 절감의 필요성만 보고 표현한 경우)' 등이 그것이다.

'CTQ'는 쉽게 측정할 수도, 또는 그렇지 못할 수도 있다. 그러나 과제 수행에서 모호한 'CTQ'들은 정량화에 혼선을 주므로 좀 더 명확한 표현이 필요한데 이것이 과제 지표인 'Y'이다. 즉 'Y'는 **'과제 쪽에 매달린 특성'**이다. 과제는 '고객의 소리(VOC)'를 만족시키기 위해 수행하므로 반드시 'CTQ'에서 'Y'로의 전환 과정이 필요하다. 결국 'Y'는 'CTQ'를 정확하게 반영해야 하고 현업에서 측정 가능한 형태로 정의돼야 한다. 그래야 과제 완료 후 목표를 달성했는지 여부를 정확하게 평가할 수 있다. 일반적으로 'CTQ'에서 'Y'로 전환되는 방식은 크게 네 가지로 분류하며 다음 [그림 M-13]과 같다.

[그림 M-13] 'CTQ'에서 'Y'로의 전환

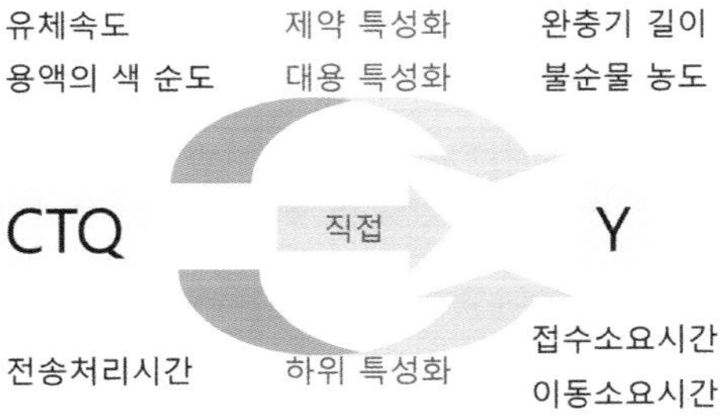

유체속도　　제약 특성화　　완충기 길이
용액의 색 순도　대용 특성화　　불순물 농도

CTQ　　직접　→　　Y

전송처리시간　하위 특성화　접수소요시간
　　　　　　　　　　　　이동소요시간

[그림 M-13]에서 가운데 '<u>직접</u>'은, 예를 들어 고객에 매달린 특성인 'CTQ'가 '클레임 처리 소요 시간'일 경우, 이것은 그 자체로 명확한 표현이면서 측정 역시 쉽게 이루어지므로 'CTQ'를 'Y'로 그대로 쓴다. 그러나 만일 'VOC~CCR'로부터 특정 용액의 색 순도를 알고 싶은 요구 때문에 도입한 '용액의 색 순도'는 측정도 수월하지 않을뿐더러 설사 측정 장비가 있더라도 구매하는 데 많은 비용이 들어 현실적으로 측정값을 낼 수 없다(고 가정하자). 이럴 경우 색 순도를 결정짓는 A-불순물이 파악돼 있다면 '용액의 색 순도'는 'A-불순물 농도'로 대용하는 방안이 바람직하다. 이것을 '<u>대용 특성화</u>'라고 한다. 물론 대용된 방법이 경제적이고 작업성도 좋다는 것을 전제로 한다.

다음으로 '<u>제약 특성화</u>'가 있다. '제약 특성'은 '대용 특성'의 일종이나 '유체 속도'와 같이 실질적인 측정이 어렵지만 반대로 '유체 속도'가 증가할수록 '완충기'를 밀어내 '완충기 길이'가 줄어드는 것을 측정할 수 있으면 이를 '대용 특성'으로 활용하는 예 등이다. '유체 속도'가 증가하거나 감소할수록 '완충기 길이'는 반대로 줄거나 늘어나는 '제약' 관계만이 차이가 있을 뿐이다.

끝으로 '<u>하위 특성화</u>'는 고객에 매달린 특성인 'CTQ'가 너무 커서 과제의 특성인 'Y'로 전환될 때 몇 개의 하위 특성으로 나뉘는 것을 말한다. [그림 M-13]에서 '전송 처리 시간'이 규모가 커서 단독으로 개선하기보다 규모가 작은 '접수 소요시간'과 '이동 소요시간'으로 나눠 개선할 수 있을 때, 나뉜 각각을 '하위 특성'이라고 한다. 업무적으로 프로세스가 달라 나눌 수도 있고, 효율을 고려해 나눌 수도 있다.

'Y' 영역으로 들어왔으니 'CTQ'는 잊고 이제부터 'Y'가 정해지는 방식에 대해 알아보자. 일반적으로 제조 부문에서의 지표 정의는 간접 부문과 비교해 상대적으로 수월하다는 생각이 지배적이다. 이를 반영하듯 2000년도 초에 혁신 활동이 간접 부문으로 확산되면서 큰 이슈가 됐던 적이 있다. "과연 가능할까?" 또는 "데이터가 제조만큼 풍부하지 않은데 어떻게 로드맵을 끌고 가지?" 등 갖은 의문이 만발했고, 어느 회사에서 모 분야의 좋은 사례가 있다더라(일명 '카더라' 통신) 하면 당장이라도 보고 싶어 내용을 얻어 달라는 주문이 쇄도했다. 그때를 회상하면 현업 문제나 잘 해결하지 왜 그런 형식적인 일들에 골몰했는지 탓하고도 싶다. 그러나 새로운 방법이 무르익기 위한 불가피한 상황으로 이해되는데 당시 간접 부문에서 'Y'를 정하는 문제에 대해서도 많은 질문이 있었다. 'Y'가 제조만의 전유물이 아니라면 간접에서도 쓰일 수 있는 전반적인 분류 체계가 존재해야 한다. 간접이든 직접이든 프로세스라는 공통된 환경 속에서 업무가 이뤄지기 때문이다.

일반적으로 'Y'가 정해지는 방식은 크게 세 가지로 분류할 수 있다. 첫째가 '시간(Time)'형, 둘째는 '만족도(Satisfaction Index)'형, 셋째는 '프로세스 결점(Process Defect)'형이다. '시간'과 '만족도', '프로세스 결점' 모두 처음 접하는 용어는 아니므로 'Y'와의 연계성이 대충 머릿속에 그려질 것이다. 다음 [표 M-4]의 분류도와 이어지는 설명을 학습해보자.

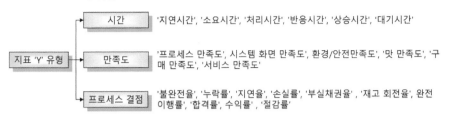

① 시간(Time): 프로세스 개선에서 가장 많이 사용되는 유형이다. 활동 '시간'을 줄이면 일을 처리하는 효율은 높아지고 눈에 보이지 않는 '손실 비용(COPQ)'은 비례해서 준다. 또 무엇보다 큰 장점은 계측이 용이하고 연속형이므로 데이터를 처리할 때 다양한 도구들의 사용이 가능하다. 제조 공정에서 수율이나 생산성과 직접적으로 관계하는 점도 중요성을 더한다. 'OO 지연시간', 'OO 소요시간', 'OO 처리시간', 'OO 반응시간', 'OO 상승시간', 'OO 대기시간' 등 처한 상황에 따라 무수히 많은 '시간관련' 'Y'를 정할 수 있다.

② 만족도(Satisfaction Index): 'Y'로 사용되는 빈도로 볼 때 특히 간접 부문에서 '시간' 다음으로 많은 유형이다. 지표 선정 시 아무리 생각해도 적절한 특성이 떠오르지 않으면 '~만족도'를 적용했을 때 의외로 쉽게 답을 얻을 수 있다. 예를 들어 최적화한 프로세스가 정말 효율적인지 알아보고자 할 때 프로세스에 속해 있는 담당자들에게 개선 내용을 알려주고 괜찮은지 물어보는 설문을 한다든가(프로세스 만족도), IT 시스템의 화면을 재설계했는데 정말 쓸만한 것인지 확인하는 경우(시스템 화면 만족도), 환경/안전과 관련된 개선을 한 후 임직원에게 괜찮은지를 타진하는 경우(환경/안전 만족도) 등 무수히 많은 만족도 유형을 설정할 수 있다. 물론 설문 응답자가 어느 정도 규모가 돼야 하고, 객관적인 측정을 위해 설문 문항의 설계 등이 중요 변수가 되긴 하지만 측정 지표의 모호성을 해결할 때 확실히 단비 역할을 한다. 이 외 '맛

만족도', '구매 만족도', '서비스 만족도' 등 처한 환경과 상황에 따라 '시간' 유형과 동일하게 다양한 'Y'들을 발굴할 수 있다.

③ 프로세스 결점(Process Defect): 간단히 설명하면 '시간'과 '만족도' 유형을 제외한 모든 지표들이 해당된다. '결점(Defect)'이란 용어에서 느끼듯 '바람직하지 못한 현상'의 개수를 세어서 전체 대비 비율로 나타낸다. 주로 '시간', '일(Day)', '금액', '건수' 등의 기본 단위를 가지고 전체에 대한 비율, 예를 들어 '불완전율', '누락률', '지연율', '손실률', '부실 채권율' 등이 포함되며, 상황에 따라 '바람직한 현상'인 '재고 회전율', '완전 이행률', '합격률', '수익률' 등의 'Y'도 가능하다. 좀 특별한 경우이긴 하나 구매 과제의 경우 대부분 '단가'를 'Y'로 정해야만 측정이 용이한데 특별한 경우가 아니면 '금액'은 'Y'로 가져가지 않기 때문에(늘 재무성과 평가 전문가가 과제 수행 전반에 걸쳐 평가하므로), 이때 현 '단가'를 '100'으로 설정해서 "100 대비 절감비율"을 'OO 구매 지수' 또는 'OO 구매 절감률'과 같이 표현해 사용한다. 'OO'에는 구매 대상인 '부품명'이나 '상품명' 등이 들어간다.

'Y'를 정하는 것만큼이나 그 '지속성'에도 관심을 둬야 한다. '지속성'이란 "과제에서 선정한 'Y'가 과제가 끝난 뒤에도 현업에서 계속 사용될 수 있는가?"라는 물음의 답이다. 간접, 행정, 특히 금융과 같은 서비스 업종은 사람에 의해 모든 활동이 결정되며 규정이나 표준만으로 모든 걸 정의할 순 없다. 또 제품처럼 잘못된 사안을 눈으로 같이 보며 공감하는 데도 한계가 있다. 그만큼 맞닥뜨린 상황에 따라 사람이 일일이 정해줘야 할 것들이 많고, 이때 국부적인 문제를 설명하기 위해 도입한 지표의 빈도도 높을 수밖에 없다. 따라서 리더가 정한 'Y'가 과제 수행 이후에도 계속 통용될지 'Y'를 처음 정하는 시점에 깊이 있는 고려가 필요하다. 다음과 같은 유형들이 있다.

① 기존 지표가 있는 경우

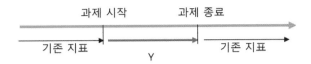

과제 'Y'가 기존 업무에서 이미 사용 중인 지표와 연동되는 경우이다. 과제 범위가 특정 업무의 범위 안에 포함될 때 기존 지표로 '오류율'이나 '불완전 판매율' 등이 있으면 과제를 수행하면서 이 지표를 대신해 새로운 것들을 만들 필요는 없다. 만들 경우 부작용이 예상되는데 우선 기존 지표는 오랜 기간 많은 지식과 경험을 토대로 확정된 결과물이므로 이미 대표 척도로 자리 잡은 표준어이다. 따라서 과제 수행을 위해 새로이 지표를 정의할 경우 새 지표의 관리자나 시스템이 바뀌면 원래 쓰던 지표로 회귀하는 단점이 있다. 또 기존 지표보다 새롭고 합리적인 측정 기준을 정립하는 일도 어렵다. 따라서 과제 시작 시점에 기존 지표를 직접 쓰거나, 필요 시 적절히 조작해 쓴 뒤 과제 완료 후 성과 평가를 마치면 다시 기존 지표 체계로 복귀하는 것이 바람직하다.

② 기존 지표가 있지만 직접 적용이 쉽지 않은 경우

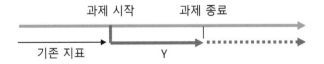

기존 지표가 이미 존재하나 바로 활용이 어려운 경우로 기본 단위인 시간, 일(Day), 금액, 건수 등이 있다. "납품에 2일이 걸렸습니다", 또는 "도구 구매

에 4만 원을 지불했습니다"를 설명하기 위해 '일(Day)'이나 '금액'을 직접 'Y'로 써야 하는 문제이다. 직접 지표로 쓰기 어려운 이유는 수율과 불량의 구분이 불분명하다는 점, 또 정의에 따라 지표 형태도 다양해 선택의 문제도 남는다.

수율, 불량의 구분은 '성과 표준'을 정확히 해야 하는 부담이 생긴다. 예로 매출 채권을 현금화하는 기한이 30일이고, 주말을 고려할 때 '+2~3일'까지 여유가 있을 경우 직감적으로 '기한+2일'을 정한 뒤 한계를 넘은 채권은 '불량'으로 간주할 수 있다. 이때 '기한+2일'은 '망소 특성'이므로 'USL'이다('성과 표준'의 정의). 참고로 'Y'는 '매출 채권 현금일' 정도가 적합하다.

또 기본 단위들을 지표로 쓸 경우 여러 형태가 나올 수 있어 선택에 주의가 필요하다. 예를 들어 앞서 매출 채권 경우 기한에 맞춰 현금화 노력이 필요하므로 '전체일 − 기한일'이 '0'을 중심으로 분포할 가능성이 높다. 따라서 '매출 채권 정확도'처럼 연속형의 지표가 검토될 수 있다. 연속 자료는 제조의 지표와 동일하므로 통계 계산 때 유리하다. 반면에 이산 자료로 관리하려면 '월별 전체 건수' 대비 '지연 채권의 수' 등이 가능하다('불량률'의 Z값 산출).

어느 지표로 결정할지는 어느 지표가 사용에 효율적인지가 관건이다. 기본 단위 체계를 이용해 그들을 조합하거나 변형한 형태의 지표일 경우 과제 종료 후 기존 측정 체계로 복귀하거나 필요하면 과제에서 정한 지표를 계속해서 활용할 수 있다. 물론 계속해서 사용해야 할 경우 결정에 신중을 기해야 한다.

③ 새로 만들어야 하는 경우

만일 '송장 서류(Invoice)'를 관리하는 직원이 과제를 시작하면 지표를 어떻게 정해야 할까? Unit, 결점, Spec. 평가 방법 등 모든 것을 '정의'해야 한다. 또 순전히 대고객 서비스만을 업무로 하는 경우, 현 수준을 알아보기 위해 고객을 대상으로 설문을 해서 항목별 기준을 정하고 기준을 넘어서는 경우를 결점으로 정한 뒤 '시그마 수준'으로 환산하는 모든 작업을 결정해야 한다. 이와 같이 측정 체계를 새롭게 정립하는 작업이 필요할 수 있고 새로운 측정 체계는 다른 부서, 혹은 같은 부서의 다른 업무와도 호환이 안 되는 독립된 지표가 될 수 있다. 이 경우 그림에서 보듯 과제 기간 동안만 현 수준, 또는 성과를 파악하기 위해 적용될 수 있다. 필요하면 계속해서 활용될 수 있으나 가능성은 매우 낮을 것이다.

지금까지 'Y'를 정하는 방법에 대해 설명하였다. 'Y'가 정해지는 순간 드디어 과제 영역으로 발을 들여놓는 것이다. 이후 필요한 것은 바로 이 'Y'를 어떻게 측정해야 하는가, 즉 '측정 방법'에 대한 고민이 있어야 하며, '운영적 정의'를 통해 정립된다. '운영적 정의'에 대해 알아보자.

Step-4.2. 운영적 정의(Operational Definition)

'운영적 정의'의 실질적인 출처가 마케팅 분야에서 유래됐다는 것을 아는 사람은 드물다. 시중의 '마케팅 조사 방법론' 제목의 서적을 뒤적이면 쉽게 찾아볼 수 있는 용어다. 그러나 사실 '운영적 정의'라는 표현은 책의 어느 구석에도 존재하지 않는다. 다만 영문이 'Operational Definition'으로 동일하면서 해석은 '조작적 정의'로 돼 있는 것을 발견한다.

마케팅 분야는 고객의 구매 욕구나 소비 성향 등을 파악하기 위해 연구자의 목적에 따라 측정 방법을 합리적으로 정해 수치화하는 것이 중요하다. 스마트폰을 판매사별, 모델별, 연령대별로 나눠 구매력이나 선호도를 조사한다고 가정해보자. 10대와 20대, 30대에서 70대에 이르기까지 어느 기능, 어느 모델을 좋아하는지 수치로 구분하면 되겠지만 말이 그렇지 연구를 시작하면 당장 막막하다. 설사 숫자로 표현했어도 제3자에게 결과를 설득하려면 측정 방법의 정당성이나 객관성, 신뢰성들이 모두 'OK' 사인을 받지 못하면 전체 연구가 한 번에 무시당할 수 있다. 일일이 열거하지 않아도 머리에 쉽게 떠오르는 상황들이다.

물론 환경과 대상에 따라 측정 방법도 달라질 수 있어 한번 정해진 '조작적 정의'가 지속적으로 활용되리란 보장도 없다. 그러나 최소한 누가 보더라도 측정 방법에 객관성이 확보돼야 하고, 다른 사람이 동일한 방법으로 측정하면 동일한 결과를 얻어야 하는 것쯤은 굳이 강조할 필요가 없다.

사실 2000년도 초까지도 컨설팅 업계에서 '조작적 정의'라는 표현을 강의나 지도 중에 활용하고 있었다. 그러나 '조작'이라는 표현이 마케팅 용어에 익숙하지 않은 기업 직원들에게 듣기 좋은 느낌을 주지 못했는지 알게 모르게 '운영적 정의'로 전환되었다. 혹자는 '운용적 정의'라고 번역해서 사용도 하지만 영어 사전을 보면 'Operational'에는 '운영상의'로 돼 있고, 명사형인 'Operation'에 '운용'의 표현으로 구분돼 있어 이왕 번역의 문제라면 사전적 해석을 그대로 적용하는 '운영적 정의'가 옳다. 학문적으로 '조작적 정의'가 정석이라 '적'자가 빠진 '운영 정의' 역시 바람직하지 않다. 삼성그룹은 '운영적 정의'라는 표현을 공식적으로 사용한다.

'운영적 정의(Operational Definition)'의 정의는 이전의 'CTQ' 정의 때와 동일하게 'www.isixsigma.com'의 'Dictionary'를 참조하였다. 다음을 보자.

> · 운영적 정의(Operational Definition) 1) An exact description of how to derive
> a value for a characteristic you are measuring. It includes a precise
> definition of the characteristic and how, specifically, data collectors are to
> measure the characteristic.
> 2) Used to remove ambiguity and ensure all data collectors have the same
> understanding. Reduces chances of disparate results between collectors after
> Measurement System Analysis. 1) 측정하려는 특성 값을 어떻게 만들어낼 것인가
> 에 대한 정확한 설명. 이것은 특성이 무엇인지 명확히 정의하고, 특히 데이터 수집자
> 로 하여금 어떻게 측정해야 하는가까지를 포함한다. 2) 모든 데이터 수집자가 측정에
> 대해 모호하다는 느낌을 갖지 않도록 하고, 또 똑같이 이해하도록 하는 데 사용된다.
> '측정 시스템 분석(MSA – 데이터 신뢰성을 확인하기 위해 수행되는 통계적 검정 방
> 법)' 후 수집자들 사이에 다른 결과가 나올 가능성을 줄이는 데도 기여한다.

'운영적 정의'의 유래와 정의를 살펴보았다. 그렇다면 문제 해결 중엔 정확
히 어떻게 쓰이는 걸까? 멘토링할 때는 이 부분을 다음과 같이 설명하곤 한
다. "만일 신입 사원이 부서에 새로 들어왔다고 가정하세요. 그리고 그 사원이
당신이 적어놓은 과제 'Y'의 '측정 방법'을 읽어보고 별다른 문제없이 수치화
해 나갈 수 있으면 '운영적 정의'를 참 잘 표현한 것입니다"라고 말이다.

예를 들면, 'Y'가 어느 백화점 주차장에서의 '주차 소요시간'이라고 가정하
자. 승용차가 입구에 진입해 카드를 뽑고 주차가 완료될 때까지를 측정하는
것은 대부분의 사람이 상상할 수 있지만, 만일 홍길동은 주차 요금 시스템의
"자동 차단기 바(Bar)가 올라간 시점부터 승용차 시동이 꺼진 시점"까지를 소
요 시간으로 정한 반면, 동일한 주차 위치지만 김철수는 "주차 카드를 발급받
는 시점부터 주차 후 차량 문을 닫는 시점"까지를 '소요 시간'으로 수집했다
면 동일한 현상에 대해 늘 다른 값을 갖고 대화에 임할 것이다. 따라서 혼선
을 피하기 위해서라도 동일한 'Y' 값을 얻기 위해 명확한 '운영적 정의'가 필

요하다는 것을 쉽게 알 수 있다.

　제조나 연구 분야의 경우 '*Y*'를 수집하기 위해 측정기를 많이 사용하므로 '운영적 정의'는 '측정기명'을 적으면 되는 경우가 많다. '측정기명'만 적어놓으면 어느 기기를 어떻게 측정해서 수치를 얻었는지 알 수 있으며 기업 경우 모든 과정이 표준화가 돼 있다. 물론 표준이 없거나 측정기를 규정짓지 못하면 측정 방법을 명확하게 기술해야 한다. 다음 [표 M-5]는 또 다른 예로 '화면 오류율'이라는 '*Y*'의 '운영적 정의'이다.

[표 M-5] '운영적 정의' 작성 예

운영적 정의			
CTQ	*Y*	단위	측정 방법
화면 오류 발생 빈도	화면 오류율	%	● **정의:** 화면을 구성하는 셀이 이상 현상으로 제 기능을 다하지 못하는 정도를 평가하기 위한 지표. ● **수치화 방법:** 측정기명/<u>산식</u>/설명 화면 오류율=[일간 오류 발생건수/평가대상 패널 수]%
직접/<u>대용</u>/제약/하위			☞ '분자' 출처: POP Sys. '오류 수' 필드 ☞ '분모' 출처: POP Sys. '일 생산량' 필드

　[표 M-5]에서 첫 열의 'CTQ'는 [그림 M-12]의 'Step-4.1. CTQ 선정'의 결과가 입력된다. 'CTQ'인 '화면 오류 발생 빈도'가 '화면 오류율'로 '대용 특성화'를 통해 '*Y*'로 전환됐으며 수치의 단위는 '%'이다.

　'측정 방법' 열에는 '*Y*=화면 오류율'의 사전적 정의를 제일 먼저 기술하고 있다. 지표 성격을 명확히 하려는 의도다. '지표명'이 공식 사전에 없더라도 사전의 정의 방식에 따라 서술한다.

　다음은 '수치화 방법'이다. '화면 오류율'을 어떻게 숫자로 표현해낼지에 대한 어찌 보면 '운영적 정의' 중 가장 중요한 부분이다. 수치화 방법은 크게 '측정기명', '산식', '설명'의 방법이 있다. 먼저 **측정기명**은 측정기가 있어 표본을 로딩하면 바로 숫자 확인이 가능한 경우다. 질량계, 압력계, 점도계, 온도계, 삼차원 측정기, 휘도 측정기 등 모든 계측 장비가 포함되며, 로딩 후 수치화가 바로 이루어지므로 '측정기명'을 적는 이외의 다른 표현이 필요 없다. 다만 측정 절차를 담고 있는 '표준명'이 함께 포함돼야 한다. 왜냐하면 '측정기명'만 기술돼 있으면 다른 담당자가 '운영적 정의'를 보고 측정기는 같지만 전처리나 운영 방법을 달리할 수 있기 때문이다. 기업에서의 모든 측정기는 표준이 있으므로 기술에 문제는 없다. 물론 표준이 없으면 제정이 필요하다.

'**산식**'은 [표 M-5]처럼 식으로 수치화가 이뤄지는 경우로 주의할 점은 식 속의 각 '항'들이 어디로부터 오는 것인지 명시돼야 한다. 예에서는 IT 시스템인 'POP Sys'에 보관된 특정 필드임을 밝히고 있다. 끝으로 **설명**은 '주차 시간'처럼 시점과 시점을 명확히 하는 지표에 적합하다. 시점을 명확히 설명해 놓지 않으면 측정자마다 다른 잣대로 시간을 측정하므로 동일한 상황에 대해 서로 다른 값을 만들어낼 수 있다.

이제 '노래방 매출 올리기'의 'Y'에 대한 '운영적 정의'로 돌아가 보자. [그림 M-12]의 'Step-4.1. CTQ 선정'으로부터 'VOC'를 통해 'CTQ'를 도출해놓은 상태다. 따라서 '**고객 쪽에 매달린 특성**'인 'CTQ'를 '**과제 쪽에 매달린 특성**'인 'Y'로 전환하는 과정이 있어야 하고, 이어 어떻게 측정할 것인가? 또는 어떻게 수치화할 것인가에 대한 '측정 방법'이 필요하다. 'CTQ'는 '노래방 시설 만족도', '영상 만족도', '서비스 만족도'이므로 '하위 특성'이 구성된 것으로 보고, 모두가 매출 향상에 필요한 관리 대상으로 판단해 통합된 하나의 지표를 만들기로 했다(고 가정한다). 예는 다음 [표 M-6]과 같다.

[표 M-6] '노래방 매출 올리기'의 '운영적 정의' 작성 예

운영적 정의			
CTQ	Y	단위	측정 방법
노래방 시설 만족도	종합 만족도	점	• **정의**: 노래방 매출을 올리기 위해 고객이 생각하는 만족 수준 을 월마다 평가해서 점수로 나타낸 지표. • **수치화 방법**: 측정기명/산식/<u>설명</u> ☞ 방법: 방문 고객에 설문. 요일별 층화 후 임의 요일을 선정 해 평가한 뒤 매월 말 종합 평가. ☞ 수집 시점; 문 여는 오후 2시~문 닫는 새벽 2시까지. ☞ 응답자: 매출에 영향을 많이 주는 주부, 회사원 대상 각 층 별 25명씩 총 50명. ☞ 설문 문항: 노래방 시설 만족도, 영상 만족도, 서비스 만족도 에 대해 각 다섯 개의 질문으로 구성. ☞ 점수: 5점 척도(매우 불만/불만/보통/만족/매우 만족). ☞ 시그마 수준 산정 방법: 하위 특성별 가중치를 노래방 시설 만족도(0.5), 영상 만족도(0.2), 서비스 만족도(0.3)로 부여한 뒤 정규분포 역함수로 '현 수준' 산정.
영상 만족도			
서비스 만족도			
직접/대용/제약/<u>하위</u>			

[표 M-6]의 'CTQ'는 이미 '하위 특성'으로 구분돼 있어 '역하위 특성화'로 'Y'가 지정됐고, '측정 방법'의 '수치화 방법'은 '설명'이다(빨간색 강조 참조). '설문'에 대해 'Y'의 수치를 어떻게 만들 것인지 자세히 '설명'하고 있다. 설문 자료가 낯설므로 특히 '시그마 수준'의 산정법까지 포함하고 있다.

현시점인 'Step-4. Y의 선정'에서 확정된 지표가 Define의 'Step-2.2. 목표 기술'의 지표와 차이 날 경우 후자를 수정해도 무방하다. 혹자는 VOC 조사가 Measure에서 이뤄지는데 어떻게 Define의 '목표 기술'에 '종합 만족도'가 올 수 있는지 의아해한다. Define의 지표가 명확하면 'Step-4'는 '재정의' 과정이, 불명확하면 구체화한 후 Define 때 지표를 보완하는 방법 모두 가능하다.

'운영적 정의'가 완료되면 다음에 할 일은 규격을 설정하는 '성과 표준'을

마련하는 일이다. 이제부터 '성과 표준'에 대해 알아보자.

'성과 표준'이 무엇인지 먼저 사전적 의미를 파악한 뒤 '운영적 정의'와의 관련성에 대해 알아보자. 앞서 '운영적 정의'와 달리 '성과 표준'은 'www.isixsigma.com'의 'Dictionary'에 포함돼 있지 않아 별도의 출처를 참고하였다.

> · **성과 표준**(Performance Standard) 산출 표준, 실제 성과와 비교되는 기준 혹은 표준(참고 IT용어 사전 등에서 사용).

'성과 표준'이라는 용어에 낯설어하는 분들이 많이 있을 줄 안다. 또는 교육 중에 한 번이라도 들어본 리더라면 과제 수행 장표상에 언급하는 경우도 많다. 그러나 정의와 내용을 정확히 알고 있는 경우는 매우 드물다.

'성과 표준'은 'Performance Standard'의 번역으로 혹자는 '성능 표준', '성과 기준' 등으로 부르기도 하는데 최근 '성과 표준'으로 가닥을 잡아가고 있다. 영문의 우리말 표현은 번역자마다 차이 나는 일이 다반사라 책임감을 느끼면서도 한편으로 안타까움마저 든다. '성과 표준'의 개념이 머리에 안 들어오면 만일 '성과 표준'이 없으면 어떻게 될 것인지 역발상해보기 바란다. 필요 성과 의미를 쉽게 파악할 수 있다. 다음 [그림 M-14]는 'Length'라는 데이터를 미니탭의 '기술 통계량(그래픽 요약)'으로 나타낸 결과이다.

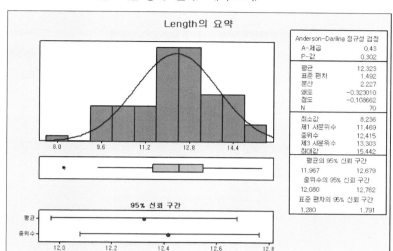

Measure Phase에서 해야 할 주요 활동은 수행 중인 과제의 현 수준을 'Measure', 즉 '측정'하는 일이다. 그렇게 하려면 [그림 M - 14]의 히스토그램 중 어느 영역이 '불량' 영역이고, 어느 영역이 '양품' 영역인지 구분돼야 하며, 따라서 영역을 구분해줄 '기준'이 필요하다. '기준'을 넘어서는 양은 원치 않는 프로세스의 결과물들이므로 과제를 통해 줄이는 게 목표다. 이제 쌓아놓은 데이터([그림 M - 14]의 히스토그램이 될 것임)에 기준을 들이댔다고 상상해보자. 기준을 넘어가는 양은 불량률이고, 불량률을 낮추기 위해서는 산포를 줄이거나, 평균을 '기준' 반대쪽으로 이동시켜야 한다. 물론 얼마나 줄였는지는 과제 수행 결과로부터 알 수 있다.

다음 [그림 M - 15]는 쌓아놓은 데이터에 '기준'을 실제 들이댔을 때('성과 표준'을 설정한 경우) 양품과 불량품으로 구분한 결과를 보여준다. 물론 제조

[그림 M-15] '성과 표준' 적용 예

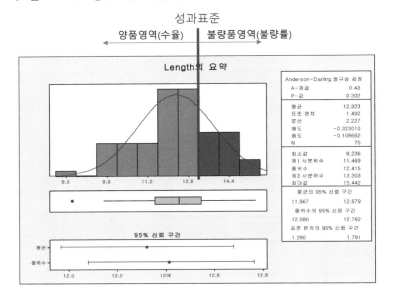

이외의 분야에서는 '양품', '불량품'의 용어보다 '수율' 또는 '~달성률', '~확보율' 등 각 분야에 적합한 다양한 표현을 쓰고 있을 것이다.

'성과 표준'은 제조나 연구 분야에서 사용되는 '규격(Specification)'과 같은 개념이나 이것이 제조나 연구 분야뿐 아니라 간접, 서비스 분야까지 포괄한다는 점에서 '규격'보다는 좀 더 광의로 해석할 수 있다.

만일 고객사가 완제품을 만들기 위해 구성품들 중 하나를 부품 업체에 요구할 때 필시 부품의 규격을 정해서 그대로 만들어줄 것을 요청할 것이다. 따라서 부품 업체는 규격대로 만들기 위해 공정 조건을 설정하게 되며, 만들어진 부품은 완성품 제조사에 납품된다. 이와 같은 일련의 과정을 이해하면 '규격'은 고객이 만들어낸다는 것을 알 수 있다. 그러나 경영 혁신이 간접은 물론 보험업, 금융업 등 서비스 부문까지 크게 확대되면서 제조 용어인 '규격'만으로 과제 'Y'의 다양성을 설명하는 데 분명 한계가 있다. 따라서 '고객'만이 '규격'을 정해주는 대신 합리적이고 객관적인 설정이면 리더나 제 3자가 '성과 표준'을 설정할 수 있게 되었다. 물론 꼭 이런 필요성에 의해 '성과 표준' 같은 포괄적 '규격 설정 체계'가 탄생한 것은 아니다. 그러나 과제 지표 'Y'의 규격 설정에 이만한 개념의 용어가 주변에 있음은 그나마 다행스럽기까지 하다.

지금부터 'Y의 유형'에 따라 '성과 표준'을 좀 더 정확하게 표현하는 방법에 대해 알아보자. '성과 표준' 결정에 영향을 주는 'Y의 유형'이란 무엇일까? 'Step-4.2. 운영적 정의'에서 'Y'가 '운영적 정의'에 의해 수치화 방법이 정해지면 수치의 유형, 정확히는 '데이터 유형(Types of Data)'도 동시에 결정된다. 수학에서 '데이터 유형'은 크게 '연속 자료(Continuous Data)'와 '이산 자료(Discrete Data)'로 구분된다.

'연속 자료'는 숫자가 소수점으로 표현될 수 있는 값이며, '이산 자료'는 반대로 소수점으로 표현할 수 없는 값이다. 그러나 사람 수를 세는 예에서 '7명, 3명, 6명……'처럼 사람은 나눌 수는 없으므로 그 자체가 '이산 자료'로 볼 수 있으나, 만일 '7.0, 3.0, 6.0……'식으로 소수점을 찍는 순간 '연속 자료'가 될 수 있다. 따라서 모든 수는 '이산 자료'와 '연속 자료'가 공존하는 것으로 이해될 수 있으며, 적절한 환경에 맞게 유리한 쪽으로 선택해 사용한다.

그러나 실제 '데이터 유형'의 실체는 생각보다 훨씬 더 복잡하다. 내용이 어렵다기보다 불리는 용어들이 혼란스럽다. 이에 시중 서적들에 포함된 '데이터 유형' 관련 용어들을 한 곳에 모아보았다. 다음 [표 M-7]을 보자.

[표 M-7] '데이터 유형' 분류 체계

Data 분류	Data 유형	속성				예	비고
		절대 영점	등 간격 (+, −)	크기 (《, 》)	분류 (=, ≠)		
계량형(Heterograde) 연속자료(Continuous Data) 양적자료(Quantitative Data) 변수(Variable)	비척도 (Ratio Scale)	○	○	○	○	거리, 시간, 몸무게, 각도	+, −, x, ÷ 가능
	구간 척도 (Interval Scale)	X	○	○	○	습도, 온도	급간의 차이가 같도록
계수형(Homograde) 이산자료(Discrete Data) 질적자료(Qualitative Data) 속성(Attribute)	이산 자료 (Discrete Data) / 결점 (Defect)	X	X	X	○	결점을 셀 때	포아송분포 가정
	이진수 자료 (Binary Data) / 불량 (Defec−tive)					불량품/양품으로 분류할 때	이항분포 가정
범주형 자료 (Categorical Data)	순서 척도 (Ordinal Scale)	X	X	○	○	수/우/미/양/가 1위/2위/3위…	순서(크기)에 의해 구분
	명목 척도 (Nominal Scale)	X	X	X	○	ADSL/SDSL/VDSK	순서 구분 없음

참고로, 용어는 '한국통계학회'의 '통계학 용어 대조표'를 최대한 활용했으나, 첫 열인 'Data 분류'는 출처마다 차이가 커서 동일한 표현들을 모아놓았다. '데이터 분류'열 항목들 중 '변수(Variable)'와 '속성(Attribute)'은 뒤에 'Data'가 붙지 않았는데, '한국통계학회'에서 'Attribute Data'란 용어는 없고 단지 'Attribute'만 기술하고 있어 그대로 표기하였다. 또 특이 사항으로 '계량형/계수형(Heterograde/Homograde)'의 영문은 '한국통계학회'에는 있으나, 영어 사전에는 없고, 단지 'Webster'에 'Heterograde Quantities/Homograde Quantities'로는 표기돼 있다. 따라서 혼선을 피하기 위해 '한국통계학회' 용어로만 정의하였다.

[표 M-7]의 '데이터 유형'에서 '비척도'와 '구간 척도'는 '순서 척도'와 '명목 척도'로 전환되지만 그 역은 성립하지 않는다. 따라서 통상 데이터 유형은 '연속 자료'와 '이산 자료'가 공존할 경우 '연속 자료'를 선택하는 것이 바람직하다. 나중에 알게 되겠지만 'Y'가 '연속 자료'일 경우가 그렇지 않은 경우보다 분석 도구가 다양한 장점이 있다.

'성과 표준'은 'Y'가 '연속 자료'냐 '이산 자료'냐에 따라 다음 [표 M-8]과 같은 분류를 통해 결정된다.

[표 M-8] '성과 표준' 설정 방법 예

유형	특성	성과표준	비고
연속 자료	망목 특성	LSL, USL	- LSL(Lower Spec. Limit) - USL(Upper Spec. Limit)
	망소 특성	USL	
	망대 특성	LSL	
이산 자료	불량(Defective)특성	아이템 정의, 불량의 정의	용어 '아이템(Item)'은 'Unit'과 혼용
	결점(Defect)특성	아이템 정의, 기회의 정의, 결점의 정의	

4.3.1. '연속 자료' 경우의 '성과 표준'

'연속 자료'는 'Y'가 연속적 수치로 표현될 때이며, 과제 수행을 통해 얻으려는 결과는 크게 세 가지이다. 첫째, '특정 **목**적하는 값에 데이터를 가져가기를 희**망**하는 특성 – 망목 특성', 둘째, '**작기**를 희**망**하는 특성 – 망소 특성' 및 셋째, '**커지기**를 희**망**하는 특성 – 망대 특성'이 그들이다.

만일 '운영적 정의'된 지표 'Y'가 '특정 목적하는 값에 가져가기를 희망하는 특성 – 망목 특성'이면, 프로세스로부터 수집된 데이터가 어느 값 이하로 내려가도 안 되고 또 어느 값 이상 올라가도 안 되도록 관리하고 싶을 것이므로, 이때는 하한과 상한 기준이 필요한데 이것이 규격 관점에서 '하한 규격 한계(LSL, Lower Specification Limit)'와 '상한 규격 한계(USL, Upper Specification Limit)'이다. 예를 들면 제조나 연구 개발 단계에서 흔히 접하는 '24㎜±0.1'과 같은 표기는 'LSL 23.9㎜'와 'USL 24.1㎜'의 상·하한 규격을 나타내며, 목적하는 값은 중심인 24㎜가 된다. 또 '작기를 희망하는 특성 – 망소 특성'이면 프로세스 데이터가 무작정 작아지기만을 기대할 것이므로 이때는 어느 상한 값을 넘어가지 않도록 관리하고 싶어진다. 따라서 USL(Upper Specification Limit)이 필요하다. 예를 들면 '마모(磨耗)도'나 '처리 소요 시간', '반송 건수' 등은 작을수록 좋은 특성들이므로 어느 이상이 넘어가지 않도록 관리하는 것이 중요하다. 따라서 이 경우는 'USL'이 필요하다. '커지기를 희망'하는 '망대 특성' 역시 무한히 커져야 하는 지표이므로 어느 하한 값 이하로 내려가지 않도록 관리하고 싶을 것이다. 따라서 LSL(Lower Specification Limit)이 온다. 예를 들면, 재료 '강도(Strength)'의 경우 크면 클수록 좋은 특성이므로 '연속 자료 – 망대 특성'이며, 따라서 하한 규격인 'LSL'이 필요하다. '강도'가 어느 한계 이하 값이 되면 깨지거나 파손될 가능성이 높아진다는 뜻이다.

그렇다면 지표 'Y'의 '성과 표준', 즉 '한계 값'은 어떤 근거로 설정해야 할까? 간접 부문 과제에서 '성과 표준' 설정 시 자주 맞닥트리는 의문이다. 이에 대해서는 1995년 IEEE Conference에서 Peter T. Jessup에 의해 발표된 「The Value of Continuing Improvement」를 보면 약간의 해답을 얻어낼 수 있다. 이 예를 알기 쉽게 약간 각색해서 설명하면 다음과 같다. – 현재 온도가 약 21℃인 방에 사람이 32명 있다고 가정한다. 이때 외부의 온도 조절기를 이용해 방의 온도를 서서히 올려가면 어느 온도 시점부터 그들 중 일부가 '덥다'고 표현하기 시작할 것이고, 이 과정이 지속돼 그들 중 반인 16번째 시험 대상자가 '덥다'고 한다면 바로 그 시점의 온도가 'Customer Tolerance Limit'으로 정의된다. 물론 그 반대로 온도를 낮춰갈 때도 대상자들 중 반인 16번째 사람이 '춥다'고 한 시점의 온도가 아래쪽 'Customer Tolerance Limit'이다. 의학 분야에서 임의 실험적 처리 효과 중 50%(예로 박테리아에 빛의 강도를 높여갈 때 그들 중 50%)가 살거나 죽는 시점을 일컬어 'LD50(Lethal Dose 50)'이라고 하여 생존의 한계점을 정의하는데 이것과 동일한 개념이다.

지금까지의 설명을 바탕으로 지표 'Y'의 한계점인 '성과 표준' 또는 '규격'을 정하는 방법은 명확하다. 예를 들어 '월 매출 수량'이 'Y'일 때 임원 중 50%가 "이 수치 이하로 내려가면 절대 안 된다" 하는 수량이 있으면 그 값이 '하한 규격'의 의미를 갖는다. 물론 '수익성'과 '손익 분기점' 등을 고려해 하한이 정량적으로 결정될 수 있지만 리더 입장에서 경영 자료를 수집해 산정하기엔 어려움이 있다. 회사 의사 결정권자인 임원들의 설문을 통해 한계 값을 얻는 것도 썩 틀린 가정은 아니다.

[그림 M-16] 한계 설정 방법

또 과제에서 많이 접하는 '~만족도' 등에 대해서도 '성과 표준'을 유사하게 적용해볼 수 있다. 예를 들어 5점 척도일 때 각 점수에 '20점'을 곱해 '1'을 '20점', '2'를 '40점', '3'을 '60점', '4'를 '80점', '5'를 '100점'으로 환산한 뒤 평균을 낸 경우(100명에게 설문했으면 100개의 점수 데이터가 수집되었을 것임), 설문 대상자들에게 100점부터 점수를 거꾸로 세어가면서 만족도 하한을 선정하도록 요청했을 때, 그들 중 50%째 응답자가 포함된 점수가 '하한 규격'이 되도록 설정하는 예 등이다.

4.3.2. '이산 자료' 경우의 '성과 표준'

우선 '이산 자료'는 [표 M - 7]의 '데이터 유형 분류 체계'에 나타낸 바와 같이 '불량(또는 이진수 자료)'과 '결점(또는 이산 자료)'으로 구분된다. 멘토링을 하다 보면 리더들이 가장 혼돈을 느끼거나 뒤섞어 사용하는 단어가 '불량'과 '결점'이다. 어느 경우는 '불량'이라 하고, 어느 경우는 '결점'이라고 하는데 사실 두 특성은 확연히 구별된다. '성과 표준'을 논하기에 앞서 우선 두 특성의 정확한 이해가 필요하므로 이참에 자세히 짚고 넘어가자.

<u>'불량(Defective) 특성'</u>(일부 학습 교재는 '불량 데이터', '불량률 데이터'로 기술함. 한국통계학회 용어 정의에 따르면 단어 '**Defective**'는 '불량'으로 정의하고 있음. 필자는 '연속 자료'의 '망대/망목/망소 특성'의 명칭과 통일성을 고려하여 '불량' 뒤에 '특성'을 편의상 붙임. 불량품 또는 양품이냐를 따지는 경우이므로 [표 M - 7]에 따라 '이진수 자료'로 분류됨)은 전체 건수 중에 바람직하지 못한 아이템이 몇 개인지를 헤아린다. 통상 '클레임 미처리율', '고객 이탈률', '품질 불량률' 등 '~율(률)'로 표현되면 대부분 '이산 자료 - 불량 특성'으로 분류한다. 비율을 산정하는 식을 보면 '분모'에 들어가는 '평가 대상

의 전체 개수' 대비 그들 속에 관심 가는 건수(불량률 계산이면 불량 건수, 양
품률 계산이면 양품 건수)를 계수하므로 '이산 자료'에 해당한다.

'불량 특성'의 '성과 표준'은 어떻게 설정될까? 바람직하지 않은 건수를 헤
아려야 하므로 우선 '한 건', 즉 '아이템(Item)'이 무엇인지 정해줘야 한다. '아
이템'이 정해지면 다음은 그 '아이템'이 잘못되는 경우가 무엇인지를 정해줘야
하는데 이를 '불량의 정의'라고 한다. 다시 말해 <u>'이산 자료 – 불량 특성'</u>의
<u>'성과 표준'</u>은 다음을 기술해야 한다.

> ・아이템(Item)　일반적으로 '단위(Unit)'가 쓰이나 'cm' 같은 '단위'와 혼동되므로 '아이
> 　템'을 씀. '아이템'은 부품, 모듈, 시스템, 1톤, 1㎡ 등 대상 한 개.
> ・불량의 정의(Definition of Defective)

예로써, 연필 생산 프로세스를 가정하자. 품질 부서에서 매 생산되는 연필이
양품이면 '포장 프로세스'로 보내고 외관에 문제가 있으면 선별한다. 이때 지
표 'Y'는 '연필 불량률'이라고 하자. 이 경우 '성과 표준'은 다음과 같다.

> ・아이템(또는 단위): 연필 한 자루
> ・불량의 정의(Definition of Defective)
> ① 몸체 표면에 긁힘이 5㎜ 이상인 경우
> ② 흑연 심에 금이 있거나 부러진 경우
> ③ 지우개가 표준에 부합하지 않는 경우(흠, 잘려 나감 등)
> ④ 밴드에 흠이 발생한 경우
> ⑤ 부품 연결 부위가 표준에서 벗어난 경우(간격 벌어짐, 헐거움 등)

'연속 자료'처럼 'USL', 'LSL'을 정하는 것과 달리 '이산 자료'의 '성과 표준(규격)'은 잘못됐다는 판단 기준(불량의 정의)을 명확히 기술한다.

이해를 돕기 위해 '연속 자료'의 '성과 표준'과 비교해보자. 다음 [그림 M-17]로부터 '연속 자료' 경우 데이터들이 쌓여 있는 분포에 규격을 들이댄 후 그를 벗어난 것(영역)들은 불량품, 안 벗어난 것(영역)들은 양품으로 분류하는 것과 같이, '이산 자료-불량 특성'은 아이템 하나하나를 관찰한 뒤 '불량의 정의'에 부합하는 아이템은 불량품 영역으로 던져 넣고, 그렇지 않으면 양품 영역으로 던져 넣는다. 결과적으로 '연속 자료'와 동일한 결과를 얻는다. 따라서 앞서 기술된 '불량의 정의'가 '성과 표준', 즉 '이산 자료'의 '규격'이다.

[그림 M-17] '연속 자료'와 '이산 자료'의 '성과 표준' 비교

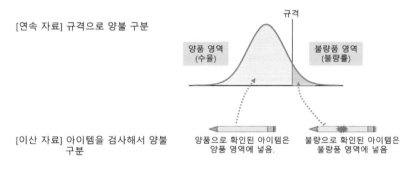

'성과 표준'을 이용해 평가 상황을 재현해보자. 평가할 연필이 10자루가 있다고 가정하자. 첫 번째 연필을 평가했을 때, 5㎜ 이상의 긁힘 한 개가 발견되었다. 따라서 불량 정의 '①'에 해당하므로 아이템 1자루가 불량품(Defective Item)이다. 두 번째 연필을 평가했더니 흑연 심에 금이 발견됐고 역시 불량 정의 '②'에 부합하므로 또 하나 불량품이 생겼으며, 누적으로 총 2자루가 되었다. 세 번째 연필을 보니 긁힘 5㎜ 이상이 3개, 흑연 심 부러짐 및 지우개 일부가

뜯겨나갔음이 관찰되었다. 즉, 한 연필에 불량 정의 '①, ②, ③' 모두가 발생했고, 특히 긁힘은 3개나 발견되었다. 그러나 여전히 불량품은 1자루이므로 지금까지 누적 불량품은 3자루이다. 따라서 '연필 불량률'은 '(3÷10)×100＝30%'이다. 즉, '불량 특성'은 한 아이템에 복수 개의 결점들이 발생하든 단 하나의 결점이 발생하든 아이템 자체를 '쓴다, 못 쓴다'의 판단만 할 수 있다. 또 10개의 연필을 평가하고 있으므로 불량 개수는 11개나 그 이상이 나올 수 없으며, 이에 따라 '연필 불량률' 역시 100%보다 더 큰 비율이 나오기는 사실상 불가능하다. 용어 학습을 위해 'www.isixsigma.com'의 'Dictionary'를 다시 참조하면, 'Unit(본문은 Item을 사용)'과 'Defective'의 정의는 다음과 같다.

- **Unit** A unit is any item that is produced or processed which is liable for measurement or evaluation against predetermined criteria or standards. 정해진 표준을 만족하는지 확인하기 위해 측정이나 평가가 필요한 생산·가공된 품목(본문에선 Unit 대신 Item으로 대체해 씀).

- **Defective** The word defective describes an entire unit that fails to meet acceptance criteria, regardless of the number of defects within the unit. A unit may be defective because of one or more defects. 한 아이템(또는 단위, Unit) 내의 결점(Defect) 수와는 관계없이, 허용 기준을 만족시키지 못하는 아이템(단위). 즉, 결점이 한 개 발생하든 또는 그 이상 발생하든 아이템(또는 단위)은 불량이 될 수 있다.

참고로, 영어 단어의 우리말 표현은 '한국통계학회'의 '통계학 용어 대조표'를 참고하고 있으나, 해석은 포함돼 있지 않아 'isixsigma' 사이트를 인용했다. '불량 특성'은 '아이템(또는 단위)' 자체를 '쓴다, 못 쓴다'의 판단만 하므로, 어느 결점이 발생해서 불량품이 됐는지에 대한 정보는 명목상 드러나

있지 않다. 다음 [그림 M - 18]은 '2개 불량품'에 대한 개요도이다.

[그림 M - 18] '불량'의 개념과 '불량률' 산정

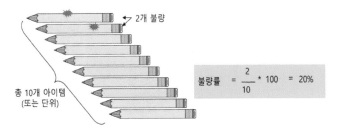

'결점(Defect) 특성'(일부 학습 교재에서 '결점 데이터', '결점 수 데이터'로 명명함. '망대/망목/망소 특성'의 명칭과 통일성을 고려하여 편의상 '결점' 뒤에 '특성'을 붙임)은 '불량'보다 좀 더 근원적이다. 왜냐하면 '불량'은 '아이템' 자체를 못 쓰는 것으로 판단하므로 무엇 때문에 불량으로 분류되었는지의 정보가 없다(물론 불량이 무슨 결점에 기인한 것인지 기록은 하겠지만). 또 '불량' 아이템 수는 전체 '아이템' 수를 넘어설 수 없지만, '결점'은 한 '아이템'에 여럿 발생할 수 있으므로 전체 아이템 수보다 더 많은 '결점' 수가 나올 수 있다. '불량 수'와 '결점 수'의 차이는 비율로 표현할 때 현격한 차이를 보인다. 전자는 '100%'를 넘을 수 없으나 후자는 '100%'를 초과할 수 있다.

'문제 해결'에선 어느 유형을 더 선호할까? '결점 특성'을 더 선호한다. 아이템에 문제를 일으킨 '결점'들을 하나하나 보면서 세므로 결점들의 유형 분류가 가능하고, 각 결점 유형을 발생시킨 '근본 원인(Root Cause)'이 다르므로 원인 규명과 개선에 훨씬 유리하기 때문이다. 다음은 '결점'의 정의이다.

> · **Defect** Any type of undesired result is a defect. A failure to meet one of the acceptance criteria of your customers. A defective unit may have one or more defects. 원치 않는 결과가 곧 결점이다. 또는 고객의 수용 기준 중 하나를 충족하지 못하는 것. 하나 이상의 결점이 포함되면 불량품이 된다.

'이산 자료 – 결점 특성'의 '성과 표준'은 어떻게 표현할까? 다음과 같은 항목들이 정의돼야 한다.

> · **아이템(Item)** 일반적으로 '단위(Unit)'가 쓰이나 'cm' 같은 '단위'와 혼동되므로 '아이템'을 씀.
> · **기회의 정의(Definition of Opportunity)**
> · **결점의 정의(Definition of Defect)**

'불량' 때와 동일하게 '아이템'은 시스템, 제품, 부품 등을 대변한다. 화학제품 경우 1ℓ, 1ton, 섬유 제품 경우 $1㎡$ 등도 하나의 아이템이 될 수 있다. 쉽게 표현하면 상황에 따라 정의하기 나름이다.

'결점 특성'의 '성과 표준'은 '불량 특성'과 달리 '기회(Opportunity)'라는 것이 추가된다. 처음 입문하는 리더들에게 '기회'의 개념은 상당히 낯선 존재다. 다방면으로 쓰임새가 상당하지만 주제에 맞는 정도의 범위만 본문에 실었다. 사전적 의미는 'www.isixsigma.com'로부터 아래와 같이 해석과 함께 옮겨놓았다.

> • 기회(Opportunity) Any area within a product, process, service, or other system where a defect could be produced or where you fail to achieve the ideal product in the eyes of the customer. In a product, the areas where defects could be produced are the parts or connection of parts within the product. In a process, the areas are the value added process steps. If the process step is not value added, such as an inspection step, then it is not considered an opportunity. 결점이 생겨나거나 또는 고객의 눈높이를 못 맞춘 제품, 프로세스, 서비스 또는 시스템 내의 임의의 영역. 제품에서 결점이 생겨날 수 있는 '영역'은 그를 구성하는 '부품들' 또는 '부품들 간의 연결부'이며, 프로세스에서의 '영역'은 '가치를 부여하는 프로세스 단계'를 일컫는다. 예를 들어 검사와 같은 프로세스 단계는 제품에 가치를 부여하지 않으므로 '기회'로 간주하지 않는다.

사실 '기회'의 정의는 이해하기가 좀 어렵다. 미국 Qualtec社 학습 교재에 그나마 잘 정리돼 있지만 그것만으로 충분하다고 보긴 어렵다.

'기회'를 설명하기 위해 여러 산업에서 쓰이는 예를 모두 나열할 순 없지만 전자 부품과 그 조립 생산 프로세스의 '기회'와 '결점' 등을 정확히 정의한 표준은 주변에서 쉽게 구할 수 있다. IPC(Institute of Interconnecting and Packaging Electronic Circuits: www.ipc.org)가 그것인데, IPC 조직은 1957년 'The Institute for Printed Circuits'이란 명칭으로 당시 전자 조립 회사들이 연합해 해당 분야의 기술 향상이나 표준화 또는 정부와의 연합 대응을 목적으로 창설되었고, 1999년에 지금의 IPC란 명칭으로 변경되었다. 이 기구에서 발간된 'IPC-7912'는 완제품에 대한 '기회', '결점' 정의를, 'IPC-9261'은 프로세스에 대한 '기회', '결점' 정의를 상세히 다루고 있다. 물론 PBA(Printed Board Assemblies)에만 한정하고 있지만, 내용을 일반화하면 어떤 분야라도 적용이 가능하다. 예를 들면, 한 개의 '아이템(또는 단위, Unit)'에 여러 부품들이 포함돼 있을 때, 정의에 따르면 이 부품들 하나하나가 모두 한 개의 '기회'를 갖는다. 연필의 경우 '흑연 심', '몸체', '지우개', '밴드' 등이 모두 부품들로써 각각 한 개의 '기회'를 갖는다. 또 '연결부'인 '흑연 – 몸체', '몸체 – 지우개', '몸체 – 밴드 – 지우개'도 각각의 '기회'로 간주된다. 즉, '기회'란 '결점'이 발생하는 영역을 의미하며 부품 또는 연결부들은 모두 결점이 발생할 수 있는 영역들이다. 아이템이 '연필'인 예에 대한 '성과 표준'은 다음과 같다.

· **아이템(또는 단위)**: 연필 한 자루
· **기회의 정의(Definition of Opportunity)**: '기회'는 연필 개당 총 7개
    ① 부품 4개(흑연 심. 몸체. 지우개. 밴드)
    ② 연결부 3개('흑연 심 – 몸체'. '몸체 – 지우개'. '몸체 – 밴드 – 지우개')
· **결점의 정의(Definition of Defect)**
    ① 몸체 표면에 긁힘이 5㎜ 이상인 경우
    ② 흑연 심에 금이 가거나 부러진 경우
    ③ 지우개가 표준에서 벗어난 경우(흠. 잘려 나감 등)
    ④ 밴드에 흠이 발생한 경우
    ⑤ 부품 연결 부위가 표준에서 벗어난 경우(간격 벌어짐. 헐거움 등)

'불량 특성'과 동일하게 평가 대상인 연필이 10자루 있다고 가정하자. 첫 번째 연필을 검사했을 때, '몸체'에 5㎜ 이상의 긁힘이 한 개 있음이 발견되었다. 따라서 결점 정의 '①'에 해당되며 이때는 '결점 1개'가 발생한 것이다. 즉, 부품인 '몸체'가 하나의 '기회'이므로 이 '기회'가 '결점'으로 나타난 것이다. 두 번째 연필을 평가했을 때, 흑연 심에 금이 발견되었고 역시 결점 정의 '②'에 부합하므로 또 하나의 '기회'가 '결점'으로 확인된 것이며, 누적으로 총 2개의 '결점'이 생겼다. 세 번째 연필을 보니 긁힘 5㎜ 이상이 3개, 흑연 심 부러짐 및 지우개 일부가 뜯겨져 나갔음이 발견되었다. 즉, 한 연필에 결점 정의 '①, ②, ③' 모두가 발생했고, 특히 긁힘은 3개나 발견되었다. 이 경우 결

점 수는 어떻게 될까? 정답은 3개[12]다. '긁힘'의 경우, 한 개의 '기회'에 동일한 결점이 여럿 발생해도 '기회'가 한 개이므로 결국 결점도 '1개'로 셈한다. 따라서 연필 3개의 총 결점 수는 '1+1+3＝5'이며, 전체 연필 수를 감안하면 아이템당 평균 '0.5개(＝ 5개 결점÷10 자루)'의 결점이 존재한다.

'아이템(또는 단위)당 평균 결점 수'는 'DPU(Defects per Unit)'라고 한다. 풀어쓰면 '결점률'이며 '불량률'에 대응한다. 그런데 결점은 연필 1자루당 최대 7개가 발생할 수 있다('기회', 즉 잘못될 가능성이 최대 7개이므로). 따라서 10자루의 연필을 조사한 결과 각각의 연필에서 7개 결점이 모두 발견되면 결점 수는 총 '70개'가 되며, 이 경우의 'DPU'는 '7(＝ 70개 결점 수÷10자루)' 이다.

'결점률' 경우 통상 비율을 '%'로 바꿀 때 최대 100%가 되는 점을 감안하면 '결점률 700%'는 선뜻 이해하기 어렵다. 따라서 필요에 따라 100% 이하가 될 수 있도록 조정이 필요한데, 이때 '총 기회 수'를 적용한다. 한 개 연필에 '기회' 또는 '결점'이 발생 가능한 최대 수는 예에서 '7개'이다. '결점'은 '기회'보다 많이 발생할 수 없으므로 10자루 연필 경우 '총 기회 수'는 70개

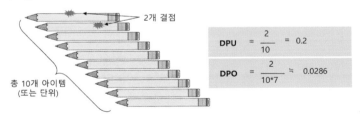

[그림 M-19] '결점'의 개념(DPU, DPO 계산)

---

12) 세 번째 연필에서의 결점은 몸체 표면 긁힘 1개, 흑연 심 부러짐 1개, 지우개 일부 뜯겨짐 1개로 총 3개이다. 그러나 만일 '결점의 정의'에서 '몸체'의 경우 '①' 이외에 '몸체에 패임 1mm 이상'이 추가되면 '몸체'의 기회는 2개로 늘어나게 될 것이다.

(＝7개 기회×10자루)이며, 이 값을 분모로 사용하면 최대 70개의 '결점'이 발
생하더라도 100%[＝ (70개 결점÷70개 기회)×100]가 된다. 이렇게 산정한 결
과가 'DPO(Defects per Opportunity)'이다. 우리말로는 "기회당 평균 결점 수"
이다.

이왕 'DPU', 'DPO'가 거론된 이상 내친김에 한발 더 들어가 보자. 지금까
지 학습했던 데이터 유형은 '연속 자료 – 망소/망목/망대 특성', '이산 자료 –
불량/결점 특성'이었다. '결점 특성'이 'DPU'와 'DPO'로 구분되는 현실에서
'연속 자료'들을 포함해 하나의 개념으로 묶을 공통된 표현법은 없을까? 앞서
학습한 내용을 총정리한다는 생각으로 다음 [그림 M – 20]을 보자.

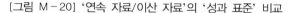

[그림 M – 20] '연속 자료/이산 자료'의 '성과 표준' 비교

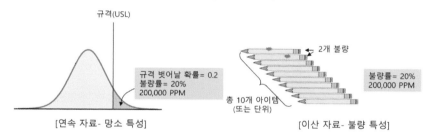

[그림 M – 20]의 왼쪽 '연속 자료(망소 특성)'는 '성과 표준(규격)'을 벗어난
양이 '불량률(전체 면적 대비)'이며, 오른쪽 '이산 자료 – 불량 특성' 역시 '성
과 표준'을 벗어난 아이템이 '불량률'이므로 두 표현은 동일한 개념에 근거한
다. 이제 '이산 자료 – 결점 특성'을 보자. 앞서 두 경우와 동일한 '불량' 개념
이 도입되면 세 개의 유형은 동일한 잣대로 비교될 수 있다.

예를 들어, [그림 M – 20]에서 '연속 자료' 경우 '성과 표준'을 벗어난 면적
은 전체를 '1'로 볼 때 '0.2'이고, 전체가 '100'이면 '20%', 전체가 '100만'이

면 '200,000PPM(Parts per Million)'이다. '이산 자료 – 불량 특성'에서 전체 10자루 중 2자루가 불량 아이템이면 '20%'이며, 전체를 '100'으로 본 경우와 같다. 역시 전체를 '100만'으로 보면 '200,000PPM'이다. 따라서 앞서 두 가지 측정법은 동일하다. 이번엔 '이산 자료 – 결점 특성'을 보자. 이해를 돕기 위해 [그림 M – 19]를 다음에 다시 옮겨놓았다('DPMO' 추가).

[그림 M – 21] '결점 특성'의 '연속 자료'에 대한 대응

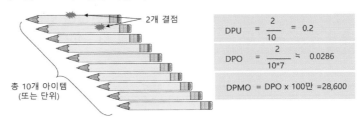

[그림 M – 21]에서 'DPO'는 전체를 100으로 봤을 때 '2.86%'이므로 이전의 '불량률' 개념과 같다. 따라서 남은 'PPM'과 동일한 측정 수단만 있으면 모든 특성들이 하나의 개념으로 설명되며, 이때 단순히 'DPO'에 '100만'을 곱함으로써 'PPM'과 동격을 만들 수 있다. 이것을 'DPMO(Defect per Million Opportunity)'라고 한다. [그림 M – 21]의 'DPO'는 약 '28,600DPMO'이다. 주목할 점으로 'PPM'과 'DPMO'는 '아이템(또는 단위)'에 '기회'가 한 개 있을 때에만 정확하게 일치한다. 왜냐하면 '기회'는 잘못될 가능성을 의미하므로 실제로 잘못되면(결점의 발생) '아이템'은 동시에 불량품이 되기 때문이다. 따라서 '이산 자료 – 불량 특성'과 동일한 값(DPU=DPO=불량률)이 되며, '%', 'PPM' 등 모든 측도와 같아진다.

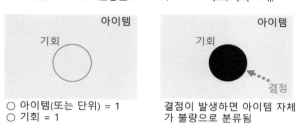

[그림 M–22] '불량률', 'DPU/DPO' 비교(기회=1개)

지금까지 설명된 '성과 표준'을 '노래방 매출 올리기' 예에 적용하면 다음 [표 M–9]와 같다.

[표 M–9] '노래방 매출 올리기'의 '성과 표준' 예

CTQ	Y	성과 표준		
		유형(연속/이산)	특성	정 의
노래방 시설 만족도	종합 만족도	이산 자료	불량	설문을 100점으로 환산했을 때, – 아이템: 점수 1 – 불량의 정의: 100점에 못 미치는 점수(100–설문 점수)
영상 만족도				
서비스 만족도				

[표 M–9]에서 '유형'은 'Y'가 '연속 자료'인지 '이산 자료'인지를 기입하는 난이고, '특성'은 '연속 자료'인 경우 '망목, 망대, 망소' 중 하나를, '이산 자료'인 경우 '불량, 결점' 중 하나를 기입한다. 예에서는 '종합 만족도'를 '연속 자료'로 볼 경우 '망대 특성'에 해당되나 실제로 100점을 넘는 값은 없으므로 '연속 자료'로 보기 어렵고,[13] 또 '설문 자료'는 '시그마 수준'의 평가법이 별도로 존재해 '이산 자료 – 불량 특성'으로 분류하였다. '100점' 만점이 불

---

13) '종합 만족도'의 설문 자료를 '연속 자료'로 간주하면 '현 수준 평가'나 '통계적 검정'이 가능하다.

량의 '100%'에 대응하는 점도 고려하였다. '성과 표준'에서 "아이템"은 하드웨어인 부품이 아니라 설문 결과로 나타난 '1점'이므로 '점수 1'로 표현하였다. 즉 '1점'이 '1개 아이템'인 셈이다.

'불량의 정의'는 설문 '1점'이 어느 경우에 '불량'이 되는지를 나타내야 하는데, 최대 100점이므로 그에 못 미치는 점수들 하나하나가 '불량'이다. 따라서 "100점에 못 미치는 점수"로 표현하였다(또는 '100 - 설문 점수'). '결점 특성'이면 설문 점수들 중 '3점 미만'의 값들을 모두 '결점'으로 정의할 수 있다. '3점 미만'이 '규격'인 셈이다. 처음 접하는 리더의 경우 표현법을 찾는 데 다소 어려움이 예상되나 조금만 논리적으로 고민해보기 바란다.

Step - 4.4. 데이터 수집 계획

'Step - 4. Y의 선정'에서 '운영적 정의'와 '성과 표준'이 마무리되면, 이를 기반으로 'Step - 5. 현 수준 평가'에서 프로세스 능력 평가를 위해 데이터 수집 계획을 세운다. 수집 계획은 표로 작성하는 것이 간단하고 보기 좋으며, 기본적으로 'Y명', '표집 방법', '저장 위치', '수집 기간', '담당자', '비고'란 등을 마련하고 각각에 관련 내용을 기술한다([그림 M - 23] 참조).

먼저 '표집 방법'은 '현 수준 평가'에 사용할 데이터 '대상 기간'의 시점과 시점을 정하고, 주어진 기간의 모든 자료를 다 수집할 거면 '전수'를, 표집이 가능하면 '층화 임의표집(Stratified Random Sampling)', '단순 임의표집 (Simple Random Sampling)', '군집 표집(Cluster Sampling)', '계통 임의표집 (Systematic Sampling)' 중 선택해서 기입한다. 또 항목 '저장 위치'는 수집할 데이터가 저장되어 있는 위치 또는 공간을 기술하는 난이다. '정보화 시스템 (ERP, PLM, DMS 등)' 안에 위치하거나, PC, 각종 대장, 파일 박스 등 다양한 저장 위치가 있다. 항목 '<u>Data 수집 기간</u>'은 실제 데이터를 수집하는 데 필요한 기간의 시점과 시점을 기술한다. Measure Phase 수행 기간을 고려해서 정한다. 항목 '<u>담당자</u>'는 Define Phase의 '팀원 기술'에 정한 수집 담당자를 입력하고, 끝으로 '<u>비고</u>'란에는 수집과 관련된 추가 고려 사항, 주의 사항, 공유할 내용 등을 기입한다. 다음 [그림 M-23]은 '노래방 매출 올리기'의 'Step-4, Y의 선정'을 '데이터 수집 계획'과 묶어 정리한 예이다.

[그림 M-23] '<u>Step-4.2/4.3/4.4.</u> 운영적 정의/성과 표준/데이터 수집 계획' 예

Step-4. 'Y'의 선정
Step-4.2. 운영적 정의/ Step-4.3. 성과 표준/ Step-4.4. 데이터 수집 계획

CTQ	Y	단위	측정 방법
			운영적 정의
노래방 시설 만족도			• 정의: 노래방 매출을 올리기 위해 고객이 생각하는 만족 수준을 월마다 평가해서 점수로 나타낸 지표.
영상 만족도	종합 만족도	점	• 수치화 방법: 측정기 명 / 산식 / <u>설명</u> ☞ 방법: 방문 고객에 설문. 요일 별 층화 후 임의 요일을 선정하여 평가한 뒤 매월 말 종합 평가 ☞ 수집 시점: 문 여는 오후 2시 ~ 문 닫는 새벽 2시까지 ☞ 응답자: 매출에 영향을 많이 주는 주부, 회사원 대상 각 층별 25명씩 총 50명
서비스 만족도			☞ 설문 문항: 노래방 시설만족도, 영상만족도, 서비스 만족도에 대해 각 5개의 질문으로 구성 ☞ 점수: 5점 척도(매우 불만/불만/보통/만족/매우 만족)
직접/대용/제약/<u>하위</u>			☞ 시그마 수준 산정 방법: 하위 특성별 가중치를 노래방 시설 만족도(0.5), 영상 만족도(0.2), 서비스 만족도(0.3)로 부여한 뒤 정규분포 역함수로 현 수준 산정

Y	표집 방법	저장위치	Data 수집 기간	담당자	비고
종합 만족도	-대상 기간: 설문이므로 'Data 수집 기간'난과 동일. -표집 방법 ; 층화 임의표집 :요일 별로 층화한 뒤 층화 내 임의 날짜 선정하여 설문 실시.	-사무실 PC, 폴더 명 "설문". (고객을 대상으로 월마다 수집)	• '07.1월~'07.8월 • 주 별 변동은 없고, 일 별 변동이 존재.	김지원	• '증화' 대상은 고객 방문 수가 일자 별로 차이가 있으므로 요일 별로 층화함. • 수집 시 시간대별 고객유형을 고려하여 표본추출 수행.

Step - 5. 현 수준 평가

이전 본문에서 '세부 로드맵'상 'Step - 4.4. 데이터 수집 계획'까지 설명하였다. 수집 계획에 입각해 데이터를 모은 뒤 본격적으로 현 수준을 평가하기에 앞서, '운영적 정의'에서 정한 '측정 방법'에 대해 다시 한번 기억을 더듬어보자.

전적으로 고객의 요구 사항을 들어주기 위해 측정 가능한 특성(CTQ)을 정하고, 이어 '운영적 정의'로부터 과제 수행을 위해 프로세스에서 측정이 용이한 '지표(Y)'를 결정했다. 따라서 고객의 다양한 요구 조건을 들어주기 위해 설정한 '지표(Y)'는 '운영적 정의' 내 '측정 방법'을 통해 새롭게 수집되거나 기존 자료로부터 수집될 수도 있다. 그런데 '측정 방법'이 기존에 없던 설정이면 그로부터 출력된 'Y값'을 어떻게 신뢰할 수 있을까? 측정값이 현상을 제대로 반영하고 있음을 제3자에게 납득시켜야 과제의 전반적인 수행도 신뢰할 수 있다. 따라서 'Step - 5. 현 수준 평가'의 시작은 '운영적 정의' 중 '측정 방법'에 대한 신뢰성 평가, 즉 '측정 시스템 분석(MSA, Measurement System Analysis)'이 수반돼야 한다. 그다음 Measure Phase의 본 목적인 '현 수준 평가'가 오고 계속해서 '목표 재설정'의 마무리 과정으로 연결된다.

Step - 5.1. 측정 시스템 분석(Measurement System Analysis)

'측정 시스템 분석'의 보급은 생산이나 연구 개발 또는 사무 관리에까지 상당한 변화를 야기한 주역이다. 멘토링을 하다 보면 시스템이 잘 갖춰진 큰 기업이라도 데이터 신뢰성 평가를 수행했을 때 "사용 불가" 판정이 나오는 사례가 수없이 많다. 왜 이렇게 믿을 수 없는 계측이 끊임없이 일어나고 있는 걸까? 모든 인프라를 갖추고 있는 큰 기업에서조차 계측 시스템의 능력이 떨어져 있다는 것은 사뭇 이해하기 어렵다. 필자도 연구원으로 재직 중에 많은 측정기를 다루고 있었고 표준 체계에 입각해 정기적으로 검/교정을 하곤 했으므로 측정 신뢰도에 대해 그다지 의심을 가져본 적도, 또 별도로 확인해볼 필요성도 크게 느끼지 않았다.

그렇다면 생산이나 연구 개발 분야 외에 서비스 분야에서는 '측정 시스템'으로부터 자유로울까? 보험 회사 경우 고객으로부터 수집된 청약서를 본사에서 모두 취합한 뒤 규정대로 작성되었는지를 언더라이터(Underwriter: 청약서가 법이나 규정대로 작성되었는지 확인하는 담당자)가 확인하는 절차가 있다. 이때 동일 유형의 청약서를 서로 다른 언더라이터가 평가하면 서로 다른 결과가 나오는 일이 왕왕 있다. 만일 이 같은 문제가 있음에도 리더가 프로세스 개선을 추진할 경우 신뢰성이 떨어지는 데이터로 원인 규명과 개선으로 이어질 일련의 과정을 밟게 되므로 최종의 성과에 의문을 가질 수밖에 없다.

본문에서는 '측정 시스템'에 대해 수리적으로 또 다양한 상황에 적합한 '측정 시스템 분석' 모두를 논하진 않을 것이다. 도구를 논하는 책이 아니라 방법론에 초점을 맞추고 있기 때문이다. 따라서 본래의 취지에 맞게 '세부 로드맵'을 작성해가는 방법에 집중하되 논의 과정 중 보충이 필요하거나 특별히 알아야 할 대목에 대해서만 상세하게 언급할 것이다.

'측정 시스템 분석(MSA, Measurement System Analysis)'이 무엇인지 그 정의와 필요성을 먼저 알아보자. 정의에 대해서는 다른 출처도 많지만 큰 차이가 없으므로 연계성을 고려해 이전과 동일한 'www.isixsigma.com'의 'Dictionary'를 참조하였다. 다음과 같이 정의하고 있다.

· **Measurement System Analysis(MSA)** Measurement system analysis (MSA) is an experimental and mathematical method of determining how much the variation within the measurement process contributes to overall process variability. There are five parameters to investigate in an MSA: bias, linearity, stability, repeatability and reproducibility. According to AIAG (2002), a general rule of thumb for measurement system acceptability is:

- Under 10 percent error is acceptable.
- 10 percent to 30 percent error suggests that the system is acceptable depending on the importance of application, cost of measurement device, cost of repair, and other factors.
- Over 30 percent error is considered unacceptable, and you should improve the measurement system. AIAG also states that the number of distinct categories the measurement systems divides a process into should be greater than or equal to 5. In addition to percent error and the number of distinct categories, you should also review graphical analyses over time to decide on the acceptability of a measurement system. Reference : Automotive Industry Action Group (AIAG) (2002). Measurement Systems Analysis Reference Manual. Chrysler, Ford, General Motors Supplier Quality Requirements Task Force.

'측정 시스템 분석(MSA)'은 측정 과정에서의 변동이 전체 프로세스 변동에 어느 정도 영향을 미치는지를 확인하는 실험적이고 수학적인 방법이다. MSA에는 5가지 평가 항목이 있는데 각각 치우침(또는 '편의'), 선형성, 안정성, 반복성과 재현성이 해당한다. 측정 시스템을 수용할 수 있는지에 대한 일반적 기준은 AIAG(2002)의 권고에 따르며, 측정 변동이 10% 이하면 수용을, 측정 변동이 10~30%이면 평가의 중요도, 측정기의 비용, 수리비용 등을 고려해서 수용 여부를, 측정 변동이 30% 이상이면 사용 불가가 되며, 이때 측정 시스템을 보정해야만 한다. 또, 'Number of Distinct Categories'는 5 이상이 돼야 한다. 추가로 '측정 변동(%)'과 'Number of Distinct Categories'는 시간에 따른 그래프 추이 분석을 통해서도 수용 여부를 판단할 수 있다. 〈참고〉 AIAG(Automotive Industry Action Group, 2002). '측정 시스템 분석' 참고 매뉴얼 → 크라이슬러, 포드, 제너럴모터스 Supplier Quality Requirements Task Force.

'측정 시스템'이라는 용어를 좀 더 쉽게 설명하기 위해 먼저 주변에서 자주 다루고 있는 수치 데이터를 생각해보자. '수치 데이터'란 말 그대로 '숫자'인데 이 '숫자'는 하늘에서 뚝 떨어지는 것이 결코 아니다. 측정기가 있어야 할 것이고, 측정 대상(부품, 재료 등)이 있어야 하며, 측정하는 사람도 필요하다. 또 측정하고 있는 주변 환경도 고려치 않을 수 없다. 주변이 시끄럽거나, 덥고 추울 수도 있으며, 심한 진동이 발생할 수도 있다. 이 모든 것들이 합쳐져 눈에 보이는 '수치 데이터'가 형성된다. 이해를 돕기 위해 앞서 언급된 모든 항목들을 주머니 하나에 담는다고 가정하자. 물론 몰라서 설명을 못했거나 혹 빠트린 측정 당시의 항목(또는 변수)이 있더라도 이들을 모두 포함한 100%의 항목들이 주머니에 담겨 있다고 상상하자. 필자는 이 주머니를 '블랙박스'로 명명할 것이다. 즉, '측정 시스템'이란 '블랙박스'다. 그 안에 필요한 '수치 데이터'를 만들어낼 모든 것들이 담겨 있다(고 가정한다). '블랙박스'는 곧 '측정 시스템'이다.

　이제 누군가 '수치 데이터'를 필요로 할 때마다 블랙박스(측정 시스템)에 자극을 주고 이때마다 숫자가 하나씩 떨어져 나오는 것을 상상해보자. 숫자는 숫자일 뿐 이 숫자가 정녕 꼭 필요로 하는 데이터가 맞는 걸일까? 또 이 숫자를 신뢰하고 현 수준을 평가하며 과제가 완료된 후 그 성과를 공식적으로 인정받기 위해 충분히 활용할 수 있겠는가? 의문을 누군가 제기할 때 할 수 있는 최선은 손에 쥔 수치 데이터를 이용해 블랙박스 안의 상황을 파악해보는 것이 유일한 해법이다. 이것이 '측정시스템 분석'[14]이다. 그 결과가 객관적으로 신뢰할 수 있는 수준이면 '현 수준 평가'에 활용한다. 다음 [그림 M-24]는 측정에 관여하는 모든 주변 항목들이 한 개 주머니에 담겨 있는 형상을 나타낸다.

---

14) MSA(Measurement system Analysis)를 '측정 시스템 분석'으로 번역하고 있지만 출처에 따라 '측정 시스템 평가'로도 해석한다.

[그림 M-24]에서 주머니인 블랙박스는 '측정 시스템'을 형상화하고 있으며 그 안에 측정기, 측정자, 환경, 부품 등이 담겨 있다. 필요할 때마다 주머니에 자극을 주면 숫자가 하나씩 나오는(측정되는) 모습도 보인다.

'측정 시스템 분석'을 수행하기 위해 머릿속에 꼭 그리고 있어야 할 관계도가 있다. 바로 '변동 관계도'이다. 아마도 교육 중에 대부분 접했던 그림이라 낯설지는 않을 것이다. 다음 [그림 M-25]와 같다.

[그림 M-25] '측정 시스템 분석'을 위한 변동 관계도

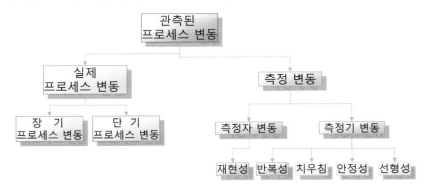

[그림 M‒25]의 '변동 관계도'는 '측정 시스템 분석'에서 가장 중요한 단한 장을 뽑으라면 해당될 만큼 핵심 중의 핵심이다. 우선 맨 상단의 '관측된 프로세스 변동'은 최종적으로 손에 쥔 '수치 데이터'이다. 즉, 블랙박스에서막 튀어나온 따끈따끈한 숫자이다. 이 숫자들은 두 가지로 나눠 그 원류를 파악할 수 있는데 그들 중 하나가 왼쪽에 위치한 '실제 프로세스 변동'이다. 이것은 '측정 시스템', 즉 '블랙박스' 내에 있는 요소들 중 '측정 대상(부품, 재료 등)'을 설명하는 경로이다. 이해를 돕기 위해 '측정 대상'을 '연필' 생산이라 하고, 우리는 그 연필의 '길이'에 관심이 있다고 가정하자. 프로세스에서 임의로 10개의 연필을 추출해서 그 길이를 측정한 결과가 다음과 같았다고 하자.

15.9, 15.7, 15.8, 15.7, 15.6, 14.8, 14.7, 14.8, 14.6, 14.7

숫자에서 알 수 있듯이 동일한 값을 보이는 것도 있는 반면 대체로 값들이 왔다 갔다 하고 있다. 어느 측정 대상을 관찰하든 항상 발생하는 현상이다. 이렇게 왔다 갔다 하는 값들의 차이, 즉 변동이 바로 **'실제 프로세스 변동'**에 해당한다. 만일 각 값과 평균과의 편차를 제곱하는 방법을 이용하면 '실제 프로세스 변동'이 하나의 대푯값으로 표현될 수 있고(산포), 따라서 그 정도를 파악하는 것도 가능하다. 그림에서 한 단계 아래로 내려가면 '실제 프로세스 변동'은 다시 '장기 프로세스 변동'과 '단기 프로세스 변동'으로 나뉜다. 전자는 말 그대로 연필을 장기간에 걸쳐 생산했을 때의 길이의 변동을, 후자는 단기간에 걸쳐 생산했을 때의 길이의 변동을 나타낸다. 왜 이런 구분이 필요할까? 앞서 추출한 10개의 연필 측정값들을 두 번에 걸쳐 얻은 것으로 가정하자. 즉, 첫 번째 추출은 월요일에 5개를, 두 번째 추출은 한 주 뒤 월요일에 5개를 얻어내는 식이다(물론 1주일이 장기간이라고 볼 수는 없지만 편의상 장기라고 가정한다.). 결과는 다음 [표 M‒10]과 같다.

[표 M-10] '합리적 부분군'의 예

	첫 주	둘째 주
길이(cm)	15.9, 15.7, 15.8, 15.7, 15.6	14.8, 14.7, 14.8, 14.6, 14.7
평균	15.74	14.72

우선 첫 주 데이터를 보면 그들 간 편차가 0.1 내외로 그다지 크지 않은 것으로 관찰된다. 물론 둘째 주 데이터 역시 0.1 내외의 작은 편차만이 존재한다. 편차가 최소화되어 있는 이유는 연필의 표집이 아주 짧은 시간 동안 이뤄졌기 때문이며, 따라서 편차에 영향을 주는 잡음(Noise) 요인들이 최소로 작용한 결과로 해석된다. 프로세스에 존재하는 주변 잡음이 최소화된 상태에서 얻어진 데이터 그룹을 '합리적 부분군(Rational Subgroup)'이라고 한다. [표 M-10]으로부터 현재 두 개의 '합리적 부분군'이 수집된 상태이다.

'합리적 부분군'은 주변 잡음이 최소화된 상태에서 얻어지지만, 각 부분군 내에선 여전히 작은 편차들이 존재하는데 이때 편차들이 어디서 오는지는 알 수 없다. 그러나 편차는 확실히 존재하므로 이것을 '단기 프로세스 변동'으로 분류한다. '단기 프로세스 변동'은 프로세스 내 존재하는 미세한 잡음들의 영향으로 만성적이고 정상 상태로 간주한다. 다만 원인을 찾아 개선하려면 미세 변동을 감지할 고비용의 측정 시스템 투자가 이뤄져야 하므로 그 전에 개선 필요성이 있는지 여부를 먼저 따져봐야 한다.

다음은 '장기 프로세스 변동'에 대해 알아보자. [표 M-10]의 '첫 주', '둘째 주' 데이터 표에서 평균을 보면 각각 '15.74'와 '14.72'로 그들 간에 '1.02'의 차이를 보인다. 이 차이는 어디서 오는 것일까? 둘째 주 역시 그들 내부의 편차는 작지만 첫 주의 전체 평균과는 큰 차이를 보인다(부분군 내의 편차에 비해). 이 차이는 바로 1주 동안 프로세스 내 예기치 않은 변화에 기인했을 것으로 추측된다. 즉, 연필 몸체의 길이를 인식하는 센서가 노후로 감지 기능을 약간 상실했거나, 지우개를 붙이는 과정에서 몸체와 지우개 사이의 간격이 벌어지는 상황을 고려할 수 있다. 장기적으로 프로세스 내에서는 다양한 변화가 일어날 수 있으며 이때마다 연필의 길이 데이터는 변화를 겪게 되고, 이것이 바로 평균의 차이를 유발하는 '장기 프로세스 변동'에 해당한다. '장기 프로세스 변동'은 관리가 미흡해서 발생하는 변동이다.

'장기 프로세스 변동'이든 '단기 프로세스 변동'이든 결과적으로 연필 길이의 변화에 영향을 주며, 연필 길이의 길고 짧음은 최종적으로 '관측된 프로세스 변동'에도 영향을 준다. 영향의 정도가 크면 개선을 해야 하며, **이 작업은 주로 Improve Phase에서 이루어진다.** Improve Phase에서의 '최적화'는 주로 '장기 프로세스 변동'에 치중한다. 왜냐하면 '장기 프로세스 변동'이 '관리적인 문제'에 기인하는 반면, '단기 프로세스 변동'은 그 원인 규명이 어렵고 해결을 위해 고도의 기술적 접근이 요구되기 때문이다. 다음 [그림 M−26]은 '변동' 유형과 각 로드맵에서의 개선 위치를 나타낸다.

[그림 M−26] '변동'별 로드맵에서의 개선 위치

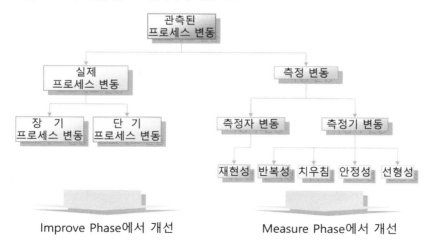

다음은 '관측된 프로세스 변동'의 다른 축인 **측정 변동**에 대해 알아보자. '실제 프로세스 변동'이 연필 길이에 영향을 주는 '장기 프로세스 변동' 요인을 찾아 Improve Phase에서 '최적화' 대상인 반면, '측정 변동'은 현 수준을 평가하기 위해 처음으로 데이터 수집이 수반되는 Measure Phase에서 처리된다(물론 Phase의 구분 없이 수치 데이터면 '측정 변동'은 모두 고려돼야 한다). 따라서 '측정 변동'이 크면 [그림 M-26]에서 보듯 상위의 '관측된 프로세스 변동'에 악영향을 주므로 역시 최소화시키려는 노력이 필요하다. 따라서 '실제 프로세스 변동'이 최적화 대상이면 '측정 변동' 역시 최적화 대상이다. 측정기 보정 활동이 아니란 뜻이다.

요약하면 Measure Phase에서 이뤄지는 **'측정 시스템 분석'은 단순히 계측에 대한 보정 작업이 아니라 Improve Phase에서 수행되는 최적화와 동격의 활동으로 여겨져야 한다**는 것이다. '시그마 수준' 향상과 직접 관계하므로 '측정 시스템 분석'은 대단히 중요한 과정에 해당한다.

'측정 시스템 분석(MSA)'은 통상 '정확도'와 '정밀도'로 구분한다. 전자는 참값과의 차이가 얼마인가를, 후자는 데이터가 얼마나 밀(密)한가(빽빽한가)를 나타낸다. 다음 [그림 M-27]의 과녁 그림을 보면 '정확도'와 '정밀도'의 차이를 쉽게 이해할 수 있다.

[그림 M-27] '정밀도'와 '정확도' 개요

정확하지 않으나, 정밀함   정확하나, 정밀하지는 않음

왼쪽 과녁은 좌상에 타점이 3개 몰려 있으므로 '정밀'하나, 그들의 무게중심(또는 평균)이 참값인 중심점에서 멀어져 있으므로 '정확'하지는 않다. 반대로 오른쪽 과녁은 타점이 흩어져 있으므로 '정밀'하지는 않으나, 그들의 무게중심이 참값인 정중앙에 있으므로 '정확'하다고 볼 수 있다. 이렇게 데이터 수치의 차이는 '정확성'과 '정밀성' 두 경우를 모두 고려해야 명확하게 이해될 수 있다.

'정확성'은 다시 치우침(또는 편의, Bias)과 안정성(Stability), 선형성(Linearity)으로 분류되며, 각각에 대해서는 교육 과정에서 반복적으로 다루고 있으므로 본문에서의 설명은 생략한다. 단지 회사에서 수행되는 '측정기의 검·교정'이 바로 '치우침'이 있는지를 평가해서 있으면 교정하는 활동이다. 또 '치우침(Bias)'이 시간에 따라 발생하는지를 확인하면 '안정성', 측정기가 허용하는 측정 범위 안에서 '치우침'이 있는지를 보면 '선형성'이 된다. 검·교정은 사내 표준에 입각해 주기적으로 수행하도록 명시하고 있기 때문에 '정확성'은 특별히 의심되지 않는 한 일반적으로 문제가 없다고 본다.

'정밀성'은 '반복성(Repeatability)'과 '재현성(Reproducibility)'으로 구분한다. 전자는 동일한 측정기로 동일한 사람이 동일한 특성을 반복해서 측정했을 때, 그 값들의 차이를 모아서 표현한 결과다. 후자는 모두 동일한 상황에서 사람만이 다를 때의 차이를 모아서 표현한 결과이다.

재미있는 것은 [그림 M-25]의 '변동 관계도'에서 '반복성'이 '측정기 변동' 아래 '치우침', '안정성', '선형성'과 맥을 같이하면서 분류는 '측정자 변동'에 위치하고 있는 점이다. 왜 '반복성'은 양면성을 보이는 것일까? '반복성'은 모두가 동일한 상황에서 단지 측정을 두 번 이상 반복했을 때 그들의 차이가 얼마나 생기는지를 보는 것으로 측정기 입장에서는 자기가 한 입으로 동일한 특성 값을 두 번 또는 그 이상 달리 말한 경우에 해당한다. 즉, 첫 측정에서는 '15.2'라고 했다가, 다음 동일 연필의 측정에서 '15.3'이라고 했으면 그 차이는 측정기가 횡설수설(?)한 것이다. 이 때문에 '측정기 변동'에 연결된 것인데, 결국은 사람과도 깊이 있게 관계하므로 분류상 '측정자 변동'에 위치한다.

설명한 바와 같이 사람에 의해 편차가 발생하는 경우를 '반복성'과 '재현성'으로 구분하고, 영어로는 'Repeatability'와 'Reproducibility'의 첫 알파벳을 따 'R&R'로 표현한다. 'R&R'은 단순히 '정밀성 평가'라고 보면 무난하다. 가끔 'MSA＝R&R'로 이해하는 리더들이 있는데 잘못 알고 있는 것이며, 'R&R'은 사람이 관계해서 나타나는 값들의 차이(변동)를 분석하는 정밀성 평가이며,[15] 'MSA'의 부분 집합임을 명심하자. 지금까지 '변동 관계도'를 활용해 MSA에 대해 알아보았다. '변동 관계도' 외에 평가 항목별로 분류한 다음 [그림 M－28]의 '평가 항목 관계도'도 참고하기 바란다.

[그림 M－28] MSA '평가 항목 관계도'

MSA의 종류는 크게 '연속형 MSA'와 '이산형 MSA', '관리형 MSA'가 있으며, '연속형 MSA'는 다시 '교차 분석(Crossed)'과 '내포 분석(Nested)'으로 나뉜다. '교차 분석'은 측정 대상(부품, 재료 등)이 시간에 따른 물리적 변화가 없으므로 여러 번 돌아가면서 반복성과 재현성 측정이 가능한 상황에 쓰이고, '내포 분석'은 측정 대상의 물리적 변화가 생겨 다음 측정자의 측정이 어렵거

---

15) 'R&R'이 반드시 사람이 관계된다고는 볼 수 없다. 자동 측정기 경우 사람이 조정하지 않지만 정밀도(정확히는 '반복성')를 측정한다. 이 경우는 측정기 자체의 상태를 보는 것으로 고려해야 한다.

나 불가한 경우 적용된다. '비파괴 분석'과 '파괴 분석'으로 구분해 설명하기도 한다. '이산형 MSA'는 '합격/불합격, Yes/No, Go‑No‑Go'와 같은 '이진수 자료(Binary Data)'와, '3점'이나 '5점' 척도 등 '순서 척도(Ordinal Scale)'의 평가에 활용된다. 물론 이들 모두는 미니탭을 이용해 통계 분석이 가능하다. 끝으로, '관리형 MSA(Administrative MSA)'는 Top‑down식 혁신 활동으로 성공한 Allied Signal社에서 개발한 도구로 사무 간접이나 서비스 분야와 같이 통계적 절차가 불필요한 상황에서 데이터 신뢰성을 정성적으로 평가하는 방법 이다. 자세한 설명은 '5.1.3. 관리형 MSA'에서 다룰 것이다.

MSA의 '변동 관계도'와 '평가 항목 관계도'에 이어 'R&R'을 데이터 유형 별로 나타낸 '도구 관계도'가 있으며 다음 [그림 M‑29]와 같다.

[그림 M‑29] 데이터 유형별 '도구 관계도'

계속해서 MSA를 작성하는 방법과 해석, 개선 등에 대해 알아보자. 현업에 서는 '정확성'보다 '정밀성'인 'R&R'의 사용이 대부분이므로 이중에서 가장 빈도가 높은 연속형의 '교차(Crossed)'와, 이산형의 '이진수 자료(예: 양불 판 정, Y/N 등)', 그리고 '관리형' 각각 한 예씩만 본문에 포함시켰다.

5.1.1. 연속 자료 – R&R(교차)

생산 라인이나 연구 개발 분야에서 가장 많이 활용되는 도구이다. 물론 요즘같이 경영 혁신이 전 부문 가릴 것 없이 확산된 상황에선 매우 익숙한 도구가 되었지만 여전히 서투른 점도 많다. 필자가 유리 기판 위에 미세 층을 입히는 자동 라인 공정에서 R&R을 어렵게 수행한 결과 요구 수준에 약간 미달됨이 확인되었다. 측정기 판매 업체에 튜닝을 요청했더니 일본 현지 엔지니어가 이틀 뒤 방문하여 점검해주었다. 과거에는 눈에 보일 정도의 문제점이 발생하거나 유지 보수 기간에 맞춰 점검이 있었고, 그렇지 않은 경우 일본 제작업체 엔지니어가 직접 방문해서 점검해주는 것은 매우 이례적이었다. 무엇이 이렇게 빠른 의사 결정을 하도록 도움 준 것일까? R&R의 통계적 결과와 해석을 곁들여 Fax로 날렸기 때문에 가능한 일이었다. 구체적인 정황 자료를 접했을 때 직접 와서 확인하고 점검해주는 일 외에 무슨 조치가 필요하겠는가?

또 한 가지 사례가 있다. 바이오 분야였는데 R&R 단계에서 도대체 합격 수준을 얻어낼 수가 없었다. 3주가 지나도록 결과가 안 나오자 과제 리더와 팀원들이 지쳐갔고 이 정도 수준에서 현 프로세스 능력을 평가하자고 제안해 왔다. 과제 수행에 사용되고 있는 바이오 분야 측정 설비는 억대를 호가하고 있었고 그것의 성능에 대해서는 의심할 여지가 전혀 없었던 터라 결코 넘어갈 수 없다는 필자의 주장은 억지처럼 여겨졌다. 우리는 끝으로 한 번 더 시도해 보기로 하고 이번에는 그 원인에 대해 깊이 있는 성찰(?)을 시도했다. 즉, 측정기 자체보다 주변 환경 또는 시료 전 처리 등에 눈을 돌렸다. 그중 바이오 시료의 형광등 노출 시 변질 가능성이 제기되었다. 자외선의 영향을 의심하고 한 주 동안 관련 논문을 조사한 결과 서로 연관이 있을 것이란 실낱같은 정보를 찾을 수 있었고 약간의 확신으로, 급기야 측정 전까지 냉동 암실에 보관한 뒤 측정을 수행해보았다. 결과는 R&R 완전수용으로 돌아섰고, 이 팀은 해당 분야의 측정 오차를 줄이는 한층 업그레이드된 노하우를 보유하게 되었다.

이런 사례는 무궁무진하다. 혼탁액의 농도를 측정할 때 스포이트를 A – 측정자는 표면에서, B – 측정자는 깊이 넣어서 액을 채집하는데 서로 다른 전처리 과정은 R&R 중 재현성에 많은 악영향을 끼친다. 무거운 입자가 가라앉아 혼탁액의 상·하층 농도가 달라지기 때문이다. 액을 흔들어 고루 섞이게 한 뒤 채집함으로써 재현성을 크게 향상시킨 사례다. 아무리 고가이고 훌륭한 계측 시스템이더라도 사람이 관계하는 한 항상 R&R은 실시돼야 한다.

그렇다면 과제에서 R&R은 어떻게 수행하고 정리돼야 할까? R&R도 실험의 한 과정이므로 Deming Cycle인 'Plan – Do – Check – Act'로 나눠 진행하는 것이 가장 바람직하다. 'Plan'은 계획 단계로 측정 설비, 담당자, 표집, 전처리 방법, 진행 과정, 특이 사항 등을 상세하게 기술한다. 그래야 R&R 수행 후 결과에 문제가 발생했을 때 빠르고 정확한 추적이 가능하다. 'Do'는 '측정 분석 시스템'을 실행하는 단계로 'Plan'에서 정한 표본들을 대상으로 실제 현업 담당자들이 참여한 상태에서 측정값을 수집한다. 자료상으론 측정 과정을 보여줄 순 없으므로 측정 결과 값을 '파워포인트' 장표에 정리하는 것으로 대체한다. 이어 'Check'는 정리된 측정값을 대상으로 분석하는 단계이다. 정리된 결과 값들을 통계적으로 해석하고 결과와 주어진 기준을 비교해 적합성 여부를 판단한다. 현 단계에서 기준을 만족하면 필요 시 'Act'에서 재현성을 확인해보거나 표준류를 정비하고 종료한다. 그러나 만일 기준을 만족하지 못하면 이유를 분석해 '개선 방향'을 마련해야 한다. 끝으로 'Act'는 '개선 방향'을 이행하고 재평가를 통해 최종 측정 시스템의 수용 여부를 판단한다. 만일 수용이 안 되거나 추가적인 조치가 필요하면 다시 'Plan' 단계로 돌아가 기준을 만족할 때까지 과정을 반복한다.

평가 결과, 'R&R'이 한 번에 기준을 통과한 경우 문서상 'Do'와 'Check' 또는 'Act'를 한 장표에 표현하는 것이 편리할 때도 있다. 과정과 결과를 문서로 잘 정리하는 것도 매우 중요한데, 이 부분은 본문의 작성례를 참고하기 바란다. 다음 [그림 M - 30]은 'R&R(교차)'의 파워포인트 작성 예이다. 유리판 두께 조절을 위해 화학 에칭 공정이 필요하며 처리 후 두께 측정이 R&R 대상이다. 규격과 담당자, 방법 등을 상세히 소개하고 있다.

[그림 M - 30] 'Step - 5.1. 측정 시스템 분석(Plan)'_연속 자료 예

Step-5. 현 수준 평가
  Step-5.1. 측정 시스템 분석_*Plan*

 목 적   ✦화학에칭 후 유리판 두께의 측정에 대한 '반복성', '재현성' 평가

측정상황   ✦프로세스에서 화학 에칭된 유리판을 표본 추출하여 QC 내 두 명의 담당자가 두께 측정 설비(AT-0645)를 이용 평가 중.

평가방법

Part	Part정보	프로세스를 대변할 수 있도록 '계통 임의 추출법'으로 10개 유리판 추출 (장기적인 프로세스 변동을 반영토록 고려)	
	규격정보	두께 5mm±0.25	
측정 담당자	대상	QC 현 측정 담당자	
	담당자	① 홍길동	② 강감찬
설계		2회 반복, Blind Trial(눈가림 시행)	

 비 고   ✦두께 측정 설비 최종 교정일 200X년 XX월 XX일
       ✦양산 품질평가가 없는 점심 시간 동안 진행
       ✦주야간 근무 교대 각각 진행(본 자료는 오전 근무자 경우임)

자료는 제3자가 시간이 흐른 뒤 읽어보더라도 충분히 이해할 수 있는 수준으로 작성돼야 한다. 따라서 가급적 수행 과정을 상세하게 기록한다. 가장 좋은 방법은 신입 사원이 보았을 때 똑같이 재현할 수 있는 정도의 눈높이면 충분하다. 좀 더 상세한 설명이나 정보 추가가 필요하면 '파워포인트'의 '개체 삽입' 기능을 이용한다.

다음 [그림 M - 31]은 'Plan'의 내용을 수행한 결과 및 분석을 포함하고 있

으며, 'Do'와 'Check'을 함께 기술한 예이다.

[그림 M−31] 'Step−5.1. 측정 시스템 분석(Do/Check)'_연속 자료 예

Step-5. 현 수준 평가
Step-5.1. 측정 시스템 분석_Do/Check

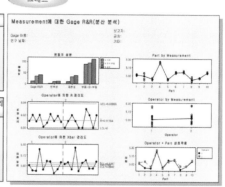

통계 분석 경우, 유의수준 0.1에서 Operator의 재현성이 떨어지고, Part와 Operator간 상호작용도 관찰된다. '%연구 변동'과 '%공차'의 문제는 재현성에서 오고 있으므로 측정자간 차이를 줄이는 개선방향이 요구된다.

[그림 M−31]에서 '연속형 MSA(교차)'의 경우, 미니탭 세션 창에 맨 처음 나오는 'ANOVA'를 살펴보는 것이 그래프를 보는 것보다 빠른 판단을 할 수 있어 먼저 배치하였다. 대부분의 '변동'이 '측정 시스템'보다 'Part'에 있길 기대하므로 'Part'의 'p−값'은 '유의 수준 0.05'보다 작기를 기대한다. 즉 [그림 M−25]의 '관측된 프로세스 변동'의 대부분은 '측정'이 아닌 '공정'에 기인해야 한다. 'Part'의 'p−값=0.000'으로 변동의 대부분이 공정에서 오고 있다.

또 'Operator'는 측정자 간 차이가 없기를 기대하므로 p−값이 '0.05'보다 크기를 기대한다. 결과에서는 '0.093'이므로 '0.05'보다 크지만 '유의 수준'을 '0.1'로 보았을 때 차이가 있다고 판단할 수 있어 결과적으로 재현성이 썩 좋

지 않음을 예상할 수 있다. 'Part*Operator'는 'Part'와 '측정자' 간 '상호작용'을 나타내며, 매우 유의하다는 것을 알 수 있다. 이것은 [그림 M‑31] 내 오른쪽 그래프 중 'Operator*Part 상호작용(오른쪽 맨 아래 차트)'에서 확인할 수 있는데, 통상 '강감찬(사각 점)'이 '홍길동(원형 점)'보다 높게 측정하는 성향이 있으나 어느 Part에 대해서는 다르게 반응함으로써 측정값이 역전되는 현상이 관찰된다. 이때 두 선들 간 교차가 발생한다. '상호작용'의 존재는 Part에 대해 일반적으로 높게 측정하는 성향의 측정자가 Part에 존재하는 어느 특징에 대해서는 다르게 반응하는 습성을 나타낸다.

[그림 M‑31]로부터 'Do/Check' 결과를 볼 때 재현성에 문제가 있는 것으로 파악됐으며, 해결을 위한 '개선 방향'은 다음 [그림 M‑32]의 'Act'에 포함시켰다(Run Chart).

[그림 M‑32] 'Step‑5.1. 측정 시스템 분석(Act)'_연속 자료 예

2번과 8번 Part에 대해 측정자간 차이를 보이는 것은 홍길동 경우 유리판 기준점을 좌상으로 가도록 로딩하는 반면, 강감찬 경우 임의로 로딩하는 차이를 보임. 작업지침 표준화 후 재 평가한 결과 R&R 수용결과를 얻음.

[그림 M-32]의 'Run Chart'를 이용하면 반복성, 재현성 및 상호작용에 대한 측정자 습성을 가늠할 수 있으며 확신을 갖고 개선에 임할 수 있다. 전체 해석은 '2, 8번 Part'에서 '재현성'이 크다는 점과, 그 원인이 파악돼 있으며, 장표 오른쪽 아래에 원인을 제거한 후 '재평가' 결과가 "수용됐음"을 알리고 있다.

개선 후에는 R&R 재평가를 통해 수준이 향상되었는지 확인하고 그 결과도 동일하게 '파워포인트'에 반드시 남긴다. MSA는 단순히 측정기의 성능을 평가하는 것이 아니라 '개선(Improve)'임을 강조한 바 있다. 드물긴 해도 MSA 평가 후 '현 프로세스 능력'을 산정한 결과 기대 이상의 높은 수준을 얻는 경우가 있다. 측정 시스템 개선만으로도 'Y'가 향상된 것이며, 따라서 그 중요성을 다시 한번 명확히 해둘 필요가 있다. MSA에 대한 원리 학습은 「Be the Solver_확증적 자료 분석」편이나 시중의 전문 서적을 활용하기 바란다. 다음은 '이산형 MSA(이진수 자료)'에 대해 알아보자.

5.1.2. 이산 자료 – R&R(이진수 자료)

'이산형 MSA(이진수 자료)'는 언급한 바와 같이 양/불, Yes/No, Go/No-Go 등의 자료에 쓰이는 '측정 시스템 분석'이다. 제조뿐만 아니라 간접과 서비스 분야에까지 광범위하게 활용되므로 활용 가치는 '연속형 MSA(교차)'에 못지않다. 미국에서 컨설팅이 들어올 때 매크로로 짜인 엑셀 툴이 소개돼 당시 미니탭이 없는 현장에서 활용 빈도가 높았으나 미니탭이 있는 경우 굳이 다른 도구를 사용할 필요는 없다. 단, 엑셀 시트를 사용하면 데이터 입력 상태가 한눈에 들어오는 장점이 있어, 'Do' 정리 때 엑셀 양식의 사용을 권장한다. '연속형 MSA(교차)'와 동일하게 'Plan – Do – Check – Act' 순서로 기술해나간다. 다음 [그림 M-33]은 'Plan'의 작성 예이다.

[그림 M-33] 'Step-5.1. 측정 시스템 분석(Plan)'_이산 자료 예

Step-5. 현 수준 평가
Step-5.1. 측정 시스템 분석_Plan

목 적 ✦ 경비사용내역 입력오류 검출에 대한 담당자간 정확성,반복성, 재현성 평가

측정상황 ✦ 재무팀 내 경비처리 담당자가 3명 있으며, 직원들이 입력한 시스템 내 경비사용내역을 주 단위로 집계하여 관리하고 있음.

평가방법

측정 담당자 구분		내용
Part	Part정보	직원들이 입력한 시스템 내 경비사용 내역(템플릿) 중 주 별로 4건씩 단순임의추출(총 16건)
	기타정보	양/불 판정 매우 쉬움(20% 3건), 약간 쉬움(30% 5건) 다소 어려움(30%, 5건), 매우 어려움(20%, 3건)
측정 담당자	대상	재무 팀 내 경비처리 담당자
	담당자	① 홍길동　② 강감찬　③ 손오공
설계		전표의 양불 참값 사전 정함, 2회 반복, Blind Trial(눈가림 시행)

비 고
✦ 경비사용은 계절적 변동이 없고, 월 별로도 빈도에 큰 차이가 없으므로 1개월 발생내역을 장기 데이터로 고려.
✦ '이산형 MSA' 특성상 정확성을 함께 고려해서 평가
✦ 'Part/기타정보'의 분류는 통상적으로 배분되는 비율을 적용.
✦ '쉬움~매우 어려움'의 분류는 전표 종류(입력 난 난이도)를 고려.

[그림 M-33]에서 '이산형 MSA' 경우, Part의 구성에 많은 노력을 기울여야 한다. '연속형 MSA'가 규격 상하한 값 사이의 Part가 고루 분포하도록 추출돼야 하는 것과 같이, '이산형'에서도 판정이 쉬운 것부터 어려운 것까지 각 20~30% 정도의 점유율로 구성돼야 한다. 실제 프로세스에서 측정 구분이 쉬운 것들만 양불 판정하지 않기 때문이다. 또 가능하면 Part 개수도 50개 이상 되도록 구성한다.16) 양불 두 경우만 존재하므로 우연히 한쪽의 빈도가 높게 될 우려가 있기 때문이다. Part에 대해 주의만 요한다면 나머지는 '연속형'과

---

16) 일반적인 가이드는 '0.1×N> 5' 수준을 말하기도 한다.

유사하다.

다음 [그림 M - 34]는 미니탭에 '참값'과 '측정값'을 입력한 뒤 분석을 수행한 결과이다. 'Do'는 결과 값을, 'Check'는 결과 해석 및 '개선 방향'을 각각 나타낸다.

[그림 M - 34] 'Step - 5.1. 측정 시스템 분석(Do/Check)'_이산 자료 예

Step-5. 현 수준 평가
 Step-5.1. 측정 시스템 분석_Do/Check

데이터/그래프

알려진 정보		홍길동		강감찬		손오공	
Part #	참값	반복1	반복2	반복1	반복2	반복1	반복2
1	양	양	양	양	양	양	양
2	양	양	양	양	양	불	불
3	불	불	불	불	불	불	불
4	불	불	불	불	불	불	불
5	불	불	불	양	불	불	불
6	양	양	양	양	양	양	양
7	양	불	불	불	양	양	양
8	양	양	양	양	양	양	양
9	불	양	양	양	양	양	양
10	불	양	양	불	양	양	불
11	양	양	양	양	양	양	양
12	양	양	양	양	양	양	양
13	불	불	불	불	불	불	불
14	불	불	불	양	불	불	불
15	양	양	불	양	양	양	불
16	불	양	불	불	불	양	불

반복성에 있어서는 '강감찬'이 81%로 가장 떨어지고, 정확성은 3명 모두 개선이 필요한 것으로, 특히 <u>재현성은 시급하게 향상시키지 않으면 평가 자체가 무의미할 수 있는 것으로 파악됨</u>. 표준 준수, 작업 환경, 학습 상태 등을 추가 분석 수행해서 보완하는 방향으로 진행.

통계분석

Measurement에 대한 계수형 동일성 분석

평가자 내부
평가자	# 검사됨	# 일치됨	백분율	95% CI
강감찬	16	13	81.25	(54.35, 95.95)
손오공	16	15	93.75	(69.77, 99.84)
홍길동	16	15	93.75	(69.77, 99.84)

각 평가자 대 표준
평가자	# 검사됨	# 일치됨	백분율	95% CI
강감찬	16	11	68.75	(41.34, 88.98)
손오공	16	10	62.50	(35.43, 84.80)
홍길동	16	12	75.00	(47.62, 92.73)

평가 비합치도

평가자	# 양 / 불	백분율	# 불 / 양	백분율	# 혼합	백분율
강감찬	1	12.50	1	12.50	3	18.75
손오공	1	12.50	4	50.00	1	6.25
홍길동	2	25.00	1	12.50	1	6.25

양 / 불: 시행 전반의 평가 = 양 / 표준 = 불.
불 / 양: 시행 전반의 평가 = 불 / 표준 = 양.
혼합: 시행 전반의 평가가 동일합니다.

평가자 사이
# 검사됨	# 일치됨	백분율	95% CI
16	8	50.00	(24.65, 75.35)

모든 평가자 대 표준
# 검사됨	# 일치됨	백분율	95% CI
16	6	37.50	(15.20, 64.57)

[그림 M - 34] 중 미니탭 결과는 '비율'에 대한 것만을 옮겨놓았다. 측정 문제점 확인과 개선 방향 설정에 '비율' 정보면 충분하기 때문이다. '평가자 내부'가 '반복성'을, '각 평가자 대 표준'이 '정확성', '평가자 사이'는 '재현성'을 나타낸다. 맨 끝의 항목인 '모든 평가자 대 표준'이 100%면 다른 모든 항목도 100%가 되는 구조다. 따라서 "모든 평가자 대 표준"의 향상을 목표로 나머지

항목들을 향상시켜 나간다. 앞서 도출된 '개선 방향'에 대해 다음 [그림 M – 35]의 'Act'는 실천에 옮긴 뒤의 재평가 결과이다. 만일 "모든 평가자 대 표준"이 향상되지 않으면 평가자 숙련도나 표준 준수 등 추가 조치가 필요하다.

[그림 M – 35] 'Step – 5.1. 측정 시스템 분석(Act)'_이산 자료 예

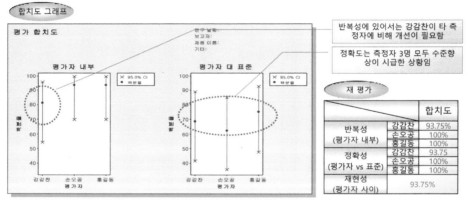

'강감찬'의 반복성이 안 좋은 이유는 <u>구분이 매우 어려운 Part</u>들에 대해서 나타나고 있고, 정확성 역시 판정이 어려운 50%대 Part에서 주로 나타나고 있음. <u>1개월 동안 분류할 수 있는 추가 학습프로그램을 운영</u>하여 능력 향상시킨 뒤 재 평가한 결과, 평가 항목 모두 90%이상 수준을 보임. 100% 달성을 위해 <u>표준류 정비와 판정이 매우 어려운 Part를 중심으로 반복 교육실시 중.</u>

    '이산형 MSA'는 사람이 평가하는 경우가 대부분이므로 측정자의 미숙련 정도나 표준류 관련 사항(개정의 필요성, 표준의 이행 여부 등)의 문제점이 많이 지적된다. 어디를 더 향상시켜야 하는지 분석 자료를 최대한 활용하면 좋은 성과를 낼 수 있다. 다음은 '관리형 MSA'에 대해서 알아보자.

5.1.3. 관리형 MSA(Administrative MSA)

제조나 연구 개발 분야는 '측정 시스템'을 통해 수치 데이터를 항상 다루므로 MSA를 자주 접하는 편이나, 간접이나 서비스 분야는 R&R을 통계적으로 수행하기 어려울 수 있으며, 또 불필요한 작업이 될 수도 있다. 그렇다고 데이터 신뢰도 평가를 할 필요가 없다는 것은 아니다. 왜냐하면 과제 수행은 수치로 측정이 되지 않으면 관리할 수도 개선할 수도 없다는 기본 논리가 지배적이기 때문이다. 주로 접하는 대표적인 데이터들에 설문형 자료나 전산을 통해 자동으로 얻어지는 정보화 데이터, 또는 극히 단순한 '운영적 정의'를 통해 형성된 데이터군 등이 있다.

물론 설문도 '반복성'과 '재현성'을 얻기 위해 설문지를 설계할 수 있으며, 정보화 데이터 역시 R&R 평가가 가능하다. 그러나 MSA를 위한 MSA가 될 가능성을 배제할 수 없다. 그에 반해 '관리형 MSA'는 '반복성'과 '재현성'을 확인하지 않는 대신 데이터의 신뢰성을 간단히 짚어본 뒤 필요할 경우만 문제점을 보완하는 접근법이다. '관리형 MSA'는 통계적 방법에 비해 매우 간단하다. 그렇다고 번거로운 통계적 방법을 피하기 위한 대안으로 사용되거나 데이터 신뢰성 평가가 필요치 않은데도 흐름을 위해 끼워 넣는 용도로 사용돼서는 안 된다.

'관리형 MSA'는 자료의 상태를 파악하기 위해 '평가 기준'을 제시한다. 그리고 '현 수준 평가'에 쓰일 자료의 신뢰성 평가는 바로 '평가 기준'을 통해 점검한다. 참고로 '평가 기준'은 국내 출판 서적 중 '국부론(나수천)'에 양식과 작성 방법이 소개돼 있다. 다음 [그림 M-36]은 '관리형 MSA'를 위한 '평가 기준'을 옮겨놓은 것이다.

[그림 M-36] '관리형 MSA'의 '평가 기준'

데이터 신뢰도 Data Reliability	데이터가 얼마나 사실적이며 객관적인가? How factual and objective is the data?
0 - 완전히 주관적임 1 - 문서화되지 않은 과거의 경험에 근거함 5 - 문자화된 표준,절차서,양식 또는 직접적 관찰 9 - 컴퓨터 DB나 자동계측Sys. 등과 같이 신뢰할만한 출처로 부터 복사	
운영자 신뢰도 Operator Access	동일한 데이터에 서로 다른 수집자가 접근하는가? Do different operators have access to same data?
0 - 데이터는 각각의 수집 자에게 주관적임 1 – 수집 자 고유의 데이터 인식에 근거함 5 - 문서화된 복수의 물리적인 출처 9 - 동일한 출처	
시간 신뢰도 Delay Factor	데이터를 취득함에 있어 리드타임(요청~입수)의 영향을 받는가? Is obtaining the data affected by lead time?
0 - 요청 시 마다 기다린다. 1 - 요청은 주기적으로 처리된다. 5 - 요청은 운영자가 데이터 소스를 통하여 처리된다. 9 - 요청은 즉시 처리된다.	
현장 신뢰도 Resource Availability	데이터의 입수 용이성이 소스가 얼마나 바쁘냐에 따라 영향을 받는가? Is data availability affected by how busy the source is?
0 - 바쁠 때와 한가할 때가 평균 50~100%의 可用 差 발생. 1 - 바쁠 때와 한가할 때가 평균 10~50%의 可用 差 발생.. 5 - 바쁠 때와 한가할 때가 평균 10%미만의 可用 差 발생. 9 - 데이터는 일관되게 아무런 지체 없이 可用함.	

평가 항목은 크게 '데이터 신뢰도', '운영자 신뢰도', '시간 신뢰도', '현장 신뢰도'로 구성돼 있으며, 각각에 대해서는 0, 1, 5, 9로 평가할 수 있는 세부 항목들이 있다. 과제 지표인 'Y'의 '운영적 정의'를 참고해서 항목별로 점수를 부여한다. '데이터 신뢰도'는 데이터가 얼마나 객관성을 띠고 있는가를 나타내며, 예를 들어 측정자가 주관적으로 만드는 수치이면 '0점'이지만, 전산 시스템과 같이 신뢰할 수 있는 출처로부터 얻어지면 '9점'이 되는 식이다. '운영자 신뢰도'는 자료에 얼마나 쉽게 접근할 수 있는가를 평가하는 척도로, 주관적이거나 개인적인 자료이면 타 운영자들이 접근하기가 매우 어려울 것이므로 '0점'이지만, 출처가 접근성이 뛰어난 통합 서버 등의 경우면 '9점'을 부여한다. '시간 신뢰도'는 무엇 때문에 지연이 발생하는지를 평가하는 것으로 대책 없이 마냥 기다리면 '0'점이지만, 데이터 출처와 협의 등을 거쳐 지연 정도가 결

정되면 '5점', 요청 즉시 입수되면 '9점'이다. **'현장 신뢰도'**는 출처가 바쁠 때와 바쁘지 않을 때에 따라 데이터를 얻어낼 수 있는 평균 시간을 평가한다. 즉, 출처가 특정 전산 시스템이고 이를 담당하는 직원에게 얻어야 할 때, 만일 담당직원이 시스템 활용 부하가 월초에 한가하다가 월말에 매우 바쁘게 운영되면 과제 리더는 출처가 바쁘면 못 얻고, 안 바쁘면 얻을 수 있는 구조가 된다. 현장 상황에 따라 수집에 영향을 받을 수밖에 없다. 이때 출처의 바쁜 정도에 영향을 많이 받으면 '0점'을, 전혀 영향 받지 않으면 '9점'을 부여한다.

이해를 돕기 위해 '연구 개발 부문(R&D)'에서 쓰일 만한 다음 [그림 M-37]의 '관리형 MSA' 작성 예를 보자.

[그림 M-37] 'Step-5.1. 측정 시스템 분석'_'관리형 MSA' 작성 예

Step-5. 현 수준 평가
Step-5.1. 측정 시스템 분석_Do/Check/Act

프로세스에서 사용될 모든 지표의 확인 Identify all Metrics to be used in the Process	직접적으로 측정 가능한 척도(산출물의 양상/모습을)를 확인 Identify the Measurement to be collected and the Role or Operator who collects it	데이터 신뢰도 Data Reliability	운영자 신뢰도 Operator Access	시간 신뢰도 Delay Factor	현장 신뢰도 Resource Availability	총 척도 신뢰도 Total Metric Reliability	프로세스 특기사항 Process Note
기반기술 보유 수준	연구개발 담당/ 7점 척도	5	1	5	0	11	인터뷰형태로 수집
정보수집 수준	연구지원 담당/ 5개 항목/ 7점 척도	5	1	5	1	12	인터뷰형태로 수집
데이터 정보화 수준	IT 담당자/ 인프라 수준/ 7점 척도	5	5	9	1	20	메일을 통해 수집
	평 균 (Averages) :	5	2.3	6.3	0.6		

※ Metric(지표) ………… A value calculated by associating multiple measurements. Example: Items processed per day
Measurement(척도) …… An aspect of a product that is directly measurable. Example: Current Time, Length, Weight, Count
Role(역할) ……………… Job Description, function, or responsibility assigned to one or more 'operators'
Operator ……………… Person obtaining the data while performing the designated role

'현장 신뢰도'가 가장 취약하므로, 해당 담당자들이 가장 바쁜 시점을 미리 확인하고, 이 기간을 피해 인터뷰를 할 수 있도록 계획추진. '운영자 신뢰도'는 출처를 단일화하는 것은 의미가 없으므로 현 상태를 유지하되, 본 과제의 취지를 충분히 설명하고 이해를 구하는 쪽으로 방향 설정.

[그림 M-37]에서 과제 지표 'Y(신규 용도개발 수준)'는 3개의 '하위 특성'으로 이뤄져 있다(고 가정한다). 인터뷰와 E-메일 등을 통해 수집되는 관계로 '운영자 신뢰도'와 '현장 신뢰도'가 상대적으로 매우 취약한 것으로 나타났다. 개선 여부를 판단하기 위해 다음 [표 M-11]을 사용한다.

[표 M-11] '측정 시스템 분석(관리형)'용 판단 기준

평가	총 척도 신뢰도	평균
Good	30 이상	7.5 이상
Fair	24~30	6~7.5
Marginal	20~24	5~6

[표 M-11]에 따르면 '관리형 MSA'의 평가로부터 각 하위 특성의 '총 척도 신뢰도'와 각 평가 항목의 '평균'을 이용해 현 자료의 적합성 여부를 판단한다. '총 척도 신뢰도'와 '평균'은 모두 [그림 M-37] 내 값들의 가로와 세로의 '합' 또는 '평균'이다. [표 M-11]의 'Good'은 '긍정적', 'Fair'는 '적정 수준'을, 'Marginal'은 '최소 허용 한계 수준'을 나타낸다.

예를 들어, [그림 M-37]의 평가는 각 '하위 특성'들의 '총 척도 신뢰도'가 모두 '20 이하'로 'Marginal' 수준이며, '평균'도 최댓값이 '6.3'으로 모든 항목들 역시 'Marginal' 수준에 머물러 있다. '최소 허용 한계'에 간신히 들거나 미치지 못하는 상황이다. 따라서 전체적으로 수집한 데이터가 '현 수준'을 평가할 정도의 충분한 신뢰성을 확보치 못한 것으로 판단된다.

다음 [그림 M-38]은 '노래방 매출 올리기'에서의 '관리형 MSA' 작성 예를 보여준다.

Step-5. 현 수준 평가
Step-5.1. 측정 시스템 분석_Do/Check/Act

프로세스에서 사용될 모든 <u>지표</u>의 확인 Identify all <u>Metrics</u> to be used in the Process	직접적으로 측정 가능한 척도(산출물의 양상/모습을)를 확인 Identify the Measurement to be collected and the Role or Operator who collects it	데이터 신뢰도 Data Reliability	운영자 신뢰도 Operator Access	시간 신뢰도 Delay Factor	현장 신뢰도 Resource Availability	종합도 신뢰도 Total Metric Reliability	프로세스 특기사항 Process Note
노래방 시설 만족도	방문 고객/ 5점 척도	1	0	9	9	19	직접 수집
영상 만족도	방문 고객/ 5점 척도	1	0	9	9	19	직접 수집
서비스 만족도	방문 고객/ 5점 척도	1	0	9	9	19	직접 수집
	평 균 (Averages) :	1	0	9	9		

※ Metric(지표) .... A value calculated by associating multiple measurements. Example: Items processed per day
Measurement(척도)...... An aspect of a product that is directly measurable. Example: Current Time, Length, Weight, Count
Role(역할)...............Job Description, function, or responsibility assigned to one or more "operators"
Operator................Person obtaining the data while performing the designated role.

'데이터 신뢰도'와 '운영자 신뢰도'는 방문고객의 당 업소에 대한 과거 경험을 토대로, 그리고 설문 특성 상 출처가 많을 수 밖에 없다는 점을 고려해야 하므로 특별히 개선 대상이 된다고 보기 어려움. 다만 '데이터 신뢰도' 측면에서 본 설문의 취지를 충분히 사전 설명함으로써 객관적인 평가가 이루어는 방향으로 유도할 계획임. '시간 신뢰도'와 '현장 신뢰도'는 원할 때 언제든지 방문 고객을 대상으로 수집이 가능하므로 최고 점수인 '9점'에 해당된다고 볼 수 있음.

[그림 M-38]에서 '*Y*'인 '종합 만족도'를 향상시키기 위해 방문 고객이 솔직하게 현 수준을 답변해주도록 유도하는 것이 매우 중요하다. 따라서 평가 항목들 중 '데이터 신뢰도'를 향상시키기 위해 설문 대상자에게 취지를 충분히 설명하는 등의 개선책 마련이 시급하다(고 가정한다).

여기까지가 데이터 신뢰성 검증 및 작성법에 대한 설명이다. 이어지는 본문부터 Measure Phase의 핵심인 '현 수준 평가'에 대해 알아보자.

'현 수준 평가'는 말 그대로 현재 수준을 알아보는 활동이다. MSA로부터 데이터에 대한 신뢰성이 확보됐으므로 이제부터 프로세스를 대변하는 장기 성향의 데이터를 추출하여 현 수준을 평가하는 일만 남았다. '현 수준 평가'의 대상은 '프로세스'다. 따라서 '프로세스 능력'이 어느 정도 되는가를 알아보는 것이 핵심이다. 통상은 '공정 능력'이란 용어가 맞으나 간접 부문과 서비스 부문을 아우르는 표현을 찾다 보니 '공정'보다는 '프로세스'가 적합할 것 같아 '프로세스 능력'으로 명명하였다.

'프로세스 능력'을 평가할 때 쓰이는 '데이터'의 존재 의미를 곰곰이 생각해 보자. 특정 위치에서 '데이터'를 수집했다고 가정하자. 그 '데이터'는 프로세스의 첫 단위 업무부터 이제 막 '데이터'를 수집한 지점의 단위 업무까지 온갖 산전수전(?)을 다 겪고 나온 결과물이다. 따라서 데이터 수치 하나하나의 의미는 프로세스의 시작부터 끝까지의 여러 시공간 정보를 한껏 품고 있는 데이터베이스와 같은 존재다. 또 '데이터'를 여럿 추출하게 되므로 시시각각 일어나는 프로세스 내에서의 다양한 환경 변화를 여러 관점에서 읽어내는 것도 가능하다.

그러나 데이터 수치가 여러 환경 변화의 변동 정보를 품고 있더라도 동일한 상황 데이터들조차 똑같은 값을 갖진 않는다. 따라서 단일 수치 하나로 전체 프로세스 변동을 확정하는 일은 위험 요소가 너무 크다. 이때 개개 수치가 아닌 값들을 한데 묶어 하나의 대푯값으로 표현하면 현상의 이해도가 높아질뿐더러 프로세스 관리 능력을 제3자와 협의하기도 수월해진다. 이와 같이 수치 데이터를 한데 묶어 하나의 대푯값으로 표현하는 활동을 '프로세스 능력 평가'라 하고 다음 [그림 M-39]와 같은 도구들이 쓰인다.

[그림 M-39] '프로세스 능력 평가'를 위한 도구 분류표

　전통적으로 활용 빈도가 높은 값들 중 '프로세스 능력 지수(Process Capability Index)'가 있다. 이들은 잘 알려진 'Cp(공정 능력)', 'Cpk', 'Cpm' 이 포함된다. 'Cp'는 값이 클수록 프로세스 관리 능력이 뛰어난 것으로 판단하며, 'Cpk'는 치우침을 고려한 경우에, 또 'Cpm'은 규격 중앙값과 목표 값이 차이 날 때 적용하는 지수들이다. 최근에는 '시그마 수준'으로 대푯값을 나타내므로 데이터 유형에 따라 '연속 자료', '이산 자료'로 구분하여 프로세스 능력을 '시그마 수준'화한다. 그 외에 과제 수행 범위가 확대되면서 나타나는 각종 유형의 '시그마 수준' 산출 방법들이 있다. 이어지는 본문은 [그림 M-39]의 분류표에서 '★'를 중심으로 전개될 것이며, 각각의 사례는 파워포인트 장표로 작성하여 실전에 활용토록 제공하고 있다.

5.2.1. 프로세스 능력 지수(Process Capability Index) – Cp, Cpk, Cpm

생산에서 가장 많이 쓰는 용어 중에 '공정 능력'이 있다. 영어로는 "Process Capability"이며, 수식은 '$6\hat{\sigma}$(또는 6s)'이다. '^'는 '모자' 모양이므로 'hat'로 읽는다. 's'는 '표본 표준 편차'이다. '모 표준 편차'를 표본 데이터로부터 추정한 양이다. '공정 능력'에 '지수(Index)'가 붙으면 '공정 능력 지수'가 되며 여기엔 잘 알려진 Cp, Cpk, Cpm 등이 포함된다. 현재 사용되는 '시그마 수준'과 비교할 때 그 이전까지 주요 척도로 사용돼 왔으므로 '전통적'을 붙여 "전통적 프로세스 능력 지수(Traditional Process Capability Index)"로 불린다. 그러나 서비스 부문 등 모든 분야를 포괄하는 의미로 이후부터 '공정'은 '프로세스'로 대체한다. 따라서 '공정 능력 → 프로세스 능력'으로 불릴 것이다.

'프로세스 능력 지수'는 필자가 처음 3일간의 학습을 받으면서 수식을 이해 못해 이후 모든 학습까지 정떨어지게 만들었던 장본인이기도 하다. 잘 이해도 안 될뿐더러 교육 후 시험 평가에서 프로세스 능력 문제는 모두 틀렸을 정도로 난해하게 여겼던 기억이 난다. 왜 그랬을까? 이유를 따져보면 연구 개발 업무에 크게 활용될 가능성이 적다고 판단돼 관심을 덜 가진 측면도 있지만 일단 산식에 너무 몰두하다 보니 기본 작동 원리를 파악하지 못한 것으로 기억된다. 평가만을 염두에 둔 수식 암기의 결과였다.

'프로세스 능력 지수'에서 가장 기본적인 것이 'Cp'다. 'Capability of Process', 즉 '프로세스 능력'을 나타내는 대표적인 척도다. 태생 자체가 생산 프로세스로부터 기인했으므로 '평균'과 '산포'가 모두 존재하는 '연속 자료'가 필요하다. 계산식과 원리를 설명하는 관계 분포도는 다음 [그림 M－40]과 같다('정규 분포' 기준).

$$\text{Cp} = \frac{\text{Tolerance}}{6 \cdot \text{s}} = \frac{\text{USL} - \text{LSL}}{6 \cdot \text{s}}$$

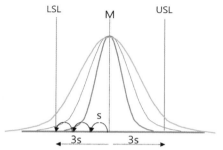

※ M ....규격 중심(Middle of the tolerance)
　 s .... 표본 표준편차(Standard deviation of samples)
　LSL...... 규격 하한(Lower specification limit)
　USL...... 규격 상한(Upper specification limit)

　　[그림 M－40]에서 '공차(Tolerance)'는 상/하한 규격 사이의 거리이다. 즉 '규격 상한(USL) − 규격 하한(LSL)'이다. 규격은 고객의 요구가 바뀌지 않는 한 불변이므로 산식의 분자는 고정 값이다. 또 분모에서 '6'도 상수이므로 결국 '프로세스 능력'은 표본의 '표준 편차'인 's(또는 $\hat{\sigma}$)'에 좌우된다.

　　[그림 M－40]의 분포도를 보자. 세 개의 '정규 분포'들 중 맨 안쪽 '정규 분포'는 산포가 상대적으로 작으며, 산포가 작다는 것은 값들이 일관되게 유지되고 있음을 나타내므로 규격 밖으로 벗어나는 양도 거의 없다. 반대로 가운데 '정규 분포'는 산포가 약간 증가됐으며 이에 따라 규격 밖으로 벗어나는 양도 첫 번째 분포와 비교해 증가한다. 만일 프로세스 관리 문제로 산포가 점점 증가해 세 번째 분포가 되고, 분포 '표준 편차'의 딱 3배 되는 거리에 규격이 놓였다고 가정해보자. 중심 'M'을 기준으로 좌/우측 길이는 총 '6s'가 되며 산식에 따라 'Cp'는 '1'이다. 공차와 동일한 폭이기 때문이다.

[그림 M-40]의 세 번째(바깥쪽) 분포처럼 한쪽 규격까지 '표준 편차'로 최대 3배까지 허용하도록 프로세스를 관리할 경우가 '3시그마 패러다임' 개념이다. 즉, 프로세스 관리 능력이 아무리 안 좋아도 '표준 편차'의 3배 되는 거리가 규격에 딱 일치할 때를 한계로 본다는 얘기다. 그 이상으로 '표준 편차'가 커지면 분자인 '공차'는 여전히 고정인 반면, 분모인 '6s'는 '공차'보다 큰 값이 돼 결국 'Cp'는 '1' 이하가 된다. 통상 'Cp'가 1 이하면 '찡그림', '1'이면 '보통', '1.33' 이상이면 '웃음' 그림으로 표현한다.

그런데 'Cp'의 산식에 한 가지 의문점이 생긴다. 분포란 '평균'과 '표준 편차'가 동시에 관리되기 마련인데 산식에는 '표준 편차'만이 변수로 있을 뿐, '평균'의 변화를 감지할 아무런 정보도 없다. '표준 편차'는 대단히 좋아도 '평균'이 규격 중심에서 벗어날 경우 'Cp'는 어떻게 될까?

[그림 M-41] 'C_p'에 추가로 중심 이동 고려(Cpk)

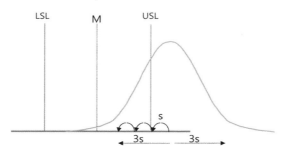

[그림 M-41]처럼 프로세스 관리에 문제가 생겨 '정규 분포'의 평균이 오른쪽으로 크게 이동했다고 가정하자([그림 M-40]의 세 번째 분포). 이때 'Cp'를 계산하면 얼마가 나올까? '표준 편차'는 이전과 동일하므로 'Cp' 산식에는 아무런 변동 사항이 없고 따라서 이전과 동일한 '1'이다. 'Cp'만 관리하

면 프로세스의 평균 이동에 아무런 정보도 얻지 못할뿐더러 "별문제가 없군!" 하고 외면해버릴 수 있다. 결국 '평균 이동'을 감지할 산식의 보완이 필요하며, 이것이 'Cpk'다.

'Cpk'에 대한 일화가 있다. 약어로 표현된 영문 표기를 보면 어느 단어들을 줄여 쓴 말일까 하고 의구심을 가져보곤 한다. 필자가 'Cpk'를 처음 접했을 때도 그랬다. 특히 'k'가 문제가 되었다. 인터넷이 발달한 당시에도 'www' 서핑은 적어도 최소한의 노력이다. 그런데 아무리 뒤져봐도 관련 정보를 찾지 못했다. 모든 이가 그냥 그러려니 하는 모양인데 의구심만 더 커졌다. 주변 산업공학을 전공한 동료들에게 물어봐도 하나같이 "글쎄올시다"의 답변뿐이다. 참 이상한 경우라고 생각했다. 서점의 통계 관련 서적을 뒤져봐도 이에 대한 언급이 전혀 없었고 급기야 모 대학 산업공학 교수께 무안스럽게도 질문을 던지기에 이르렀다. 미국서 학위를 마친 분이라 출처만큼은 얻어낼 수 있으리라 조심스레 기대도 해보았다. 그러나 답변은 "글쎄요"였다. 필자도 얼굴이 조금 빨개졌다. 뭘 이런 걸 다 물어보았나 싶어서…. 이후 10여 년이 흘렀고, 당시의 그 열정(?)도 식어버린 지 오래되었다. 그러나 본문을 써 내려가면서 다시 알고 싶은 호기심이 발동했다. 인터넷 세상도 많이 업그레이드됐을 터라 지식 검색을 수행한 결과 아! 필자와 똑같은 의문을 가진 사람이 존재하고 있다니! 너무나 기뻤다. 그러면 그렇지, 출처가 없는데 아무렴 궁금해하지 않을 사람이 단 한 명도 없다니 말도 안 되는 터였다. 출처는 필자가 용어 정의에 자주 활용했던 인터넷 바로 그 사이트 'www.isixsigma.com'의 회원 간 질의응답 코너에 포함돼 있었다. 물론 정확한 답인지는 아직도 의문이긴 하나 가장 신빙성 있는 것 같아 본문에 소개하고자 한다. 혹 의문을 가질 리더들을 위하여!

필자는 이 정도 수준에 매우 만족한다. 기원 내용은 독자 여러분들 각자의
판단에 맡긴다. 다음 [그림 M-42]는 'Cpk'의 산식과 그와 관계된 개념도를
나타낸 것이다.

[그림 M-42] 'C_{pk}' 계산식과 개념도

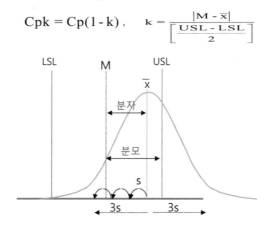

$$\text{Cpk} = \text{Cp}(1 - \text{k}), \quad \text{k} = \frac{|\text{M} - \bar{\text{x}}|}{\left[\dfrac{\text{USL} - \text{LSL}}{2}\right]}$$

산식을 보면 'Cp'가 'k'라는 추가된 변수를 통해 보정되고 있음을 알 수 있
다. 'k' 산식을 보면 분모는 변하지 않는 상수이고, 공차의 중심인 'M'도 상수
이다. 따라서 변수는 '표본 평균($\bar{x}$)'밖에 없다. 개념도에서 분포 '평균'의 이동

은 공차 규격을 중심으로 왼쪽이든 오른쪽이든 한쪽으로 발생할 것이므로 '공차의 1/2 대비 벗어난 양'으로 정의한다. 또 'k'의 '분자'는 절댓값으로 항상 양의 값이며, '규격 중심'으로부터 '평균'이 이동한 크기를 나타낸다('Cpk'는 이동한 쪽의 값으로 계산). 만일 'M'과 '표본 평균'이 일치하면, 'k' 산식의 분자가 '0'이 되므로 'k'는 '0'이 되고, 이때 'Cpk'는 다음과 같다.

$$C_{pk} = C_p(1-0) = C_p \qquad \text{(M.3)}$$

'분포 중심'이 '규격 중심'과 딱 일치하는 상황이다. 즉, 분포의 이동이 없으므로, 'Cp'의 산식과 정확히 일치한다. 만일 분포가 이동해 'k' 값이 '0.3'이 될 경우, Cpk는 다음으로 계산된다.

$$C_{pk} = C_p(1-0.3) = 0.7\,C_p \qquad \text{(M.4)}$$

(M.4)는 순전히 '평균' 이동으로 나타나는 프로세스 능력의 저하로, 만일 '평균'을 '규격 중심'으로 옮기면 '프로세스 능력'을 '30%' 정도 향상시키는 개선 효과를 거둘 수 있다. 'Cp'와 'Cpk'에 대해 개념이 잡혔다면 좀 더 색다른 경우의 능력에 대해서도 알아보자. 만일 목표로 하는 평균값이 규격 중심과 일치하지 않는 경우 예를 들어 별도의 목표 값(T: Target)이 있다면, 이때 프로세스 능력은 어떻게 산정할까? 드문 경우이긴 하나 쓰임새가 있어 본문에 실었다. 이때 적용되는 프로세스 능력을 'Cpm'이라고 한다. 'Cpm'의 일반식은 다음 [그림 M-43]과 같다.

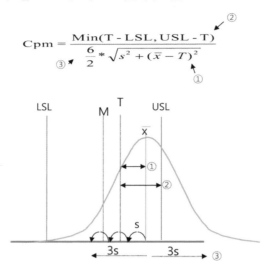

[그림 M‒43] 'Cpm' 계산식과 개념도

$$Cpm = \frac{Min(T - LSL, USL - T)}{\frac{6}{2} * \sqrt{s^2 + (\overline{x} - T)^2}}$$

[그림 M‒43]은 [그림 M‒42]에 'T'가 하나 추가되고 다소 복잡한 양상을 보이나 산식의 분자는 상수이며, 이 '상수 값'과 '분모(표본의 평균과 산포를 고려한 변수)'의 비로부터 'C_{pm}'이 얻어진다. 목표 'T'와 '표본 평균'의 차가 클수록, 또 산포가 클수록 'Cpm' 분모가 커지므로 프로세스 능력은 떨어진다. 산식 중 분모의 '6/2'은 분포의 반쪽만 고려한다는 의미다. 분자도 목표 값을 중심으로 최소가 되는 반쪽만 고려한다.

한쪽 규격이나 다른 상황들에 대한 산식은 미니탭의 「통계 분석(S)>품질 도구(Q)>공정 능력 분석(A)>정규 분포(N)···>옵션(P)···」에 들어가 '도움말/참고 항목/방법 및 공식'에 가면 '프로세스 능력 지수'들에 대한 일반 산식들을 접할 수 있으니 참고하기 바란다. 실전 능력 배양을 위해 지금까지 알아본 '프로세스 능력 지수'들에 대해 미니탭과 연산을 통해 확인해보도록 하자. 우선 데이터가 필요하므로 미니탭을 열고 「계산(C)>랜덤 데이터(R)>정규 분포(N)…
」에서 '평균=10', '표준 편차=1'인 실습 데이터 50개를 만든다. 결과는 다음
[그림 M-44]와 같다(규격 9±2.0).

[그림 M-44] '정규 분포' 랜덤 데이터 생성('평균=10', '표준 편차=1')

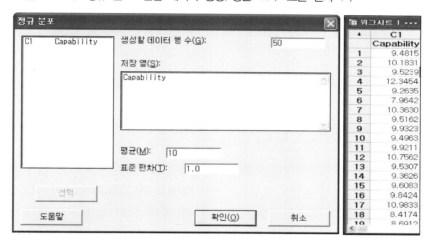

[그림 M-44]로부터 'Capability' 이름을 갖는 열이 워크 시트에 생성되었
다. '랜덤 데이터'이므로 이후 과정은 독자들의 결과 값과 조금씩 다르다는 점
주의하기 바란다.
　이해를 돕기 위해 '프로세스 능력 지수'들을 통계 패키지로 먼저 얻은 뒤
산식을 통해 직접 계산한 결과와 비교해보자. '프로세스 능력 지수'를 얻기 위
해 미니탭의 「통계 분석(S)>품질 도구(Q)>공정 능력 분석(A)>정규 분포(N)…」
에 들어가 다음 [그림 M-45]와 같이 설정한다.

[그림 M-45] 미니탭 '프로세스 능력' 평가 입력 예

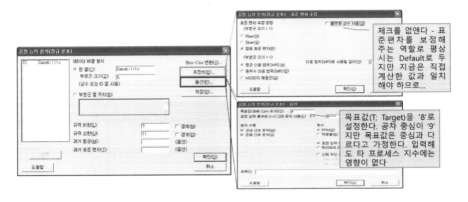

　　[그림 M-45]의 '대화 상자'에서 '부분군 크기'는 1회에 5개씩 추출한 것으로 가정해 '5'를 입력하였다. '　추정치(E)...　' 버튼을 누르면 '표준 편차 추정'을 위한 '대화 상자'가 나오며 "불편화 상수 사용(U)"에 Default로 체크돼 있다. '모 표준 편차'를 추정할 때 '부분군 크기'에 따른 산식 보정 기능이다. 예를 들어 부분군 크기를 '5'로 정했으므로 미니탭은 '표준 편차' 계산 때 '표본 크기=5개'에 준한 특정 상수 값을 산식에 반영한다. 직접 계산된 '프로세스 능력 지수'와 비교해야 하므로 보정해서 나온 '표준 편차'는 잠시 접어둔다. 단, 평상시 '프로세스 능력' 측정 때는 체크된 상태로 둔다.

　　또 '　옵션(P)...　' 버튼은 '옵션 대화 상자'가 나오며, [그림 M-45]와 같이 "목표 값(표에 Cpm 추가)(T):"에 '8'을 입력한다. '표본 평균'의 '목표'가 규격 중심인 '9'가 아니라 '8'임을 임의로 설정한 것이다. 다음 [그림 M-46]은 [그림 M-45]를 실행한 미니탭 결과이다(버전에 따라 결과 그래프 외형에 약간씩 차이가 있으나 해석은 동일함).

[그림 M-46] '프로세스 능력' 평가 결과

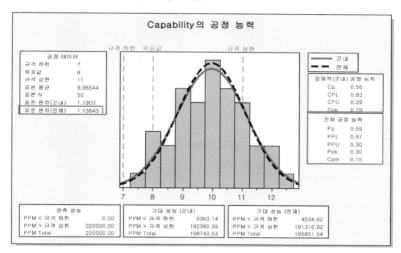

[그림 M-46]에서 표본 50개에 대한 '표본 표준 편차'는 좌상의 굵은 사각형으로 표시된 영역에 있고, 이 값을 이용해 산정된 '프로세스 능력 지수'들이 우측 굵은 사각형 안에 나타나 있다. 그런데 왜 'C_p, C_{pk}'가 아닌 'P_p, P_{pk}'일까? 미니탭에서 '표준 편차'를 '표준 편차(군내)'와 '표준 편차(전체)' 두 개로 계산하는데, '표준 편차(군내)'는 부분군 크기를 고려해 얻지만 '표준 편차(전체)'는 전체 데이터의 '표준 편차'이다. 이 '표준 편차(전체)'로부터 얻어진 '프로세스 능력 지수'들이 오른쪽 굵은 사각형으로 표시된 것들에 해당된다. 반면, 'C_p', 'C_{pk}' 등은 '표준 편차(군내)'로 계산된 결과이며 부분군 내의 편차만을 고려하므로 현재 고려 대상은 아니다. 다시 정리하면 논하고자 하는 'C_p', 'C_{pk}(미니탭의 'C_p', 'C_{pk}'가 아님)'는 미니탭 결과 그래프 중 'P_p', 'P_{pk}'에 대응함을 명심하자. 본문에서 지금까지 논의해온 'C_p', 'C_{pk}'와 미니탭의 'P_p', 'P_{pk}'의 '표준 편차' 산출 식은 동일하다. 추가 설명은 「5.2.2. 프로세스

능력(연속 자료) - 정규성」에서 다루고 있다. 이제부터 직접 계산한 값과 미니탭 결과를 비교해보자.

① C_p

$$C_p = \frac{USL - LSL}{6s} = \frac{11 - 7}{6 \times 1.13643} = \frac{4}{6.81858} \qquad \text{(M.5)}$$
$$= 0.586632$$

[그림 M - 46]의 미니탭 결과 그래프에서 '$P_p = 0.59$'와 일치한다.

② C_{pk}

먼저 'k'를 구하면,

$$k = \frac{\left| M - \overline{x} \right|}{\left[\dfrac{USL - LSL}{2} \right]} = \frac{9 - 9.96544}{\dfrac{11 - 7}{2}} = \frac{0.96544}{2} = 0.48272 \qquad \text{(M.6)}$$

$$C_{pk} = C_p(1 - k) = 0.586632 \times (1 - 0.48272)$$
$$= 0.30345$$

[그림 M - 46]의 미니탭 결과 그래프에서 '$P_{pk} = 0.30$'과 일치한다.

③ C_{pm}

$$C_{pm} = \frac{Min(T - LSL, USL - T)}{6/2\sqrt{s^2 + (\overline{x} - T)^2}} = \frac{Min(8 - 7, 11 - 8)}{6/2\sqrt{1.13643^2 + (9.96544 - 8)^2}} \qquad \text{(M.7)}$$
$$= \frac{1}{3 \times 2.270341} = 0.146821$$

[그림 M - 46]의 미니탭 결과 그래프에서 '$C_{pm} = 0.15$'와 일치한다.

참고로 '프로세스 능력 지수'의 관리적 측면을 고려할 때 우선적으로 '$C_p - C_{pk} \leq 0.33$'이 될 수 있도록 조치할 필요가 있다. 이해를 돕기 위해 왼쪽 항을 풀어 쓰고 정리하면 다음과 같다.

$$
\begin{aligned}
C_p - C_{pk} &= C_p - C_p \times (1 - k) = C_p - C_p + C_p \times k \qquad \text{(M.8)} \\
&= \frac{(USL - LSL)}{6s} \times \frac{|M - \overline{x}|}{\left[\dfrac{USL - LSL}{2}\right]} \\
&= \frac{(USL - LSL)}{6s} \times \frac{2|M - \overline{x}|}{(USL - LSL)} \\
&= \frac{|M - \overline{x}|}{3s} \leq 0.33
\end{aligned}
$$

최종 표시된 부등식을 정리하면 다음과 같다.

$$
|M - \overline{x}| \leq 1 \cdot s \qquad \text{(M.9)}
$$

부등식을 해석하면, 프로세스에서의 '평균'은 '규격 중심(M)'으로부터 '±1표준 편차' 이내에 들어오도록 관리돼야 한다. '평균'이 그 이상 벗어나면 중심치 이탈이 크게 발생한 것으로 간주한다. 식 (M.9)에 따라 우선 '평균'의 관리 수준을 높인 후, '산포' 개선 쪽으로 눈을 돌린다. 참고로 [그림 M‑46]의 미니탭 예에서 '$Cp - Cpk = 0.59 - 0.3 = 0.29 \leq 0.33$(단, C_p, C_{pk}는 미니탭 결과의 P_p, P_{pk}에 대응됨을 알아야 한다)'이므로 특별한 사유가 없는 한 '평균'보다 '산포'를 줄이는 쪽에 노력을 기울여야 한다(고 가정한다).

'전통적 프로세스 능력 지수'는 이 정도에서 정리한다. 다음은 '연속 자료'와 '이산 자료'로 구분하여 다양한 '프로세스 능력(시그마 수준)'의 평가와 파워포인트 작성례에 대해 알아보자.

5.2.2. 프로세스 능력(연속 자료) – 정규성인 경우

과제 지표 ‘*Y*’가 ‘연속 자료’면 ‘운영적 정의’에서 이미 ‘망목’, ‘망대’, ‘망소’ 중 하나로 분류된다는 점과, ‘성과 표준’은 ‘USL/LSL’, ‘LSL’, ‘USL’에 각각 대응해 정해짐을 설명한 바 있다(「Step – 4.3. 성과 표준(Performance Standard)」). 따라서 ‘프로세스 능력’을 평가하기 위해 수집한 데이터가 ‘정규성’을 보이면 리더 여러분들이 잘 알고 있는 바와 같이 미니탭을 이용해 간단히 ‘시그마 수준’을 산출할 수 있다.

이해를 돕기 위해 미니탭에서 제공되는 기본 파일인 ‘케이블.mtw’를 이용해 ‘프로세스 능력’을 분석하고 ‘개선 방향’을 제시해보도록 하자. 대부분의 리더들은 본 과정을 기본적으로 이해하고 있을 것이므로 본문에선 이론적 배경과 분석적 접근에 주안점을 두고 있다.

예제 파일인 ‘케이블. mtw’의 상황 설명은 미니탭 내 「통계 분석(**S**)>품질 도구(**Q**)>공정 능력 분석(**A**)>정규 분포(**N**)…」의 ‘대화 상자’로 들어가 ‘도움말’ 버튼을 누른 뒤, ‘예제/정규 확률 모형’을 선택하면 자세히 기술돼 있다. ‘규격’은 ‘망목 특성’으로 ‘0.55±0.05㎝’이며, 표본은 한 번에 ‘5개씩’ 추출됐으므로, ‘부분군 크기(**Z**)’는 ‘5’이다. [그림 M – 45] 때와 동일하게 세부 내용들을 ‘대화 상자’에서 어떻게 입력하는지 다음 [그림 M – 47]을 통해 정확히 학습하기 바란다.

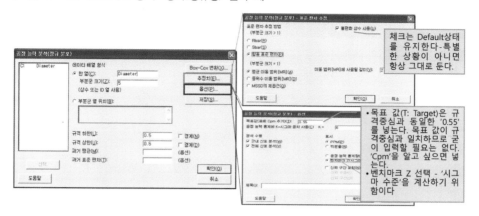

[그림 M－47] '프로세스 능력' 평가(정규성) 입력 예

　[그림 M－47]에서 '대화 상자'에 해당 정보를 입력하거나 선택한다. 즉 버튼 '　추정치(E)...　'에서 '불편화 상수 사용(U)'은 Default 상태(체크)를 유지한다('표본 크기'별 상수는 'd_2'라고 하며, www.minitab.com으로 들어가 "Unbiasing constants"로 검색한다. 참고로 본 예에서 '표본 크기=5'인 경우의 '$d_2 = 2.326$'이다).

　버튼 '　옵션(P)...　'에서 '목표 값(표에 Cpm 추가)(T)'에는 규격 중심인 '0.55'를 입력한다. 목표 값과 규격 중심이 일치하므로 넣을 필요는 없으나 결과 그래프에 'Cpm'이 출력하도록 하기 위해 입력하였다. '대화 상자' 아래에 '프로세스 능력'을 '시그마 수준'으로 나타내기 위해 '벤치마크 Z(시그마 수준)'을 선택한다. '확인(O)'를 누르면 '프로세스 능력'이 각종 정보와 함께 나타난다. 결과 그래프와 함께 '현 수준 평가'를 위한 '파워포인트' 장표를 구성하면 다음 [그림 M－48]과 같다.

[그림 M-48] 'Step-5.2. 현 프로세스 능력 평가' 예(연속 자료_정규성)

Step-5. 현 수준 평가
Step-5.2. 현 프로세스 능력 평가

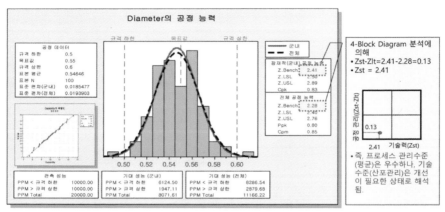

- Zst = 2.28 +1.5 = 3.78 시그마 수준
- Pp-Ppk=0.86-0.8=0.06≤0.33 이므로 규격중심에서의 벗어남은 크지 않은 것으로 판단된다. 앞으로 과제수행 은 산포를 줄이는 방향으로 진행할 예정임.

[그림 M-48]의 왼쪽에 '정규성 검정 그래프'를 포함시켰다. 잘 안 보이나 p-값이 '0.961'이므로 '정규 분포'한다. 미니탭에서 제공한 '케이블.mtw' 데이터들이 장기적인 프로세스 변동을 대변하는 것으로 간주하면 계산된 '시그마 수준'에 '1.5'를 더한다. '시그마 수준'은 '단기'로 얘기하기 때문이다. '1.5 Shift'에 대해서는 『Be the Solver_빠른 해결 방법론』편을 참고하기 바란다. '시그마 수준'은 '3.78'로 썩 좋은 편은 아니다. 과제 지도 때 '1.5'를 더하도록 하지만 실질적인 개선은 더하기 전인 '2.28' 그대로를 활용토록 제안하곤 한다. '1.5'를 더한 '시그마 수준'은 숫자가 그만큼 커져 제3자에게 보고할 때 능력이 좋게 보이는 착시 현상을 일으키기 때문이다.

'장기 시그마 수준=2.28'이 별로 높지 않으므로 '평균'의 문제인지, '산포'의 문제인지를 가려볼 필요가 있다.

'평균'에 대해서는 식 (M.8)에 따라 '$P_p - P_{pk} = 0.06 \leq 0.33$'이므로 규격 중심에서 크게 벗어난 것 같지는 않다. 실제로 목표 값은 '0.55'이고, '표본 평균'은 '0.54646'으로 거의 차이가 없음을 그래프로부터 확인할 수 있다. 따라서 '시그마 수준'이 낮은 이유가 적어도 '관리적인 문제'는 아니라는 것을 알 수 있다. 일반적으로 '평균'이 벗어나는 문제는 프로세스의 '관리적인 측면'이, '산포'가 커지는 문제는 '기술적인 측면'이 취약하다고 해석한다. '산포'를 줄이는 일은 데이터의 흔들림(변동)에 영향을 주는 프로세스 내 '잡음 인자'들을 찾아야 하고, 그러려면 광범위한 공학적 지식이나 프로세스 관리 경험, 투자 등이 필요해 '평균' 개선보다 난이도가 높은 편이다.

[그림 M-48]의 결과를 이용해 다음 [그림 M-49]와 같은 일명 '4-Block Diagram'을 작성할 수 있으며 현 '프로세스 진단'에 이용한다.

[그림 M-49] 프로세스 진단을 위한 '4-Block Diagram'

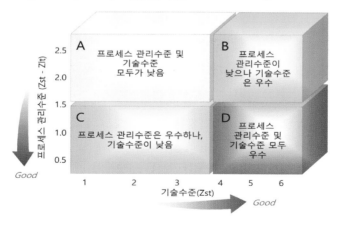

[그림 M‐49]의 다이어그램을 잘 활용하기 위해서는 '프로세스 능력' 결과 그래프([그림 M‐48])에서 '잠재적(군내) 공정 능력'의 'Z. Bench=2.41'과, '전체 공정 능력'의 'Z. Bench=2.28'의 계산 배경을 알아야 한다. 우선 'y‐축'은 '$Z_{st} - Z_{lt} = 2.41 - 2.28 = 0.13$'이므로 거의 아래쪽에 근접한 수준이고, '$x$‐축'은 '$Z_{st} = 2.41$'이므로 좌하 구간의 중간쯤이다. 따라서 두 축 점이 만나는 공간은 좌하인 'C'가 되며, 현 프로세스 상황은 "프로세스 관리 수준은 우수하나, 기술 수준이 낮은 상태"임을 알 수 있다. 이전과 동일하게 '산포의 문제'를 지적하고 있다(참고로 'Z_{st}'을 '표본 평균'이 '규격 중심'에 있는 것으로 가정하고 산정하는 경우도 있다). 내용 이해를 위해 이론에 대해 알아보자.

우선 '단기 능력', '장기 능력', '잠재적(군내)', '전체' 등과 같이 마구잡이로 쓰이는 용어들에 대한 학습이 필요하다. 계산의 가장 근간을 이루는 대상은 바로 '표준 편차'다. 미니탭은 '프로세스 능력'을 계산할 때 제시한 데이터로부터 두 개의 '표준 편차'를 산출하는데 그들은 각각 '표준 편차(군내)'와 '표준 편차(전체)'였다. 영문으로는 'StDev(Within)'과 'StDev(Overall)'이다.

두 '표준 편차'의 구분은 데이터 수집에서 비롯된다. '케이블.mtw'의 예에서 '부분군 크기'가 '5'이므로 일정 간격을 두고 '5개'씩 계속 추출하는 상황을 떠올린다. '일정 간격'이란 장기적인 성향을 고려할 때 계절적 변동이 있는 경우 매달 한 번씩부터 수회까지, 계절적 또는 월별 차이가 없으면 극단적이긴 하나 하루에 한 번씩 표집이 이뤄질 수도 있다.

자료가 수집됐으면 '표준 편차'를 구해보자. '표준 편차(전체)'는 잘 알려진 늘 구하는 방식으로 산정된 '표준 편차'이다. 따라서 '표준 편차(군내)'에 대해서만 설명을 이어나가 보자. 다음 [표 M‐12]는 '표준 편차(군내)'를 계산하는 과정을 단계적으로 나타낸 것이다.

부분군	데이터	(부분군)평균	(데이터-평균)²	Σ(데이터-평균)³	표준편차(군내)
1	0.529		0.00032	0.027	0.018490
	0.55		0.00001		
	0.555	0.5468	0.00007		
	0.541		0.00003		
	0.559		0.00015		
2	0.543		0.00023		
	0.557		0.00000		
	0.559	0.5582	0.00000		
	0.581		0.00052		
	0.551		0.00005		
3	0.493		0.00109		
	0.534		0.00006		
	0.527	0.526	0.00000		
	0.511		0.00023		
	0.565		0.00152		
4	0.559		0.00022		
	0.519		0.00064		
	0.562	0.5442	0.00032		
	0.551		0.00005		
	0.53		0.00020		
5	0.545		0.00030		
	0.588		0.00067		
	0.544	0.5622	0.00033		
	0.561		0.00000		
	0.573		0.00012		

$$표준\ 편차(군내) =$$

$$\sqrt{\frac{\sum(데이터 - 평균)^2}{N_{부분군} * (n_{표본크기} - 1)}}$$

$$= \sqrt{\frac{0.02735}{20 * (5 - 1)}}$$

$$= 0.01849$$

[표 M − 12]에서 첫 열은 '부분군 수'이다. 데이터가 전체 100개이므로 5개씩 추출하면 '부분군 수'는 총 '20개'이다. 데이터는 시각화를 위해 5개씩 색으로 묶어 표현하였다. 세 번째 열 '(부분군)평균'은 각 부분군의 평균을 구한 것이다. 네 번째 열 '(데이터 − 평균)²'은 글자 그대로 '데이터와 평균의 차의 제곱'을 계산한 결과다. 이들 합을 '전체 개수(각 부분군은 자유도가 4이고, 부분군이 20개이므로 4×20＝80개의 데이터가 있는 것으로 간주)'로 나누면 '분산(군내)'이 되며, 다시 제곱근을 씌우면 '표준 편차(군내)'를 얻는다. 결과를 확인하기 위해 다시 '프로세스 능력'을 얻어보았다. 단, '대화 상자' 내 버튼 ' 추정치(E)... '의 '불편화 상수 사용(U)'을 '체크'해서는 안 된다. '보정 상수'가 들어가면 계산 결과와 약간 차이 나기 때문이다. 다음 [그림 M − 50]에서 '표준 편차(군내)'와 [표 M − 12]의 결과가 서로 일치한다.

[그림 M-50] '프로세스 능력' 평가(정규성)_'표준 편차(군내)' 산정

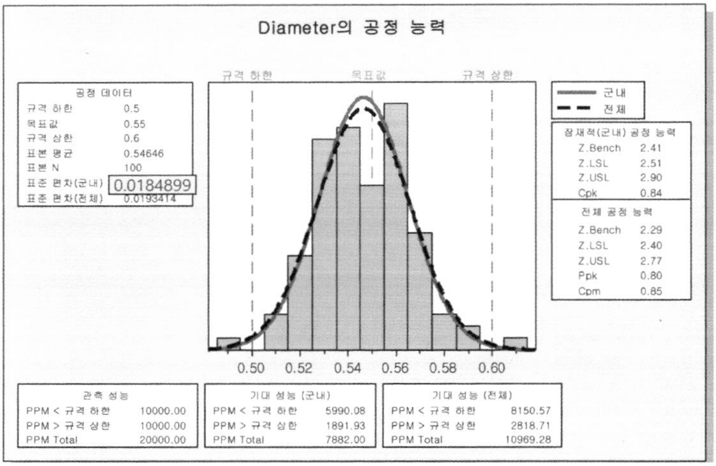

'표준 편차(군내)'와 '표준 편차(전체)'의 물리적 의미에 대해 생각해보자. 각 부분군 내 '5개'는 거의 동일한 시점에 추출됐으므로 큰 이변이 없는 한 그들의 값 차이는 매우 작다. 물론 주변 잡음이 최소화되도록 사전 계획하에 추출됐음을 전제한다. 이 같은 부분군을 '합리적 부분군(Rational Subgroup)'이라고 한 바 있다. '합리적 부분군'을 계속해서 추출해가면 그들의 '평균'은 어떻게 변할까? 원칙적으로 차이들이 없도록 추출했으므로 각 부분군 내의 범위(Range: 최댓값 – 최솟값)는 아주 작은 반면, 각 부분군 간 '평균'은 관리 상태에 따라 들쭉날쭉할 가능성이 높다. 특히 장기간 이런 방법으로 데이터를 추출하면 '평균' 간 차이가 생긴다는 것을 쉽게 알 수 있다.

[표 M-12]의 '(부분군)평균' 열을 보면 값들은 '0.52~0.56'의 분포를 보이며, '표준 편차(군내)'는 순전히 각 부분군 내 편차들만 모아서 계산됐음을 알 수 있다. 표본을 추출할 당시부터 주변 잡음이 최소가 되도록 뽑았으므로 '표

준 편차(군내)' 역시 매우 작을 것으로 예상되지만 이 역시 현 프로세스에서 형성된 '표준 편차'이다. 따라서 '표준 편차(군내)'로 '프로세스 능력 지수'나 '시그마 수준'을 산출하면 외부 영향을 배제한 최대의 능력이므로 '잠재적인'이 란 수식어가 붙는다.

반면에 '표준 편차(전체)'는 데이터 전체를 포함시켜 늘 구하는 방식으로 구한 '표준 편차'이다. 산식은 다음과 같다.

$$표준 편차(전체) = \sqrt{\frac{\sum_{i=1}^{n}\left(x_i - \overline{\overline{x}}\right)^2}{n-1}} \qquad \text{(M.10)}$$

식 (M.10)을 이용해 구한 '표준 편차'는 부분군 간 들쭉날쭉한 평균 모두를 포함하므로 '표준 편차(군내)'보다 크게 나오는 게 정상이다. '표준 편차(전체)' 를 반영해 계산된 '프로세스 능력 지수'나 '시그마 수준' 앞에 '전체'라는 수식어가 붙는 이유이다. 또 한 가지, 통상 '표준 편차(군내)'로 계산된 프로세스 능력을 '단기 능력', '표준 편차(전체)'로 계산된 프로세스 능력을 '장기 능력' 으로도 표현하며, 이 역시 같은 맥락이다. 즉, 부분군 내의 편차는 아주 짧은 기간 동안 외부의 잡음이 최소화된 상태에서 추출한 것이므로 현 프로세스의 아주 짧은 시점에서의 능력인 반면, 시간에 따라 들쭉날쭉한 데이터 모두를 포함해 산출된 '표준 편차'는 '장기 능력'을 예측하는 데 적합하다.

지금까지의 내용을 이해했으면 [그림 M-48]의 '4-Block Diagram' 내 'Z_{st}', 'Z_{lt}'의 설명으로 돌아가 보자. 'Z_{st}'은 '표준 편차(군내)'를 통해 얻은 '미니탭 결과 그래프 내의 잠재적(군내) 공정 능력'이고, 'Z_{lt}'은 '표준 편차(전체)'를 통해 얻은 '전체 공정 능력'이다. 본 결과를 이용해 '4-Block Diagram'을 설명했던 시점으로 돌아가 다시 한번 정독해주기 바란다.

하나 더 부연하면, 'y – 축'의 '$Z_{st} - Z_{lt}$' 경우 "단기 능력과 장기 능력의 차"를 뜻하며, 그 차가 크다는 것은 상대적으로 '장기 능력'이 작다는 것을 의미하고, '장기 능력'이 작다는 것은 '표준 편차(전체)'가 크다는 것을, 다시 이 것은 '총 변동'이 크다는 것을 의미하므로 매일매일의 데이터 등락 폭이 크다는 것을 나타낸다. 매일의 데이터 등락 폭이 크면 결국 관리가 일관되게 이루어지지 못한 것으로 추정되므로 '관리 수준'이 낮다고 평가한다. 만일 역으로 그 차가 작으면 '장기 능력'이 '단기 능력'에 근접해 있음을 의미하므로 긴 시간 동안의 능력이나 짧은 순간의 능력이 유사하다는 것은 프로세스 관리 능력이 매우 뛰어나다고 판단할 수 있다. 결국 두 '표준 편차'와 두 '시그마 수준'의 관계의 해석이며, 정리가 안 될 경우 내용을 반복해서 읽어주기 바란다. 다음은 '연속 자료'지만 '정규성'을 보이지 않는 경우에 대해 알아보자.

5.2.3. 프로세스 능력(연속 자료) – 정규성이 아닌 경우

'운영적 정의'에서 지표 'Y'가 '연속 자료'면 '성과 표준'은 'USL, LSL'이 온다. 그런데 '프로세스 능력'을 평가하기 위해 '정규성 검정'을 한 결과 p – 값이 '0.05'보다 작으면 어떻게 해야 할까? 물론 여러 대응 방안이 있긴 하다. 즉, 'Box – Cox 변환'이나 '비정규 분포(와이블, 로그 정규 등)'의 사용인데, 미니탭 14버전 이후부터 '비정규 분포'의 종류가 매우 다양하게 제공되고 있고 거기다 이들 모두의 '시그마 수준' 산정 기능이 포함돼 있다. 다음 [표 M – 13]은 '정규 분포'가 아닌 경우의 '프로세스 능력' 측정 방법을 요약한 것이다([그림 M – 39]의 분류표를 함께 참고할 것).

구 분	방 법	미니탭 위치	비 고
데이터가 정규성으로 예상되는 경우	Box - Cox 변환	통계분석(S)/관리도 (C)/Box - Cox 변환(B)	• 음수가 있으면 변환 불가 • (최댓값÷최솟값)이 '2' 이상인 경우 • 'λ' 추정치가 −5~5 사이만
	Johnson 변환	통계분석(S)/품질도구 (Q)/Johnson 변환(J)	• Box - Cox 변환이 안 될 때 수행 • 음수도 가능
	복합시그마 수준	−	• 이상점이나 이봉분포 존재. 따로 분리해서 평가 후 재합산 • 메뉴 편집(D)의 브러시(B)기능 사용
데이터가 비정규성으로 예상되는 경우	비정규분포 사용	통계분석(S)/품질도구 (Q)/공정능력분석(A)/비 정규분포(L)	• 와이블(Weibull) 외 12개 비정규 분포 제공 • '시그마 수준' 산출 가능 • 주로 신뢰성 등 공학적 특성에 활용
	관측 성능 (Observed Performance)	통계분석(S)/품질도구(Q)/공 정능력분석(A)/정규분포(N)	• '연속 자료'면서 규격 존재할 때 • 정규 분포로 능력 평가하지만 '이산 자료 (불량 특성)' 결과가 됨.

수집된 데이터가 정규성을 보이지 않는 경우 원래는 정규성을 보여야 함에도 관리 소홀로 왜곡돼 관찰된 것인지, 아니면 '원 자료' 특성이 비정규성인 '와이블 분포(Weibull Distribution)'나 '로그 정규 분포(Lognormal Distribution)' 등을 따르는 것인지를 파악해볼 필요가 있다.

과제 지표인 'Y'의 특성이 현재는 정규성을 보이지 않지만 프로세스 관리 상 '데이터가 정규성으로 예상되는 경우' [표 M - 13]에 분류한 바와 같이 'Box - Cox 변환'이나 'Johnson 변환'을 통해 정규화한 후 '프로세스 능력'을 평가한다. 다만 분포를 정규성으로 예쁘게 포장만 하는 것이므로 대외적 보고용으로만 활용하되 원래의 왜곡된 분포는 늘 함께 보존해야 한다. 왜냐하면 정규성을 보여야 함에도 그렇지 못하면 이를 바로잡기 위한 개선 노력이 필요하기 때문이다. 그 외에 '복합 시그마 수준(Composite Sigma Level)'은 데이터에 몇 개의 이상점이 포함돼 있거나 다른 데이터가 혼재돼 '이봉 분포 (Bimodal Distribution)'로 관찰되면 비정규이므로, 이상점을 제외하거나 '이봉 분포'를 서로 분리함으로써 각각이 '정규성'을 띠는지 확인한 후 '프로세스 능력'을 종합 평가하는 방법이다.

만일 수집된 데이터가 현재 정규성을 보이지 않을뿐더러 프로세스 관리상으로도 '정규성으로 예상되지 않는 경우'는 굳이 '정규 분포'로 변환해 평가할 이유는 없다. 예를 들면 재료의 강도(Strength)나, 제품의 수명 등 신뢰성 특성들이 그것이다. 이때는 미니탭을 이용해 적합한 '비정규 분포'를 찾아 '프로세스 능력'을 평가한다. 또 특이하지만 정규화가 불필요한 분포도 있는데, 예를 들면 계획과 실적의 차이를 지표로 사용하거나, 정해진 시간 내에 일이 처리되는지 알아보기 위해 소요 시간 데이터를 수집할 때 나타나는 분포 등이다. 대부분 간접이나 서비스 부문에서 관찰되며 이들의 데이터는 주로 '0'이나 특정 값의 빈도가 매우 높게 나타나 굳이 '정규 분포'로 해석할 이유가 없다. 단, '연속 자료'면서 규격이 존재하면 '관측 성능(Observed Performance)'을 활용해 프로세스 능력을 평가할 수 있다. 다음은 '복합 시그마 수준'과 '관측 성능'의 산정 과정 및 '파워포인트'로 정리한 예이다.

① '복합 시그마 수준(Composite Sigma Level)' 평가법

앞서 설명한 대로 '복합 시그마 수준'은 '정규 분포'를 이루는 데이터 군에 몇 개의 이상점이 포함돼 '정규성 검정'에서 p - 값이 '0.05'보다 작게 나오거나, 별도의 변동이 심한 데이터가 혼재돼 '이봉 분포' 등을 보일 때 적용하는 방법이다.

'이상점'이 포함된 경우에 대해, 다음 [그림 M - 51]은 수집된 데이터를 미니탭의 「통계 분석(S)>기초 통계(B)>그래픽 요약(B)…」으로 얻은 결과다.

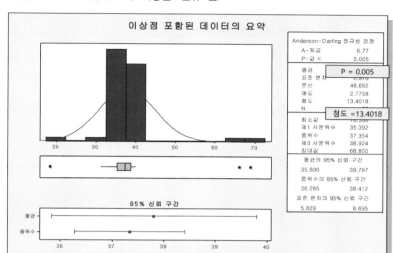

[그림 M – 51]에서 '정규성 검정'의 p – 값이 '0.005'로 '정규 분포'가 아니며, '첨도'가 '13.4018'로 '정규 분포'에 비해 위로 뾰족한 형상임을 알 수 있다. 아래 '상자 그림(Box Plot)'으로부터 이상점이 최소 '3개 이상' 존재하는 것으로 관찰된다. 이들의 영향이 '첨도'를 상승시킨 것으로 추측된다. 우선 정규성을 보이지 않으므로 '프로세스 능력'을 평가하기 위해 '정규 분포'를 적용할 수 없다. 따라서 먼저 해야 할 일은 정규성을 왜곡시키고 있는 이상점들을 분포로부터 따로 떼어내는 작업부터 수행한다.

분리는 미니탭의 「편집기(D)>브러시(B)」를 사용한다. [그림 M – 51]의 '그래픽 요약' 결과처럼 이상점 3개가 명확하게 보이는 경우 현 그래프 상태에서 '브러시' 기능을 이용해 바로 분리할 수 있다. 다음 [그림 M – 52]처럼 메뉴에서 '브러시(B)'를 선택하면 좌측 상단에 작은 윈도우가 나타나는데 '상자 그림'의 이상점들을 마우스 포인터로 지정하면 그 데이터 위치가 윈도우 안에 찍혀 나온다(이상점이 양쪽에 있으므로 모두 선택하기 위해서는 'Shift' 키를 누른다). 다음 [그림 M-52]는 메뉴에서의 '브러시(B)' 선택과, '상자 그림' 내 이상점들을 지정해 브러시 윈도우에 나타낸 결과이다.

[그림 M-52] '브러시'로 '이상점' 분리하기

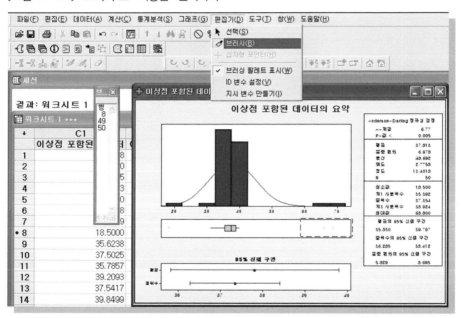

브러시 윈도우에 '8, 49, 50'이 '이상점'들의 '워크 시트' 위치임을 알리고 있고, 워크 시트를 보면 실제로 '8번 행' 앞에 '흑점'이 표시돼 있다. 보이진 않지만 '49행'과 '50행'에도 '흑점'이 찍혔음을 예상할 수 있다. '이상점'들을 데이터 군에서 분류해내기 위해 다시 「편집기(D)>지시 변수 생성(I)」를 이용해 워크 시트 상에 변수를 만들고, 「데이터(A)>열 분할(U)…」로 이상점들을 분리해낸다. 미니탭 기능에 익숙하면 잘 알고 있는 과정이므로 여기서의 상세한 설명은 생략하고 그 결과만을 나타내었다. 분리된 데이터를 이용해 규격을 벗어난 PPM을 각각 계산한 뒤 합산하여 '복합 시그마 수준'을 산정한다. '프로세스 능력'을 계산하기 위해 규격은 'LSL = 30, USL = 40'을 적용하였다(고 가정한다).

[그림 M-53] '프로세스 능력'과 '그래픽 요약'(이상점 분리 후)

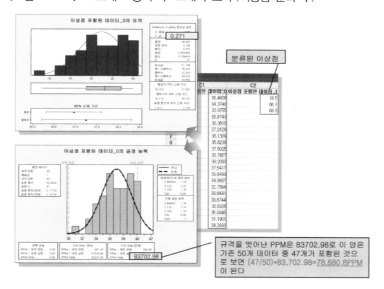

[그림 M-53]에서 이상점들을 제외시킨 데이터(워크 시트의 첫 번째 열)를 '그래픽 요약'으로 확인한 결과 p-값이 '0.271'로 정규성을 보이고 있음을 알 수 있다. 따라서 미니탭의 「통계 분석(S)>품질 도구(Q)>공정 능력 분석(A)>정규 분포(N)…」에 들어가 규격을 벗어난 총 'PPM(83,702.98)'을 구한다.

이 양은 '50개 중 47개'로 산정됐으므로 조정된 PPM은 [그림 M – 53] 오른쪽 하단의 비율 산식에 의해 '78,680.8PPM'이다. 다음 이상점들(워크 시트의 두 번째 열)의 PPM을 구하면 '50개 중 3개'가 벗어난 비율에 '100만'을 곱하면 되므로 '60,000PPM'이다. 다음 [그림 M – 54]는 산정 예이다.

[그림 M – 54] 이상점들의 PPM 산정

두 개의 PPM을 합한 후 '프로세스 능력(단기 시그마 수준)'을 구하면 '2.59 시그마 수준'의 결과를 얻는다. 전체 과정은 다음 [그림 M – 55]와 같다.

[그림 M-55] '프로세스 능력' 평가 결과(복합시그마 수준)

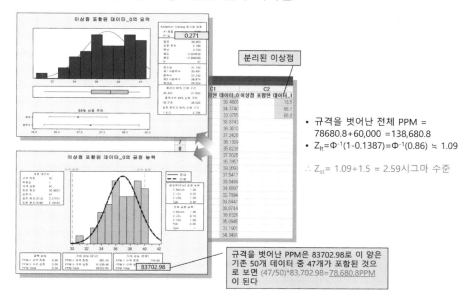

• 규격을 벗어난 전체 PPM = 78680.8+60,000 =138,680.8
• $Z_{lt}=\Phi^{-1}(1-0.1387)=\Phi^{-1}(0.86) ≒ 1.09$

∴ Z_{st}= 1.09+1.5 = 2.59시그마 수준

규격을 벗어난 PPM은 83702.98로 이 양은 기존 50개 데이터 중 47개가 포함된 것으로 보면 (47/50)*83,702.98=78,680.8PPM 이 된다

[그림 M-55]는 '정규 분포+이상점'의 분포에 대한 '프로세스 능력' 평가 전체 과정을 요약한 그림이다. [그림 M-52]의 합쳐진 분포로부터 '정규 분포' 와 '이상점'들을 분리했으며, 개수 점유율에 기반을 둔 각각의 'PPM' 계산으로부터 전체 '138,680.8PPM'을 얻었다. '시그마 수준' 계산 과정은 [그림 M-55]의 오른쪽에 포함시켰다.

'이봉 분포'인 경우도 유사한 과정으로 '프로세스 능력'을 평가한다. 다음 [그림 M-56]은 전형적인 '이봉 분포'의 예이다.

[그림 M-56] 그래픽 요약(이봉 분포)

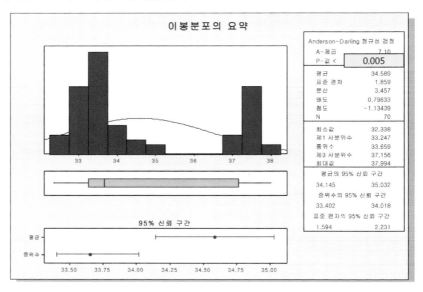

　[그림 M-56]에서 정규성 검정의 p-값이 '0.005 미만'으로 '프로세스 능력'을 평가하기 위해 '정규 분포'를 사용할 수 없음을 알 수 있다. 분포의 외관상 두 집단의 데이터가 섞여 있을 수도 있으며, 만일 성격이 전혀 다른 자료들이 혼입된 경우면 당연히 분리해낸 뒤 'Y'를 설명하는 데이터만을 사용해 프로세스 능력을 평가해야 한다. 본 예에서는 수집된 '이봉 분포' 데이터 모두가 과제 지표 'Y'를 설명하는 것으로 가정한다.

　이전과 같이 '상자 그림'에서 이상점들만 브러시로 떼어낼 수 없으므로 미니탭의 「그래프(G)>점도표(D)…」를 사용한다. '이봉 분포'를 점으로 나타내면 브러시 적용이 가능하다. 다음 [그림 M-57]은 '브러시 기능'으로 두 분포를 분리하고 있는 과정을 보여준다.

[그림 M - 57] 브러시로 '이봉 분포'의 분리

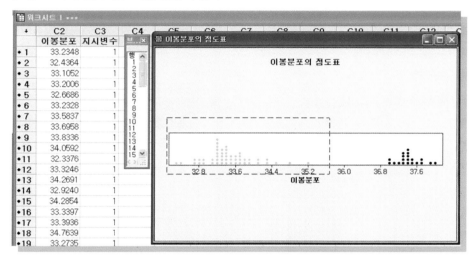

　　[그림 M - 57]에서 이전과 동일하게 브러시 윈도우에 데이터 위치가 표시되고 실제 행 번호 앞에는 '흑점'이 찍혀 있다. 이를 다시 미니탭의 「편집기(D)>지시 변수 생성(I)」를 이용해 변수 열(그림의 '지시 변수' 열)을 만든 후, 미니탭의 「데이터(A)>열 분할(U)…」을 통해 따로 분리해낸다. 분리된 결과와 각각의 '프로세스 능력'을 평가한 그림을 다음 [그림 M - 58]에 나타내었다. 규격은 'LSL = 32, USL = 38'을 적용하였다(고 가정한다).

[그림 M-58] '이봉 분포'의 분리 후 각각의 'PPM' 산출

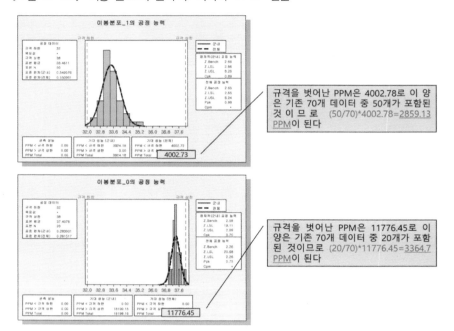

규격을 벗어난 PPM은 4002.78로 이 양은 기존 70개 데이터 중 50개가 포함된 것 이 므 로 (50/70)*4002.78=<u>2859.13</u> <u>PPM</u>이 된다

규격을 벗어난 PPM은 11776.45로 이 양은 기존 70개 데이터 중 20개가 포함된 것이므로 (20/70)*11776.45=<u>3364.7</u> <u>PPM</u>이 된다

'이상점'들의 경우와 동일하게 각각의 점유율 대비 PPM을 구해보면 2,859.13PPM과 3,364.7PPM이며, 이들을 합한 총 PPM은 '6,223.83PPM'이다. 따라서 '프로세스 능력(단기 시그마 수준)'은 다음과 같다.

$$Z_{st} = \phi_Z^{-1}(1 - 0.0062) + 1.5 = \phi_Z^{-1}(0.994) + 1.5 \quad \text{(M.11)}$$
$$= 2.512 + 1.5$$
$$\cong 4.01$$

지금까지의 전 과정을 '파워포인트'로 정리하면 다음 [그림 M-59]와 같다.

참고하기 바란다.

[그림 M-59] 'Step-5.2. 현 프로세스능력 평가' 작성 예(복합 시스마 수준)

Step-5. 현 수준 평가
Step-5.2. 현 프로세스 능력 평가

데이터를 수집한 결과 '이봉 분포'를 보여 브러시로 분류한 뒤 복합시그마수준 산출.

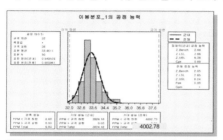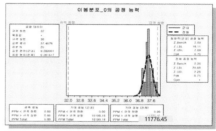

규격을 벗어난 PPM은 4002.78로 이 양은 기존 70개 데이터 중 50개가 포함된 것이므로 (50/70)*4002.78=<u>2859.13</u> PPM이 된다

규격을 벗어난 PPM은 11776.45로 이 양은 기존 70개 데이터 중 20개가 포함된 것이므로 (20/70)*11776.45=<u>3364.7</u> PPM이 된다

※ 타 성격의 데이터가 혼입된 경우가 아닌 프로세스의 불안정으로 발생된 것으로 파악되어 현 수준 평가에 포함시켜 산정

$$Z_{st} = \phi^{-1}(1 - 0.0062) + 1.5 = \phi^{-1}(0.994) + 1.5$$
$$= 2.512 + 1.5$$
$$\boxed{\cong 4.01}$$

다음은 '비정규 분포' 중 '관측 성능 평가법'에 대해 알아보자.

② '관측 성능(Observed Performance)' 평가법

'연속 자료'라고 해서 모두 연속 자료용 평가 방법을 쓰다 보면 간접이나 서비스 분야의 '오류 건수'나 '연체 건수(또는 연체일)' 등이 문제될 수 있다. '3건 이내'처럼 규격은 있지만 정규성을 보일 필요가 없음에도 굳이 '와이블 분포'와 같은 '비정규 분포'까지 써가며 현 수준을 평가해야 하나 의문을 가질 때가 종종 있다. 또 'Box-Cox'로 '정규 분포'화에 성공했더라도 현 수준을

수치로 산정하는 편리성 외에 다른 어떤 정보도 주지 못한다. 'Box‒Cox 변환'은 대외적으로 현 수준을 제공할 수 있는 장점이 있을 뿐, 프로세스가 의외로 좋을 것이라는 오해 소지를 없애거나 왜곡된 원 분포의 개선 필요성은 항상 남겨둬야 한다. 다음 [그림 M‒60]의 히스토그램은 특정 값의 빈도가 비이상적으로 높은 경우이다.

[그림 M‒60] 히스토그램(우변 기운 분포)

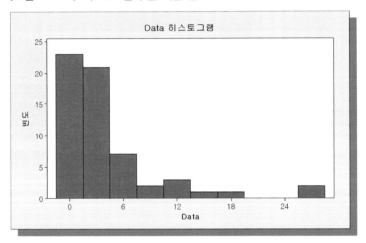

[그림 M‒60]은 '우변 기운 분포'이며, 만일 과제 지표 'Y'가 '연체일'이라고 가정할 때, 상한 규격을 '3일' 이상 벗어난 건수를 불량이라고 하자. '정규성 검정'을 하지 않아도 'p‒값'이 '0.05'보다 작을 것이라는 것을 충분히 예상할 수 있다. 'Box‒Cox 변환'이 유효하지만 건수를 '0일'로 모으는 것이 목적이므로 분포로 관리할 필요성이 없어 '이산 자료'로 현 수준을 평가한다고 가정하자. 이 경우 [그림 M‒39]의 '프로세스 능력 평가를 위한 도구 분류표'

에서 '관측 성능(Observed Performance)'을 적용하는 것이 적절하다. '관측 성능'은 '정규 분포'로 가정하고 미니탭의 「통계 분석(S)>품질 도구(Q)>공정 능력 분석(A)>정규 분포(N)…」에 들어가 '프로세스 능력'을 마치 '정규 분포'인 양 측정한다. 단, 결과 그래프에서 기존에 활용하던 'Z.Bench' 대신 '관측 성능'이라 표기한 영역의 정보를 활용해 '시그마 수준'을 산정하는 것이 다를 뿐이다. 다음 [그림 M-61]은 입력을 위한 '대화 상자'를 보여준다.

[그림 M-61] '프로세스 능력' 평가 입력 예(관측 성능)

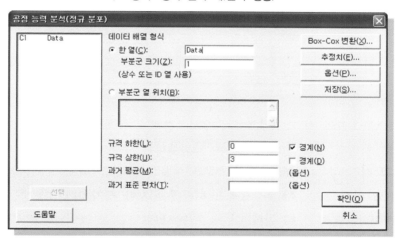

[그림 M-61]은 데이터와 '규격 상한'을 입력한 예이다. 주의할 점은 '연체일' 자체가 음수가 나오는 경우는 없을 것이므로 '0일' 이하의 불필요한 정보가 나오는 것을 방지하기 위해 '규격 하한(L)'에 '0'을 입력하고, 그 오른편에 있는 '경계'를 체크한다. 이렇게 하면 '0일'을 아래쪽으로 벗어나는 정보는 제외된다. 그렇지 않으면 '0일' 이하는 의미가 없음에도 PPM 계산에 반영된다.

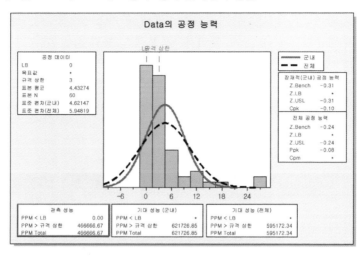

[그림 M-62]의 결과 그래프에서 우선 '경계'를 선택했으므로 "PPM〈LB" 는 '*'로 처리돼 있다. '0일' 이하는 제외했다는 뜻이다. '관측 성능'의 "PPM〉규격 상한"이 '466666.67', 즉 '3일' 이상의 불량이 '466666.67PPM'임을 보여 주고 있다. 이 수치는 '(그래프 하단에 위치한 상자 내)기대 성능'이 '3일'을 벗어난 '면적'인 데 반해, '전체 개수 대비 '3일'을 벗어난 건수'의 비율에 '100만'을 곱해 얻어진 값이다. 산식은 다음 식 (M.12)와 같다.

$$466666.67 = \frac{3일을 \, 넘어 \, 간 \, 개수}{데이터 \, 총수} \times 100만 \quad \text{(M.12)}$$

$$= \frac{x}{60} * 100만$$

$$\therefore 3일(규격)을 \, 벗어난 \, 개수(x) = 28개$$

‘시그마 수준’은 ‘이산 자료’의 ‘불량 특성’ 데이터와 동일하게 ‘60개 중 28
개’가 불량이므로 확률로는 ‘466666.67/1000000≒0.47’이고, 이 값으로 미니
탭 「계산(C)>확률 분포(D)>정규 분포(N)…」에 들어가 다음 [그림 M－63]과
같이 입력한다.

[그림 M－63] ‘프로세스 능력’ 평가 입력 예(관측 성능)

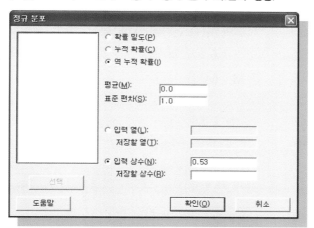

“입력 상수(N)”에 ‘0.53’을 넣은 것은 앞서 구한 ‘0.47’은 ‘불량률’에 해당하
므로 ‘수율’인 ‘0.53(＝1－0.47)’이 돼야 한다. 맨 위의 “역누적 확률(I)”은 ‘확
률 값’을 이용해 ‘시그마 수준’을 구할 때 선택되며, “평균(M)”과 “표준 편차
(S)”는 ‘표준 정규 분포’를 이용하므로 그대로 둔다. 본 과정은 ‘정규 분포’에
대해 충분한 사전 지식이 필요하나 현재는 리더 여러분들이 익히 잘 알고 있
다고 가정한다. 관련 내용은 별도의 장에서 상세히 다루도록 하겠다. 결과는
다음 [표 M－14]와 같다.

[표 M-14] '프로세스 능력'(관측 성능)

```
역 누적분포함수

정규 분포(평균 = 0, 표준 편차 = 1)

P( X <= x )              x
    0.53    ⌜0.0752699⌝
```

[표 M-14]로부터 '시그마 수준'은 약 '0.08'이고, 장기 데이터일 경우 단기로 표현하면 '$Z_{st} = 0.08 + 1.5 \cong 1.58$ 시그마 수준'이다. '파워포인트' 장표로 구성한 예는 다음 [그림 M-64]와 같다.

[그림 M-64] 'Step-5.2. 현 프로세스 능력 평가' 예(관측 성능 시그마 수준)

Step-5. 현 수준 평가
Step-5.2. 현 프로세스 능력 평가

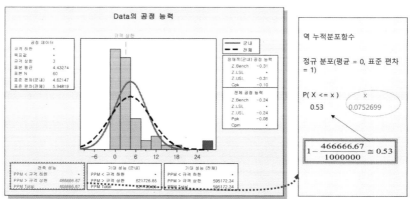

- Z_{st} = 0.08 +1.5 = 1.58 시그마 수준
- 그래프에서 파랑으로 표기된 이상점(Outlier)은 ERP 전산 오류로 확인되었으나, 이에 대한 개선이 요구되므로 포함시켜 현 수준 평가함.

원인이 확인된 '이상점(Outlier)'에 대해서는 통상 제외하고 '프로세스 능력'을 재평가하나 오류 데이터 자체도 개선 대상이므로 '즉 실천'성이 아니라면 포함시키는 것이 바람직하다. '오류 데이터' 역시 개선을 통해 성과 평가가 이뤄져야 하기 때문이다. '연속 자료'에 대한 '프로세스 능력'의 이론과 '파워포인트' 장표 구성에 대해서는 여기까지 설명하는 것으로 하겠다.

이어지는 본문부터 '이산 자료'의 '프로세스 능력 평가'에 대해 알아보자.

5.2.4. 프로세스 능력(이산 자료) – '불량 특성'의 경우

'Step – 4.2. 운영적 정의'와 'Step – 4.3. 성과 표준'에서 자세히 알아본 바와 같이 '이산 자료'의 '불량 특성'은 정의된 아이템(또는 Unit) 자체가 'OK'인지 'NG'인지만으로 결정되는 유형이다. 두 가지 선택 사항만 있으므로 '이진수 자료', 또는 '이항 특성'으로도 불린다.

'불량 특성'은 현업에서 가장 많이 사용되는 척도이다. 관찰할 전체 아이템 중 관심 가는 개수(불량이든 양품이든)의 비율(또는 점유율)로 대푯값을 만들므로 '목표 달성률', '회전율', '회수율', '절감률'처럼 '~율(률)'의 형태를 띤다. 이때 'OK', 또는 양품의 개수를 이용하면 '수율' 개념이, 'NG', 또는 불량의 개수를 세고 '성과 표준'에서 '불량의 정의'를 설정하면 '불량률' 개념이 된다. 어느 쪽이든 다른 하나는 '1'에서 빼면 구해지므로 과제 수행에 편리한 쪽을 선택한다. 그러나 주의할 점은 정확히 '10㎝'를 제작하는 공정에서 길이를 측정해 목표 값을 만족 못 하면 '불량', 만족하면 '양품'으로 분류하는 관리는 제외해야 한다. '길이'는 '연속 자료'이므로 애써 '이산 자료'로 관리할 이유가 없기 때문이다.

미니탭에서 제공되는 '이항포아송분석.mtw(BPCAPA.mtw)' 파일을 예로 들어 다음 [그림 M – 65]와 같이 '프로세스 능력'을 평가하였다.

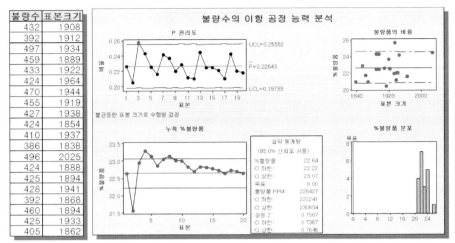

[그림 M - 65] '프로세스 능력' 평가(불량 특성) 예(이진수 자료)

불량수	표본크기
432	1908
392	1912
497	1934
459	1889
433	1922
424	1964
470	1944
455	1919
427	1938
424	1854
410	1937
386	1838
496	2025
424	1888
425	1894
428	1941
392	1868
460	1894
425	1933
405	1862

[그림 M - 65]는 미니탭「통계 분석(S)>품질 도구(Q)>공정 능력 분석(A)>이항 분포(B)…」로부터 얻은 결과이다. 미니탭 과정은 잘 알고 있을 것으로 보고 자세한 설명은 생략한다. 다만 결과에 나타난 네 개 그래프들의 해석에 집중 해보자.

기본 교육만으로도 '불량 특성'의 '프로세스 능력'은 미니탭으로 쉽게 얻고 또 해석도 곧잘 하지만 막상 결과 그래프가 어떻게 얻어지는지 물으면 대답을 잘 못 한다. 기본 원리에 충실하지 못한 탓이다. 다음 [그림 M - 66]은 미니탭 안에서 돌아가는 계산 과정이며, 각 계산 항목들이 [그림 M - 65]와 어떻게 연관되는지를 시각화시킨 개요도이다. 계산 원리를 명확히 이해하고 그를 표 현한 그래프를 다시 보면 현 프로세스 상태를 진단하는 데 많은 도움을 받을 수 있다.

불량수	표본크기	(불량수÷표본크기)	불량수_누적	표본크기_누적	(불량수_누적÷표본크기_누적)
432	1908	0.226415094	432	1908	0.226415094
392	1912	0.205020921	824	3820	0.215706806
497	1934	0.256980352	1321	5754	0.229579423
459	1889	0.242985707	1780	7643	0.232892843
433	1922	0.22528616	2213	9565	0.231364349
424	1964	0.215885947	2637	11529	0.228727657
470	1944	0.241769547	3107	13473	0.230609367
455	1919	0.237102658	3562	15392	0.231418919
427	1938	0.220330237	3989	17330	0.230178881
424	1854	0.228694714	4413	19184	0.230035446
410	1937	0.211667527	4823	21121	0.22835093
386	1838	0.210010881			
496	2025	0.244938272			
424	1888	0.224576271			
425	1894	0.224392619			
428	1941	0.220504894			
392	1868	0.209850107			
460	1894	0.242872228			
425	1933	0.219865494			
405	1862	0.217508056			

처음 두 열인 '불량 수'와 '표본 크기'가 '원 자료'이고 나머지는 계산을 통해 얻은 결과이다. 실질적으로 '프로세스 능력 분석'에 사용되는 열은 '표본 크기', '불량 수÷표본 크기', '불량 수_누적÷표본 크기_누적'들이다. 미니탭의 능력 평가 그래프와 엑셀에서 계산한 수치 간 관계는 다음과 같다.

① p-**관리도**: 엑셀의 첫 행은 '1,908개'의 아이템을 조사한 결과 불량 개수가 '432'개 나왔으므로 그 비율인 '불량률'은 '0.226415094'이다. 이렇게 매회 '불량률'을 계산해 순서대로 타점한 그래프가 'p-관리도'이다. '관리도'이므로 '관리 상한'과 '관리 하한'이 있고, 3번째 타점의 불량률이 다른 타점들에 비해 다소 높게 나왔으므로 특이 사항이 없는지 확인해볼 필요가 있다. '관리 한계'를

벗어나는 경우 외에 다음 [그림 M-67]과 같이 '검정(T)...'에 들어가면 점검할 패턴이 '3개' 더 있다. 패턴을 모두 선택한 경우 그들 중 하나 이상의 현상이 발생하면 'p-관리도'에 번호가 표시된다.

[그림 M-67] '프로세스 능력' 평가(불량 특성) 시 검정 예

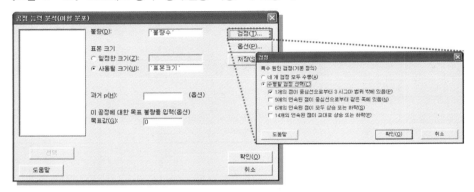

② **%불량품 분포**: 히스토그램이다. '불량 수÷표본 크기'에 '100'을 곱해 '%' 단위로 만든 뒤 히스토그램을 그린 결과이다. 프로세스를 잘 관리하고 있으면 '불량률 평균'을 중심으로 약간 작거나 큰 값들로 분포하므로 '정규성' 여부를 확인한다. [그림 M-66]의 '요약 통계량'에 '평균 불량률'은 '22.64%'이고, '95% 신뢰 구간'이 '22.22~23.07%'이므로 참 불량률은 이 구간 사이에 있을 가능성이 매우 높다.

③ **누적 %불량품**: '불량 수_누적÷표본 크기_누적'을 구한 뒤 비율을 타점한 그래프이다. 프로세스가 일관성 있게 관리되면 매회의 불량률이 일정한 경향을 보일 것이므로 누적 그래프는 평균 불량률을 향해 점점 수렴한다. 만일 다음 [그림 M-68]의 15번째 표시된 회에서 기존 '425개'의 불량 개수가 아

닌 '600개'의 불량 개수가 발생돼 '불량률'이 약 '31%' 정도 나오면 그래프에서 수렴의 경향은 깨지고 상승점이 발생한다(그래프의 원 표시). 이와 같이 수렴의 형태로 관찰되지 않으면 데이터가 너무 단기적으로 수집됐거나 다른 문제점이 있는 것은 아닌지 점검해야 한다.

[그림 M - 68] 누적 %불량 계산

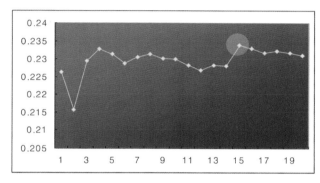

불량수	표본크기
432	1908
392	1912
497	1934
459	1889
433	1922
424	1964
470	1944
455	1919
427	1938
424	1854
410	1937
386	1838
496	2025
424	1888
600	1894
428	1941
392	1868
460	1894
425	1933
405	1862

④ **불량품의 비율**: '표본 크기'에 따라 '%불량품'이 영향을 받는지를 관찰한다. 즉, '표본 크기'는 매회 변한다. 이때 만일 현 크기보다 적은 수의 표본을 추출해서 불량 개수를 확인했더니 평균 22%보다 훨씬 낮은 비율이, 또는 많은 수의 표본을 추출했더니 평균 22%보다 훨씬 높은 비율이 관찰되면 '표본 크기'에 따라 불량률이 변하는 것인데, 이때 '불량품의 비율' 그래프에는 증가 혹은 감소 등의 패턴이 관찰될 수 있다. 바람직한 모습은 무작위로 타점되는 경우이다. 특이 패턴이 관찰되면 '표집' 과정에 '치우침, 랜덤성, 대표성'에 문제가 있을 가능성이 높다. 따라서 임의성 경향이 관찰되지 않으면 결과

에 대해 좀 더 숙고하는 자세가 필요하다. 현 그래프는 특이 패턴은 없는 것으로 보인다.

⑤ **요약 통계량**: 통계량들은 수집된 자료의 정보를 대표하는 값들이다. '% 불량품'은 '불량률'로써 '22.64%'이며, '95% 신뢰 구간'이 '22.22~23.07'로 참 불량률이 포함된 범위를 알려준다. 또 '공정 Z', 즉 '시그마 수준'은 '0.7507'로 본 데이터가 장기 성향을 갖는다면 '1.5'를 더해 단기인 '2.2507'이 될 것이다. '시그마 수준'의 '95% 신뢰 구간'으로부터 현 프로세스는 참 시그마 수준이 '0.7367~0.7646' 사이에 위치할 것으로 예상된다. 저조한 수준이다. 그 외에 '불량품 PPM'은 '100만 개당 불량품 수'를 나타낸다.

'불량 특성'의 '프로세스 능력'에 대해 앞서 [그림 M-65]로부터 원리와 해석법을 익혔으면 가정된 사례를 통해 개선 과정이 어떻게 이루어지는지, 또 파워포인트로 어떻게 표현되는지 알아보자. 다음 [그림 M-69]는 한 관리 부서에서 중요 서류 양식의 분류를 적절히 하는지 관찰하기 위해 작성된 도표이다(라고 가정한다). 분류 작업은 여러 직원이 담당하고 있으며 이직률이 높아 직원별 숙련도에 차이가 나는 편이다. 분류 상태는 '전체 서류 양식 수 대비 오 분류 건수'의 비율로 측정되며, 'p-관리도'를 통해 활동을 관리해오고 있다. 예로 든 전 과정은 현 수준 평가 후 문제 분석을 통해 '즉 개선' 등 프로세스 보완이 이뤄지며 최종적으로 '시그마 수준'이 향상된 사례이다(로 가정한다).

Step-5. 현 수준 평가
 Step-5.2. 현 프로세스 능력 평가

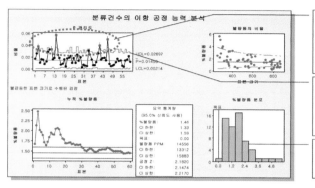

7차례의 이상점들을 확인해 본 결과 대규모 외부행사로 인한 담당자 부재로 비 숙련인의 분류 오류가 주요 인인 것으로 조사됨. 투입 전 분류에 대한 교육을 수행하고 이산형 R&R을 통해 적합성을 확인하는 체계로 즉 개선.

관리 상한/ 관리 하한이 울퉁불퉁한 것은 각 회의 분모크기가 등락을 거듭하기 때문임. 효율적인 관리를 위해서는 각 측정 회마다 일정한 모수를 가져갈 수 있도록 '즉 개선' 수행.

정규성 검정 결과 p-값이 0.05이하로 비 정규성을 보임. 시각적으로는 우변 기운분포가 예상됨.

- 'P-관리도'에서 7차례의 이상점은 해당부서의 대규모 외부행사로 담당자가 서류분류작업을 동료에게 위탁한 대 따른 것에 기인함. 이산형 R&R을 통해 투입 전 적합성을 확인하는 체제로 즉 개선함.
- 관리상한/관리하한 변동으로 해석에 어려움 있음. 매월 표본추출은 하되 표본크기를 임의로 정하는 대신 적정 수량을 선정하도록 표준화함.
- '%불량품 분포'에서 히스토그램 오른 편으로 많이 벗어난 값들이 관찰되며, 이상점들의 영향으로 해석됨. 원인이 규명되었으므로 이들을 제거하고 재 평가 (다음 장)

계속

    [그림 M-69]의 'p-관리도'는 최소한 '관리 상한'을 벗어나는 오류율이 '5개 이상' 관찰되며 현 프로세스가 불안정한 관리 상태를 보인다. 멘토링을 하다 보면 이 대목에서 '요약 통계량'의 '공정 Z=2.182'만 골라 '현 프로세스 능력'을 평가하고 다음 Step으로 넘어가는 경우가 많다. 그러나 프로세스가 불안정한 상태에서는 '시그마 수준'의 의미가 퇴색하며, 오로지 '안정한 프로세스'만이 현 수준을 평가할 자격이 있다. 일단 이상점의 원인을 분석한 결과 관리부서의 대규모 행사로 비전문 인력에 서류 분류를 맡겨 생긴 특이점으로 파악되었다(고 가정한다). 원인이 규명된 사항은 가능한 조치('즉 개선' 등)를 취한 뒤 현 프로세스 능력을 재평가한다. 그 결과는 [그림 M-70]과 같다.

[그림 M-70] 'Step-5.2. 현 프로세스 능력 평가' 사례(이상점 제거 후)

Step-5. 현 수준 평가
Step-5.2. 현 프로세스 능력 평가

프로세스 능력 평가_계속

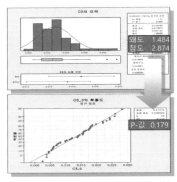

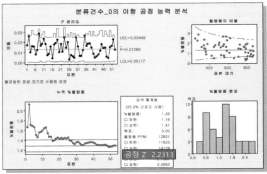

■ '그래프 요약'에서 '왜도' '1.484'와, '첨도' '2.874'로 비정규임을 보이고 있음. 이상점을 제거 후 재평가한 결과,
  히스토그램은 p-값 '0.179'로 정규성을 보임.
■ 프로세스 능력은 장기기준 2.182→2.2313으로 향상되고, 불량률은 약 12.3% 줄이는 효과를 거둠.
■ 분석결과를 '현 프로세스 능력'으로 보고, 이를 향상시키기 위해 과제를 추진.

　'이상점'을 제거한 후 불량률 '히스토그램'은 '정규성(p-값=0.179)'을 보이고, 'p-관리도'로부터 프로세스는 '관리 상태'가 되었다. 이때야 비로소 '프로세스 능력'을 평가할 수 있다. '요약 통계표'로부터 '프로세스 능력(공정 Z)'은 '2.182'에서 '2.2313 시그마 수준'으로 향상됐고, 불량률은 약 12% 줄었다.

　만일 원인 규명이 안 되고 여전히 '관리 이탈 상태'를 보이면 Analyze Phase로 넘어가 '근본 원인'을 찾은 뒤 Improve Phase에서 개선하는 절차도 가능하다. 그러나 Measure Phase에서 관찰된 프로세스 문제점들은 가능한 한 현시점에서 해결하려는 노력이 바람직하며 그것이 정석이다.

5.2.5. 프로세스 능력 – (이산 자료) '결점 특성'의 경우

'Step – 4.2. 운영적 정의'와 'Step – 4.3. 성과 표준'에서 '결점 특성'에 대해 자세히 설명한 바 있다. 당시 내용들을 토대로 '현 프로세스 능력'을 평가해 보자. '결점 특성'의 프로세스 능력은 기본적으로 두 가지 산출 방법이 있다. 'DPU를 이용한 방법'과, 'DPO를 이용한 방법'이 그것이다. 이들에 대해 학습하고 '파워포인트' 작성에 대해서도 알아보자.

① **'DPU' 방법:** 기본적으로 '포아송 분포'를 이용한다. '포아송 분포 (Poisson Distribution)'는 프랑스의 수학자 포아송(Simeon Denis Poisson: 1781~1840)의 이름을 딴 분포로 1813년에 물리학의 퍼텐셜을 해석하기 위해 제안한 방정식이다. 임의 단위 시간 또는 단위 공간에서 특정 사상이 우발적으로 발생할 건수가 'x'일 때, 'x'가 일어날 확률은 다음 [표 M – 15]와 같다.

[표 M – 15] 포아송 분포(함수)

$$f(x) = \frac{\lambda^x e^{-\lambda}}{x!} \quad x = 0, 1, 2, 3...$$

여기서 λ는 단위시간(또는 단위공간)에서 확률사상의 평균발생건수를 의미
예)단위시간 당 전화접수 건수, 철선 단위길이 당 결점건수, 하루 당 교통사고 건수, 페이지 당 오타건수 등

교육받는 리더들은 보통 확률 분포가 나오면 순간적으로 머릿속이 하얗게 되는 '백야 현상?'을 겪는다고 한다. 분포는 단순히 수학식일 뿐이다. 언제 어떻게 활용할지만 알면 그만이다. '포아송 함수'의 수학 원리를 알고 싶으면 탄생 당시의 배경을 파고들어야 하나 본문은 하나의 식으로만 고려할 것이다.

'$f(x)$'는 '확률'이므로 '0'부터 '1' 사이의 값이 가능하다. 'λ'는 '아이템(또

는 Unit)'이 정해지면 해당 아이템 내에 정한 사건이 평균 몇 개가 발생하는 가를 나타내는 상수이다. 예를 들면, 콜센터에서 하루 평균 접수되는 민원이 '1,200건'이면 'λ'는 '1,200건/일'이다. 이때 아이템(또는 Unit)은 '일(하루)'이다. 또는 시간을 적용하면 "시간당 평균 민원 접수 건수"가 될 것이고, '분(Minute)당', '초(Second)당' 등 상황에 맞게 적용이 가능하다. 특정 시간대의 '100m 구간'에 택시가 몇 대 지나가는지 알아보려면 '아이템'은 '거리 1m'이고, 지나간 택시 수를 구간 거리인 '100m'로 나누면 "단위 거리(m)당 평균 택시 수"인 'λ'를 얻는다. 제조 프로세스에서의 아이템은 '제품 1개'이고, 전체 검사 제품 중 결점이 '100개' 나왔으면 '100÷검사 개수'로부터 "제품당 결점 수"인 'λ'를 얻는다. 'e'는 '자연 대수'이며, 숫자 '2.71828……'을 대변하는 상수다.

[표 M - 15]에서 'x'를 알게 된 순간 "현 프로세스를 하나의 방정식으로 표현했다!"는 해석이 가능하다. 즉, 생산 프로세스든 서비스 프로세스든 결점을 세는 경우이면 아이템당 평균 몇 개인지를 통해 프로세스 전체를 규정짓는 함수식을 얻는다. 예를 들어, 프로세스 환경을 설명하는 식의 'x'를 '2'로 정하면 해당 환경에서 결점이 '2개' 나올 확률[$f(2)$]을, '10'을 넣으면 해당 프로세스 환경에서 결점이 '10개' 나올 확률[$f(10)$]을 각각 나타낸다. 'x!'의 '!'은 '팩토리얼(Factorial)'로 발음하고 '3!'이면 '1×2×3'을, '100!'이면 '1×2×⋯×100'을 설명하는 수학 기호이다.

'포아송 분포'의 예를 들면, 만일 프로세스에서 '단위당 평균 결점 수(DPU)'가 '4개', 또 다른 프로세스의 '평균 결점 수(DPU)'는 '0.02'로 조사됐다면 각 프로세스를 설명하는 분포 식은 다음 식 (M.13)과 같다.

$$f(x) = \frac{4^x e^{-4}}{x!}, \qquad f(x) = \frac{0.02^x e^{-0.02}}{x!} \qquad \text{(M.13)}$$

‘포아송 분포’를 이용해 ‘프로세스 능력’은 어떻게 구할까? ‘x’는 발생될 수 있는 ‘결점 수’이므로 만일 ‘결점 수’가 ‘7개’ 나올 확률을 알고 싶으면 식 (M.13)의 ‘포아송 분포’ 내 ‘x’에 ‘7’을 넣고 계산한다. ‘88개’가 나올 확률이면 ‘88’을 넣는 식이다.

‘결점 특성’의 ‘시그마 수준’을 얻으려면 ‘수율’을 알아야 한다. ‘수율’은 아이템에 “결점이 전혀 없는 상태”이다. ‘결점’이 포함된 아이템이 ‘불량품’이므로 ‘수율’은 기본적으로 ‘무결점 아이템’으로부터 계산된다. 따라서 ‘포아송 함수’에서 결점이 전혀 없는 ‘수율’을 구하려면 ‘결점이 없을 가능성’, 즉 ‘x’에 ‘0’을 대입한다. ‘결점’이 전혀 없는 아이템이므로 제조 용어로는 ‘양품’이 되는 셈이다. ‘양품’이 발생할 확률(확률은 전체 아이템 대비 발생 건수의 비율이므로)은 곧 ‘수율’이다. 따라서 수율 계산의 일반식과, 앞서 예로 들은 두 프로세스의 수율 계산관련 ‘포아송 함수’는 다음 식 (M.14)와 같다.

$$수율 = f(0) = e^{-DPU}, 즉 \qquad\qquad (M.14)$$

$$f(0) = \frac{4^0 e^{-4}}{0!} = e^{-4}, \ f(0) = \frac{0.02^0 e^{-0.02}}{0!} = e^{-0.02}$$

식 (M.14)로부터 ‘포아송 함수’를 이용한 수율은 ‘$-DPU$’를 ‘자연 대수’의 지수에 대입한다. ‘수율’이 나오면 미니탭 「계산(C)>확률 분포(D)>정규 분포(N)…」에서 ‘시그마 수준’을 계산한다. 웬 정규 분포? ‘포아송 함수’로부터 산출됐더라도 아이템이 양품, 불량인지를 평가하고 있으며 이는 ‘불량 특성’과 동일 개념이다. 또 이 두 분포는 적정한 환경에서 ‘정규 분포’에 근사하는 성질이 있다. 두 경우의 ‘시그마 수준’을 산정하면 다음 [그림 M-71]과 같다.

$$f(0) = \frac{4^0 e^{-4}}{0!} = e^{-4} = 0.018316$$

$$f(0) = \frac{0.02^0 e^{-0.02}}{0!} = e^{-0.02} = 0.98019$$

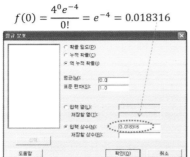

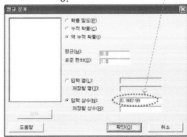

역 누적분포함수

정규 분포(평균 = 0, 표준 편차 = 1)

P(X <= x)   x
0.018316   -2.08984

역 누적분포함수

정규 분포(평균 = 0, 표준 편차 = 1)

P(X <= x)   x
0.980199   2.05788

다음 [그림 M-72]는 미니탭 제공 파일인 '이항포아송분석.mtw'에 있는 결점 데이터를 이용한 결과이다.

[그림 M-72] '프로세스 능력' 평가(결점 특성)

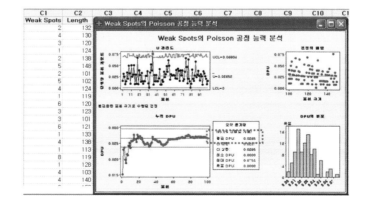

[그림 M－72]의 '요약 통계량'엔 '시그마 수준'은 표시되지 않고 별도로 계산해야 한다. 'DPU=0.0265'를 적용해 '포아송 식'의 '수율'을 다음 식 (M.15)와 같이 얻는다.

$$수율 = f(0) = e^{-DPU} = e^{-0.0265} = 0.973848 \qquad (M.15)$$

따라서 '시그마 수준'은 다음 [그림 M－73]과 같이 미니탭 '대화 상자'에 입력해 얻는다(「계산(C)>확률 분포(D)>정규 분포(N)…」).

[그림 M－73] '프로세스 능력' 평가 결과(DPU 방법)

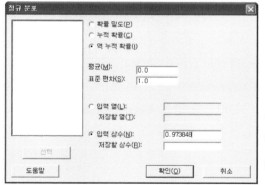

장기 데이터이면 '$Z_{lt} = \phi^{-1}(0.973848) = 1.94062$'이고, 이때 1.5Shift를 고려하면 '$Z_{st} \cong 3.44$ 시그마 수준'이다. 다음 [그림 M－74]는 [그림 M－72]의 내용을 현업 자료로 가정하고 해석 내용과 향후 '개선 방향'까지 포함해 '파워 포인트'로 최종 정리한 결과이다(라고 가정한다).

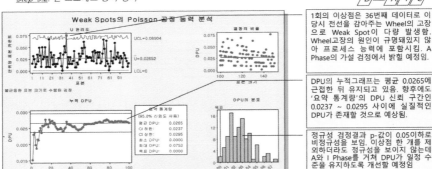

■ 'U-관리도'에서 1회의 이상점은 전선을 감아주는 Roll Wheel의 고장으로 결점수가 다량 발생한 경우로 조사됨. 원인불명으로 현 프로세스능력에 포함시킴. 전체적인 DPU를 낮추면서 Roll Wheel의 고장빈도를 줄이는 방향으로 개선 진행할 예정임.
■ '누적DPU'는 일정 수준에 수렴하는 경향을 보이므로 이후에도 이와 같은 추세로 지속될 것이라는 것을 예상할 수 있음 (CI 0.0237~0.0259). 전체적인 DPU를 낮추는 방향으로 개선 진행 예정임.
■ 'DPU의 분포'에서 히스토그램은 이상점 1개를 제외해도 우변사행으로 정규성을 보이지 않음. 정규관리가 될 수 있도록 Improve Phase에서 진행.

② **DPO 방법**: 앞서 설명했던 'DPU 방법'은 수율 산정에 단점이 있다. 한 개의 아이템(또는 Unit)에 다수의 결점이 존재할 수 있으며, 그 수가 이론적으로 무한대이다. 물론 한 프로세스에서 결점 수가 주체할 수 없을 정도로 다량 발생할 가능성은 매우 낮다. 그 정도의 결점 수이면 관리가 전혀 이뤄지고 있지 않은 조직일 테고 시장 논리대로라면 일찌감치 퇴출되고 말 것이기 때문이다. 그러나 결점 수의 증가가 '포아송 함수'의 왜곡을 가져오면 재검토 필요성은 있다. 다음의 예를 보자. '단위당 3개'의 '기회'가 있고 '20개'의 표본을 검사한다고 할 때 '포아송 함수'로의 '수율'과 '시그마 수준'은 다음 [그림 M-75]의 오른쪽 계산과 같다.

[그림 M－75] '프로세스 능력' 평가(DPU 방법)

$$DPU = \frac{13}{20} = 0.65$$

$$수율 = e^{-DPU}$$
$$= e^{-0.65}$$
$$\cong 0.522$$

$$Z_{bench} = \phi^{-1}(0.522) = \boxed{0.055}$$

☐ 아이템　☐ 양품　☐ 불량품(결점존재)

　[그림 M－75]의 계산은 학습했던 그대로이다. 그런데 만일 '결점 수'가 증가하면 어떻게 될까? 즉 비율대로 일정하게 변화하면 문제없을 것이나 한 아이템당 결점 수가 최대 3개까지 존재할 수 있으므로 분모인 검사 아이템 수의 증가 속도보다 분자 결점 수의 증가 속도가 더 커지는 상황이다.

　또 극단적으로 아이템당 결점 수가 정해진 '기회' 모두에서 발생하면 DPU는 '1'보다 훨씬 커진다(예로 3개 모두 발생한다면 DPU＝60/20＝3). 만일 'DPU'가 '1'보다 크면 클수록, '자연 대수(e)'가 약 '2.72'이므로 '프로세스 능력'은 매우 작은 값 쪽으로 치우친다. 수식적으론 'DPU'가 증가할수록 '수율'은 지수 함수적으로 감소할 것이고, 따라서 '시그마 수준'도 급격히 떨어진다. 'DPU'가 증가하면 '시그마 수준'이 작아지는 것은 정상이나 급격한 변화로 현 프로세스의 상태를 객관적으로 보여주지 못하면 그 또한 적절치 못하다.

　다음 [그림 M－76]은 '결점 수'가 큰 프로세스의 예를 보여주며 '시그마 수준'의 변화에 집중하기 바란다.

[그림 M－76] '프로세스 능력' 평가(DPU 방법)

1	OK	3	OK	2	OK	OK	3
OK	3	OK	2	OK	OK	3	OK
2	OK	OK	2	OK	1	OK	OK
OK	OK	2	OK	OK	OK	2	OK
3	OK	2	1	OK	3	OK	OK
OK	3	OK	OK	2	OK	OK	OK
1	OK	OK	2	OK	OK	1	1

□ 아이템 □ 양품 □ 불량품(결점존재)

$$DPU = \frac{45}{56} = 0.803571$$

$$\text{수율} = e^{-DPU} = e^{-0.803571} \cong 0.448$$

$$Z_{bench} = \phi^{-1}(0.448) \cong -0.131$$

이해를 돕기 위해 [그림 M－75]와 마찬가지로 [그림 M－76]의 수율 계산 과정도 상세하게 기술하였다. '결점 수'도 그렇지만 검사 아이템 수에 따라 수율의 변동 폭이 크므로 만일 타 '프로세스 능력'과 비교하기 위해, 또는 동일 제품이지만 모델이 다른 경우의 '프로세스 능력'과 비교할 때 객관적인 우열을 가리는 데 어려움이 있다([그림 M－77] 참조). 따라서 **'DPU 방법'은 한 개 과제의 개선 전후를 따질 때 사용하고, 여러 다른 프로세스나 상품 군을 비교할 때는 단점을 보완하기 위해 'DPO 방법'을 사용**한다.

'DPO 방법'은 아이템당 결점이 발생할 가능성, 즉 '기회(Opportunity)'를 정해놓고 있으므로 'DPO' 계산 시 검사 아이템 수가 많아질수록 분자인 결점 수도 증가하지만 분모의 '총 DPO'도 선형적으로 따라 증가한다. 또 결점이 모두 발생하더라도 최댓값이 '1'을 넘는 일은 없다. 즉 확률 개념과 같다. '기회'가 프로세스나 제품의 복잡성을 반영하므로 상대적인 우열을 가리는 데도 매우 유리하다(DPO, DPMO들에 대해서는 'Step－4.3. 성과 표준' 참조).

예를 들어 보자. 연필을 생산하는 프로세스와 NASA의 우주 왕복선을 생산하는 프로세스를 비교할 때, 각 20개를 검사했더니 결점이 동일하게 13개씩 나왔다(고 가정하자). 전자는 '기회=5개', 후자는 '기회=50만 개(부품 수와 연결부 등을 모두 고려함)'이다. 이때 'DPU 방법'에서, 연필 프로세스나 우주 왕복선 프로세스 모두 'DPU'는 '13/20 = 0.65'로 차이가 없고, 따라서 '프로세스 능력'도 동일한 결과를 얻는다([그림 M - 77]의 'DPU 계산' 참조). 그러나 만일 '기회'를 감안하면 사정은 달라진다. 서로 다른 아이템당 '기회 수'는 '부품 수'나 '연결 부위 수'가 다르기 때문에 결과도 당연히 다르다. 'DPO 방법'으로의 산정 과정과 결과가 다음 [그림 M - 77]에 포함돼 있다.

[그림 M - 77] '프로세스 능력' 평가(DPO 방법)

[연필] 생산프로세스

OK	2	1	OK
OK	OK	OK	1
OK	OK	3	OK
OK	2	OK	OK
OK	OK	4	OK

☐ 아이템 ☐ 양품 ☐ 불량품(결점존재)

$$DPU = \frac{13}{20} = 0.65$$

$$DPO = \frac{13}{5 * 20} = \frac{13}{100} \cong 0.13$$

$$DPMO = \frac{13}{5 * 20} * 1000000 \cong 130,000$$

$$수율 = 1 - DPO = 0.87$$

$$Z_{bench} = \phi^{-1}(0.87) \cong 1.13$$

[우주 왕복선] 생산프로세스

OK	2	1	OK
OK	OK	OK	1
OK	OK	3	OK
OK	2	OK	OK
OK	OK	4	OK

☐ 아이템 ☐ 양품 ☐ 불량품(결점존재)

$$DPU = \frac{13}{20} = 0.65$$

$$DPO = \frac{13}{500,000 * 20} = \frac{13}{10,000,000} \cong 0.0000013$$

$$DPMO = \frac{13}{500,000 * 20} * 1000000 \cong 1.3$$

$$수율 = 1 - DPO = 0.9999987$$

$$Z_{bench} = \phi^{-1}(0.9999987) \cong 4.7$$

[그림 M－77]에서 부품 수가 훨씬 많아 복잡도가 높은 우주 왕복선 프로세스가 동일한 'DPU'임에도 불구하고 'DPO 방법'의 경우 '시그마 수준'에서 약 3.5 이상의 차이를 보인다. 어느 방법이 더 합리적일까? 예와 같이 'DPO 방법'은 타 제품군 또는 다른 프로세스와 비교하기에 매우 적합한 접근법이며, 가능하면 'DPU 방법'보다 우선적으로 적용해서 '현 프로세스 능력'을 평가하는 것이 바람직하다. 그러나 '기회'를 정의하는 부분에 있어 표준화가 안 돼 있을 경우 쉽게 적용하기 어려운 단점이 있다. '기회'를 정하는 방법에 대해서는 'Step － 4.3. 성과 표준'을 참고하기 바란다.

5.2.6. 프로세스 능력(기타) － 비례비 산출법

다양한 분야에서 '프로세스 능력'을 평가할 때 간혹 난해한 상황이 발생하곤 한다. 예를 들면 비용 절감과 효율성 증대를 목적으로 '아웃 소싱(Outsourcing)'을 한 경우, 통상 연간 단위로 계약을 하는 상황에서 관련 비용을 절감하기 위해 과제를 수행할 때 전년도 계약 금액 1건과 차년도 계약 금액 1건만 존재해 변동이 존재하지 않는다. 따라서 '시그마 수준' 산출이 사실상 어렵다. 구매부서나 총무, 경영관리팀 등에서의 비용 절감성 과제나, 연구 개발 분야에서 수치화하기 어려운 기술력 향상 과제 등 분야를 막론하고 접하는 문제다.

그러나 과제 리더는 이런 문제에 봉착했을 때 가급적 '시그마 수준'으로 평가하고 싶은 유혹을 강하게 느낀다. 왜냐하면 최고가 '6'이므로 현 상태 파악이 용이하고, 또 대부분 타 과제들이 '시그마 수준'으로 표기하고 있기 때문이다. 그러나 필자는 가급적 기존에 쓰고 있는 측정 방법을 그대로 사용토록 권장한다. 예를 들어 '~율'처럼 '%'로 표기해왔으면 '현 수준'과 '목표 수준'을 명확하게 표현할 수 있고, 또 사후 관리도 문제없다. 굳이 '시그마 수준'으로 변환해 모호하게 하는 것보다 낫다는 판단에서다. 구체적인 예로 '비용 절감률'을 전년 대비 10%로 정했으면 전년이 1,000만 원일 때 올해는 900만 원을 달성하면 된다(금액 지표 사용). 연간 평가이므로 산포가 있을 수 없어 '시그마 수준'의 산출은 현실적으로 어렵다. 과제가 끝나면 최적화 내용을 근거로 향후 1년간 절감 금액을 예측하고, 사후 관리는 월별 누적 관리를 통해 추적한다. 절감 수치가 바로 전달되므로 지표로서의 가치는 충분하다.

또 다른 유용한 측정 기준 중 하나가 '지수'를 붙이는 것이다. 예를 들면 구매 부문 경우 이전 단가가 1,000원일 때 이를 '구매 지수 100'으로 정하고, 절감 목표 금액이 10%인 900원이면 '구매 지수'로의 목표는 '90'이다. 환율이나 원자재 등락에 따라 단가 변동이 생기면, '구매 지수'도 변동해 월별 관리가 가능하다. 장점은 단순하고 관리가 쉬우며 금액과 바로 연동돼 전달에 유리하다.

연구 개발 부문에서는 수준을 평가할 수 있는 체크 시트를 만들어 5점 또는 7점 척도를 이용해 지수화한 뒤 관리하는 방안도 많이 쓰인다. 그러나 대용화 해서 사용하도록 '운영적 정의'를 하는 경우 항상 괄호를 해서 현실적인 수치를 함께 기입하는 것이 바람직하다. 예를 들면, '해외 출장비용 절감률' 경우 목표가 전년 대비 10%이면 '현 프로세스 능력'은 '100%(1,000만 원)'와 같이 표기하고 목표 수준은 '90%(900만 원)'와 같이 표기해 결과적으로 10%가 절감됨을 알 수 있다. '구매 지수'도 동일한데 이전 계약 단가가 1,000원일 때, 20% 낮추는 과제이면 '현 프로세스 능력'은 '100(1,000원)'으로 표기 되고, 목표는 '80(800원)'과 같이 표현한다. '구매 지수'이므로 단위는 없다.

단일 값들에 대한 '프로세스 능력'의 측정은 현업에서 의사소통이 원활하고 사후 관리가 잘될 수 있는 '운영적 정의'를 통해 마련하는 것이 바람직하다. 그러나 굳이 '시그마 수준'으로 전환한다면 GE의 '비례비 산출법'을 권장한다. 단, 이때도 괄호를 열고 반드시 현업에서 사용하고 있는 척도(수치)를 함께 표시하는 습관을 길러주기 바란다. 다음은 '비례비 산출법'에 대한 설명이다.

'비례비 산출법'은 현 프로세스 능력이 산포가 없는 단일 값(평균값 또는 대푯값)으로밖에 표현할 수 없는 경우에 적합하다. 앞서 들은 예를 적용하면 우선 전년도 일반경비를 1,000만 원 사용했고 금년도 경비를 줄이고자 과제를 수행한다고 할 때, '비례비 산출법'을 적용하려면 우선 달성할 최고의 수준인 6시그마 수준 값을 얻어야 한다. 통상 '0 또는 100(비율일 경우 망소 특성은 '0', 망대 특성은 '100'이 됨)', '벤치마킹(세계 또는 업계 최고 수준)', '경쟁 우위(경쟁사를 밟고 올라설 수 있는 수준)', '회사 정책(사업 계획이나 대표이사 또는 사업부장의 요구 수준)' 등이 있는데 이렇게 설정된 수준을 '절대 수준(Entitlement)'이라고 한다. 일반 경비의 예에서 최고 수준을 구하기 위해 유사 업종의 타사 사례를 벤치마킹한 결과 구조 조정의 여파로 최고 40% 수준까지 당 연도 경비를 절감한 사례가 있었다면, 이 40%를 과제의 '절대 수준'으로 정한다. 산정 과정은 다음 식 (M.16)과 같다.

$$\frac{1}{1000} : x = \frac{1}{600} : 6 \qquad \text{(M.16)}$$
$$x = \frac{6}{1000} \times 600 = 3.6$$

경비 절감은 작을수록 좋은 **'망소 특성'**이므로 분수를 사용했다. 좌변 항 '1,000'은 전년도 사용 금액을, 우변 항 '600'은 최고 수준 40%를 절감했을 때 금액[1,000×(1−0.4)=600]이다. 우변 항에서 '6'은 최고 수준을 '6시그마 수준'으로 정한다는 뜻이다. 이때의 '시그마 수준'은 '3.6'이다. 만일 '절대 수준'이 없으면 내부적으로 '목표 수준'을 정해 사용한다. **'망대 특성'**은 월 매출 금액 또는 매출 수량을 들 수 있는데 월별로 산포가 존재하면 '연속 자료'로 간주하는 것이 맞지만 그렇지 않으면 '비례비 산출법'을 적용한다. 예를 들어, 월 매출이 일정하게 300톤인 화학제품을 경쟁사 수준 또는 사업 계획상 수준인 월 700톤으로 올리는 과제를 수행한다고 가정하자. 현 수준은 300톤, 절대 수준은 700톤이다. '비례비 산출법'을 적용하면 다음과 같다.

$$300 : x = 700 : 6 \qquad \text{(M.17)}$$
$$x = \frac{300 \times 6}{700} = 2.57$$

마찬가지로 좌변 항 '300'은 현재 판매량을, 우변 항의 '700'은 '절대 수준' 또는 '목표 수준'이다. '시그마 수준'은 '2.57'이다. 그렇다면 **'망목 특성'**은 어떻게 적용할까? 이때는 현재 값이 목표 값보다 작으면 '망대 특성', 현재 값이 목표 값보다 크면 '망소 특성'으로 진행한다. 예를 들어 한 사업부의 사외 교육 담당자가 계획 대비 실적 비율이 항상 '100'이 되도록 하는 과제를 수행한다고 가정하자. '100'보다 크면 사외 교육 참석자가 계획 대비 더 늘어난 경우로 교육비 상승을, '100'보다 작으면 계획은 해놓고 교육에 불참한 경우이다. 연간 계획 인원이 적어 월별 변동을 고려한 평가는 고려치 않는 것으로 한다. 직전 12개월간 계획 건수는 총 50명 예정 인원 중 실적은 38명으로 12명의 불참 사례가 있었다. 따라서 현재 값은 '76(= 38/50×100)', 목표는 '100'이며, '망목 특성'이지만 현재 값이 목표보다 작으므로 목표인 '100'을 '절대 수준'으로 정한다. 따라서 '비례비 산출법'을 적용하면 다음과 같다.

$$76 : x = 100 : 6 \qquad \text{(M.18)}$$
$$x = \frac{76 \times 6}{100} = 4.56$$

좌변의 '76'은 현재 사외 교육 참석률을, 우변의 '100'은 목표 수준이다. 이렇게 산출된 '시그마 수준'은 '4.56'이다.

‘비례비 산출법’은 산출 과정이 쉽고, 분포로 설명할 수 없는 ‘Y’의 ‘시그마 수준’을 산정할 수 있는 장점은 있지만 활용에 불합리한 점이 있음을 인정해야 한다. 통상 현 수준이 ‘4시그마 수준’에서 ‘5시그마 수준’으로 올리는 노력과, 현 수준이 ‘1시그마 수준’에서 ‘2시그마 수준’으로 올리는 문제는 둘 다 1시그마 수준 올리는 문제지만 전자의 경우가 훨씬 많은 노력을 기울여야 한다. 그러나 ‘비례비 산출법’은 동일한 비율로 상승하거나 감소하므로 이러한 실질적인 프로세스 능력을 반영하기는 어렵다. 다음 [그림 M - 78]은 프린터 소모품 구매에 대한 ‘비례비 산출법’을 적용하여 ‘파워포인트’로 작성한 예이다.

[그림 M - 78] ‘Step - 5.2. 현 프로세스 능력 평가’ 예(비례비 산출법)

Step-5. 현 수준 평가
Step-5.2. 현 프로세스 능력 평가/ Step-5.3. 목표 재설정

전사의 프린터 소모품 경우 전년도 계약 단가가 6,850원이나 최근 타 A사를 방문하여 구매단가를 조사한 결과 재생품 사용으로 개당 3,750원에 사용하고 있는 것을 확인함. 현재 당사의 목표 구매가는 5,500원으로 설정돼 있는 상태임.

■ 비례비 산출법

$$\frac{1}{6,850} : x = \frac{1}{3,750} : 6$$

$$x = \frac{6}{6,850} \times 3,750 = \boxed{3.29}$$

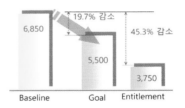

현 프로세스능력	목표	비 고
₩6,850(3.29 시그마수준)	₩3,750(6 시그마수준)	당초 목표로 잡았던 ₩5,500원보다 벤치마킹을 통해 얻은 ₩3,750을 Stretched Goal로 재설정

[그림 M - 78]에서 ‘Step - 5. 현 수준 평가’에 걸맞은 ‘프로세스 능력’ 산정뿐 아니라, 아래쪽 표에 ‘목표 재설정’을 추가하였다. 당초 목표인 5,500원을 뛰어

넘는 새로운 단가로 재조정이 있었기 때문이다. 하단에 있는 도표의 '프로세스 능력' 수치를 자세히 관찰하기 바란다. '시그마 수준' 외에 실제 단가를 괄호 속에 함께 기입함으로써 현 수준을 쉽게 공유할 수 있도록 배려하고 있다. 이러한 조치는 '비례비 산출법'을 통해 혹 현 수준이 왜곡되게 비쳐지는 것을 방지하는 데 중요한 역할을 한다. 장기 성향의 데이터면 '1.5Shift'를 적용해도 무방하다.

5.2.7. 프로세스 능력(기타) – 만족도 평가법

간접이나 서비스 부문에서 과제 지표 'Y'가 정해지는 유형은 크게 3가지로 구분된다. '시간', '만족도', '프로세스 결점'이 그것이다. '시간'은 'Lead Time', '소요 시간', '처리 시간' 등 과제 성격에 맞게 선택되며, '만족도'는 '고객 응대 만족도', '상품 만족도', '이용 만족도' 등 역시 과제 성격에 맞는 다양한 만족도 유형들이 사용된다. 그 외 프로세스 효율 향상과 관련한 항목들은 모두 '프로세스 결점'으로 분류된다. 이들 중 '만족도'를 '시그마 수준'으로 전환하는 방법에 대해 알아보자.

'만족도'는 웹 환경 개선이나 고객 대면 프로세스 변경, 표준 절차 변경 등 과제 수행 전반에 걸쳐 사람들의 호응을 필요로 할 때 많이 적용되는 지표다. 사내 메일로 간단히 파악하는 수준부터 정교한 설문 설계를 통해 심도 있게 조사하는 방법에 이르기까지 다양한 접근법이 있다. '만족도' 결과를 '시그마 수준'으로 전환하는 방법의 출처는 '대한산업공학회 '98년 추계 학술 대회 논문집'에 실린 <경영 성과 척도로서의 시그마 수준과 문제점 – 권혁무 외 3>의 내용을 참고하였다. 이해를 돕기 위해 고객들의 홈페이지 활용률을 높이는 과제를 가정하자. 유사 과제로 사내 그룹웨어나 정보 운영관련 웹 환경 개선 등이 있다. '현 프로세스 능력'을 산정하기 위해 홈페이지를 평가할 수 있는 정보를 수집하여 다음 [표 M - 16]과 같이 정리하였다.

[표 M - 16] 홈페이지 평가를 위한 항목

영 역	소분류	만족도 평가 내용
디자인	편의성	• 색채 이용과 화면 배치가 이용자의 집중력을 높이는가?
	가독성	• 줄 간격, 여백, 타이틀, 스타일 등이 효과적인가?
인터페이스	편의성	• 검색 엔진이 제공되고 있으며 검색 결과는 정확한가? • 접속 시 지연되거나 절차가 중복되지는 않는가?
불편 처리	편의성	• 고객 불편 시 안내 기능이 있는가?
고객 의견 수렴	다양성	• 고객의 아이디어를 수집하고 반영하는 기능이 있는가?
정보 영역	정확성	• 안내 내용이 신뢰할 수 있는가(법적 기준, 운영 기준 등)?
	전문성	• 독자적이고 차별화된 이미지, 동영상, 멀티 자료가 제공되는가?
	편의성	• 프린터 기능, 각종 자료 처리 내용의 다운로드가 가능한가? • 정보 공개 및 자료를 신청하거나 요구하는 별도의 항목이 설치되어 있는가?
	신속성	• 홈페이지의 내용/화면구성/개선 사항이 자주 갱신되고 있는가?
	가독성	• 이해하기 어려운 전문 용어를 많이 이용하고 있는가? • 제공하는 안내 내용의 문장이 너무 길어 읽기에 불편한 경우가 많은가?

　　[표 M - 16]의 '영역'은 홈페이지를 구성하는 기본적인 기능적 요소를, '소분류'는 기능적 요소들에 대해 고객이 느끼는 만족도 항목을, 끝으로 '만족도 평가 내용'은 실질적인 대고객 질문 내용을 담고 있다. 자세한 설문 구성이나 과정은 생략하고 5점 또는 7점 척도를 통해 100점으로 환산해 활용하는 것으로 한다. 최종 프로세스 능력을 확인하기 전에 우선적으로 고려해야 할 사항은 만족도 항목인 '소분류'들에 대해 중요도 순으로 가중치를 부여하는 일이다. 가중치 전체 합이 '1'이 돼야 '시그마 수준'으로의 전환이 가능하다. 가중치 부

여는 일반적으로 'AHP(Analytic Hierarchy Process)'의 사용이 자료의 객관화에 도움 된다. 과정은 생략하고 최종 결과물은 다음 [표 M - 17]과 같다.

[표 M - 17] 홈페이지 평가 결과

영 역	소분류	중요도	만족도	가중 평균(중요도×만족도)
디자인	편의성	0.10	68	6.80
	가독성	0.13	72	9.36
인터페이스	편의성	0.11	89	9.79
불편 처리	편의성	0.08	76	6.08
고객 의견 수렴	다양성	0.03	69	2.07
정보영역	정확성	0.11	89	9.79
	전문성	0.06	87	5.22
	편의성	0.20	90	18.0
	신속성	0.08	74	5.92
	가독성	0.10	81	8.10
계/가중 평균		1	-	81.13

이 결과는 고객들이 장기간에 걸쳐 사용한 결과를 반영한 것이므로 장기 성향의 데이터로 간주하고 'Z_{lt}'를 다음과 같이 산출한다.

$$Z_{lt} = \phi^{-1}(0.8113) \cong 0.883 \qquad \text{(M.19)}$$

'시그마 수준'을 단기로 전환하면 1.5Shift를 고려해 다음의 결과를 얻는다.

$$Z_{st} = 0.883 + 1.5 = 2.383 \qquad \text{(M.20)}$$

지금까지의 '홈페이지 만족도' 내용을 '현 수준 평가'의 '파워포인트'로 구성한 결과는 다음 [그림 M - 79]와 같다.

[그림 M - 79] 'Step - 5.2. 현 프로세스 능력 평가' 예(홈페이지 만족도)

Step-5. 현 수준 평가
  Step-5.2. 현 프로세스 능력 평가

홈페이지 활용 만족도를 높이기 위해 고객관점에서 평가할 수 있는 항목을 선정하여 설문 수행.
각 항목을 100점 만점으로 환산하여 가중치 부여 후 시그마 수준 산출.

【만족도 평가 결과】

영 역	소분류	중요도	만족도	가중평균(중요도*만족도)
디자인	편의성	0.10	68	6.8
	가독성	0.13	72	9.36
인터페이스	편의성	0.11	89	9.79
불편처리	편의성	0.08	76	6.08
고객의견 수렴	다양성	0.03	69	2.07
정보영역	정확성	0.11	89	9.79
	전문성	0.06	87	5.22
	편의성	0.20	90	18
	신속성	0.08	74	5.92
	가독성	0.10	81	8.1
계/가중평균		1	-	81.13

【프로세스능력】

역 누적분포함수

정규 분포(평균 = 0, 표준 편차 = 1)

P(X <= x)　　　 x
　0.8113　　0.882697

$$Z_{lt} = \phi^{-1}(0.8113) \cong 0.883$$

$$Z_{st} = 0.883 + 1.5 = 2.383$$

'노래방 매출 올리기'의 경우도 동일한 방법으로 프로세스 능력을 산출할 수 있다. '운영적 정의'와 '데이터 수집 계획'에 근거하여 설문 문항들에 대한 설계가 필요하며(설문 문항 작성은 관련된 자료를 참고하기 바란다.) 이 결과 역시 장기간 고객들이 느껴온 노래방에 대한 이미지를 표현한 것이므로 장기 성향의 데이터로 보고 최초 산정된 '시그마 수준'에 '1.5Shift'를 더한다. '파워 포인트' 장표로 구성한 결과는 다음 [그림 M - 80]과 같다.

Step-5. 현 수준 평가
  Step-5.2. 현 프로세스 능력 평가

'하위특성'은 'VOC'로부터 도출된 항목들이고, 이를 확인하기 위해 소분류로 구분하여 고객대상
으로 설문진행. 중요도는 AHP를 적용한 결과임.

【만족도 평가결과】

Y	하위특성	소분류	중요도	만족도	가중 평균 (중요도*만족도)
종합 만족도	노래방 시설 만족도	노래방 환경	0.22	86	18.9
		화장실 환경	0.08	73	5.8
		반주기 수준	0.15	83	12.5
	영상 만족도	음향	0.15	81	12.2
		영상배경	0.04	95	3.8
		노래후보 곡	0.16	90	14.4
	서비스 만족도	종업원	0.1	85	8.5
		기타	0.1	74	7.4
계/가중평균			1	-	83.5

【프로세스능력】

역 누적분포함수

정규 분포(평균 = 0, 표준 편차 = 1)

P(X <= x)   x
  0.835   0.974114

$$Z_{lt} = \phi^{-1}(0.835) \cong 0.974$$

$$Z_{st} = 0.974 + 1.5 \cong 2.47$$

5.2.8. 프로세스 능력 – 수율 평가법

'문제 해결 과정' 교육을 받다 보면 '수율'에 대한 내용을 자주 접한다. 종류
도 여럿일뿐더러 어느 경우에 어떤 계산 방식을 취해야 할지 고민스러울 때가
많다. 기업은 프로세스로 움직이므로 운영 능력인 '수율'을 정확하게 산정하고
관리하는 것이 얼마나 중요하리란 것쯤은 쉽게 짐작하고도 남는다. 따라서 이참
에 '수율'의 종류와 정의 및 계산법을 알아보고, 최종 목적인 '시그마 수준' 산
정 방법에 대해서도 알아보자.

자주 접하는 '수율'에 '초기 수율(Y_{FT}; First Time Yield, or First Pass
Yield)', '누적 수율(Y_{RT}; Rolled Throughput Yield)', '최종 수율(Y_F; Final

Yield, or Traditional Yield)', '표준화 수율(Y_{NOR}; Normalized Yield)'이 있으며, 보통은 '직행률'로 알려진 '누적 수율'을 주요한 평가 척도로 사용한다. 다음 [그림 M-81]의 프로세스는 앞서 소개된 '수율'들을 설명하기 위해 마련한 예이다.

[그림 M-81] '수율' 평가를 위한 프로세스 예

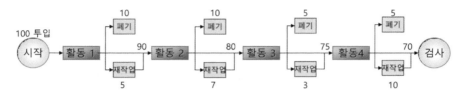

[그림 M-81]의 '시작'에서 '100단위'가 '활동 1'에 투입돼 정상인 아이템 '85개'가 나왔다. '15'개의 문제 있는 아이템들 중 '5개'는 재작업을 통해 수리 후 양품으로 만들어졌으나 나머지 '10개 아이템'은 수리가 안 돼 폐기했다(고 가정한다). 결국 다음 '활동 2'에는 '총 90개 아이템'이 입력된다. '활동 2'에서는 다시 '90개 아이템'이 들어가 '73개 아이템'이 양품이었다. 문제가 있는 17개 아이템들 중 '7개'는 수리가 돼 정상화시켰고 복구가 안 된 '10개'는 폐기했다. 따라서 '활동 3'에는 총 '80개'가 입력된다. '활동 3'과 '활동 4'도 동일한 과정이 반복된다. '활동 4'를 거친 후 최종 '70개'가 검사 프로세스로 넘겨졌다고 가정하자. 이때 우선 각 활동에서의 '초기 수율'인 'Y_{FT}'는 다음과 같이 얻는다.

 '초기 수율(Y_{FT})'은 '활동'에 입력된 '아이템 수' 대비 '출력된 아이템 수'의 비율이며, '폐기(Scrap)' 또는 '재작업(Rework)'된 아이템들은 계산에 포함시키지 않는다. 즉 한 번에 정상으로 만들어진 아이템들을 대상으로 수율을 산정한다. [그림 M – 81]의 각 활동에서 '초기 수율(Y_{FT})'을 계산하면 다음 (M.21)과 같다.

$$활동 1 : Y_{FT} = \frac{100 - (10 + 5)}{100} = 0.85 , 85\% \qquad \text{(M.21)}$$

$$활동 2 : Y_{FT} = \frac{90 - (10 + 7)}{90} = 0.811 , 81.1\%$$

$$활동 3 : Y_{FT} = \frac{80 - (5 + 3)}{80} = 0.90 , 90\%$$

$$활동 4 : Y_{FT} = \frac{75 - (5 + 10)}{75} = 0.80 , 80\%$$

'초기 수율(Y_{FT})'은 각 '활동'을 한 번에 깔끔히(?) 나온 아이템들에만 관심을 둔다. 만일 프로세스 예에서 재작업이 없다고 가정하면(즉, 재작업이 없을 정도로 프로세스 관리가 잘된다면) 각 '활동'의 '초기 수율(Y_{FT})'은 '90%, 88.9%', '93.8%', '93.3%'로 향상된다. – 각 '활동' 산식에서 '재작업' 아이템을 제외하고 계산 – 일반적으로 '재작업'을 '숨겨진 공장(Hidden Factory)'이라고 해서 1차적인 개선 대상으로 삼는다. 따라서 '초기 수율(Y_{FT})'은 프로세스 내 재작업의 양을 측정하는 도구로 매우 유용하다. 설명한 바와 같이 재작업이 들어가면 그렇지 않은 경우보다 수율이 현저하게 떨어진다.

'누적 수율(Y_{RT})'은 각 '활동'의 '초기 수율(Y_{FT})'을 모두 곱해 얻는다. 다음과 같다.

$$Y_{RT} = 0.85 \times 0.811 \times 0.90 \times 0.80 = 0.496, 49.6\% \qquad \text{(M.22)}$$

'누적 수율(Y_{RT})'은 '생존 확률'로 설명되는데, '활동 1'도 무사히 통과하고, '활동 2'도 통과하고, '활동 3'도 통과하고, '활동 4'도 통과하는 'And'로 물리는 사건들이다. 확률론으로부터 이때의 최종 사건이 발생할 확률은 각각의 발생 확률을 모두 곱해 얻는다. 따라서 초기에 투입된 아이템이 '활동 1'에서도 살아 남아야 하고, 연이어 '활동 2'에서도, 또 '활동 3'과 최종 단계인 '활동 4'까지 모두 정상으로 통과해야 완성품이 된다는 의미다. 따라서 '누적 수율'은 실질적 으로 프로세스를 대변할 수 있는 주요 지표로 평가받는다. 왜냐하면 각 '활동' 별로 수율이 '99%'라 하더라도 '활동 수'가 많아지면 많아질수록 '누적 수율 (Y_{RT})'은 '$0.99^{활동수}$'가 될 테고, 1보다 작은 수를 계속해서 곱하면 그 결과는 점점 더 작아지기 때문이다. 결국 '활동 수'가 많은 프로세스일수록 전체적인 균형이 잘 맞춰져야 하고 그 상황에서 각 '활동'의 '초기 수율(Y_{FT})'을 높이는 것이 의미가 생긴다. 현업에서는 이 같은 의미에서 '누적 수율(Y_{RT})'을 중요한 측정 수단으로 여긴다. '시그마 수준'의 산정은 미니탭「계산(C)>확률 분포(D)> 정규 분포(N)…」에서 구하며, 다음 [표 M - 18]의 결과를 얻는다.

[표 M - 18] '프로세스 능력'(누적 수율)

역 누적분포함수

정규 분포(평균 = 0, 표준 편차 = 1)

P(X <= x)	x
0.496	-0.0100267

수집된 각 '활동'의 데이터가 장기 성향을 보이면 '1.5Shift'를 고려해 '단기 시그마 수준'으로 표현한다.

'**최종 수율(Y_F)**'은 최종 '활동'에서의 평가로, '시작'에 투입된 '아이템 수' 대 비 최종 '활동'으로부터 얻은 '아이템 수'의 비율로 얻는다. 프로세스 중간에 재작업을 했는지에 상관하지 않고 단순히 들어간 대비 나온 개수만 본다. '전통적인 수율(Traditional Yield)'로 명명하기도 한다. 산출 과정은 식 (M.23)과 같다.

$$Y_F = \frac{70}{100} = 0.7 \ , 70\%$$

역 누적분포함수

정규 분포(평균 = 0, 표준 편차 = 1)

P(X <= x)　　　x
　0.7　　　0.524401

(M.23)

'표준화 수율(Y_{NOR})'은 수학에서 얘기하는 '기하 평균(Geometric Mean)'이다. 양수가 'n'개 있을 때 이들을 모두 곱한 후 'n 제곱근'한 값이다. 즉, 수율 측정값들이 '0.9'와 '0.88', 그리고 '0.95'가 있을 때, 이들의 '표준화 수율'은 '$(0.9 \times 0.88 \times 0.95)^{1/3}$'이다. 일반적으로 알고 있는 '산술 평균(Arithmetic Mean)'보다 항상 작은 결과를 얻는다. '표준화 수율(Y_{NOR})'은 서로 다른 프로세스들의 '수율'을 평균하거나, 서로 다른 특성들의 '수율'을 평균하는 용도로 사용된다. 단순히 하나의 프로세스를 구성하고 있는 '활동'들의 '초기 수율'을 평균하는 경우엔 적용되지 않는다. 따라서 [그림 M-81]의 프로세스 예에서 '표준화 수율'의 적용은 적절치 않다. 계산 예로써 이전 프로세스에서 '누적 수율(Y_{RT})'이 '49.6%'이고, 타 프로세스의 '누적 수율(Y_{RT})'이 '89.4%'라면 두 프로세스를 평균하기 위해 '표준화 수율(Y_{NOR})'이 쓰이며 그 결과는 다음 식 (M.24)와 같다. '역 누적 분포 함수' 결과는 '시그마 수준'이다.

$$Y_{NOR} = (0.496 \times 0.894)^{\frac{1}{2}} \cong 0.67 \ , 66.6\%$$

역 누적분포함수

정규 분포(평균 = 0, 표준 편차 = 1)

P(X <= x)　　　x
　0.6659　　　0.428620

(M.24)

프로세스 능력을 평가하기 위한 방법들은 여기까지 설명하는 것으로 하겠다. 물론 본문에서 분류한 방법 외에 'Product σ', 'Part σ', 'Software σ', 'Performance σ'로 구분해서 접근하는 시도도 있지만 지금까지 설명한 것들의 재정립 수준에 불과하다. 실제 수집된 데이터 형태는 분야별로 다양하다. 따라서 상황에 맞춰 '시그마 수준'으로 전환하는 방법들을 잘 숙지함으로써 혼란을 줄이고 정확하게 산정할 수 있도록 방법 학습에 독자 스스로도 노력을 경주해 주기 바란다.

다음은 '프로세스 능력' 평가를 최종적으로 정리하면서 향후 목표를 확실하게 공표하는 '목표 재설정'에 대해 알아보자.

Step - 5.3. 목표 재설정

'목표 설정'이면 '설정'이지 왜 '재설정'이라고 할까? 의문을 가질 만도 하다. 목표는 과제 수행 초기인 Define Phase에서 이미 설정해놓았기 때문에 여기서는 '재설정'이라고 표현한다. Define Phase에서는 장기 성향의 데이터를 확보하기 위해 고민도 덜 할뿐더러 데이터에 대한 신뢰성 평가도 아직 미흡한 상태다. 따라서 기존 관행대로 또는 간이적인 방법을 통해 현 수준을 파악하고 목표를 설정하는 정도였던 반면, Measure Phase는 상황이 좀 다르다. 데이터를 신뢰할 수 있는지 고민하는 시간과, 필요하면 '측정 시스템'을 변경해서라도 신뢰가 가는 데이터를 확보하는 데 주력한다.

데이터 신뢰성 평가를 행함으로써 '현 수준' 평가 역시 신뢰할 수 있게 돼 Define Phase에서의 현 수준 값과는 다소 차이를 보일 수 있다. 실제 차이가 발생하면 수정이 불가피하다. '재설정'이란 표현이 필요한 이유다. 또 하나는 '목표의 재설정'도 고려 대상이다. Measure Phase에서의 현 수준 평가는 통상 공통 언어인 '시그마 수준'으로 표현하고 PPM도 함께 관리되는 반면, Define Phase는 목표가 편의상 '%'로 돼 있는 경우가 많다. 따라서 목표도 현 수준의 '시그마 수준' 및 'PPM'의 단위와 일치시키는 노력도 의미 있다. 끝으로 'Measure', 즉 '측정'의 본래 목적이 마무리되는 활동이므로 현 수준, 목표 등에 대한 최종 정리 차원에서도 본 '목표 재설정'의 존재 의미가 매우 크다. '노래방 매출 올리기' 예의 '목표 재설정'을 다음 [그림 M-82]에 나타내었다.

[그림 M-82] 'Step-5.3. 목표 재설정' 예(노래방 매출 올리기)

제조나 연구 개발 부문에서 자주 마주하는 공학 특성이 아니면 '시그마 수준'을 표기할 때 관리 중인 측정 단위를 함께 기술하는 것이 바람직하다. '시그마 수준'만으로 내용 전달이 정확히 되지 않기 때문이다. 예를 들어, '종합 만족도'를 '83.5점'에서 '95점'으로 가겠다면 바로 감이 오지만 '0.97시그마 수준'에서 '1.64시그마 수준'으로 가겠다면 당장 와 닿지 않는다. 또 대체로 '시그마 수준'은 1.5Shift를 고려하지 않은 '장기 수준'으로 표현해왔다. 왜냐하면 '1.5'를 더하는 순간 '실제 불량률(%)'과의 수학적 괴리가 생기기 때문이다. 따라서 '단기 수준' 등은 괄호로 함께 표현하는 센스(?)도 고려해봄 직하다.

지금까지 선정된 과제를 성공적으로 완수하기 위해 가장 기반이 되는 '현 수준'을 어떻게 확인하는지 알아보았다. 또 '목표'도 명확하게 재설정함으로써 전열을 가다듬는 전기도 마련하였다. 여기까지가 'Y'에 대한 얘기다. 이후부터 'Y'에 대한 얘기는 쏙 뺀 채 전적으로 'X'에 대한 얘기로만 전개된다. Control Phase까지…. 물론 'Y'를 완전히 배제한다는 얘기는 아니다. Analyze Phase에서 '가설 검정'을 수행할 때 'Y' 데이터가 필요하겠으나 'Y'를 좌지우지하는 핵심은 결국 'X'이므로 이들에 조명이 집중된다.

'X'에 관심을 둘 첫 번째 작업으로 익히 잘 알고 있는 '잠재 원인 변수의 발굴'이 다음 단원부터 이어진다.

Step - 6. 잠재 원인 변수의 발굴

'잠재 원인 변수'는 말 그대로 '잠재된' 변수를 뜻한다. '운영적 정의'한 'Y'는 '종속 변수'다. '종속'은 스스로 역할을 하기보다 주(主)에 딸려 있다는 의미다. 주라는 것이 바로 'X'들인데 이를 '독립 변수'라고 한다. '독립'이란 주변 여건에 관계없이 어느 값이라도 취할 수 있다는 의미다. 따라서 정해진 'Y'에 대해 이를 좌지우지할 독립 변수 'X'를 확실히 알 수만 있으면 'Y'를 원하는 수준에 맞출 수 있는 능력을 갖는다. 그러나 말처럼 그렇게 간단치만은 않다. 'Y'와 'X' 간 수학적 함수 관계가 있더라도 주변에서 정확하게 이 'X들이군!' 하고 바로 관련된 'X'들을 추출해 낼 수 있는 기회도 많지 않을뿐더러, 간접이나 서비스 부문과 같이 수학적 관계만으로 해석되지 않는 영역에서도 문제를 해결해야 하기 때문이다.

'Y'를 향상시키는 데 필요한 최적화 대상 'X'를 정확히 알아내기 위해 마치 채를 치듯 개연성 높은 독립 변수 'X'들을 1차로 선별하는데, 이렇게 나온 것들을 '잠재 원인 변수'라고 한다. 간혹 초보자들이 '핵심 인자' 또는 'Vital Few Xs'라고 기술하는 경우도 있는데 둘은 확실히 구별된다. '잠재 원인 변수'는 'Y'와 관련이 있을 것으로 예상은 되지만 아직 확인되지 않은 변수를 (그래서 '잠재'란 수식어가 붙음), '핵심 인자' 또는 'Vital Few Xs'는 'Y'와 관련이 있다고 확인된 변수를 일컫는다. '잠재 원인 변수'를 발굴하기 위해서는 우선 'Y' 주변에 산재해 있는 다양한 변수들을 끄집어내는 작업부터 시작한다. 과제를 지도하거나 교육을 할 때면 다음 [그림 M - 83]과 같이 '잠재 원인 변수 발굴도'로 요약해 전달하곤 한다. '잠재 원인 변수 발굴도'는 변수들의 유형과, 그 유형들을 발굴하는 데 쓰이는 도구들을 하나의 그림으로 표현한 개요도이다.

[그림 M-83] '잠재 원인 변수' 발굴도

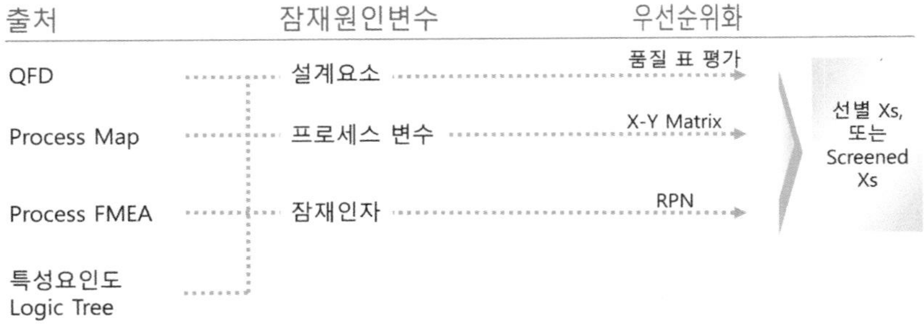

출처	잠재원인변수	우선순위화	
QFD	.... 설계요소	품질 표 평가 →	선별 Xs, 또는 Screened Xs
Process Map	.... 프로세스 변수	X-Y Matrix →	
Process FMEA	.... 잠재인자	RPN →	
특성요인도 Logic Tree	....		

[그림 M-83]에서 우선 '잠재 원인 변수'를 유형별로 분류하면 '설계 요소 (Design Elements)', '프로세스 변수(Process Variables)', '잠재 인자(Potential Causes)'가 있다. 용어 정의가 사전에 있는 것도 아니고 여러 교재나 사람들에 의해 서로 간 혼용돼 불리기도 하나 경험적으로 3가지로 분류하는 것이 가장 타당하다. 그림에서 설명하려는 개요는 우선 '잠재 원인 변수'가 있고, 이들 중 'Y'와 관련이 있을 것으로 예상되는 추출된 'X'들을 '선별 Xs, 또는 Screened Xs'라고 한다면, 선별되기 전 후보 'X'들을 물색해야 한다. 이들을 발굴하는 도구들이 '출처' 열에 나열된 'QFD(Quality Function Deployment)', 'Process Map', 'Process FMEA', '특성요인도', 'Logic Tree'이다.

물색된 후보 'X'들이 전부 'Y'와 연관돼 있다고 보기 어려우므로 우선순위화를 통해 관련성이 적은 것들을 털어내는데, 이때 쓰이는 도구들이 '우선순위화' 제목 아래에 나열된 '품질 표 평가', 'X-Y Matrix', 'RPN'이다. 즉, 'QFD'는 '품질 표 평가'를 통해, 'Process Map'은 'X-Y Matrix'를, 'Process FMEA'는 'RPN'을 통해 1차적으로 'X'들을 추출한다.

'우선순위화'를 통해 최종적으로 추출된 '잠재 원인 변수'들을 '선별 Xs, 또는 Screened Xs'라 명명하고, 이후 이들을 Analyze Phase로 넘겨 정말 'Y'와 관련된 변수가 맞는지를 확인하는 검정 작업에 착수한다. 'QFD'는 연구 개발 부문에서 제품을 설계하기 위해 개발 초기 단계 때 사용하는 도구로, '설계 요소'란 제품, 즉 시스템을 구성하는 부품들의 특성들을 나타낸다. 본 문에서는 '프로세스 개선 방법론'에 대해 논하고 있으므로 'QFD'에 대한 설명은 빼고 그 외의 도구인 'Process Map~특성 요인도'를 이용해 '잠재 원인 변수'를 발굴하는 과정을 하나씩 짚어볼 것이다.

Step - 6.1. 'Process Map'과 'X - Y Matrix'

'Process Map'은 주변에서 흔하게 듣는 용어라 익숙할 듯도 하지만 직접 작성하라고 하면 기본 형식조차 지켜지지 않고 작성하는 경우가 많다. 용도가 다양해서 그런지 멘토링하다 보면 정확히 무슨 목적으로 맵을 작성했을까 하고 의문이 생기는 경우도 여러 번 있다. 정해진 틀에 따라 움직이는 제조보다 사람이 주로 활동하는 서비스 분야가 특히 그렇다.

한 보험사에서 멘토링할 때의 일이다. 보험 업무가 영업 현장과 관련이 많고 특히 회사 매출에 기여하는 설계사들의 활동을 관리하는 것이 매우 중요한데, 청약 받는 설계사와 본사 처리 담당자 간 말이 조금씩 틀려 정확한 흐름을 파악하기가 매우 어려웠다. 그도 그럴 것이 보험에 가입하는 사람의 건강부터 생활환경 등 고려해야 할 변수도 많으려니와 세부 항목들은 사내 규정과 법적 근거도 조금씩 달라 한두 사람이 모든 처리 과정을 이해하기는 사실 역부족이다. 일단 처리 과정이 서로 공유돼야 어느 단계에서 어떤 일에 매진할 것인지 윤곽이 나올 것이므로 과제 리더에게 일의 흐름을 켄트지에 그리도록 제안했다. 이 작업은 3주 정도 소요됐다. 그 기간 동안 업무의 일부만 알고 있는 담당자들을 오도록 요청해 계속 추가하고 수정해가는 과정을 반복했다. 완성된 '프로세스 맵'에 표준 절차의 흐름을 빨간색으로 표시하게 함으로써 무슨 일을 얼마나 보완해야 할지를 시각적으로 극명하게 드러나게 하였다. 그제야 리더와 팀원 그리고 필자까지 과제에서 다루어야 할 전체 프로세스에 대한 이해와 대화가 가능해졌고 해야 할 일들에 대해 논의가 시작됐다. 즉, 표준에서 벗어나 있는 활동들의 현 수준을 파악하고, 규모와 상황에 따라 하나씩 제거해나가는 활동을 수행한 것이다. 이와 같이 '프로세스 맵'은 업무 흐름을 여러 사람이 함께 공유하게 됨으로써 실제 프로세스 내의 문제점과 그를 극복할 방안들에 대해 고민할 수 있도록 돕는 역할을 한다. "업무 흐름에 대한 공감대 형성", 이것이 '프로세스 맵'을 사용하는 첫 번째 목적이라 할 수 있다.

[그림 M-84] 프로세스에 대한 공감대 형성

또 다른 목적은 프로세스를 '분석'하는 데 있다. 프로세스의 각 경로별 발생 빈도를 추적해 기록하거나 각 작업별로 수율을 계산해 전체 프로세스의 능력을 파악할 수 있다. 이때 어디서 전체 수율을 떨어뜨리고 어느 단계에 병목이 있는지, 또는 시간이 가장 많이 소요되는 위치 등을 마치 지도를 보듯 파악할 수 있어야 한다. 분석을 설명하기에 앞서 '프로세스 맵'에서 가장 많이 쓰는 기본 용어들에 대해 간단히 언급하고 넘어가자. 다음 [그림 M-85]는 '프로세스 맵'에 자주 등장하는 '시간'관련 용어들을 나타낸다.

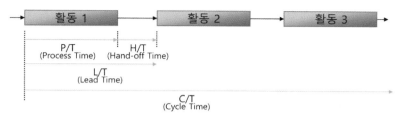

[그림 M - 85]에서 '활동(Activity)'은 '프로세스 단계(Process Step)' 또는 줄여서 '단계(Step)'로도 불리며, 프로세스상에서 원자재의 조립, 가공, 처리 등을 수행하는 일련의 과정을 일컫는다. '프로세스 맵'을 그릴 때 통상 사각형으로 처리한다. 또 과제에서 많이 다루는 특성 중 하나가 '시간'인데, 이 중 'P/T(Process Time)'는 사각형으로 처리된 '활동'의 순수 소요되는 시간을, 'H/T(Hand - off Time)'는 '활동'과 '활동' 사이의 소요 시간을 - 이동, 대기 등 - , 'L/T(Lead Time)'는 'P/T'와 'H/T'를 합친 시간을, 'C/T(Cycle Time)' 는 'L/T'를 모두 합친 또는 전체 소요된 시간을 각각 나타낸다. 분석적 접근을 위해 다음 [그림 M - 86]의 간단한 프로세스 예를 보자.

[그림 M - 86] 수율 계산을 위한 프로세스 예

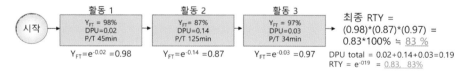

[그림 M - 86]의 프로세스는 3개의 '활동'을 거치도록 돼 있고 각 '활동'에서 '초기 수율(Y_{FT})'을 계산한다. 전체 수율을 '누적 수율(Y_{RT})'로 계산하면

약 '83%'다. 각 '활동'의 수율 계산은 단위당 '결점'이 관리되고 있어 이전에 배웠던 '(이산 자료)결점 특성'의 'DPU 방법'을 사용하였다. 간단한 예지만 전체 '수율'의 균형(Balance) 관점에서 우선적으로 선택과 집중을 해야 할 부분은 '활동 2'라는 것을 바로 알 수 있다 - 수율도 낮고 시간도 많이 소요됨. - 물의 흐름으로 치면 '활동 2'의 수도관 폭이 좁아 앞뒤가 아무리 넓은 직경을 가졌더라도 전체적인 물의 흐름은 '활동 2'에 의해 지배당한다. 아무리 복잡한 생산 프로세스나 업무 처리 프로세스를 운영하더라도 각 '활동'에 대한 '수율'과 전체 수율을 산정할 수 있는 분석 능력만 갖추면 개선에 필요한 시간, 그리고 최적화를 위한 아이디어 도출에 집중할 수 있다.

그러나 현실적으로 과제를 수행하면서 '상세 프로세스 맵'을 작성하고 각 '활동'별 수율을 계산하며, 또 그 분석 자료를 통해 개선 방향을 이끌어내는 과정은 매우 제한적이다. 왜냐하면 각 '활동'별 수율을 계산하기 위해서는 적어도 그 '활동'의 '아이템', '기회', '결점'이 무엇이며, '불량 특성'이면 '불량의 정의'가 무엇인지 표준화가 돼 있어야 하고, 또 그들을 관리도 하고 있어야 한다. 그렇지 않으면 과제 수행 기간 내내 필요 내용을 얻기 위한 활동에 올인 해야 할지도 모를 일이다.

그러나 하루를 48시간으로 생각하고 열심히 노력해서 필요조건들을 확보했더라도 모든 타 직원들과 공유해가며 지속적으로 관리해나가는 일 또한 만만치 않은 일이다. 한 과제를 위해 '프로세스 맵' 작성을 일회용으로 추진하기에는 너무 막대한 노력과 자원의 투입이 필요할 수 있다. 그렇다고 나 몰라라 할 순 없고, 따라서 프로세스의 분석적 접근법 중 조금 거시적으로 해석하는 'Work Value Analysis'를 추천한다. 다음 [그림 M - 87]은 간단한 프로세스를 예로 들어 'Work Value Analysis'를 수행한 결과이다.

[그림 M-87] 'Work Value Analysis' 예

Process	고객의뢰접수	고객정보입력	심사용의뢰서작성	1차 심사		의뢰서보완	추가심사전송	심사대기	추가 심사					합계
				정상	반려				내부확인	외부적발	추가요청	작성미비보완	조건부동의여부	
시간(H)	0.4	0.2	7.5	0.2	0.2	0.2	0.15	38.0	4.0	26.0	21.0	10.0	9.0	116.85
BVA		●					●							0.35
NVA 내부실패							●		●					7.65
NVA 외부실패														4.0
NVA 조정/심사						●								0.2
NVA 지연					●							●		10.2
NVA 대기/Step								●						38.2
NVA 이동						●				●				4.2
가치가능성				●										0.2
비고	0.4	0.2	2.0 32.0	0.2	0 28.0	0.1 2.0	0.1 2.0	0.4 220.0	0 300.0	좌동	0 310.0	0 91.0	0 110.0	Min 3.4 Max1,395

✓ BVA : 2Step(전체의 23%)이 Cycle time의 0.3%를 점유
✓ NVA : 6Step(전체의 46.2%)이 Cycle time의 55.16%를 점유
✓ 가치가능성 : 1Step(전체의 7.7%)이 Cycle time의 0.17%를 점유

✓ "심사대기"의 경우 Cycle time이 32.5%로 1차 개선 대상임.
✓ '외부적발', '추가요청' 활동들에 대해서도 추가분석 필요함.
✓ 절대수준(Entitlement)은 Min 값 3.4시간으로 평가됨에 따라 목표의 방향성 설정에 활용할 계획임
✓ 평균과 Min, Max로 볼 때 처리시간 분포는 우변사행으로 예측됨

'Work Value Analysis'는 '프로세스 맵'을 그린 뒤 관련 '활동'들을 표 상단에 배치하고, 각 '활동'을 수행하는 데 소요되는 시간이나 수율, 또는 특성들을 바로 아래 칸에 기입한다. 또 각 '활동'별로 '부가가치(Value-added)'와 '비부가가치(Non Value-added)'를 구분하여 전체 '활동' 대비 점유율을 관찰한다.

맨 하단 행의 '비고'란에는 각 '활동'에 소요되는 'P/T'의 최솟값과 최댓값을 기입하여 전체 프로세스의 'Min', 'Max'값을 유도하고 '절대 수준(Entitlement)' 또는 분포 모양을 추정하는 자료로 활용한다. 분석 예는 [그림 M-87]의 하단 설명을 참조하기 바란다. 분석 결과는 과제 완성도와 품질을 높이는 데 이용된다. 그러나 과제 수행에서 '프로세스 맵' 사용의 가장 큰 목적은 '잠재 원인 변수의 발굴'에 있다. 이 용도에 대해 알아보자.

앞서 언급했듯이 '잠재 원인 변수' 중 '프로세스 맵'을 출처로 하는 'X'를 '프로세스 변수'라고 한 바 있다. 따라서 어느 변수가 '선별 X(Screened Xs)'

가 될지는 우선순위화가 이루어진 이후 일이므로 그 전에 예상되는 모든 '프로세스 변수'들을 도출해야 한다. 이를 위해 변수 발굴 방법과 과정을 논하는 자리인 만큼 쉽게 이해할 수 있는 '연필 제조 프로세스'를 적용해보겠다. 다음 [그림 M-88]은 '연필 제조 프로세스 맵' 중 '활동'만을 표기한 흐름도이다 (라고 가정한다).

[그림 M-88] 연필 제조 프로세스 맵 예

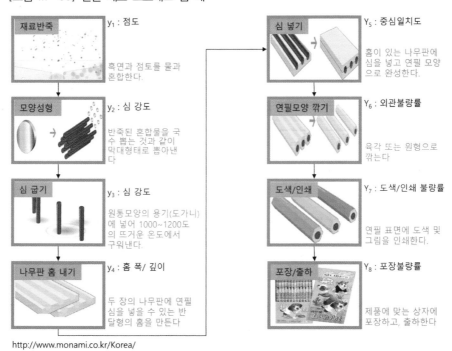

http://www.monami.co.kr/Korea/

[그림 M-88]의 '프로세스 맵'은 인터넷에서 연필 제조업체(모나미) 홈페이지 정보를 참조했고, 각 '활동'의 'y'와 앞으로 전개될 '프로세스 변수'들은 이

해를 돕기 위해 임의로 정했으며, 사실과 다름을 알려둔다. 각 '활동'들이 구체적으로 무슨 작업을 하는 것인지 알리기 위해 사진과 함께 설명을 달아놓았다. 자료는 작성자 본인이 볼 목적보다 제3자에게 보여줄 목적으로 작성하는 것이 정례이며 시간이 지나 누군가 읽어보더라도 전체 개요를 자료만으로도 쉽게 파악할 수 있어야 한다. 따라서 가급적 구체적이고 흐름을 타도록 작성에 주의를 기울여야 한다.

각 '활동'의 'y'는 해당 '활동'이 제대로 됐는지 그렇지 않은지 확인할 수 있는 지표이다. 첫 번째 '재료 반죽' 경우 흑연과 점토의 혼합이 제대로 됐는지 확인하기 위한 특성이 '점도'이면, '점도'를 평가할 규격이 있을 것이고, 이 규격과 혼합 결과의 '점도'를 비교한다. 제조 경우 대부분 지표들 설정이 용이하나 간접, 서비스 분야에서 'y'는 새롭게 정의할 필요도 있다. 제조 프로세스에서 '활동'은 제품에 가치를 부여하기 위해 존재하므로 '활동' 완료 후 제품에 가치가 제대로 부가됐는지 확인이 필요하다. 문제가 없으면 다음 '활동'으로 보내진다. 보내고 안 보내고는 전적으로 'y의 기준 합치 여부'로 결정된다.

장치 산업 경우 몇 개의 작은 '하위 활동'들이 묶여 큰 '활동명'으로 불리기도 한다. 이때는 각 '하위 활동'보다 묶은 활동명의 'y' 위주로 해석한다. 주의할 점은 소문자 'y'들은 과제 'Y'와 반드시 일치할 필요는 없다. 또 '활동'의 'y'가 규격에 부합하면 'y'는 다음 '활동'의 '입력(Input)'이 된다. 따라서 거시적으로 'y' 역시 하나의 '잠재 원인 변수'다.

'프로세스 맵'을 그리기 위해 '활동' 정의와 그들 간 흐름의 연결, 그리고 'y'들을 정리했으면, 다음은 '잠재 원인 변수'를 발굴한다. 발굴 방법을 자세히 학습하기 위해 각 '활동'별로 분리해서 전 과정을 소개한다.

'프로세스 변수'인 'X'들은 하나의 '활동'을 유지시키는 데 필요한 모든 것들이다. 그러나 막상 'X'들을 도출해서 '활동' 앞에 정리하도록 하면 대부분의 초기 리더들은 막막한 느낌이 든다고 한다. 가장 많이 실수하는 경우가 표현에 있어 '작업자 누락' 등과 같이 '잠재 인자'를 적어놓는 것인데 '작업자 누락'을 통해서 '혼합'이라는 '활동'이 이루어질 리 만무하다. 따라서 작성 오류를 범하지 않으면서 적절하고 빠짐없이 '프로세스 변수'를 도출하기 위해서는 '5M - 1I - 1E'를 이용한다. '5M'은 'Man, Machine, Material, Method, Measurement'를, '1I'는 'Information', '1E'는 'Environment'를 각각 나타낸다. 품질 관리에 종사하는 임직원이면 '4M'을 잘 알고 있을 것이다. '5M - 1I - 1E'는 '4M'을 좀 더 확장시킨 개념이다. '5M - 1I - 1E'를 이용해서 어떻게 '프로세스 변수'를 발굴해내는지 알아보자. 바로 이들을 '체크 시트(Check Sheet)'로 활용한다.

◎ **Man**: 우선 연필 제조 프로세스 중 첫 '활동'인 '재료 반죽'의 경우를 예로 들어보자. '5M' 중 첫 번째 항목인 <u>Man</u> 관점에서 '재료 반죽' 활동에 대해 '사람 있나?'라고 자문해보자. 즉, '재료 반죽'을 하기 위해 담당자가 있는지 물어본다. 만일 관리 담당자가 있으면 '프로세스 변수'는 '관리 담당자'라고 기입한다. 또 반죽 담당자가 있다면 '반죽 담당자'를 추가한다. "'담당자'가 무슨 변수가 되지?" 하고 의문을 제기할 수 있다. 그러나 만일 '재료 반죽'에 소속된 담당자가 여럿 있다든가, 아니면 주야간 교대 근무를 한다면, 담당자별로 과거의 'y 데이터 - 여기서는 점도 데이터가 될 것이다'를 수집해 분석할 때 담당자별 '점도' 데이터의 '평균'이나 '산포'에 차이가 날 수 있다. 결국 '사람'이 'y'에 변동을 유발시키는 변수가 되는 셈이다. 담당자 간 차이가 크다면 품질을 떨어트리는 담당자의 경우 그 원인(습성, 미숙련 등)을 찾아 보완해야하므로 모든 프로세스에서의 '○○담당자'는 하나의 '잠재 원인 변수'로 간주된다. '최적 조건'을 찾는 '실험 계획(DOE, Design of Experiment)' 경우, 이 같은 '프로세스 변수'를 '요인(Factor)', '각 담당자'를 '수준(Level)'이라고 부른다. 참고로 다음 [그림 M - 89]는 방금 소개한 'Man' 외에 '5M - 1I - 1E'의 각 항목을 체크 시트로 활용해 *X*들을 발굴한 예이다. 앞서 'Man'에 대해 도출한

[그림 M-89] '잠재 원인 변수(프로세스 변수)'의 발굴

- 반죽 담당자
- 반죽기
- 반죽RPM
- 반죽시간
- 흑연 양
- 점토 양
- 물 양
- 재료투입순서
- 운전절차서
- 혼합비
- 운영일지
- 라인

재료반죽

y_1 : 점도

흑연과 점토를 물과
혼합한다.

'반죽 담당자'가 포함돼 있으며, 나머지 변수들은 이후 항목들의 해설을 참조
하기 바란다.

◎ **Machine**: 다음은 'Machine'에 대해 도출한다. 'Machine'은 '기계' 또는
'설비'를 의미한다. '재료 반죽' 활동 경우 설비는 '반죽기'다. 그렇다면 '반죽
기'도 '프로세스 변수'가 될 수 있을까? 답은 "그렇다"이다. 왜냐하면 동일한
'활동'을 하는 '반죽기'가 여러 대일 경우 과거 데이터들을 수집해 '반죽기'별
'점도'를 분석하면 '평균'과 '산포'에 차이가 날 수 있기 때문이다. 즉 변동이
생긴 것이며 특성이 제일 안 좋게 나오는 '반죽기'에 대해 '근본 원인 분석'과
'최적화'가 요구된다.

'Machine' 관점에서 고려해야 할 또 다른 변수는 설비의 '설정 항목'들이다.
이를테면 '재료 반죽'을 잘 하는 데 필요한 회전축의 'RPM'이라든가, '반죽
시간' 설정들이 그것이다. 이들은 지속적으로 관리되고 모니터링 돼야 할 '프
로세스 변수'들이며, 잘못 지정되거나 고장으로 설정에 문제가 생기면 '점도'에
영향을 미친다. 물론 과거 데이터를 통해 설정 항목과 점도를 비교 분석해서

영향의 정도를 파악할 수 있다. [그림 M – 89]에서 'Machine' 관점으로 '반죽기', '반죽RPM', '반죽 시간'을 도출하였다(고 가정한다).

 그런데 만일 설비가 없는 간접이나 서비스 부문은 어떻게 'Machine' 관점의 '프로세스 변수'를 도출할까? 간접이나 서비스 부문에서의 'Machine'은 업무에 사용되는 전산 시스템을 고려한다. 'ERP'를 예로 들면, 통상 'ERP' 자체는 여러 개 있는 것은 아니므로 그 자체에 변동이 있을 수 없고, 따라서 '활동'의 'y'에 영향을 줄 이유는 없다. 그러나 해당 업무별로 늘 사용되는 템플릿 화면(발주서 등)에는 담당자가 입력해야 할 항목(Field)들이 있으며, 이를 잘못 기입하거나 끌어온 데이터가 부적절할 때 해당 '활동'의 'y(오류율 등)'에 악영향을 줄 수 있다. 일반적으로 '템플릿(화면)명'을 적어두면 그 안의 항목(Field)들이 모두 고려 대상이 될 수 있지만, 특히 의심되는 '항목(Field)'이 있으면 그들만 나열할 수도 있다.

 ◎ **Material**: '5M – 1I – 1E' 중 3번째 항목은 'Material'이다. 'Material'은 '재료'이므로 '프로세스 변수'를 도출해내는 작업은 그리 어렵지 않다. 단지 '재료'가 여러 종류면 '재료' 자체도 변수가 될 수 있다. 그 외에 '재료'를 특징짓는 물성들, 예를 들면 '양', '길이', '밀도', '중량'들도 모두 변수이다. '재료 반죽'의 '활동'에 대해 '흑연 양', '점토 양', '물 양'을 각각 기술하였다. 간접 또는 서비스 부문에서는 'Material'이 '재료'가 아닌 '자료'라는 뜻으로 해석한다. 즉, 해당 '활동'에 종이로 이루어진 모든 변수들을 기술한다. '고객 요청서'라든가 '구매 요청서', '명단 목록' 등이 포함된다. '재료 반죽'의 예에서 '자료'의 의미로는 '운전 절차서'를 추가하였다. 물론 이 외에 필요한 문서는 더 있을 것이다. 각자 업무에서 고려해보기 바란다.

◎ **Method**: 다음은 'Method'다. '방법'을 의미하는데 '활동'에 재료를 투입하는 방법이 여럿 있다든가, 반죽하는 방향이 좌우 또는 상하로 작동하는 설비들이 있다든가 등 '활동'의 과정 중에 운영상 '선택(Option)' 사항들이 존재하면 그 방법을 기술한다. 예에서는 '재료 투입 순서'를 '프로세스 변수'로 정했다. 만일 투입 순서가 '흑연'을 먼저 하고 다음 '점토'와 '물'을 넣는 방식과, '점토'와 '물'을 먼저 넣고 나중에 '흑연'을 넣는 두 가지 방법이 있다면 '재료 투입 순서'는 '요인(Factor)'이 될 것이고, 두 가지 방식은 '수준(Level)'이 된다. 어느 경우가 더 '점도'에 좋은 영향을 미치는지는 분석 또는 개선 활동에서 알아낼 수 있다. 간접이나 서비스 부문에서도 절차상 다른 '선택 사항(Option)'이 존재하거나 일의 처리 순서, 경로가 여럿 존재하면 모두 'Method' 관점에서 해석한다.

◎ **Measurement**: 'Measurement'는 '측정'이다. '재료 반죽' 활동을 하기 위해 반드시 사전에 측정이 필요한 내용이 있으면 기입한다. '정량 성적서'라든가, 각종 '평가서' 또는 '측정기명'도 포함할 수 있다. 또 'MSA'를 수행했는지 여부와, 했다면 결과 값들도 포함한다. 이들의 여하에 따라 잘못 측정된 재료의 양이 투입될 수 있고 결국 '점도'에 영향을 미칠 수 있기 때문에 중요하다. '성적서'는 주기적인 평가가 있어야 함에도 표준을 무시한 채 '재료 반죽'이 있었는지를 확인할 중요한 변수 역할을 한다. 서비스 부문 경우 '심사 결과서', '동의서' 등이 포함된다. '재료 반죽'의 예에는 '혼합비'를 포함시켰다. '혼합비'는 3가지 재료의 함량이 적정한 비율로 들어갔는지 사전 측정한 표준 문서이다(라고 가정한다). 문서로 되어 있을 수도 있고, 관련 전산에 데이터베이스로 관리하고 있을 수도 있다.

◎ **Information**: 'Information'은 '정보'를 의미한다. '활동'을 수행하는 데 필요한 각종 소프트웨어적인 필요 정보가 있으면 모두 기술한다. '재료 반죽' 예에서는 주간 담당자가 운영 일지를 적도록 해서 주간 동안의 특징적인 정보를 야간 교대자에게 전달한다고 할 때, 야간 교대자는 주간 정보를 토대로 운영 상태를 결정할 수 있다. 이때 필요한 정보인 '운영 일지'를 포함시켰다. 소프트웨어적인 모든 것들이 포함되므로 실체가 없는 정보일지라도 항상 '활동'에 적용하고 있으면 기술한다.

◎ **Environment**: 'Environment'는 '환경'을 의미한다. 동일한 '활동'이 다른 지역의 공장이나, 보험사처럼 여러 지점들에서 수행될 수 있다. 따라서 '라인', 또는 '지점' 등과 같이 공간이나 환경 차이들이 모두 '프로세스 변수'에 포함된다. 만일 두 개 라인이 있으면 '라인'은 '요인(Factor)'이, '1라인', '2라인'은 '수준(Level)'이 될 것이다. 그 외에 기온, 습도, 바람, 황사 등이 있다.

지금까지 설명된 예는 '5M－1I－1E'로부터 '잠재 원인 변수'를 반드시 도출하는 것이 아니라 도출을 편리하게 하기 위해 사용한 방법이다. 따라서 '운전 절차서'가 'Material' 관점에서 도출되든, 아니면 'Information' 관점에서 도출되든 결과상으로 별 상관이 없다. 어느 경로를 거쳐 나왔는지가 중요한 게 아니라 '프로세스 변수'가 빠짐없이 모두 도출되었는지가 중요하기 때문이다. '5M－1I－1E'를 체크 시트로 잘 활용해서 충분한 '잠재 원인 변수'가 도출됐다면 소기의 목적을 달성한 것이다.

다음 [그림 M－90]은 연필 제조 프로세스와 '5M－1I－1E' 관점에서의 '잠재 원인 변수'를 모두 도출한 예이다(제목 줄에서 'P－Map'의 '밑줄'은 장표 내용을 지칭함). 'y'들과 '잠재 원인 변수'들은 임의로 만들었음을 알려둔다.

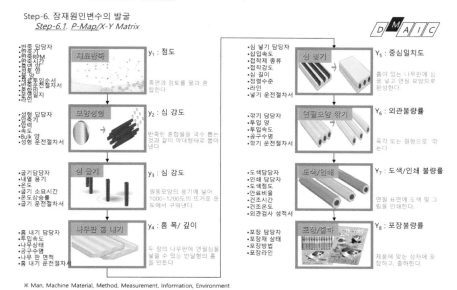

※ Man, Machine Material, Method, Measurement, Information, Environment

　　[그림 M – 90]에서 장표 하단에 '5M – 1I – 1E'를 체크 시트로 활용하기 위해 조그만 글씨로 기록해놓았다. 각 '활동'이 고객에게 가치를 부여하는 활동이면 'VA(Value – added)', 그렇지 않으면 'NVA(Non Value – added)'로 표기하지만 '잠재 원인 변수' 도출에만 관심이 있어 표준 프로세스인 'VA'만 고려하였다. 또 일반적으로 'X'들이 제어 가능하면 'C(Controllable)', 불가하면 'N(Noise)', '표준 운영 절차' 경우 'SOP(Standard Operating Procedure)'로 구분하여 'X'들 앞에 표기하기도 한다. 이 역시 여기서는 생략하였다. '노래방 매출 올리기'의 '프로세스 맵'을 다음 [그림 M – 91]에 나타내었다.

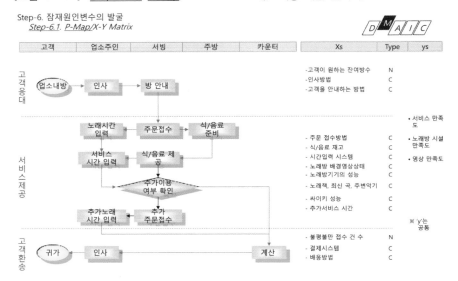

[그림 M – 91]은 '프로세스 맵' 유형 중 '전개 맵'에 해당한다. 업무 영역을 크게 '고객 응대', '서비스 제공', '고객 환송'으로 구분하고 각 영역의 '책임자'를 상단에 배치하고 있다. 특징은 '활동'별로 'X'들을 도출하기보다 영역별로 뭉쳐 나열하였다. 또 '연필 제조 프로세스'에 없던 'X'들의 'Type(C, N 등)'을 추가하였다. 'y'들은 과제의 '하위 특성'과 일치하므로 그대로 나열하였다. 표현하지는 않았지만 각 '활동'별로 '소요 시간'을 추가할 경우 시간 분석이 가능하며, '기회'를 정의해놓으면 'Y_{FT}'와 'Y_{RT}' 등 수율 분석도 가능하다. 전체를 개괄 분석하려면 'Work Value Analysis'가 적합하다.

이상으로 '프로세스 맵'에 대한 설명을 마치고 다음은 발굴된 '잠재 원인 변수'들의 '우선순위화'에 대해 알아보자.

◎ 우선순위화(X – Y Matrix): '잠재 원인 변수'를 발굴할 때 '프로세스 맵'을 활용했으며, 발굴된 변수들이 개선하고자 하는 'Y'에 모두 직접적인 영향을 준다고 보기는 어렵다. 일부는 전혀 관계가 없을 수도 있으며 일부는 부분적 또는 간접적인 영향을, 일부는 직접적인 영향을 줄 수 있다. 따라서 지금까지의 과정이 '프로세스 맵'을 통해 원인 변수의 발굴에만 집중했다면 이제는 'Y'에 영향이 있을 것으로 예상되는 것들만 선별해내는 작업이 필요한데, 이 과정이 '우선순위화'이다.

'우선순위화'가 끝나고 1차적으로 정리된 'X'들을 'Screened Xs' 또는 '선별 Xs'라고 한 바 있다. 물론 'Y'에 결정적 영향을 주는지는 아직 알 수 없다. 영향을 주는지에 대한 결론은 Analyze Phase의 '가설 검정'을 통해 이뤄지며, 이때를 '핵심 인자(Vital Few Xs)'라고 한다. 즉 '잠재 원인 변수 → 선별 X(Screened Xs) → 핵심 인자(Vital Few Xs)'의 흐름을 기억하기 바란다. '잠재 원인 변수'를 걸러서 'Screened Xs'를 골라내는, 즉 우선순위화 해주는 도구는 'X – Y Matrix'이다. 도구의 용법에 대해 알아보자.

'X – Y Matrix'는 'C&E Matrix(Cause and Effect Matrix)', 'FDM(Function Deployment Matrix)'으로도 통용된다. '97년도로 기억하는데 미국 컨설팅 업체인 SBTI社로부터 DFSS 6개월 과정을 학습할 때 처음 접했었다. 의사 결정용으로써 정성적이지만 여러 사람들의 의견을 수치로 환산해 표현할 수 있는 강력한 도구로 각인된 바 있다. 현재는 경영 혁신을 도입한 회사면 모두 폭넓게 사용하는 범용적인 도구가 되었고, 또 과제를 수행하면서 반드시 활용되고 있다. 따라서 본 책에서는 그 활용법을 설명하기보다 좀 더 효율적으로 이용하는 방법에 대해 알아볼 것이다.

'X – Y Matrix' 사용 시 리더들이 가장 혼란을 겪는 부분이 바로 양식 상단의 'Y'를 기입할 때이다. 예를 들어 'Y'가 한 개인 경우 'X – Y Matrix'를 사용해야 하는지에 대한 기본적인 질문부터, '프로세스 맵'에서 각 '활동'별

'Small y'들을 입력해야 하는지, 그렇다면 과제 'Y'와는 어떻게 구분해야 하는지 등이다. 경험 있는 리더도 용법을 잘못 이해해 부적절하게 기입하는 경우가 많다. 그만큼 'X - Y Matrix'를 효율적으로 활용하고 있지 못한다는 방증이다. 다음 [표 M - 19]는 일반적으로 사용되는 'X - Y Matrix' 양식이다.

[표 M - 19] 'X - Y Matrix' 양식

X-Y Matrix																		
		1	2	3	4	5	6	7	8	9	10	11	12	13	14	15	Rank	%Rank
Out Variable (Ys)																		
ing of Importance to Custo																		
	Process Step	Process Input																
1																		
2																		
3																		
4																		
5																		
6																		
7																		
8																		
9																		
10																		
11																		
12																		
13																		
14																		
15																		
16																		
17																		
Total																		
	Lower Spec																	
	Target																	
	Upper Spec																	

[표 M - 19]에서 가장 먼저 입력하는 난은 상단의 'Y'들이다. 'Out Variable(Ys)'라는 공간인데 기본적으로 '운영적 정의'에서 정한 'Y'를 그대로 입력한다. 'X - Y Matrix'에서 'Matrix'는 여러 개의 'Y'와 'X'들 간 관련성을 종합적으로 판단하기 위한 구조를 일컫는데 프로세스 개선 과제는 'Y'가 하나인 경우가 많으므로 'Matrix'란 표현을 무색하게 만든다. 우선 가장 일반적인 입력 형태는 'MECE(Mutually Exclusive Collectively Exhaustive)의 원리'를 따르는

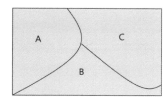
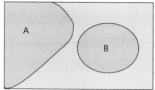

것이다. 'MECE'의 예를 들어보자. 이 세상 사람들의 성별을 '남'과 '여'로 구
분하면 중첩되는 것도, 누락된 것도 없이 '이 세상의 사람' 모두가 나뉜 구분
에 포함된다. 혹 '중성'이 있으면 모를까 설사 그렇다면 '남', '중성', '여'가 될
것이다. 이와 같이 'MECE의 원리'란 전체 집합을 중첩되거나 누락되지 않도
록 하위 구조로 나누는 것을 말한다.

   [그림 M - 92]의 왼쪽은 전체 면적을 'A', 'B', 'C'로 구분하되 중첩이 있거
나 누락된 면적이 없는 반면, 오른쪽은 'A'와 'B' 사이의 빈 공간들이 존재하
고 있어 'MECE'적인 형태로는 볼 수 없다. 다시 'X - Y Matrix'로 돌아와
'MECE의 원리'를 적용하기 위해 '노래방 매출 올리기'의 'Y'인 '종합 만족도'
를 떠올려보자.17) '종합 만족도'의 '운영적 정의'는 '노래방 시설 만족도', '영
상 만족도', '서비스 만족도' 등 세 개의 '하위 특성'으로 구성돼 있으며, 이들
이 전체 집합 개념인 '종합 만족도'의 중첩 없고, 누락 없는 상태로 볼 수 있다
(물론 다른 하위 만족도가 추가될 수 있으나 '종합 만족도'를 설명하는 유형은
이 세 가지가 핵심이라고 가정). 따라서 'X - Y Matrix'의 'Out Variable(Ys)'
공간에 '종합 만족도' 한 개를 적기보다 다음 [표 M - 20]과 같이 3개의 '하위
특성'을 모두 입력하는 것이 바람직하다.

---

17) 과제 지표인 'Y'의 하위특성들을 MECE의 원리에 입각해 완전한 모습으로 갖추는 것은 현실적으
   로 어렵다(하위특성이 어떤 것들이 있는지조차 알기도 어렵다). 따라서 통상 'Y'를 약 80% 이상
   설명하는 수준의 지표들이 모이는 개념으로 적용한다.

X-Y Matrix		1	2	3	4	5	6	7	8	9	10	11	12	13	14	15		
Out Variable (Ys)		노래방시설만족도	영상만족도	서비스만족도													Rank	%Rank
Rating of Importance to Customer		4.5	3.5	2.0														
Process Step	Process Input																	
1																		
2																		

그러나 만일 3개의 '하위 특성' 각각의 '잠재 원인 변수'를 발굴하고 '가설 검정' 역시 각각에 대해 수행해야 한다면 각 '하위 특성'별로 떼어서 독립적으로 접근한다. 이때는 한 개의 'Y'와 연관된 '잠재 원인 변수'를 찾는 과정과 흡사하므로 'X-Y Matrix'보다 'Multi-Voting'을 사용해 우선순위화한다.

'Rating of Importance to Customer'의 '4.5, 3.5, 2.0'은 고객이 느끼는 '중요도'를 '1~10'값으로 입력한다. 입력 값은 '프로세스 능력' 측정(만족도 가중치) 시 매겼던 중요도 점수를 10점 기준으로 적용하였다(고 가정한다).

'X-Y Matrix'의 'Out Variable(Ys)' 공간을 채우는 또 다른 예가 있다. 만일 분석 결과를 의뢰자에게 빨리 전달할 목적으로 과제의 'Y'를 '분석 결과 F/B 소요 시간'으로 정했다고 하자. 이때 이 'Y'를 이끌어내기 위해 'VOC~CTQ/VOB~CTP'를 다음 [그림 M-93]과 같이 전개했다고 할 때 'Y'는 'CTQ'와 동일한 '분석 결과 F/B 소요 시간'이다(라고 가정한다).

[그림 M-93]의 'CTQ'와, 그로부터 동일한 명칭의 'Y'가 정해졌으며, 이 때 [표 M-20]과 같이 'X-Y Matrix'의 'Out Variable(Ys)' 난을 채우는 방법에 대해 생각해보자. 물론 'Y'인 '분석 결과 F/B 소요 시간' 단 1개만 입력해도 무방하나 좀 더 효과적인 방법은 [그림 M-93]의 'CTQ/CTP' 중 과제

[그림 M-93] 'X-Y Matrix'의 'Output Variable'로 올 수 있는 특성

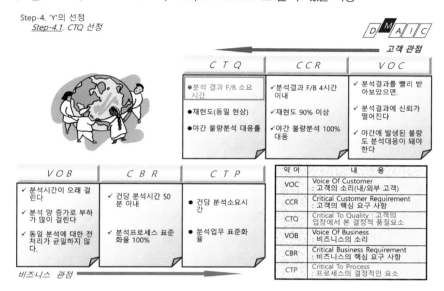

Step-4. 'Y'의 선정
Step-4.1. CTQ 선정

'*Y*'와 동등한 수준이면서 '제약 관계('Y'를 향상시키면 반대로 나빠지는 특성)'나 또는 함께 고려해야 할 특성들이 있으면 그들 모두를 'Out Variable(Ys)' 공간에 입력한다. 통상 프로세스 개선에는 여러 관계된 특성들이 서로 얽혀 있는 경우가 많고 따라서 '잠재 원인 변수'를 우선순위화할 때, 지표 '*Y*'를 향상시킬수록 반대로 안 좋아지는 특성이나, 또는 함께 고려하면 개선 완성도에 긍정적 영향을 줄 수 있는 특성들을 뽑아주는 것이 합리적이다. 본 예에서는 '*Y*'가 '분석 결과 F/B 소요 시간'이므로 시간을 단축할수록 '재현도'가 떨어질 수 있어 함께 고려하고, 또 '분석 업무 표준화율'도 단축 효과와 많은 관련성이 있을 것으로 예상됨에 따라 2개의 특성들을 모두 입력하였다(고 가정한다). 다음 [표 M-21]은 반영된 결과이다.

[표 M-21] 'X-Y Matrix' 내 'Out Variable' 입력 예

Out Variable (Ys)			X-Y Matrix															Rank	%Rank
			1	2	3	4	5	6	7	8	9	10	11	12	13	14	15		
			분석 결과 F/B 소요 시간	재현도	분석 업무 표준 화율														
Rating of Importance to Customer			10	8.0	5.0														
	Process Step	Process Input																	
1																			
2																			

주의할 사항으로, 'Rating of Importance to Customer'의 '중요도'는 과제의 'Y'인 '분석 결과 F/B 소요 시간'은 '10점'을, 타 특성들에 대해서는 'Y'와의 상대적 중요성을 고려해 팀원들과(또는 'AHP' 등을 사용) 협의해 결정한다. 다음 [그림 M-94]는 '노래방 매출 올리기'의 '프로세스 맵'을 이용한 'X-Y Matrix' 예이다(제목 중 'X-Y Matrix'처럼 '밑줄'은 우선순위를 위해 해당 도구가 설명되고 있음을 지칭한다).

설명을 추가하다 보니 장표가 다소 복잡해졌다. 평가는 '전혀 관계없음-공란', '약한 관계-1', '보통 관계-3', '깊은 관계-9'를 적용하였다. '①' 경우 Matrix 평가 점수를 보면 각 '하위 특성'별로 '9점'들이 모여 있는 것이 관찰된다. '프로세스 변수'가 '하위 특성'별로 구분돼 분포하고 있음을 알 수 있다. '②' 경우는 세 개의 '하위 특성' 모두에게 중요도가 매우 높은 프로세스 변수임을 알려준다(해당 'x =불평불만 접수 건수'임). 아마도 Analyze Phase의 '가설 검정' 대상이 될 가능성이 가장 높을 것으로 기대된다. '③'은 평가 점수를 열별로 합산한 결과이다. 'Rating of Importance to Customer'의 중요도는 '노래방 시설 만족도(4.5) > 영상 만족도(3.5) > 서비스 만족도(2.0)' 순인 반

Step-6. 잠재원인변수의 발굴
Step-6.1. P-Map/X-Y Matrix

우선순위화를 통해 총 8개의 '프로세스 변수'를 선정.

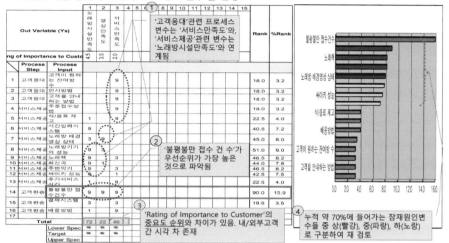

면, 평가 점수의 합산 결과는 '노래방 시설 만족도(72) > 서비스 만족도(46) > 영상 만족도(22)' 순으로 차이가 남을 알 수 있다. 반드시 일치할 필요는 없으나 둘 다 팀원들과 협의를 거쳐 결정된 사안이므로 차이가 나는 원인에 대해 재검토하는 시간을 가져볼 만하다. 보통 'Y의 중요도 순위'와 '평가 점수 합산 순위'가 일치하는 경향을 보인다. 또, 'Y의 합산' 결과가 '다른 지표의 합산'보다 작으면 '중요도' 결정이나 평가에 문제가 없었는지 확인한다.

'④'는 우선순위를 그래프로 표현한 결과이다. 미니탭의 '파레토 차트(Pareto Chart)'를 사용해도 좋다. 막대그래프의 '빨강(맨 위에서 첫 번째 막대)', '파랑(위부터 2~5번째 막대)', '노랑(위에서 6~8번째 막대)' 표기는 우선순위 변수들을 세 그룹으로 나누어 첫째와 둘째 그룹은 수용하되 중복은 없는지, 또

셋째 그룹의 변수들 중 포함시킬 것은 없는지 재확인한다. 예에서는 '빨강'인 '불평불만 접수 건수'를 제외하고는 '파랑'과 '노랑' 전체가 'Process Step' 열의 '서비스 제공'과 관계하고 있음을 알 수 있다. 전체 프로세스 중 어느 프로세스에 선택과 집중을 해야 하는지를 엿볼 수 있는 대목이다.

'X-Y Matrix'는 문제 해결 교육을 받은 리더면 거의 대부분 우선순위화 도구로 이용하고 있다. 그 외의 일반적 용법에 대한 설명은 생략한다. 본 책에서 기술한 내용만 잘 숙지해주더라도 '세부 로드맵'의 흐름을 훨씬 더 잘 활용할 수 있는 기회가 될 것이다.

다음은 '잠재 인자' 발굴의 출처인 'Process FMEA'에 대해 알아보자.

Step-6.2. 'Process FMEA'와 'RPN'

'FMEA(Failure Mode & Effect Analysis)'는 양식 자체가 단순해서 쉽게 활용할 수 있지만 용법에 대해 확실히 알고 있는 경우는 매우 드물다. 탄생도 1940년대 초로 환갑인 60년이 훨씬 넘었고, 배경도 미국 해군의 군수 제품이나 NASA의 위성 제작과 관련돼 있어 일반 기업에서의 프로세스에 적용하는 것이 낯설게 느껴진다. 이에 일부에서는 'FMEA'를 로드맵 전개에서 아예 제외시키고 넘어가기도 한다. 효용성이 없다고 판단한 것이다.

필자는 삼성 SDI 연구소 재직 시절, 공정 기술직 사원 전체를 대상으로 FMEA/FTA 사내 강사로 활동했었다. 또 미국 오하이오주 클리브랜드에 있는 NASA 연구소에 일정 기간 신뢰성 교육을 받으면서 그들의 FMEA 활용 현황도 학습할 기회를 가졌었다. 이런 경험을 토대로 삼성전자 LCD사업부 엔지니어 200여 명과 효성중공업 연구원 및 엔지니어들을 대상으로 1회에 2~3일 동안 FMEA만 집중적으로 교육하는 기회를 갖기도 했다. 기업 과제를 수행하는 리더뿐 아니라 회사 생활을 하는 모든 이에게 FMEA에 대해 한마디 조언을 한다면 "반드시 업무에 사용할 것!"이라 해주고 싶다.

FMEA는 그 자체가 문제를 적출해낼 뿐만 아니라 해결까지 수행하고 관리도 할 수 있는 도구이면서 프로세스의 노하우를 기록하는 데이터베이스 역할을 하는 매우 중요한 문서이다. 원래는 설계에서 사용하도록 'Design FMEA'로 탄생했으나 80년대 초 자동차 제작사인 포드(Ford)社에서 'Process FMEA'로 발전시켰고 그 이후로 '시스템 FMEA(System FMEA)', '서비스 FMEA(Service FMEA)' 등 전 산업 분야에서 사용할 수 있게 진화했다. 또 정량적 평가법이나 COPQ 산정 등 다양한 응용 분야로 확대되는 추세다. 본문에서는 FMEA 용법 자체보다 '잠재 인자' 발굴에 초점을 맞추고 있으므로 좀 더 관심 있는 독자는 『Be the Solver_FMEA』편을 참고하기 바란다. 다음 [표 M-22]는 'P-FMEA'의 일반 양식을 보여준다.

[표 M-22] 'P-FMEA' 양식

#	Process Function (Step)	Potential Failure Modes (process defects)	Potential Failure Effects (Y's)	S E V	C l a s s	Potential Causes of Failure (X's)	O C C	Current Process Controls	D E T	R P N	Recommend Actions	Responsible Person & Target Date	Taken Actions	S E V	O C C	D E T	R P N
1																	
2																	
3																	
4																	
5																	
6																	
7																	
8																	
9																	
10																	
11																	
12																	
13																	
14																	

[표 M‒22]에서 '잠재 원인 변수' 발굴을 위해 필요한 열은 굵은 사각으로 표시한 공간, 즉 'Potential Causes of Failure(Xs)' 난이다. 우리말로 직역하면 '잠재적 고장 원인(X's)'쯤 되지만 지금부터 '잠재 인자'로 명명하겠다.

◎ **공정 단계(Process Step)**: 첫 열인 'Process Function(Step)'은 '프로세스 맵'의 '활동'을 차례로 가져다 입력하는 난이다. '연필 제조 프로세스 맵' 경우 '재료 반죽', '모양 성형', '심 굽기' 등이 첫 열에 입력된 후 FMEA 작성이 시작된다. 최초의 FMEA 작성은 항상 열을 완성하고 다음 열로 진행한다. 그 렇지 않으면 'Potential Failure Modes(Process Defects)', 즉 '고장 모드'와 '잠 재 인자'들 중 어떤 게 먼저인지 헷갈리고 또 '잠재 인자'들이 복수 개로 나올 때 어느 '고장 모드'와 연계되는지 혼선이 온다.

◎ **고장 모드(Failure Modes)**: 프로세스 '활동'들을 첫 열에 모두 입력했으 면 다음 열인 '고장 모드'를 작성하며, 이때 해당 '활동'을 수행함에 있어 잘 못됐거나, 잘못하고 있거나, 잘못될 가능성이 있는 모든 사항들을 팀원들과 브 레인스토밍하며 써내려 간다. 규모가 작건 크건 중요치 않다. 무조건 존재하는

[표 M‒23] '고장 모드(Failure Mode)' 입력 예(연필 제조)

#	Process Function (Step)	Potential Failure Modes (process defects)	Potential Failure Effects (Y's)
1	재료반죽	점토에 불순물 존재	
2	재료반죽	점토/흑연/물 비율이 잘못 됨	
3	재료반죽	반죽이 일부만 됨	
4	재료반죽	반죽기 회전력이 떨어짐	

모든 잘못될 가능성들을 적출해서 기입한다. 이 과정은 이하 모든 '활동'들에 대해 동일한 방법으로 열을 채워나간다(본문은 '잠재 인자 발굴'을 위한 협의의 용법을 설명하고 있다). 앞의 [표 M - 23]은 '재료 반죽' 활동에 대해 재료 반죽을 하면서 잘못될 가능성이 있는 '점토에 불순물 존재', '점토/흑연/물 비율이 잘못됨', '반죽이 일부만 됨', '반죽기 회전력이 떨어짐'들을 적출하여 'Potential Failure Modes(Process Defects)' 열에 기술한 예를 보여준다.

◎ **영향(Effects)**: 다음은 'Potential Failure Effects(Y's)', 즉 '잠재적 고장 영향'인데, '재료 반죽' 시 '점토에 불순물이 존재'하면 프로세스에 무슨 일이 발생하는지를 적는 난이다. 주로 제품 관점 또는 다음 프로세스나 최종 프로세스에 미치는 영향을 기입한다. 예에서는 '연필심 강도'에 영향을 주거나 이후 프로세스에서 막대 모양으로 뽑아낼 때 사출 구멍이 막혀 설비 가동이 멈추는 등의 영향을 고려하였다(고 가정한다). 하나의 '고장 모드'에 다수의 '영향'이 존재할 수 있으므로 이 경우 양식의 행을 삽입해가며 내용을 추가한다. 인과관계로 보면 '고장 모드'가 원인이 되고 '영향'이 결과가 되는 셈이다. 도

[표 M - 24] '영향(Effects)' 입력 예(연필 제조)

#	Process Function (Step)	Potential Failure Modes (process defects)	Potential Failure Effects (Y's)	S E V	C l a s s
1	재료반죽	점토에 불순물 존재	연필심 강도 저하		
2	재료반죽	점토/흑연/물 비율이 잘못됨	사출시 구멍막힘		
	재료반죽	점토/흑연/물 비율이 잘못됨	연필심 강도 저하		
3	재료반죽	반죽이 일부만 됨	사출시 구멍막힘		
	재료반죽	반죽이 일부만 됨	연필심 강도 저하		

출된 모든 '고장 모드'에 대해 반복 수행한다. 앞의 [표 M-24]는 '고장 모드'에 대한 '영향'을 기술한 예이다.

[표 M-24]의 작성 예에서 '고장 모드'인 '점토/흑연/물 비율이 잘못됨'의 경우 그 '영향'은 '사출 시 구멍 막힘'과 '연필심 강도 저하' 2가지로 나타날 수 있음을 보여준다. 그 아래 행의 '반죽이 일부만 됨'의 '고장 모드' 역시 연속해서 동일하게 적혀 있지만 '고장 영향'이 다르므로 다른 사건으로 간주한다. 다양한 '영향'을 정리해나가면 행의 수도 기하급수적으로 늘어난다.

◎ **심각도(Severity)**: 다음 열은 '심각도(SEV, Severity)'로 앞서 기술된 '영향'이 실제 발생하면 얼마나 심각한 상황인지를 1부터 10까지 수치로 나타낸다. 정도가 심각하다고 판단될수록 10에 가까운 수치를 부여한다. '연필심 강도 저하'는 연필이 자주 부러질 가능성이 높아 주 기능을 상실하게 될 것이 예상되므로 심각의 정도는 높아야 한다. 따라서 8에서 10 사이의 값을 부여한다. FMEA를 체계적으로 관리하고 운영하는 회사(자동차 제조社 등)들은 좀 더 객관적인 평가를 위해 '심각도' 평가 기준을 자체로 만들어 적용하고 있다.

[표 M-25] '심각도(Severity)' 입력 예(연필 제조)

#	Process Function (Step)	Potential Failure Modes (process defects)	Potential Failure Effects (Y's)	S E V	C l a s s	Potential Causes of Failure (X's)
1	재료반죽	점토에 불순물 존재	연필심 강도 저하	8		
2	재료반죽	점토/흑연/물 비율이 잘못됨	사출시 구멍 막힘	9	v	
	재료반죽	점토/흑연/물 비율이 잘못됨	연필심 강도 저하	8		
3	재료반죽	반죽이 일부만 됨	사출시 구멍 막힘	9		
	재료반죽	반죽이 일부만 됨	연필심 강도 저하	8		

또 'Class' 열은 FMEA 작성자들이 체크 표시를 남길 경우 최종 평가와 관계 없이 반드시 '권고 조치'를 해야 한다. 그 외에 응용적 측면에서 '잠재 인자' 열에 기입할 'X's'들이 제어가 가능하면 'C(Controllable)', 제어가 불가하면 'N(Noise)', 표준과 관련되면 'S(Standard Operating Procedure)'를 기록하는 용도로도 이용한다. [표 M-25]는 '심각도'와 'Class' 활용 예이다.

[표 M-25]에서 '연필심 강도 저하'나 다음 '영향'인 '사출 시 구멍 막힘' 은 실제 발생하면 매우 심각한 경우로 판단되어 각각 '8'과 '9'가 부여되었다. 또 '영향'이 동일한 경우는 'SEV' 역시 동일한 수치를 부여한다. 화재가 아이 들의 불장난으로 발생했건 누전으로 발생했건 '영향'이 '화재 발생'이면 심각 의 정도(SEV)는 원인에 관계없이 동일할 것이기 때문이다. 예에서 동일한 '연 필심 강도'에 대해 모두 '심각도=8'을 부여하고 있다.

'Class'의 체크(∨)는 '점토/흑연/물 비율이 잘못돼 다음 활동인 사출 시 구 멍이 막히는 사건'으로 이와 같은 경우는 제품이나 전 프로세스에 심각한 악 영향을 초래할 것으로 예상돼 사전에 철저히 방지하도록 '권고 조치'를 하도록 'Class'에 표기한 예이다.

◎ **원인(Cause)**: 다음 열인 'Potential Causes of Failure(X's)' 열은 '잠재 인자'를 적는 난인데 지도하다 보면 '영향의 원인'을 적는 경우도 간간이 발견 된다. '잠재 인자'는 '영향의 원인'을 적는 난이 아니라 '고장 모드의 원인'을 적어야 옳다. 또 하나의 '고장 모드'에 다수의 원인이 존재할 수 있으므로 행 을 삽입하며 완성해나간다. 예를 들어, [표 M-25]의 두 번째 행에 '고장 모 드'인 '점토/흑연/물 비율이 잘못됨'의 원인은 '게이지 고장'이나 '작업자 관리 부족' 등이 될 수 있다. 이들은 부품의 특성인 '설계 요소'나 '프로세스 변수' 인 '5M-1I-1E' 같은 실체가 있는 변수들이 아닌 활동 중 내재된 인자들이 므로 '잠재된(Potential)'이란 수식어가 붙는다. 왜 '잠재 인자'인지를 알 수 있

는 대목이다. 즉 '작업자 관리 부족'을 갖고(?) '재료 반죽'이라는 '활동'을 할
수는 없기 때문이다.

주의해야 할 점도 있다. 하나의 '고장 모드'에 '잠재 인자'가 두 개 있을 때,
다른 행에 똑같은 '고장 모드'가 있으면 '잠재 인자'를 반복해 적는다. 다음
[표 M – 26]에서 3행과 4행의 '잠재 인자'인 '게이지 고장'과 '작업자 관리 부
족'이 5행과 6행에도 반복해 걸리고 있다. '영향(Effect)'이 다르기 때문에 모
두 별개 사건으로 분류돼 나타난 현상이다. 예를 들어, '고장 모드'가 같은 3

[표 M – 26] '원인(Causes)' 입력 예(연필 제조 프로세스)

#	Process Function (Step)	Potential Failure Modes (process defects)	Potential Failure Effects (Y's)	S E V	C l a s s	Potential Causes of Failure (X's)	O C C
1	재료반죽	점토에 불순물 존재	연필심 강도 저하	8		원자재에 섞인 것을 검출 못함	
2	재료반죽	점토에 불순물 존재	연필심 강도 저하	8		재처리과정 중 이물질 혼입	
3	재료반죽	점토/흑연/물 비율이 잘못됨	사출시 구멍 막힘	9	∨	게이지 고장	
4	재료반죽	점토/흑연/물 비율이 잘못됨	사출시 구멍 막힘	9	∨	작업자 관리 부족	
5	재료반죽	점토/흑연/물 비율이 잘못됨	연필심 강도 저하	8		게이지 고장	
6	재료반죽	점토/흑연/물 비율이 잘못됨	연필심 강도 저하	8		작업자 관리 부족	
7	재료반죽	반죽이 일부만 됨	사출시 구멍 막힘	9		회전축 마모	
8	재료반죽	반죽이 일부만 됨	사출시 구멍 막힘	9		불완전한 반죽	
9	재료반죽	반죽이 일부만 됨	연필심 강도 저하	8		회전축 마모	
10	재료반죽	반죽이 일부만 됨	연필심 강도 저하	8		불완전한 반죽	

행과 5행에 대해, 전자의 사건은 "게이지 고장(원인)으로 점토/흑연/물 비율이 잘못돼(고장 모드) 사출 시 구멍 막힘(영향)"이지만 후자 사건은 "게이지 고장 (원인)으로 점토/흑연/물 비율이 잘못돼(고장 모드) 연필심 강도 저하(영향)"로 '영향'에 차이가 있다. 현재는 FMEA를 '잠재 인자' 도출용으로 쓰고 있지만 Design FMEA에서는 '원인'뿐만 아니라 '메커니즘'의 작성도 허용된다. [표 M-26]은 [표 M-25]의 이후 작업으로써 지금까지 설명된 '원인(Causes)'의 작성 예이다.

[표 M-26]의 첫 줄을 해석하면 '원자재에 섞인 불순물을 검출하지 못해 (잠재 인자), 점토에 불순물이 존재해서(고장 모드), 연필심 강도가 저하된 사 건(영향)'을 나타낸다. 'Class'의 체크(∨)가 하나 늘어난 것은 '잠재 인자'의 추가로 행이 하나 더 늘어났지만 "점토/흑연/물 비율이 잘못됨 – 사출 시 구멍 막힘"이 '권고 조치'가 있는 사건이므로 동일하게 반복된 결과이다.

◎ **발생도(OCC)**: 다음 열인 'OCC(Occurrence)'는 사건의 '발생도'를 '1'부 터 '10' 사이의 수치로 표기하는 난이다. 사건의 발생 빈도가 높을 것 같으면 '10'에 근접하게, 높지 않을 것으로 예상되면 '1'에 가까운 숫자를 부여한다. '발생도' 기준은 기업별로 평가 시트를 만들어 활용한다.

고장률이나 공정 능력을 평가하여 1~10의 수치를 반영하기도 하나 정량적 인 정보를 일일이 수집하기가 현실적으로 어려우므로 FMEA 작성자들의 경험 과 지식을 동원해 평가하는 것이 일반적이다. 예를 들면 [표 M-26]에서 3번 째 사건인 '게이지 고장으로(잠재 인자), 점토, 흑연, 물 비율이 잘못되어(고장 모드), 사출 시 구멍 막힘(영향)'의 발생 빈도가 실제 프로세스에서 거의 관찰 되지 않을 것으로 예상되면 'OCC'는 '1~3' 사이 값의 가능성이 높다.

앞서 '심각도(SEV)'의 평가에서 '잠재적 고장 영향' 경우, 동일한 '영향'은 동일한 '심각도' 값을 부여한 바 있다. 만일 '잠재적 고장 원인(Causes)'이 같은 경우는 '발생도(OCC)' 값이 동일할까 아니면 다를까? 다음 [표 M – 27]은 '발생도'를 입력한 예로써 '원인'이 "게이지 고장"으로 동일한 '3행'과 '5행' 사건들을 보자. 전자는 "발생도=2"이고, 후자는 "발생도=1"로 차이가 있다. 이것은 앞서도 설명한 바와 같이 '원인'과 '고장 모드'는 모두 같지만 '영향'에 있어 '3행'은 "사출 시 구명 막힘"이고, '5행'은 "연필심 강도 저하"로 다르며, 결국 각 행들은 전혀 다른 사건들을 야기하고 있다. 따라서 각 사건들의 '발생도' 역시 같거나 다를 수 있다.

[표 M – 27] '발생도(Occurrence)' 입력 예(연필 제조)

#	Process Function (Step)	Potential Failure Modes (process defects)	Potential Failure Effects (Y's)	S E V	C l a s s	Potential Causes of Failure (X's)	O C C	Current Process Controls
1	재료반죽	점토에 불순물 존재	연필심 강도 저하	8		원자재에 섞인 것을 검출 못함	4	
2	재료반죽	점토에 불순물 존재	연필심 강도 저하	8		재처리과정 중 이물질 혼입	5	
3	재료반죽	점토/흑연/물 비율이 잘못됨	사출시 구명 막힘	9	v	게이지 고장	2	
4	재료반죽	점토/흑연/물 비율이 잘못됨	사출시 구명 막힘	9	v	작업자 관리 부족	8	
5	재료반죽	점토/흑연/물 비율이 잘못됨	연필심 강도 저하	8		게이지 고장	1	
6	재료반죽	점토/흑연/물 비율이 잘못됨	연필심 강도 저하	8		작업자 관리 부족	6	
7	재료반죽	반죽이 일부만 됨	사출시 구명 막힘	9		회전축 마모	2	
8	재료반죽	반죽이 일부만 됨	사출시 구명 막힘	9		불완전한 반죽	1	
9	재료반죽	반죽이 일부만 됨	연필심 강도 저하	8		회전축 마모	2	
10	재료반죽	반죽이 일부만 됨	연필심 강도 저하	8		불완전한 반죽	3	

◎ **현 프로세스 관리(Current Control)**: 다음은 'Current Process Control', 즉 '현 프로세스 관리'에 대해 알아보자. '현 프로세스 관리'란 사건을 유발시키는 '잠재 인자'나 '고장 모드'에 대해 프로세스에서 주기적으로 또는 표준화를 통해 어떻게 관리하고 있는지를 표기하는 난이다. 관리 대상은 최우선적으로 '원인'이며, 따라서 [표 M - 27]의 '원인'을 보고 판단한다. 상황에 따라 '고장 모드'를 보고 기입할 수도 있다. 만일 현재 관리가 이뤄지지 않고 있으면 단순히 '없음'으로 기술한다. 또 '예방 보전(PM, Preventive Maintenance)'일 경우 주기와 내용을 간략히 적거나, 'SPC(Statistical Process Control)'의

[표 M - 28] '현 프로세스 관리' 및 '검출도(Detection)' 입력 예

#	Process Function (Step)	Potential Failure Modes (process defects)	Potential Failure Effects (Y's)	S E V	C l a s s	Potential Causes of Failure (X's)	O C C	Current Process Controls	D E T	R P N
1	재료반죽	점토에 불순물 존재	연필심 강도 저하	8		원자재에 섞인 것을 검출 못함	4	원료입고 시 매 Sampling 검사	3	
2	재료반죽	점토에 불순물 존재	연필심 강도 저하	8		재처리과정 중 이물질 혼입	5	없음	9	
3	재료반죽	점토/흑연/물 비율이 잘못됨	사출시 구멍 막힘	9	v	게이지 고장	2	1회/월 PM	1	
4	재료반죽	점토/흑연/물 비율이 잘못됨	사출시 구멍 막힘	9	v	작업자 관리 부족	8	1회/년 보수교육	5	
5	재료반죽	점토/흑연/물 비율이 잘못됨	연필심 강도 저하	8		게이지 고장	1	1회/월 PM	1	
6	재료반죽	점토/흑연/물 비율이 잘못됨	연필심 강도 저하	8		작업자 관리 부족	6	1회/년 보수교육	5	
7	재료반죽	반죽이 일부만 됨	사출시 구멍 막힘	9		회전축 마모	2	1회/월 PM	1	
8	재료반죽	반죽이 일부만 됨	사출시 구멍 막힘	9		불완전한 반죽	1	시각검사	4	
9	재료반죽	반죽이 일부만 됨	연필심 강도 저하	8		회전축 마모	2	1회/월 PM	1	
10	재료반죽	반죽이 일부만 됨	연필심 강도 저하	8		불완전한 반죽	3	시각검사	4	

'관리도'를 사용하고 있으면 '$\overline{X}-R$ 관리도' 등으로 표기한다. 그 외의 Check Sheet, Audit, 실수 방지, 자동화 시스템 관리 등 다양한 관리 방법이 가능하다. 앞의 [표 M-28]은 '현 프로세스 관리'의 작성 예이다.

[표 M-28]에서 '현 관리 방식'에 '없음'부터 '교육', 'PM(사전 예방)', '시각 검사(또는 목시 검사)' 등 '원인'에 맞는 관리 방식이 기록돼있다.

◎ **검출도(DET)**: 다음 열은 'DET(Detection)'로 지금까지 전개된 잠재적 사건들이 실제 발생하면 얼마나 빨리 검출해낼 수 있는지를 '1~10' 사이의 값으로 표시하는 난이다. '검출도'로 불린다. 빨리 검출해낼수록 고객에게 불이익이 최소화될 것이므로 '1'에 가까운 숫자를, 발생해도 그 원인을 전혀 인식하지 못하면 '10'에 가까운 값을 부여한다. '검출도' 열이 '현 프로세스 관리(Current Process Control)' 열 옆에 위치하고 있는 이유는 현재 관리 상태를 보고 판단하라는 뜻이다.

만일 '잠재 인자'나 '고장 모드'에 대해 적절한 관리 방법이 없으면 [표 M-28]의 2행과 같이 '없음'으로 표기한다. 관리 방식이 '없다'는 의미는 실제로 원인이 발생했을 때 인지해내기 매우 어렵다는 뜻이므로 최악의 상황에 해당한다. 따라서 'DET'는 10에 가까운 값을 갖는다. [표 M-28]의 2행 예에서는 '9'가 입력돼 있다. 또 '3행, 5행, 7행, 9행'은 모두 '검출도=1'이며, 현 관리 방식이 공통적으로 "1회/월 PM"으로 기록돼 있다. 매월 주기적으로 한 번씩 사전 관리가 이뤄지고 있어 원인 검증이 용이함을 반영한 결과이다. 즉, '현 프로세스 관리' 열의 내용을 참조해서 'DET' 값을 정한다. [표 M-28]에 '검출도' 예를 들었다. '현 프로세스 관리'와 값을 비교하며 참고하기 바란다.

◎ **RPN**: 끝으로 'RPN(Risk Priority Number)'은 '위험우선순위 수' 정도로

해석된다. 앞서 평가한 'SEV', 'OCC', 'DET'를 모두 곱해 얻으며, 값이 클수록 프로세스에 악영향을 줄 가능성도 커진다고 판단한다. 따라서 'RPN'을 통해 대응 방안을 마련하고 조치하는 근거로 활용한다. 잠재된 사건 모두를 고려해서 해결책을 마련하면 프로세스의 질이 높아지지만 시간과 인력, 투자 등이 제약 사항이므로 우선순위화해서 대응하는 논리다. 이에 대해서는 다음 [표 M-29]에 나타냈다.

[표 M-29] 'RPN' 입력 예(연필 제조 프로세스)

#	Process Functio n (Step)	Potential Failure Modes (process defects)	Potential Failure Effects (Y's)	S E V	C l a s s	Potential Causes of Failure (X's)	O C C	Current Process Control s	D E T	R P N
1	재료반죽	점토에 불순물 존재	연필심 강도 저하	8		원자재에 섞인 것을 검출 못함	4	원료입고 시 매 Sampling 검사	3	96
2	재료반죽	점토에 불순물 존재	연필심 강도 저하	8		재처리과정 중 이물질 혼입		없음	9	360
3	재료반죽	점토/흑연/물 비율이 잘못됨	사출시 구멍 막힘	9	v	게이지 고장	2	1회/월 PM	1	18
4	재료반죽	점토/흑연/물 비율이 잘못됨	사출시 구멍 막힘	9	v	작업자 관리 부족	8	1회/년 보수교육	5	360
5	재료반죽	점토/흑연/물 비율이 잘못됨	연필심 강도 저하	8		게이지 고장	1	1회/월 PM	1	8
6	재료반죽	점토/흑연/물 비율이 잘못됨	연필심 강도 저하	8		작업자 관리 부족	6	1회/년 보수교육	5	240
7	재료반죽	반죽이 일부만 됨	사출시 구멍 막힘	9		회전축 마모	2	1회/월 PM	1	18
8	재료반죽	반죽이 일부만 됨	사출시 구멍 막힘	9		불완전한 반죽	1	시각검사	4	36
9	재료반죽	반죽이 일부만 됨	연필심 강도 저하	8		회전축 마모	2	1회/월 PM	1	16
10	재료반죽	반죽이 일부만 됨	연필심 강도 저하	8		불완전한 반죽	3	시각검사	4	96

[표 M-29]의 'RPN'에 대해 우선순위화해서 '잠재 인자'를 뽑아내는 방법

은 두 가지가 있다. 첫 째는 'RPN'을 기준으로 일렬로 배열시켜(Sorting) 큰 값에서 갑자기 작은 값으로 뚝 떨어지는 시점을 가르는 방법이고, 둘째는 최악의 경우가 '1,000(＝10×10×10)'이므로 프로세스 관리 수준에 대한 엔지니어의 신뢰도가 '90%'라고 가정할 때 '불신뢰도'는 '0.1(＝1－0.9)'이므로, 1,000에 이 '불신뢰도'를 곱한다. 즉 '잠재 인자'를 선택할 기준 값은 '100[=1,000×(1－0.9)]'이 되고, 이때 '100'을 넘어가는 'RPN' 값을 개선 대상으로 삼는다. 다음 [표 M－30]은 'RPN'을 내림차순으로 정렬한 예이다.

[표 M－30] 'RPN 우선순위화' 예(연필 제조 프로세스)

#	Process Function (Step)	Potential Failure Modes (process defects)	Potential Failure Effects (Y's)	S E V	C l a s s	Potential Causes of Failure (X's)	O C C	Current Process Controls	D E T	R P N
2	재료반죽	점토에 불순물 존재	연필심 강도 저하	8		재처리과정 중 이물질 혼입	5	없음	9	360
4	재료반죽	점토/흑연/물 비율이 잘못됨	사출시 구멍 막힘	9	∨	작업자 관리 부족	1	1회/년 보수교육	5	360
6	재료반죽	점토/흑연/물 비율이 잘못됨	연필심 강도 저하	8		작업자 관리 부족	6	1회/년 보수교육	5	240
1	재료반죽	점토에 불순물 존재	연필심 강도 저하	8		원자재에 섞인 것을 검출 못함	4	원료입고 시 매 Sampling 검사	3	96
10	재료반죽	반죽이 일부만 됨	연필심 강도 저하	8		불완전한 반죽	3	시각검사	4	96
8	재료반죽	반죽이 일부만 됨	사출시 구멍 막힘	9		불완전한 반죽	1	시각검사	4	36
3	재료반죽	점토/흑연/물 비율이 잘못됨	사출시 구멍 막힘	9	∨	게이지 고장	2	1회/월 PM	1	18
7	재료반죽	반죽이 일부만 됨	사출시 구멍 막힘	9		회전축 마모	2	1회/월 PM	1	18
9	재료반죽	반죽이 일부만 됨	연필심 강도 저하	8		회전축 마모	2	1회/월 PM	1	16
5	재료반죽	점토/흑연/물 비율이 잘못됨	연필심 강도 저하	8		게이지 고장	1	1회/월 PM	1	8

[표 M‑30]의 네 번째 행에서 'RPN' 값이 뚝 떨어지는 것이 관찰되므로, 우선순위가 높은 '잠재 인자'인 "재처리 과정 중 이물질 혼입", "작업자 관리 부족"을 핵심으로 고려해야 할 '잠재 인자'로 선정한다. 물론 FMEA의 분석적 방법을 동원하면 다양한 해석이 가능하나 이 정도의 설명으로 마무리한다. 다음 [그림 M‑95]는 '노래방 매출 올리기'의 'P‑FMEA'에 대한 '파워포인트' 작성 예를 나타낸다.

[그림 M‑95] 'Step‑6.2. P-FMEA/RPN 도출' 예(노래방 매출 올리기)

Step-6. 잠재원인변수의 발굴
 Step-6.2. P-FMEA/ RPN 도출

발굴된 잠재 원인 변수 중 'RPN'이 높은 4개 잠재 인자를 선정(중복 제외).

#	Process Function (Step)	Potential Failure Modes (process defects)	Potential Failure Effects (Y's)	S E V		Potential Causes of Failure (X's)	O C C	Current Process Controls	D E T	R P N
1	고객응대	고객들어 올때 자리 없음	고객 딴 노래방으로 감	10		잠깐 자리를 비워둠	3	교육없음	8	240
8	서비스제공	노래기기, 마이크, 노래책 등 정리안됨	고객 불만	9		정리작업절차 없음	8	절차서 없음	3	216
3	고객응대	인사안함	서비스만족도 저하	6		서비스 교육시킴	5	교육없음	7	210
16	서비스제공	마이크 청소 안됨	고객 불만	9		영업마인드 부족	7	교육없음	3	189
18	고객환송	배웅없음	재방문율 저하	10		서비스 교육시킴		교육없음	9	180
7	서비스제공	노래기기, 마이크, 노래책 등 정리안됨	고객 불만	9		영업마인드 부족	5	교육없음	2	90
17	서비스제공	마이크 청소 안됨	고객 불만	9		점검 표준절차 없음	3	표준절차 없음	3	81
14	서비스제공	기기고장	고객 딴 노래방으로 감	10		정기점검 안함	6	정기점검 없음	1	60
4	고객응대	인사안함	서비스만족도 저하	6		잠깐 자리를 비워 둠	1	교육없음	8	48
5	고객응대	방 안내할때 고객요구 문의 없이 바로 빈방으로 안내	다른방 재배정	7		서비스 교육시킴		교육없음	1	42
6	고객응대	방 안내할때 고객요구 문의 없이 바로	고객 딴 노래방으로 감	10		서비스 교육시킴	4	교육없음	1	40
15	서비스제공	기기고장	고객 딴 노래방으로 감	10		점검 표준절차 없음	4	표준절차 없음	1	40
2	고객응대	고객들어 올때 자리 없음	노래방만족도 저하	6		잠깐 자리를 비워둠	2	교육없음	3	36

[그림 M‑95]의 첫 열인 'Process Function(Step)'은 [그림 M‑91]의 Process Map 내용이 입력됐다. 현재 Process FMEA의 용도는 '잠재 인자'에 초

점을 맞추고 있음을 강조한 바 있다. 따라서 'Potential Causes of Failure(X's)' 열의 강조된 '5개의 요인'들은 '노래방 매출 올리기'를 위해 해결해야 할 '잠재 요인'으로 판단한다(고 가정한다).

일반적으로 '잠재 인자'의 선정은 'RPN'으로 순위를 매긴다. 그러나 P-FMEA를 시스템으로 도입할 경우 다음 [표 M-31]의 지침을 이용해 선정할 수도 있다.

[표 M-31] FMEA 개선을 위한 '잠재 인자' 선정 지침

SEV	OCC	DET	결 과	조치
1	1	1	최고의 설계	없다
1	1	10	고장의 영향이 없다.	없다
10	1	1	고장이 고객에게는 영향이 없다.	없다
10	1	10	공정관리 결함(or 문제) 처리	(프로세스)개선
1	10	1	잦은 고장. 검출 가능. 비용 유발	재설계
1	10	10	잦은 고장으로 고객에게 전달된다.	재설계/(프로세스)개선
10	10	1	영향이 큰 잦은 고장	재설계
10	10	10	심각한 문제!	중단

[표 M-31]에서 첫 행의 '1-1-1'은 '심각도'는 낮고, '발생도'도 낮으며, 설사 발생해도 바로 검출할 수 있으므로(둘째 행) 별도의 '조치'는 불필요하다. 셋째 행의 '10-1-1'은 '심각도'는 매우 높지만 '발생도'는 매우 낮고, 검출 능력은 매우 높아 역시 추가적인 '조치'는 불필요하다. "'심각도'가 높은데 왜 조치가 없지?" 하고 의문을 가질 수 있다. '심각도'를 줄이는 최선은 '고장 모드'를 없애는 것인데 이는 프로세스 내 해당 '활동'의 혁신적인 변화나 제거가 수반돼야 한다. 그렇지 않으면 개선을 통해 줄이거나 제거하기는

매우 어렵다.

'심각도'가 높은 사건들의 처리에 좀 더 해석이 필요할 것 같다. 예로써 화재는 검출에 백 년이 걸리든 아니면 바로 확인이 되든 심각한 것은 심각한 것이다. 따라서 '심각도'가 '10'인데 "조치가 없다?"는 데에 의구심을 갖는 리더들은 '잠재 인자'의 개선이 어떻게 이뤄지는지 이해가 필요하다. '잠재 인자'들의 영향력을 줄일 수 있는 방법은 '발생도'를 낮추거나 '검출도'를 높이는 일이다. 이때 '발생도'를 낮추는 단 하나의 방법이 바로 '재설계'이다. 그 어떤 방법도 '재설계'를 통하지 않고는 근본적 해결이 어렵다. 또 검출 능력을 높이는 방법은 다양한 프로세스 개선을 통해 가능하다(검사 강화, 검사 장비 투자 등). [표 M‒31]의 '조치' 열은 'OCC'가 높으면 '재설계'를, 'DET'가 높으면 '(프로세스)개선'이 필요함을 알려준다. 현업에서 '1‒10‒1'과 같은 극단적인 값이 나오는 경우는 드물다. 따라서 '1‒8‒2'나 '3‒10‒1'과 같이 유사 경향을 보이는 점수 분포를 관찰해 '조치'의 지침을 따르도록 한다.

'노래방 매출 올리기'의 [그림 M‒95] 예에서 '#14'의 '10‒6‒1'은 팀원들의 판단에 따라 '10‒10‒1'에 대응시킬 수 있으며, 이때 '잠재 인자'인 '정기 점검 안 함'도 'Screened Xs'에 포함시킬 수 있다. [표 M‒31]에 따르면 '재설계'가 요구된다. 타 행들도 평상시 동일하게 검토하는 습관을 키운다.

이어서 '잠재 원인 변수의 발굴' 때 가장 쉽고 또 실무에서 많이 활용하는 '특성 요인도'에 대해 알아보자.

Step‒6.3. 특성 요인도

'특성 요인도(Cause and Effects Diagram)'는 일본의 품질 관리 전문가였던 이시가와 가오루 박사가 고안해 가와사키 제철에 처음 적용한 것으로 알려져 있다. 생선뼈처럼 생겨 '생선뼈도(Fish - bone Diagram)' 또는 '어골도(魚骨圖)' 로도 불린다. 원명은 '이시가와 다이어그램'이다. 'QC 7가지 도구' 중 하나다. 여기서는 [그림 M - 83]의 '잠재 원인 변수 발굴도'에 설명된 것처럼 'QFD', 'Process Map', 'P - FMEA'와의 관련성에 대해 먼저 알아보자.

당시 'QFD'는 '설계 요소', 'Process Map'은 '프로세스 변수', 'P - FMEA' 는 '잠재 인자'를 도출하는 출처로 설명한 바 있다. 반면, '특성 요인도'는 이 세 가지 출처 모두를 포함하는 특징을 갖는다. 왜냐하면 '브레인스토밍'을 통 해 '잠재 원인 변수'들이 도출되기 때문에 굳이 '출처'를 구분할 이유가 없기 때문이다. 그러나 '잠재 원인 변수'를 발굴할 때 개선 대상인 프로세스가 존재 하면 'Process Map'과 'P - FMEA'를 사용하는 것이 정석이다. 따라서 '특성 요인도'는 다음과 같은 용도로 활용하는 것이 바람직하다.

① **보완이 필요하다고 판단될 때** 'Process Map'과 'P - FMEA'를 통해 '잠 재 원인 변수'를 발굴했으나 혹시 누락된 변수가 존재할 가능성이 있다고 의 심되면 보완 차원에서 팀원들과 '특성 요인도'를 추가 활용한다. 이 경우 발굴 된 '잠재 원인 변수'들의 우선순위화를 위해 'X - Y Matrix'를 활용하거나, 작 성된 '특성 요인도'상에 팀원들의 협의를 거쳐 가장 중요하다고 판단되는 변 수들을 '(1), (2), (3), …'처럼 순위 매기는 'Multi - voting'을 수행한다.

② **프로세스가 없거나 범위가 모호한 과제를 수행할 때** 과제의 내용이 프 로세스가 없거나 모호한 경우가 있다. 예를 들면, 대고객 홈페이지 활용 향상 과제나 IT성 과제, 타 부서의 활동을 지원하는 과제 등이다.

홈페이지를 개선하는 과제는 모니터에 뜨는 장표 간 이동의 흐름(Flow)은 있으나 제조 프로세스의 '재료 반죽'같이 부가 가치를 높이기 위한 '활동'은 존재하지 않는다. 따라서 '프로세스 변수'를 발굴하기 위해 'Process Map'을 활용하기는 적절치 않고 이를 대체하는 용도로 '특성 요인도'가 가장 적합하다. 또 홈페이지의 잠재 문제를 찾기 위해 홈페이지 내 각 '화면명'을 'P-FMEA 양식'의 첫 열인 "Process Function(Step)"에 입력해 활용한다. '특성요인도'의 일반적 형태는 다음 [그림 M-96]과 같다.

[그림 M-96] '특성 요인도' 양식 예

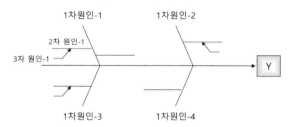

[그림 M-96]에서 '1차 원인'을 유형별로 구분하기 어려울 경우 '5M-1I-1E'로 시작하는 것도 한 방법이다. '2차'나 '3차'로 계속 발굴해서 'Y'에 영향을 주는 원인 변수들을 세분화한다. 발굴된 원인 변수들을 우선순위화할 때는 가급적 '최종 가지'의 원인을 사용하되 규칙은 없으므로 팀원들과 협의해 결정한다. 발굴된 모든 '잠재 원인 변수'들은 'X-Y Matrix'나 'Multi-voting'으로 우선순위화한 뒤 'Screened Xs'를 확정한다. 사례는 생략한다.

Step-6.4. 선별 Xs(Screened Xs)

출처인 'P-Map'이나 'P-FMEA'에서 'Y'와 관련이 있을 것으로 예상되는 모든 '잠재 원인 변수'들을 발굴한 뒤 'X-Y Matrix'와 'RPN'을 통해 우선순위화했으면 다음은 Analyze Phase로 넘길 변수들을 최종 확정한다. 그런데 선별된 'Screened Xs'를 보면 이게 무슨 변수인지 의문을 주는 표현들이 많고, 중복이나 타 변수에 의미상 통합이 필요한 경우 등 여러 유형이 존재한다. 따라서 Analyze Phase로 넘기기 전, 선별된 변수들을 다시 한번 팀원들과 검토하는 것이 정리에 매우 유리하다. 다음 [그림 M-97]은 '노래방 매출 올리기'의 예이다.

[그림 M-97] 'Step-6.4. 선별 Xs(Screened Xs)'의 예(노래방 매출 올리기)

Step-6. 잠재원인변수의 발굴
Step-6.4. 선별 Xs(Screened Xs)

출처	번호	Screened Xs	대용 특성	비 고
Process Map	1	불평불만 접수건수	불평불만 접수건수	-
	2	노래방기기의 성능	노래방 기기 고장 빈도	-
	3	노래책	최신 곡 보유여부	음반협회에 직전 3개월 이내에 등록된 곡
	4	주변악기	탬버린 상태	수준 A, B, C
	5	노래방 배경영상 상태	(영상)반주와의 연계성	수준 A, B, C
	6	최신 곡	-	'3'과 중복
	7	싸이키 성능	(싸이키)반주와의 연계성	수준 A, B, C
	8	시간입력시스템	-	즉 실천 – 최신 입력시스템으로 Upgrade
P-FMEA	9	잠깐 자리를 비워둠	공석시간	
	10	정리작업절차 없음	-	즉 실천 – 정리과정 절차서 수립 및 교육
	11	서비스 교육 안 시킴	-	즉 실천 – 서비스 교육 절차서 수립 및 교육
	12	영업마인드 부족	마이크 소독방법	시장 및 경쟁 노래방 조사
	13	서비스 교육 안 시킴		'11'과 중복

[그림 M-97]에서 표의 제목 줄에 '대용 특성' 열이 보인다. 'Screened Xs'도 하나의 특성이므로 Analyze Phase에서 정확히 무엇을 검정할 것인지의 확인, 그리고 측정이 가능한 표현으로의 전환이 필요하다. 물론 선별된 'Screened

Xs'들이 '의미의 명확성'과 '특성적 표현'으로 이미 기술돼 있으면 본 과정은 생략한다. 예를 들어 첫 행의 '불평불만 접수 건수'는 명확하고 특성적 표현이므로 '대용 특성'란에 그대로 옮겼다.

그러나 둘째 행의 '노래방 기기의 성능'은 성능 중 어떤 부분인지가 불명확하다. 만일 어느 성능이 문제 소지가 있는지 애초 불명확한 상태에서 진행하면 Analyze Phase에서 기기들에 나타난 이상 현상들을 모두 조사한 뒤 개선점을 찾아야 한다. 그러나 일반적으로 프로세스 담당자들은 어느 상태인지 명확하게 인지한 상태에서 변수를 선별하는 경우가 대부분이다. 따라서 변수를 얘기한 담당자에게 추가 질문함으로써 [그림 M-97]의 예와 같이 '대용 특성'인 '노래방 기기 고장 빈도'로 고쳐 쓴다. "~고장 빈도"는 최초 선별 때 명칭인 '노래방 기기의 성능'보다 명확하며 특성적 표현임을 알 수 있다.

또 '비고'란에는 즉시 처리할 수 있는 변수들 경우 "즉 실천"으로 표현함으로써 Analyze Phase로 넘기지 않고 바로 개선할 것임을 나타내거나, '6번'과 '13번' 변수처럼 타 변수와 의미상 중복된 경우 '00번과 중복'으로 기술한다. 이와 같이 '비고'란은 '대용 특성'으로 전환하는 과정 중에 발생되는 특이사항, 또는 참고로 알아둘 정보를 요약하는 용도로 활용한다. 선별 과정을 거친 후 최초 '13개'의 변수들이 최종 '8개'의 변수로 축소됐음을 알 수 있다.

과제 리더라면 변수를 정리하는 본 작업이 매우 중요하다는 것을 깨달아야 한다. 발굴된 변수들을 하나하나 '대용 특성'으로 바꾸는 과정 속에 'Y'와 연계된 'X'들의 구체적이고 체계적인 검정의 윤곽이 잡히기 때문이다. 멘토링했던 리더들의 의견이 그렇다.

본문에 언급하진 않았으나 '잠재 원인 변수'를 발굴하기 위해 사용되는 'Logic Tree'나 'Mind Map' 등 다양한 도구들이 존재한다. 그러나 이들의 용법은 '특성 요인도' 범주에 포함시켜 생각해도 무방하다.

여기까지가 Measure Phase다. 다음은 선별된 'Screened X'들을 Analyze

Phase로 넘겨 '검정'하고, Improve Phase에서 '최적화', Control Phase에서 '지속적 관리'를 하는 오로지 'X'만의 길을 걷는다. 어려운 길을 왔지만 아직 갈 길도 멀다. 즐거운 기분으로 Analyze Phase에 첫발을 디뎌보자.

(Ⅳ)

Analyze

'Analyze'는 Screened Xs를 분석하는 활동이다. Measure에서 선정된 Xs들은 단지 과제 'Y'에 영향을 줄 것이라 의심될 뿐 실제로 그런지는 아무도 모른다. 따라서 'Y'를 움직이는 변수임을 각종 수단(정량적, 정성적, 기술적 분석)을 동원해 확인하는데 이 같은 결과물을 '핵심 인자 (Vital Few Xs)'라고 부른다. '핵심 인자'란 'Y'에 영향을 주는 인자이 므로 Improve Phase에서 어떻게 개선하라는 방향성을 제시해주는데 이 것을 '개선 방향'이라고 한다. Analyze Phase는 바로 이 '개선 방향'을 찾는 과정이 핵심이다.

Analyze Phase 개요

　　　　　　　'Analyze'는 '분석'이다. 단어의 의미는 쉬운데 과제 수행 관점에서 누구든 이 Phase에 들어오면 머뭇거리거나 답답하단 반응을 보인다. 진도도 늦고 또 열심히 했지만 왠지 엉성한 느낌이 든다. 왜일까? 직접적인 원인은 저변에 통계를 써야 하는 강박감이 존재한다. 또 그래야만 뭔가 있어 보이고 사업부장께 보고하는 데도 손색이 없어 보인다. 이 대목에서 필자는 "통계는 문제 해결을 위한 하나의 툴입니다 툴!"이라고 강변하지만 잘 먹혀들지 않는 게 사실이다. 과제 수행 리더는 결국 통계적 검정 도구들을 '파워포인트' 장표 어딘가에 채워놓고야 만족한 표정을 보이기 일쑤다.

　'Step‐6. 잠재 원인 변수의 발굴'의 산출물은 '선별 Xs(Screened Xs)'였다. 이 'X'들은 과제 'Y'에 영향을 줄 것이라 생각되는 변수들이지 완전히 영향을 준다고 한 적은 없다. 즉, 영향을 줄 것이라는 하나의 '가설(Hypothesis)'일 뿐이다. '가설'은 우리 주변에서 너무도 쉽게 접한다. 기상대에서 "내일 비가 온다"라고 했다든가, 또 누군가가 "저 두 사람이 사귄다" 또는 회의 중에 한 직원이 "문제는 이러이러한 것이다" 등등 생활에서 얘기하는 모든 발언들은 100% '가설'에 속한다고 보면 틀림없다.

　우리는 '가설'이 난무하는 환경에 살고 있다. 누군가는 화자의 됨됨이를 보고 바로 신뢰하며 동조하는 자세를 취하기도 하지만 일부는 전혀 귀담아듣지 않고 신뢰가 떨어지는 소리라고 선언(?)하기까지 한다. 기업의 예로써 엔지니어가 제품의 수명을 두 배 이상 향상시켰다고 보고한들 어느 상사는 말도 안 되는 소리라고 일축해버릴 수도 있고, 어느 상사는 전폭적으로 신뢰하고 만족해할 수도 있다. 이와 같이 주변에서 접하는 정보들은 사람에 따라 또는 환경에 따라 믿음이 갈 수도, 그렇지 않을 수도 있다. 경우에 따라서는 일부만 믿는 사람도 있을 것이다.

이때 사람 따라, 또는 접하는 환경에 따라 입력되는 정보를 신뢰할 것인지 아니면 신뢰하지 않을 것인지 각자가 판단하는 게 과연 옳을까? 접하는 정보에 대해 구체적이고 객관적인 자료를 덧붙여 누구든지 올바로 판단할 수 있도록 안내하는 뭔가 추가 작업이 절실하다. 이 같은 작업을 '검정(Test)'이라고 한다. 즉, '검정'이란 제3자로 하여금 주장하는 바를 "아, 정말 그렇군!" 하고 믿게끔 하는 활동이다.

따라서 수치로 된 자료면 통 - 모아서, 계 - 계산하는 '통계'를 사용하든, 사진을 찍어 관련성을 믿게 하든, 전문가 의견이나 논문 자료를 토대로 확신을 주든 어느 수단이나 방법을 사용해서 믿게끔 유도하면 바로 '검정'이 수행된다. 듣는 사람이 "말도 안 돼" 또는 "이런 자료는 확인해봤나?" 등과 같이 만족스럽지 못한 반응을 보이면 적어도 '검정'에 있어서는 실패한 것으로 간주한다. 단순히 '검정'은 '확인시켜 주는 것'이라는 개념을 철저하게 기억해주기 바란다. 주변의 모든 얘기가 '가설'이라 했고, 이것들을 확인시켜 주기 위해 '검정' 과정을 거치면 두 단어가 결합해 그동안 익히 들어왔던 '가설 검정'이 탄생한다.

'문제 해결' 중 '가설 검정', 즉 'Analyze'는 로드맵에서 가장 중요한 Phase이다. 대부분의 리더들은 'Improve Phase'가 가장 중요한 시점으로 믿지만 사실은 그렇지 않다. 왜냐하면 분석을 통해 과제에서 정확히 무엇을 개선해야 할지가 드러나야 실제 개선이 가능하기 때문이다. 만일 '분석'이 필요치 않으면 Measure Phase에서 현 수준을 측정한 뒤 바로 Improve Phase의 최적화로 건너뛸 수 있는데 이 같은 과제를 '즉 실천 과제(Quick Project)'라고 한다.

Measure Phase에서 정리된 '선별 Xs(Screened Xs)'들이 'Y'와 연관이 있을 것이란 '가설'을 넘겨받았으므로, 'Step - 7. 분석 계획 수립'에서 향후 어떻게 검정해나갈 것인지에 대해 계획을 수립한 뒤, 그 계획대로 'Step - 8. 데이터 분석'을 수행한다. '데이터 분석'은 선별된 'X'들을 'Y'와 하나하나 빗대며 확인해가는 '가설 검정' 과정이다.

'가설 검정'은 단순히 "X가 Y에 대해 유의하다"라는 결론을 얻는 것은 아니다. **분석을 통해 얻는 최종 산출물은 '개선 방향'이다.** 왜냐하면 'X' 자체만 갖고 할 수 있는 일은 아무것도 없다. 'X'에 대해 구체적으로 어느 값, 또는 행위를 언급해주고 그대로 프로세스를 변화시킴으로써 'Y'가 개선된다. 따라서 Improve Phase에 바로 이 행위인 '개선 방향'을 넘겨야 로드맵이 완성된다. 분석을 통해 '개선 방향'들이 모두 마무리되면 'Step‒9. 핵심 인자(Vital Few Xs) 선정'에서 최종적으로 'X'들 및 관련 '개선 방향'들을 정리한다.

이후부터는 '핵심 인자 선정'에서 정리된 '개선 방향'들을 Improve Phase로 넘겨 '최적화'를 진행된다. 이제부터 Analyze Phase의 '세부 로드맵'들에 대해 자세히 알아보자. 물론 지금까지 해왔던 것처럼 '파워포인트'의 장표 구성을 함께 제시해 전체 과정을 쉽게 이해할 수 있도록 배려할 것이다.

Step - 7. 분석 계획 수립

문제 해결 로드맵 중 Analyze, Improve, Control Phase는 각 '세부 로드맵'의 첫 위치에 '계획 수립'을 두고 있어 이후 전개를 사전에 파악할 수 있도록 돕는다. 관련 내용은 '문제 해결 개요'의 「4.3. '계획 수립'이 있는 위치」에서 설명한 바 있다. 예를 들면, Improve의 'Step - 10. 개선 계획 수립'과 Control의 'Step - 13. 관리 계획 수립' 등이 그것이다. 마찬가지로 Analyze도 'Step - 7. 분석 계획 수립'이 이후 두 Step인 'Step - 8. 데이터 분석'과 'Step - 9. 핵심 인자 선정' 과정을 한눈으로 파악할 수 있도록 요약 정보를 제공한다.

Step - 7.1. 분석 계획/데이터 수집 계획 수립

'분석 계획'을 위한 가장 사용 빈도가 높은 양식이 다음 [표 A - 1]이다.

[표 A - 1] '분석 계획/데이터 수집 계획' 기본 양식

Xs	가 설	분석계획			Data 수집계획			
		Data 유형	Graph	분석 Tools	표본 크기	저장 위치	수집 담당자	기간

각 열의 용도를 간단히 설명하면 다음과 같다.

- **Xs** 'Step-6. 잠재 원인 변수의 발굴' 최종 산출물인 '선별 Xs(Screened Xs)' 중 '대용 특성'을 그대로 입력한다. '프로세스 개선'은 물이 흘러가듯 전개되는 방법론이다. 이전 산출물은 다음 '세부 로드맵'의 입력이 돼야 한다.
- **가설** "X가 Y에 영향을 준다", 또는 "X가 Y와 상관관계에 있다" 등과 같이 분석에서 실질적으로 알고 싶은 내용을 기술한다. 이를 통계적 용어로 '대립 가설'이라고 한다. '귀무가설'은 그 반대의 주장이므로 표에 포함시킬 필요는 없다.
- **분석 계획/Data 유형** 'Data 유형'의 가장 일반적 분류는 '연속 자료'와 '이산 자료'다. 이미 'Step-6. Y의 선정'에서 'Y'의 Data 유형은 결정돼 있으므로 'X'의 Data 유형을 기술한다. 'X'가 수치가 아닌 '사람' 간, '부서' 간, '라인'별, '기계'별 등으로 구분되면 '범주 자료'라고 한다. 따라서 'X'의 Data 유형은 '연속 자료', '이산 자료', '범주 자료'로 분류한다. 그 외에 대안이 요구되는 변수들은 '대안 인자'로 입력한다.
- **분석 계획/Graph** '분석 계획 수립'의 핵심 입력 항목 중 하나다. '정량적 분석'은 말할 것도 없고 '정성적 분석', '기술적 분석' 등도 가급적 분석 과정을 시각화하도록 노력한다. 파레토 차트, 상자 그림(Box Plot), 산점도(Scatter Plot)나 각종 그래프, 사진 등 검정에 필요한 그래프나 이미지 종류를 입력한다. 어느 시각화 도구를 사용할지 모를 때는 'Step-8. 데이터 분석'을 수행한 후에 보완하는 것도 한 방법이다.
- **분석 계획/분석 Tools** '정량적 분석'인 경우 'Y'와 'X'의 데이터 유형이 결정되면 통계적 분석 도구도 정해진다('분석 4-Block'과 '분석 세부 로드맵' 사용). '정성적 분석'과 '기술적 분석'은 '정량적 분석'만큼 규격화돼 있진 않으나 다양한 유형의 접근법이 존재하므로 사전에 파악이 되면 기술하지만 그렇지 못할 경우 데이터 분석을 수행한 후 보완한다. 다음 [표 A-2]와 [그림 A-1]은 분석 계획을 수립할 때 제공되는 '분석 4-블록'과 '분석 세부 로드맵'을 나타낸다.

[표 A-2] 분석 4-블록

	Y	
X	연속 자료	이산 자료
연속 자료	✓ 그래프: 산점도 ✓ 통 계: 상관분석 　　　　회귀분석 　　　　　　　①	✓ 그래프: 파레토 차트, 기타 ✓ 통 계: 로지스틱 회귀분석 ②
이산 자료 (범주 자료)	③ ✓ 그래프: Box Plot, 히스토 그램, Multi-vari Chart ✓ 통 계: 등 분산 검정, t-test, ANOVA, 비 모수 검정	④ ✓ 그래프: 막대 그래프, 기타 ✓ 통 계: 1-표본 비율검정, 2-표 본 비율검정, 카이 제곱 검정

[표 A-2]는 '가설 검정'에 들어가기 전 현재 주어진 자료(Data)에 적합한 통계 도구 선택에 매우 큰 도움을 준다. 불리는 명칭은 정해져 있지 않으나 외관상 '분석 4-블록'이 적절하다.

통계 분석의 가장 큰 특징 중 하나가 수치 데이터를 갖고 있으면 앞으로 전개될 검정에 쓰일 도구를 미리 파악할 수 있다는 점이다. 통계 도구들엔 잘 알려진 상관 분석, 회귀 분석, t-검정 등이 포함되며, 그래프 역시 적합한 것을 미리 선택할 수 있다. 따라서 'Step-7. 분석 계획 수립'에서 앞으로 쓰일 도구들을 대부분 정확히 기술할 수 있다. 예를 들어 'Y'가 '점도'이고, 'X'가 '온도'면, 둘은 '연속 자료'이므로 '①'번 블록의 그래프인 '산점도'와 통계 도구인 '상관 분석' 또는 '회귀 분석'이 쓰인다. 또 'X'가 'A그룹/B그룹'처럼 '범주 자료'인 경우 '③'과 '④' 블록에 해당되며, 이때 다음 [그림 A-1]의 '분석 세부 로드맵'으로 들어가 검정을 위한 통계 도구를 선택해 사용한다.

[그림 A-1] 분석 세부 로드맵

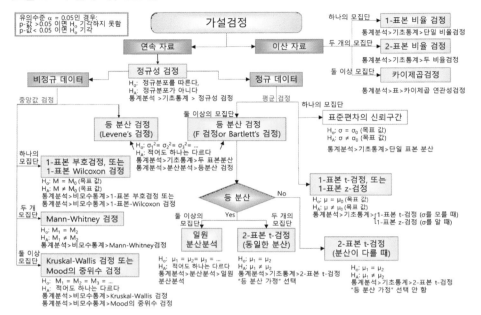

[그림 A-1]은 실무에서 매우 유용한 '가설 검정'용 흐름도이다. 이해를 돕기 위해 부연하면, 만일 'X'가 '범주 자료'인 '설비(수준이 '설비-A', '설비-B')'이고 'Y'가 '연속 자료'인 '점도'면 'Y'가 '연속 자료'이므로 왼쪽의 '연속 자료' 경로를 밟는다. 설비별 '점도'를 비교할 것이므로 각 설비로부터 장기 성향의 데이터가 수집된다. [그림 A-1]에 따르면 두 '연속 자료'를 비교하기 위해 딱 세 가지를 확인해야 한다. 두 자료의 분포인 '모양'과 '산포' 그리고 '평균'이 그것이다. [그림 A-1]의 첫 관문인 '정규성 검정'은 바로 두 설비의 점도 데이터 간 분포의 '모양'을 비교하기 위함이다. 둘 다 '정규성'을 보이면 오른쪽 경로를 택하지만 하나라도 '정규 분포'하지 않으면 왼쪽 경로

로 들어간다.

수집된 '점도' 데이터 모두를 '정규 분포'로 가정하자. 이어지는 분석은 흩어짐 정도인 '산포'를 비교한다(등 분산 검정). '산포'가 다르면 둘의 모집단은 서로 다르다고 판단한다. 만일 '산포'가 통계적으로 차이가 없다는 결론에 이르면 끝으로 '평균'을 비교한다.

'평균'을 비교할 때 데이터 군이 한 개면 '1 – 표본 t – 검정' 또는 '1 – 표본 z – 검정'을, 두 개면 '2 – 표본 t – 검정', 두 개 이상이면 '일원 분산 분석'을 선택한다. 앞서 'X'가 '설비'인 예에서 '설비 – A'와 '설비 – B'의 두 군(수준)이 있으므로 평균 비교는 '2 – 표본 t – 검정'을 이용한다. 만일 '비정규 데이터' 경로로 들어갔으면 반드시 '산포'를 비교한 뒤 '평균'을 검정할 필요는 없다. 적어도 한 개 이상의 데이터 군에 비정규분포가 포함돼 있으므로 이미 두 군은 다르다는 것을 알고 있기 때문이다.

필요에 따라 '산포' 또는 '평균'만 비교할 수도 있다('분석 세부 로드맵'에서 '정규 데이터'는 '평균' 검정을 위해 앞서 '산포'를 확인하지만, '비정규 데이터'는 '산포'와 '평균'이 따로 위치함). '비정규 데이터'의 대푯값은 '정규 데이터'의 '산술 평균'과 달리 '중앙값'이 통계적으로 같은지 다른지를 확인한다.

끝으로 'Y'가 '이산 자료'면 맨 처음 경로에서 오른쪽의 '이산 자료'로 들어가며 검정 대상이 비율 1개이면 '1 – 표본 비율 검정', 2개면 '2 – 표본 비율 검정', 2개 이상이면 '카이 제곱 검정'을 선택한다.

정리하면 검정을 수행하기 위해 'X'와 'Y' 데이터를 수집한 후 '분석 계획 수립'을 행하고, 이때 자료의 유형을 참고해 [표 A – 2]의 '분석 4 – 블록'을 이용한다. 만일 'X'가 '범주 자료'에 해당('분석 4 – 블록'의 ③, ④블록)하면 [그림 A – 1]의 '분석 세부 로드맵'을 이용해 적합한 통계 도구를 선택한다. 다음은 [표 A – 1]의 양식 중 '데이터 수집 계획'란의 항목들을 설명한다.

- **데이터 수집 계획/표본 크기** 각 'X'들의 데이터 수가 몇 개인지를 결정한다. 이미 'Step – 4. Y의 선정'의 '데이터 수집 계획'에서 'Y'의 규모가 정해졌으므로 그를 참고해 'X 데이터' 수집 계획을 수립한다. '연속 자료', '이산 자료'에 따라 '표본 크기'는 달라질 수 있다.
- **데이터 수집 계획/저장 위치** 'X' 데이터가 현재 어디에 저장돼 있는지를 기술한다. 아무개의 PC에 있을 수도 있고, 특정 정보화시스템의 관련 템플릿에 저장돼 있을 수도 있다. 또는 어느 담당자의 개인 파일 보관함에 있거나 경우에 따라서는 아예 없을 수도 있다. 없는 경우는 설문이나 인터뷰 등을 통해 수집될 것이다. 제3자라도 쉽게 찾아낼 수 있도록 구체적으로 지정한다.
- **데이터 수집 계획/수집 담당자** 누가 수집할 것인지 이름을 적는다. 역할과 책임을 명확히 하기 위함이다. 과제 팀원 중 한 명이거나, 리더가 대부분이다.
- **데이터 수집 계획/기간** 언제부터 언제까지 수집할 것인지를 기입한다. 전체 일정과 Analyze 일정을 감안해 기술한다. 수집에 어려움이 예상되는 'X'가 있으면 쉬운 'X'부터 수집해 검정을 수행하고, 검정 기간 중에 나머지 데이터를 수집하는 것도 한 방법이다. Analyze Phase는 전체 문제 해결 로드맵 중 가장 중요하다고 하였다. 또 중요한 만큼 시간도 많이 소요된다. 따라서 정해진 기간 내에 완료하기 위해서는 철저한 사전 준비가 요구된다.

경험적으로 과제 수행에서 'Step – 7. 분석 계획 수립'은 제시한 [표 A – 1]의 한 장으로 끝나는 경우가 많다. 그러나 'X'들 간 서로 연관성이 깊거나 뭉쳐서 한꺼번에 분석해야 하는 등 특별한 진행이 요구되면 '분석 계획 수립' 장표 다음 장에 별도로 향후 진행 상황을 이해할 수 있도록 요약한다. 또는, 적정 '표본 크기'를 이론적으로 계산한 내용도 포함할 수 있다. Define Phase의 「1.1.3. 과제 선정 배경 전개 방법」에서도 언급했지만 자료는 본인이 보려고 작성하기보다 제3자가 보도록 하기 위함이다. 따라서 짧은 기간에 전체 내용을 쉽게 파악할 수 있도록 잘 표현하는 습관을 키운다. 다음 [그림 A – 2]는 '노래방 매출 올리기'의 '분석 계획 수립' 예이다.

[그림 A-2] 'Step-7.1. 분석 계획/데이터 수집 계획 수립' 예(노래방 매출 올리기)

Step-7. 분석 계획 수립
  Step-7.1. 분석 계획/ 데이터 수집계획 수립

Xs	가설	분석계획			Data 수집계획			
		Data 유형	Graph	분석 Tools	표본 크기	저장 위치	수집 담당자	기간
불평불만 접수건수	'불평불만 접수 건 수'가 '종합만족도'에 영향을 주는가?	연속	산점도	상관분석	12	접수 대장	김지원	~00.0
노래방 기기 고장 빈도	'노래방 기기 고장빈도'가 '종합만족도'에 영향을 주는가?	연속	산점도	상관분석	20	기기 관리대장	이시설	~00.0
최신 곡 보유여부	'최신 곡 보유여부'가 '노래방 시설만족도'에 영향을 주는가?	범주	상자 그림	2-표본 t	18	노래책	김지원	~00.0
탬버린 상태	'탬버린 상태'가 '노래방 시설만족도'에 영향을 주는가?	범주	상자 그림	ANOVA	24	악기 관리대장	이시설	~00.0
(영상)반주 와의 연계성	'(영상)반주와의 연계성'이 '노래방 시설만족도/영상만족도'에 영향을 주는가?	범주	차트	정성적 분석	128	관찰 조사	이시설	~00.0
(싸이키)반 주와의 연계성	'(싸이키)반주와의 연계성'이 '노래방 시설만족도'에 영향을 주는가?	범주	차트	정성적 분석	128	관찰 조사	이시설	~00.0
공석시간	'공석 시간'이 '서비스만족도'에 영향을 주는가?	연속	산점도	상관분석	35	인터뷰	김지원	~00.0
마이크 소독방법	'마이크 소독방법'이 '노래방 시설만족도'에 영향을 주는가?	범주	상자 그림	2-표본 t	29	기록 대장	이시설	~00.0

[그림 A-2]에서 '분석 계획' 열의 'Graph'나 '분석 Tools'을 기입하는 시점에 모호한 사항이 있을 수 있다. 이 경우 '가설 검정'을 수행한 후 확실시된 내용들로 다시 돌아와 채운다. '가설' 열의 내용은 '대립 가설'을 알아듣기 편한 문장으로 표현한 것이며, '*Y*'는 '종합 만족도' 외에 '하위 특성'인 '노래방 시설 만족도', '서비스 만족도', '영상 만족도'도 있으므로 해당되는 '*X*'에 따라 각각 대응시킨다(예로 '공석 시간'은 '서비스 만족도'에 대해 검정함).

Step - 8. 데이터 분석

문제 해결 과정에서 만일 '데이터 분석'이 없으면 어떻게 될까? 아마 로드맵은 D – M – I – C가 될 것이다. 즉, 과제가 탄생한 배경 기술, 과제 지표 'Y'의 현 수준 측정, 그리고 '개선'과 '관리'가 있을 텐데 이 흐름은 그냥 바로 수행해서 효과를 볼 수 있는 유형의 과제인 '즉실천 과제(Quick Project)'에 해당한다. 그럼 '분석'이 필요하다는 의미는 무엇일까? 많은 기업의 완료 과제 발표회에 참석해 각 리더들의 수행 내용을 보노라면 분석의 검정 결과를 단지 "X인자는 유의하다"라고 매듭짓는 경우를 참많이 본다. '유의'하면 '핵심 인자', 즉 'Vital Few Xs'가 되므로 '최적화' 대상이다. 그러나 '핵심 인자' 자체를 Improve Phase로 넘겨 바로 "최적화한다"는 표현이 과연 옳을까?

만일 'X'가 '설비 배치 방법'이고 분석을 통해 유의하다고 결론지었을 경우 어떤 일이 벌어질지 생각해보자. 아마도 Improve Phase에서 현재의 '배치 방법'에 대해 바람직한 개선 방향을 유도하기 위한 추가 분석이 진행될 가능성이 높다. 이 대목에서 필자는 항상 **"인자 자체의 유의성 여부를 결정하는 것이 분석의 최종 목적이 될 수 없다. '개선 방향'을 제시하는 것이 최종 얻고자 하는 산출물이다"**라고 강조한다.

개선 관점에서 'Xs'들을 분류하면 크게 '제어 인자(Operating Parameter)'와 '대안 인자(Critical Element)'로 나뉜다. 전자는 '온도'나 '압력'과 같이 직접적으로 최적화 대상이 되는 인자를, 후자는 '자리 배치', '투입 방법'과 같이 프로세스를 최적화하기 위해 가장 좋은 '대안'을 찾기 위한 인자들이다. Analyze Phase에서 '대안 인자'의 최종 산출물은 무엇일까? 만일 '투입 방법'이라는 'X'를 검정한 결과 현재의 재료 투입 방법이 적정한 요건을 갖추지 못한 것을 확인했다. '유의(Significant: 有意)'한 것이다. 그러나 '유의하다'의 결과만으로 당장 Improve Phase에서 무엇을 해야 할지 막막하다. 분석했으면 프로세스의 문제가 무엇인지 들춰냈어야 하고 따라서 이를 보완할 명확한 '개선 방향'을 제시해줘야 한다. 그래야 많은 다양한 고려 대상 중 분석에서 제시한 '개선 방향'에 선택과 집중을 할 수 있다. 이것이 '세부 로드맵'이 존재하는 이유다.

물론 '제어 인자'의 경우도 마찬가지다. 분석에서 '온도'라고 하는 '제어 인자'를 검정한 결과, '온도'가 변하면 'Y'가 등락하는 상관성을 확인했다고 하자. 이 경우 역시 '온도'가 '유의'한 것으로 판단한다. 이때 최종 산출물인 '개선 방향'은 무엇일까? 만일 검정 중 'Y'를 만족시킬 최적의 온도 조건(예로 10.4도 등)을 찾았다면 Improve Phase를 위한 '개선 방향'은 "10.4도 조건에서 Pilot Test를 통한 결과 확인"이, 또는 상관성만 확인된 정도면 "DOE(Design of Experiment)를 통한 최적 조건 설정"이 '개선 방향'에 해당한다. 분석의 산출물은 Improve Phase에서 무엇을 해야 하는지를 명확하게 알려주는 데 의미가 있다.

이어지는 본문은 Analyze Phase 초입에 전체 개요를 설명할 목적으로 필자가 쓰는 강의 자료다. 중요하므로 '분석' 개념을 잡는 데 중점 활용하기 바란다.

Step-8.1. 가설 검정(假說檢定 Hypothesis Testing)

8.1.1. 분석의 심도(深度)

다음 [그림 A-3]과 같이 세 개의 수박밭이 있다고 가정하자. 또 각 밭에는 100개씩의 수박이 한창 무르익어 가고 있다(고 하자). 한쪽은 소나무 숲이 우거진 산이 있는 환경이고 반대편은 길이 위치한다.

[그림 A-3] '분석의 심도'를 설명하기 위한 상황

산
방
향
←

어느 날 농부가 밭에 나가 보니 수박 표면에 누런 변색이 있는 것을 발견했다. 농부는 그 정도가 얼마나 되는지 확인하기 위해 밭별로 몇 개씩 있는지 세어보았다. 결과는 다음 [그림 A-4]와 같다.

[그림 A-4] 발생 빈도에 근거한 '정량적 분석' 예

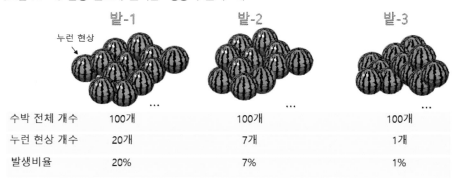

	밭-1	밭-2	밭-3
수박 전체 개수	100개	100개	100개
누런 현상 개수	20개	7개	1개
발생비율	20%	7%	1%

[그림 A-4]에서 '밭-1'은 전체 100개 수박 중 20개가 누런 현상이 발생해 '20%'의 발생률을 보이고, '밭-2'와 '밭-3'은 각각 '7%'와 '1%'가 발생

한 것으로 확인되었다. 밭별로 발생률에 차이가 있는 것은 간단한 수치 계산을 통해 확인(20% – 7% – 1%)했지만 아직까진 밭별로 차이가 있는지 분석 과정을 거치지 않았으므로 가설에 지나지 않는다. 제3자로 하여금 충분히 믿게끔 하기 위해선 '검정'이란 절차가 남아 있다. 검정 방법은 통상 세 가지가 있다. 이전에 설명한 바와 같이 '정량적 분석', '정성적 분석', '기술적 분석'이 그것이다. 본론에 들어가기에 앞서 용어를 다음과 같이 간단히 정리해보았다.

> · **정량적 분석** '분석 4 – 블록'과 '분석 세부 로드맵'을 통해 이루어지는 검정을 말하며, 수치 데이터를 처리하는 분석법을 총칭한다. '통계적 분석'으로도 불린다.
> · **정성적 분석** '정량적 분석'과 '기술적 분석' 이외의 분석법을 말한다. 통상 수치적인 접근이 어려운 '대안 인자' 경우 전문가 의견이나, 프로세스 핵심 담당자들의 의견, 특허, 기술 자료, 논문 등을 이용하며, 'X'가 'Y'에 영향을 주고 있음을 확인하는 비수치적 방법들이 이에 속한다. '윈도우 분석', 'AHP' 등 다양한 전문적 도구들도 모두 포함된다.
> · **기술적 분석** 주로 연구 분야 과제에서 활용되는 검정 방법이다. 과거의 알려진 이론 식이나 논문에 제시된 수식 등을 활용해 'X'가 'Y'에 영향이 있다는 것을 시뮬레이션 또는 추정 과정을 통해 확인한다. 이론적 검정 절차가 많으므로 Improve Phase에서 실제 실험을 통해 확인하는 절차가 매우 중요하다.

수박 예의 경우 수치 데이터가 확보됐으므로 '정량적 분석'에 해당한다. 우선 배웠던 대로 [표 A – 2]의 '분석 4 – 블록'을 참조한다. 가설인 "밭별로 누런 현상 발생률에 차이가 있다(대립 가설이 될 것임)"를 검정하는 것이므로 'X'는 '밭'이며, '밭 – 1', '밭 – 2', '밭 – 3' 등 세 개의 '수준'이 존재한다. 따라서 'X'는 '범주 자료'에 속한다. 반면에 'Y'는 누런 현상의 발생 건수(비율의 차이가 중요하나 결국은 건수를 헤아리는 문제임)이므로 '이산 자료'에 속한다. 따라서 '분석 4 – 블록'상에서 '④번' 블록에 해당한다. '③번' 또는 '④

번' 블록에 속하면 '분석 세부 로드맵'을 참조한다고 했으므로 [그림 A-1]로 돌아가 첫 갈림길에서 '이산 자료'인 오른쪽 경로를 선택한다. 또 두 개 이상의 비율을 검정할 것이므로 '카이 제곱 검정'을 선택한다. 미니탭의 데이터 입력 방법과 검정 과정은 다음 [그림 A-5]와 같다.

[그림 A-5] '카이 제곱 검정'을 위한 미니탭 위치

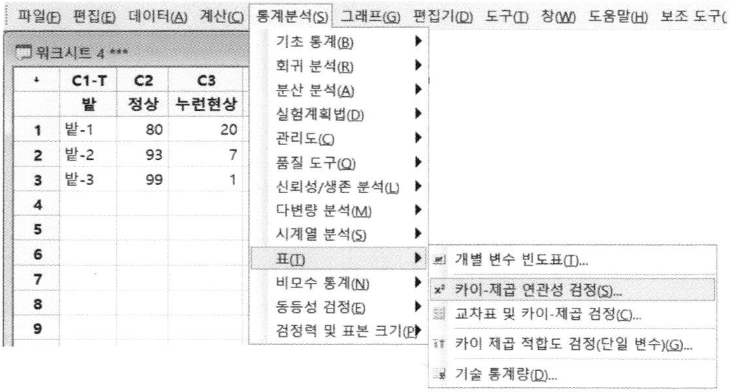

'1-표본 비율 검정'과 '2-표본 비율 검정'은 모두 미니탭의 「통계 분석(S)>기초 통계(B)>단일 비율 검정(R)…', 또는 '두 비율 검정(O)…'」으로 들어가지만 '카이 제곱 검정'은 입력 자체가 '표 형식'으로 돼 있어 미니탭 「통계 분석(S)>표(T)>카이-제곱 연관성 검정(S)…」으로 들어간다. 데이터 입력 시 주의할 사항은 각 밭별로 '정상 개수'와 '누런 현상 개수'를 각각 입력한다. 그들의 합이 전체 개수인 '100'이 되는 점에 주목한다. 개수를 입력하면 미니탭은 비율을 통해 그들 간의 차이가 있는지를 검정한다. 미니탭에서 데이터 입력 화면과 분석 결과는 다음 [그림 A-6]과 같다.

[그림 A-6] '카이 제곱 검정' 결과

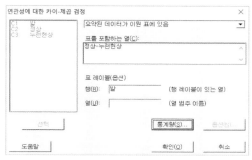

[그림 A-6]의 통계적 결론은 "유의 수준 0.05에서 p-값이 0.000이므로 대립 가설 채택. 즉, 적어도 하나 이상의 밭에서 누런 현상의 발생률이 다른 밭과 차이를 보인다"이다. 한마디로 '밭'이라는 'X'는 '유의'하며, 이것은 "의미가 있을 정도로 밭별 누런 현상 발생률에 차이가 있다"로 판단한다. 여기까지가 '정량적 분석'에서 자주 접하는 내용이다.

[그림 A-6]의 결과로부터 Improve Phase에서 할 수 있는 개선이 무엇인지 생각해보자. 분석을 했음에도 할 수 있는 일을 제시하지 않으면 Improve Phase에서 좀 막막하지 않을까? '유의'하다고 하는 그 자체로 분석을 종료했을 때, Improve Phase에서 할 수 있는 일은 적어도 다음 셋들 중 하나가 될 수 있다.

· **토양의 차이** 산 쪽에 위치한 밭의 토양과 반대편 길 쪽 밭의 토양 간 성분의 차이가 있는지 확인하고 토양을 안정화시킬 수 있는 조치를 취하는 방향.
· **종자의 차이** 수박 종자의 출처나 보관상 차이 등이 있는지 확인하고, 누런 현상이 발생하지 않는 종자로 최적화를 실현하는 방향.
· **해충의 피해** 수박에 영향을 줄 수 있는 해충이 발생했을 가능성을 염두하고 이를 방지하기 위한 비료나 적절한 살충제를 모색하는 방향.

제시한 방향성은 한마디로 수박 겉핥기식 결과라고밖에 해석할 수 없다. 모든 가능성을 염두에 두고 하나하나 실행할 수도 없으려니와 실행한다 치더라도 잘못 짚은 방향이면 시간과 공수, 비용 등의 손실이 꽤나 클 것이기 때문이다. 따라서 분석, 즉 가설 검정 시점에 'X'의 '유의성 여부'를 확인하는 것은 기본이고 그 외에 '사실 분석' 수순을 밟는 것이 매우 중요하다.

'사실 분석'은 정량적이든 정성적이든 초기 분석을 수행한 후 프로세스상에서 수치 데이터로부터 확인한 현상이 실제 발생하고 있는지 직접 관찰하고 조사하는 활동이다. 수치 데이터를 통한 검정은 데이터 자체의 신뢰성에 문제가 있거나 수집 중에 왜곡 가능성이 있으며, 판단 결과가 실제 프로세스에서 의미가 없거나 반감될 수 있다. 또 명확한 개선 방향 설정을 위해 프로세스에 잘 맞도록 조정의 필요성도 있다.

수박밭 사례에서의 '사실 분석'은 무엇일까? 수치로 밭별 차이가 있음을 검증했으니 실제 누렇게 변색된 부위를 잘라본다. 표면에서 조금 들어간 깊이로 잘라냈을 때, 원형의 변색과 함께 중앙에 까만 핵 점이 있는 것을 발견했다고 하자. '사실 분석' 중이므로 사진이나 스케치를 한 뒤 '파워포인트'에 관찰 결과를 기록한다. 다음 [그림 A-7]은 첫 '사실 분석'의 상황을 표현한 개요도이다. 수박은 '프로세스'를 대변한다.

[그림 A-7] '사실 분석' 예

첫 번째 '사실 분석'으로부터 명확한 '개선 방향'의 유도가 어려우므로 변색된 부위를 중심으로 한 번 더 수박을 잘라내 똑같은 방식으로 표면을 관찰한 뒤 기록한다. 과정을 반복하며 지속적으로 관찰해나가는 것을 "분석의 심도가 깊어간다"고 한다. 만일 수박을 계속 잘라나가다 최종적으로 아주 작은 해충이 발견됐다고 가정하자. 수박 표면에 발생된 변색 원인이 밝혀진 순간이다. 최종적인 원인을 밝혀냈을 때 이를 '근본 원인(Root Cause)'이라고 한다.

[그림 A-8] '근본 원인' 예

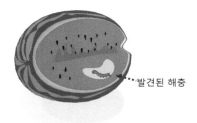

···'발견된 해충

'근본 원인'을 찾아낸 순간 지금까지 고려했던 모든 방향은 명확하게 재정립된다. 적어도 '토양'이나 '종자'와 같은 문제에서 자유로워지고 '해충'에 의한 영향에만 집중할 수 있다. 그러나 어디까지가 '근본 원인'인지는 사실 아직 모른다. 더 추구할 내용이 있으면 '분석의 심도'는 더 깊어질 수 있으며, 그럴수록 Improve Phase에서 해야 할 최적화 활동은 더욱 간소화된다. '개선 방향'이 명확할수록 그것만 만족시키면 문제가 해결될 것이기 때문이다. 따라서 수박의 예에서 발견된 해충의 종류나 수명 주기, 기생 방법 등 추가적인 '사실 분석'이 가능하며, 최종 개선 방향은 다음과 같은 예가 가능하다. 즉 "A유충을 조기에 박멸할 수 있도록 환경에 영향이 없는 해충 약을 찾고, 4~5월경 소나무에 살포하는 프로세스 최적화를 Improve Phase에서 추진"이다.

‘사실 분석’이 프로세스를 대상으로 한 여러 가설들을 실제 관찰하고 확인하며 ‘근본 원인’을 찾는 활동이면 Measure Phase에서의 ‘선별 Xs(Screened Xs)’의 의미를 약간 다른 시각에서 재해석할 수 있다. 즉, 수박의 예와 같이 ‘표면의 변색된 부분’을 시작점(Screened Xs)으로 수박의 한참 안쪽에 위치한 해충의 존재를 밝혀냈고(근본 원인), 궁극적으로 누렇게 변색된 현상을 차단할 수 있는 기회를 얻었다(개선 방향). 따라서 ‘누런 현상’은 초기 분석 방향을 가늠하는 길잡이 역할을 한 것으로 보인다.

　수박 표면에는 무수히 많은 수의 점이 존재한다. 그 무수한 점들의 존재 중에 ‘근본 원인’을 가장 쉽게 찾기 위한 한 점을 정해줘야 한다. 프로세스로 치면 ‘근본 원인’을 규명하기 위해 최초로 조사할 ‘시작 위치’가 필요하다. 이것이 Measure Phase에서 얻어낸 ‘Screened Xs’다. 결론적으로 ‘Screened Xs’는 분석 방향을 결정하기 위한 ‘포지셔닝(Positioning) 역할’을 한다. 수박의 문제 예로 볼 때 **“Screened Xs는 ‘근본 원인’인 해충의 위치를 가장 빠르게 찾아내기 위한 지름길의 첫 관문을 제시해준 것”**으로 볼 수 있다. ‘가설 검정’을 통해 프로세스 내 파고들어 갈 위치를 찾으면 그때부터 ‘근본 원인’을 규명하기 위한 ‘사실 분석’이 시작된다.

[그림 A-9] Measure Phase에서 ‘선별 Xs(Screened Xs)’의 의미

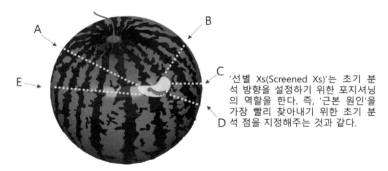

‘선별 Xs(Screened Xs)’는 초기 분석 방향을 설정하기 위한 포지셔닝의 역할을 한다. 즉, ‘근본 원인’을 가장 빨리 찾아내기 위한 초기 분석 점을 지정해주는 것과 같다.

[그림 A - 9]에서 'A'보다 'C' 위치부터 '사실 분석'을 수행하는 것이 '근본 원인'인 해충을 찾기가 훨씬 수월하다. 'C'는 Measure Phase에서의 '선별 Xs(Screened Xs)'들 중 하나가 될 것이다.

이 같은 개념은 '제어 인자'의 경우도 동일하게 적용된다. 과제 지표 'Y'가 '점도'이고, 'Screened X'로 '온도'가 선정됐다고 가정하자. '점도'에 대한 '온도'의 영향을 분석할 때 '온도'가 흔들리면 '점도'가 등락하는 강한 양의 상관성을 원 데이터로부터 관찰하기란 사실상 쉽지 않다. 설사 강한 양의 상관성을 보인다 하더라도 장기간 운영된 프로세스로부터 수집된 데이터 경우 분석 과정 중 '이상점(Outlier)'이나 예상 밖의 결과 등이 포함될 수 있다. 따라서 분석을 통해 경향이 관찰되면 실제 프로세스로 들어가 그들이 발생된 '근본 원인'을 찾아 '개선 방향'으로 귀결시키는 '사실 분석'이 중요하다.

'분석의 심도' 관점에서 첫 '가설 검정'은 수박 겉핥기식 분석이 될 가능성이 높으며, 실질적인 '개선 방향'을 이끌어내기 위해서는 '사실 분석'을 해야 한다. 그래야 분석의 품질을 높일 수 있다. 초기 분석에 나타난 이상 현상 또는 예상 밖의 관찰이나 조사 결과를 '사실 분석'으로부터 실제 확인할 수 있다. 프로세스 내 '근본 원인'을 밝혀냈을 때에야 비로소 성과가 극대화된다. Analyze Phase가 과제 수행 로드맵 중 가장 중요한 이유가 여기에 있다.

'사실 분석'이 정상으로 수행되면 '개선 방향'을 얻는 과정을 통해 검정 대상인 'Screened Xs'들의 수가 줄어드는 효과도 생긴다. 과제 수행의 최적화 대상인 프로세스는 이미 Define Phase의 '프로세스 범위'에서 '시작'과 '끝'을 정의한 유한한 상태다(마치 수박 속과 같이). 따라서 하나의 'Screened X'로부터 시작된 '사실 분석' 과정은 아직 분석되지 않은 변수들에 의해 향후 파악하게 될 정보를 미리 얻는 효과가 생긴다. 왜냐하면 유한한 프로세스 안에서 일어나는 분석이기 때문에 첫 변수의 '분석적 심도'가 깊어질수록 이 같은 상황의 발생 가능성은 점점 커질 수밖에 없다.

수박의 예로 돌아가 바로 직전의 해석을 확인해보자. 수박 내 해충이 들어 있는 위치를 찾기 위해 수박 표면의 '시작점(Screened Xs)'은 무수히 많다. 이제 한 개 지점을 정한 뒤 '사실 분석' 차원에서 내부로 들어가다 보면(프로세스를 조사하고 관찰하다 보면) 설사 '근본 원인'을 확보하지 못한다 할지라도 불합리하고 보완이 필요한 개선 내용들이 여럿 발견될 수 있으며, 이들은 다른 'X'를 분석할 때 얻게 될 '개선 방향'을 포함한다. 다른 'X'들 역시 같은 공간에서 분석적 심도를 깊이 가져가면 동일한 결과에 이른다. 따라서 아직 분석에 안 들어간 검정을 기다리는 'X'들 중, 앞서 분석된 'X'들에 의해 '개선 방향'이 나오면 검정 대상에서 제외한다(이전 변수가 대신 밝혀줬으므로). 이 경우 'Step-7. 분석 계획 수립'으로 돌아가 해당 인자가 검정이 필요치 않음을 기록으로 남긴다. 이로부터 애초 분석을 해야 할 'X 수'가 줄어드는 효과가 생긴다. '사실 분석'은 간접이나 서비스 부문의 '대안 인자'에서도 주요한 활동 중 하나이다.

[그림 A-10] 유한한 프로세스 안에서의 '개선 방향' 도출

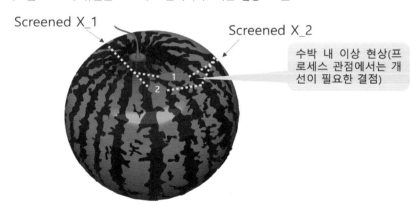

[그림 A-10]의 'Screened X-1'으로부터 '사실 분석'을 통해 프로세스 내

불합리한 영역(타원 '1')을 찾아냈으면 '개선 방향'을 설정한다. '분석의 심도'를 더해 갈수록 추가적인 문제점(타원 '2')이 발견될 수 있으며, 이를 바로잡기 위한 '개선 방향'을 또 설정해나간다. 그리고 상황은 계속해서 반복된다.

'Screened X‒2'부터 '사실 분석'이 시작됐어도 과정과 결과는 동일할 수 있다. 즉 분석을 수행해가면서 'Screened X‒1'에서 밝혀낸 동일한 문제점을 발견하고 '개선 방향'도 동일하게 얻을 수 있다. 실제 많은 과제에서 분석 전에 'Screened X'들이 서로 독립이라 '개선 방향'도 달리 나올 것으로 예상하지만, 실상 분석이 진행되면 동일한 '개선 방향'으로 귀결되는 경우를 자주 경험한다. Define Phase에서 최적화를 위한 '프로세스 범위'를 한정했기 때문에 일어나는 자연스러운 현상이다. 이때 중복된 변수는 'Step‒7. 분석 계획 수립'으로 돌아가 제외시킴으로써 분석에 대한 부담을 줄인다.

8.1.2. 가설 검정 방법

'가설 검정'은 말 그대로 "가설을 검정한다"이다. 앞서 설명한 대로 '가설'이란 "우리가 이야기하는 모든 것"이라고 한 바 있다. 즉, 확인되지 않은 것은 모두 가설에 해당한다. Measure Phase에서 얻어낸 'Screened Xs'들은 모두 과제 지표 'Y'에 영향을 줄 것으로 판단돼 선별된 것들로 이 역시 확인되지 않은 가설에 해당한다. 따라서 Analyze Phase에서 이들을 모아 확인하는 절차가 필요하다. 통상적인 검정 절차는 다음과 같다.

① **'가설'을 세운다.** '가설'은 '귀무가설(歸無假說, Null Hypothesis)'과 '대립 가설(對立假說, Alternative Hypothesis)'이 있다. '귀무가설'의 사전적 의미는 "설정한 가설이 진실할 확률이 극히 적어 처음부터 버릴 것이 예상되는 가

설"이다. '대립 가설'의 사전적 의미는 "귀무가설이 기각될 때 받아들여지는 가설로 대체 가설(代替假說)이라고도 한다"이다. 학습 받은 리더 중에도 가설을 세우라고 하면 매우 어려워하는 경우가 참 많다. 경험적으로 '대립 가설'을 먼저 기술하는 것이 유리하다. 왜냐하면 기업에서 많이 쓰는 미니탭의 입력 과정이 '대립 가설' 위주로 구성돼 있기 때문이다. 따라서 교육생들에게는 항상 '대립 가설'을 먼저 설정하도록 유도한다.

각 가설의 의미를 되새겨보자. '귀무가설'의 사전적 의미를 잘 보면 "~처음부터 버릴 것이 예상되는 가설"로 돼 있다. 검정을 결정한 순간 기존과 비교해 변화나 차이가 생겼음을 확인해보겠다는 의지가 저변에 깔려 있다. 그렇지 않으면 검정이라는 확인 절차를 굳이 수행할 하등의 이유가 없다. 따라서 검정을 결정한 순간 변화나 차이를 고려하게 되며 이를 '대립 가설'로 설정한다. 이럴 경우 '귀무가설'은 "처음부터 버릴 것이 예상되는 가설"이 된다.

예를 들어보자. 제품의 수명을 향상시키는 과제를 수행한 후 기존 제품에 비해 수명이 정말 늘어났는지 확인하려면 '대립 가설'은 "기존 제품에 비해 수명이 늘어났다"가 되거나, 또는 구체적으로 늘어났기를 기대하는 수명이 '200시간'이라면 "기존 제품 수명보다 200시간이 늘어났다"의 표현이 적절하다. 기술한 내용을 수학 기호로 표시하면 전자는 '$H_A : \mu_{new} - \mu_{old} > 0$', 후자는 '$H_A : \mu_{new} - \mu_{old} > 200hrs$'가 되며, '귀무가설'은 '$H_0 : \mu_{new} - \mu_{old} \leq 0$' 또는 '$H_0 : \mu_{new} - \mu_{old} \leq 200hrs$'이다. 즉, '귀무가설'은 "처음부터 버릴 것이 예상되는 가설" 그대로다. 물론 실제 검정 결과 예상과 달리 수명이 늘어나지 않은 것으로 확인되면 '귀무가설'을 버리지 못하게 될 수도 있다. 그러나 어디까지나 데이터로부터 확인된 이후의 상황이므로 그 전까지 '귀무가설'은 여전히 "처음부터 버릴 것이 예상되는 가설"로 존재한다.

참고로 '대립 가설'이 '$H_A : \mu_{new} - \mu_{old} > 0$'가 될 경우 '귀무가설'은 그 반

대인 '$H_0 : \mu_{new} - \mu_{old} \leq 0$'이 되는데, 이때 부등호 '$\leq$'를 쓰는 대신 항상 '$=$' 만 쓰는 것이 관례이다. 그 이유는 '작거나 같은 것의 최댓값이 '0'이므로, '0' 이 '귀무가설'이면 당연히 그보다 작은 값들은 말할 필요도 없다는 뜻이다. 따라서 '귀무가설'은 어느 경우든 항상 '$=$'으로 표기한다. 다음의 식 (A.1)은 "제품의 수명이 기존과 차이가 있다"라는 가설(기존 수명보다 크든 작든 차이가 있는지 여부만을 확인하는 가설)을 표기한 예이다.

$$H_0 : \mu_{new} - \mu_{old} = 0 \qquad \text{(A.1)}$$
$$H_A : \mu_{new} - \mu_{old} \neq 0$$

앞서 수명에 대한 가설 예를 '단측 검정'이라 하고, (A.1)을 '양측 검정'이라고 한다. 항상 '대립 가설'을 먼저 설정하는 습관을 키우자. '양측 검정'인지 '단측 검정'인지 선택에 어려움을 겪는 리더들이 종종 있다. '대립 가설'을 몇 번 설정해보면 가설을 세우는 일에 곧 익숙해진다. '대립 가설'은 항상 당면한 문제에 대해 "차이가 있다"로 설정하기 때문에 사실은 고민할 이유가 전혀 없다.

일반적으로 정보가 충분히 있는 경우 '단측 검정', 정보가 충분치 않은 경우 '양측 검정'을 실시한다. 예를 들어 "남자가 여자보다 키가 크다"에 대해 현재는 객관적으로 확인되지 않은 사안이므로 '가설'에 지나지 않는다. 그러나 통상적인 관념으로 '남자가 여자보다 키가 클 것이란 정보를, 과거 경험을 통해 어느 정도 인지'하고 있다. 사전 정보인 셈이다. 이때 가설을 세우면 다음 식 (A.2)와 같이 '단측 검정'이 된다.

$$H_0 : \mu_{man} - \mu_{woman} = 0 \qquad \text{(A.2)}$$
$$H_A : \mu_{man} - \mu_{woman} > 0$$

그러나 만일 "남자가 여자보다 키가 클 것"이란 사전 정보가 전혀 없으면 '대립 가설'을 세울 때 '크다'라고 넣기가 어렵다. 큰지 작은지 전혀 알 수 없기 때문이다. 이때 가설은 '양측 검정'을 기본으로 하며, 식 (A.3)과 같다.

$$H_0 : \mu_{man} - \mu_{woman} = 0 \qquad (A.3)$$
$$H_A : \mu_{man} - \mu_{woman} \neq 0$$

과제 수행 때 통상 리더는 담당 프로세스에 익숙하므로 가설에 대한 기본 정보를 충분히 숙지하고 있는 경우가 많다. 따라서 가설을 세우면 '단측 검정' 인지 또는 '양측 검정'인지를 고민하는 경우는 매우 드물다.

② **'유의 수준'을 정한다.** 검정 과정 중에 흔히 마주치는 '유의 수준', 'p - 값', '제1종 오류(또는 생산자 위험, α 오류)', '제2종 오류(또는 소비자 위험, β 오류)', '임계 값', '신뢰 수준', '검정력' 들에 대한 정의와 해석은 『Be the Solver_확증적 자료 분석』편에 상세하게 설명해놓았다. 분량이 상당하므로 관심 있는 독자는 해당 자료를 참고하고 본문은 기본 사항 위주로 소개한다.

'유의 수준(有意水準 Significance Level)'은 '0.1(10%)', '0.05(5%)', '0.01(1%)'을 주로 적용하며, 관습적으로 '0.05'의 사용이 일반화돼 있다. 어느 성인 집단의 신장 분포를 가정해보자. - 분포의 평균은 170㎝, 표준 편차는 5㎝이며, 정규 분포로 가정한다. 다음 [그림 A - 11]과 같다.

[그림 A - 11]의 분포를 미리 확보한 후 '비교 집단'으로 명명하고 잠시 잘 보관해두도록 하자. 이제 주변에서 임의 한 명을 선정한 후 신장을 측정했더니 '180㎝'라고 하자. '검정'은 표본을 추출해서 특성을 측정했을 때, 그 측정 값('표본 크기'가 2개 이상일 경우는 '평균'을 쓸 것임)이 '비교 집단'에 속하는지 그렇지 않은지를 확인하는 과정이다. 따라서 미리 준비해둔 집단에 측정

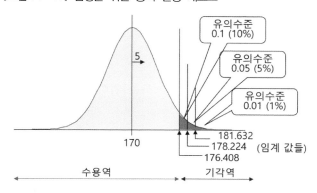

[그림 A-11] 검정을 위한 용어 설명 개요도

한 신장 값이 포함되는지 그렇지 않은지가 중요하다. '검정' 수행에 앞서 작성
돼야 할 '가설'은 다음의 식 (A.4)와 같다(사전 정보로부터 신장의 소유자가
다른 더 큰 집단에서 왔을 것이란 추측이 있었다고 가정한다. 이 경우 '단측
검정'이 될 것이다).

$$H_0 : \mu_{신장} = 170 \qquad \text{(A.4)}$$
$$H_A : \mu_{신장} > 170$$

'$\mu_{신장}$'은 측정한 '180㎝'의 소유자가 속한 '모집단의 평균'을 뜻한다. 측정
한 값은 '180㎝'이고, 또 딱 하나의 값밖에 없으므로(이 외에는 다른 신장의
집단에서 왔다는 어떤 정보도 현재로서는 없음) 이 사람은 적어도 평균이 '180
㎝'의 집단에서 왔다고 볼 수밖에 없다. 식 (A.4)의 '대립 가설'을 글로 풀어보
면 "측정된 신장(여기선 180㎝) 값이 속한 모집단 평균($\mu_{신장}$)은 '비교 집단'의
'평균(170㎝)'보다 크다"이다. 또 '귀무가설'은 '대립 가설'의 반대인 "측정된
신장(여기선 '180㎝') 값이 속한 모집단 평균($\mu_{신장}$)은 '비교 집단' 평균과 동

일하거나 작을 것이다"로 해석한다.

'가설'이 마무리됐으므로 이어 '180㎝' 신장의 소유자에 대해 어떤 결정을 내려야 한다. 결정이란 식 (A.4)의 가설들 중 하나를 선택하는 일이다. 그런데 '180㎝'는 '비교 집단'의 평균인 '170㎝'보다 수치상으로는 '10㎝'가 더 크다. 차이 값만 보면 누구는 큰 차이이므로 '비교 집단'에 포함시킬 수 없다고 주장할 수도 있고, 다른 이는 '170㎝'나 '180㎝'나 매한가지이므로 '비교 집단'에 포함시켜도 좋다고 주장할 수 있다. 물론 판단을 유보하는 부류도 있을 수 있다. 어느 판단이 옳을까? 또 판단을 해야 할 상황이면 당장 필요한 것은 무엇일까?

정답은 '기준'이 필요하다. 물론 그 기준은 바로 앞서 설명했던 '유의 수준'이다. '유의 수준'은 '10%', '5%', '1%' 중에서 선택하는데, 또 문제가 있다. '비교 집단'에서 각 기준을 가르는 '임계 값(Critical Value)'은 [그림 A-11]에서 각각 176.408㎝, 178.224㎝, 181.632㎝이며 '유의 수준'을 '10%'와 '5%'를 선택하면 180㎝는 '기각역'에 들어가는 반면(176.408㎝, 178.224㎝보다 180㎝가 오른쪽에 위치), '1%'를 선택하면 '수용역'에 들어가(181.632㎝보다 180㎝는 왼쪽에 위치) '비교 집단'의 일원으로 판단한다. 즉, '유의 수준'을 어떻게 정하느냐에 따라 판단이 달라진다. 앞서 설명한 바와 같이 관습적으로 '5%'를 적용하고 있고, 공학 분야는 '10%'을 주로 사용한다. 그러나 의학 분야처럼 인체에 미치는 영향을 심각하게 고려할 경우 '1%'를 적용하기도 한다. 예를 들어 기존 약품을 대체할 새로운 신약을 개발한 경우 인체에 무해하다는 명백한 차이를 보이려면 기존 평균보다 훨씬 떨어진 위치에 새 제품의 평균이 존재해야 신뢰할 수 있기 때문이다. 일반적으로 5%를 선정하므로 신장의 예에서 5%의 x-값(또는 '임계 값')은 '178.224㎝'를 적용하고, 측정값 '180㎝'는 이보다 오른쪽 '기각역'에 위치하게 돼 '비교 집단'과는 다른 집단에서 온 사람으로 최종 판단한다.

③ '검정 통계량'을 정한다. '검정 통계량'은 하나의 식이다. 왜 검정을 하는 데 식이 필요한지는 '정규 분포의 표준화'라고 하는 과정에 답이 있다. '정규 분포'를 표준화하면 '표준 정규 분포'가 된다. 아마도 대부분의 통계 분야에서 마주치는 가장 대표적인 분포가 있다면 '정규 분포'가 아닌가 싶다. 적어도 '정규 분포'만 잘 알면 상당한 수준의 통계 활용 능력을 갖는다고 말할 정도다. '표준 정규 분포'와 '검정 통계량'에 대해서는 그 탄생의 배경과 설명의 깊이 등을 고려해 통계를 별도로 다룬 『Be the Solver_확증적 자료 분석』편에 상세하게 설명해놓았으니 관심 있는 독자는 해당 자료를 참고하기 바란다. 본문은 기본 지식을 알고 있다고 보고 애초의 목적인 개요 학습과 활용에 집중하고자 한다.

'표준 정규 분포'는 평균이 '0', '표준 편차'가 '1'인 '정규 분포'를 말한다. 보통 실무에서 측정하는 특성은 천차만별이다. 사람의 키는 100㎝ 전후에서, 몸무게는 50㎏ 전후, 볼트 길이는 5㎝ 전후, 머리카락 두께는 수십 ㎛ 대에서 또 밀도, 속도, 회전력 등등 수많은 평가 항목들이 다양한 분야에 종사하는 담당자들에 의해 측정되고 관리된다. 또 이런 데이터들은 대체로 표준 프로세스 상태하에서 운영되므로 숫자들을 쌓아놓으면 좌우대칭 종모양의 '정규 분포'를 보일 가능성이 매우 높다. 자연도 일정한 원리에 의해 지배되므로 하나의 거대한 표준 프로세스로 볼 수 있다. '표준 정규 분포'는 이 같은 다양한 측정값들로 구성된 '정규 분포'를 '평균'이 '0', '표준 편차'가 '1'인 단일 분포로 통일화한다는 데 의의가 있다. 단일화가 이뤄질 경우 '표준 정규 분포' 하나로 모든 해석이 이뤄지므로 단순할 뿐만 아니라 서로 다른 부문 간 수준 비교도 훨씬 수월하다. 물론 필요할 경우 '표준 정규 분포' 이전의 원 분포로도 수시 전환이 가능하다. 미니탭의 「통계 분석(S)>기초 통계(B)」에서 접하는 '1-표본-z(또는 t) 검정', '2-표본 t-검정' 등이 모두 '검정 통계량'에 해당한다. '검정 통계량'은 표본으로부터 측정한 값을 '표준 정규 분포'의 'x-축' 값인

'z'나 't' 값으로 전환해준다. 이렇게 전환한 값을 이용해 측정한 '표본 평균'이 '비교 집단'에 속하는지 그렇지 않은지('기각역'에 포함되는지 '수용역'에 포함되는지)를 판단한다.

'검정 통계량'은 '모 표준 편차'를 알고 있으면, '$z = (\bar{x} - \mu)/(\sigma/\sqrt{n})$'가 쓰이고, '모 표준 편차'를 모르면 '$t = (\bar{x} - \mu)/(s/\sqrt{n})$'가 쓰인다. '표준 정규 분포'의 표준화 값으로 전환하는 식의 '분모'를 보면 '모 표준 편차'를 알면 'σ'를, 모르면 '표본의 표준 편차'인 's'가 들어가 있다. 둘의 구분을 위해 표준화 값을 표현하는 영문 철자는 'z'와 't'가 각각 쓰인다.

이론을 배제한 순수 실용적 측면에서 '검정 통계량'을 설명하면, 단순히 '분석 4 – 블록'과 '분석 세부 로드맵'만 제대로 활용하면 계산 없이 누구나 데이터에 적합한 '검정 통계량'을 쉽게 이용할 수 있다. 이 같은 체계가 바로 과거에 접하기 어려웠던 통계 검정에서의 강점들 중 하나이다.

④ **'검정 통계량'을 계산한다.** '검정 통계량'을 찾았으면 표본들의 '평균'을 산정한다. 앞의 예에서는 표본을 한 개로 보고 '180㎝'란 단일 데이터를 사용했지만 통상 최소 '5개 이상'의 '표본 크기'가 요구되며 이들에 대한 '표본 평균'을 구한 뒤, '표준 정규 분포'상의 표준화 값으로 전환한다. 전환 식은 주로 $t = (\bar{x} - \mu)/(s/\sqrt{n})$을 사용한다. 현업에서는 '모 표준 편차'를 대부분 모르고 있기 때문이다. '검정 통계량'의 '$\bar{x}$'는 '표본 평균', 's'는 '표본 표준 편차'를 입력하고, 'n'은 '표본 크기'를 각각 입력한다. 이렇게 얻어진 't' 값은 '유의 수준'의 임계 값 '$t_{0.05}$'와 비교해 '수용역' 또는 '기각역' 내 위치 여부를 판단한다. '$t_{0.05}$'는 '유의 수준'을 '0.05(5%)'로 했을 때 이 면적을 가르는 'x – 축'상 't값'이며, [그림 A – 11]을 참고하기 바란다.

⑤ **결론을 내린다.** '유의 수준'을 가르는 '임계 값'과 표본으로부터 산정된 '검정 통계량', 't 값'을 비교하여 't 값'이 '수용역'에 위치하면 '귀무가설'을, '기각역'에 위치하면 '대립 가설'을 받아들인다. 또 '임계 값'을 기준으로 판단하는 대신 면적인 '유의 수준, '5%' 대비 '검정 통계량'의 값이 가르는 면적, 즉 'p - 값'과 비교할 수도 있다. 'p - 값'이 허용한 최대 수준 '5%'보다 작으면 '기각역'에 포함된다. 통계적 결론을 내린 후 반드시 익숙한 프로세스 용어로 설명을 보충한다. '통계적 결론'은 말 그대로 통계적으로 설명된 결과이므로 제3자에게는 바로 와 닿지 않을 수 있다. 주의할 점은 '귀무가설'을 받아들일 때는 "귀무가설을 채택한다"의 표현 대신 "귀무가설을 기각할 수 없다"로 쓴다. 반대로 '대립 가설'을 받아들일 때는 "대립 가설을 채택한다"로 표현한다. '귀무가설'은 채택 여부와 관계없이 늘 존재하는 기존 상태이기 때문이다.

검정을 통해 확인하고 싶은 것은 기존과 다른 변화나 기존과의 차이 여부를 알고 싶은 '대립 가설'에 있으며, 이는 우리의 노력 여하에 따라 채택 여부가 결정될 수 있다. 결론에 대한 일반적인 표현은 "유의 수준 0.05에서 p - 값이 0.001이므로 대립 가설 채택. 즉, 두 설비 간 불량 발생률에 차이가 있으며 A 설비가 B설비보다 약 2.5%의 높은 불량 발생 수준을 보이는 것으로 파악됨"과 같이 먼저 기준인 '유의 수준(또는 임계 값)'을 기술하고, 다음에 데이터로부터 측정한 'p - 값(또는 검정 통계량에서 얻어진 값)'을 적어 '기각역'인지 '수용역'인지를 판단한다. 다음에 이 판단에 따라 '대립 가설' 채택 여부를 결정하고 프로세스 용어로 "즉" 이후 재설명하거나 수치적인 분석 결과를 바탕으로 향후 방향성 등을 제시한다.

이어지는 분문은 실질적인 분석 사례와 '파워포인트' 표현 등을 소개한다.

8.1.3. 가설 검정(정량적 분석) – 블록 ①: 산점도/상관 분석

소개할 '정량적 분석'은 다음 [표 A–3]의 '분석 4–블록' 내 '블록–①'의 도구들과 관계한다. 따라서 '분석 세부 로드맵'을 활용할 필요는 없다.

[표 A–3] 분석 4–블록: Y(연속)/X(연속)

		연속 자료	이산 자료
X	**연속 자료**	✓ 그래프: 산점도 ✓ 통　계: 상관분석 　　　　회귀분석 ①	② ✓ 그래프: 파레토 차트, 기타 ✓ 통　계: 로지스틱 회귀분석
	이산 자료 (범주 자료)	③ ✓ 그래프: Box Plot, 히스토 그램, Multi-vari Chart ✓ 통　계: 등 분산 검정, t-test, ANOVA, 비 모수 검정	④ ✓ 그래프: 막대 그래프, 기타 ✓ 통　계: 1-표본 비율검정, 2-표 본 비율검정, 카이 제곱 검정

*위 표의 최상단에는 **Y**, 연속 자료/이산 자료 구분이 있음*

[그림 A–2]의 '노래방 매출 올리기'에 대한 분석 계획 중 첫 '가설 검정' 대상인 '불평불만 접수 건수'를 예로 들어보자. 이후 본문은 가상의 상황을 설정해 수행한 분석들이다. '불평불만 접수 건수'는 소수점이 없으므로 엄밀히 말하면 '이산 자료'에 속한다. 그런데 각 '접수 건수'에 소수점을 찍고 '0'을 삽입하면 어떻게 될까? 예를 들어 '5건'이 접수됐으면 수치 '5' 대신에 '5.0' 으로 표기하는 식이다. 원 속성은 '이산 자료'지만 '연속 자료'로 쓸 수 있음을 알 수 있다. 이같이 수치 데이터는 양면성을 갖고 있으며 상황에 따라 해석이 유리한 쪽을 선택한다. 물론 '연속 자료' 경우가 대응할 통계 도구도 다양하고 해석의 깊이도 큰 만큼 가능하면 '연속 자료'를 고려하는 것이 타당하고 바람직하다.

노래방 예에서 사장은 과거부터 고객의 불평불만이 접수될 때마다 기록·관리해왔고, 또 주기적으로 과제 'Y'인 '종합 만족도'도 측정해왔다고 가정하자. 1년간 수집된 모든 데이터를 일목요연하게 표로 정리한 결과가 다음 [표 A – 4]이다(라고 가정한다).

[표 A – 4] '상관 분석'을 위한 데이터

월	불평불만 건 수	종합만족도
1월	16	75
2월	18	64
3월	9	82
4월	11	79
5월	38	68
6월	42	63
7월	57	89
8월	13	77
9월	38	70
10월	59	61
11월	9	93
12월	19	85

[표 A – 4]의 '종합 만족도'는 'Step – 4. Y의 선정' 내 '운영적 정의'에 따라 측정한 것으로 가정한다. 우선 'Graph 분석'과 '통계 분석' 중 'Graph 분석'을 먼저 수행해서 두 그룹 간 관련성을 시각적으로 확인하는 것이 중요하다. 어느 데이터 분석이든 항상 '그래프 분석'을 먼저 수행한 뒤 해석에 따라 수치 분석을 하는 것이 바람직하다. '분석 4 – 블록'의 '블록 – ①'에 언급한 것처럼 '산점도'를 미니탭의 「그래프(G)>산점도(S)…/회귀선 표시」에서 그려보았다. '회귀선 표시'를 선택한 것은 점으로만 그려진 결과를 보면 상관의 정도를 파악하기 어려울 수 있어 '산점도'에 직선을 포함시킴으로써 시각적인 효과를 높이기 위함

이다. 결과는 다음 [그림 A-12]와 같다.

[그림 A-12] '그래프 분석' 예(산점도)

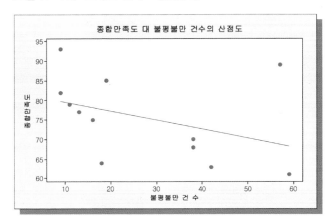

[그림 A-12]의 '산점도'는 '약한 음의 상관성'을 보이는 것으로 해석된다. 통상 '강한(또는 중도적, 약한) 양(또는 음)의 상관관계'로 표현한다. 예에서는 'x'가 증가함에 따라 'y'가 감소하는 양상을 보이므로 상관의 정도를 수치로 확인할 필요가 있으며, 이를 위해 '분석 4-블록' 내 '블록-①'에 언급한 대로 '상관 분석'을 수행한다. 그 결과는 다음 [표 A-5]와 같다.

[표 A-5] '상관 분석' 결과

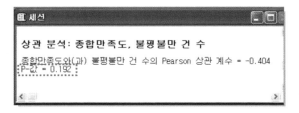

'상관 분석'도 유의성 검정을 하는 통계 도구이며, 따라서 정확히는 가설이 필요하다. 그러나 분석 목적이 '상관관계 여부' 확인으로 명확하기 때문에 생략하는 게 일반적이다. 굳이 가설을 세우면 다음 식 (A.5)와 같다.

$$H_0 : \text{'종합 만족도'는 '불평불만 건수'와 상관관계가 없다.} \quad (A.5)$$
$$H_A : \text{'종합 만족도'는 '불평불만 건수'와 상관관계가 있다.}$$

교육 중에 '상관 분석'을 위한 '가설'을 세워보라고 주문하면 '귀무가설'을 "~상관관계가 있다"로 표현하곤 한다. '귀무가설'은 "기존과 같다"의 상태이므로 "~상관관계가 없다"가 맞다. 모든 삼라만상이 '상관관계'가 없는 것이 정상이다. 그렇지 않으면 'Y'를 해결하기 위해 굳이 '핵심 인자'를 찾을 이유가 없다. 남녀관계에 있어서도 모든 이성들은 서로 관계없는 상태가 정상이며, "둘은 사귄다!"가 '달라진', '변한', '관계된' 상황에 해당한다.

[표 A-5]로부터 결론은 "유의 수준 0.05에서 p-값이 0.192이므로 귀무가설을 기각할 수 없다. 즉, '종합 만족도'는 '불평불만 건수'와 상관관계가 없으며, 상관 계수는 '-0.404'로 약한 음의 관계가 있을 것으로 추정되거나 또는 상관성이 없는 것으로 파악됨"이다.

간혹 과제 발표 때 접하는 상황인데 유의성 검정을 위해 '상관 분석'이면 충분한 것을 굳이 '회귀 분석'을 활용한 사례들이 종종 있다. '회귀 분석'은 '산점도'에 사용된 데이터들 중 수집이 안 된 'x 값'에 대한 'y 값'을 '예측'할 때 쓰이는 통계 도구이다. 따라서 '예측'이 필요치 않은 경우면 '상관 분석'만으로도 유의성 검정은 충분하다. "작은 망치면 충분한 작업을 무거운 해머로 작업하는 꼴"로 비유된다. 통계 도구들의 용도를 명확하게 이해하고 쓰임새 역시 적합하게 운용할 줄 아는 문제 해결 전문가가 돼야 한다.

지금까지 과정을 '파워포인트'로 구성하면 다음 [그림 A-13]과 같다.

[그림 A – 13] 'Step – 8.1. 가설 검정' 예_산점도, 상관 분석(노래방 매출 올리기)

Step-8. 데이터 분석
  Step-8.1. 가설 검정

검정 1. '불평불만 건 수'와 '종합만족도'는 상관성이 있는가?

- 분석방향: 'X'인 '불평불만 건 수'와 'Y'인 '종합만족도'간의 상관관계를 통해 유의성 여부를 확인하고자 함.

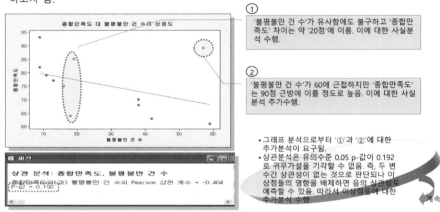

[그림 A – 13]의 제목에 붙어 있는 "'불평불만 건수'와 '종합만족도'는 상관성이 있는가?"는 가설이다. 정확히는 '귀무가설'인 "'불평불만 건수'와 '종합만족도'는 상관성이 없다"와 '대립 가설'인 "'불평불만 건수'와 '종합 만족도'는 상관성이 있다"로 표현돼야 하나 이들을 합친 하나의 쉬운 문장으로 제3자가 알아듣기 좋도록 기술한 것이다. "가설을 검정"하고 있으므로 '가설' 앞에 "검정 1"이라고 썼으며 이후 두 번째, 세 번째 '가설 검정'이 진행됨에 따라 '검정 2', '검정 3' 등으로 이어나갈 것이다.

[그림 A – 13]의 '가설' 바로 아래 "분석 방향: 'X'인 '불평불만 건수'와 'Y'인 '종합 만족도' 간의 상관관계를 통해 유의성 여부를 확인하고자 함"이라고

기술한 부분은 '가설 검정' 과정 중 매우 중요한 역할을 한다. 연구 개발이나 제조 부문에서의 '제어 인자'는 주로 '정량적 분석'에 해당하므로 분석 방향이 대부분 명확한 반면, 그 외의 간접이나 서비스 부문 또는 바로 '정량적 분석'이 어려운 검정들은 첫 분석을 어떻게 시작할지 난감한 경우가 많다. 특히 처음 입문하는 리더들이 자주 묻는 질문 중 하나다.

이런 상황에서 무엇을 어떻게 분석할지 두어 줄 초두에 기술하면 어느 데이터로 무엇을 표현할지 그 윤곽이 명백하게 드러나는 경우가 많다. 데이터 윤곽이 잡히면 이후 분석 방향도 쉽게 그려진다. 경험적으로 '제어 인자'든 '대안 인자'든 관계없이 항상 무엇을 어떻게 분석할 것인지 두어 줄 기술하는 것만으로 주어진 가설을 검정해나갈 분석 방향 설정에 큰 도움을 얻는다. 본 예에서는 필요한 수치 데이터가 확보돼 있으므로 바로 '산점도'와 '상관 분석'으로 들어간 경우이며, 따라서 '분석 방향'도 간단히 기술하였다(고 가정한다).

'그래프 분석'에서 데이터 타점들을 관찰한 뒤 예상에서 벗어났거나 특이한 패턴들이 보이면 추가 분석을 통해 원인을 파헤쳐 나간다. 만일 '이상점 (Outliers)'이 관찰되면 발생 배경을 실제 프로세스에서 가능한 수준까지 찾아내야 한다. '데이터 분석'에서 관찰된 증상을 실제 프로세스에서 확인하는 활동을 '사실 분석'이라고 한 바 있다. 이어지는 본문에서 '유의성 검정' 이외에 실질적인 분석 예에 대해 학습해보도록 하자.

[그림 A-13]의 '산점도'를 보면 'x'인 '불평불만 건수'가 적거나 많으면 'y'인 '종합 만족도'는 그에 반비례해 높아지거나 낮아지는 음의 상관성이 있는 것으로 보이나 '②'는 특이하게 '불평불만 건수'가 많음에도 거꾸로 '종합 만족도'는 매우 높게 나타나 있다. 정상일 수도 있으나 예상에서 벗어나는 현상으로 데이터가 수집된 시점에 프로세스에 비정상적인 왜곡 가능성을 배제할 수 없다. '이상점'은 실제로 매우 유익한 정보와 결과를 주는 보석 같은 존재다. 따라서 최우선적으로 발생 원인을 규명하는 노력이 필요하다. 또 '①'은

이상 패턴을 보여주고 있다. 즉 '불평불만 건수'는 유사한데 '종합 만족도'가 큰 산포를 보이는 경우다. 차이를 유발시키는 원인이 규명되면 뜻밖의 개선 효과를 얻어낼 수 있다. '①'과 '②'에 대해서는 모두 추가 분석이 요구되므로 결과란에 "추가 분석을 수행함"으로 마무리하고 있으며, 다음 장으로 넘어가는 "계속" 화살표를 삽입함으로써 분석이 이어질 것임을 알린다.

'그래프 분석' 외에, '정량적 분석'인 '상관 분석'을 수행함으로써 그래프에서 느낌으로만 알던 두 변수 간 관계의 정도를 수치로 확인하였다. 프로세스에서 수집해온 '원 자료'가 통상 상관성이 높더라도 '이상점'이나 '산포'로 인해 관계의 진실이 묻힐 수 있으며 이를 확인하는 방법은 'Pearson 상관 계수'보다 'p - 값'을 먼저 보고 판단하는 것이 바람직하다. 'Pearson 상관 계수'가 낮더라도 'p - 값'은 유의한 결과로 나타날 수 있으며, 이때 '이상점'이나 이상 패턴의 존재 유무를 의심해볼 수 있다.

분석이 마무리되면 해당 장표의 분석 결과를 종합하는 절차를 거친다. 즉, '그래프 분석', '정량적 분석' 등에 대한 개별적 관찰 결과나 새롭게 만들어진 가설(몇 개 타점들을 '이상점'으로 판단하고 있으므로 분석 과정 중에 형성된 새로운 가설에 해당되며 확실한 검증을 위해 '사실 분석'이 요구됨)들에 대한 전체적인 해석과 향후 전개에 대해 언급한다. 위치상으론 장표 맨 하단이 가장 좋으며 전개된 분석 내용을 두어 줄 종합 정리한다. 이로부터 **'분석 시작(분석 방향에 대한 두어 줄의 기술) → 분석 과정(그래프, 정량적 분석 등) → 분석 종합(종합적인 해석과 향후 전개)'**의 3박자가 지속적으로 반복되게끔 검정 과정을 관리해나간다.

다음 [그림 A - 14]는 '이상점'으로 판단한 새로운 가설에 대해 추가 '사실 분석'이 들어간 예를 보여준다(고 가정한다).

[그림 A-14] 'Step-8.1. 가설 검정' 예_'사실 분석'(노래방 매출 올리기)

Step-8. 데이터 분석
  Step-8.1. 가설 검정

  검정 1_계속

▪ 분석방향; '이상점(Outlier)'과 이상패턴들에 대한 추가 분석 수행.

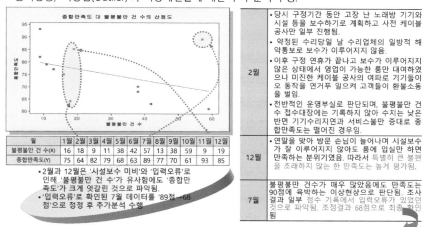

월	1월	2월	3월	4월	5월	6월	7월	8월	9월	10월	11월	12월
불평불만 건 수(X)	16	18	9	11	33	42	57	13	38	59	9	19
종합만족도(Y)	75	64	82	79	68	63	89	77	70	61	93	85

• 2월과 12월은 '시설보수 미비'와 '입력오류'로 인해 '불평불만 건 수'가 유사함에도 '종합만족도'가 크게 엇갈린 것으로 파악됨.
• '입력오류'로 확인된 7월 데이터를 '89점→68점'으로 정정 후 추가분석 수행

2월	• 당시 구정기간 동안 고장 난 노래방 기기와 시설 등을 보수하기로 계획하고 사전 케이블 공사만 일부 진행됨. • 약정된 수리당일 날 수리업체의 일방적 해약통보로 보수가 이루어지지 않음. • 이후 구정 연휴가 끝나고 보수가 이루어지지 않은 상태에서 영업이 가능한 룸만 대여하였으나 미진한 케이블 공사의 여파로 기기들이 오 동작을 연거푸 일으켜 고객들이 환불소동을 벌임. • 전반적인 운영부실로 판단되며, 불평불만 건수 접수대장에는 기록하지 않아 수치는 낮은 반면 기기수리지연과 서비스불만 증대로 종합만족도는 떨어진 경우임.
12월	• 연말을 맞아 방문 손님이 늘어나며 시설보수가 잘 이루어지지 않아도 룸에 입실만 가능한 만족하는 분위기였음. 따라서 특별히 큰 불편을 초래하지 않는 한 만족도는 높게 평가됨.
7월	불평불만 건수가 매우 많았음에도 만족도는 90점에 육박하는 이상현상으로 판단됨. 조사결과 일부 점수 기록에서 입력오류가 있었던 것으로 파악됨. 조정결과 68점으로 최종확인됨.

계속

[그림 A-14]는 장표가 바뀌었으므로 상단에 새롭게 수행할 분석에 대해 '분석 방향'을 다시 밝히고 있다. '산점도' 내 '이상점'들과 '발생 월'을 연결해서 12개월 전체가 아닌 지적된 시점들로 층별하고 있으며, 각 월별 발생했던 사건들을 '사실 분석'해 표로 정리했다. 또 '산점도' 하단에 본 장표의 분석 내용을 요약하고 있으며, 추가 분석이 필요할 경우 그 이유를 설명하고 분석이 계속됨을 우측 하단의 "계속" 화살표로 알리고 있다. 이와 같이 분석은 한 꺼풀씩 파헤쳐 들어가는 과정이 매우 중요하며, 과거 문제를 데이터로부터 찾아가는 '사실 분석'이 반드시 수행돼야 한다. 장표가 추가될수록 '분석의 심도'는 깊어진다.

본 예에서는 '7월'의 높은 '불구불만 건수'에도 불구하고 '종합 만족도'가 높아진 이상 현상의 원인이 "수치를 기록할 당시의 입력 오류"임을 찾아냈으며,

[그림 A - 15] 'Step - 8.1. 가설 검정' 예_이상점 제거 후(노래방 매출 올리기)

Step-8. 데이터 분석
   Step-8.1. 가설 검정

⬇ 검정 1_계속

• 분석방향; 입력오류로 밝혀진 이상점을 제거한 후 산점도 재 평가수행.

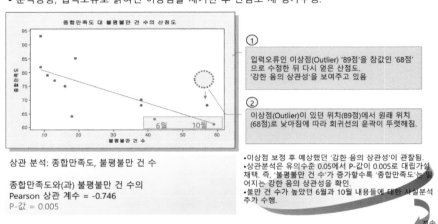

상관 분석: 종합만족도, 불평불만 건 수

종합만족도와(과) 불평불만 건 수의
Pearson 상관 계수 = -0.746
P-값 = 0.005

① 입력오류인 이상점(Outlier) '89점'을 참값인 '68점'
으로 수정한 뒤 다시 얻은 산점도.
'강한 음의 상관성'을 보여주고 있음

② 이상점(Outlier)이 있던 위치(89점)에서 원래 위치
(68점)로 낮아짐에 따라 회귀선의 윤곽이 뚜렷해짐

• 이상점 보정 후 예상했던 '강한 음의 상관성'이 관찰됨.
• 상관분석은 유의수준 0.05에서 P-값이 0.005로 대립가설
채택. 즉, '불평불만 건 수'가 증가할수록 '종합만족도'는 떨
어지는 강한 음의 상관성을 확인.
• 불만 건 수가 높았던 6월과 10월 내용들에 대한 사실분석
추가 수행.

계속

따라서 이를 제거한 후 '산점도'를 다시 그린다. '이상점'들의 원인이 밝혀진 경
우 재발 가능성이 거의 없으면 이력을 기록하고 '그래프 분석'으로부터 해당 타
점을 제거한 후 '산점도'를 다시 그린다. 그러나 향후 다시 발생가능성이 있으
면 포함시킨다. 위의 [그림 A - 15]는 '이상점' 제거 후 재평가한 결과이다.

[그림 A - 15]의 '산점도'는 회귀선에 점들이 모여 있는 '강한 음의 상관성'
을 보이며 'x'인 '불평불만 건수'가 많아질수록 '종합 만족도'는 떨어지는 경
험적 예상(가설)을 확인시켜 준다. 수치로 본 '상관 분석' 결과도 'p - 값'이
'0.005', '상관 계수'가 '-0.748'로 강한 음의 관계를 보인다. '이상점'들의 발
생 원인이 파악되고 적합한 개선책을 마련한 뒤 재발 방지까지 강구했으면,
분석 차원에서 수박의 예와 같이 한 꺼풀 더 파헤치고 들어갈 내용이 없는지

Step-8. 데이터 분석
Step-8.1. 가설 검정

 검정 1_계속

▪ 분석방향; 종합만족도가 60점대로 저조한 6월과 10월의 문제점을 파악하여 개선방향을 도출하
고자 사실분석 추가 수행.

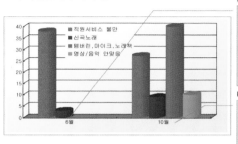

① 6월은 이전 룸 안내와 음료 등을 서비스하던 직원
이 새롭게 교체되어 활동했던 시기임. 저녁 회식 등
으로 취기가 오른 손님들을 대하면서 다양한 상황
에 노출되었고 경험부족으로 미숙한 대응을 하게
됨. 이에 고객들의 언성이 높아지는 사례가 하루에
2~3회 정도씩 발생하였고 전반적인 종합만족도가
떨어지는 요인이 되었음. 심지어는 멱살을 잡고 서
로 싸우는 일도 발생함(총 42건 중 38건).

② 1년 동안 사용한 노래방 시설들이 노후 되는 시기
임. 탬버린이나 마이크, 노래책 등 직접적으로 손에
닿는 물건들은 마모가 심해 고객들의 불만요인으
로 작용(40건). 그 외 신곡추가 부진(9건)과 영상이
음악분위기와 맞지 않는다는 경우(10건)가 있었음.

	6월	10월
불평불만 건 수(X)	42건	59건
종합만족도(Y)	63점	61점

• 개선방향; 신입 직원에 대한 서비스 교육실
시(고객대응 법, 말씨, 긴급상황 대처 법 등)
• 탬버린, 마이크, 노래책 유지관리와 신곡
및 영상유입 등을 I단계에서 진행

계속

고민한다. 문제 타점들을 개선한 [그림 A - 15]는 '종합 만족도'가 낮은 '정상
타점'들도 보완점을 찾아 '전체 평균'이 상향되도록 추가 노력을 기울인다.
'산점도'상에는 '종합 만족도'가 '60점'대로 저조한 '6월'과 '10월'이 표시돼 있
으며('산점도' 우측 하단), 과거 자료나 인터뷰 등을 통해 '만족도'를 올릴 수
있는지 '사실 분석'을 수행하였다(고 가정한다). 그 예는 위의 [그림 A - 16]과 같다.
지금까지 첫 번째 가설인 "'불평불만 건수'와 '종합 만족도'는 상관성이 있
는가?"에 대한 검정이 '파워포인트' 장표 4장에 걸쳐 진행되었다. 즉, '분석의
심도'가 깊어지고 있다는 의미다. 앞의 예에서 '6월'의 '종합 만족도'가 떨어
진 이유는 "신입 인력의 고객 대응 미숙"과 '10월'의 "노래 책, 악기 등의 노
후화"에 기인하고 있다. '사실 분석'에 대한 심도는 '근본 원인(Root Cause)'

이 밝혀지는 수준까지 파헤치는 것이 정석이나 그 한계가 어디까지인지는 분석하는 리더의 역량과 판단에 달려 있다. 본 예의 경우 한 단계 더 들어가면 '신입 인력을 뽑을 때의 문제점이나 선정 당시 고려하지 못했던 부분', 예를 들면 가까운 사람으로부터 소개받아 검증 없이 영입했거나 경력이 전혀 없는 사람을 급한 김에 받아들인 경우 등 프로세스상 결점을 밝혀낼 수 있고, 이를 통해 새로운 '개선 방향'을 설정할 수도 있다.

또 '10월' 경우 탬버린의 주요 고장 나는 부위나 노래 책의 마모가 심한 부분, 신곡 노래 입수를 지속적으로 취하지 못한 관리 부재 등 깊이를 더할수록 '개선 방향'의 윤곽은 뚜렷해지며, 분석의 품질은 점점 좋아진다. 문제 해결 과정은 '분석의 심도'가 깊어져야 프로세스의 명확한 개선점을 파악할 수 있으며, 개선 활동 중 개선점을 구체화함으로써 프로세스 '최적화'를 이룬다. '분석(Analyze Phase)'이 얼마나 중요한 과정인지를 엿볼 수 있다.

이어서 '분석 4 - 블록' 중 '블록 - ③'의 장표 구성에 대해 알아보자.

8.1.4. 가설 검정(정량적 분석) - 블록 ③: t - 검정/분산 분석

통계 도구들이 가장 많이 몰린 블록이다. 낯설고 어렵기 때문에 최초 선구자들이 기업인을 위해 도구들을 쉽게 전달할 수 있는 방법을 연구했고 결국 [그림 A - 1]의 '분석 세부 로드맵' 같은 훌륭한 산출물이 만들어졌다(필자 추정). 아마도 통계 분석의 대중화(?)에 가장 큰 공을 세운 산출물이 아닌가 싶다. '블록 - ③'의 도구들은 '분석 세부 로드맵'을 통해 쉽게 선택할 수 있으며, 미니탭 활용을 안내하는 내비게이션 역할도 한다. 따라서 데이터에 맞는 분석법을 찾고 결과 해석에 필요한 능력 배양을 위해 활용도를 높일 필요가 있다. 다음 [표 A - 6]을 보자.

Y

	연속 자료	이산 자료
연속 자료	✓ 그래프: 산점도 ✓ 통 계: 상관분석 회귀분석 ①	✓ 그래프: 파레토 차트, 기타 ② ✓ 통 계: 로지스틱 회귀분석
이산 자료 (범주 자료)	✓ 그래프: Box Plot, 히스토 그램, Multi-vari Chart ③ ✓ 통 계: 등 분산 검정, t-test, ANOVA, 비 모수 검정	✓ 그래프: 막대 그래프, 기타 ④ ✓ 통 계: 1-표본 비율검정, 2-표 본 비율검정, 카이 제곱 검정

X

'블록-③'에 포함된 통계 도구들의 분석 결과를 '파워포인트'에 표현하는 방법은 '분석 세부 로드맵'의 절차를 그대로 따른다. '1-표본 t-검정(1-Sample t-Test)'을 통해 그 용법과 표현 방법을 학습해보도록 하자.

'1-표본 t-검정'은 분석 과정 중 가장 많이 접하는 도구가 아닌가 싶다. '1-표본 z-검정(1-Sample z-Test)'도 있으나 '모 표준 편차'를 실제로 알기 어려우므로 't-검정'을 많이 사용한다. 본문은 이론적 배경보다 앞서 해왔던 대로 용법과 표현법에 집중할 것이다. 다음 [그림 A-17]의 데이터가 수집됐다고 가정하고, 가설은 "A부품의 지름이 30.5㎜인가?"를 검정한다고 하자. 정확한 가설은 다음 (A.6)과 같다.

$$H_0 : \mu_{Measure} = 30.5 \qquad \text{(A.6)}$$
$$H_A : \mu_{Measure} \neq 30.5$$

프로세스에서 모든 데이터를 수집하는 것은 매우 어려우므로 '표집'이 필요하며, 따라서 '$\mu_{Measure}$'는 "표본이 속한 모집단의 평균"으로 해석한다. 그러나 실제 검정은 '표본 평균'의 입장에서 현재 규격 중심으로 관리하는 '30.5㎜'가 되

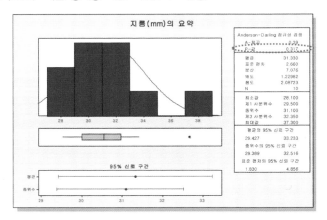

No.	지름(mm)
1	31.4
2	29.8
3	30.1
4	33.7
5	28.6
6	31.9
7	30.8
8	37.3
9	31.6
10	28.1

는지 여부를 판단한다. 위의 [그림 A-17]은 수집된 데이터와 그를 이용해 검정에 들어가기 전 '기술 통계량'을 얻은 예이다.

'1-표본 t-검정'은 '분석 세부 로드맵'에 따라 순차적으로 이뤄지며 경로는 다음 [그림 A-18]과 같이 굵은 (빨간)선으로 표시하였다. 분석 순서와 검정 방법 및 장표 정리에 초점을 맞춰 학습하기 바란다.

[그림 A-18]의 '1-표본 t-검정' 경로를 보자(빨간 선). 우선 '지름' 데이터가 '연속 자료'이므로 '정규성 검정'을 수행한다. [그림 A-17]의 '기술 통계량'에서 이미 'p-값'이 '0.317'로 '정규 분포'를 만족하므로 오른쪽 '정규 데이터' 쪽으로 방향을 잡는다. 이어 '지름' 데이터가 한 개 열(1-Sample)로 수집됐으므로 '하나의 모집단' 경로를 선택하며, 이때 '표준 편차'를 확인하는 것이 아니라 '모평균'이 '30.5mm'인지 알고 싶으므로 '1-표본 t-검정, 또는 '1-표본 z-검정'에 이른다. 끝으로 '모 표준 편차'가 알려져 있지 않으므로 '1-표본 z-검정'이 아닌 '1-표본 t-검정'을 선택한다.

참고로 [그림 A-18]의 '1-표본 t-검정' 바로 아래에 미니탭 경로인 「통

[그림 A-18] 분석 세부 로드맵(1-표본 t-검정)

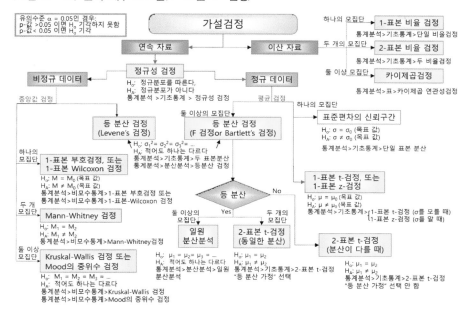

계 분석>기초 통계>1-표본 t-검정(σ를 모를 때)」을 제시해 초보자가 쉽게 분석할 수 있도록 미니탭 경로 정보를 제공한다. 통계 도구와 미니탭 위치를 확인했으므로 이제 미니탭으로 결과를 얻고 해석을 달아놓는 일만 남았다. 교육 중에 필자는 이 과정을 '손가락 관절 운동'이라고 표현한다. 그만큼 단순하고 쉬운 작업이란 뜻에서다. 설명했던 바와 같이 미니탭에는 '대립 가설'을 입력도록 요구한다. 그래야 미니탭도 상황을 정확히 인지하고 주인님(?)이 원하는 결과를 출력해준다.

이해를 돕기 위해 미니탭에 정보를 입력하는 과정을 자세히 알아보자. 우선 가설을 정확히 알아야 하고, 또 이들 중 '대립 가설'이 훨씬 더 중요하다고 강조했다. 따라서 가설을 세울 때는 '대립 가설'을 먼저 세운다. 본 예의 가설

식 (A.6)을 다시 상기해보자. 다음 식 (A.7)과 같다.

$$H_0 : \mu_{Measure} = 30.5 \qquad (A.7)$$
$$H_A : \mu_{Measure} \neq 30.5$$

미니탭의 위치와 '대화 상자' 입력 결과는 다음 [그림 A-19]와 같다.

[그림 A-19] '1-표본 t-검정' 미니탭 입력 예

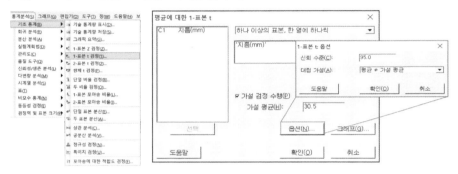

설정된 '대립 가설'과 '대화 상자' 입력 결과를 비교해보면 다음과 같은 대응 관계가 있음을 알 수 있다.

- **'대립 가설'의 '$\mu_{Measure}$':** '대화 상자' 내 「하나 이상의 표본, 한 열에 하나씩」을 지정하고, "지름(mm)"열 입력. 열 입력과 동시에 미니탭은 해당 열 데이터의 '평균'을 속으로 계산함. 즉, **"'지름(mm)' 열의 평균이"**로 해석.
- **'대립 가설'의 '30.5':** '대화 상자' 내 '가설 검정 수행(P)'/'가설 평균(H)'에 "30.5" 입력. 즉, 이전의 해석과 말을 연결하면 **"'지름(mm)' 열의 '평균'이 '30.5'와"**로 해석.
- **'대립 가설'의 '≠':** '대화 상자' 내 '옵션'의 '대립 가설(A)'에서 「평균 ≠ 가설 평균」 선택. 즉, 이전 해석과 말을 연결하면 **"'지름(mm)' 열의 '평균'이 '30.5'와 같지 않음"**〈신뢰 수준 95%(유의 수준 5%)에서〉가 됨.

글로 적다 보니 복잡해 보이는데 요지는, 식 (A.7)에 쓰인 '대립 가설'의 표현과 [그림 A-19]의 미니탭 '대화 상자' 내 각 입력 항목 간 '일대일 대응' 관계가 있음을 명확히 인지하는 것이다. 욕심을 더 내면 상기 글틀 내 굵게 표시한 글처럼 검정 내용을 말로써 설명할 수 있게 스스로 학습하는 일이다.

'지름(㎜)' 열의 '표본 평균'은 그들의 '모집단'으로부터 표집을 통해 산정된 값이므로 '대립 가설'의 '$\mu_{Measure}$'를 대변한다. 즉 '$\mu_{Measure} \simeq \bar{x}_{지름}$'으로 생각하면 이해가 쉽다. 따라서 "'표본 평균'이 '신뢰 수준 95%'에서 '30.5㎜'와 통계적으로 같은지 여부를 판단"하면 검정은 완료된다. 다음 [그림 A-20]은 [그림 A-19]의 '1-표본 t-검정' 결과를 '파워포인트'로 최종 정리한 예이다. 정리하는 방법도 매우 중요하다.

[그림 A-20] 'Step-8.1. 가설 검정' 예(1-표본 t-검정)

Step-8. 데이터 분석
Step-8.1. 가설 검정

검정 1. A부품의 '지름'이 '30.5mm'인가?

- 분석방향: 현재 양산하고 있는 A부품의 지름이 규격중심인 '30.5mm'로 잘 가공되고 있는지 표본추출을 통해 확인하고자 한다.

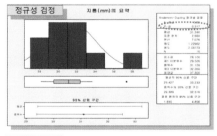

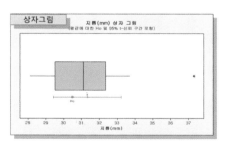

가설검정

1-표본 t 검정: 지름(mm)

mu = 30.5 대 not = 30.5의 검정

변수	N	평균	표준 편차	SE 평균	95% CI	T	P
지름(mm)	10	31.3300	2.6600	0.8412	(29.4271, 33.2329)	0.99	0.350

- 유의수준 0.05에서 P-값이 0.350으로 귀무가설을 기각할 수 없음.
- 즉, A부품의 지름은 규격중심인 '30.5mm'로 가공되고 있다고 볼 수 있음.

[그림 A-20]을 보면 '분석 세부 로드맵'에 따라 처음에 '정규성 검정'이 들어왔다('그래픽 요약'의 '정규성 검정'). '정규성'이 아니면 '분석 세부 로드맵'의 왼쪽인 '비정규 데이터'로 가거나, '정규성'이 예상됨에도 '비정규'로 나왔으면 원인을 규명할 '사실 분석'이 필요하다. 현재는 '정규성'을 보이나 '이상점'이 관찰되므로 규명·제거를 위한 '사실 분석'이 선행돼야 한다(고 가정한다).

'통계적 결론'은 "유의 수준 5%에서 p-값이 '0.350'이므로 귀무가설을 기각하지 못함. 즉, 95% 자신감을 갖고 표본의 평균이 30.5㎜가 될 것"으로 판단한다. '상자 그림'에서 'H_0'인 '30.5(빨간 점)'가 '95% 신뢰 구간(상자 그림 바로 아래 선)' 안에 위치해 있음도 관찰된다. 어쨌든 현재로선 '이상점'에 대한 '사실 분석'과 실무적으로 명확한 '개선 방향'이 나올 때까지 분석을 계속한다.

한편 **'검정 신뢰도'를 반드시 점검하고 보고서에도 검정 결과와 함께 첨부해야 한다.** 통계 용어로 '검정력(Power of Test)'이라고 한다. '검정력'은 "대립가설이 사실인 경우 귀무가설을 기각하는 옳은 결정의 확률"이다. 즉 "올바로 판단했는지의 확인"이다. 그러나 '확률'로의 표현은 어렵게 받아들여지므로

[그림 A-21] '1-표본 t-검정'의 '적정 표본 크기(또는 검정력)'의 확인

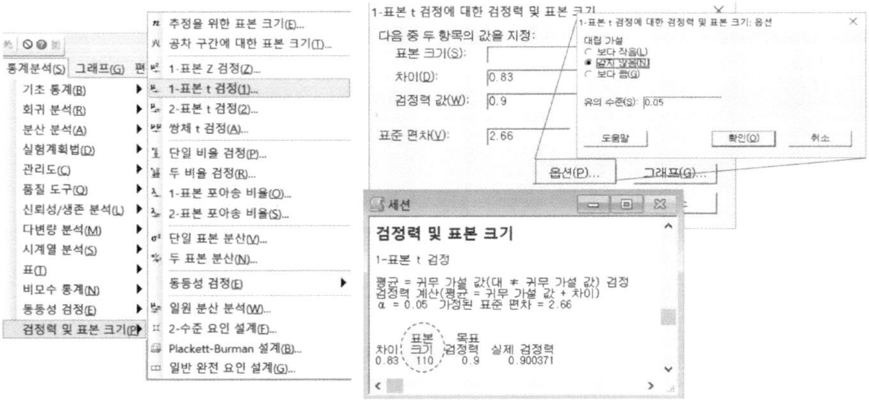

대신 검정에 쓰인 '적정 표본 크기'를 계산해 기술한다. '적정 표본 크기'의 수학적 유도는 『Be the Solver_확증적 자료 분석』편을 참고하고 본문은 미니탭으로 확인하는 선에서 정리한다. 앞의 [그림 A‐21]은 [그림 A‐20]의 '1 ‐ 표본 t ‐ 검정' 결과에 대한 '적정 표본 크기'를 미니탭으로 확인한 예이다.

[그림 A‐21]에서 '1 ‐ 표본 t ‐ 검정'의 적정 '표본 크기'는 '대화 상자'에서 '차이(D):'에 '평균 차(31.33 ‐ 30.5=0.83)'를, '검정력 값(W):'은 일반적으로 '0.9', '표준 편차(V):'는 '표본 표준 편차(2.66)'를 입력한다. 또 검정에 쓰인 '대립 가설'과 '유의 수준'을 입력한다. 확인 결과 '적정 표본 크기'는 '110개'로 현재의 '10개'보다 '100개'가 더 필요하다. '0.83'의 차이가 너무 작아 벌어진 결과이다. 표본을 키워 재검정을 해야 한다.

'**2 ‐ 표본 t ‐ 검정**'은 비교 대상이 두 개 군이므로 미니탭 '워크 시트'에 두 개의 표집된 데이터 열이 준비된다. '분석 세부 로드맵' 관점에서 다음 쪽 [그림 A‐22]와 같이 빨간 화살표로 연결되는 경로를 따른다.

'연속 자료'를 이용해 두 집단을 비교하려면 사전에 세 가지가 전제돼야 한다. 즉, '분포의 모양', '등 분산', '평균'이다. 이들 중 하나라도 다르면 그 표본들은 서로 다른 모집단에서 추출된 데이터로 간주한다. 따라서 두 집단의 '평균'이 같은지 다른지 비교하기 위해서는 우선 '분포의 모양'인 정규성이 둘 다 만족돼야 하고, 다음은 '분산'이 통계적으로 차이가 없어야 하며(단, '2 ‐ 표본 t ‐ 검정'에 한해서는 분산이 달라도 평균 비교가 가능), 이 전제 조건들이 만족한 상태에서야 비로소 '평균'의 차이 여부를 확인할 수 있다. '정규성 검정'은 「통계 분석(S)>기초 통계(B)>그래픽 요약(G)…, 또는 정규성 검정(N)…」에서 수행한다. 이후 '등 분산 검정'을 수행한다. '등 분산 검정', 즉 두 집단의 분산이 같은지 다른지를 확인하려면 미니탭에 두 개의 경로가 있다. 하나는 「통계 분석(S)>기초 통계(B)>두 표본 분산(A)…」이고 다른 하나는 「통계 분석(S)>분산 분석(A)>등 분산 검정(V)…」이다. 통상 기초 통계량들이 몰려 있는 이점 때문에

[그림 A – 22] 분석 세부 로드맵(2-표본 *t*-검정)

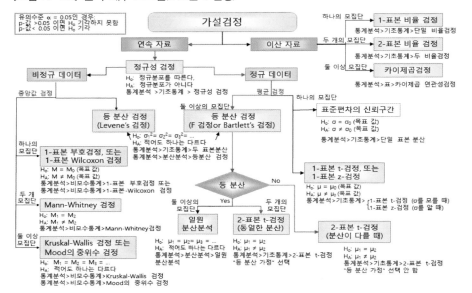

전자의 경로를 선택한다. '분산 분석'은 '분산을 분석'하는 것이 아니라 "분산을 이용해 평균의 차이를 검정"하는 방법이나 분산을 비교하는 것으로 오인한다. 이에 초보자들의 혼란을 최소화시키도록 '등분산 검정'은 아예 「통계 분석(S)> 기초 통계(B)>두 표본 분산(A)」을 권장한다.

'등 분산 검정'도 '대립 가설'을 미리 알고 있는 상태에서 미니탭을 이용한다. 가설은 다음 식 (A.8)과 같다.

$$H_0 : \sigma_1^2 - \sigma_2^2 = 0 \qquad (A.8)$$
$$H_A : \sigma_1^2 - \sigma_2^2 \neq 0$$

가설을 세울 때 다음 식 (A.9)의 표현도 가능하다. 그러나 미니탭 입력을 위해 식 (A.8)의 표현이 이해가 쉽고 미니탭 입력 시 유리하므로 권장한다.

$$H_0 : \sigma_1^2 = \sigma_2^2 \qquad (A.9)$$
$$H_A : \sigma_1^2 \neq \sigma_2^2$$

'2 – 표본 t – 검정'의 예로써 "두 곳의 장소에서 측정한 온도 평균이 동일한 지를 확인"하는 것으로 설정하고, '정규성 검정' 결과 두 데이터군 모두 '정규 분포'를 한다고 가정하자. 다음 [표 A – 7]은 수집된 데이터이다.

[표 A – 7] '2-표본 t – 검정'을 위한 데이터

위치 1(℃)	23.17	23.21	20.38	21.98	24.01	22.95	21.97	23.35	22.83	22.57
위치 2(℃)	17.34	15.89	17.06	16.16	16.47	16.15	15.95	16.03	16.77	14.60

다음 [그림 A – 23]은 '평균 검정' 전 필요한 '등 분산 검정'의 미니탭 위치 와 '대화 상자' 입력 결과를 보여준다.

[그림 A – 23] '등 분산 검정' 입력 예

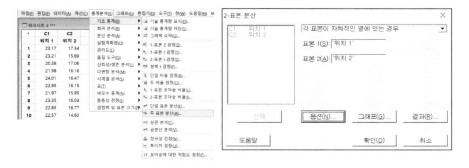

비교할 대상이 세 개 이상인 경우 데이터를 두 열로 '쌓기' 한 후 '대화 상자'의 「두 표본이 모두 한 열에 있음」을 선택해 분석한다. 본 예는 두 개 집단만을 비교하므로 「각 표본이 자체적인 열에 있는 경우」를 선택했다. 가설에서 '$\sigma^2_{위치1}$ - $\sigma^2_{위치2}$'처럼 '$\sigma^2_{위치1}$'을 먼저 적었으므로 '대화 상자'의 '표본 1(S):'에 '위치 1'을 입력한다. 만일 가설이 '$\sigma^2_{위치2}$ - $\sigma^2_{위치1}$'으로 세워졌으면 '대화 상자' 내 입력도 '표본 1(S):'에 '위치 2'부터 입력한다. [그림 A-23]의 '대화 상자' 입력 상태에 대해 미니탭은 "'위치 1'의 데이터 분산에서 '위치 2'의 데이터 분산을 빼면 '0'이 아니다(또는 두 분산은 차이가 있다)"로 인식한다. 즉, '대립 가설'을 미니탭이 알아듣도록 그대로 입력한다. 검정 수행 결과는 다음 [그림 A-24]와 같다.

[그림 A-24] '등 분산 검정' 결과('2-표본 t-검정'을 위한)

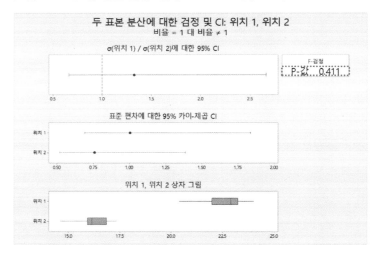

두 데이터 군이 '정규 분포'이므로 'F-검정'이 적합하며, 만일 하나라도 '정규 분포'하지 않으면 별도의 'Levene 검정'을 확인한다. 또 '정규 분포'를

보였더라도 '분산'을 비교하는 대상이 세 개 이상이면 'Bartlett 검정'으로 대체한다. '대화 상자' 옵션 선택에 따른 사항이므로 별도의 설명은 생략한다.

[그림 A-24]의 결과로부터 'F-검정'의 'p-값'은 '0.411'이다. 결론을 내리면 "유의 수준 0.05에서 p-값이 0.411이므로 귀무가설을 기각할 수 없다. 즉, 두 위치의 온도 산포는 차이가 있다고 보기 어렵다"이다. [그림 A-24]의 두 개 직선은 F-분포로 된 '표준 편차의 95% 신뢰 구간'을 나타내며 선들이 서로 겹쳐 있으면 미니탭의 'p-값'은 '0.05'보다 큰 결과를 보인다. 현재 결과그래프 상에서 두 '신뢰 구간'이 상당 부분 겹쳐 있음을 알 수 있다.

지금까지의 과정으로부터 '분석 세부 로드맵' 관점에서 두 집단의 '분포 모양'은 '정규 분포'로 동일하고, '산포'도 차이가 없으므로 이제 비교할 대상은 '평균'만 남았다. 데이터 군이 둘이므로 검정 방법은 '2-표본 t-검정(2-Sample t-Test)'이 필요하다. '분석 세부 로드맵'을 보면 '2-표본 t(동일한 분산)'와 '2-표본 t(분산이 다를 때)'로 구분되는데 이것은 미니탭의 같은 '대화 상자' 안에서 처리되므로 별도로 고민할 필요는 없다.

이어서 최종 '평균 검정'에 대해 알아보자. '두 집단의 평균 검정'을 위해 앞서 했던 바와 같이 '대립 가설'이 필요하다. 우선 가설을 세우면 다음 식 (A.10)과 같다.

$$H_0 : \mu_1 - \mu_2 = 0 \qquad \text{(A.10)}$$
$$H_A : \mu_1 - \mu_2 \neq 0$$

물론 '산포 검정' 때와 같이 가설을 표현하는 다음의 방법도 쓰인다.

$$H_0 : \mu_1 = \mu_2 \qquad \text{(A.11)}$$
$$H_A : \mu_1 \neq \mu_2$$

그러나 미니탭엔 식 (A.10)의 '대립 가설'대로 입력하도록 돼 있어 특별한 사유가 없는 한 첫째 표기를 권장한다. 다음 [그림 A-25]는 미니탭의 위치와 '대화 상자' 입력 결과를 보여준다.

[그림 A-25] '2-표본 t-검정' 입력 예

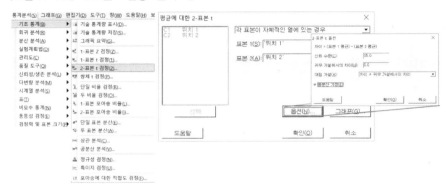

'대화 상자'를 보면「각 표본이 자체적인 열에 있는 경우」를 선택해 그림처럼 "위치 1"과 "위치 2" 열을 입력한다. 만일 '대립 가설'이 '$\mu_2 - \mu_1 \neq 0$'처럼 'μ_2'와 'μ_1'이 바뀌어 설정되면 '대화 상자'는 거꾸로 '표본 1(S):'에 "위치 2", '표본 2(A):'에 "위치 1"을 입력한다.

'옵션(N)...'의 '대화 상자' 경우 '귀무가설에서의 차이(H):'는 "0.0"이, '대립 가설(A):'은「차이 ≠ 귀무가설에서의 차이」를 선택한다. '대립 가설'인 '$\mu_1 - \mu_2 \neq 0$'을 상기하면 '대화 상자'의 결과는 "'위치 1'의 평균에서 '위치 2'의 평균을 뺀 결과가 '0.0'과 같지 않음"이다. 정확히 '대립 가설'을 설명하고 있음을 알 수 있다. 그리고 '등 분산 가정(E)'이 체크돼 있다. 분산이 동일하다는 이전의 결과를 반영한 것이다. 만일 분산이 다르면 이 항목을 체크하지 않는다. 미니탭 결과는 다음 [표 A-8]과 같다.

[표 A-8] '2-표본 *t*-검정' 결과

2-표본 T 검정 및 CI: 위치 1, 위치 2

	N	평균	표준 편차	평균의 표준 오차
1	10	22.64	1.01	0.32
2	10	16.242	0.758	0.24

차이 = μ (1) - μ (2)
차이 추정치: 6.400
차이의 95% CI: (5.563, 7.237)
차이의 T-검정 = 0 (대 ≠): T-값 = 16.06 (P-값 = 0.000) DF = 18
둘 다 합동 표준 편차 0.8909풀(를) 사용하였습니다.

[표 A-8]에서 결론은 "유의 수준 0.05에서 *p*-값이 0.000이므로 대립 가설 채택, 즉 두 위치 간 온도는 차이가 있음"으로 설명한다. 다음 [그림 A-26]은 본 예를 '파워포인트' 장표로 구성한 결과이다.

[그림 A-26] 'Step-8.1. 가설 검정' 예(2-표본 *t*-검정)

Step-8. 데이터 분석
Step-8.1. 가설 검정

검정 1. 두 위치의 평균온도는 차이가 있는가?

▪ 분석방향; 공간적 위치가 다른 '위치 1'과 '위치 2'의 평균온도가 차이가 있는지에 대한 통계적 검정을 수행한다.

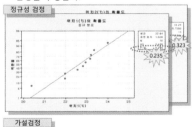

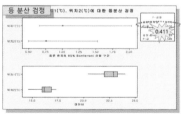

가설검정

2-표본 T 검정 및 CI: 위치1(℃), 위치2(℃)

	N	평균	표준 편차	SE 평균
위치1(℃)	10	22.64	1.01	0.32
위치2(℃)	10	16.242	0.758	0.24

차이 = mu (위치1(℃)) - mu (위치2(℃))
차이 추정치: 6.4, 차이의 95% CI: (5.56294, 7.23706)
차이 = 0 의 T 검정 (대 not =): T-값 = 16.06 P-값 = 0.000 DF = 18

• 유의수준 0.05에서 P-값이 0.000으로 대립가설을 선택. 즉, 두 위치간 온도차이가 존재하며, '위치 1'의 경우가 '위치2'의 경우보다 약 6.4℃ 높은 것으로 판단됨.
• '위치 1'의 온도가 상대적으로 높은 원인에 대한 추가분석 수행

계속

[그림 A-26]은 '사실 분석'에 들어가기 전 초기 분석 목적으로 수행된 과정이며, '분석 세부 로드맵'의 '정규성 검정 → 등 분산 검정 → 2-표본 t-검정' 순으로 한 장표에 표현한 것이다. 예에서 두 온도 데이터가 각각 '정규 분포'한다는 점과, 둘의 '산포'도 차이가 없다는 결과를 보여준다. 또 '평균 검정' 결과 '위치 1'이 '위치 2'에 비해 약 '6.4도' 높으며, 향후 왜 그런 차이가 발생했는지 '사실 분석'의 길을 열어두고 있다. 예는 이것으로 마무리하지만 이어질 '사실 분석'은 두 공간의 환경적 특징이나 운영 담당자의 관리 수준 등, 온도 차이가 발생하는 '근본 원인'을 찾아가는 과정이 담겨야 하며 그로부터 온도 차이를 최소화할 '개선 방향'이 산출물로 나와야 한다.

한편 검정 신뢰도를 알아보기 위해 '1-표본 t-검정' 때와 동일하게 '적정 표본 크기'를 구해보자. [그림 A-26]의 '2-표본 t-검정' 결과에 대해 '적정 표본 크기'는 다음 [그림 A-27]의 미니탭 경로와 '대화 상자' 입력을 통해 확인할 수 있다.

[그림 A-27] '2-표본 t-검정'의 '적정 표본 크기(또는 검정력)'의 확인

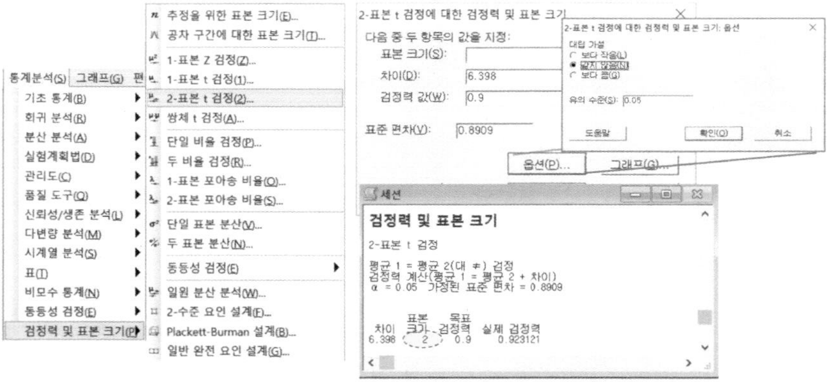

[그림 A-27]에서 '2-표본 t-검정'의 적정 '표본 크기'는 '대화 상자'에서 '차이(D):'에 '평균 차(22.64-16.242=6.398)'를, '검정력 값(W):'은 일반적으로 '0.9', '표준 편차(V):'는 [표 A-8]에 포함된 '합동 표준 편차(0.8909)'를 각각 입력한다. 또 검정에 쓰인 '대립 가설'과 '유의 수준(0.05)'을 입력한다. 확인 결과 '적정 표본 크기'는 [그림 A-27]의 결과와 같이 '2개'로 나타났다. '적정 표본 크기'가 매우 작은 이유는 두 집단의 평균 차가 '6.398'로 크면서, '합동 표준 편차=0.8909'로 작아 집단의 구분이 용이하기 때문이다. 따라서 [그림 A-26]의 결과는 신뢰할 수 있으며, 향후 '2개'는 너무 작고 현재의 '10개'는 너무 많으므로 이후 검정 시 '5개' 정도를 사용한다.

다시 한 번 강조하지만 예에서 보인 초기 분석은 수박으로 치면 품질에 영향을 주는 내부의 문제점을 찾아내기 위해 겉껍질에서 약간 파고든 수준에 불과하다. 진짜 본 게임(분석)은 이어지는 '사실 분석'에서 다루어질 것이며, 그렇게 파고든 분석으로부터 얻어지는 '개선 방향'은 더욱 구체적인 추가 개선 기회를 제공하게 될 것이다. 통계적으로 "유의하다", "유의하지 않다"로 끝내버리는 분석은 지양해야 한다는 점 명심하기 바란다.

지금까지 '1-표본 t-검정', '2-표본 t-검정'에 대한 검정을 알아보았다. 다음은 비교 데이터 군이 2개 이상(2개는 '2-표본 t-검정'에서 처리되므로 주로 세 개 이상)인 경우의 '평균 검정'에 대해 알아보자.

'**분산 분석(ANOVA)**'은 리더들, 특히 초보자들에게 용어 자체에서 오해를 갖게 할 소지가 많은 도구이다. 일단 '분산 분석'을 "'분산'을 '분석'하는 것"으로 이해하기 십상이다. '분산 분석'은 1920년대 초 R. A. Fisher에 의해 소개된 '평균을 검정하는 통계적 방법'이다. 그런데 기본 접근법이 '분산'을 이용하기 때문에 붙여진 이름으로 영문 표기인 'ANOVA(Analysis of Variance)'를 직역하면 "분산(을 이용한 평균의 차이) 분석법"이라고 봐야 한다.

이 방법이 발표되기 이전에는 예를 들어 3개 데이터군의 평균 비교를 할 경우 '2-표본 t-검정'으로 'A와 B', 'B와 C', 'A와 C' 등으로 검정한 뒤 결론을 유도해야 하지만 이때 평균의 차이가 없다는 가설을 기각하지 않을 확률 (말이 복잡하면 '평균들이 통계적으로 동일할 확률'쯤 된다. 통상 귀무가설을 '채택'한다거나, 평균들이 '똑같다'라는 표현은 잘 쓰지 않는다.)은 '$0.95^3 ≒$ 0.8574(유의 수준 0.05, 3개의 동일한 평균을 가진 모집단에서의 표집으로 가정, 이때 세 번의 2-표본 t-검정이 필요함.)'가 되며, 차이가 없다는 가설 중 적어도 하나를 기각할 확률은 '$1-0.8574 ≒ 0.143$'이다. 좀 복잡한 과정이긴 하나 결론적으로 모든 경우에 있어 귀무가설이 옳다는 것을 알 경우 '2-표본 t-검정'으로는 '제1종 오류'를 범할 가능성이 '약 14.3%'나 된다.

만일 '5개 표본'들의 평균 차이를 검정하려면 '제1종 오류'를 범할 확률은 약 '40%'로 증가한다. 따라서 이를 보완하고 또 두 개 이상의 데이터 군 간 평균 비교를 합리적으로 수행하기 위해 도입된 것이 '분산 분석'이다. 이론적 원리는 별도 자료를 참고하고, 여기서는 표현에 대한 과정만 설명할 것이다. "동일한 고객 요청 사항에 3명의 담당자가 대응한 '소요 시간' 간 차이가 있는지를 확인"한다고 가정하자. 검정을 위해 수집된 데이터는 다음 [표 A-9]와 같다.

[표 A-9] '분산 분석'을 위한 고객 응대 소요 시간 데이터(분)

담당자 A	7.0	7.2	8.5	7.8	7.5	6.2
담당자 B	7.3	7.9	7.5	8.0	9.5	8.2
담당자 C	7.3	6.7	7.0	7.5	6.2	7.2

우선 가설은 다음 식 (A.12)와 같이 정리된다.

$$H_0 : \mu_1 = \mu_2 = \mu_3 \qquad\qquad (A.12)$$
H_A : 모든 μ_i 가 동일한 것은 아니다. (또는)
     적어도 하나의 μ_i 가 다른 것과 차이가 있다. (또는)
     H_0 가 아니다.

일반적으로 3개 집단 이상의 평균 검정 경우 '대립 가설'은 '$\mu_1 \neq \mu_2 \neq \mu_3$'와 같이 설정하지 않는다. 예를 들어, 서로 다른 3개의 재료에 시약 처리를 달리한 뒤 '표면 강도(Y)'를 측정한다고 가정하자. 첫 재료는 기존과 동일한 처리를 했지만 나머지 두 재료에 새로 개발한 각기 다른 시약을 사용했더니 세 번째 재료가 기존에 비해 표면 강도가 2배 증대됐다면 과연 차이가 없다고 결론을 내려야 할까? 당연히 그렇지 않다. 첫 재료와 두 번째 재료는 통계적으로 차이가 없지만 세 번째 재료만 차이가 생긴 것이다. 따라서 세 개 데이터 군을 한 번에 분석할 경우 일단 "차이가 있음"으로 나와야 한다.

식 (A.12)로 돌아가, '대립 가설'은 세 표본들 중 한 개라도 다른 표본 집단과 평균의 차이가 확인되면 다르다고 판단해야 하므로 '$\mu_1 \neq \mu_2 \neq \mu_3$'와 같이 표현하지 않는다. 즉, 한 개의 평균이 다른 두 표본들의 평균과 다를 수도 있고, 세 개 집단의 평균이 모두 다를 수도 있다. 어느 상황이든 차이가 있다는 결론이 나오면 미니탭이 보여줄 '$p-$ 값'은 '유의 수준 0.05'보다 작은 값이 나온다. '귀무가설'은 모집단들의 평균이 모두 동일할 것이라는 기존의 가설을 부호로 표시한 것이다.

'분산 분석'으로 평균의 차이를 검정하기 전에 '분석 세부 로드맵' 관점에서 미리 확인할 사항들을 점검해보자. 우선 다음 [그림 A-28]에서 빨간 화살표로 연결되는 경로를 따르게 될 것이다.

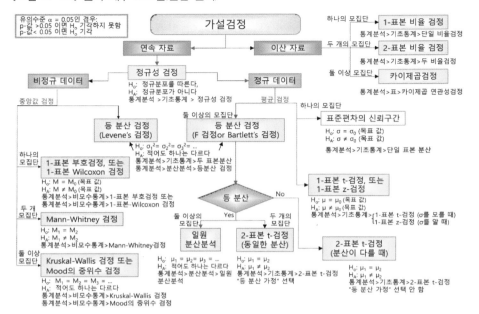

[그림 A-28]의 경로에 따르면 '정규성 검정'을 통해 세 개 표본 모두 '정규 분포'하는지 확인하고, '등 분산 검정'을 수행해 '분산'도 통계적으로 차이가 없음을 확인해야 한다. 그때야 비로소 '평균의 차이' 여부를 검정하는 '분산 분석'에 이른다. '일원 분산 분석'의 '일원'은 'One-way'의 번역으로 '한 개 요인(One-way)'을 뜻한다. 한 개 요인이 몇 개의 수준들로 이루어졌으며, 그 '수준들의 평균'을 비교하는 분석이다. 만일 '두 개 요인들 내 수준들의 평균'을 비교하면 '이원(Two-way)'이 된다. [표 A-9]의 3명 담당자에 대한 '소요 시간'에서 '소요 시간'은 '요인', 즉 '일원'이 되고, '3명 담당자'는 '수준'에 대응한다. 다음 [그림 A-29]는 '파워포인트' 작성 예이다.

Step-8. 데이터 분석
  Step-8.1. 가설 검정

검정 1. '담당자'간 '업무 처리 소요 시간'에 차이가 있는가?

- 분석방향: 고객의 신규가입 요청에 대해 3명의 담당자가 업무 처리하는 데 소요되는 시간에 차이가 있는지를 확인하고, 숙련된 Know-how가 있다면 서로 공유할 목적으로 분석 진행함.

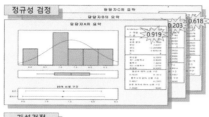

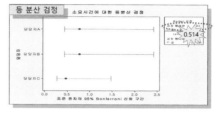

가설검정

일원 분산 분석: 소요시간 대 담당자

출처	DF	SS	MS	F	P
담당자	2	3.621	1.811	3.81	0.046
오차	15	7.135	0.476		
총계	17	10.756			

S = 0.6897 R-제곱 = 33.67% R-제곱(수정) = 24.82%

합동 표준 편차에 근거한 평균의 개별 95% CI

수준	N	평균	표준 편차				
담당자A	6	7.3667	0.7763		(--------*--------)		
담당자B	6	8.0667	0.7763				(--------*-------)
담당자C	6	6.9833	0.4708	(--------*--------)			

6.60   7.20   7.80   8.40

- 유의수준 0.05에서 P-값이 0.046으로 대립가설을 선택. 즉, 각 담당자간 업무처리 소요시간에 차이가 있는 것으로 판단됨.
- '담당자 C'가 '담당자B'에 약 1분 정도 빨리 처리하고 있으며, 실무적인 차원에서 어떤 특징이 있는지 추가분석 수행.

  계속

　　[그림 A – 29]는 '2 – 표본 *t* – 검정'과 동일하게 [그림 A – 28]의 '분석 세부 로드맵' 경로를 따라 '분포 모양 → 산포 → 평균'의 검정 순으로 작성됐음을 알 수 있다. 첫 번째인 '정규성 검정'은 3명의 담당자별로 각기 다른 '소요 시간'이 수집됐으므로 모두 3번의 서로 다른 검정이 수행됐으며, 두 번째의 '등 분산 검정'은 모두의 산포가 차이 없는지를 봐야 하므로 한 번에 검정을 수행했다. 각 '*p* – 값'을 통해 '정규성'과 '등 분산성'이 확인되었다. 장표 아래쪽 '가설 검정'은 '*p* – 값=0.046'으로 "적어도 한 개 이상의 평균이 다른 담당자들 평균과 차이 있음"을 보이며, 출력된 '평균'들로부터 어느 누가 빠르고 느린지를 비교할 수 있다.

장표 왼쪽 아래의 '가설 검정' 내 평균들을 통해 '담당자 C'가 '담당자 B' 보다 약 1분가량 빨리 업무를 처리하는 것으로 나타났으며, 'p - 값'을 통해 통계적 의미를 갖는 것으로 파악되었다. 그러나 수치 해석에서 '1분'이라는 '소요 시간'의 차이가 실질적인 업무 환경에서 과연 큰 차이로 받아들여질 수 있는지도 의심해 봐야 한다. 정말 의미가 있으면 '담당자 C'의 업무 노하우를 정밀하게 추적해 다른 담당자에게 전파될 수 있도록 '개선 방향'을 정립한다.

이 같은 추가 분석 과정을 '사실 분석'이라 했으며 분석의 심도가 깊어질수록 과제의 품질 역시 비례해서 향상한다. 현재의 분석까지만으론 수박 껍질에 준한 초기 분석에 해당한다. 따라서 [그림 A - 29]의 '분산 분석' 결론에 추가 분석의 필요성을 언급하고 있다. 장표의 우측 하단에 '계속'이라는 화살표가 '사실 분석'이 연속해서 이루어질 것임을 시사한다. 예를 들어, 각 담당자의 업무 처리 과정을 관찰 분석하거나, 인터뷰를 통해 상세 프로세스 맵을 작성한 뒤 그들 간 차이점 분석(Gap 분석) 등의 활동이 이어질 수 있다. 물론 최종 산출물은 Improve Phase에서 수행될 구체성을 띤 '개선 방향'을 도출하는 것이다. 명심하기 바란다.

8.1.5. 가설 검정(정량적 분석) – 블록 ④: 비율 검정/카이 제곱 검정

이 경우는 다음 [표 A - 10]의 '분석 4 - 블록' 내 '블록 - ④'에 해당한다. 따라서 '분석 세부 로드맵'을 활용해야 한다. 구성 도구들엔 한 개의 비율을 특정 비율과 비교하기 위한 '1 - 표본 비율 검정(1 - Proportion Test)', 두 개의 비율을 비교하기 위한 '2 - 표본 비율 검정(2 - Proportion Test)' 그리고 세 개 이상 (두 개도 가능하지만 '2 - 표본 비율'이 있으므로)의 비율을 비교하기 위한 '카이 제곱 검정(Chi - square Test)'들이 포함된다.

[표 A – 10] 분석 4 – 블록(비율 검정)

Y

	연속 자료	이산 자료
연속 자료	✓ 그래프: 산점도 ✓ 통 계: 상관분석 회귀분석 ①	② ✓ 그래프: 파레토 차트, 기타 ✓ 통 계: 로지스틱 회귀분석
이산 자료 **(범주 자료)**	③ ④ ✓ 그래프: Box Plot, 히스토 그램, Multi-vari Chart ✓ 통 계: 등 분산 검정, t–test, ANOVA, 비 모수 검정	✓ 그래프: 막대 그래프, 기타 ✓ 통 계: 1-표본 비율검정, 2-표 본 비율검정, 카이 제곱 검정

X

[표 A – 10]의 '블록 – ④'에 속한 도구들 선택은 다음 [그림 A – 30]의 '분석 세부 로드맵'에 따른다. '비율'은 '이산 자료'에 속하므로 이전의 '연속 자료' 경로와 확연히 구분된다. 또 '이산 자료'는 '분포'와 관계없으므로 '분포 모양' 과 '산포'에서 자유롭다. 따라서 '연속 자료'에 비해 상대적으로 검정 과정이 단 순하다. 앞서 '연속 자료' 경우 표본 군이 1개일 경우 '1 – 표본 z(또는 t) – 검정', 표본 군이 2개인 경우 '2 – 표본 t – 검정', 2개 이상인 경우의 '분산 분 석(ANOVA)'이 있듯이 '1 – 표본 비율 검정', '2 – 표본 비율 검정', '카이 제 곱 검정'으로 정확히 일대일 대응하는 도구들이 존재한다.

이 같은 대응 관계는 '연속 자료'이면서 '비정규 분포'일 때의 '중앙값 검 정' 경로인 '비모수적 검정(Non-parametric Test)'에도 그대로 적용된다. 다음 [그림 A – 30]은 '분석 세부 로드맵'상 '비율 검정'용 도구들의 위치를 보여 준다(빨간 선 경로 참조).

[그림 A - 30] 분석 세부 로드맵(비율 검정)

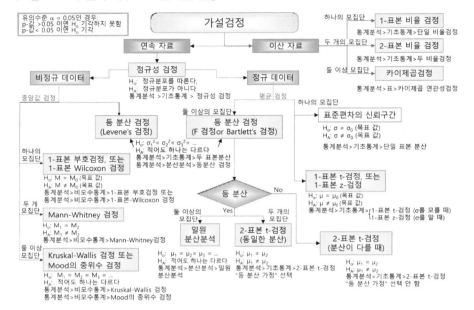

'**1 - 표본 비율 검정**(1 - Proportion Test)'은 조사 대상 표본 '109개' 중 불량이 '3개' 나왔을 때, 이것이 현 관리 수준인 '3.4%'라고 할 수 있는지 등을 확인하는 검정법이다. '109개' 중 '3개'면 '약 2.75%'이며, '비율'이 한 개이므로 '1 - 표본 비율'이란 표현을 쓴다. 실제 예를 들어보자. 어느 프로세스의 양품률이 '98%'로 관리되고 있다(고 하자). 만일 이 프로세스에서 '55개'의 표본을 추출하여 '합격/불합격'을 평가했을 때 합격품이 '53개'로 확인됐으면 프로세스의 변동 또는 양품률이 기존에 비해 변했다고 할 수 있을까? 검정을 위해 가장 먼저 해야 할 일은 가설을 세우는 일이다(항상 '대립 가설'을 먼저 설정한다. 미니탭에 '대립 가설' 내용을 그대로 입력한다). 본 사례의 가설은 다음식 (A.13)과 같다.

$$H_0 : p = 0.98 \qquad\qquad (A.13)$$
$$H_A : p \neq 0.98$$

식 (A.13)에서 'p'는 '모 비율'이며, 표본으로부터 계산된 '0.964(≒53÷55)'는 '모 비율'을 대변할 '표본 비율'에 해당한다. 즉, '모 비율'을 대변하고 있는 한 개의 '양품률'이 현재 관리 수준인 '0.98'이라고 볼 수 있는지를 통계적으로 확인한다. 미니탭에 입력하는 절차를 예로 들면, 다음 [그림 A-31]과 같다. 식 (A.13)의 '대립 가설'을 그대로 입력한다는 점을 잊지 말자.

[그림 A-31] '1-표본 비율 검정' 입력 예

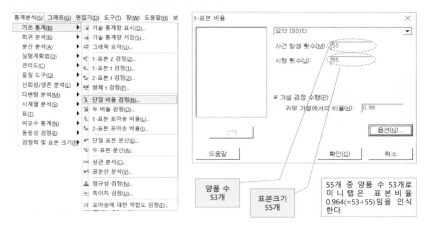

[그림 A-31]과 같이 우선 미니탭의 '단일 비율 검정'으로 들어가 '대화 상자' 내의 「요약 데이터」를 선택한다. 그 아래 '사건 발생 횟수(M):'에 "53", '시행 횟수(U):'에 "55"를 각각 입력한다. 교육생 중에 두 수를 뒤바꿔 입력하는 바람에 왜 결과가 다르냐고 질문하는 경우가 많다. '비율'은 '분자/분모'이

므로 '대화 상자' 입력도 '분자'는 위쪽, '분모'는 아래쪽이다. 교육 중엔 "S/W가 인체 공학적으로 설계됐습니다"로 정리하곤 한다. '요약 데이터'를 입력한 순간 미니탭은 '표본 비율'이 '0.964'임을 인지한다. '대립 가설' 내용에 비추면, 'p'라는 '모 비율'을 대변하는 비율이 입력된 셈이다.

또 '0.98'과 같은지 다른지를 판단하기 위해 필요한 기준, 즉 '유의 수준'도 입력해야 하고, '≠, >, <'도 고려한다. 이를 위해 '대화 상자' 내 ' 옵션(N)... ' 단추를 활용한다. 다음 [그림 A-32]는 '옵션'에서의 입력 결과를 보여준다.

[그림 A-32] '1-표본 비율 검정' 입력 예('옵션' 대화 상자)

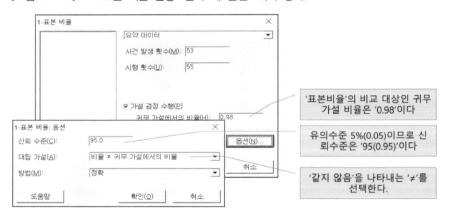

[그림 A-32]에서 '신뢰 수준(C):'의 '95.0'는 '유의 수준=5%(0.05)'를 설정한 결과이다. 만일 '유의 수준=10%(0.10)'이면 '90.0'이 돼야 한다. '95%'는 적용 빈도가 높아 통상 'Default 상태'이다. '대립 가설(A):'은 설명한 바와 같이 '비율≠귀무가설에서의 비율'을 선택한다. 입력 내용들과 식 (A.13)의 '대립 가설'을 비교해보기 바란다. 내용이 정확히 일치한다. 즉, "표본 55개 중

양품 수 53개가 나오는 집단의 모 비율(양품률)은 유의 수준 '0.05'에서 귀무가설에서의 비율 '0.98'과 같지 않음"이다. 검정 상황에 따라 '>', 또는 '<'를 선택할 수도 있다. '1 – 표본 비율 검정'의 미니탭 최종 분석 결과는 다음 [표 A – 11]과 같다.

[표 A – 11] '1 – 표본 비율 검정' 결과

단일 비율에 대한 검정 및 CI
p = 0.98 대 p not = 0.98 의 검정

표본	X	N	표본 p	95% CI	정확한 P-값
1	53	55	0.963636	(0.874736, 0.995565)	0.631

[표 A – 11]의 분석 결과에서 상단에 '귀무가설'과 '대립가설'이 기술돼 있다. 아래에는 '표본 비율'인 '53÷55=0.963636'과 '95% CI', 즉 '신뢰 수준 95%'에서의 '신뢰 구간'인 '0.874736~0.995565'가 있다. 현 구간 사이에 표본 비율 '0.963636'이 포함돼 있으므로 차이가 있을 것이라는 '대립 가설'을 기각한다.

'p – 값'을 포함해 결과에 대한 통상적인 표현은 "유의 수준 0.05에서 p – 값이 '0.631'이므로 귀무가설을 기각할 수 없음. 즉, 현재 프로세스의 양품률은 98%를 유지한다고 판단된다"로 결론짓는다. 지금까지의 과정을 '파워포인트'로 정리하면 다음 [그림 A – 33]과 같다.

[그림 A - 33] 'Step - 8.1. 가설 검정' 예(1 - 표본 비율 검정)

Step-8. 데이터 분석
　Step-8.1. 가설 검정

검정 1. 현재의 '양품률'이 98%라고 할 수 있는가?

• 분석방향: 현 프로세스의 양품률이 '98%'인지를 확인하기 위해 55개의 표본을 추출하여 양/불 판정을 수행한 결과 53개의 양품을 얻음. 그 결과를 토대로 검정한 결과는 다음과 같음.

불량유형		
불량표본	내 용	비 고
표본 1	표면에 2.5mm 이상의 긁힘 관찰됨	3월 12일 투입 분
표본 2	끝단부 뭉게짐 관찰됨	상 동

가설검정

단일 비율에 대한 검정 및 CI
p = 0.98 대 p not = 0.98 의 검정

정확한
P-값

표본	X	N	표본 p	95% CI	
1	53	55	0.963636	(0.874736, 0.995565)	**0.631**

결과분석

• 유의수준 0.05에서 P-값이 0.631로 귀무가설을 기각하지 못함. 즉, 현재 프로세스의 양품률이 98% 수준이 아니라는 어떠한 증거도 발견하지 못함.
• 95% 신뢰구간이 0.875 ~ 0.996 사이로 구간 폭이 다소 넓은 것으로 판단되며, 표본크기에 기인하는 것으로 해석됨. 이에 대해서는 표본이 추가 수집되는 I Phase에서 재확인할 계획임.
• 기대이상의 '긁힘'과 '끝 단부 뭉게짐'에 대해서는 다음 장에 고장해석 수행.

계속

　　[그림 A - 33]의 결론에, 두 개 불량품에 대해 '고장 해석'이 진행됨을 알리고 있다. 한편 '2 - 표본 t - 검정'과 동일하게 검정에서의 '적정 표본 크기'를 구하면 '988개(별도의 과정은 생략)'가 나온다. '비율 차'가 매우 작아 구분해 내기 어렵기 때문이다. '표본 크기'를 키우거나 '검정력' 조정 등의 후속 작업이 시급하다.

　　이어 '2 - 표본 비율 검정(2 - Proportion Test)'은 두 개 비율의 차이 검정만 다를 뿐 '2 - 표본 t - 검정'과 같아 설명은 생략한다.

　　'카이 제곱 검정(Chi - Square Test)'은 '분산 분석(ANOVA)'과 동일한 상태인 2개 이상의 비율을 비교 검정하는 데 유리하다. 단지 '평균' 대신 '비율'이 쓰일 뿐이다. 두 개의 비율은 '2 - 표본 비율 검정'이 쓰이므로, '분산 분석 (ANOVA)'이 그랬듯이 통상 세 개 이상의 비율을 비교·검정하는 데 적합하다.

'카이 제곱 검정'의 용법 중 가장 혼선을 겪는 부분이 '적합도 검정'과 '독립성 검정', '동질성 검정' 등 세 가지 쓰임새가 있는 것인데, 이들에 대해 간략히 정리하면 다음과 같다.

① **적합도 검정(Tests of Goodness - of - Fit):** '적합도 검정'은 현재 갖고 있는 '이산 자료(관측 도수)'들이 '정규 분포 모집단' 또는 '이항 분포 모집단'이나 '포아송 분포 모집단' 등 어느 하나의 모집단에서 왔다고 가정할 때(가설), 정말 그런지 확인하는 검정이다. 검정 방법은 현재 수집된 '이산 자료'와, 가정된 분포일 경우 예상되는 빈도(기대 도수)를 계산하여 '카이 제곱 검정' 수순을 밟는다. 미니탭은 '13버전'과 달리 '14버전'부터 「통계 분석(S)>표(T)>카이 제곱 적합도 검정(단일 변수)(G)…」에 해당 기능이 포함돼 있으나 활용에 있어서는 좀 더 깊이 있는 사전 이해가 요구된다. 본문에 사례를 들어 과정을 설명하는 것은 범위를 약간 벗어나고, 또 다행스럽게도 현업에서 '적합도 검정'에 대한 실무적인 활용도 높지 않아 설명은 생략한다.

② **독립성 검정(Tests of Independence):** '독립성 검정'은 두 가지 분류 기준들이 서로 독립적인지에 대한 귀무가설을 검정한다. 여기서 '분류 기준'이란 '요인(Factor)'이며, '서로 독립적인가?'란 두 요인 간 관련성이 없음(귀무가설)을 의미한다. 따라서 '독립성 검정'의 특징 중 하나는 동일 모집단으로부터 추출한 표본을 연구 대상이 되는 기준으로 분류한 뒤 검정하는 과정으로 이뤄진다.

이해를 돕기 위한 예를 들면, '불량 유형(A, B, C)'과 '조립 설비(가, 나, 다)'의 두 요인 간 관련성을 알아보기 위해 '500개'의 제품을 수집했다고 가정하자. 이때 다음 [표 A - 12]와 같이 표로 분류할 수 있으며, 각 셀의 숫자는 '불량

유형'과 '조립 설비'의 각 수준별 관련된 빈도수이다. 따라서 '행'과 '열'의 합은 연구자가 조정한 것이 아니라 우연히 나타난 숫자이다.

[표 A-12] '카이 제곱 검정'의 '독립성 검정' 예

		조립설비			합계	
		가	나	다		
불량유형	A	92	76	57	225	우연히 나타난 합
	B	15	64	38	117	
	C	78	22	58	158	
합 계		185	162	153	500	우연히 나타난 합

[표 A-12]는 '500개'의 제품이 동일한 모집단에서 추출된 단일 표본으로서, 그 속에서의 분류(요인)인 '불량 유형'과 '조립 설비'가 서로 관계하는지 또는 관계가 없는지(독립인지)를 확인하는 검정 절차로 이루어진다. 따라서 가설을 세울 때 표현은 다음 식 (A.14)와 같다.

$$H_0 : '조립설비'와 '불량유형(의 발생 빈도)'은 서로 독립이다. \quad (A.14)$$
$$H_A : 두 요인은 독립이 아니다.$$

③ 동질성 검정(Tests of Homogeneity): '동질성 검정'은 몇 개의 모집단으로부터 독립적인 표본을 추출하되, 한 분류(요인)의 합을 고정시키고 다른 분류는 확률적으로 할당되도록 하는 검정이다. 예를 들면, '토익 합격률'이 서로 높다고 주장하는 '사업부(A, B, C)'에서 실제 '합격 등급(1등급, 2등급, 3등급)' 비율을 알아보기 위해 사업부 A '90명', 사업부 B '75명', 사업부 C '86명'을 표집해 그 '합격 등급'을 분류한 뒤 다음 [표 A-13]과 같이 표로 정리했다(고 가정하자).

[표 A – 13] '카이 제곱 검정'의 '동질성 검정' 예

		합격등급			합계
		1등급	2등급	3등급	
사업부	A	15	36	39	90
	B	9	21	45	75
	C	27	29	30	86
합 계		51	86	114	251

사전에 정해진 합

우연히 나타난 합

[표 A – 13]은 앞서 설명한 바와 같이 '열의 합'은 우연, 즉 확률적으로 할당된 결과이다. '동질성 검정'은 '사업부'별로 분류된 표본들의 분포가 서로 동질의 것인가(즉, 모집단은 서로 다르지만 등급별 비율이 동등한가?)를 확인하는 절차이다. 따라서 '독립성 검정'에서와 달리 가설은 다음 식 (A.15)와 같이 표현된다.

$$H_0 : 3개 모집단(사업부 A, 사업무 B, 사업부 C)은 \qquad (A.15)$$
$$'합격 등급'의 비율이 동일하다.$$
$$H_A : 3개 모집단은 '합격 등급'의 비율이 동일하지 않다.$$

'카이 제곱 검정(Chi – Square Test)'은 타 비율 검정과 달리 미니탭에 입력되는 방법에 약간의 차이가 있다. 예를 들면, A제품에 대해 '150개 중 10개의 불량품' 발생과, B제품의 '230개 중 15개의 불량품' 발생 자료가 추출됐다고 가정하자. 현재 표현은 두 집단의 '표본 크기'와 '제품 불량 수'에 대한 '요약 정보'가 담겨 있다. 두 모델의 비율 간 우열을 검정하려는 목적이 있을 때 검정 도구는 외관상 '2 – 표본 비율 검정'이 적합하다. 이때 검정을 위해 미니탭에 입력하는 방법은 다음 [그림 A – 34]와 같이 두 개 경로가 가능하다.

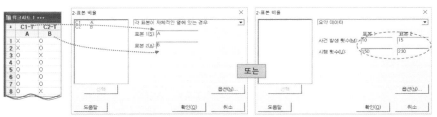

워크시트에 양품(O), 불량(X) 등 실제 평 　또는　 '요약 데이터'에 '전체 개수'와 '불량개수'
가결과를 기록한 뒤, 미니탭에 해당 열을 　　　 를 구분하여 미니탭에 입력.
입력.

[그림 A-34]에서 맨 왼쪽의 '워크 시트'는 A제품 '150개'와 B제품 '230개'
의 제품 모두를 개별 검사해서 '양품('O'로 표시)'과 '불량('X'로 표시)'으로 기록한
것이다. 이때 '두 비율 검정'의 왼쪽 '대화 상자'는 「각 표본이 자체적인 열에 있는
경우」를 선택한 뒤 '워크 시트'의 두 개 열들을 해당란에 각각 입력한다. 또는 오
른쪽 '대화 상자'처럼 「요약 데이터」를 선택한 후 '전체 개수'와 '불량 개수'를 해
당란에 입력한다. 물론 결과는 같다.

그러나 '카이 제곱 검정'은 '150개 중 10개의 불량품'이 있으면 '150개'를 '양품
수'와 '불량품 수'로 나누어 입력한다. 예를 들면, A제품 경우 '양품 140개(150개
중), 불량품 10개'가 되고, B제품의 경우는 '양품 215개(230개 중), 불량품 15개'가
된다. 입력된 결과는 다음 [표 A-14]와 같다.

[표 A-14] '카이 제곱 검정' 데이터 입력(한 개 요인)

C1-T 제품	C2 양품	C3 불량품
1 A	140	10
2 B	215	15

[표 A-14]의 '워크 시트'의 '제품' 열은 분석 결과에 영향을 미치지 않는다. 과제 지도 중 가끔 보는 경우지만 '양품', '불량'으로 이원화해서 등록하지 않고 '전체 개수'와 '불량 개수'로 입력한 뒤 결과 해석을 하는 잘못된 사례도 종종 있다.

　'카이 제곱 검정'의 또 다른 입력 예가 있다. [표 A-14] 경우 제품을 '양품'과 '불량품'으로 나누었으므로 '요인 → 제품'이고, '수준 → A, B'로 하나의 '요인'에 '수준'이 2개(A, B)인 경우였다. 반면, 만일 '요인'이 '사람'과 '장치'이고, 각 수준은 전자가 '5개(5명이 조사됨)', 후자가 3개(3개의 서비스 요청이 발생되는 장치가 있음)로 가정하자. 이때 '사람'별 '장치'에 대한 '서비스 요청 건수'를 수집했다고 할 때, '카이 제곱 검정'을 위해 '워크 시트' 입력은 다음 [표 A-15]와 같다.

[표 A-15] '카이 제곱 검정' 데이터 입력(두 개 요인, 다 수준)

워크시트 1 ***	C1-T	C2	C3	C4	C5	C6
	장치	홍길동	이유리	김철수	이영희	강감찬
1	장치1	13	5	8	21	43
2	장치2	18	10	36	56	29
3	장치3	16	16	35	51	10

워크시트 1 ***	C1-T	C2	C3	C4
	담당자	장치1	장치2	장치3
1	홍길동	13	18	16
2	이유리	5	10	16
3	김철수	8	36	35
4	이영희	21	56	51
5	강감찬	43	29	10

　[표 A-15]에서 '카이 제곱 검정'은 입력 방향에 영향 받지 않는다. 다만 오른쪽처럼 수준이 많은 요인을 행보다 열 쪽에 배치하는 것이 눈에 잘 들어와 선호된다.

　'카이 제곱 검정'은 인증 평가의 단골 메뉴다. 그만큼 실생활에 많이 쓰인다는 방증이다. 주로 3개 이상 수준의 비율 검정에 적합하다. 간단한 예로써 제품별 불량률 - A: 150개 중 7개 불량, B: 232개 중 17개 불량, C: 185개 중 3개 불량 - 인 자료를 수집했다고 가정하자. 결과를 보면서 학습하는 것이 수월하므로 '가설'과 미니탭 경로 위치, 및 그 결과는 다음 식 (A.16)및 [그림 A-35]와 같다.

$$H_0 : p_A = p_B = p_C \tag{A.16}$$
$$H_A : \text{모든 } p_i \text{가 동일한 것은 아니다.}$$

[그림 A-35] '카이 제곱 검정' 분석 결과 예

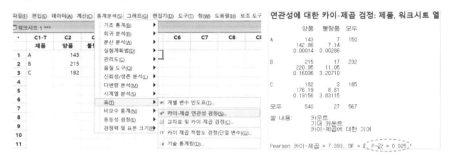

[그림 A-35]와 같이 제품 A, B, C의 각 불량률이 적어도 하나 이상의 다른 불량률과 통계적 차이를 보이는지 확인하기 위해 '카이 제곱 검정'을 수행한 결과, "유의 수준 0.05에서 p-값이 0.025로 대립 가설을 채택"하였다. 다음 [그림 A-36]은 눈으로 불량률을 쉽게 비교하기 위한 '막대그래프'이다.

[그림 A-36] '카이 제곱 검정' 결과 예(막대그래프)

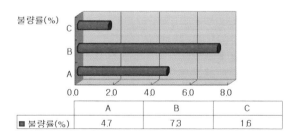

	A	B	C
■ 불량률(%)	4.7	7.3	1.6

‘제품 C’의 불량률이 ‘약 1.6%’로 가장 작으며, 이 비율이 타 ‘불량률’과 통계적 차이를 유발하고 있다. 이때 ‘A’의 ‘4.7%’와 ‘B’의 ‘7.3%’ 간 차이인 ‘약 2.6%’는 차이가 없다고 봐야 할까? ‘카이 제곱 검정’은 비율들을 묶어서 검정하므로 유의한 결과가 어느 수준들 간 비율 차이인지를 명확히 할 필요가 있다. 이 문제를 해소하기 위해 유의한 결과에 가장 영향력 있는 ‘C’를 빼고 나머지 것들로 재검정을 수행한다.[18] 과정은 다음 [표 A – 16]과 같다.

[표 A – 16] ‘카이 제곱 검정’ 2차 분석 결과 예

[표 A – 16]에서 우선 가장 차이 난다고 의심되는 ‘C’ 데이터를 타 열로 옮겨놓은 뒤 나머지 두 비율을 대상으로 재검정한 결과가 오른쪽 ‘세션 창’이다. 해석은 “유의 수준 0.05에서 p – 값이 0.295로 귀무가설을 기각할 수 없다.” 즉, 두 제품의 불량률 차이가 ‘2.6%[7.3%(B) – 4.7(A)]’임에도 통계적으로 차이가 있다고 보기는 어렵다는 것이다. 따라서 최종 결론은 ‘제품 C’의 불량률이 타 그룹에 비해 유난히 높거나 낮다고 볼 수 있으며, 막대그래프상으로 후자의 상황임을 확인할 수 있다. 이 같은 과정을 최초 분석과 비교해 편의상

---

18) 차이가 나는 비율을 뺄 때, 보통 개별 ‘기여 값’이 다른 것과 크거나 작은 것을 선택할 수 있다. [그림 A – 37]에서 ‘제품 A’의 양품과 불량품 각각의 기여는 ‘0.00014’, ‘0.00286’으로 다른 제품들의 ‘기여 값’보다 크게 작다는 것을 알 수 있다. 그러나 참고 사항이다.

'2차 분석'이라고 명명한다.

만일 예와 같이 '3개 비율'을 검정하는 대신 '4개' 또는 그 이상의 비율을 검정할 경우, 1차 검정에서 유의한 차이가 있다면 '2차 분석'은 어떻게 진행될까? 통계적 차이를 유발할 것으로 예상되는 비율을 하나씩 옮기면서 재검정해나가면 유의한 차이가 없는 그룹만 남으므로 '동종 그룹'과 옮겨서 모아진 '이종 그룹'으로 구분된다. 또 만일 '이종 그룹'에 대한 검정에서 다시 유의한 결과가 나오면 결국 '이종 그룹' 내에서도 '동종'과 '이종'으로 재분류될 것이며, 이렇게 해석해나가면 유의한 차이를 보이는 핵심 비율을 구분해낼 수 있다.

다음 [그림 A – 37]은 지금까지의 과정을 '파워포인트'로 정리한 결과이다.

[그림 A – 37] 'Step – 8.1. 가설 검정' 예(카이 제곱 검정)

Step-8. 데이터 분석
Step-8.1. 가설 검정

검정 1. 제품별 불량률에 차이가 있는가?

- 분석방향: 현재 양산되고 있는 제품 A,B,C의 불량률 관리수준에 차이가 있을 것이란 주장에 대해, 이를 확인하기 위한 '카이 제곱 검정'을 수행.

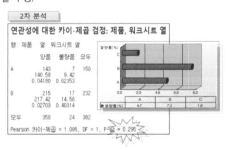

결과분석
- 1차 분석; 제품별 유의성 검정결과 유의수준 0.05에서 P-값이 0.025로 대립가설 채택.
- 2차 분석; 가장 차이 나는 '제품 C'를 제외한 '2차 분석'에서 P-값이 0.295로 귀무가설을 기각하지 못함.
- Chart에서 '제품 C'의 불량률 1.6%, A와 B는 각각 4.7%, 7.3%임을 알 수 있음.

계속

[그림 A – 37]로부터 '1차 분석'을 통해 제품별 불량률 차이가 있음이 확인됐고, 연이은 '2차 분석'으로 '제품 C'의 불량률이 다른 제품의 불량률과 유의한 차이가 있음을 알았다. 또 불량률 차이를 눈으로 확인하기 위해 막대그래프를 사용했다. 만일 차이 나는 이유를 규명하려면 이후 '사실 분석'이 필요하다.

앞서 '카이 제곱 검정'은 수집된 자료를 통계적으로 압축한 'p – 값' 하나로 불량률의 차이 유무를 판정하였다. 그러나 '1, 2차 분석' 결과의 미니탭 '세션 창'을 보면 숫자들이 규칙적으로 배열돼 있고, 각각이 통계적 의미를 담고 있단 느낌을 받는다. 따라서 이들 수치의 의미와 해석에 대한 학습이 필요하다. 다음 [그림 A – 38]은 각 영역의 정의와 산정 과정을 나타낸다.

[그림 A – 38] '카이 제곱 검정' 수치 해석

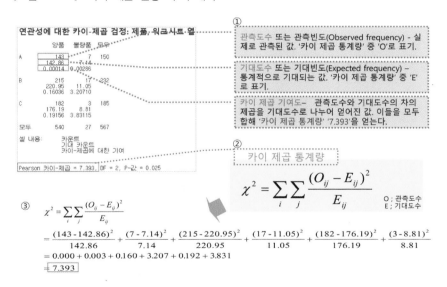

[그림 A – 38]의 '①'에서 '143'은 '관측 도수'로 현재 수집된 '양품의 표본

크기'다. 그 외에 계산 값들인 '기대 도수'와 '카이 제곱 기여도'가 있다.

두 번째 '142.86'은 '기대 도수'로 "기대되는 도수, 즉 개수"를 의미한다. 예를 들어, '제품 A'의 양품 개수는 수집된 대로 '143개'지만 통계적으로 기대되는 도수는 '142.86'이어야 한다. 동일하게 '제품 B'의 양품 '관측 도수'인 '215개'는 기대되는 개수가 '220.95개', 그 바로 아래 '제품 C'의 '182개'는 '176.19개'가 기대된다. 물론 '불량품' 열도 개념은 같다. 이제 남은 일은 '기대 도수'를 어떻게 얻느냐이다.

'기대 도수'는 예를 들어, '제품 A'를 [그림 A-38]의 수집 환경과 동일한 상태에서 계속 표집했을 때 얻은 '평균 도수'이다. 즉 '기대 도수'는 '평균적으로 기대되는 도수'이다. 그러나 이 값을 얻기 위해 무수히 많은 확인 절차를 거치는 것은 비현실적이므로 현재 상황에서 다음 [그림 A-39]와 같이 추정해낸다.

[그림 A-39] '카이 제곱 검정'의 기댓값 계산

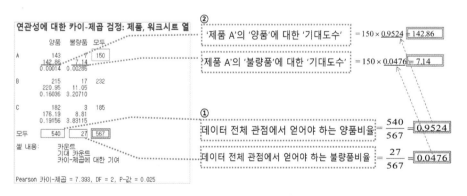

[그림 A-39]에서 '①'을 보면, 전체 데이터 개수가 '567개'이므로 이 값으

로 전체 양품 개수인 '540'과, 전체 불량 개수인 '27'을 각각 나눈다. 이렇게 얻어진 '0.9524'와 '0.0476'은 적어도 이 시스템에서 얻어질 수 있는(또는 기대되는) '평균 양품 비율'과 '평균 불량 비율'이다. 이들을 '②'와 같이 각 제품의 전체 개수(제품 A=150개, 제품 B=232개, 제품 C=185개)에 곱하면, 각 제품의 양품에 대한 '기대 도수'와 불량에 대한 '기대 도수'를 얻는다.

'기대 도수'가 얻어지면 [그림 A-38]에서 언급된 '카이 제곱 기여도'를 산정할 수 있다. 산정 식과 과정은 [그림 A-38]의 '②'와 '③'에 잘 나타나 있다. 따라서 '카이 제곱 통계량'인 '7.393'을 최종적으로 얻는다. 이제 미니탭 '세션 창'의 남아 있는 '$DF=2$'에 대해 알아보도록 하자. 'DF'는 잘 알려진 대로 '자유도(Degree of Freedom)'이며, '세션 창' 출력은 다음 [표 A-17]과 같다.

[표 A-17] '카이 제곱 검정'의 자유도(DF)

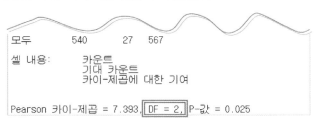

'자유도'는 물리, 화학, 통계 등 다양한 분야에서 쓰이는 용어다. 백과사전의 정의를 빌리면 "주어진 조건하에서 자유롭게 변화할 수 있는 점수, 변인의 수 또는 한 변인의 범주의 수이다. 기호는 'df'를 사용한다. 통계적 분석에서는 제한 조건의 수와 표본 크기의 영향을 받는다"로 설명된다. 이 중 맨 뒤의 "통계적 분석에서 '제한 조건의 수'와 '표본 크기'의 영향을 받는다"에 주목하면 [표 A-17]에서 왜 '$DF=2$'가 나왔는지 이해할 수 있다. 다음 [표 A-18]을 보자.

[표 A-18] '카이 제곱 검정'의 '자유도' 설명을 위한 데이터

제품	양품	불량품	합계
A	143	7	150
B	215	17	232
C	182	3	185
합	540	27	567

  [표 A-18]에서 각 제품의 합계인 '150', '232', '185'를 알고 있는 한, 각 제품의 '양품 수'만 알면 '불량품 수'는 자동적으로 알 수 있다. 즉, 제한 조건이 '1개' 존재한다. 또 양품의 총합인 '540'과, 불량품 총합인 '27'을 알고 있는 한(제한 조건) '제품 C'의 '양품 수'와 '불량품 수'는 굳이 몰라도 유도해 낼 수 있다. 따라서 각 제품의 '총합'과, '양품' 및 '불량품 총합'을 알고 있는 한(제한 조건), 다음 [표 A-19]와 같이 두 개 셀(빨간색 숫자의 셀) 정보만 있으면 다른 빈도들은 모두 알 수 있다. 즉, 두 개 셀의 빈도는 어떤 수나 올 수 있지만 그 두 개가 정해지면(물론 가로, 세로 총합이 존재하는 제한 조건하에서) 나머지는 종속되므로 이 계에서의 '자유도(df)'는 '2(셀 2개)'이다.

[표 A-19] '카이 제곱 검정'의 '자유도' 계산

제품	양품	불량품	합계
A	143	7	150
B	215	17	232
C	182	3	185
합	540	27	567

‘카이 제곱 검정’에서 ‘자유도’를 산정하는 일반식은 ‘(열의 수−1)×(행의 수−1)’로 얻는다. 남은 ‘p−값=0.025’는 분포에 대한 이해가 필요하므로 본문에서의 설명은 생략한다.

8.1.6. 가설 검정(정성적 분석)−Window Analysis 예

‘가설 검정’에서 데이터가 없는 경우 ‘정성적 분석’을 수행한다. 만일 ‘정성적 분석’에 정형화된 도구나 방법이 있으면 문제의 현상을 정의해가며 ‘근본 원인’을 찾아가지만, 방법이 모호하거나 아예 없으면 예상치 못한 난감한 상황과 마주친다. 특히 통계에 능통할수록 이 같은 상황이 당황스럽다.

2000년도 초, 국내 제조 부문에의 혁신 활동 성공과 일정 수준 이상의 관리능력이 확보되면서 간접이나 서비스 분야로의 확산을 고민하기에 이르렀다. 이때 마주친 공통의 문제가 데이터 없이 어떻게 ‘가설 검정’을 수행하느냐이었다. Define, Measure Phase는 별반 차이가 없으나 Analyze Phase에 이르러 데이터도 없고 도구도 소개된 게 별로 없는 상황에서 검정 수행은 골칫거리였다. 지금 생각하면 왜 이런 문제들에 골몰했는지 알 수 없는 일이다.

어쨌든 일부 앞서가는 기업 경우 이 문제를 극복하기 위해 자문을 요청하거나 해결해줄 만한 컨설턴트를 찾아 동분서주하기도 했다. 경영 혁신이 제조 프로세스에서 타 분야로 확산되는 전환기였으므로 있을 법한 현상이었다. 그러나 데이터를 다루고 처리하는 데 너무 익숙한 나머지 ‘가설 검정’의 본질을 놓치고 있었던 게 아닌가 생각된다. ‘검정’이란, 말 그대로 생각하고 있는 ‘X(잠재 원인 변수)’가 Measure Phase에서 정의된 ‘Y’에 직접적인 영향을 주는지 객관적이고 합리적으로 확인시켜 주는 과정이다. 즉, ‘전문가 의견’을 사용하든, 사진을 보여주든, 제3자가 충분히 납득할 수 있도록 정보를 제공하면 그

것이 곧 검정이다. 꼭 데이터를 이용해 통계적으로 처리해야만 '검정'이 되는 것은 아니다. 따라서 이 같은 행위의 본질을 기억하고 있는 것이 중요하며, 툴에서 자유로워져야 '검정'이라는 과정을 원활히 수행할 수 있다.

올바른 '검정'을 위해 이전에 설명했던 "'분석 방향'을 두어 줄 꼭 기술한다"를 상기하자. 이 과정을 단순하게 생각할 수도 있으나 검정에 미치는 영향력은 상당하다. 관련 내용은 「8.1.3. 가설 검정(정량적 분석) - 블록 ①; 산점도/상관 분석」의 '파워포인트' 작성 예에서 언급한 바 있다. 이해를 돕기 위해 '정성적 분석' 중 가장 널리 사용되는 'Window Analysis'와 또 '파워포인트' 작성 예에 대해 알아보자.

'Window Analysis'는 일본의 가장 크고 오래된 대학 중 하나인 고베대학(Kobe University)의 루지 후쿠다(Ryuji Fukuda) 교수가 스미토모 전자(Sumitomo Electric)의 의뢰를 받고 개발한 CEDAC(Cause & Diagram with the Addition of Cards) 중, 현재의 상황과 문제를 파악하는 데 사용되는 툴이다. 후쿠다 박사는 약 20여 년간 스미토모의 품질 부문에서 일했다. 1970년대 중반 당시 해외 공장 설립을 시작한 스미토모는 누가, 언제, 어디서든 균일한 품질을 유지하기 위한 SOP(Standard Operating Procedure)를 필요로 하였다. 의뢰를 받은 후쿠다 박사는 현장의 문제 해결에 매달 연구 그룹을 운영하며 CEDAC을 탄생시켰고, 1976년부터 약 3년간 350개의 CEDAC 과제를 40개의 플랜트에서 3개월씩 수행해 결점률을 60% 이상 감소시키는 효과를 거두었다. 이것이 계기가 되어 1978년 관련 논문이 'Nikai Award'를 수상하였다.

'CEDAC'의 전체 흐름은 다음 [그림 A - 40]과 같다. '가설 검정'은 주로 우측 상단의 "현재의 상황/환경은 어떠한가?"이며, 이때 'Window Analysis'가 쓰인다. '흐름도' 중간의 '대안의 실행'은 Improve Phase에 해당한다.

[그림 A – 40] 'CEDAC' 흐름도 중 'Window Analysis' 사용 위치

[그림 A – 40]에서 'Window Analysis'를 통해 현재의 표준에 대한 문제가 인식되면 이어 '특성 요인도' 또는 'QC 7가지 도구'를 통해 원인을 세분화한 뒤, '대안'과 '표준화(개선)' 수순을 밟는다. 이 전체를 '세닥(CEDAC)'으로 명명한다. 'Window Analysis'는 그중 일부로서 'SOP'에 대한 검정용으로 쓰인다. 다음 [표 A – 20]은 '기본 양식'과 'X, Y'의 '설정 방법'이다.

[표 A – 20] 'Window Analysis'용 기본 양식

X ＼ Y		Known		Unknown
		Practiced	Unpracticed	
Known	Practiced			
	Unpracticed			
Unknown				

[표 A - 20]의 'X'와 'Y'는 다음과 같은 기준으로 설정된다.

> · 문제의 영역이 광범위하거나 서로 다른 기능 간 관련이 있는 경우 'X'는 '문제 해결 담당자' 쪽에, 'Y'는 그 '상대 쪽'으로 설정.

[예]

X	제조 부서	고객 플라자	설계 부서	구매 부서
Y	판매(영업) 부서	방문 고객	제조 부서	공급 업체

> · 문제의 영역이 같은 기능 조직 내에 있는 경우 '상위자'를 'X' 쪽에, '하위자'를 'Y' 쪽에 설정.

[예]

X	부장	사업부장	IT팀장	감사팀
Y	과장	리더	프로그래머	경리팀

'X'와 'Y'에 들어갈 대상자가 결정되면 둘 간의 소통 상태를 해석함으로써 문제 발생의 원인을 규명하는 데 이용한다. 또 기본 양식인 [표 A - 20]의 제목 열에 포함된 용어를 설명하면 다음과 같다.

- **Known** 결점을 방지하기 위한 올바른 절차가 수립돼 있고, 모든 관계자가 숙지하고 있음.
- **Unknown** 결점을 방지하기 위한 올바른 절차가 수립되어 있지 않음.
- **Practiced** 절차가 언제나 100% 지켜지고 있음.
- **Unpracticed** 절차가 항상 지켜지는 것은 아님(준수도 0~100% 미만).

'분석 유형'과 결과에 대한 조치는 다음 [그림 A-41]과 같다.

[그림 A-41] 'Window Analysis' 분석 유형과 조치

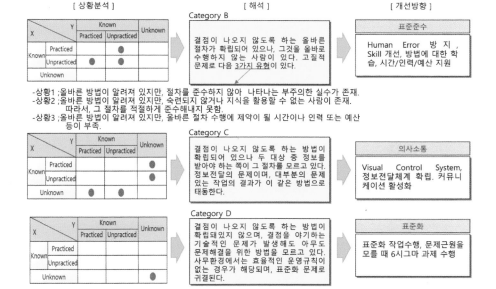

[그림 A-41]에서 각 셀에 설정된 'X'와 'Y' 간 정보를 '●'로 표기했다. 다음은 두 건의 문제 해결 활용 사례이다(*출처: CEDAC by Dr. Ryuji Fukuda*).

① **모터 고장 사례** 고객에게 인도된 모터의 전원선 표피가 일주일이 지난 후 녹아내리는 바람에 작동이 멈췄다는 불만이 접수되었다. 모터는 멈춤 없이 24시간 가동되는 설비에 부착됐음이 알려졌다. 모터 설계 단계에 전기 엔지니어와 기계 엔지니어가 함께 제작에 참여했다. 전기 엔지니어는 24시간 가동될 경우 대용량 전선이 필요하다는 것을 알고 있었지만 내용을 도면의 규격 기술 칸에 표기해놓지 않았다. 기계 엔지니어는 전선의 규격과 모터의 용도 간 상관성에 대해 사전 지식이 있었으나 도면에서 이를 파악하지 못한 채 전선을 대용량이 아닌 일반용으로 장착하였다. 이때 'Window Analysis'는 다음 [표 A–21]과 같고, 이를 '파워포인트'로 작성한 예는 바로 이어진 [그림 A–42]에 나타내었다.

[표 A–21] 'Window Analysis' 예(모터 고장 사례)

X \ Y		Known		Unknown
		Practiced	Unpracticed	
Known	Practiced			
	Unpracticed		●	
Unknown				

X: 전기 엔지니어
Y: 기계 엔지니어

▷ X: 전기 엔지니어 – 기계 엔지니어가 큰 용량에 적합한 전력선을 사용하도록 도면 해당 칸에 표기해 놓아야 함을 알았으나 실행되지 않았으므로 'Known – Unpracticed,'
▷ Y: 기계 엔지니어 – 전력선 용량과 모터 용도의 상관성에 대한 사전 지식이 있었으나 도면을 통해 전기 엔지니어와의 원활한 의견 교환에 실패하였으므로 'Known – Unpracticed,'

[그림 A – 42] 'Step – 8.1. 가설 검정' 예(Window Analysis)

Step-8. 데이터 분석
 Step-8.1. 가설 검정

검정 1. '도면표기 적절성'이 모터 불량률에 영향이 있는가?

- 분석방향: 모터의 불량발생에 대한 근본원인을 규명하기 위해, 전기엔지니어와 기계엔지니어의 의견을 들은 후, Window Analysis를 수행.

X; 전기엔지니어, Y; 기계엔지니어

X(전기)		Known		Unknown
	Y(기계)	Practiced	Unpracticed	
Known	Practiced			
	Unpracticed		●	
Unknown				

기계엔지니어 전력선 용량과 모터의 용도 간 상관성을 알고 있었으나, 도면표기에 대한 깊이 있는 이해와 전기엔지니어와의 의견교환에 실패함에 따라 'Known-Unpracticed'

전기엔지니어 모터가 24시간 가동되는 환경에서 운영될 것이란 정보를 알고 있었으나 도면 규격 칸에 표기하는 데 실패함에 따라 'Known-Unpracticed'.

상황분석
- 모터 불량 중 전력선이 녹아서 작동이 멈춘 경우가 전체의 약 20%를 점유. 이에 대한 원인을 규명하는 과정에서 설계도의 규격표기 칸에 전선용량이 표기되지 않음을 확인함.
- 이에 설계도 작성 주관팀인 전기팀과, 설계도를 제작하는 기계팀의 핵심담당자를 중심으로 현황분석 수행

결과분석
- 모터의 사용환경에 대한 인식이 부족하거나, 엔지니어의 설계능력에 대한 문제는 없는 것으로 파악됨.
- 전기엔지니어와 기계엔지니어 간 의견교환의 단절이 근본원인임을 확인함.
- 도면작성 시 규격 표기를 강화하고, 도면을 활용하는 기계팀의 설계도 검토기능을 부여하는 개선방향 유도

② **고객 대응 미숙 사례** 호텔에서 한 단체의 정기 행사인 세 개의 세미나가 동시에 개최되고 있다. 휴식은 두 번 있으며, 오전 10시와 오후 3시부터 각각 20분간 로비에서 커피와 도넛이 제공된다. 기획안대로 운영되었는지를 확인하기 위한 조사 과정에서 운영 매니저가 강사들 중 일부에게 휴식 시간 정보를 제공하지 않아 결과적으로 그 강의에 참석했던 참가자들은 휴식 시간과 다과가 계획대로 제공되지 못하고 있음을 확인하였다. 이때 'Window Analysis'는 다음 [표 A – 22]와 같다. '파워포인트' 작성 사례는 바로 이어지는 [그림 A – 43]에 나타냈다.

[표 A – 22] 'Window Analysis' 예(고객 응대 실패 사례)

X \ Y		Known		Unknown
		Practiced	Unpracticed	
Known	Practiced			
	Unpracticed			
Unknown			●	

X: 강사
Y: 운영 매니저

▷ X: 강사 – 휴식 시간에 대한 사전 정보를 얻지 못해 스스로 적정한 시간을 배정하게 되었으며, 참가자들에게 다과를 제공하는 데 실패함. 따라서 'Unknown – Unpracticed'
▷ Y: 운영 매니저 – 휴식 시간과 다과 제공에 대한 계획을 알고 있었으나 강사 중 일부에게 전달하는 데 실패하였으므로 'Known – Unpracticed'.

[그림 A – 43] 'Step – 8.1. 가설 검정' 예(Window Analysis)

Step-8. 데이터 분석
Step-8.1. 가설 검정

검정 1. '운영 오류율'이 세미나 '고객만족도'에 영향을 주는가?

▪ 분석방향: 세미나 참가자들의 만족도를 평가한 결과 '운영 만족도'가 다소 떨어지게 나왔으며, 이를 개선하기 위해 Window Analysis를 수행.

X: 강사, Y: 운영 매니저

X(강사) \ Y(매니저)		Known		Unknown
		Practiced	Unpracticed	
Known	Practiced			
	Unpracticed			
Unknown			●	

운영 매니저 매번 주제에 따라 선정되는 강사들에게 반드시 휴식시간에 대한 운영을 공지해서 참가자들의 만족도를 높여야 하나 이 과정을 종종 빠트림 '*Known-Unpracticed*'

강사 세미나마다 강사는 바뀌며, 따라서 휴식시간에 대한 정보를 얻어 참가자들에게 강의 중 공지해 주어야 하나 정보를 얻는데 실패함. '*Unknown-Unpracticed*'.

상황분석
• 과학자협회의 정기적인 학술세미나 개최를 운영하는 호텔에서 매번 참가자 만족도를 수집하고 있으며, 이 중 '운영 만족도'가 평균 3.2점으로 상대적으로 낮아 개선의 필요성 대두.
• 이에 과거 운영매니저와 강사들에 문의하여, 문제점을 조사하던 중, 휴식시간의 전달에 문제가 있음을 발견함.

결과분석
• 운영매니저의 잦은 변경으로 최초 기획대로 운영되지 못하고, 때에 따라 임기응변으로 대응되고 있음
• 기획 안을 표준화하고, 표준문서로 등록하도록 개선방향 유도. 또, 이를 반드시 활용토록 절차화 하는 것을 Improve Phase에서 진행할 예정임.

다음 [그림 A-44]는 '정성적 분석'의 작성 예이다. 고객사 클레임 건에 대해 내부 대응이 원활히 이루어지고 있는지 검정하기 위해 과거 문서를 분석한 결과 3개월 간격으로 동일 원인의 대형 클레임 발생이 확인되었다(고 가정한다). 수치 데이터가 아닌 과거 수기 자료에 대한 분석이 핵심이다. '분석 방향'과 '설명선'을 통한 정성적 분석, '결과 분석'의 전체 요약, '개선 방향' 등을 참고하기 바란다.

[그림 A-44] 'Step-8.1. 가설 검정' 예(정성적 분석)

Step-8. 데이터 분석
Step-8.1. 가설 검정

검정 1. '대책마련 수준'이 '클레임발생 건 수'에 영향을 주는가?

- 분석방향: 고객으로부터의 클레임 발생에 대해 내부적인 대책마련이 충분히 이루어지고 있는지 직전 1년 중 대형문제를 선별하여 분석하고 개선방향을 마련하고자 함.

구분	내용	비고		내용	비고
		접수일: 20xx. 9.10			접수일: 20xx. 12.09
고객사	연필제작㈜	대형거래선			
제품	연필지우개	모델형 12DF-04			
용도	흑연 글자 수정용	용도No. 14		흑연 불사 수정용	용도No. 14
클레임 양(개)	14,500개	20xx.8월~9월 생산분		2,500개	20xx.11월 생산분
클레임 내용	직경이 다른 지우개의 혼입	유선전화로 접수		직경이 다른 지우개의 혼입	영업사원 방문접수
원인	▶ 지우개 직경 선별기계의 설정 값 오류 - Job Change 시 작업자 눈금확인 안함. - 신입 작업자에 대한 충분한 사전 교육이 이루어지지 않음. - 선별오류 상황이 지적되지 않고 다음 Job Change까지 넘어감.	20xx. 9.11일 관련 4개월 긴급회의		...계의 설정 값 오류 작업자 눈금확인 안함.	20xx. 12.10일 관련 4개월 긴급회의
대책	▶ 지우개 직경 선별기계의 설정 값 오류 - Job Change 시 작업자 눈금확인 안함 → 작업절차서 작업자 위치에 부착함 - 업무 진입 시 구호 복창을 통해 확인하는 절차 추가. - 신입 작업자에 대한 충분한 사전 교육이 이루어지지 않음 → 신입사원 교육 시 현장실습과정률 기존 20%에서 40%로 확대 - 선별오류 상황이 지적되지 않고 다음 Job Change까지 넘어감 → Job Change 시 체크시트를 마련하고 항목별 인계인수	20xx.10.1~ 20xx.10.20~ 20xx.11.1~		...계의 설정 값 오류 작업자 눈금확인 안함 · '실수방지'장치로 직경 자동감지센...	20xx.12.20~

3개월 간격으로 '작업자 눈금확인 안 함'에 의한 동일 거래선에 대한 대형 클레임 발생.

결과분석

- 클레임 비중이 높은 품명에 대한 선별 분석결과, 불과 3개월 간격으로 동일한 원인으로 약 1억 6천만 원의 '외부 실패비용' 발생. 두 번째 개선 책에서 자동감지 센서 설치와 같은 '실수방지'적 접근을 수행함.
- 초기 클레임 대응 시 실수방지 차원의 접근 체계마련 방안을 Improve Phase에서 마련.

'기술적 분석'은 '정량적 분석'이나 '정성적 분석'에 비해 다소 제약적이다. 왜냐하면 데이터가 없는 경우(이때는 '정량적 분석'이 어려울 것이다)나, 또는 전문가 의견, 기술 자료, 문헌 등을 통해서도 확인이 난감할 경우(이때는 '정성적 분석'이 어려울 것이다)에 수행되기 때문인데, 주로 R&D 과제 중 'X'가 'Y'에 영향을 준다는 것을 이론적 접근을 통해 검정이 이뤄진다.

예를 들면 Glass 위에 Multi-layer를 형성시킨 후 각 층의 물리적 변수(Xs)들이 가장 바깥층의 반사율(Y)에 미치는 영향을 평가하고자 할 때, 고려할 변수로는 각 층의 박막 두께, 흡수율, 굴절률, 빛의 파장, 위상 등 다양하게 존재할 것이며, 기존의 특정한 이론식 한두 개로 이들의 복합적인 영향을 고려한 후 개별 변수들의 유의성 여부를 판단하기는 매우 어려울 것이다. 따라서 기존 이론식들을 상황에 맞게 재구성하는 등의 과정을 거쳐 시뮬레이션을 통한 검정을 수행하거나 간단한 실험 또는 논리적인 설명 등의 접근이 필요한데, 이 과정 모두가 '기술적 분석'에 해당한다. 대개는 과정이 단순하지 않을뿐더러 한편으로는 검정 과정과 함께 Improve Phase가 동시에 진행될 가능성도 배제할 수 없다. R&D뿐만 아니라 간접이나 서비스 분야에서도 '인원'이나 '배치 공간' 등의 'X'들에 대해 'Y'와의 관계식을 설정한 후 상황 추정이나 시뮬레이션을 통해 'X'들의 유의성 여부를 확인해낸다면 '기술적 분석' 범주에 포함된다. '기술적 분석'에 대한 '파워포인트' 표현은 생략한다.

지금까지 '핵심 인자(Vital Few Xs)'를 선정하기 위한 검정 방법 - 정량적 분석, 정성적 분석, 기술적 분석 - 에 대해 알아보고, 간단한 사례를 들어 '파워포인트'로 표현하는 방법도 학습하였다. 다음은 선정된 '핵심 인자'들을 종합 정리하고, 개선으로 넘겨야 할 사항들이 무엇인지 명확히 하는 'Step-9. 핵심 인자(Vital Few Xs) 선정'에 대해 알아보자.

Step-9. 핵심 인자(Vital Few Xs) 선정

Step-9.1. 핵심 인자/개선 방향 요약

'Step-8. 데이터 분석'에서의 각종 검정을 통해 최종적으로 얻은 산출물은 무엇일까? 이에 대해서는 '8.1.1. 분석의 심도'에서 수박 예를 통해 상세하게 설명한 바 있다. '잠재 원인 변수' 한 개가 'Y'에 영향을 주는 사실만으로 그 원인 변수 자체를 '핵심 인자', 즉 'Vital Few X'로 명명할 순 있지만 Improve Phase로 '핵심 인자'를 넘기는 문제는 심각하게 고려해야 한다고 지적한 바 있다. 예를 들면 한 프로세스의 '작업 실패율'에 미치는 '핵심 인자'로 '담당자 경력'이 선정됐으면, '담당자 경력'을 Improve Phase로 넘겨 최적화할 요소가 과연 무엇일지 궁금해진다. '작업 실패율'을 최소화할 수 있는 경력 요건을 '4.5년'이나 '2.6년' 등으로 설정하는 것은 어떤 의미로든 '최적화'로 보기에 설득력이 떨어진다. 따라서 이전 '수박'의 예처럼 '사실 분석'을 통해 경력별 차이가 나는 '근본 원인'을 프로세스 내에서 찾아 제거나 감소시키는 방안이 실질적인 프로세스 개선의 핵심이다. 이들이 바로 '개선 방향'이며, '개선 방향'이 데이터 분석의 최종 산출물이자 Improve Phase로 넘겨야 될 대상이다. '핵심 인자' 그 자체가 아니라는 뜻이다.

'담당자 경력'의 예에서 '경력'별로 '작업 실패율'에 차이를 보이는 통계적 결론이 아닌, 경력 1년 이하의 직원이 특정 작업에 미숙한 경향을 보이거나, 경력이 오래된 담당자가 기존 설정에 익숙한 나머지 새로운 세팅에 대응을 못 하는 등 프로세스상 바로잡아야 할 것들을 요약하면 다음 [그림 A-45]와 같다. 그리고 나서 Improve Phase로 넘겨야 할 것들에 대해 최종 논의한다.

[그림 A-45] '핵심 인자/개선 방향 요약 예

핵심인자(Vital Few X)	분석 결과	개선 방향
담당자 경력	• 경력 1년 이하의 직원이 A항목에 대해 평가기준 숙지가 완전하지 못함.	• 경력 1년 이하 및 신규영입 인력 대상으로 A항목 평가기준에 대해 학습비중(시간, 교안 등)을 높이고, 수준을 평가하는 체계를 I Phase에서 진행.
	• 경력 5년 이상의 숙련자 경우, 신규 모델에 대한 관리 수준을 기존대로 유지하는 경향이 큰 것으로 파악됨.	• 경력 5년 이상의 숙련자를 대상으로 신규모델의 변경 시점과 변경내용 공유체계 및 프로세스 내에서의 대응방안에 대한 체계를 I Phase에서 진행.

[그림 A-45]의 '분석 결과'에 '1년 이하의 경력자' 경우, 평가해야 할 여러 항목들 중 특히 'A 항목'에 대한 평가 기준 숙지가 미흡함을 알 수 있다. 따라서 "'A 항목' 평가에 대한 강화 방침"이 자연스럽게 '개선 방향'이 되며, 이의 구체화 작업, 즉 '최적화'는 Improve Phase로 넘긴다(고 가정한다). 또 두 번째 '분석 결과'인 '경력 5년 이상 숙련자' 경우, 신규 모델의 조건 설정에 미숙하므로 '개선 방향'은 "신규 모델의 변경 시점 공유 및 대응 방안"을 언급하고 있다. 역시 개선을 위한 구체화는 Improve Phase에서 진행된다.

결론적으로 '데이터 분석'의 최종 산출물은 '개선 방향'이며, Improve Phase로 넘겨야 할 대상은 '핵심 인자(Vital Few Xs)'가 아닌 '개선 방향'이다. [그림 A-45]에서 '핵심 인자'인 '담당자 경력'을 Improve로 넘기면 자체론 개선이 안 되므로 '분석 결과'와 '개선 방향'을 또 언급하는 로드맵 중복이 발생한다.

또 한 가지 짚고 넘어가야 할 사항은 기술된 '개선 방향'이 본 단계인 'Step-9'에서 요약하는 것이 아니라 'Step-8. 데이터 분석'에서 '사실 분석'을 통해 최종 규명된 '개선 방향'을 그대로 가져와 정리한 결과라는 점이다. '인과관계'와 '전후관계'의 연계성을 갖는 흐름은 '세부 로드맵'을 구성하는 매우 중요한 요소이다. 다음 [그림 A-46]은 '두 Step' 간 연계성을 나타낸다.

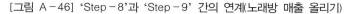

[그림 A‒46] 'Step‒8'과 'Step‒9' 간의 연계(노래방 매출 올리기)

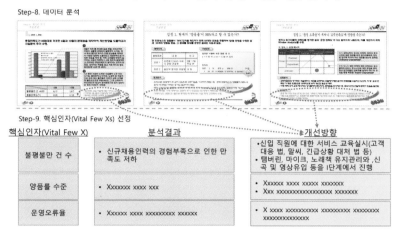

   [그림 A‒46]의 연계도에서 각 '잠재 원인 변수'들의 '가설 검정' 후 산출물인 '개선 방향'들이 'Step‒9. 핵심 인자(Vital Few Xs) 선정'에 정리됐음을 보여준다. 본 Step의 '개선 방향'들은 '중복'이나 '즉 실천' 여부를 구분한 뒤 나머지만 Improve Phase로 넘겨 최적화를 구현한다.

   이 시점에 이르러 한 가지 의문을 제기하는 리더들이 있다. '대안'이 필요한 경우 '개선 방향' 내용대로 Improve Phase로 넘겨 최적화를 한다 치더라도, 만일 제어가 필요한 '핵심 인자'들인 온도, 압력, 회전수 등은 프로세스의 최적화보다 '최적 조건'을 찾는 게 목적이다. 따라서 Improve Phase에서 '실험 계획(DOE)'이나 '회귀 분석' 등이 필요하고, 이때 Improve Phase로 넘겨야 할 대상은 '핵심 인자' 자체가 아닌가 하는 것이다. 그러나 이때에도 '인자'가 아닌 '개선 방향'을 넘기는 것으로 고려돼야 한다. 대신에 '개선 방향'의 내용은 '실험 계획'이나 '회귀 모형'과 같이 '최적 조건'을 찾기 위한 방법을 기술한다. 실제로 Improve Phase에서 '실험 계획'이나 '회귀 모형'을 진행할 것이

기 때문이다. 다음 [그림 A-47]은 '노래방 매출 올리기' 예의 'Step-9. 핵심
인자(Vital Few Xs) 선정'의 '파워포인트' 작성을 보여준다.

[그림 A-47] 'Step-9.1. 핵심 인자/개선 방향 요약' 예(노래방 매출 올리기)

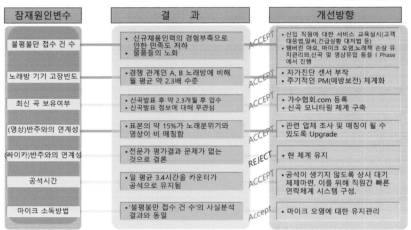

※ '잠재 원인 변수' 중 '탬버린 상태'는 데이터 분석 과정 중 '즉 실천'으로 처리되어 최종 정리대상에서 제외함

'Step-9'가 마무리되면 필요 시 팀원들과 평가를 거쳐 우선순위를 결정할
수 있다. 우선순위가 높은 '개선 항목'은 Improve Phase에서 제일 먼저 최적
화 대상이 된다. 또는 'DOE'나 '회귀 분석'이 필요한 인자별로 묶거나 '대안'
이 필요한 인자별로 묶어 향후 개선 과정을 예측할 수 있도록 정리하는 것도
의미 있다. 지금까지 Analyze Phase의 내용 학습과 표현 방법에 대해 알아보았
다. 이후부터 Improve Phase의 관련 지식과 표현 방법에 대해 알아보자.

Improve

'Improve Phase'는 'Analyze Phase'의 산출물인 '개선 방향'을 가져와 어떻게 전개해 나갈 것인지 계획을 수립하고, 그에 따라 '개선 방향'을 하나하나 최적화해 나가는 영역이다. '최적화'란 개선 내용이 현재 프로세스에 잘 융합될 수 있도록 구체화하는 과정이다. 최적화된 결과들은 모두 모아서 목표 달성이 가능한지 다양한 방법을 통해 검증을 수행한다. '결과 검증' 후 과제의 'Y'는 이론적으로 '6시그마 수준'이 돼야 한다.

'Improve'는 '개선'이란 뜻이다. 즉 실제로 문제가 됐거나 효율이 떨어진 현재의 프로세스를 향상시킬 수 있도록 일련의 조치를 취한다. '세부 로드맵' 관점으론 Analyze Phase의 'Step-9. 핵심 인자(Vital Few X's) 선정'에서 최종 정리된 '개선 방향'들을 가져오는 일부터 시작한다. 이들은 현재 운영 중인 프로세스에 최적으로 융합될 수 있도록 아이디어 발굴이나 구체화 과정을 거치게 되는데 안타깝게도 제조 과제든, 간접 또는 서비스 부문의 과제든 대부분의 과제들이 Improve Phase에서 수행 내용을 적절히 표현하는 데 실패하곤 한다. 또 흐름의 맥, 즉 '세부 로드맵'도 끊기기 일쑤고 표현력도 상당히 떨어진다. 이유는 결과물을 정리할 도구들의 뒷받침이 부족한 때문으로 해석되며 특히 제조보다 간접 또는 서비스 부문의 과제에서 이런 현상이 두드러진다.

[그림 I-1] '개선(Improve)' 활동에서 부문별 도구의 활용 격차 존재

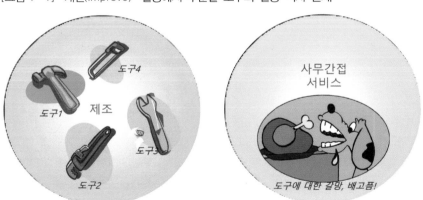

본 단원은 '개선 방향' 유형별로 적합한 도구의 활용뿐만 아니라 표현하는 방법에 이르기까지 세세한 내용들을 다룬다. 다음 [그림 I-2]는 필자가 고안한 Improve Phase의 '세부 로드맵'과 '도구'들을 연계시킨 '개선 체계도'이다. 전체를 이해하는 데 매우 중요한 역할을 하는 만큼 확실히 익혀두도록 하자.

[그림 I-2] 개선 체계도(Structure for Selecting Tools)

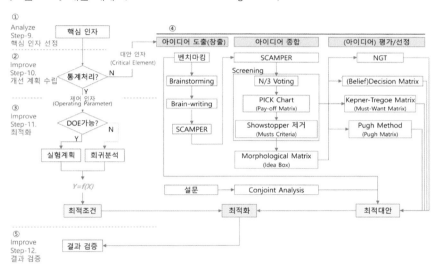

- **영역 ①** Analyze Phase, 'Step-9. 핵심 인자(Vital Few Xs) 선정'으로, 그 산출물인 '개선 방향'을 Improve Phase로 넘긴다.
- **영역 ②** Improve Phase, 'Step-10. 개선 계획 수립'으로, '핵심 인자'가 통계 처리가 가능한 인자이면 아래 방향으로, 그렇지 않으면 오른쪽 방향으로 전개된다. 통상 전자 경우의 '핵심 인자'를 '제어 인자(Operating Parameter)', 후자의 경우를 '대안 인자(Critical Element)'라고 명명한다.

예를 들어, '제어 인자'는 '핵심 인자' 중 '온도', '압력', '회전수', 조절 가능한 '시간' 등을 말하며, 이들은 데이터 수집이 가능하고 또 수집된 데이터를 모아 '최적 조건'을 찾아야 하므로 그에 부합하는 통계 도구들이 와야 한다. 반대로 '대안 인자'는 최적의 '자리 배치', '일의 순서', '운영 방안' 등과 같이 데이터를 처리해서 '최적 조건'을 찾기보다 프로세스 환경에 가장 잘 부합하는 '최적 대안'을 찾아야 하므로 그에 걸맞은 정성적 도구들이 요구된다. 따라서 '개선 계획'은 이들의 성향에 맞는 도구들이 선택되도록 수립돼야 한다.

- **영역 ③** Improve Phase, 'Step-11. 최적화' 과정으로, 통계 처리가 가능한 '제어 인자'들을 이용해 최적화로 가기 위한 '최적 조건'을 찾는다. 즉, 목표로 하는 'Y'를 달성하기 위해 정확한 'X' 값이 무엇인지가 관심사다. 이를 알아내려면 우선 "DOE가 가능한가?"의 판단이 필요한데, 여기서의 'DOE(Design of Experiment)'는 '실험 계획'이지만 다소 '협의의 의미'를 담는다. 즉, '요인'과 '수준'을 정한 뒤 미니탭을 통해 실험 조합들을 검토한 후 진행이 가능한지 여부를 판단한다. 'DOE'를 할 수 있다는 것은 그를 수행할 자원(인력, 측정 설비 등)이 있고, 시간이 허용되며, 실험할 수 있는 실험실의 각종 환경이나 지원 등이 가능하다는 뜻이다. 경우에 따라서는 1회 실험을 수행하는 데 막대한 자금이 들거나, 실험의 높은 난이도 또는 실험 환경이 구비돼 있지 못해 애당초 생각대로 실험이 잘 안 될 수도 있다. 따라서 'DOE'가 가능하면 'Yes'의 경로인 '실험 계획'으로 가지만 그렇지 못할 경우 'No'인 '회귀 분석'을 선택한다. 선택된 '실험 계획'은 광의의 개념으로 해석하며, '요인 설계(Factorial Design)'나 '반응 표면 설계(Response Surface Design)'와 같이 통계 도구의 선정부터, 수행 인력, 기간, 표집과 같은 전반적인 계획을 수립한다. 이를 통해 의도적인 데이터 수집(의도된 실험을 통해 결과가 얻어지므로)이 가능하며, 외부 잡음이 최소화된 'Y=f(X)'의 관계식을 얻은 뒤 프로세스에서 원하는 'Y' 값에 대한 정확한 **X**의 '최적 조건'을 최종 확보한다.

그런데 만일 'DOE'가 가능하지 않으면 프로세스로부터 오랜 기간 저장돼온 과거 'X'와 'Y' 데이터를 수집해 '회귀 분석'을 수행한다. 물론 다양한 환경적 잡음이 섞여 있어 '실험 계획'에 비해 정밀도는 떨어지나 실제 프로세스에서 얻어진 만큼 '최적 조건'을 확보하는 데는 별문제가 없다. '실험 계획'과 '회귀 분석'을 통해 'Y=f(X)'를 얻었으면, 미니탭 기능을 활용해 원하는 'Y'에 대한 'X'들의 값(최적 조건)들을 얻는다.

· **영역 ④** Improve Phase, 'Step - 11. 최적화' 과정으로, '최적 대안'을 찾는다. '최적 대안'이란 '최적 조건'에 대응하는 산출물이다. 여기서 제공된 '개선 체계도'는 오랜 기간 시행착오를 거쳐 완성된 노하우의 산물이다. 통상 간접이나 서비스 부문의 최적화는 '실험 계획'이나 '회귀 분석'과 달리 정형화된 틀이 없어 개선해놓고 그 표현에 큰 어려움을 겪거나 적합한 도구의 부족으로 문장을 그냥 나열하는 사례가 빈번하다. 또 알려진 도구들은 순서 없이 낱개로 교육생들에게 전달됨으로써 과제 수행 중 그 활용이 미흡한 단점이 있었다. '개선 체계도'는 도구들 간 연계성과 활용의 위계 및 용도에 대한 논리를 부여한다. '최적 조건', 또는 '최적 대안'이 확보되면 프로세스에 딱 끼워지도록 조정된 '최적화'를 거쳐 단기적으로 프로세스에 적용해보는 'Step - 12. 결과 검증'으로 들어간다.

이후부터 정성적 도구들의 활용법을 자세히 소개한다. 우선 큰 흐름으로 '아이디어 도출(창출)'. '아이디어 종합'. '(아이디어) 평가/선정'으로 이루어졌고, 그 하부 전개가 있으며 각각에 대해서는 다음과 같다.

● 아이디어 도출(창출): Analyze Phase, 'Step - 9. 핵심 인자 선정'에서 정리된 '개선 방향'이 입력으로 들어오며, 현 프로세스를 최적화하는 방향의 구체적인 안들이 도출(창출)된다. '아이디어 도출'은 '개선 방향'의 '질'보다 '양'에 관심이 있으며, 따라서 세부 과정은 대안들을 증폭시키는 쪽으로 전개된다. 관련 도구들을 소개하면 다음과 같다.

☞ 벤치마킹: 내부와 외부 프로세스 벤치마킹이 있으며, 편의상 '계획(Plan) - 측정(Measure) - 학습(Learn) - 적용(Apply)'으로 구분해 진행한다. 입력으로 들어온 '개선 방향'에 대해 벤치마킹 결과 바로 프로세스에 적용할 수 있으면 '최적 대안'이 되므로 [그림 I - 2]의 우측 하단에 있는 '최적 대안'과 바로 연결된다. 그러나 벤치마킹 내용이 미흡하거나 현 프로세스 적용에 부족하다고 판단되면 추가 고민이 필요하므로 다음 순서인 '브레인스토밍'으로 넘어간다.

☞ 브레인스토밍(Brainstorming): 미국의 광고 회사 BBDO(Batten, Barton, Durstine and Osborn)사의 창립자 중 한 사람인 알렉스 F. 오즈번(Alex F. Osborn)이 1939년 자사 사원들과 함께 개발한 도구이다. Analyze Phase로부터 넘어온 '개선 방향'에 대해 브레인스토밍은 독립된 도구로써 대안들 발굴에 이용될 수 있다. 또는 '개선 체계도'와 같이 벤치마킹과 연계해 내/외부의 수집된 안(案)들로부터 현 프로세스에 가장 적합한 추가 대안들을 창출하는 용도로도 활용된다. 대안들의 수를 증폭시키는 과정으로 볼 수 있다.

☞ 브레인 라이팅(Brain-writing): "머리(Brain)에 들어 있는 아이디어를 글로 적는다(Writing)"란 의미로 붙여진 이름이다. '브레인스토밍'만으로 대안들 도출에 제약이 있을 때 개인별로 편안하게 생각하는 시간을 주면서 대안을 종이에 적어오도록 유도하는 방식이다. '개선 체계도' 흐름상 '브레인스토밍'으로부터 나온 항목들을 종이에 적은 뒤, 각 아이디어별로 두어 개씩 추가 파생시키도록 요구함으로써 현재까지의 양을 2~3배로 증폭시킨다. 물론 '개선 방향'에 대해 독립적 도구로도 활용이 가능하다.

[그림 I-3] 'Brain-writing' 개념도

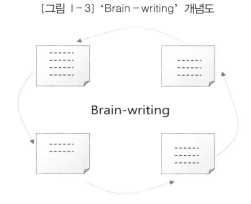

☞ <u>SCAMPER</u>: 아이디어 창출 도구들 중 하나다. '브레인스토밍'이 사고의 제약 없이 다양한 안을 마음껏 도출해내도록 하는 데 반해, 'SCAMPER'는 사고의 영역을 일정하게 제시함으로써 다소 구체적인 안들이 나올 수 있도록 유도한다. 'SCAMPER'는 영어 단어 첫 자들의 모임으로 'S－Substitute(대체)', 'C－Combine(결합 또는 혼합)', 'A－Adapt(다른 상황이나 분야에 적용)', 'M－Modify(수정)', 'P－Put to other uses(다른 용도로 사용)', 'E－Eliminate(제거)', 'R－Reverse(전도)'로 설명된다. 그 외에 'M' 경우는 'Magnify(확대)'나 'Minify(축소)'로, 'R'은 'Rearrange(재배열)'도 가능하다. '개선 체계도' 관점에서 '브레인 라이팅'까지 나온 대안들을 'SCAMPER'의 해당되는 항목에 재배치시킨 뒤, 수가 가장 적은 'SCAMPER' 항목을 골라 추가로 아이디어들을 도출하는 식으로 양을 늘려나간다. 여기까지 진행되면 교육 중 실습 2시간 동안 '개선 방향' 하나에 '150～250개' 정도의 안들이 나온다. 그야말로 질보다 양적인 부분에서 가히 성공적이라 할 만하다.

'SCAMPER' 활용 중 리더들이 어려움을 호소하는 내용이 있다. '분류의 모호성'이다. 예를 들어, '위치를 바꾸는 안' 경우 '대체(S)', '결합(C)', '다른 분야에 적용(A)', '수정(M)', '다른 용도의 사용(P)', '제거(E)', '전도(R)' 중 어디에도 명확하게 포함되지 않는다. 그러나 질문은 하나만 존재하는 것이 아니다. '수정(M)' 경우 "무엇을 변형시킬 수 있을까?", "다른 관점에서 볼 수는 없을까?", 또는 "이름/명칭을 바꾸면?", "또 다른 변화는?" 등 수없이 많은 유사 질문들을 형성시키며 아이디어 발굴을 유도할 수 있다. 이에 대해서는 『Be the Solver_정성적 분석』편을 참고하기 바란다. 다음 [표 Ⅰ－1]은 'SCAMPER'를 위한 기본 양식 예이다.

[표 I-1] 'SCAMPER' 양식 예

SCAMPER	
구 분	도 출 내 용
Substitute	
Combine	
Adapt	
Modify	
Put to Other uses	
Eliminate	
Reverse	

● 아이디어 종합: 앞 단계에서 도출된 많은 양의 아이디어들을 선별해 프로
세스에 유용한 안들로 구체화하는 과정이다. 일단 이전의 '아이디어 도출(창
출)' 과정에서 나온 안들이 'SCAMPER'에 정리돼 있을 것이므로 이를 가져
와 이후 도구인 'N/3 Voting'부터 진행한다. 'N/3 Voting', 'PICK Chart(Pay-
Off Matrix)', 'Showstopper 제거(Musts Criteria)' 들은 도출된 대안들 중 필요
한 것들을 걸러내는 성격이 강하므로 하나로 묶어 '선별'의 의미인 'Screening'
으로 명명한다. 다음은 각 도구들과 연계성에 대한 설명이다.

☞ N/3 Voting: 교육 중에 'N/3'의 의미를 묻곤 한다. 대부분이 조금 고민
하다 포기하기 십상인데, 힌트는 그 뒤 단어인 'Voting'에 있다. "투표한다"는
뜻이므로 'N/3'을 유추하면 도출된 대안들 중 투표를 통해 'N÷3'씩 뽑아내겠
다는 뜻이다. '투표'이므로 빠른 선별이 장점이다. 이 작업을 두세 번 거치면
현실성 없는 많은 안들이 제거된다. 이어 남은 대안들로 좀 더 정밀한 '선별

(Screening)' 작업에 들어간다.

☞ **PICK Chart(Pay-off Matrix)**: 프로세스 적용에 드는 '노력'과 적용 후 '효과'라는 두 가지 관점에서 선별하는 도구이다. 대안들의 수가 적을 때는 독립적으로 '최적 대안'을 찾는 용법으로도 쓰인다. 좋은 대안은 '노력'이 적게 들면서 '효과'가 큰 항목이 1순위로 선별되며, 2순위는 '노력'은 많이 들지만 '효과'는 역시 큰 경우가 해당된다. 주로 '효과'가 큰 대안들이 선별되면 다음 'Showstopper 제거(Musts Criteria)'로 넘어간다. 자세한 용법은 『Be the Solver_ 정성적 분석』편을 참고하기 바란다.

[표 Ⅰ-2] 'PICK Chart(Pay-off Matrix)' 작성 예

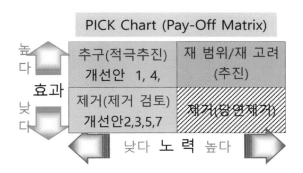

☞ **Showstopper 제거(Musts Criteria)**: 굳이 우리말로 표현하면 '부적합한 항목 제거' 또는 '필수 요건(만 추출)' 정도 된다. 'Showstopper'는 "(박수갈채를 받는) 명연기(연주)"로 공연이 잠시 멈추는 상황이다. 따라서 부정적 요소로 하드웨어나 소프트웨어의 버그를 지칭하기도 한다. 개념을 확장해서 '법률', '회사 정책', '고객 요구', '사업의 필요성' 등을 충족하지 않으면 우선순

위에서 제외한다. 여기까지 정리된 개별 대안들은 '최적 대안'의 후보들로서 이후 과정인 '(아이디어) 평가/선정'으로 넘겨진다. 그러나 대안들이 개별적이 아닌 조합된 형태로 고려될 경우 이어 설명할 'Idea Box'를 통해 구체화 과정을 거쳐 '평가/선정'으로 가는 것이 바람직하다.

☞ Morphological Matrix(Idea Box): 대안들을 세분한 뒤 그들을 다시 종합해서 새로운 대안을 만들어내는 도구이다. 말로는 이해가 안 갈 수 있으므로 예를 들어보자. 만일 Analyze Phase에서의 '사실 분석' 결과, 입사 3년 미만 신입 사원들의 '업무 오류율'이 매우 높음을 알게 되었고 이를 개선하기 위한 '개선 방향'으로 "신입 인력에 대한 오류 선별 교육 방안을 수립"하는 것으로 정했다고 하자. 또 Improve Phase의 '아이디어 도출(창출)'과 '아이디어 종합' 결과 '교육 주기는 반기별로', '교재는 사내 제작', '강사는 외부에서', 교육 장소는 집중력을 향상시킬 수 있도록 '외부 연수원에서' 등이 정리됐다고 가정하자. 이때 교육 체계란 이들이 모두 합쳐져야 온전한 모습이 된다. 또 '교육 주기'나 '강사' 등은 여러 선택 사항들을 추가할 수 있으므로 다음 [표 I-3] 과 같이 'Idea Box'를 이용해 정리한다. 이어 각 항목별 대안들을 하나씩 엮어 조합된 안을 마련한다. 참고로 행의 제목을 'Parameter', 열의 분류된 항목들을 'Variation'이라고 한다.

[표 I-3] 'Idea Box' 작성 예

Idea Box

Parameter / Variation	교재제작	강사	교육장소	교육주기	
1	사내	사외	사외 연수원	반기	→ 1 안
2	사외	사내(비용고려)	사내(비용고려)		→ 2 안
3	사내+사외	사내+사외			→ 3 안

● (아이디어) 평가/선정: '아이디어 종합'에서 최종 선별된 대안들을 평가해 '최적 대안'을 확정한다. '개선 체계도'에 나와 있는 '평가/선정'용 도구들은 모두 사용하는 것은 아니고 하나만 사용되며, 단지 아래로 갈수록 위계가 높은 특징이 있다. 따라서 대안들의 성향이나 상황에 따라 적절한 '평가/선정'용 도구를 선택해 사용한다.

☞ NGT(Nominal Group Technique): 소수 대안들의 우선순위를 매기거나 '최적 대안'을 선정하는 단순한 도구이다. 팀원 간 상호 의견 교환 없이 각 대안들에 각자가 점수를 매겨 총합이 가장 큰 대안을 선정한다. 이와 같이 "의견 교환이 없다"는 의미에서 '명목적(Nominal)'이란 명칭이 붙었다. 흔히 알고 있는 'Multi-voting'과 매우 흡사하다. 다음 [표 I-4]는 작성 예이다(상세 용법은 『Be the Solver_정성적 분석』편 참조).

[표 I-4] 'NGT' 작성 예

NGT (Nominal Group Technique)

구 분	대안 1	대안 2	대안 3	대안 4	대안 5
팀원1	7	7	3	1	2
팀원2	8	6	5	5	3
팀원3	9	8	2	3	2
평점	24	21	10	9	7

☞ (Belife) Decision Matrix: 'Criteria-Based Selection Matrix'라고도 불린다. 'NGT'에서 한 단계 진보한 것은 'Criteria', 즉 '평가 기준'[19])이 추가된다는 점이다. '평가 기준'은 현 프로세스에 적합한 대안을 골라내기 위해 팀

---

19) 'Decision Matrix'는 '임계치 결정법'이라고도 하며, 이때 '임계치'가 'Criteria'이다.

원들과 신중히 정하는 것이 중요하다. 예를 들면, 운영 시 예상되는 '비용', 적용에 드는 '노력', 예상되는 '효과', 최적화까지 소요되는 '시간' 등 핵심 사항들을 고려해 도출한 뒤 평가에 반영한다. 다음 [표 Ⅰ-5]는 작성 예이다. 표에서 '가중치'와 각 대안의 점수를 곱해 '가중 점수'를 얻었으며, '가중 점수'의 합을 비교해 '최적 대안'인 '2안'을 선정했다(고 가정한다). '대안'은 '아이디어 종합' 단계에서 선별된 '개별 대안' 및 'Idea Box'로부터 확보된 '조합안'도 올 수 있다(『Be the Solver_정성적 분석』편 참조).

[표 Ⅰ-5] 'Decision Matrix' 작성 예

개선항목	품목별 정보공유 체계화						
구분	항목	1안		2안		3안	
Criteria	대상품목 주기 부서 통보	A품목 분기 해당부서 차월 계획		C품목 분기 해당부서 현황+차월계획		B품목 반기 해당부서+관리부서 현황	
	가중치	점수	가중점수	점수	가중점수	점수	가중점수
1.효과	10	5	50	10	100	3	30
2.난이도	3	1	3	5	15	5	15
3.노력도	8	1	8	3	24	3	24
4.투자비용	1	1	1	1	1	1	1
5.실행주기	5	5	25	5	25	5	25
종합평점	-		87		165		95
평점순위	-		3순위		1순위		2순위

☞ Kepner-Tregoe Matrix(Must-Want Matrix): 'Decision Matrix'와 유사하나 차이점은 'Criteria'를 'Must'와 'Want'로 구분해놓고, 'Must' 항목을 모두 만족한 대안들 중에서 'Want' 조건을 평가해 '최적 대안'을 선정하는 방법이다. 예를 들면 집을 매입한다고 할 때, 'Must' 조건은 '근저당 설정 없을 것', '1억 이하일 것', '내부 인테리어가 돼 있을 것', 그리고 'Want' 조건은 '조용할 것', '역세권일 것', '학교가 가까울 것' 등이 해당한다. 다음 [표 Ⅰ-

6]의 예에서 '2안'은 '근저당 설정 유/무'와 '내부 인테리어'의 항목에 'X' 표를 받아 'Want 조건' 평가에서 제외된다. 따라서 'Want 조건'은 '1안'과 '3안'에 대해서만 평가가 이루어져 점수가 가장 높은 '1안'이 '최적 대안'이 되었다(고 가정한다). 'Want 조건'의 '가중치'는 팀원들 의견이나 우선순위를 결정하는 'AHP(Analytic Hierarchy Process)' 등을 통해 정해진다.

[표 I-6] 'Kepner-Tregoe Matrix(Must-Want Matrix)' 작성 예

1안 -10년 된 복도식 아파트(00위치) 2안 –다세대로 세 수입가능 3안 – 교외 단독 주택						
Must 조건		1안		2안		3안
근저당설정 유/무		O		X		O
1억 이하		O		O		O
내부 인테리어		O		X		O
Want 조건	가중치	1안 (최적대안)		2안		3안
조용한 분위기	8	2	16		3	24
근처에 좋은 학교	10	5	50		6	60
역세권일 것	4	2	8		2	8
대형마트 있을 것	5	7	35		1	5
합	-	-	109			97

☞ Pugh Method(Pugh Matrix): 대안을 평가하는 도구들 중에서 위계가 가장 높고, 특히 '연구 개발 과제' 경우 '최적 콘셉트 설계(Concept Design)'를 선정하는 용도로 이용된다. '평가 기준(Criteria)'은 앞서 설명한 도구들과 동일하게 정해지고 적용되나 평가 방법에 차이가 있다. 즉, 'Datum'이라는 '기준 안'이 있어 설계된 대안들을 '평가 기준(Criteria)'별로 '기준 안(Datum)'과 비교하여 유리하면 '+', 불리하면 '-', 동일하면 's(Same)'를 입력한다. 여기서

'기준 안(Datum)'은 현재 사용하는 '제품'이나 운영 중인 '프로세스'를 나타낸다. 다음 [표 I-7]은 작성 예이다.

[표 I-7] 'Pugh Matrix' 작성 예

평가기준(Criteria)	가중치	기준안	Concept 1	Concept 2	Concept 3	Concept 4
부품구매 용이성			+	S	+	+
서비스 만족도			S	S	S	+
Time to Market		D	+	-		
추진 소요비용		A	-	-	+	-
안정화 소요시간		T	-	S		
운영용이성		U	-	S	-	S
내부고객만족도		M	+	-	+	+
인원 지원 능력			S	S	S	S
변경 영향도			+	+	+	+
+ 합			4	1	5	6
- 합			3	3	2	1
계			1	-2	3	5

[표 I-7]에서 각 대안(Concept 1~4)을 '기준 안(Datum)'과 비교 후 '+합'에서 '-합'을 뺀 결과 중, 값이 가장 큰 대안이 '최적 대안'이다. 그런데 'Pugh Matrix'가 여기서 끝나면 여타 다른 '평가/선정 도구'들과 차이점이 없다. 특징을 설명하면, 선정된 'Concept 4'에 대해 '평가 기준' 중 '추진 소요비용'이 '기준 안'보다 열세인 반면('-'이므로), 'Concept 3' 경우 우선순위는 밀렸지만 '추진 소요 비용'이 '+'이다. 이때 'Concept 3'의 구조를 추가로 연구한 뒤 그 장점을 'Concept 4'에 접목시킬 수 있다. 이 같은 과정을 반복하면 대안의 완성도를 높일 수 있다. 즉, 이전 '평가/선정 도구'들이 최초 결정된 대안을 '최적 대안'으로 결정하는 대신, 'Pugh Matrix'는 미흡한 구조를 가장 유리한 쪽으로 계속 발전시켜 나간다. 이 때문에 'Pugh Matrix'를 'Hybrid Concept Design'이라고 한다. 필요 시 '가중치'에 '평가 기준'별 상대적 중요도를 입력해 사용한다.

☞ <u>Conjoint Analysis</u>: '다구치 방법(Taguchi Method)'과 같이 수준들의 최적 조합을 구해 '최적 대안'을 결정하는 방법이나, 주로 서비스 부문의 고객 선호도나 마케팅 영역의 시장 점유율 예측, 가격 반응 함수와 시장 점유율을 이용한 최적 가격 선택, 시장 점유율과 브랜드 효용을 이용한 개별 브랜드의 값 등을 구하는 데 이용한다. 처리에 필요한 데이터는 '설문'을 통해 수집되는 것이 차이점이다.

(계속)

· **영역 ③과 ④의 '최적화'** '최적 조건'이 비용이나 관리를 고려해 미세 조정되거나, '최적 대안' 경우 실제 프로세스를 어떻게 변화시킬지 최종 결정된 것을 최적화라 한다. 보통 개선된 모습을 시각적으로 보여준다. 예로써 배치가 바뀌는 것이면 '기존'과 '개선된 모습'을 비교해 차이를 보이거나, 표준이 바뀌면 어느 부분이 어떻게 바뀌는지 문장, 사진, 그림 등 모든 수단을 동원해 문서로 표현한다. 또 이를 통해 얻어지는 것, 즉 '기대 효과'를 기술함으로써 실질적인 개선 성과를 최종적으로 정리한다. 사례는 'Step - 11. 최적화'를 참고하기 바란다.

· **영역 ⑤** Improve Phase, 'Step - 12. 결과 검증' 과정으로, '최적화'들을 모두 모아 Measure Phase에서 정해진 'Y'의 목표 달성 여부를 확인한다. 검증 방법은 '재현 실험'부터 '시뮬레이션', 'Trend 분석' 등 객관성을 확보하는 방법이면 모두 가능하다. 도구들을 적절하게 응용하며 개선 정도를 파악한다.

지금까지 Improve Phase를 진행하는 데 필요한 '개선 체계도'를 설명하였다. 이 정도의 내용 이해와, 다른 사람에게 설명할 수 있는 수준이면 충분한 능력을 갖췄다고 볼 수 있다. 지금부터 Improve Phase의 '세부 로드맵'들에 대해 사례 학습을 진행해보자.

Step-10. 개선 계획 수립

Step-10.1. 최적화 전략 수립

본 '세부 로드맵'은 Improve Phase를 시작하는 첫 관문이다. 또 'Step-10'으로부터 "열 번째 활동"임을 알 수 있다. 단순히 새로운 Phase를 시작하는 의미도 있지만 숫자 '10'은 바로 앞 '9'와 직후 '11'의 중간 위치인 점도 인식해야 한다. 즉 연결하고 있다는 뜻이다. 따라서 Improve Phase의 '시작 역할'과 '앞뒤 간 연결 역할'을 동시에 수행한다. 전체 로드맵의 중반임을 고려할 때 본 Step의 중요성은 훨씬 더 부각된다. 그만큼 의미 있는 전개가 요구된다.

'Step-10'은 '개선 계획 수립'에서 풍기듯 과제 목표를 달성하기 위해 향후 전개될 Improve Phase의 '목차' 기능을 담당한다. 따라서 가능하면 요약되고 정리된 모습으로 전체의 전개가 한눈에 들어올 수 있도록 표현하는 것이 중요하다. 통상 다음과 같은 고려 사항을 염두에 둬야 하며 모두를 만족할 수 있는 구성이 되도록 노력한다.

① '세부 로드맵' 관점에서 앞뒤 연계성을 고려: '세부 로드맵'은 물의 흐름처럼 단절이 없어야 한다. 따라서 '세부 로드맵'마다 얻어진 산출물은 다음 '세부 로드맵'의 입력으로 들어가는 소위 주고-받는 관계가 성립된다. 예를 들어 Analyze Phase의 'Step-9. 핵심 인자 선정'의 산출물인 '개선 방향'을 Improve Phase의 어디선가 받아주는 모습이 관찰돼야 한다. 그래야 '개선 방향'으로부터 실질의 프로세스 '개선'이 가능하고, 또 Analyze Phase에서 밝혀진 원인이 개선과 직결됐음도 확인할 수 있다.

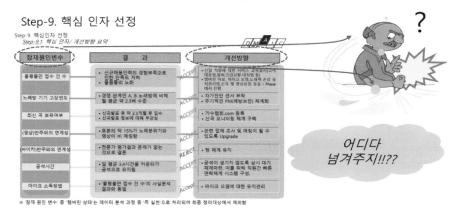

[그림 Ⅰ-4]는 'Step-9. 핵심 인자 선정'의 산출물인 '핵심 인자'와 '개선 방향'을 다음 '세부 로드맵'으로 넘겨야함을 강조한다. 만일 '즉 실천(개선)'이 있는 경우 바로 처리한 뒤 해결됐음을 알리는 장표를 남기고 나머지 산출물만 다음 '세부 로드맵'으로 넘긴다.

② **'핵심 인자(Vital Few Xs)'들의 유형을 고려:** 인자의 유형은 알려진 바와 같이 '제어 인자(Operating Parameter)', '대안 인자(Critical Element)', '즉 실천(개선)(Quick Fix) 인자'로 구분되며, 최적화 과정은 이들 인자의 유형에 따라 전개에 차이가 생긴다. 특히 간접이나 서비스 부문은 '대안 인자'가 대부분을 차지하며 '실험 계획' 같은 통계적 접근은 먼 나라 이야기가 될 수 있다. 따라서 '개선 계획 수립'에서도 이들을 명확하게 구분하여 향후 전개 방향을 표현하는 것이 바람직하다.

[그림 I-5] '인자'의 유형

- 제어인자(Operating Parameter)
  - 실험계획법(DOE)
- 대안인자(Critical element)
  - 브레인스토밍(Brainstorming)
  - 벤치마킹(Bench Marking)
  - 등등
- 즉 실천인자(Quick fix)

③ **'개선 방향'들의 유형을 고려**: '핵심 인자'와 연계된 '개선 방향'들을 하나씩 최적화해나가면 전체 개선 모습이 잘 파악되지 않을 수 있다. 즉, Define Phase의 'Step-2 과제 정의'에서 언급한 '프로세스 범위'가 유한하기 때문에 Process, 시스템, 표준화 등 이곳저곳을 중복해서 건드릴 수 있다. 예를 들어, IT 시스템 일부 영역의 개선을 마치고, 이어 프로세스 개선 중 다시 IT 개선 영역 중 일부를 최적화하는 일 등이다. 결국 Process나 시스템을 왔다 갔다 하며 혼선만 가중된다. 따라서 Process, 시스템, 표준화 등 '개선 방향'별로 어느 유형에 포함되는지 명확하게 구분 짓는 것이 중요하다.

[그림 I-6] '개선 방향'들의 유형별 분류 고려

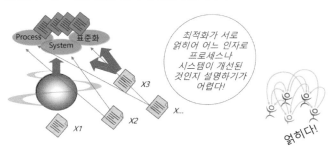

앞서 최적화를 위한 세 개의 사전 고려 사항들을 모두 수용할 수 있는 '개선 계획 수립'이 필요하다. 단순하게는 '장표 정리 방법'이지만 각 '세부 로드맵'의 역할을 명확히 하는 것만큼 문제 해결에 중요한 일은 없다. 왜냐하면 최적화가 성공할 경우 활동 내역 하나하나를 면밀히 검토했기 때문이고, 실패했다면 어디서부터 잘못됐는지 빠른 검토가 가능하기 때문이다. 다음 [그림 I-7]은 계획 수립을 하나의 장표에 체계적으로 표현한 양식 예이다.

[그림 I-7] 'Step-10.1. 최적화 전략 수립' 양식 예

Step-10. 개선계획 수립
    Step-10.1. 최적화 전략수립

Analyze Phase에서 정리된 '핵심 인자'와 '개선 방향'을 유형별로 Grouping해서 개선영역을 명확하게 시각화 함.

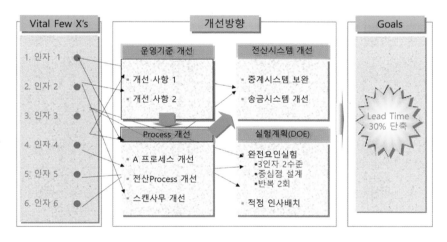

이해를 돕기 위해 다음 [그림 I-8]에 각 영역별로 상세한 설명을 달아놓았다.

[그림 I-8] 'Step-10.1. 최적화 전략 수립' 작성 방법

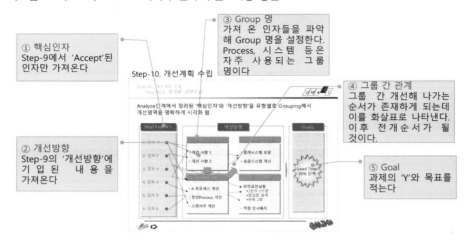

① 핵심인자
Step-9에서 'Accept'된
인자만 가져온다

③ Group 명
가져 온 인자들을 파악
해 Group 명을 설정한다.
Process, 시스템 등은
자주 사용되는 그룹
명이다

④ 그룹 간 관계
그룹 간 개선해 나가는
순서가 존재하게 되는데
이를 화살표로 나타낸다.
이후 전개순서가 될
것이다.

② 개선방향
Step-9의 '개선방향'에
기입된 내용을
가져온다

⑤ Goal
과제의 'Y'와 목표를
적는다

① '핵심 인자(Vital Few X's)' 영역: Analyze Phase의 'Step-9. 핵심 인자
(Vital Few X's) 선정'에서 '핵심 인자'로 선정된 것들만 가져와 배열한다.
'개선 방향'이 존재하면 모두 'Vital Few X'로 간주한다.

② '개선 방향' 영역: Analyze Phase의 'Step-9. 핵심 인자의 선정'에서
'개선 방향'에 정리된 것들만 가져와 배열한다.

③ 'Group명' 영역: '개선 방향'들은 '프로세스'를 개선하는 내용 또는 '시
스템'이나 '운영 표준', '교육 체계화' 등 대상이 있게 마련이며, '제어 인자'는
'실험 계획' 등이 대상이다. Define Phase에서 설정된 '프로세스 범위'에 따
라 유한한 영역 내에서의 개선은 프로세스별, 시스템별, 운영 표준별 또는 '실
험 계획' 등으로 모아서 그룹으로 묶을 경우 변화될 모습들을 한눈에 파악하
는 데 큰 도움을 준다. 즉, '인자' 자체를 최적화하는 개념보다 '개선 방향'을
최적화하는 방향의 전개가 현실적으로 타당하며, 따라서 유형별로 묶어 다음의
'Step-11. 최적화'로 넘겨준다. 그룹명은 유사한 '개선 방향'들을 모아놓은 뒤

적절하게 작명한다.

④ '그룹 간 관계' 영역: 그룹명을 부여하면 전개 순서의 윤곽이 드러난다. 예를 들면, '운영 기준 개선', '프로세스 개선', '전산 시스템 개선'과 '실험 계획'이라는 그룹들이 있을 때, 우선 "운영 기준을 마련하고, 그를 토대로 프로세스를 정립한 뒤, 전산 시스템을 프로세스에 맞춰 개발"하는 식의 일의 절차가 성립한다. '실험 계획'은 성격이 다르므로 다른 절차가 끝난 뒤 수행하거나 중요도 순에서 우선순위가 높으면 이들보다 앞서 수행토록 배치한다. 이것은 그대로 'Step – 11. 최적화' 과정의 전개 순서이며 화살표로 이후 과정을 가늠할 수 있도록 표현한다.

⑤ 'Goals' 영역: Measure Phase의 'Step – 5. 현 수준 평가'에서 설정된 '목표'를 기술함으로써 현재까지 정리된 '개선 방향'을 통해 충분히 목표를 달성할 수 있는지 검토한다. 일단 최적화가 진행되면 많은 활동이 기다리고 있으므로 중간중간 목표 달성 여부를 확인할 기회는 현저하게 줄어든다. 따라서 최적화로 들어가기 전 팀원들과 충분한 사전 검토를 거치고 미진할 시 Analyze Phase로 돌아가 추가 분석을 통해 '개선 방향'을 도출하거나, 필요 시 Measure Phase의 'Step – 6. 잠재 원인 변수의 발굴'에서 변수의 추가 여부를 결정한다.

'Step – 10. 개선 계획 수립'이 마무리되면 Improve Phase의 핵심 활동인 'Step – 11. 최적화' 과정으로 들어간다. 다음 [그림 I – 9]는 '노래방 매출 올리기'의 '개선 계획 수립'을 보여주는 예이며, 지금까지의 설명을 이해하는 데 많은 도움을 줄 것이다. 참고로 정확한 작성을 위해 Analyze Phase의 'Step – 9. 핵심 인자(Vital Few X's) 선정'을 나타낸 [그림 A – 47] 내용과 비교해보기 바란다.

Step-10. 개선계획 수립
  Step-10.1. 최적화 전략수립

Analyze Phase에서 정리된 '핵심인자'와 '개선방향'을 유형별로 Grouping해서 개선영역을 명확하게 시각화 함.

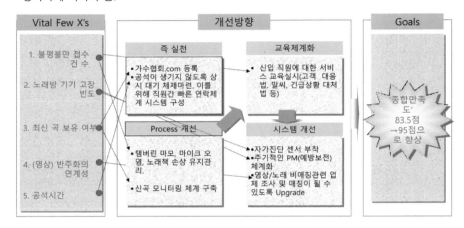

'Step-9. 핵심 인자 선정'에서 정리된 '개선 방향'들이 유형별로 묶여서 그룹핑되었으며, 적합한 '그룹명'도 부여되었다. 그룹 간 화살표는 이후에 전개될 'Step-11. 최적화' 과정의 순서를 나타낸다. 이들 '개선 방향'을 검토해 'Goals'의 목표 수준을 달성할 수 있는지 다음 '세부 로드맵'으로 넘어가기 전팀원들과 다시 한번 확인하는 것도 잊어서는 안 될 사항이다.

Step - 11. 최적화

Step - 11.1. 최적화 및 기대 효과

'최적화'는 앞서 'Step - 10. 개선 계획 수립'에서 요약된 계획대로 '개선 방향'을 프로세스 내에서 하나하나 구체화해 나가는 과정이다.

Improve Phase 초반에 설명된 '개선 체계도'에서 '제어 인자'와 '대안 인자'의 구분에 따라 이후 과정이 결정됨을 설명한 바 있다. 따라서 우선적으로 '제어 인자'에 한해 최적화 과정을 설명한 뒤, 계속해서 '대안 인자'에 대해서도 사례 위주로 설명해나갈 것이다. 그러나 '실험 계획(DOE)'이나 '회귀 분석'과 관련된 통계 도구들의 설명은 가급적 최소화할 것이다. 이들 내용은 『Be the Solver_확증적 자료 분석, 또는 탐색적 자료 분석』편을 참고하기 바란다. 통계 이론에 치중하다 보면 애초 다루기로 했던 로드맵 설명이 희석될 수 있기 때문이다. 통계 이론이나 원리 해석을 제외한 수행 활동의 '표현법'과 결과에 대한 '해석 방법'들은 리더들이 충분히 이해할 수 있도록 상세하게 설명해 나갈 것이다.

11.1.1. 제어 인자(Operating Parameter) 예

'제어 인자'의 최적화는 [그림 I-2]의 '개선 체계도'를 통해 'DOE 가능 여부'를 먼저 판단한 뒤 '실험 계획', 또는 '회귀 분석'이 진행된다고 하였다. 'Step-10. 개선 계획 수립'이 다음 [그림 I-10]과 같다고 가정하자.

[그림 I‒10] 'Step‒10.1. 최적화 전략 수립' 예(제어 인자)

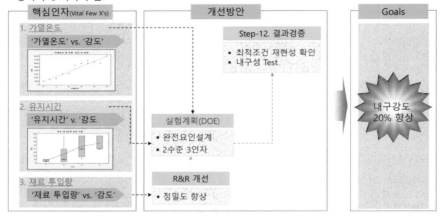

Step-10. 개선계획 수립
Step-10.1. 최적화 전략수립

Analyze Phase에서 정리된 '핵심인자'와 '개선방향'을 유형별로 Grouping해서 개선영역을
명확하게 시각화 함.

[그림 I‒10]에서 'Vital Few X'(핵심 인자)'는 '가열 온도', '유지 시간',
'재료 투입량'으로, 'Y'인 '강도'에 영향을 주는 핵심 제어 인자이며, 관련 그
래프와 함께 **Analyze Phase**로부터 넘어왔다. 화살표를 보면 '가열 온도'와 '유
지 시간'은 '실험 계획(DOE)' 그룹으로, '재료 투입량'은 'R&R 개선' 그룹을
거쳐 '실험 계획(DOE)' 그룹에 합쳐진다.

'재료 투입량' 경우 **Analyze Phase**에서 '투입량'의 측정 시스템 중 '정밀성'
에 문제가 지적됐으나 개선을 현 '세부 로드맵'으로 미룬 경우이다(로 가정한
다). 따라서 'Step‒11. 최적화'의 전개는 먼저 그룹 'R&R 개선'을 통해 '재료
투입량'의 정밀성을 높인 후, 나머지 세 개 요인(가열 온도, 유지 시간, 재료
투입량)들을 이용해 그룹 '실험 계획(DOE)'의 '완전 요인 설계'를 수행한다.

'실험 계획(DOE)' 그룹이 완료된 후 '세부 로드맵'의 다음 활동인 'Step‒

12. 결과 검증'에서 '최적 조건'들로 재현 실험을 통해 목표로 하는 'Y', 즉 '강도'가 기존 대비 '20%' 향상됐는지 여부를 확인한다. 확인되면 과제 전 과정이 매우 긍정적으로 추진됐다고 판단하지만 목표에 미달할 경우 이전으로 돌아가 부족한 내용을 보강하는 활동이 필요할 수 있다.

물론 지금까지 설명한 내용들은 모두 가정된 예이다. 그러나 리더가 명심해야 할 사항은 이 한 장의 개선 계획 장표에서 이전 **Analyze Phase**의 결과와 향후 전개될 내용 및 목표와의 연계성 등이 한눈에 모두 관찰할 수 있도록 충분히 표현됐느냐이다. 예시된 [그림 Ⅰ-10]의 장표보다 더 개성 있는 표현법들을 자체 개발해 활용하는 것도 권장한다. 이어지는 본문은 [그림 Ⅰ-10]을 실제 과제 수행 내용으로 가정하고 최적화 과정 및 표현법들에 대해 상세히 소개하고 있다. 실무에 크게 도움 될 것이다.

① 그룹명 'R&R 개선'에 대한 최적화 예

본 예에서는 **Analyze Phase**에서 '재료 투입량'과 '강도'와의 관련성을 분석하던 중 측정의 정밀도가 떨어짐을 확인하였고, 효과를 고려할 때 R&R 분석을 통해 명확한 개선점을 파악하기 여의치 않았었다(고 가정한다). 따라서 '측정 시스템 분석'을 현재의 Improve Phase에서 수행하게 되었다. 단 'R&R 개선'은 **Measure Phase**에서 처리돼야 정석이다.

우선 'Step-10. 개선 계획 수립'의 내용이 하나하나 명확하게 최적화되도록 전개해나가는 게 매우 중요하다. 다음 [그림 Ⅰ-11]은 'Step-10 개선 계획 수립'에서 언급한 대로 'R&R 개선' 그룹 내 개선 방향인 '정밀도 향상'에 대한 최적화의 구체적 사례이다. 필요한 경우 각 '파워포인트' 장표별로 상세한 설명을 달아 전체적인 흐름이 감지될 수 있도록 배려하였다.

Step-11. 최적화
Step-11.1. 최적화 및 기대 효과

D/M/A/I/C

R&R 개선 – 정밀도 향상

Vital Few : 재료 투입량

R&R 수행계획	수행결과 Sheet
• 단계 1: 장기 프로세스 변동을 충분히 반영해 주는 표본 10개를 수집. 또, 측정을 매일 수행하는 작업자를 파악. → 부품 1에서 10까지가 수집되었고, 3명의 작업자를 선정함. • 단계 2: 측정기의 마지막 교정 날짜가 유효한지를 확인. → 직전 월에 교정이 있었으며, 표준에 정한 방법과 주기로 이루어짐 • 단계 3: R&R분석을 위한 미니탭의 수집 서식을 작성. →10개의 부품을 3 명의 작업자가 두 번씩 측정한 결과를 반영토록 작성함. 컬럼 명: 컬럼 1: Part ID (1-10) 컬럼 2: Operator (1-3) 컬럼 3: Measure	

	C1 Parts	C2-T Operator	C3 Measure
1	1	Choi	4.90
2	2	Choi	10.29
3	3	Choi	7.84
4	4	Choi	7.84
5	5	Choi	9.80
6	6	Choi	7.84
7	7	Choi	7.84
8	8	Choi	4.26
9	9	Choi	8.95
10	10	Choi	8.10
11	1	Hong	5.39
12	2	Hong	10.29
13	3	Hong	7.84
14	4	Hong	7.84
15	5	Hong	9.31
16	6	Hong	7.35
17	7	Hong	7.35
18	8	Hong	7.41

• '재료투입량'에 대한 측정 결과

• 총 60회 측정 (10 표본*3人*2회)

• 이에 대한 최적화는 다음 장 계속

계속

우선 [그림 Ⅰ-11] 상단의 "R&R 개선-정밀도 향상"은 'Step-10. 개선 계획 수립'의 '그룹명-개선 방향'으로부터 왔다. 또 그 바로 아래의 "Vital Few: 재료 투입량"은 '잠재 원인 변수'였던 '재료 투입량'을 분석해 나온 결과이다('핵심 인자'의 선정). 여기까지를 문장으로 설명하면 "Analyze Phase에서 '재료 투입량'을 분석해 측정 시스템에 문제가 있음을 확인한 후, '개선 방향'으로써 '정밀도 향상'을 결과물로 얻었으며, Improve Phase로 들어올 때 그룹명 'R&R 개선'으로 묶었음"쯤 된다.

현재는 '재료 투입량'이라는 하나의 '핵심 인자'에 하나의 '개선 방향'인 '정밀도 향상'이 대응하지만 경험적으로 다른 인자들의 분석 결과에서도 동일한 '개선 방향'이 나올 수 있다. 이때는 관계된 '핵심 인자'를 모두 입력한다. 예를 들어,

'측정자 표준 준수율' 현황 분석에서도 동일한 '정밀도 향상'이 나왔으면 이에 대해 [그림 Ⅰ-11]의 '핵심 인자(Vital Few Xs)'란에 "재료 투입량, 측정자 표준 준수율"과 같이 기입한다. 이 같은 꼼꼼한 표현은 과제 진행의 모니터링에 많은 도움을 준다. 이어지는 장표는 다음 [그림 Ⅰ-12]와 같다(고 가정한다).

[그림 Ⅰ-12] 'Step-11.1. 최적화 및 기대 효과' 예(정밀도 향상)

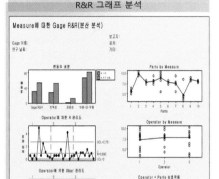
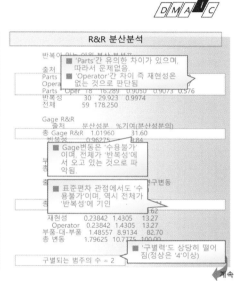

[그림 Ⅰ-12]의 왼쪽 상단에 화살표와 함께 "R&R 개선_계속"이란 표현에 유의한다. 그룹명 "R&R 개선"과 "계속"을 언급함으로써 이전 분석과 연계돼 있음을 알 수 있다. 분석은 정밀성인 'R&R 분석'을 통해 '반복성'에 문제가 있음을 확인했으며, 이후 과정은 '반복성' 문제를 유발하는 프로세스상의 개선점을 찾아야 한다. 최종 결과는 다음 [그림 Ⅰ-13]에 포함돼 있다(고 가정한다).

물론 지금의 분석 과정은 원칙적으로 Measure Phase에서 완료돼야 한다. 또는 Analyze Phase에서 현재와 같은 분석이 심도 있게 진행됐으면 '개선 방향'에 대한 '최적화'가 바로 이뤄질 수도 있는 상황이다. 그러나 Improve Phase에서 진행할 수밖에 없었던 특별한 상황이 있었다고 가정한다. 다음 [그림 I-13]은 '최적화'를 위한 최종 장표의 예이다.

[그림 I-13] 'Step-11.1. 최적화 및 기대 효과' 예(정밀도 향상)

Step-11. 최적화
  Step-11.1. 최적화 및 기대 효과
    R&R 개선_계속

최 적 화

항 목	최적대안	최적화	기 대 효 과
반복성	• R-Chart에서 반복성이 특히 안 좋은 측정에 대해 조사한 결과 디지털 게이지 로딩 전 'Reset'을 하지 않은 것으로 확인됨 → 'Reset'하도록 절차 표준화 및 측정자 교육 [Operator에 의한 R 관리도]	• R&R의 측정능력이 매우 향상됨. - %기여; 0.49 - %연구변동; 7.02 - 구별되는 범주의 수; 20 • 측정 관련표준 개정(M-MSA-00169) • 신입 측정자 교육을 위한 교안 개정(교안 AD-12-005)	➜ '재료 투입량'에 대한 정확/정밀도가 기존 대비 높은 관리수준에 이름 → 이후에 수행될 완전요인실험 영향. ➜ 측정에 대한 관리수준이 높아짐에 따라 공정능력의 향상 기대됨. → 이론적 계산으로부터 실질 Process Capability가 약 0.4시그마 수준 향상될 것으로 기대됨.
구별력	• UCL/LCL 밖으로 측정값의 50%이상이 벗어나지 않아 부품간 변동을 구별하지 못함. 확인결과 측정빈도가 높아질수록 게이지 안정성에 문제가 있는 것으로 확인됨 → 게이지 내 회로의 열화된 Chip교체 [Operator에 의한 Xbar 관리도]		

우선 'R&R 분석' 결과 '반복성'에 영향을 주는 프로세스 내 'Reset 절차'가 빠트려졌던 것으로부터 '표준화' 및 '교육의 필요성'이 '최적 대안'으로 확정되었다. 또 '구별력'이 떨어진 것은 측정기 내 '회로 Chip 열화'로 확인돼 이를 "교체하라"는 '최적 대안'이 선정되었다(고 가정한다).

'최적 대안'이 선정되면 '개선 체계도'에서 설명한 바와 같이 '최적화'가 이어진다. '최적화'란 "'최적 대안'이 '실제 프로세스에 적용된 결과를 시각적으로 보여주는 것"으로 정의한다(필자). 예에서는 실질적으로 프로세스의 변화(또는 향상)를 야기할 대상이 새롭게 개정된 '표준'과 '교안'이므로, '표준명'과 '교안명'을 써서 시각화를 대체하였다([그림 I‐13]의 '최적화'란에 '표준번호'와 '교안 자료 번호 코드'가 명시돼 있다.) '최적화'의 표현은 상황에 따라 '사진'을 찍어 첨부하거나 '프로세스 맵'으로 나타낼 수도 있으며, '문서' 경우 문서 자체를 캡처해서 붙여놓고 변경된 구절이나 Layout 사항을 설명하는 것도 종종 이용되는 방법이다.

'최적화'까지 마무리됐다고 개선 과정이 끝나는 것은 아니다. **'개선 방향' 으로부터 유도된 '최적화'는 최종 '기대 효과'로 마무리한다.** 즉, 기존 프로세스가 새롭게 변경됐으므로 도대체 뭐가 좋아지는지를 알려야 한다. 현재의 이 모든 활동은 과제 'Y'의 향상을 꾀하는 과정이다. 그러므로 하나의 '최적화'를 통해 'Y'가 어느 정도 좋아지는지를 수치로 표현하는 것이 타당하다. 그러나 현실적으로 다양한 제약이 따른다. 따라서 할 수 있는 한도 내에서 표현하되, 3~4개월 동안 수행된 결과이므로 '기대 효과'를 가급적 명확하게 기술하도록 노력한다. 이들 '기대 효과' 모두를 모아 'Step‐12. 결과 검증'에서 전체 합을 구하면 이론적으로 'Y'의 향상 정도를 가늠할 수 있다.

이어서 '제어 인자'의 최적화를 다루게 될 그룹 '실험 계획(DOE)'의 전개 및 표현법에 대해 알아보자.

② 그룹명 '실험 계획(DOE)'에 대한 최적화 예

[그림 I‐10]의 'Step‐10. 개선 계획 수립'에 의하면, 그룹 '실험 계획(DOE)'과 관계된 '제어 인자'는 '가열 온도', '유지 시간', '재료 투입량'이 포함되고, '개선 방향'으로 이들을 이용한 "2수준 3인자 완전 요인 설계"를 제시

하고 있다. 물론 '재료 투입량'은 'R&R'의 문제를 찾아내 '최적화'가 마무리 된 것으로 가정한다.

Improve Phase에서 '실험 계획'을 수행하기 위해서는 '세부 로드맵'을 'P‒ D‒C‒A Cycle(Plan‒Do‒Check‒Act)'로 두고 진행한다. '데밍 사이클 (Deming Cycle)'이라고도 하는데 부문 내 문제 해결 방법론인 'TQC(Total Quality Control)'의 핵심 로드맵이다. 'Plan'은 '수행할 실험에 대한 전반적인 계획 수립'을, 'Do'는 '수행 과정'을, 'Check'는 '수행된 결과에 대한 분석'을, 'Act'는 '분석 결과를 토대로 검증이나 개선, 문제점 보완'을 수행한다. '데밍 사이클'의 '사이클'이란 만일 결과가 불충분하다고 판단되면 'Plan'을 다시 세운 뒤 수행을 반복할 수 있다는 뜻이다. 특히, 'Do'의 '수행 과정'은 '파워포인트' 장표상으로 보여줄 수 없으므로 수행된 결과물, 즉 데이터를 첨부하는 것으로 대신한다. '문제 해결'은 로드맵이 핵심이고 도구들은 각 로드맵에 붙어 있는 구조로 설명한 바 있다. 'P‒D‒C‒A Cycle' 역시 로드맵 관점에서 하나의 도구로 간주한다.

'P‒D‒C‒A Cycle'은 그 외에 Measure Phase의 'MSA(측정 시스템 분석)', Improve Phase의 'Step‒12. 결과 검증'과, Control Phase의 'Step‒13. 관리 계획 수립'('Plan'에 대응) 및 'Step‒14. 관리 계획 실행('Do‒Check‒Act'에 대응)'에서 기본적으로 이용된다. 이들에 대해서는 해당 '세부 로드맵'을 진행할 때 보완 설명이 있을 것이다. 구체적인 예를 설명하기 전에 앞으로 전개될 내용이 '개선 체계도'상 어디에 해당되는지를 굵은 선으로 표시해보았다. 다음 [그림 I‒14]를 보자.

[그림 I-14] 개선 체계도('실험 계획' 경로)

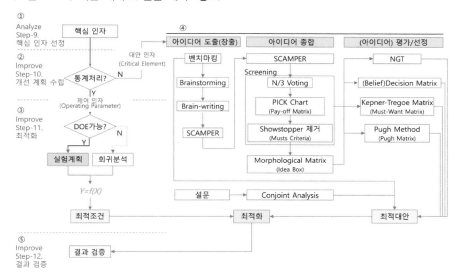

[그림 I-14]에서 Analyze Phase의 '핵심 인자'가 Improve Phase로 들어오고(정확히는 '개선 방향'이 넘어옴)' 내용상 '통계 처리'가 가능하면 'DOE 여부'를 따진다. 이때 의도적 실험으로 '$Y = f(X)$'의 확보가 가능하면 '실험 계획'이, 실험 비용이 많이 들거나, 설비 부재, 자원 부족, 작업 복잡성 등의 이유로 의도적 실험이 어려울 경우 과거 프로세스 데이터를 이용한 '회귀 분석'이 진행된다. '과거 데이터'를 통상 'Historical Data'라고 부른다.

이후 소개될 내용은 '실험 계획'의 시작부터 최종 결과까지 이론이 아닌 '세부 로드맵' 전개에 집중된다. 물론 앞서 설명한 'Plan-Do-Check-Act'에 따르므로 독자는 '세부 로드맵'과 'PDCA Cycle'이 어떻게 조화를 이루며 최적화에 이르는지에 초점을 두고 학습하기 바란다.

다음 [그림 I-15]는 '실험 계획(DOE)' 그룹에 대한 장표 작성 예를 보여준다.

[그림 I-15] 'Step-11.1. 최적화 및 기대 효과' 예(DOE_Plan)

Step-11. 최적화
Step-11.1. 최적화 및 기대 효과_Plan

실험계획(DOE) – 완전 요인 설계(2수준 3인자)

Vital Few : 가열온도, 유지시간, 재료 투입량

목 적

과제 'Y'인 '강도'에 영향을 주는 '가열온도', '유지시간', '재료 투입량'들의 최적조건을 찾기 위해
실험 진행.

실험계획

Level 선정	X1: 가열온도	120℃	130℃	140℃
	X2: 유지시간	2hrs	3hrs	4hrs
	X3: 재료 투입량	5g	7g	9g
Response선정	Y; 강도	수직 압력에 대해 파열되는 시점의 강도 값	•가정된 상황임	
요인설계	①	2수준 3인자 완전요인설계 (Two-level full factorial design)		
	②	실험일 'Block' 처리, '반복'은 없음		
	③	Curvature 확인 위해 3-Center points 추가		
실험방법	실험기간	2xxx. x. x ~ oo.oo (2일간)		
	장소	Xx 실험실		
	설비/계측기	Pilot Test Line /전자저울/온도센서		
	기 타	2인 1조로 이틀간 실험진행, 전처리 및 평가는 기존 표준 프로세스를 준용		

계속

[그림 I-15]의 상단 제목이 "최적화 및 기대 효과_Plan"이다. 'P-D-C-A Cycle' 중 'Plan' 단계임을 알 수 있다. 그 아래 "실험 계획(DOE)-완전 요인 설계(2수준 3인자)"는 'Step-10. 개선 계획 수립'에서 기술한 '그룹명-개선 방향'에 대응한다. 또 "Vital Few: 가열 온도, 유지 시간, 재료 투입량"은 '완전 요인 설계(2수준 3인자)'의 개선 방향이 '가열 온도, 유지 시간, 재료 투입량'을 분석해서 얻어진 결과임을 알려준다. 즉, Analyze Phase 'Step-8. 데이터 분석'에서 '가열 온도/유지 시간/재료 투입량'을 Y인 '강도'와 분석 후 '완전 요인 설계(2수준 3인자)'의 '개선 방향'을 얻었으며, 이를 Improve Phase 'Step-10. 개선 계획 수립'에서 그룹명 '실험 계획(DOE)'으로 묶었음을 알 수 있다. 그 외의 '실험 목적'과 '실험 계획' 관련 내용이 상세하게 기

록돼 있으며, 향후 전개될 과정이 충분히 인지될 수 있도록 기술하고 있다. 다음 [그림 Ⅰ-16]은 이어지는 '최적화 및 기대 효과_Check'의 예이다.

[그림 Ⅰ-16] 'Step-11.1. 최적화 및 기대 효과' 예(DOE_Do)

Step-11. 최적화
Step-11.1. 최적화 및 기대 효과_Do
　　　실험계획(DOE) _계속

2일간 진행된 실험 일을 'Block처리'. 중앙점(Center Point) 추가함으로써 곡률가능성 확인.

	C1	C2	C3	C4	C5	C6	C7	C8	
↓	StdOrder	RunOrder	중앙점	블럭	가열온도	유지시간	재료 투입량	강도	실험결과
1	1	1	1	1	120	2	5	141.4	과제 'Y'
2			1	1	140	4	5	183.0	
3	2일간 진행으로, 실험일을 Block 처리		1	1	140	2	9	182.6	'곡률' 확인하
4			1	1	120	4	9	136.5	기 위해 '중앙
5	5	5	0	1	130	3	7	159.1	점(Center
6	6	6	0	1	130	3	7	158.5	Point)' 추가
7	7	7	0	1	130	3	7	160.8	
8	8	8	1	2	140	2	5	189.1	
9	9	9	1	2	120	4	5	138.6	
10	10	10	1	2	120	2	9	135.5	
11	11	11	1	2	140	4	9	179.4	
12	12	12	0	2	130	3	7	159.4	
13	13	13	0	2	130	3	7	159.8	다음 장 분석수행
14	14	14	0	2	130	3	7	161.6	계속

[그림 Ⅰ-16]에서 제목란의 "최적화 및 기대 효과_Do"는 'P-D-C-A Cycle'의 'Do', 즉 "실험 계획을 수행하라"는 의미이나, 실제로 수행 과정을 장표에 보여줄 수 없으므로 수행된 결과 값들로 대체했다. 본 예의 경우 'Y'인 '강도'의 각 처리(Treatment)별 측정값이 기록돼 있다. 가급적 보충 설명을 추가하는 것이 자료로서의 가치를 높일 수 있다. 예에서는 'Block'을 처리한 열 및 'Block'이 '실험 일'을 대신하고 있다는 점, 또 곡률 확인을 위한 '중앙 점(Center Point)'들이 포함됐음을 설명 선으로 알려준다.

추가로 매 장표의 첫 줄에 해당 장표에서의 수행을 기술해 내용 파악이 용
이토록 배려하고 있으며, 맨 끝 줄에는 산출물에 대한 전체 결과 요약, 또는
다음 장에서 수행할 추가 활동을 언급하고 있다. 이런 구조는 모든 장표를 구
성할 때 공통으로 적용된다. 다음 [그림 I-17]은 '실험 계획' 수행에 대한 1
차 분석 결과를 정리한 예이다.

[그림 I-17] 'Step-11.1. 최적화 및 기대 효과' 예(DOE_Check)

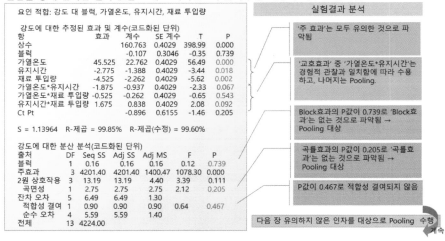

[그림 I-17]에서 장표의 맨 상단 제목란에 "최적화 및 기대 효과_Check"
는 'P-D-C-A Cycle'의 'Check', 즉 '분석'을 의미한다. 통상 'ANOVA'가
들어 있는 결과물은 아래에서부터 위로 해석하는 것이 바람직하다. 'ANOVA'
가 전체적인 관점에서 결과 조망에 유리한 통계 도구이기 때문이다.

우선 '적합성 결여'와 '곡면성', '2원 상호작용', '블럭' 등이 모두 유의하지 않은 것으로 나타났다. '블럭'과 '곡면성'이 유의하지 않은 경우 우선적으로 '병합(Pooling)' 대상으로 삼는다. '병합'이란 유의하지 않은 항들을 모형 식에서 제외(오차로 간주)하는 것으로, 'Y'에 영향력이 별로 없다는 것을 뜻한다.

이들에 대한 개별적 해석은 장표 우측에 '설명 선'을 통해 풀이하고 있다. 모형이 본 데이터들을 얼마나 잘 설명하는지를 보여주는 'R-제곱'은 '99.63%'로 충분히 신뢰성 있음을 알 수 있다. 그 위의 개별적 유의성 검정을 통해 '이요인 상호작용'[20]들은 '유의 수준 0.05'에서 모두 유의하지 않은 것으로 재확인(ANOVA에서 1차 확인된 바 있음.)된다. 상대적으로 '주 효과(가열 온도, 유지 시간, 재료 투입량)'는 모두 유의하다. 단, '이요인 상호작용' 중 '가열 온도*유지 시간'은 공학적 판단에 의거해 모형 식에 포함했으며, 나머지 '이요인 상호작용'들은 병합시키기로 결정하였다(고 가정한다).

보통 공학적 판단에서 '유의 수준'을 '0.05' 대신 '0.1'을 적용하는 경우도 많으며, 이 경우 '가열 온도*유지 시간'을 모형 식에 포함시킬 수 있다. 그러나 "통계는 통계일 뿐이다." '통계적 판단'과 '공학적, 또는 기술적 판단'은 서로 대립할 수 있다. '통계적 판단'이 '공학적 판단'보다 항상 우선하는 것은 아니라는 뜻이다. 어느 항을 포함시키고 어느 항을 뺄지는 리더의 실무적 경험도 중요하다는 점 명심하자. 과제 발표 때, 'p-값=0.051'임에도 '유의 수준=0.05'로 정했다는 이유만으로 가차 없이(?) 병합 대상으로 삼는 것은 경우에 따라 무모한 결정이 될 수 있다.

참고로 유의하지 않은 항을 병합하는 미니탭 과정은 다음 [그림 I-18]과 같이 진행된다.

---

20) 미니탭에서는 '2원 상호작용'으로, 또 출처에 따라 '2원 교호작용' 등으로 표현하고 있으나 한국통계학회 '통계학 용어 대조표'에는 '이 요인 상호작용'으로만 돼있어 그대로 옮겨놓았다.

[그림 Ⅰ-18] '실험 계획'의 미니탭 '병합(Pooling)' 과정

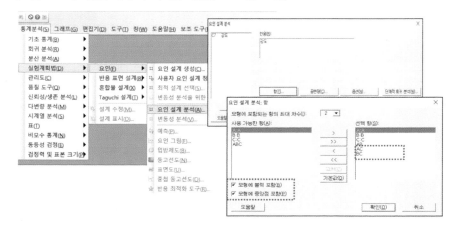

[그림 Ⅰ-18]의 각 '대화 상자' 중 "요인 설계 분석-항(아래 '대화 상자')"
의 점선 사각 표시 부분이 통계적으로 유의하지 않은 항들이며, 이들 'AC,
BC'는 왼쪽 창으로 옮긴다. 또 "블럭"과 "중앙점"은 '√' 표시를 없애면 '병
합'이 수행된다. 이들이 갖고 있는 변동 값들은 'ANOVA'의 '오차 항'에 포함
되는데 통계적 관련성들에 대한 추가 설명은 생략한다. 다만 유의해야 할 점
은 '병합' 시 '블럭', '중앙점'이 우선적 대상이며, 이후 '요인 항'들의 병합은
'ANOVA' 중 '적합성 결여'의 'p-값'이 '유의 수준 0.05'보다 큰 상태를 유
지하는지 관찰하며 이행한다. 즉, 유의하지 않은 항을 순차적으로 병합해갈
때, 특정 항의 병합 직후 '적합성 결여'의 'p-값'이 '유의 수준 0.05'보다 작
아지면 그 항은 모형에 포함한다. '적합성 결여(Lack of Fit)'는 모형의 신뢰성
을 판단하는 잣대로 활용한다. 다음 [그림 Ⅰ-19]는 연속해서 '병합'을 수행한
결과를 보여준다.

[그림 Ⅰ-19] 'Step-11.1 최적화 및 기대 효과' 예(병합 후)

Step-11. 최적화
 Step-11.1. 최적화 및 기대 효과_Check
   실험계획(DOE)_계속

유의하지 않은 항 Pooling수행. '온도*시간'은 공학적 판단에 의거 모델 식에 포함시킴.

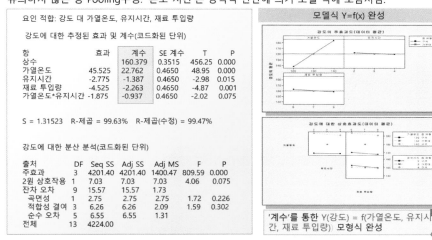

요인 적합: 강도 대 가열온도, 유지시간, 재료 투입량

강도에 대한 추정된 효과 및 계수(코드화된 단위)

항	효과	계수	SE 계수	T	P
상수		160.379	0.3515	456.25	0.000
가열온도	45.525	22.762	0.4650	48.95	0.000
유지시간	-2.775	-1.387	0.4650	-2.98	0.015
재료 투입량	-4.525	-2.263	0.4650	-4.87	0.001
가열온도*유지시간	-1.875	-0.937	0.4650	-2.02	0.075

S = 1.31523 R-제곱 = 99.63% R-제곱(수정) = 99.47%

강도에 대한 분산 분석(코드화된 단위)

출처	DF	Seq SS	Adj SS	Adj MS	F	P
주효과	3	4201.40	4201.40	1400.47	809.59	0.000
2원 상호작용	1	7.03	7.03	7.03	4.06	0.075
잔차 오차	9	15.57	15.57	1.73		
곡면성	1	2.75	2.75	2.75	1.72	0.226
적합성 결여	3	6.26	6.26	2.09	1.59	0.302
순수 오차	5	6.55	6.55	1.31		
전체	13	4224.00				

모델식 Y=f(x) 완성

'계수'를 통한 Y(강도) = f(가열온도, 유지시간, 재료 투입량) 모형식 완성

계속

[그림 Ⅰ-19]에서 제목의 "최적화 및 기대 효과_Check"는 '분석'이 계속되고 있음을 나타내며, 그 아래 꺾어진 화살표와 '실험 계획(DOE)_계속'은 앞장과 연결된다는 표식이다. '병합' 후 모형의 항들은 훨씬 단순화됐음을 알 수 있다. 이로써 'Y'와 'X'의 관계식인 '$Y = f(X)$'가 얻어졌다. 기타 '주 효과'들에 대한 그래프와 '이요인 상호작용'의 그래프를 통계량과 비교할 수 있도록 장표에 포함시켰다. 그래프상으로는 '상호작용'의 영향이 미미한 것으로 보일 수 있으며, 따라서 항상 통계량과 함께 해석하는 습관을 갖도록 하자.

이제 남은 일은 'Y'의 최적 값을 얻기 위한 'X'들의 '최적 조건'을 찾는 일이다. 이를 수행하기 위해 미니탭의 '반응 최적화 도구'를 활용한다. 다음 [그림 Ⅰ-20]은 그 위치와 입력 예를 보여준다.

[그림 Ⅰ-20] '최적 조건'을 얻기 위한 미니탭 입력 예

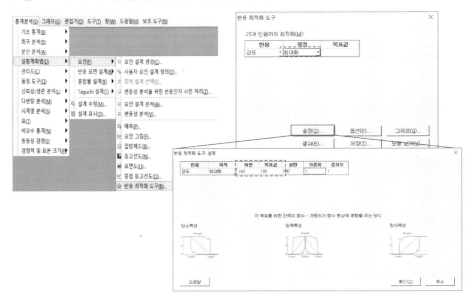

　　본 예의 'Y'가 '강도'인 '망대 특성'이므로 '최대화'가 선택됐으며, '규격'과 '목표 값'을 입력한다. '규격'을 모르거나 정해져 있지 않으면 적정하게 설정한다. 또 '망대 특성'이므로 크면 클수록 좋지만 무한대는 현실성이 떨어지므로 바라는 '과제 목표'를 입력한다. 그 외의 '가중치'와 '중요도'는 'Y'가 여럿일 때 유용한 설정들인데 현재로서는 'Default'로 둔다. 결과 모습과 내용을 장표로 구성하면 다음 [그림 Ⅰ-21]과 같다.

[그림 I-21] 'Step-11.1. 최적화 및 기대 효과' 예(DOE_최적 조건)

Step-11. 최적화
   Step-11.1. 최적화 및 기대 효과_Check
     실험계획(DOE)_계속

미니탭의 '반응최적화 도구'를 이용, '강도'의 최대치인 187.73을 얻음. 목표수준에 도달.

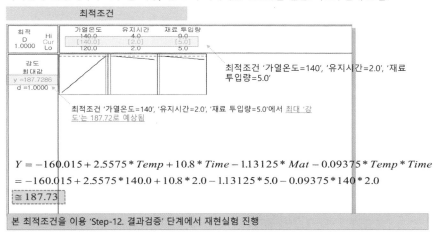

$$Y = -160.015 + 2.5575 * Temp + 10.8 * Time - 1.13125 * Mat - 0.09375 * Temp * Time$$
$$= -160.015 + 2.5575 * 140.0 + 10.8 * 2.0 - 1.13125 * 5.0 - 0.09375 * 140 * 2.0$$
$$\cong 187.73$$

본 최적조건을 이용 'Step-12. 결과검증' 단계에서 재현실험 진행

[그림 I-21]에서 'Y'의 최대치는 '187.73'으로 목표를 달성한 것으로 가정한다. 추가로 모형 식을 포함시켰으며 여기까지가 분석의 종점이다.

다음 'P-D-C-A Cycle'의 'Act'는 'Check' 중 나타난 문제점들의 해결이나 보완을 통해 완성도를 높이는 단계로, 또는 사안이 중대해 처리가 어려울 경우 'P-D-C-A Cycle'의 명칭대로 'Plan'으로 돌아가 다시 계획을 세워 추진한다. 그러나 특별한 사항이 없으면 '검증 시험(또는 재현 실험)'만 남게 되므로 'Step-12. 결과 검증'으로 넘어간다. 이때 '반응 최적화 도구'로부터 얻어진 각 'X'들의 '최적 조건'인 '가열 온도=140.0', '유지 시간=2.0', '재료 투입량=5.0'에서만 수회 'Y'를 얻으며, '강도'가 평균 '187.73'이 나오는지 확인한다. 참고로 비용 절감이나 관리 용이성 등을 고려할 경우 '최적 조건'을 미세 조정함으로써 별도의 '최적화'를 이룰 수 있다.

'제어 인자'의 또 다른 '최적 조건' 도출 과정에 '회귀 분석'이 있으며 의도적인 실험을 통한 'DOE'와 달리 실험이 불가하거나 매우 어려운 상황일 때, 과거 데이터를 수집해 접근하는 방법으로 설명한 바 있다. 그러나 데이터가 얻어진 이후부터는 지금까지의 흐름과 유사하므로 별도의 설명은 생략한다. 다음은 '대안 인자' 경우의 '최적 대안' 도출 과정에 대해 알아보자.

11.1.2. 대안 인자(Critical Element) 예

Improve Phase 초반에 설명했던 '개선 체계도'를 참고하면, '통계 처리'가 불필요한 '개선 방향'에 대해 '아이디어 도출(창출) → 아이디어 종합 → (아이디어) 평가/선정'의 흐름을 타도록 하였다. 유의할 점은 앞서 강조한 대로 이 흐름에 띄울 항목은 '인자' 자체가 아니라 'Step‐9. 핵심 인자(Vital Few X's) 선정'에서 정리된 '개선 방향'이다. **Analyze Phase** 'Step‐8. 데이터 분석'에서의 산출물이 인자의 유의성 여부를 확인하는 것이 아니라, '사실 분석'이라는 추가 분석 과정을 통해 프로세스 내의 문제점을 찾아주는 것이며, 궁극적으로 무엇을 개선해야 하는지의 확인이 핵심이다. 따라서 얻은 산출물, 즉 '개선 방향'이 '최적화' 대상이 돼야 하며, '최적화'하기 위해서는 프로세스 내 앞뒤 활동과의 관계, 부작용 여부, 관리 편리성, 효율 등 고려 사항이 많다.

결국 '개선 방향'을 시작으로 여러 안들이 도출돼야 하고, 이들을 다시 다듬고 보완해 그들 중 '최적 대안'을 선정한다. 이어 "현 프로세스에 딱 맞는 '최적 대안'을 끼워놓은 상태"인 '최적화'를 이룬다. 설명된 흐름은 제조나 연구개발 부문보다 사무 간접이나 서비스 부문 과제들에 그 활용 빈도가 높다. 과거에는 '대안 인자'의 최적화 과정 중 여러 산출물을 표현할 방법이 마땅치 않

[그림 I-22] 'Step-10.1. 최적화 전략 수립' 예_대안 인자(노래방 매출 올리기)

Step-10. 개선계획 수립
Step-10.1. 최적화 전략수립

Analyze Phase에서 정리된 '핵심인자'와 '개선방향'을 유형별로 Grouping해서 개선영역을 명확하게 시각화 함.

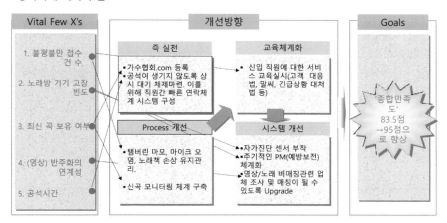

아 **Improve Phase**가 부실해 보이기까지 했다. 위의 [그림 I-22]는 '노래방 매출 올리기'에 대한 'Step-10. 개선 계획 수립' 장표이다([그림 I-9]를 옮겨옴). '제어 인자'인 [그림 I-10]과 비교하며 학습하기 바란다.

[그림 I-22]를 이용해 'Step-11. 최적화'를 진행하기 전 이후 전개 순서를 정해보자. 기업에서 개선의 주 대상이며 운영의 기본이 되는 'Process 개선' 그룹이 최우선이고, 다음 '프로세스 개선'을 토대로 적합한 '교육 체계화'를 이룬 뒤, 다소 시간이 소요될 것으로 예상되는 '시스템 개선'을 추진한다([그림 I-22]의 화살표 순서 참조).

'즉 실천' 그룹은 이미 **Analyze Phase**의 'Step-9. 핵심 인자 선정' 때 처리해도 좋고, 지금과 같이 **Improve Phase**로 넘겨 '최적화' 초기에 모아 요약하거나, 또는 '최적화' 실행 후로 몰아놓을 수도 있다. 본 예는 일단 주요한 개선들을 모두 처리한 뒤 맨 끝에 정리하는 것으로 정하였다(고 가정한다).

물론 '개선 방향'들 모두가 잘 적용돼 기존 프로세스가 향상되고 최초 목표로 했던 '종합 만족도－95점'이 무난하게 달성될 것인지는 팀원들과 의사 결정권자들 모두에 의해 심도 있는 검토가 이뤄져야 한다. 만일 여타 다른 의견이나 현재의 '개선 방향'으로 목표 달성이 어려울 거란 의견이 있으면 위험 관리 차원에서 신중하게 재검토가 필요하다. 이 경우 다시 Analyze Phase 'Step－9. 핵심 인자(Vital Few X's) 선정'에서 누락된 것은 없는지, 또는 'Step－8. 데이터 분석'에서 추가 분석이나 심도가 깊지 않아 '개선 방향'이 누락되거나 미흡한 것은 없었는지 등을 검토한다. 여기서도 문제가 발견되지 않으면 다시 Measure Phase 'Step－6. 잠재 원인 변수의 발굴'로 거슬러 올라가 변수의 누락이나 새로운 변수 발굴 등의 과정을 다시 밟을 수도 있다. 이와 같이 특정 단계에서 부족한 부분이 발견되면 이전의 활동에 보완이 필요하므로 '세부 로드맵'을 거슬러 올라가며 점검할 수 있다. 이것이 바로 문제 해결에 있어 로드맵 활용의 강점이라고 할 수 있다. 밟고 온 '세부 로드맵'은 마치 이력을 관리하는 것과 같으며 동시에 활동들 간 '전후관계', 또는 '인과관계'로 묶여 있어 문제 소지가 있는 부분은 바로 추적 가능하고 필요하면 보완도 즉각적으로 일어난다.

'대안 인자'의 최적화는 처한 상태에 따라 다양한 정성적 도구들이 등장한다. 따라서 앞으로 전개될 내용이 무엇이며 어느 흐름을 타게 될 것인지 강조하는 차원에서 다음 [그림 Ⅰ－23]에 '개선 체계도'를 다시 한번 옮겨놓았다. '실험 계획' 때와 마찬가지로 흐름과 관련된 경로는 굵은 빨간 선으로 표시하였다. '개선 체계도'와 앞으로 읽어나가는 본문 내용을 하나씩 비교하거나 점검해보기 바란다.

[그림 Ⅰ-23] 개선 체계도('대안 인자'의 '대안 창출' 경로)

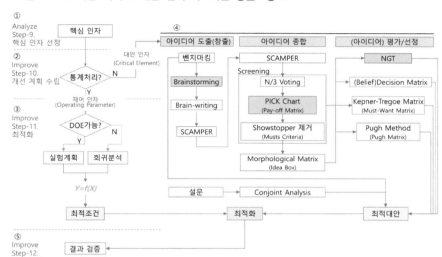

[그림 Ⅰ-23]에서 '대안 인자'의 '최적 대안'을 찾아가는 과정은 공통적으로 '아이디어 도출(창출) → 아이디어 종합 → (아이디어) 평가/선정'으로 진행되지만 [그림 Ⅰ-23]에서와 같이 '벤치마킹'을 포함해, '브레인스토밍', 'SCAMPER', 'N/3 Voting', 'NGT' 등 모든 도구들을 활용할 필요는 없다. 왜냐하면 많은 양의 대안들을 확보하기 위해 '벤치마킹~Idea Box'까지 화살표를 따라 전체를 실행할 수도 있지만 대부분의 과제가 그들 중 일부만으로 대안들을 충분히 창출할 수 있기 때문이다. 예를 들어, [그림 Ⅰ-23]의 '개선 체계도'에서 '아이디어 도출(창출)' 중의 도구 1개(예: Brainstorming), '아이디어 종합' 중의 도구 1개[예: PICK Chart(Pay-off Matrix)] 및 '(아이디어) 평가/선정'의 도구 1개(예: NGT)씩 상황에 맞게 선택해 사용한다.

상황에 맞는 도구를 선택했으면 내용을 도구에 담아 흐름에 맞춰 장표로 구

성한다. 다음 [그림 I‑24]는 '노래방 매출 올리기'의 'Step‑11. 최적화' 작성
예이다.

[그림 I‑24] 'Step‑11.1. 최적화 및 기대 효과' 예(브레인스토밍/Pay‑off Matrix/NGT 사용)

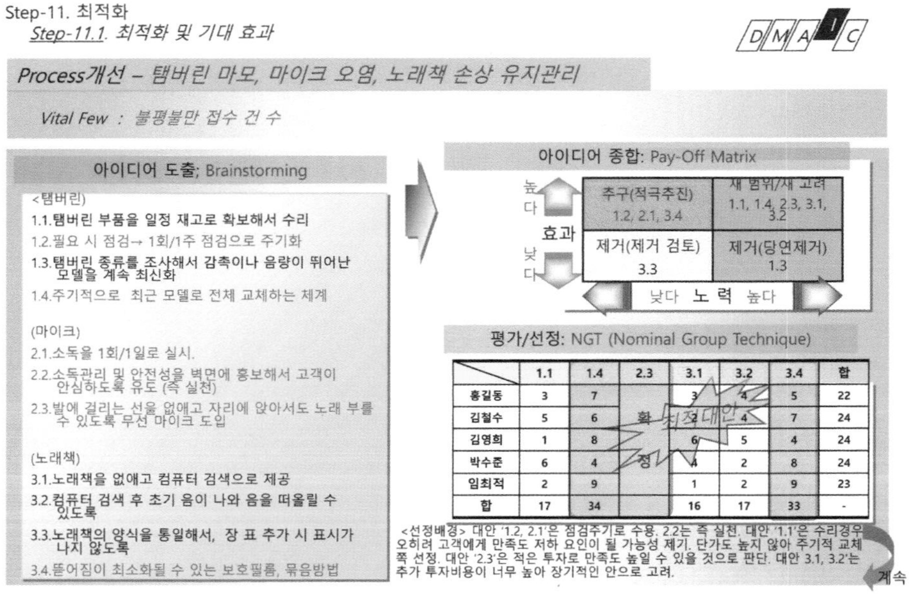

Step-11. 최적화
Step-11.1. 최적화 및 기대 효과

Process개선 – 탬버린 마모, 마이크 오염, 노래책 손상 유지관리

Vital Few : 불평불만 접수 건 수

[그림 I‑24]는 앞서 설명한 바와 같이 Analyze Phase에서 'Vital Few X'
가 된 '불평불만 접수 건수'의 분석 결과 '탬버린 마모, 마이크 오염, 노래책
손상 유지 관리'의 '개선 방향'이 도출됐고, Improve Phase에서 'Process 개
선'이란 그룹명으로 이들이 정리됐음을 알 수 있다. 또 '아이디어 도출(창
출) → 아이디어 종합 → (아이디어) 평가/선정'에 포함된 도구들 중
'Brainstorming → PICK Chart(Pay‑off Matrix) → NGT'를 선택하고 있다

([그림 I‒23] 색 표식 도구들 참조). 특히 '아이디어 도출', '아이디어 종합', '평가/선정'의 단계별 진행 및 관련 도구를 알리기 위해 "아이디어 도출: Brainstorming" 또는 "아이디어 종합: Pay‒off Matrix"처럼 소제목을 기입하였다.

사안이 단순해서 '탬버린', '마이크', '노래책'에 대한 개선 대안을 동시에 도출하였다(고 가정한다). 도출된 대안들 중 "2.2. 소독 관리 및 안전성을 벽면에 홍보해서 고객이 안심하도록 유도"는 선택의 문제라기보다 꼭 필요한 사항이므로 '즉 실천'에 포함시켰고, "1.2. 필요시 점검 → 1회/1주 점검으로 주기화"와 "2.1. 소독을 1회/1일로 실시" 등은 문제를 사전에 발견한다는 취지에서 반드시 수용해야 하므로 선택 목적의 별도 평가는 불필요하다. 즉, '최적 대안'으로 확정하였다(고 가정한다). 따라서 'Pay‒off Matrix'상의 '효과'가 큰 대안들인 '1.1, 1.4, 2.3, 3.1, 3.2, 3.4' 들을 대상으로 '평가/선정' 과정의 'NGT'를 진행하였다. 특히 '2.3'은 평가 과정 중 팀원들의 의견을 수렴하여 '최적 대안'으로 선정하였다고 가정하고 이에 '확정'이라 표시하였다. 평가결과 '1.4'와 '3.4'가 '최적 대안'으로 최종 선정되었음도 알 수 있다('평가/선정'에서 노란색 바탕으로 표식).

그러나 무엇보다 중요한 것은 '최적 대안'을 선정하기까지의 과정이다. '최적 대안'은 "프로세스에 바로 적용할 수 있는 상태의 최종 안이다." 따라서 적용 후 잘못됐음을 알게 되면 지금까지의 과정을 다시 밟아야 한다. 만에 하나 재선정 과정이 발생하면 당시 팀원들이 낸 의견과 의사 결정 과정을 기술한 '선정 배경'은 매우 훌륭한 정보가 된다. 결국 '평가/선정'의 점수 자체보다 그 점수를 만들어내기까지 팀원들 간 고민과 의견이 무엇이었는지가 자료로서 더욱 가치가 있다. [그림 I‒24]의 'NGT' 하단에 이들 고민과 의견을 '선정 배경'에 기록하였다. 양이 많으면 '개체 삽입' 기능을 이용한다. 다음 [그림 I‒25]는 확정된 '최적 대안'들에 대한 '최적화' 과정을 보여준다.

[그림 I-25] 'Step-11.1. 최적화 및 기대 효과' 예(노래방 매출 올리기)

Step-11. 최적화
Step-11.1. 최적화 및 기대 효과
　 탬버린 마모, 마이크 오염, 노래책 손상 유지관리 _계속

최 적 화

구 분	최적대안	최적화		
탬버린	• 필요 시 점검 → 1회/1주 점검으로 주기화	• 기존 필요한 시점에 점검하던 것을 주 1회로 주기화하고, • 특히 회식손님이 많은 금요일 밤 이후 고장빈도가 높다는 점을 감안, 손님이 없는 토요일 오후 2시부터 약 1시간 동안으로 정례화함.	**탬버린 점검 표** 점검시간 매주(토) 14:00~15:00 점검항목 울림판　정상·고장 테두리　정상·고장 틀　정상·고장 조임나사　정상·고장 금속조각　정상·고장 점검자　(확인)	**탬버린** (그림)
	• 주기적으로 최근 모델로 전체 교체하는 체계	• OO악기업체로부터 최신 탬버린정보를 받아보도록 협약하고, • 반기 당 1회 최신 것으로 전면 교체하기로 표준화함.	• 정보입수방법; 개인 E-mail • 포함내용; 탬버린 사진, 특징, 기존 제품과의 차별성, 가격, 수명 정보 • 교체 시 20개 이상 구매할 경우 10% D.C 적용. • 업체; OO 타악기 (02-000-0000)	**기 대 효 과** ➔ 주기적 점검으로 탬버린 고장발생률 '0'화 ➔ 탬버린 대량구매로 년간 약 10만원 절감 ➔ 최신형 탬버린 보유로 고객만족도 향상 기대됨.

　　[그림 I-25]의 '구분' 열에는 '탬버린', '마이크', '노래책'을 입력하되 우선 '탬버린'부터 시작한 경우이다. '최적 대안' 열은 앞서 최종 선정된 "1.2. 필요 시 점검 → 1회/1주 점검으로 주기화"와 "1.4. 주기적으로 최근 모델로 전체 교체하는 체계"가 들어 있고, 이후 '최적화' 열에는 이들에 대해 실제적으로 현 프로세스에 바로 적용할 수 있는 (또는 적용된) 내용을 시각적으로 표현하고 있다. 제3자가 봤을 때, "아하, 저렇게 변하는구나, 정말 기존보다 좋아지겠는걸!" 하고 느낄 수 있도록 상세하게 기술하는 것이 중요하다. 예에서는 "탬버린 점검표"라고 하는 양식을 만들어 '점검 주기', '점검 항목', '점검자' 등을 확인토록 하고 있으며, 이것을 관리하고, 기록하고, 보관하는 통합된 활동은 **Control Phase**에서 표준 문서(표준화)로 만들어진다(고 가정한다).

탬버린의 '점검 항목'들을 점검자들이 알아보기 쉽도록 탬버린의 구조와 해당 부위의 명칭을 사진으로 첨부하였다. 자료 작성은 항상 본인 관점이 아닌 제3자 입장이며, 눈높이는 중학교 2학년 수준 정도가 적절하다. 이것은 내용을 접하는 사람이 편하게 볼 수 있도록 서비스 마인드를 갖는 것이며 곧 과제 품질을 높이는 효과와 직결된다.

두 번째 '최적 대안'은 고장 난 것을 수리할 것이냐 아니면 반기 정도의 주기로 전체 교체를 할 것인가 하는 비용적, 시간적 투입을 고려한 결과이며, "반기별로 교체하기 위한 최적화"가 기술되었다. '기대 효과'는 이 같은 '최적화'가 적용될 경우 예상되는 효과이며 'Y'의 향상되는 정도를 수치로 표현하는 것이 정답이다. 그러나 본 예의 '종합 만족도'는 바로 평가가 이뤄지기 어려우므로 추정 자료를 사용하였다(고 가정한다). 그 외의 '재무성과'나 '비용 절감액' 또는 '비재무 효과' 등도 언급한다. 이들을 모두 모아 'Step - 12. 결과 검증'에서 전체 효과를 평가하는 기본 자료로 활용한다. '마이크'와 '노래 책'의 전개 역시 유사함에 따라 별도의 설명은 생략한다.

그룹명 'Process 개선'의 남아 있는 '개선 방향'인 "신곡 모니터링 체계 구축"은 첫 번째 '개선 방향'인 "탬버린 마모, 마이크 오염, 노래책 손상 유지 관리"의 최적화와 동일한 방법으로 진행한다. 이 경우 '브레인스토밍'을 통해 다양한 개선 대안을 도출하기보다 신곡 관리가 잘돼 있는 동종 업소를 대상으로 '벤치마킹'을 수행하는 것이 효과적일 것으로 판단하였다(고 가정한다). 이에 '아이디어 도출(창출) → 아이디어 종합 → (아이디어) 평가/선정' 과정을 '벤치마킹' 용법으로 대체하여 진행하였다(고 가정한다). 이에 대한 '개선 체계도' 내 도구의 사용 경로는 다음 [그림 I - 26]과 같다.

[그림 Ⅰ-26] 개선 체계도('벤치마킹' 경로)

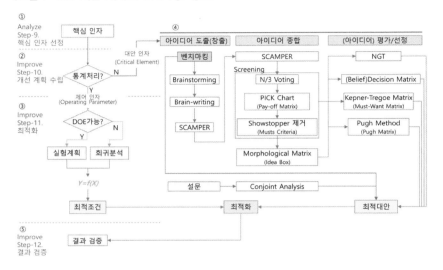

[그림 Ⅰ-26]의 '벤치마킹'은 **Analyze Phase**로부터 '개선 방향'을 넘겨받은 뒤, '벤치마킹'만으로 '최적 대안'을 도출하는 경로이다. 물론 '벤치마킹' 수행 후 습득한 정보들이 프로세스에 바로 적용하기 어려울 수 있다. 이 경우 '아이디어 도출(창출)'의 첫 단계인 '브레인스토밍－브레인 라이팅－SCAMPER'를 연속해 수행하고, '아이디어 종합'과 '평가/선정'의 전 과정을 밟을 수도 있다. 그러나 본 예의 "신곡 모니터링 체계 구축" 경우, 업체 특성상 신곡 관리에 대한 좋은 사례는 동종 업체(여기선 노래방)에 바로 적용 가능할 것으로 가정하고, '벤치마킹'의 결과가 직접 '최적 대안'으로 간주되는 경로를 선택하였다. '벤치마킹'은 통상 다음 [그림 Ⅰ-27]과 같은 '4단계'를 거치면서 수행되나 상황에 따라 가감하기도 한다. '벤치마킹'의 자세한 용법은 『Be the Solver_정성적 분석』편을 참고하기 바란다.

[그림 I - 27] 벤치마킹 절차

| 1. 계획 (Plan) | 2. 측정 (Measure) | 3. 학습 (Learn) | 4. 적용 (Apply) |

- **계획(Plan)** 기존 보유 데이터를 검토하여 벤치마킹 범위, 방법, 시기, 결과 처리에 대한 계획을 수립하는 단계.
- **측정(Measure)** 벤치마킹 대상을 선택하여 질문 사항을 만들고, 기초적 연구와 데이터를 모으는 단계.
- **학습(Learn)** 데이터를 기초로 성과 차이 및 Gap 발생 원인을 분석하여 유용한 지식으로 변환하는 단계.
- **적용(Apply)** 분석 결과의 적용을 통해 기존 프로세스를 개선하는 단계.

[그림 I - 27]의 '벤치마킹 절차'는 '로드맵'에 대응한다. '벤치마킹'도 하나의 '문제 해결 방법론'이며, 따라서 자체 '로드맵'을 갖추고 있다. 예시는 '4단계' 지만 Kaiser Associates에서 출판한 『*Benchmarking for Competitive Advantage*』는 '7 - 단계' 접근법을 논하고 있다. 또 1989년 벤치마킹에 대해 처음 책을 썼던 Robert Camp는 '12 - 단계'의 접근법을 개발해 제시하고 있다. 그 외에도 'WIKIPEDIA'에 '6 - 단계' 접근법도 있다. 모두를 활용하기보다 벤치마킹 규모에 따라 적합한 접근법을 선택하는 것이 최선이다.

[그림 I - 27]에서 '학습(Learn)' 단계는 '최적 대안'을 선정하는 과정이며, 맨 끝의 '적용(Apply)' 단계는 '최적화' 과정으로 대체하면 이해가 쉽다. 다음 [그림 I - 28]은 '벤치마킹'을 간단히 적용한 예이다.

[그림 I-28] 'Step-11.1. 최적화 및 기대 효과' 예('벤치마킹' 사용)

Step-11. 최적화
Step-11.1. 최적화 및 기대 효과

*Process*개선 – 신곡 모니터링 체계구축

Vital Few : 최신 곡 보유 여부

아이디어 도출: 벤치마킹 - Plan

<목적> 당 업소의 매출신장과 고객만족도를
　　　 향상시키기 위해 지속적인
　　　 신곡관리체계를 구축하고자 벤치마킹
　　　 수행.
<범위> 신곡 Update방법, 지속관리방법
<대상> 00지구 2년 연속 매출 1위 A업소
<방법> 노래방 업주자 협의체 인맥을 통한
　　　 업소 방문 및 사장 Interview
<시기> 2xxx. 10.06 14:00~18:00
<결과처리> 매출이 2배 가량 차이가
　　　 나므로, 결과를 직접 적용하는데
　　　 어려움이 예상되나 가능한 동일하게
　　　 가는 방안을 고려 중.

아이디어 도출: 벤치마킹 - Measure

< 질문사항 >
1. 신곡의 반영은 얼마나 자주 하는지?
2. 신곡을 조사하는 방법은 무엇인지?
3. 신곡 추가 시 노래 책의 분량 조정은 하는지?
4. 신곡의 관리가 매출 신장에 기여하는지?

아이디어 도출: 벤치마킹 - Learn

	당 업소	A 업소
신곡 반영빈도	· 고객 요구 시 · 소문 듣고	· 주기적 조회 · 신곡발표 시 판단
신곡조사 방법	상동	· 인터넷 업체와 연간 　계약
노래책 분량관리	· 뒤에 덧붙임	· 가감이 가능하도록 　바인더형 책자관리
신곡의 매출기여	고려해본 적 업음	약 20%(젊은 고객 층 고정적 확보)

최적 대안

계속

　　[그림 I-28]에서 "신곡 모니터링 체계 구축"을 위해 '벤치마킹'을 결정하였
고, '계획(Plan) → 측정(Measure) → 학습(Learn) → 적용(Apply)'의 단계로
장표를 구성하였다. 물론 현업이라면 더 많은 양이 포함될 것이나 여기서는
흐름을 익히는 데 주력하고 있으므로 장표는 최소화하였다. 특히 '벤치마킹 –
측정(Measure)'의 문항 중 "4. 신곡의 관리가 매출 신장에 기여하는가?"는 현
재 'Y'가 '서비스 종합 만족도'지만 이것의 향상이 재무효과 산정에 얼마만큼
기여할 수 있는지 확인할 목적으로 벤치마킹에 추가하였다(고 가정한다). 다음
[그림 I-29]는 '최적화'의 작성 예이다.

[그림 Ⅰ-29] 'Step-11.1. 최적화 및 기대 효과' 예('벤치마킹' 사용)

Step-11. 최적화
Step-11.1. 최적화 및 기대 효과
신곡 모니터링 체계 구축 _계속

최 적 화- Apply

구 분	최적대안	최적화	기 대 효 과
신곡 반영빈도	• 주기적 조회 • 신곡발표 시 판단	• TV 프로 '토요 앨범' 모니터링(주 1회)→주간 인기 순위 파악하여 10위까지 반영 • 인터넷 검색 (주 1회) 조회 →최근 가요 Trend 및 관련 신곡 파악하여 즉 반영	➩ 기존 대비 매출 <u>20% 향상</u> 기대됨
신곡조사 방법	• 인터넷 업체와 연간 계약	• TV 및 인터넷 조사(상동) • 인터넷 가요 동호회 가입 → 20대, 30대, 40대, 50대 별로 모니터링(주 1회) ※ 인터넷 정보업체와의 계약은 추가 비용부담이 큰 관계로 일단 위 개선을 반기 수행 후 활용여부 결정할 계획임	
노래책 분량관리	• 가감이 가능하도록 바인더형 책자관리	• 가감이 가능하도록 바인더형 책자관리	➩ 관리비용 연 30만 원 절감 예상됨
신곡의 매출기여	약 20%(젊은 고객 층 고정적 확보)	• 기대 예상효과로 활용	-

　　[그림 Ⅰ-29]의 벤치마킹 중 "신곡 반영 빈도"와 "신곡 조사 방법"을 적용함에 따라 구체적인 '주기'와 '방법'이 최적화되었으며, 이로부터 예상되는 효과는 매출의 '약 20%' 향상을 기대하고 있다(벤치마킹 결과). 그 외에 특수 바인더의 도입으로 관리의 효율 향상과 연간 '약 30만 원'의 비용 부담을 덜 것으로 예상한다(고 가정한다). 물론 특수 바인더 경우 '구조의 장점'과 '관리 편리성'을 좀 더 상세하게 설명할 필요도 있다. 혹 사업 부장이 세부 설명 자료를 요구할 수도 있기 때문이다.

　　다음은 '아이디어 도출(창출) → 아이디어 종합 → (아이디어) 평가/선정' 중 'SCAMPER → Morphological Matrix(Idea Box) → Kepner-Tregoe Matrix(Must-Want Matrix)'의 적용 예로써, 다음 [그림 Ⅰ-30]은 '개선 체계

도' 내 도구들의 선택을 보여준다.

[그림 Ⅰ-30] '개선 체계'도 활용 예

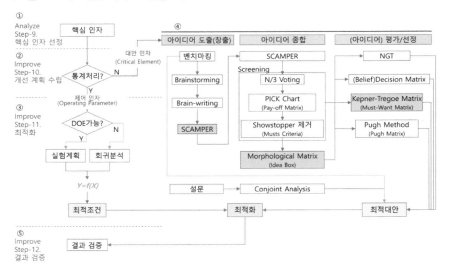

[그림 Ⅰ-30]에서 'Morphological Matrix(Idea Box)'는 'N/3 Voting, Pay-off Matrix, Musts Criteria'처럼 개별 안의 도출과는 달리 조합을 통해 대안들이 만들어지므로 체계(교육, 인프라 등)를 필요로 하는 경우에 알맞다. 예를 들어, '교육 체계를 수립'하는 '개선 방향' 경우 '최적화'를 위해서는 기본적으로 운영과 관련된 사항들-교재 제작, 교육 주기, 장소, 대상, 강사 배정- 등이 필요하다. 이들 중 현재 잘 운영하고 있지 못한 항목이 '아이디어 도출(창출)'에서 대안들로 나올 것이므로 이들을 종합해 'Idea Box'의 'Parameter'와 'Variation'을 결정하고 추가적인 'Variation' 도출에 집중한다.

예로써 만일 대안 중 하나가 "강사는 사내 강사를 활용한다"로 나왔으면

'Parameter'는 '강사 배정'이 되고, 'Variation'은 도출된 '사내 강사'가 포함될 것이다. 그러나 '사내 강사' 한 경우만 존재하는 것이 아니라 추가적인 고려가 가능한데 이에는 '사외 강사', '사내 강사/사외 강사 혼용' 등이 별개의 'Variation'으로 활용될 수 있다. 따라서 다양한 대안들로부터 'Parameter'와 'Variation'을 구분해내는 안목과, 또 좀 더 유용한 결과를 만들어내기 위한 심도 있는 고민이 필요하다. 물론 'Idea Box'의 독립적인 활용도 가능하므로 상황에 맞게 대처한다. 다음 [그림 I-31]은 사용 예를 보여준다.

[그림 I-31] 'Step-11.1. 최적화 및 기대 효과' 예('SCAMPER/Idea Box' 사용)

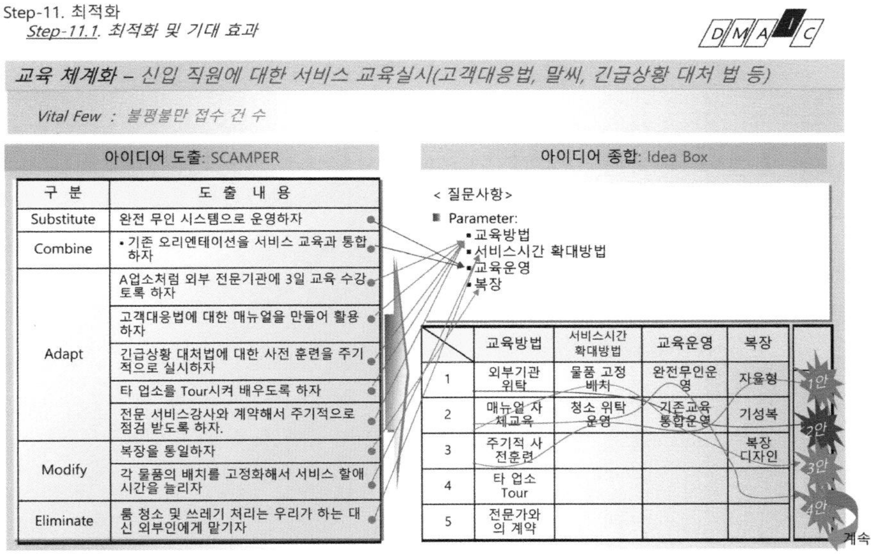

[그림 I-31]에서 우선 '신입 직원'들에 대한 서비스 교육을 어떻게 실시할 것인가 하는 관점에서 'SCAMPER'로 아이디어를 도출하였고, 이로부터 '4개'

의 'Parameter'를 끄집어냈다. 여기엔 '교육 시간', '서비스 시간 확대 방법', '교육 운영', '복장'이 포함돼 있다. 또 'Variation' 역시 'SCAMPER'와 '브레인스토밍'을 통해 '교육 방법'의 총 '5개'부터 '복장'의 '3개'까지 다양하게 도출한 후 이들을 'Idea Box'에 종합해 정리하였다(고 가정한다).

이렇게 모아진 정보를 이용해 팀원들과 가장 좋은 조합을 찾기 위한 또 한 번의 협의가 있게 되며, 최종적으로 '4개'의 대안이 창출됐음을 알 수 있다([그림 I‐31]의 'Idea Box' 참조).

'Idea Box'는 'Parameter'가 '10개,' 'Variation'이 '10개'면 '총 10^{10}개'의 조합, 즉 '100억 개'의 '대안 창출'이 가능하다. 따라서 임의 체계를 필요로 할 때 개선 대안을 만들어내는 도구로는 매우 훌륭하다고 볼 수 있다. [그림 I‐31]의 'Idea Box'로부터는 '총 60개(= 5×2×2×3)'의 대안 창출이 가능하다.

또 실제 과제를 수행하다 보면 개선해야 할 내용뿐만 아니라 '방법'이나 '개념도', 또는 특정 부위의 '구조도' 등도 포함시킬 필요가 있으며, 이들 모두를 혼합해서 'Variation'으로 표현할 수도 있다. 예를 들면, '구매 방법'의 '대량 구매‐소량 구매‐필요 시 구매'의 내용과 '외형 모양'의 '□, △, ☆'의 그림 등이 함께 공존하는 식이다.

연구 개발 부문(R&D)의 '문제 회피 영역'에서의 '제품 설계 방법론'은 가장 핵심적인 활동이 '콘셉트 설계(Concept Design)'이다. 제품을 최초 설계할 때 외형이나 내부 구조가 결정되지 않으면 최적화가 이뤄질 수 없다. 이때 제품의 외형과 구조를 결정할 목적으로 쓰이는 중요한 도구를 'Morphological Matrix(또는 Chart)'라고 부른다. 표의 외형은 'Idea Box'와 동일하다. 기업에서는 좀 더 쉬운 용어, 'Idea Box'를 쓴다고 보면 이해가 될 듯싶다. 다음 [그림 I‐32]는 '(아이디어) 평가/선정'의 '파워포인트' 작성 예이다.

[그림 I-32] 'Step-11.1. 최적화 및 기대 효과' 예('Must-Want Matrix' 사용)

Step-11. 최적화
Step-11.1. **최적화 및 기대효과**
신입직원에 대한 서비스 교육실시 _계속

평가/선정 : Must-Want Matrix

Must 조건	•주기적 사전훈련 •청소위탁운영 •기존교육 통합운영 •복장 자율형	•외부기관 위탁운영 •물품 고정 배치 •기존교육 통합운영 •복장 기성복	•매뉴얼 자체교육 •물품 고정배치 •기존교육 통합운영 •복장 디자인	•뉴얼 자체교육 •청소위탁운영 •완전 무인운영
추가비용 500만 이하	O	X	O	X
적용 1달 이내	O	O	O	X
사내직원 만장일치 여부	O	O	O	X

Want 조건	가중치	1안		2안		3안		4안
적용의 주기성	0.2	6	1.2			5	1.0	
교육내용의 지속성	0.2	6	1.2			10	2.0	
접근의 용이성	0.1	2	0.2			9	0.9	
만족도 기여 정도	0.2	4	0.8			7	1.4	
매출 기여 정도	0.3	5	1.5			8	2.4	
합			4.9				7.7	

최적대안

[그림 I-32]에서 내용 파악이 용이하도록 소제목에 '평가/선정: Must-Want Matrix'와 같이 세부 단계와 도구를 함께 기술하였다. '3개'의 'Must 조건'을 모두 만족하는 '1안'과 '3안'이 'Want 조건'을 평가할 우선 대상자로 선정됐으며, 'Want 조건'의 최종 평가를 통해 '3안'이 '최적 대안'으로 결정되었다(고 가정한다). 이 도구는 'Must 조건'과 'Want 조건'에 따라 선정 결과가 좌지우지되므로 조건을 선정할 때 팀원들의 신중한 판단이 요구된다. 또 결과 값의 합이 서로 비슷해서 변별력이 떨어지거나 전체적으로 점수가 낮아 대안들의 적합성에 의심이 가는 경우, 또는 특정 점수의 비중이 너무 커서 '가중

치'의 의미가 퇴색하는 경우 등 상황별 분석을 통해 보완 사항이 없는지 주의 깊게 관찰한다. 아무리 단순한 도구라도 사용하는 사람의 의지와 노력에 따라 그 가치가 크게 달라진다는 점을 명심하자. 다음 [그림 I-33]은 '최적 대안' 과 '기대 효과'의 예를 보여준다.

[그림 I-33] 'Step-11.1. 최적화 및 기대 효과' 예(노래방 매출 올리기)

Step-11. 최적화
　Step-11.1. 최적화 및 기대 효과
　▶ 신입직원에 대한 서비스 교육실시 _계속

최 적 화

구 분	최적화	기 대 효 과
매뉴얼 자체교육	['고객관리 매뉴얼' 제작: DAC_Ver_01] •기본서비스; 복장/말씨/인사법/고객 응대법 외 10종. •대 고객 서비스; 단골고객 관리법, 취객 대응요령, 과대한 요구를 하는 고객 대응요령 외 15종. •교육일정/방법/관련 서식/Check Sheet 포함 　매뉴얼 상세보기	✿ 최소 6% 추가 매출예상됨.(근거; 지난 6개월간 서비스 대응 미숙으로 이탈된 고객 수가 매출환산 약 6% 점유)
물품 고정배치	[물품관리 매뉴얼 제작: DAS_Ver_01] •대 고객물품; 마이크, 책자, 탬버린, 재떨이 외 5종 •재고물품; 물수건, 음료수 외 24종 •운영물품; 각종 필기도구, 전산소모품, 테이프 외 12종 ⇒ 고정배치 및 지속관리를 통해 고객요청 시 즉시 대응	
기존교육 통합운영	•『고객관리 매뉴얼』에 통합해서 관리.	
복장 디자인	•전문매장에 업소에 맞는 직원 복장을 의뢰해서 제작. •총 비용 200만원 소요 •수선 및 지속적 구매계약을 통해 20%비용 절감 　복장 상세보기	

[그림 I-33]에서 '최적화'를 시각적으로 확인시키기 위해 매뉴얼의 요약과 함께, 원문을 볼 수 있도록 연결 버튼을 설치하였다. 물론 '고객 관리 매뉴얼' 파일은 '파워포인트'에 '개체 삽입(Embedding)'돼 있어 상시 확인이 가능하다 (고 가정한다). '복장 디자인' 역시 업소 직원들이 입게 될 복장을 최적화(완 성)했으며, 디자인 외형을 파악할 수 있도록 버튼 기능으로 '개체 삽입'시켜

놓았다. 이렇게 '파워포인트'의 '개체 삽입' 기능을 활용하면 다양한 추가 정보를 포함시킬 수 있어 공간 활용의 효율을 극대화할 수 있다. 다음 [그림 I-34]는 '파워포인트'의 '개체 삽입' 기능 '대화 상자'를 나타낸다. 개체 삽입된 내용은 과제 파일과 함께 저장되므로 최상의 관리 수준을 유지할 수 있다.

[그림 I-34] 파워포인트의 '개체 삽입' 기능

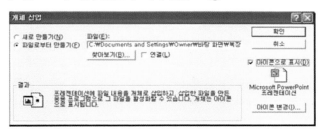

지금까지 '제어 인자'와 '대안 인자'별 '개선 방향'에 대한 '최적화' 과정을 따로 분리해서 설명하였다. '노래방 매출 올리기'의 예들이 단순한 사항들이라 도구들의 활용 역시 그에 맞춰 설명이 이루어졌다. 그러나 현업은 문제의 복잡도가 높은 만큼 도구들의 활용에 있어서도 많은 고민이 필요하다. 단지 본문에 소개된 활용 예들은 다년간 지도 과정에서 검증된 결과물이므로 교육이나 지도 때 충분히 활용하기 바란다. 또 각자의 영역에서 연구하는 자세로 새로운 응용을 통해 훨씬 나은 성과를 얻어내기 바란다.

Step - 12. 결과 검증

'결과 검증'은 'Step - 11. 최적화'에서 완성된 각종 개선 내용들의 효과를 종합적으로 평가하는 활동이다. 여기서 '효과'라 함은 과제의 지표인 'Y'의 향상과 그에 따른 '재무성과'까지 포함한다(재무성과는 'Step - 15.1. 과제 성과의 종합'에서 별도 진행됨). 본 활동에서 'Y'의 수준은 원칙적으로 '6시그마 수준'을 달성해야 한다. 경험적으로 '6시그마 수준'을 달성하는 빈도는 전체 지도 과제 중 약 20% 정도로 높은 편은 아니다. 특히 간접이나 서비스 부문의 과제 경우 향상 정도가 1시그마 수준 내외가 되는 예도 있는데 현업에서 사용하는 지표로 환산하면 목표 수준 이상을 대부분 달성하는 것으로 나타난다. 예를 들어, 수율 향상은 작지만 단위당 절감 금액이 커서 목표액을 충분히 달성할 수도 있기 때문이다. 또는 시간 등의 특성들은 업무별로 몇 분을 줄이는 것도 큰 개선이지만 '시그마 수준'으로 환산할 경우 개선 폭이 상대적으로 적게 평가될 수 있다. 결국 제조나 연구 개발에서의 품질 특성이 아니면(또는 이들도 포함해서) '시그마 수준'과 함께 현업에서 사용되는 측도(예로 '%' 등)도 함께 표기하는 것이 바람직하다.

'결과 검증'을 수행하는 과정은 기본적으로 'Plan - Do - Check - Act Cycle'의 적용이 편리하다. '제어 인자'는 '실험 계획'이나 '회귀 분석'을 통해 '최적 조건'들을 찾은 바 있다. 따라서 이들의 '결과 검증'은 '최적 조건'에서 예측된 'Y'가 재현돼 나오는지를 확인한다. '대안 인자'는 '최적 대안'들을 도출하고 그들 중 일부는 프로세스에 적용 완료된 '최적화'까지 존재한다. 따라서 '대안 인자' 경우의 '결과 검증'은 관련 '최적 대안'들의 '최적화' 내용 모두를 한 곳에 모아 전체 개선이 'Y'를 얼마나 높였는지를 확인한다. 만일 '결과 검증' 후 목표 달성에 미흡할 시 'PDCA Cycle'을 반복한다.

Step-12.1. Plan: 파일럿 계획

'<u>제어 인자</u>'의 '결과 검증'은 '최적 조건'에서 'Y'의 목표 달성 여부를 확인하는 것이므로, 'Plan'은 '목적', '검증 계획' 등을, 'Do'는 '수행 결과'를 정리한다. 다음 [그림 I-35]는 'Plan'의 작성 예이다.

[그림 I-35] 'Plan: Pilot 계획' 예(제어 인자)

목 적

'Step-11. 최적화' 단계에서 Y(강도)에 영향을 미치는 인자(가열온도, 유지시간, 재료투입량)들의 최적조건에서 예측 목표 강도인 '187.7'이 재현되는지 확인하고자 진행.

검증계획

최적 조건	X1: 가열온도	140.0
	X2: 유지시간	2.0
	X3: 재료투입량	5.0
반응	Y: 강도	수직 압력에 대해 파열되는 시점의 강도 값
실험 방법	검증기간	xx. x. x ~ o.oo (2일간)
	장소	Xx 실험실
	설비/계측기	Pilot Test Line /전자저울/온도센서
	기 타	총 10회 평가

'<u>대안 인자</u>'의 경우는 좀 더 신중한데, '제어 인자'처럼 수치적 개념이 없으므로 표현에 어려움을 호소하기 마련이다. 다음 [그림 I-36]은 '노래방 매출 올리기'의 'Plan'에 대한 작성 예이다.

Step-12. 결과 검증
 Step-12.1. Plan: 파일럿 계획

DMAIC

'Step-11. 최적화' 내용을 요약하고, 이들이 'Y'를 얼마나 향상시킬 것인지 검증하기 위해 수행계획을 수립.

그룹 명	개선방향	최적대안	검증방법	효과
프로세스 개선	• 탬버린 마모, 마이크 오염, 노래책 손상유지관리	• 필요 시 점검→ 1회/1주 점검으로 주기화	-	체질
		• 주기적으로 최근 모델로 전체 교체하는 체계		
		• 소독을 1회/1일로 실시.	설문	시설 만족도
		• 발에 걸리는 선을 없애고 자리에 앉아서 노래 부를 수 있도록 무선 마이크 도입		
		• 뜯어짐이 최소화될 수 있는 보호필름, 묶음방법		
	• 신곡 모니터링 체계 구축	<신곡반영빈도>		
		• 주기적 조회	-	체질
		• 신곡발표 시 판단		
		<신곡조사방법>		체질
		• 인터넷 업체와 연간계약		
		<노래책 분량관리>	설문	시설 만족도
		• 가감이 가능하도록 바인더형 책자관리		
교육 체계화	• 신입직원에 대한 서비스 교육실시 (고객 대응법, 말씨, 긴급상황대처 법 등)	• 매뉴얼 자체교육	-	체질
		• 물품 고정배치	설문	서비스 만족도
		• 기존교육 통합운영	-	체질
		• 복장 디자인	설문	서비스 만족도
시스템 개선	• 자가진단 센서 부착	• A Type 자가진단 회로 포함	-	체질
	• 주기 적인 PM(예방보전) 체계화			
	• 영상/노래 비매칭 관련 업체 조사 및 매칭이 될 수 있도록 Upgrade	• 신 영상.com과 업무협약	설문	영상 만족도
즉 실천	• 가수협회.com 등록		설문	서비스 만족도
	• 공석이 생기지 않도록 상시 대기체계 마련. 이를 위해 직원간 빠른 연락체계 시스템 구성			

　[그림 Ⅰ-36]에서 '대안 인자'의 '결과 검증' 역시 'P-D-C-A Cycle'로 전개되며, 제목 'Step-12. 결과 검증' 아래에 '세부 로드맵' 명칭이 'Plan'으로 표기돼 있다. 예를 보면 '제어 인자'와 비교해 표현에 있어 많은 차이를 보인다.

　경험적으로 간접이나 서비스 부문 과제들이 'Step-11. 최적화'와 더불어 이 시점에서도 적잖이 혼란을 겪는다. '최적 대안'에 대해 "어떻게 'Y'의 향상을 확인할 수 있을까?" 하는 질문에 답을 찾아보도록 하자. 표의 제목들 중 두 번째 열인 '개선 방향'은 'Step-9. 핵심 인자 선정'에서 Improve Phase로 넘어온 '개선 방향'들이다. 또 그 앞의 '그룹명'은 Improve Phase의 'Step-10.

개선 계획 수립'의 결과를, 세 번째 열인 '최적 대안'은 'Step‒11. 최적화'에서 얻어진 대안들 중 최종 선정된 '최적 대안'들만 모아놓았다. 원래는 '최적화' 내용이 와야 하나 '최적화'를 일일이 나열할 수 없으니 '최적 대안'으로 대체한 것이다. 여기까지가 'Step‒9~Step‒10~Step‒11'의 이력을 담고 있다. 또 이력에 덧붙여 개선된 전체 내용을 한 장으로 요약하고 있어 프로세스에 가해진 변화가 무엇인지 쉽게 파악할 수 있다.

표 제목들 중 맨 끝에 있는 '효과' 열은 '최적 대안'들의 '최적화'가 실질적으로 'Y'를 향상시키는 데 기여했는지를 확인하는 공간이다. 만일 'Y' 향상에 직접 기여하면 "Y에 영향"이라고 입력한다. 그러나 아무리 생각해도 'Y'에 미치는 영향 여부를 판단할 수 없으면 수행된 '최적화'는 프로세스의 효율화를 꾀한 개선이며, 이때는 "체질 개선"이라고 입력한다.

Analyze Phase의 'Step‒8. 데이터 분석'에서 설명한 바와 같이 간접/서비스 과제들은 '사실 분석' 차원에서 프로세스 내 문제점들을 들춰나가다 보면 다양한 '개선 방향'들이 도출된다. 이들 모두가 '최적화'로 이어질 경우 'Y'의 향상과 직접적 관련이 없는(또는 적은) 결과도 나올 수 있다. "간접적인 영향"은 곧 '체질 개선'의 성격을 띤다.

[그림 Ⅰ‒36]의 '효과'란에 "Y에 영향"으로 표현한 경우, 다음 고려 사항은 'Y를 얼마나 향상시킬 것인지를 확인하는 방법'이 반드시 존재해야 한다. 설사 잘 모르거나 알려져 있지 않아도 찾아내야 하는 것이 이 단계에서 해야 할 일이다. 따라서 표의 제목들 중 '검증 방법'에 관련된 '방법'들을 기입한다.

'제어 인자'의 '실험 계획(DOE, Design of Experiment)'과 같이 모든 인자들을 한 번의 실험에 포함시켜 '최적 조건'을 얻었던 것과 달리, 간접/서비스 부문의 '결과 검증'은 최적화된 개별 내용들에 대해 각기 다른 방법으로 'Y의 향상 정도'를 평가할 수 있다. 그렇지 않으면 검증된 'Y의 향상 정도'가 도대체 어느 내용 때문에 좋아진 것인지 그 내역 확인이 모호해지며, 심한 경우 향상된 수준의 실체를 파악하지 못하는, 즉 과제는 완료했음에도 무엇 때문에 'Y'가 좋아졌는지 확인할 수 없는 사태에 직면할 수 있다. 실제 주변에서 자주 접하는 상황이기도 하다.

[그림 Ⅰ-36]의 예에서는 '검증 방법'에 '설문'만 입력했으나 그 외에도 '시뮬레이션', 'Trend Analysis', 'Pilot Test', '벤치마킹', '과거사례 적용', '유사 사례 적용', '추정' 등 'Y'의 향상 정도를 객관적으로 확인시켜 줄 모든 가용 방법이 동원될 수 있다.

'시뮬레이션'은 요즘같이 기술이 발전한 상황에서 이에 걸맞은 PC 기반의 시뮬레이터가 잘 나와 있다. 프로세스 개선을 통한 'Y의 향상 정도'를 한 번에 확인할 수 있는 시뮬레이터로 'i-Grafx' 등이 있다. 'Trend Analysis'는 과거의 추이로부터 향후를 예측하는 방법으로 몇 가지 제약만 해결되면 매출액이나 비용 등 '연속 자료'에 한해 유용하게 사용될 수 있다.

'Pilot Test'는 잘 알려진 바와 같이 최적의 환경에서 'Y의 향상 정도'를 확인하되 통상 규모가 크지 않은 상태로 진행된다. '벤치마킹'은 회사 내부든 외부든 상관없이 동일하거나 또는 유사한 개선 내용을 조사해 'Y의 향상 정도'를 가늠해볼 수 있으면 활용해봄 직하다. 그 외에 '과거 사례 적용'과 '유사 사례 적용'들도 '벤치마킹'의 경우와 비슷한데 과제의 개선과 동일한 사내 수행 실적이나 경험이 있으면 이들도 하나의 '검증 방법'으로 활용할 수 있다.

'Plan' 단계에서 가장 중요한 것은 뭐니 뭐니 해도 '검증 방법'이므로 이들을 [그림 Ⅰ-36]과 같이 빨간색 사각형 등으로 굵게 표시해놓을 필요가 있다. 만일 '검증 방법'별 '세부적인' 수행 방법을 기술할 필요가 있으면 그 다음 장에 내용을 연결해 포함시킨다.

Step-12.2. Do: 파일럿 실행

파일럿 수행 자체는 장표상에 표현할 수 없으므로 그 결과인 수치 데이터를 붙인다. 과정 중 특징적이거나 기록해야 할 사항은 자료에 모두 포함시킨다. 다음 [그림 I-37]은 '제어 인자'의 '최적 조건'들에 대한 수행 결과이다. 편의 상 실험 규모가 크지 않다고 가정하고 'Plan'과 'Do'를 함께 표현하였다. 10 회의 '강도' 평가 과정에서 설비 설정 조건의 조정이 있었으며, 그 외에는 별 다른 문제가 없다고 가정하였다.

[그림 I-37] 'Step-12.1/12.2. Plan: 파일럿 계획/Do: 파일럿 실행' 예(제어 인자)

Step-12. 결과 검증
Step-12.1. Plan: 파일럿 계획/ Step-12.2. Do: 파일럿 실행

확정된 최적조건에서 예측 값인 '187.7'이 재현되는지를 평가하기 위해 계획을 세움.

목 적

'Step-11. 최적화' 단계에서 Y(강도)에 영향을 미치는 인자(가열 온도, 유지시간, 재료투입량)들의 최적조건에서 예측 목표 강도 인 '187.7'이 재현되는지 확인하고자 진행.

검증계획

최적 조건	X1: 가열온도	140.0
	X2: 유지시간	2.0
	X3: 재료투입량	5.0
반응	Y: 강도	수직 압력에 대해 파열되는 시점의 강도 값
실험 방법	검증기간	xx. x. x ~ o.oo (2일간)
	장소	Xx 실험실
	설비/계측기	Pilot Test Line /전자저울/온도센서
	기 타	총 10회 평가

결 과

No.	강도(Y)	비 고
1	187.6	
2	186.7	
3	189.4	
4	204.8	
5	183.9	평가 중 조건 재설정
6	186.1	
7	164.6	
8	188.4	
9	192.0	
10	194.2	

다음 [표 Ⅰ-8]은 '대안 인자'에 대한 'Do' 단계의 예로, '설문'을 이용한 방법을 나타내었다.

[표 Ⅰ-8] 'Do: 파일럿 실행' 예(대안 인자)

Y	하위특성	소분류	중요도	만족도		가중평균 (중요도*만족도)		변동 폭
				전	후	전	후	
종합 만족도	노래방 시설만족도	노래방 환경	0.22	86	94	18.9	20.68	1.78
		화장실 환경	0.08	73	95	5.8	7.6	1.8
		반주기 수준	0.15	83	90	12.5	13.5	1
	영상만족도	음향	0.15	81	85	12.2	12.75	0.55
		영상배경	0.04	95	95	3.8	3.8	0
		노래후보 곡	0.16	90	94	14.4	15.04	0.64
	서비스 만족도	종업원	0.1	85	96	8.5	9.6	1.1
		기타	0.1	74	92	7.4	9.2	1.8
계/가중평균			1	-		83.5	92.17	8.67

Step-12.3. Check: 파일럿 결과 분석

파일럿 실행 결과로부터 얻어진 데이터를 분석한다. 분석에 필요한 각종 도구들은 Measure Phase나 Analyze Phase에서 학습한 바 있다. 적용상의 문제점이나 향후 운영할 때 우려되는 문제점, 개선 여부 등을 종합적으로 판단한다. 다음 [그림 Ⅰ-38]은 '제어 인자'에 대한 분석 예를 보여준다.

[그림 Ⅰ-38] 'Check: 파일럿 결과 분석' 예(제어 인자)

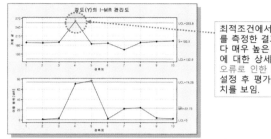

최적조건에서 생산된 표본 10개에 대해 강도
를 측정한 결과 표본 #4의 경우 기존 평균값보
다 매우 높은 '204.8'이 나옴. 생산 및 평가과정
에 대한 상세 조사결과 평가설비 Setting조건
오류로 인한 이상점으로 판명됨. Setting값 재
설정 후 평가한 결과 이후부터는 정상적인 수
치를 보임.

다음 [그림 Ⅰ-39]는 '대안 인자'의 설문 결과에 대한 분석 결과를 보여준
다. 편의상 'Do'와 'Check'를 함께 정리하였다(노래방 매출 올리기).

[그림 Ⅰ-39] 'Step-12.2/12.3. Do: 파일럿 실행/Check: 파일럿 결과분석' 예

Step-12. 결과 검증
Step-12.2. Do:파일럿 실행/ Step-12.3. Check:파일럿 결과분석　

Measure Phase에서의 평가방법을 동일하게 적용하여, '종합만족도(시설, 영상, 서비스)'에 대한 설문을
실시. Measure 때 측정과의 차이점은 '개선이 완료된 사항'은 경험을 한 고객에게 그대로 설문하고, '완
료가 안된 사항'들은 최적화 결과를 설명한 뒤 평가에 임하도록 함.

【만족도 평가결과】

Y	하위특성	소분류	중요도	만족도		가중평균 (중요도*만족도)		변동
				전	후	전	후	
종합 만족도	노래방 시설만족도	노래방 환경	0.22	86	94	18.9	20.68	
		화장실 환경	0.08	73	95	5.8	7.6	1.8
		반주기 수준	0.15	83	90	12.5	13.5	1
	영상만족도	음향	0.15	81	85	12.2	12.75	0.55
		영상배경	0.04	95	95	3.8	3.8	
		노래후보 곡	0.16	90	94	14.4	15.04	0.64
	서비스 만족도	종업원	0.1	85	96	8.5	9.6	1.1
		기타	0.1	74	92	7.4	9.2	1.8
	계/가중평균		1.0	-		83.5	92.17	8.67

■ 화장실 환경에 대한 '시설만족도'
가 개선 전에 비해 20점 이상 높
아짐

■ '음향'이나 '영상배경', '노래후보
곡' 등은 Upgrade가 되었으나
일반인에게는 큰 차이를 느끼지
못하는 것으로 분석됨.
■ 일부 음향이나 영상 마니아 층
에서는 높은 만족도를 보여 줌
▷향후 마니아 층을 구분하여
설문에 참여토록 한 뒤 고객층
다양화를 영업에 활용하는 것도
고려.

■ 서비스 교육 실시 후 '종업원
만족도'와 기타부문의 만족도가
최고 18점까지 상승

[그림 Ⅰ-39]에서 'Do'는 이전에도 언급했듯이 '수행 과정'은 자료상에 보여줄 수 없으므로 수행을 통해 얻은 결과물인 '데이터'를 붙여놓는다.

본 예는 설문에서 얻은 값들을 [그림 Ⅰ-39]의 '만족도 평가 결과' 내 '만족도' 열과 '가중 평균' 열의 '후'에 입력하였다. 그리고 다시 비교를 위해 Measure Phase에서 산정했던 '현 수준'을 '전'으로 쓰인 열에 포함시켰다. 따라서 수행할 '분석(Check)'은 그 둘을 비교하는 일이다. '분석'은 '10점' 이상의 향상을 보인 항목들에 대해 해설이 기술되었으며, 특히 '영상 만족도'를 높이기 위해 '음향'과 '배경 영상'에 투자가 있었음에도 '만족도'엔 큰 차이가 생기지 않은 원인을 파악해놓았다.

'분석(Check)' 과정을 통해 새로운 문제점이나 추가 해결책 마련이 필요한 사안들은 명백히 드러내고, 이후 활동에서 추가 개선이 이뤄질 수 있도록 여지를 남겨둔다. 본 단계에서 최종 정리된 내용은 다음 과정인 'Act'로 모두 넘겨 해법을 찾고 보완하는 과정을 밟는다. 간혹 일부 과제들에서 형식적인 분석을 거치거나 아예 과정을 생략하는 경우도 있다. 물론 '최적화'가 한 번에 이뤄져 '결과 검증' 후 별도의 검토가 필요치 않을 수도 있으나 위험 관리 차원에서라도 신중한 검토(Check)가 있도록 관심과 노력이 요구된다.

Step-12.4. Act: 파일럿 보완/단기 프로세스 능력 평가

'분석(Check)'에서 발견된 문제는 해결책을 마련한 뒤, 본 'Act'에서 보완한다. 만일 사안이 중대하면 'P-D-C-A Cycle'처럼 'Plan'부터 과정을 반복한다. 문제가 모두 해결됐으면 개선된 '프로세스 능력'을 '평가/예측'한다. 다음 [그림 Ⅰ-40]은 '제어 인자'에 대한 'Check/Act'의 작성 예를 보여준다.

Step-12. 결과 검증
  Step-12.3. Check:파일럿 결과분석/ Step-12.4. Act:파일럿 보완/단기프로세스 능력평가

점검결과 이상점을 확인하고, 이를 제외한 후 Process Capability 평가수행.

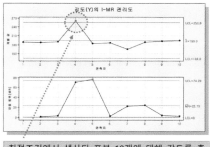

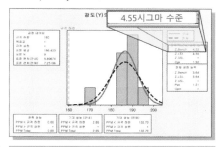

최적조건에서 생산된 표본 10개에 대해 강도를 측정한 결과 표본 #4의 경우 기존 평균값보다 매우 높은 '204.8'이 나옴.생산 및 평가과정에 대한 상세 조사결과 평가설비 Setting조건 오류로 인한 이상점으로 판명됨. Setting값 재 설정 후 평가한 결과 이후부터는 정상적인 수치를 보임.

이상점으로 판명된 데이터를 제거 후 Process Capability 평가결과 단기 약 4.55시그마 수준을 얻음. 단, 최고수준인 단기 6시그마 수준 달성에는 실패함. 그러나 Measure의 현 수준 평가, 2.84시그마 수준보다 크게 향상되었으며, 추가투자를 고려해야 하는 점을 감안하면 최적상태로 판단함.

[그림 Ⅰ-40]에서 '분석(Check)'의 'Ⅰ-MR 관리도'는 네 번째 타점이 'UCL'을 넘어섰다. 평가자와의 회의를 거쳐 재설정 과정 중 발생한 것으로 결론지었고, 이로부터 이상점을 제거한 뒤 Process Capability를 다시 얻었다(고 가정한다). '시그마 수준=4.55'는 최고 수준인 '6'에는 미치지 못했으나 더 이상은 추가 투자가 필요하다는 가정하에 만족한 수준으로 결론지었다.

유의할 사항은 Process Capability의 미니탭 그래프 중 '전체 공정 능력'란의 'Z. Bench 3.64' 대신, '잠재적(군내) 공정 능력'란의 'Z Bench 4.55'를 선택한 것은 앞서 설명한 바와 같이 수집한 데이터가 단기간에 얻어졌기 때문이다. 즉, 평소에 운영되는 프로세스처럼 다양한 외부 영향이 반영된 결과라기보다 최적의 환경 조건하에서 단기간에 얻은 결과이기 때문이다(단기 데이터이므로 두 '시그마 수준'은 별반 차이가 없는 것이 일반적이다). 따라서 이때 얻어진 '시그마 수준'에 '1.5Shift'를 고려해서는 안 된다. 이론적으로 '6시그마 수준'이 달성돼야 하지만 현실적으로 미달되는 경우가 많다. 이때는 실무적으로 과제 성과에 대해 수용 여부를 판단해야 한다. 다음 [그림 I - 41]은 '대안 인자' 경우의 'Act' 작성 예이다(노래방 매출 올리기).

[그림 I - 41] 'Step - 12.4. 파일럿 보완/단기 프로세스 능력 평가' 예(대안 인자)

Step-12. 결과 검증
Step-12.4. Act:파일럿 보완/ 단기 프로세스 능력평가

'Check'과정에서 고객다변화 차원에서의 마니아 층을 확보하기 위해 향후 주기적인 설문에 이들을 포함시키도록 보완함. 마니아 층이 확보될 경우 입 소문을 통해 매출에 기여하는 효과가 클 것으로 판단됨. 다음은 개선 후 <u>단기 시그마 수준</u>의 평가 결과임.

【만족도 평가결과】

Y	하위특성	소분류	중요도	만족도	가중평균 (중요도*만족도)
종합 만족도	노래방 시설만족도	노래방 환경	0.22	94	20.68
		화장실 환경	0.08	95	7.6
		반주기 수준	0.15	90	13.5
	영상만족도	음향	0.15	85	12.75
		영상배경	0.04	95	3.8
		노래후보 곡	0.16	94	15.04
	서비스 만족도	종업원	0.1	96	9.6
		기타	0.1	92	9.2
계/가중평균			1	-	92.17

【프로세스능력】

역 누적분포함수

정규 분포(평균 = 0, 표준 편차 = 1)

P(X <= x)   x
   0.9217   1.41660

$$Z_{st} = \phi^{-1}(0.9217) \cong 1.417$$

$$Z_{st} \cong 1.42$$

[그림 I - 41]은, 앞서 [그림 I - 39]의 효과가 미미해 향후 마니아의 설문 참여와 매출을 위한 고객 다변화 차원에서 '마니아 층'의 고객화를 결정하였다. 마니아층은 입소문을 퍼트려줄 것이란 기대가 작용하였다(고 가정한다).

만일 '분석(Check)'에서 제시된 문제점의 보완이 어려우면 'PDCA Cycle'처럼 다시 '계획(Plan)'을 세워 검증을 재시도한다. 문제가 '실행(Act)'에서 완결되면 이어 '프로세스 능력'을 평가하고 **Measure Phase**에서의 '현 수준'과 비교한다. [그림 Ⅰ-41]은 '가중 평균'이 '92.17'로 '시그마 수준'은 '약 1.42'가 됨을 알 수 있다. 주의할 점은 '시그마 수준'을 산출할 때 쓰인 데이터는 짧은 기간에 아주 좋은 환경에서 얻은 값이므로 '단기 데이터'이다. 따라서 '1.5Shift'의 적용을 받지 않는다. 멘토링을 하다 보면 '1.5'를 더하는 경우가 많은데 '1.5'가 더해져 성과가 난 것으로 오해 소지가 생길 수 있다.

또 이론적으로 현시점에 '6시그마 수준'을 얻어야 한다. 그래야 실제 프로세스에 '최적화' 내용을 적용해 장기적으로 '4.5 시그마 수준'이 되고, 이때 '4.5'에 '1.5'를 더해 '6시그마 수준'이 된다. 단기로 '시그마 수준'을 평가하기 때문이다. 그런데 안타깝게도 예에서처럼 '시그마 수준'은 '1.42'밖에 되지 않는다. 이 같은 현상은 실제 간접이나 서비스 부문에서 자주 나타난다.

개중에는 **Measure Phase**의 '현 수준(1.5를 더했음)'보다 적게 나와 고민 끝에 '1.5'를 더하는 꾀를 부리기도 한다. 그러나 '6시그마 수준'이 목표이긴 하나 제조 과제와 동일한 잣대로 해석할 필요는 없다. 제조에서 수율 '92%'는 안 좋을 수 있으나, 만족도 조사에서 '92점'은 높은 값일 수 있다. 즉, '시그마 수준'보다 실제 측정 수단(Metrics)인 '만족도 점수'가 더 중요할 수 있다.

또 '시그마 수준'이 '0.3'만큼 향상됐지만 실제 비용 절감은 '2억 원'으로 목표를 초과한 예도 있다. 특히 간접/서비스 부문에서 정형화되지 않은 업무를 '운영적 정의'를 통해 지표로 구성하다 보면 '시그마 수준'이 현실과 괴리가 생기기도 한다. 이들을 모두 잘못됐다고 판단하기보다 '시그마 수준'은 '보조 지표'로, 본래 지표의 측도는 '주 지표'로 활용한다. 또 '시그마 수준'이 과제 평가에서 너무 어긋날 시 원인을 찾아 보정하는 노력도 필요하다.

여기까지가 **Improve Phase**의 설명이다. 다음은 '프로세스 개선 과제'의 최종 활동인 **Control Phase**에 대해 알아보자.

（Ⅵ）

Control

'Control' Phase는 실제 프로세스에서 검증을 수행하는 활동이다. Improve Phase의 'Step‒12. 결과 검증'은 최적의 조건에서 'Y'의 향상 정도, 또는 예상되는 문제점들을 확인하는 검증인 반면, Control Phase는 실제 프로세스에서 최적화 내용들이 문제없이 잘 적용돼 장기적으로 예측된 수준을 유지하는지를 확인한다. 제조 부문 과제는 양산성 검증 과정에 해당한다. 실제 프로세스에서의 검증이 완료되면 문서화를 거쳐 관련 부서 또는 담당자에 이관하고 과제 수행을 종료한다.

　　　　　　　　　'Control'은 '관리'란 뜻이다. 일부 교재는 '통제'라고 해석해놓기도 하는데 아무래도 '관리'로의 해석이 적절하다. 그 이유는 'Control'의 대상은 '프로세스 변수'들이며, 변수들은 통상 목표로 하는 'Y'가 나올 수 있도록 '관리'가 필요한 'X'들이기 때문이다. 이전으로 거슬러 올라가 보자. Measure Phase의 'Step - 5. 현 수준 평가'가 완료되면 목표 달성 여부가 확인되는 Improve Phase 때까지 'Y'에 대한 얘기는 잠시 접어둔다. 그 대신 'Step - 6. 잠재 원인 변수의 발굴'로 들어가면서부터 'X'의 얘기가 시작되는데 이후 'Control' 때까지 'X'의 이야기는 지속된다.

　'Y'는 개념적으로 '$Y = f(X)$'와 같이 'X'들이 정해지면 그에 따라 결정될 수밖에 없는 운명이므로 'Y'를 목표 값에 유지시키려면 'X'만 꼭 붙들고 있으면 된다. 따라서 'Y'는 그냥 쳐다보는 '모니터링(Monitoring)'의 대상이고, 이렇게 'Y'를 모니터링하고 있다가 목표 값에서 벗어나는 것이 확인된 순간 'X'를 빨리 제 위치에 갖다 놓아야 하므로 'X'는 '컨트롤링(Controlling)' 대상이다. 'Y'는 구속돼 있으므로 '종속 변수'라 하고, 'X'는 임의 설정 값을 찾기 위해 변동이 허용돼야 하므로 '독립 변수'로 불리는 이유다.

　'관리(Control)'란 용어를 이해했으면, 이제 'Control Phase'에서 해야 할 일을 생각해보자. 'Control Phase'는 'Improve Phase'와 연속선상에 있다. Improve Phase의 'Step - 12. 결과 검증'에서 수행한 내용을 떠올리면 먼저 '최적화'들을 모두 모아 목표로 했던 'Y'의 값이 나오는지, 그리고 실제 프로세스에 적용했을 때 유발되는 문제점은 없는지 미리 파악하는 활동이 핵심이다. 그러나 '결과 검증'은 실제 프로세스 내에서 이뤄지기보다 최적의 가공된 또는 시뮬레이션 환경에서 수행되는 게 일반적이다. 물론 실제 프로세스에 바로 적용해서 검증할 수만 있으면 'Control Phase'의 일부 '세부 로드맵'과 병합도 가능하다. 이를 '**로드맵의 단축**'이라고 한다. 만일 최적의 환경이나 시뮬레이션을 통해 '최적화'된 내용이 검증되면 그 검증 결과가 실제 프로세스에서도 재현되는지 확인이 필요하다. 즉 '결과 검증'에서 예측된 'Y'가 그대로 나오는지가 관건이며, 'Control Phase'가 필요한 이유가 여기에 있다. 정리하면, '**Control Phase**'는 '**실제 프로세스에서의 검증**' 또는 제조에서의 '**양산성 검증**'으로 요약된다.

'Control Phase'의 존재 이유가 '실제 프로세스에서의 검증'이면, Improve Phase의 'Step‒11. 최적화'에서 확정된 내용들을 그대로 실제 프로세스에 바로 적용해도 되는지에 대해 생각해보자. 실제 프로세스는 사실상 예상할 수 없는 많은 변수들로 꽉 차 있다. 만일 어렵게 적용된 '최적화' 내용들이 예상치 못한 변수들의 영향을 받아 제 역할을 해내지 못하면 목표 달성은 그만두고라도 막대한 손실 발생으로 오히려 안한 만도 못한 결과를 초래할 수 있다. 제조 과제의 경우는 더 심각할 수 있다. 장치 산업인 화학 공정에서 실제 프로세스의 현재 온도 '22.5℃'를 '핵심 인자'의 '최적 조건'인 '24.5℃'로 변경하려면 아마 웬만한 강심장 아니고는 함부로 달려들지 못할 것이다. 예상치 못한 외부 변수로 인해 한 Lot 모두가 폐기 처분될 수도 있으며, 원상 복구하는 데만도 상당한 시일이 소요될 수 있다. 이런 일이 발생하면 "문제 해결 때문에 회사 망하겠다"란 소리가 나옴 직도 하다. 다행이 여태껏 이런 공포(?)스러운 경험을 하진 않았지만 충분히 일어날 수 있는 사건이기 때문에 실제 프로세스에 '최적화' 내용을 적용하기 전 무엇인가 해야 한다는 공감대가 형성된다. 이것이 바로 '잠재 문제 분석(PPA, Potential Problem Analysis)'이다.

'PPA'를 통해 대형 사고를 완전히 차단할 순 없지만 최소화하거나 미리 막아보자는 의도가 저변에 깔려 있다. 충분히 가능하며 검증도 돼 있다. 따라서 'Control Phase'의 시작은 바로 'PPA'부터 수행하며 매우 중요한 활동이므로 대충 넘어가거나 빠트려서는 절대 안 된다는 점을 명심하자.

'PPA' 과정은 Control Phase의 '<u>Step - 13. 관리 계획 수립</u>' 초기에 바로 수행한다. 'PPA' 내용 중에는 문제의 심각성이 큰 경우 '감소 방안'이 마련되는데, 이때 '예상 문제'가 '감소 방안'에 의해 사전 제거되지 않으면 '최적화' 내용을 실제 프로세스에 적용한 후 대형 사고가 발생할 수 있다. 따라서 '감소 방안'대로 수행하는 과정을 '실수 방지('Mistake Proofing' 또는 'Fool Proofing')'라고 한다. 즉, 시스템적으로 완전히 예상 문제를 차단해야만 '최적화' 내용이 들어갔을 때 목표하는 바를 실현할 수 있다. '실수 방지'가 끝나면 이어 '관리 계획(Control Plan)'을 수립한다. '관리 계획'은 Analyze Phase의 'Step - 8. 분석 계획 수립' 및 Improve Phase의 'Step - 10. 개선 계획 수립'과 동격으로, Control Phase에도 예외 없이 시작 전 자리하고 있다. 관련 내용은 '문제 해결 개요' 중 「4.3. '계획 수립'이 있는 위치」에서 설명한 바 있다.

'관리 계획'은 한마디로 '최적화' 내용을 유지하기 위해 'X'들을 어떻게 관리할 것이며, 또 문제 발생 시 확인법과 처리 절차에 대해 기술한 양식이다. 과제 리더가 '최적화' 내용이 적용된 관련 프로세스 모두를 관리/감독할 수는 없으므로 변경된 것은 무엇이며 유지시키기 위해 어떻게 관리해야 하는지를 담당자에게 알려줘야 한다. 이때 유용한 문서가 '관리 계획서'다. '관리 계획'에 대해서는 'Step - 13. 관리 계획 수립'에서 또 한번 설명의 기회를 갖게 될 것이다. 이 과정이 끝나면 'Step - 14. 관리 계획 실행'이 이어진다.

'<u>Step - 14. 관리 계획 실행</u>'은 'P - D - C - A Cycle'과 동일하다. 'Step - 13. 관리 계획 수립'이 'Plan'이고, 'Step - 14'는 'Do'에 해당한다. 물론 'Check'와 'Act'의 과정은 별개의 '세부 로드맵'으로 구분돼 있지 않으므로 이 둘은 모두 'Step - 14. 관리 계획 실행'에 속한 것으로 본다. 따라서 Improve Phase에서 구성된 '최적화' 내용을 실제 프로세스에 적용할 때도 'Step - 12. 결과 검증'과 동일한 'Plan - Do - Check - Act'로 진행됨을 알 수 있다.

'Act'에서 수행될 활동만 나열하면 'Step – 12. 결과 검증' 때와 동일하게 Measure Phase에서의 '현 수준'과, 개선이 적용된 프로세스에서의 '최적화된 수준'이 비교된다. 이론적으로는 '4.5시그마 수준'이 될 것이며(약 한 달 동안 적용된 결과이며 장기 데이터로 보기에는 부족하나 과제 기간 동안 확인할 최선의 기간이고, 또 이 기간 동안에 많은 외부 변수가 영향을 줄 것이라 예상할 수도 있으며, 장기적으로 이 수준이 유지될 것이란 예측 가능성 때문에), 여기에 '1.5'를 더할 경우 Improve Phase의 'Step – 12. 결과 검증'에서의 이론적 수준인 '6시그마 수준'과 일치한다.

'Step – 14. 관리 계획 실행'이 잘 이행되면 과제의 실질적인 활동은 마무리 국면으로 접어든다. 나머지는 'Step – 15. 문서화'에서 재무성과나 이관을 위한 작업, 사업 부장 승인 등 협의 및 문서화 활동 등이 남는다. 관련 내용은 해당 본문에서 설명할 것이다.

지금부터 Control Phase의 각 '세부 로드맵'별 설명으로 들어가 보자.

본 단계에서 수행해야 할 '세부 로드맵'을 간
단히 기술하면 '잠재 문제 분석 → 실수 방지(Mistake Proofing) → 관리 계
획 수립 → 표준화'의 순이다. '잠재 문제 분석(PPA, Potential Problem
Analysis)'은 앞서 개요 단계에서 설명한 바와 같이 '최적화' 내용을 실제 프
로세스에 적용하기 전 예상되는 문제점을 도출해서 '감소 방안'을 이끌어낼
목적으로, '실수 방지'는 '감소 방안'대로 예상 문제가 발생하지 않도록 시스
템적으로 완전 차단시키는 일종의 개선 활동을, '관리 계획 수립'은 도출된 문
제점들이 제거되면 '최적화' 내용이 적용되고, 이후 지속적으로 운영돼야 목표
달성이 가능할 것이므로 특정 항목들을 선정하여 관리할 계획서를 작성하며,
끝으로 '표준화'는 '관리 계획서'상의 새롭게 정립된 내용들을 일종의 법제화
함으로써 누구든지, 또 지속적으로 활용 가능한 체제를 만드는 데 있다. '세부
로드맵'들이 유기적으로 어떻게 연결되면서 각각의 산출물을 만들어내는지 하
나씩 관찰해보도록 하자.

Step - 13.1. 잠재 문제 분석(PPA, Potential Problem Analysis)

Improve Phase에서 마련된 '최적화' 내용('제어 인자'는 '최적 조건', '대안
인자'는 '최적 대안'의 적용 모습)을 실제 프로세스에 적용 후 검증하기 위해
서는 현재 운영 중인 프로세스의 변경이 불가피하다. 따라서 바로 적용했을
때 나타날 수 있는 위험성을 감수하기보다 사전에 잠재된 문제점들을 적출해
제거해보자는 활동이 의미가 있는데, 이를 통칭해서 '잠재 문제 분석(PPA)'이
라고 한다.

‘잠재 문제 분석’을 위해서는 ‘잠재 문제’가 어떤 것들이 있는지 유형별로 구분해 접근하는 방법도 있고, ‘도구(Tools)’를 이용하는 방법도 있다. 그러나 다양한 유형의 과제가 존재하므로 본문에서는 두 가지 접근법을 소개할 것이다. 하나는 “최적 대안과 표를 이용한 방법”이고, 다른 하나는 “P‒FMEA를 이용한 방법”이다. 각각에 대해 알아보자. 리더들은 자신에게 적합한 방법을 선택해 활용하기 바란다.

① ‘최적 대안’과 ‘표’를 이용한 방법

제조 과제나 연구 개발 또는 간접·서비스 부문 모두에서 활용이 가능한 방법이다. 우선 과제별로 ‘최적화’ 내용을 모두 나열한 뒤 이들이 실제 프로세스에 적용될 때 일어날 수 있는 문제점들을 유추해낸다. 프로세스에서 일어나는 변동은 리더가 수행한 과제의 ‘최적화’ 내용이 실제 프로세스에 긍정적 변화를 주기보다 오히려 악영향을 주는 요인으로 작용할 수 있다. 따라서 잠재 문제를 찾기 위해 ‘최적화’ 내용을 표의 첫 열에 입력한다. 지도 중에 리더들이 작성한 장표를 보면 ‘잠재 문제 분석’의 대상이 무엇인지, 무엇 때문에 잠재 문제가 도출됐는지 앞뒤 관계가 모호하고 ‘최적화’와의 연계성도 확실치 않은 경우가 많다. ‘문제 해결’의 실체인 로드맵을 명확하게 이해하지 못해 나타나는 현상이다.

그러나 ‘잠재 문제 분석’을 위해 ‘최적화’ 내용을 문서로 작성하는 데엔 다소 어려움이 있다. ‘최적화’ 내용은 ‘최적 대안’의 시각화된 모습으로 실체가 잘 와 닿지 않고 일일이 열거하기도 어렵다. 따라서 문장으로 입력하기 수월한 ‘최적 대안’을 이용한다. ‘최적 대안’들은 이미 Improve Phase인 ‘Step‒12. 결과 검증’ 내 ‘Plan’에서 정리한 표가 있으므로 그대로 가져와 활용한다 ([그림 Ⅰ‒36] 참조). 다음 [그림 C‒1]은 적용 예이며, 자세히 관찰하면 Improve Phase와 Control Phase가 ‘세부 로드맵’으로 매끄럽게 연결돼 있음을 알 수 있다(노래방 매출 올리기).

[그림 C‒1] 'Step‒13.1. 잠재 문제 분석' 예('최적 대안과 '표' 이용)

Step-13. 관리계획 수립
Step-13.1. 잠재문제분석

'최적 대안'에 대한 예상 '잠재 문제'와 '위험도' 평가 후 '영향'이 '9'수준이며, '위험도'가 '20'이상인 문제점들에 대해 '감소방안' 마련.

'확률', '영향'은 10점 척도/ 위험도=확률•영향

그룹명	개선방향	최적대안	예상 잠재문제	확률	영향	위험도	감소방안
프로세스 개선	•탬버린 마모, 마이크 오염, 노래책 손상유지관리	•필요 시 점검→ 1회/1주 점검으로 주기화	•점검소홀	5	5	25	•점검표 운영
		•주기적으로 최근 모델로 전체 교체하는 체계	-	-	-	-	-
		•소독을 1회/1일로 실시.	•소독소홀	3	9	27	•점검표 운영
		•발에 걸리는 선을 없애고 자리에 앉아서도 노래 부를 수 있도록 무선 마이크 도입	•마이크 도난	5	9	45	•도난방지 센서 부착
		•튿어짐이 최소화될 수 있는 보호필름, 묶음방법	•관리소홀	3	3	9	-
	•신곡 모니터링 체계 구축	<신곡반영빈도> •주기적 조회 •신곡발표 시 판단 <신곡조사방법> •인터넷 업체와 연간계약 <노래책 분량관리> •가감이 가능하도록 바인더형 책자관리	•업체 계약위반	3	9	27	•대금 월납
교육 체계화	•신입직원에 대한 서비스 교육실시 (고객 대응법, 말씨, 긴급상황대처 법 등)	•매뉴얼 자체교육	•매뉴얼 분실	3	9	27	•PC파일로 관리
		•물품 고정배치	•물품을 다른데 배치	6	3	18	-
		•기존교육 통합운영	-	-	-	-	-
		•복장 디자인	-	-	-	-	-
시스템 개선	•자가진단 센서 부착 •추기적인 PM계획화 •영상/노래 업체 조사 Upgrade	•A Type 자가진단 회로 포함	-	-	-	-	-
		•신 영상.com과 업무협약	•업체의 불성실한 대응 •업체 계약위반	3	9	27	•계약서 변사 공증 •대금 월납

계속

[그림 C‒1]의 '잠재 문제 분석'에서 표 제목 열의 왼쪽부터 '그룹명‒개선 방향‒최적 대안'은 Improve Phase의 산출물들이며, 이들이 프로세스에 새롭게 적용될 때 예상되는 '잠재 문제'들이 '예상 잠재 문제' 열에 나열돼 있다. 좀 더 다양하고 많은 문제들을 기술하려면 '파워포인트'의 '삽입/개체/파일로부터 만들기' 기능을 사용하여 별도 문서에 작성한 파일을 '개체 삽입'한다. '확률' 열은 '잠재 문제'의 발생 가능성을 '1'부터 '10'의 수치로, '영향' 열은 실제 발생했을 때 'Y'나 '재무적 목표' 등에 미치는 영향을 역시 '1'부터 '10'으로 표기한다. '위험도'는 '확률×영향'으로 얻어진 값이며, 값이 클수록 과제

에 미치는 위험이 큰 '잠재 문제'로 판단한다.

본 예에서는 '영향'이 '9 이상'이면서 '위험도'가 '20'보다 큰 경우를 우선 해결 대상으로 선정하였다(고 가정한다). 맨 첫 줄의 '확률 - 5', '영향 - 5'에서 '영향'이 '9' 수준이 아님에도 개선 대상에 포함한 이유는 두 번째 '잠재 문제'인 '소독 소홀'에 대한 '감소 방안'이 '점검표 운영'으로 동일하여 함께 관리 체계를 마련한다는 의도로(또는 팀원들의 의견을 수렴하여) 포함시켰다. 나머지 항목들에 대한 설명은 생략한다. 다만 우선순위화된 '감소 방안'들에 의해 '잠재 문제'들이 완벽하게 차단되도록 해야 한다. 그래야 '최적화' 내용이 적용된 후 프로세스가 원활하게 운영될 수 있다. 지금까지의 설명만을 놓고 보면 **'감소 방안'은 Improve Phase처럼 개선 활동의 연장으로 이해**해야 한다. 이들 '잠재 문제'가 잔류하는 한 실제 프로세스에서의 운영에 언제든 악영향을 줄 수 있으므로 발생 또는 재발을 완전히 차단시킬 필요가 있으며, 이것이 바로 '실수 방지(Mistake Proofing)적 접근'이다.

'문제 해결' 과정을 관찰하면 Control Phase 초반에 항상 '실수 방지' 내용이 포함돼 있다. 가끔 교육 중에 '실수 방지'가 어떻게 '세부 로드맵'과 연결되는지 질문을 받곤 한다. 답은 이제까지의 설명처럼 "'잠재 문제 분석'의 '감소 방안'을 이행할 때 적용되는 도구"로 요약된다. 물론 이 외에 Measure나 Analyze 또는 Improve Phase 어디에서든 '실수 방지'의 적용이 가능하며, '즉 실천'에도 활용될 수 있다. '실수 방지'는 다양한 감소 방안이나 개선 방안들에 세세하게 어떻게 하라는 식의 방법을 알려주진 않는다(센서나 물체 배치 등으로 설명하는 예들이 소개되고 있으나 모든 경우에 적용될 수는 없음.). 따라서 예상 문제를 완전히 차단시킬 수 있는 방안 마련을 위해 팀원들과의 깊이 있는 고민이 요구된다. 다음 [그림 C - 2]는 [그림 C - 1]의 '잠재 문제 분석' 예에 대한 개선 사례이다(노래방 매출 올리기).

[그림 C－2] 'Step-13.2. 실수 방지' 예('최적 대안'과 '표' 이용)

Step-13. 관리계획 수립
Step-13.2. 실수 방지

실제 프로세스에 최적화 내용을 적용 시, 예상됐던 잠재문제가 발생하거나, 또는 재발하지 않도록 하기 위해 선정된 '감소 방안'을 실수방지 차원(시스템적으로 문제소지를 완전 차단시키는 차원)에서 접근.

그룹명	개선방향	최적대안	감소방안	실수방지								
				월일	점검사항				점검자	비고	확인	
					탬버린마모	마이크오염	마이크 소독	노래책 손상			일자	확인자
프로세스개선	• 탬버린 마모, 마이크 오염, 노래책 손상유지관리	• 필요 시 점검→ 1회/1주 점검으로 주기화	• 점검 표 운영	xx.xx.xx	0		xx.xx.xx	-	홍길동	1실 탬버린 외각부위 찢어짐	xx.xx.xx	김철수
		• 소독을 1회/1일로 실시.										
		• 발에 걸리는 선을 없애고 자리에 앉아서도 노래 부를 수 있도록 무선 마이크 도입	• 도난방지 센서 부착									

점검 현재 시간을 기록

점검을 'O', 'X'표시 외에 '비고'난에 상황을 설명하도록 명기

'점검자' 외에 '확인자'를 넣어 소홀히 되거나 누락사항들에 대해 Cross Check이 되게함

마이크 하단에 전자 감응장치 삽입하여 출입문 벗어날 시 경보 음 발생토록 조치

[그림 C－2]의 첫 번째 '개선 방안'은 "탬버린 마모/마이크 오염/노래책 손상 유지 관리"이다. [그림 C－1]에 나열된 '잠재 문제'는 "점검 소홀과 마이크의 소독 소홀" 등이었으며 담당자에게 책임지고 규칙을 지키도록 요구했을 때 365일 변함없이 수행해준다면 '감소 방안'이 나올 이유가 없다. 그러나 사람은 망각의 동물이며 언제나 실수할 수 있는 존재다. 마치 과거 3.5인치 플로피 디스켓(지금은 사라지고 없지만)을 컴퓨터에 뒤집어 꽂으면 들어가지 않도록 설계한 예가 있다. 사람보고 올바른 방향으로 꽂도록 강조해도 누구나가 그렇게 하리란 보장은 없기 때문에 완전한 대책을 세워놓은 것이다. "바보라도 꽂아 사용할 수 있도록 실수를 방지"한 것이 바로 'Fool Proofing'의 의미이다. 'Fool Proofing'은 사람의 부주의로 인한 실수를 미리 방지하거나 또는 발

생된 실수를 검출해내기 위해 고안된 장치 또는 방법을 이르는 말로 "사람은 누구나 뜻하지 않은 실수를 할 수 있다"는 데서 출발한다.

'Fool Proofing(바보 방지)'은 일어인 Bake(Fool, 바보)가 Poka(Mistake, 실수)로 바뀌어 이용되면서 Poka‐Yoke(Mistake‐Proofing)란 말이 생겼으며, 영어로 표현된 일반적 용어는 'Mistake Proofing(실수 방지)'다. 본 예에서는 담당자가 '탬버린/마이크/노래책'을 주기적으로 점검할 수 있도록 하되 잊어버리거나 꼼수(?) 등으로 점검 없이 그냥 넘어가는 일이 없도록 '점검표'를 만들어 운영한다는 게 요지다. 이 '점검표'에는 기술한 바와 같이 '확인인(人)'을 두어 일자별 점검 내용과 실시 내용을 대조하는 등의 보완 장치가 포함돼 있다. 물론 본문에서는 문제에 접근하는 방법을 보여주는 것이지 모든 개선안을 소개하려는 의도는 없으므로 이쯤에서 설명은 정리하겠다.

다음은 [그림 C‐2]의 두 번째 '감소 방안'인 "마이크의 도난 방지 센서 부착" 건이다. 마이크가 선이 없는(Wireless) 다소 고가의 제품을 들여놨으므로 소지가 용이해 그냥 들고 나가는 경우의 '잠재 문제'를 도출했으며, 이런 문제의 '감소 방안'으로써 "도난 방지 센서를 삽입"한다는 내용이다. 추가 비용이 들겠지만 완벽한 '실수 방지'의 사례가 아닌가 싶다. 명심할 사항은 이 과정은 개선 활동과 동격이라는 점이다. 단지 Improve Phase가 아닌 Control Phase에서 수행된다는 차이점이 있을 뿐이다.

② P‐FMEA를 이용한 방법

'P‐FMEA'는 Measure Phase의 'Step‐6. 잠재 원인 변수의 발굴'에서 그 용법에 대해 상세하게 다루었다. 로드맵상 주로 '잠재 인자'를 뽑는 협의의 용도로 소개됐지만 본래는 '잠재 문제'를 도출해 사전 차단하는 목적으로 탄생한 도구이다. 여기서 '핵심 단어'는 "사전(事前)"이다. 즉, 일이 발생하기 전에 미리 예상 문제(고장 모드, Failure Mode)를 적출하는 것인데, 바로 Control

Phase 초입에 마주치는 상황과 너무나 잘 일치한다. 현재 Improve Phase의 '최적화'를 실제 프로세스에 적용하기 직전이며, 또 혹시 발생할 수 있는 예상 문제를 미리 드러내 '감소 방안'을 마련하려 하고 있기 때문이다.

다음 [표 C-1]은 잘 알려진 'P-FMEA'의 기본 양식이다. 양식 중 매 제목에 붙어 있는 'Potential' 단어에 주목하자([표 C-1]의 빨간색 점선 참조). 'Potential'은 '잠재적'의 의미로 아직 드러나지 않았거나 알지 못하는 내재된 문제들을 뜻한다. 핵심 항목들인 '고장 모드(Failure)', '영향(Effects)', '원인 (Causes)'에 붙어 있으며, '잠재된 문제'가 드러나면 "적출(摘出 감추어져 있던 것을 들추어냄)했다"라고 표현한다.

[표 C-1] P-FMEA 양식

#	Process Function (Step)	Potential Failure Modes (process defects)	Potential Failure Effects (Y's)	S E V	C l a s s	Potential Causes of Failure (X's)	O C C	Current Process Controls	D E T	R P N	Recommend Actions	Responsible Person & Target Date	Taken Actions	S E V	O C C	D E T	R P N
1																	
2																	
3																	
4																	
5																	
6																	
7																	
8																	
9																	
10																	
11																	
12																	
13																	
14																	

[표 C-1]의 'P-FMEA'를 Control Phase에 어떻게 접목시킬지 생각해보자. 현시점에서 'P-FMEA'를 새롭게 시작할 이유는 없다. 과제 수행 중 'P-FMEA'를 협의의 의미로 사용했든 본래의 용법으로 활용했든 Measure Phase

때의 'P－FMEA'를 그대로 가져와 내용을 추가해나간다. 대부분의 교재에서 'P－FMEA'를 "살아 있는 문서"로 표현한다. 그 이유는 프로세스가 존재하는 한 그 안에서의 5M－1I－1E(Man, Machine, Material, Method, Measurement, Information, Environment) 중 하나가 변경될 때, 이후 무슨 일이 벌어질 것인지 위험 평가용으로 계속해 내용을 추가하며 사용하는 문서이기 때문이다. Improve Phase에서 '최적화' 내용이 프로세스 변경을 암시하므로, 실제 프로세스가 변경된 후 발생 가능한 위험들이 산재(?)할 수 있다. 따라서 위험 평가 목적으로 FMEA가 사용되면 본래 용법을 정확히 따른 것이다. 물론 기존 작성된 내용과 구별하기 위해 신규로 삽입했다는 표식을 해두거나 그 이력을 남겨두는 것이 자료로서의 가치를 높인다.

만일 Measure Phase에서 '잠재 인자'를 뽑는 협의의 용도로 활용됐으면 이 시점에 'Recommend Actions(감소 방안)'을 반드시 기입하고, 그 이후 열인 'Responsible Person & Target Date(담당자와 완료일)' 및 'Taken Actions(수행 활동)'을 기록해 잠재된 예상 문제를 확실히 처리했음을 알린다. 물론 'SEV/OCC/DET'을 재평가해 감소 활동 전과 비교함으로써 'RPN'이 충분히 낮아졌는지도 확인한다. 단, 주의할 사항으로 'SEV'가 있는데, 이 값은 재평가에서도 '감소 방안' 수행 전과 같은 값을 유지한다. '아이들의 불장난으로 불이 났든, 전기 누전으로 불이 났든' 일단 불이 나면 그 심각성은 동일하다.

잠재된 문제의 위험 감소는 '발생도(OCC, Occurrence)'를 낮추거나 '검출도(Detection)'를 높이는 것이다. '심각도(SEV, Severity)' 조정은 매우 어렵다. '심각도'를 낮출 수 있는 유일한 방법은 맨 첫 열의 'Process Step'을 제거하거나 구조를 바꾸는 일 등이다. 즉, 'Process Step'이 없으면 '고장 모드'도 없고 그에 따른 '영향'도 존재하지 않는다. 이런 기본적인 사항을 인식하면 Control Phase의 'Step－13. 관리 계획 수립'에서 'P－FMEA'를 잘 활용할 수 있다.

이제 'P－FMEA'의 간단한 적용 사례에 대해 알아보자. 먼저 다음 [그림 C－3]

은 '연필 제조 프로세스'의 최적화가 이뤄진 'Process Step('재료 반죽', 굵은 사각으로 표시)'을 보여준다. 설명 선에 첫 'Process Step'인 '재료 반죽'에서 '흑연'과 '물'의 혼합 비율을 정확히 알아내기 위해 '혼합물 실험'을 했으며, 그 결과로 얻은 '최적 조건'으로 공정을 재설정했음을 알려준다. 이같이 '5M - 1I - 1E' 중 어느 것이 기존과 달라졌는지를 'P - FMEA' 활용 전에 알려줘야 실제 프로세스에 적용했을 때 예상되는 '고장 모드'를 잘 적출해낼 수 있다.

[그림 C - 3] 프로세스 내 '변경 사항' 표기 예(연필 제조 프로세스)

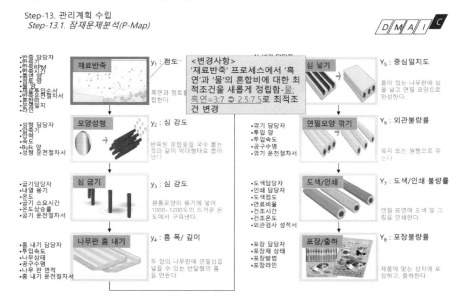

'P - FMEA'를 작성할 때 모든 'Process Step'을 입력할 필요는 없다. [그림 C - 3]을 보면 첫 '재료 반죽' 공정만 새로운 '최적 조건'으로 재설정될 예정이며, 다른 'Process Step' 모두는 기존 상태를 유지한다. 따라서 Improve Phase의

'최적화'가 적용되는 'Process Step'만 'P－FMEA'에 입력한 뒤 '잠재 문제 분석'을 실시하고, 다른 'Process Step'들은 Measure Phase에서 작성한 상태 그대로 둔다. 즉 '변경 사항(최적화 내용)'이 없으므로 별도의 위험도 없을 것이기 때문이다. 그러나 프로세스는 서로 연결돼 있고, 이전 'Process Step'의 'Small y'는 다음 'Process Step'의 입력으로 작용하기 때문에 필요에 따라 관련 'Process Step'을 추가하거나 기술적 판단을 소홀히 해서는 안 된다.

제조 과제는 일반적으로 앞서 설명했던 특정 '제어 인자'의 '최적 조건'만 찾는 활동도 있으나 비효율적인 운영을 개선하는 '대안 인자'의 유형도 복합적으로 존재할 수 있다. 이때는 '최적화' 내용이 어떤 'Process Step'에 속하는지 명확하지 않을 수 있다. 따라서 관련된 'Process Step' 모두를 입력해야 'P－FMEA'의 전개가 용이하다. 그러나 Define Phase의 '범위 기술' 중 '프로세스 범위'의 '시작'과 '끝' 내에서만 개선 활동이 이뤄짐은 명백하므로 관련 'Process Step'을 찾는 일은 그리 어렵지 않다.

[그림 C－3]과 같이 최적화된 'Process Step'을 표시했으면, 다음 [그림 C－4]와 같이 P－FMEA를 통해 '잠재 문제 분석'에 들어간다. 참고로 성격상 앞서 설명한 [그림 C－3]과 계속 연결되는 [그림 C－4]와, '노래방 매출 올리기'의 [그림 C－5]는 Measure Phase에서 설명했던 '연필 제조 프로세스'와 '노래방 매출 올리기'의 'P－FMEA'를 가져와 '잠재 문제 분석'에 활용한 뒤 재평가를 실시한 예이다.

[그림 C-4] 'Step-13.1. 잠재 문제 분석' 예_P-FMEA 이용(연필 제조 프로세스)

Step-13. 관리계획 수립
Step-13.1. 잠재문제분석(P-FMEA)

조건이 변경될 '재료반죽' 프로세스에 대한 P-FMEA 전개. 두 개의 고장모드가 추가됨.

#	Process Function (Step)	Potential Failure Modes (process defects)	Potential Failure Effects (Y's)	SEV	Class	Potential Causes of Failure (Xs)	OCC	Current Process Controls	DET	RPN	Recommend d Actions	Responsible Person & Target Date	Taken Actions	SEV	OCC	DET	RPN
1	재료반죽	점토에 불순물 존재	연필심 강도 저하	8		원자재에 섞인 것을 검출 못함	4	원료입고시 매 Sampling 검사	3	96							
2	재료반죽	점토에 불순물 존재	연필심 강도 저하	8		재처리과정 중 이물질 혼입	5	없음	9	360							
3	재료반죽	점토/흑연/물 비율이 잘못됨	사출시 구멍 막힘	9	V	게이지 고장	2	1회/월 PM	1	18							
4	재료반죽	점토/흑연/물 비율이 잘못됨	사출시 구멍 막힘	9	V	작업자 관리부족	8	1회/년 보수교육	5	360							
5	재료반죽	점토/흑연/물 비율이 잘못됨	연필심 강도 저하	8		게이지 고장	2	1회/월 PM									
6	재료반죽	점토/흑연/물 비율이 잘못됨	연필심 강도 저하	8		작업자 관리부족	6	1회/년 보수교육									
7	재료반죽	반죽이 일부만 됨	사출시 구멍 막힘	9		회전축 마모	2	1회/월 PM									
8	재료반죽	반죽이 일부만 됨	사출시 구멍 막힘	9		불완전한 반죽	1	시각검사									
9	재료반죽	반죽이 일부만 됨	연필심 강도 저하	8		회전축 마모	2	1회/월 PM		16							
10	재료반죽	반죽이 일부만 됨	연필심 강도 저하	8		불완전한 반죽	3	시각검사									
11	재료반죽	반죽 뭉침불량 발생	연필심 강도 저하	9		혼합비 안 맞음	4	1회/월 PM (게이지 점검)						9	2	1	18
12	재료반죽	회전체 고장	공정배출	10		RPM증가	6	1회/10분 RPM 기록	2	256	베어링 교체	김철수대리/xx까지		10	1	1	10

(표 내 메모) RPN은 '176'과 '256'에서 '18'과 '10'으로 각각 낮아짐

(표 내 메모) 첫 적용 24시간 이내까지는 상주해서 계속 확인하고 그 이후부터 1시간 간격수행

(표 내 메모) 점도상승으로 베어링에 부하가 증대됨에 따라 모터를 큰 용량으로 교체

[그림 C-4]에서 알 수 있듯이 두 개의 '고장 모드'가 추가 도출되었으며, '잠재 문제'를 감소시키기 위해 'Recommend Actions'에 해야 할 일을 기술하였다. '#12'의 'Recommended Actions' 경우 '베어링 교체'로 설정했으나 실제 확인해본 결과 모터 용량이 새로 변경된 환경에 부적합하다는 것을 확인하고 'Taken Actions'에 "점도 상승으로 베어링에 부하가 증대됨에 따라 모터를 큰 용량으로 교체"하는 개선을 수행하였다. 'RPN 재평가'에서는 'SEV'가 개선 전과 동일하며, 기존의 '176'과 '256'에서 '18'과 '10'으로 각각 낮아졌음을 알 수 있다. 물론 가정된 상황이므로 학습 관점에서 판단하기 바란다. 간혹 이 과정을 요식 행위로 보고 형식적으로 몇 줄 적어 넘기는 경우가 있는데 최소 4~5개월 동안 수행되는 과제인 만큼 팀원들과 심사숙고하는 시간이 필요하다. 두어 줄로

끝날 '잠재 문제'이면 개선의 폭도 그만큼 좁다는 것을 의미할 것이고, 이는 4~5개월간 수행할 과제로서 과연 적절했는지 반성해봐야 한다. 다음 [그림 C –5]는 '노래방 매출 올리기'의 'P–FMEA'의 작성 사례를 보여준다.

[그림 C – 5] 'Step – 13.1. 잠재 문제 분석' 예(노래방 매출 올리기)

Step-13. 관리계획 수립
Step-13.1. 잠재문제분석(P-FMEA)

최적화 중 개선이 진행된 노래방 관리 프로세스에 대한 P-FMEA 전개. 7개의 고장모드가 추가되었으며, 모두에 대해 감소 활동을 추진하여 개선 완료함.

서비스제공	탬버린/마이크/노래책 점검 소홀	고객불만	9	담당자 표준마인드 부족	3	없음	8	81	주기적인 Audit	xx.xx.xx/000	1회/월, 사장	9	3	1	27
서비스제공	마이크 소독안됨	재방문율 저하	10	담당자 표준마인드 부족	2	없음	8	81	주기적인 Audit	xx.xx.xx/000	1회/월, 사장	10	2	1	20
서비스제공	신곡 누침	고객불만(약한)	5	담당자 표준마인드 부족	3	없음	8	81	주기적인 Audit	xx.xx.xx/000	1회/월, 사장	5	3	1	15
서비스제공	신곡 정보제공업체 계약파기	재계약위한 시간손실	6	정보제공업체 부도	6	초기 계약서	5	81	변호사 공증	xx.xx.xx/000	공증완료	6	6	1	36
서비스제공	신곡 정보제공업체 계약파기	재계약위한 시간손실	6	의견충돌	5	초기 계약서	5	81	변호사 공증	xx.xx.xx/000	공증완료	6	2	1	12
서비스제공	신곡 정보제공업체 계약파기	추가비용부담	7	정보제공업체 부도	6	초기 계약서	5	81	변호사 공증	xx.xx.xx/000	공증완료	7	6	1	42
서비스제공	신곡 정보제공업체 계약파기	추가비용부담	7	의견충돌	5	초기 계약서	5	81	변호사 공증	xx.xx.xx/000	공증완료	7	2	1	14

[그림 C – 5]는 '노래방 매출 올리기' 사례의 'P – FMEA' 재평가를 통해 '총 7개'의 '고장 모드'가 추가됐다고 가정한다. 주로 Improve Phase의 'Step – 11. 최적화'에서 개선이 이뤄졌던 'Process Step'이 재평가 대상이다. 예에서와 같이 '최적화' 내용을 실제 프로세스에 적용 후 운영하면서 예상되는 '잠재적인 고장 모드'는 '탬버린/마이크/노래책 점검 소홀', '마이크 소독 안 됨', '신곡 정보 제공 업체 계약 파기' 등이 적출됐으며, 평가 결과 앞 '2개'의 '잠재 인

자'는 "담당자가 점검을 게을리할 경우 이를 검출해내기가 어렵다(DET가 '8 점'으로 높은 수준임.)"라는 판단에 따라 '개선 방향(Recommend Actions)'에 사장에 의한 '주기적 Audit'를 프로세스 관리에 추가하였다(고 가정한다). '신곡 정보 제공 업체 계약 파기' 건에 대해서는 "중소 업체들의 난립으로 정보 제공 업체 부도"의 가능성이 '잠재 인자'로 점쳐짐('OCC'가 '6점'대로 높은 수준)에 따라 이를 극복하기 위해 '변호사 공증' 등 피해를 최소화할 수 있는 법적 장치를 마련하였다. 개선 전 'RPN'이 '81점' 등으로 높은 상태에서 개선 후 '30점 이하'로 낮아졌다. 그러나 '정보 제공 업체 부도'에 대해서는 여전히 '발생도(OCC)'를 줄일 순 없으므로 '개선 전/후' 간 값의 차이가 없는 '42점'을 유지하였다. 이때도 실제 '취해진 활동(Taken Actions)' 결과는 문서로 '개체 삽입'해야 개선 이력의 확인이 가능하다. 예를 들어 사장의 '1회/월 Audit' 시 '수행 방법'과 'Check Sheet'를 첨부하거나, '변호사 공증' 시 '공증 서류' 등을 캡처해서 붙이는 식 등이다. '잠재 문제 분석(PPA)'이 완료되면 추천된 개선 방안별로 '실수 방지'가 실행된다.

Step-13.2. 실수 방지(Mistake Proofing)

'실수 방지' 역시 '개선 활동'임을 강조한 바 있다. 따라서 활동이 필요하면 이전 '최적화' 과정과 동일하게 진행되므로 본문에서의 별도 설명은 생략한다. 기본 개념에 대해서는 'Step-13.1. 잠재 문제 분석'의 "① 최적 대안과 표를 이용한 방법"과, [그림 C-2]를 참조하기 바란다.

지금까지 진행된 '잠재 문제 분석'과 드러난 문제들의 '개선'이 완료됐으므로 '최적화' 내용이 실제 프로세스에 적용되는 일만 남았다. 따라서 '최적화' 내용이 프로세스에서 잘 운영되는지 확인할 '관리 항목'들을 정하고, 그들을 관리할 구체적 방법, 그리고 관리 중 야기되는 이상 변동을 처리할 절차들에 대해 '관리 계획'을 수립한다. 이제 '관리 계획 수립'에 대해 알아보자.

Step - 13.3. 관리 계획(Control Plan) 수립

Analyze Phase는 'Step - 7. 분석 계획 수립'이 있었고, Improve Phase는 'Step - 10. 개선 계획 수립'이 있었던 것과 같이 Control Phase에는 'Step - 13. 관리 계획 수립'이 있다. 이것은 Phase 시작마다 향후 전개될 내용들에 대한 '목차' 기능을 수행한다. 즉, 어느 순서로 기술되고, 어떤 내용들이 포함되는지에 대한 요약 정보를 제공하므로 앞으로 일어날 활동 전체를 관망할 좋은 기회를 준다. '관리 계획'에서 '관리(Control)'는 앞서 설명한 바와 같이 'X'를 대상으로 사용되는 용어이다. 또 'Y'는 기본적으로 'X'들이 결정되면 따라서 결정되는 속성을 가지므로(그래서 '종속 변수'라고 한다.), 'X'들만 꽉 잡고 있으면 무엇이 잘못되고 무엇이 고쳐져야 하는지를 알 수 있다. 'Y'가 예상대로 잘 가고 있는지 '모니터링(Monitoring)'하다 문제가 발생하면 그에 영향을 주는 'X'를 빨리 찾아 보정하는 작업이 필요하다. 결과적으로 '관리 계획'을 수립하기 위해서는 대상이 되는 'X'들이 필요하며 이들을 총칭해서 '관리 항목'이라고 한다.

이제 '관리 항목'이 될 수 있는 후보들에 대해 알아보자. Measure Phase에서 과제 지표인 'Y'를 '운영적 정의(Step - 4. Y의 선정)'하고, 그의 수준을 평가했으며(Step - 5. 현 수준 평가), 수준을 향상시키기 위한 'X'를 선정하였다(Step - 6. 잠재 원인 변수의 발굴). 또 Analyze Phase에서 그들이 정말 'Y'를 흔들어대는 변수들인지 확인하기 위해 'Y'에 대응시켜 보는 검정을 수행해서 '개선 방향'을 이끌어냈고(Step - 8. 데이터 분석), 이 결과를 토대로 Improve

Phase에서 대상 프로세스에 적합한 구체화 및 '최적화' 과정을 거쳤다(Step - 11. 최적화). 그렇다면 이렇게 많은 시간과 노력을 투입해 결론지은 '최적화' 이후에 가장 중요하게 고려해야 할 사항은 무엇일까? 바로 프로세스를 뜯어고 치기 전(?)의 상태로 회귀하지 못하게 막는 일이다.

　많은 시간과 노력 끝에 얻은 결실이 한순간에 개선 전 상태로 복귀하거나 또는 개선 내용이 왜곡되거나 하는 일로 가뜩이나 바쁜 프로세스 관리에 영향 을 줘서는 안 된다. 따라서 '관리 항목'이 될 수 있는 요건은 '최적화' 내용이 프로세스에서 잘 운영되고 있는지 관찰할 수 있는 '특성'이 와야 하는데 가장 우선순위가 높은 대상은 당연히 '최적화'의 기원이 되는 '핵심 인자(Vital Few X's)'들이다.

　고려해볼 만한 또 하나의 후보가 바로 Control Phase 초반에 진행된 '잠재 문제 분석(Potential Problem Analysis)'의 항목들이다. '잠재 문제 분석'은 '최 적화' 내용을 실제 프로세스에 적용할 때 예상되는 장애 요소들을 도출해 미 리 처리하는 활동이었다. 장애 요소의 개념은 '최적화'를 실제 프로세스에 적 용할 때 앞에서 가로막는 두꺼운 커튼으로 상상하면 될 듯싶다. 그 커튼을 제 거해야 실제 프로세스로의 순탄한 적용이 가능하므로 '실수 방지' 차원에서 다시 커튼이 드리워지지 않도록 시스템적으로 완전히 차단시켜야 한다. 따라 서 일단 제거된 문제들이 다시 원상 복귀하지 않도록, 또는 나타나도 바로 발 견해서 '최적화' 상태로 돌리는 시도가 필요한데 이를 위해 관련 특성을 찾아 '관리 항목'에 반영한다. 예를 들어 자동 감지를 위해 '센서'를 부착했으면 '센 서'의 이상 유무를 관리해야 할 항목들(전류, 전압, 저항 등)을 추가하거나, 또 는 업무 절차가 바뀌어 담당자가 새로운 표준을 지켜야 할 상황이면, '업무 표준 준수율' 등을 정해 '최적화' 내용이 지속적으로 유지되는지를 확인한다. 물론 '관리 항목'이 될 수 있는 출처는 '핵심 인자'나 '잠재 문제 분석' 외에 '즉 실천' 중 관리 필요성이 있다고 판단되는 항목, Process Owner의 조언 등 다양한 경로가 될 수 있다. 그러나 '핵심 인자'나 '잠재 문제 분석'으로부터 유입된 항목들이 주요 '관리 항목' 대상임은 명백하다.

'관리 항목'이 결정되면 '관리 계획'을 수립하게 되며 가장 일반적으로 사용하는 양식이 다음 [그림 C-6]이다(제조 공정의 'ISO-9000'이나 'QS-9000' 인증 등 좀 더 다양한 표준 양식이 있을 것이나 여기서는 학습 목적의 단순하고 일반적인 양식을 도입함).

[그림 C-6] 'Step-13.3. 관리 계획 수립' 예(구매 정보 관리 프로세스)

Step-13. 관리계획 수립
Step-13.3. 관리계획수립

Process: 구매 정보관리 프로세스	고객: 구매팀		고객요구: 실시간 원가정보 제공			Y : 원가조회 L/T	

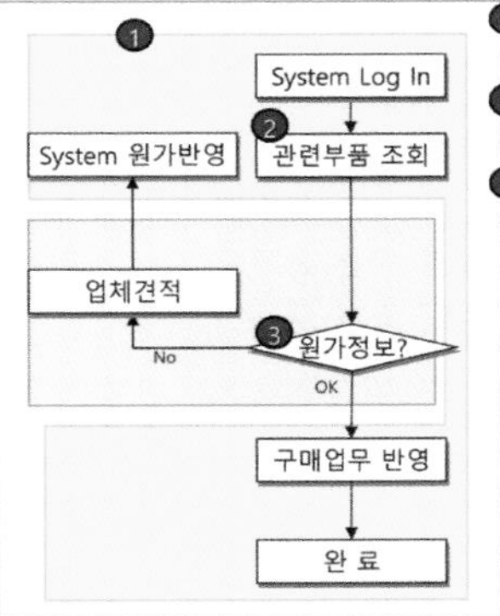

Process	검토 사항					이상조치
	관리항목	관리규격	기록방법	주기	담당자	
	① 원가조회 L/T	20min 이내	자동화 관리 (접속 Log파일)	일	홍길동 과장	▪Code 체계검토 ▪부품누락 검토
	② 부품 등록여부	YES	Check Sheet	월	김철수 대리	▪신규부품조사 ▪부품등록
	③ 원가정보 정확도	100%	U-Chart	월	조순이 대리	▪오류검토 후 수정

	표준Code	날짜	개 정 내 용	작성자	결재자
	SSI-M60-291	20xx.x.xx	원가조회L/T 관리체계 추가	홍길동 과장	최고참 부장
	SSI-M23-110	20xx.x.xx	부품등록관리/정보정확도 관리체계 개정	오동수 대리	최고참 부장

· 상단의 '**Process**', '**고객**', '**고객 요구**', '**Y**' 관리 계획 수립을 위한 기본 정보를 적는 난이다. 'Process'는 Define Phase의 'Step – 2. 과제 정의'의 '범위 기술' 중 '프로세스 범위'의 '시작'과 '끝'을 보고 요약한다. 또는 표준 프로세스가 있으면 '표준 프로세스명'을 기입한다(본문은 "구매 정보 관리 프로세스"로 가정). 단, 최적화가 이루어진 영역이 포함돼야 작성의 의미가 있다.

· **관리 항목** 기본적으로 'Y'도 포함한다. 'Y'와 'X'가 각각 '모니터링'과 '관리'라는 용어로 구분되기는 하나 함께 관찰해야 할 필요성이 있기 때문이다. 프로세스의 어느 단계에서 측정돼야 하는지 알리기 위해 원 숫자로 '프로세스 단계 – 관리 항목'을 대응시켜 보기 바란다.

· **관리 규격** 제조 경우 '규격(Specification)'이며, '연속 자료'는 망목 특성, 망대 특성, 망소 특성별로 'LSL(Lower Spec. Limit)/USL(Upper Spec. Limit)', 'LSL', 'USL'이 각각 입력된다. '단위'를 함께 표기하거나 필요하다면 별도의 열 삽입도 가능하다. '관리 항목'이 '~여부', '~유무' 등이면, 'Yes', 'No' 또는 'O', 'X' 등이 관리 규격이다.

· **기록 방법** 가장 중요한 정보로 다음과 같은 유형들이 사용된다.
  ☞ 관리도(Control Chart) → 특성을 관리하는 데 가장 강력하게 추천하는 도구들 중 잘 알려진 '연속형 관리도($\overline{X} - R\,Chart$, $I - MR\,Chart$ 등)'와 '이산형 관리도(p –Chart, np–Chart, u–Chart, c–Chart 등)'가 있다. 시간에 따라 타점하므로 측정 주기가 짧을수록 실시간에 가깝게 관리할 수 있는 장점이 있다. '평균'과 '산포', '그룹 간 변동'과 '그룹 내 변동' 모두를 시각적으로 관찰할 수 있으며, 프로세스의 '관리 상태(안정)' 여부를 판단한다.
  ☞ Check List(또는 Check Sheet) → '관리도'는 특성이 수치인 경우에 매우 유용한 관리 도구이나 그 외에 수치로 얻을 수 없는 특성들은 점검 사항들을 기입한 '체크 시트'를 사용해 주기적으로 관리해나갈 수 있다. 항목별로 '√' 기호를 쓰거나, '5점 척도' 등 상황에 맞게 표준화해 활용한다.
  ☞ 자동화 관리 → 업무에 IT 시스템 활용률이 높아짐에 따라 개선 영역도 시스템 내에 존재하는 경우가 많으며, 따라서 최적화 내용의 관리 역시 시스템 내에서 이루어지도록 조치할 수 있다. 데이터 수집과 결과 산정 및 기록 등의 업무 부담에서

자유로울 수 있어 바람직한 방향이다. 제조 공정에서는 '관리도'도 IT시스템으로 관리하도록 하고 있어 효율성을 높이고 있다.

☞ Audit → 성격이 다를 수 있지만 도출된 '관리 항목'이 주기성이 없거나 타 부문에 걸쳐 고려돼야 하는 경우, 또는 전사적인 규모에서 접근이 필요한 경우 'Audit' 항목으로 해당 특성의 관리 상태를 확인한다. 단, 'Audit'는 자주 하기보다 분기 또는 반기 등 평가 주기가 통상 길다는 단점이 있고 부분적으로 시행이 어려우므로 전사 또는 부문에서 운영 중인 'Audit 체계'가 있으면 이를 최대로 활용하는 것도 좋은 방법이다.

· 주기 '측정 주기'를 의미하며, 짧을수록 문제 발생을 검출해내기가 수월하나 투입 시간이나 자원을 고려해야 하므로 '관리 항목'에 적합한 주기를 선택한다. 그러나 한 달을 넘어서는 것은 문제 발생을 검출해낼 기회가 크게 줄어들므로 가급적 피하는 게 좋다. '주기' 내에 '표본 크기' 열을 삽입해 관리하는 등 상황에 맞게 양식을 편집해 사용한다.

· 이상 조치 '관리도' 경우 기본적으로 검정 대상인 8개(이산형 관리도는 4개 항목으로 구성됨) 중 한 개 이상이 발생하면 상응한 조치를 취하도록 돼 있고, 그 외의 관리 항목들에 대해서는 상황에 맞는 조치 기준을 설정해놓는다.

· 하단의 '표준 Code', '날짜', '개정 내용', '작성자', '결재자' '최적화' 내용이 기존 프로세스를 변경시킨 만큼 관련 표준류의 제·개정(표준이 있는 경우)이 요구된다. 필요한 제·개정 사항을 요약하는 난이다.

번거롭더라도 [그림 C-6]의 설명을 한번 정독해주면 향후 현업에서 사용하는 좀 더 복잡한 양식을 접했을 때 쉽게 내용 파악이 될 것이다. 말 그대로 핵심 사항들만 포함하고 있기 때문이다.

다음 [그림 C-7]은 '노래방 매출 올리기'의 '관리 계획'과 '제·개정 표준'에 대한 예를 보여준다.

[그림 C‑7] 'Step‑13.3. 관리 계획 수립' 예(노래방 매출 올리기)

Step-13. 관리계획 수립
Step-13.3. 관리계획수립

Process: 고객 응대 프로세스	고객: 주부, 회사원	고객요구: 시설,영상,종업원서비스 향상	Y : 종합만족도

Process	검토 사 항					이상조치
	관리항목	관리규격	기록방법	주기	담당자	

Process 흐름도:
고객응대
① ⑤
고객응대
노래방 안내
서비스제공
② ③ ④
주문접수
추가주문 접수
식/음료 제공
YES
추가주문
OK
계 산
고객환송
고객 배웅

	관리항목	관리규격	기록방법	주기	담당자	이상조치
①	종합만족도	95점 이상	I-MR관리도	월/50명	김지원	▪이상점 조치 원인분석 후 즉 개선
②	노래방 기기 고장빈도	1건 이하	Check Sheet	1회/월	이시설	▪기기업체 통보 ▪단순부품 교체
③	최신 곡 보유 여부	YES	Check Sheet	1회/월	신재무	▪협력업체 통보
④	탬버린,마이크, 노래책 손상여부	결점 없음	C 관리도	1회/일	홍길동/ 사장	▪결점 즉 개선
⑤	직원교육실시 여부	계획 대 실 적 100%	Check Sheet	1회/월	사장	▪교육내용 설문 통한 과정개선

표준Code	날짜	제·개정 내용	작성자	결재자
MSS-01	20xx.x.xx	시설/도구 점검주기 및 방법	김지원	사장

　[그림 C‑7]에서 상단의 Process명인 '고객 응대 프로세스'는 Define Phase 의 'Step‑2. 과제 정의' 내 '범위 기술'에서, '고객/고객 요구/Y'는 Measure Phase의 'Step‑4. Y의 선정'에서 왔다. 'Process' 흐름은 Measure Phase의 'Step‑6. 잠재 원인 변수의 발굴' 중 'P‑Map'을 단순화한 것이다. '관리 항목'이 포함된 프로세스 위치를 '원 숫자'로 표기하였다. 참고로 '잠재 문제 분석'에서 개선된 "점검표 사용" 등은 '관리 항목'인 '탬버린, 마이크, 노래책 손상 여부'에 포함하는 것으로 표준을 제정하였다(고 가정한다). 또 '탬버린, 마이크, 노래책 손상 여부'는 훼손되면 바로 시정해야 하므로 '발생 빈도'가 중요함에 따라 '표본 크기'나 '기회 수'가 필요 없는 '*c*‑관리도'로 정했다. '관리 계획서' 하단의 제정될 '표준 문서'는 다음 '세부 로드맵'을 참고하기 바란다.

표준서는 회사에서 정한 양식과 절차에 따라 작성되므로 여기서는 장표상 표현 방법에 대해서만 언급할 것이다. 다음 [그림 C-8]은 작성 예이다.

[그림 C-8] 'Step-13.4. 표준화' 예(노래방 매출 올리기)

Step-13. 관리계획 수립
Step-13.4. 표준화

'관리항목'의 신규 또는 추가에 따른 관련 표준문서를 아래와 같이 제·개정 수행

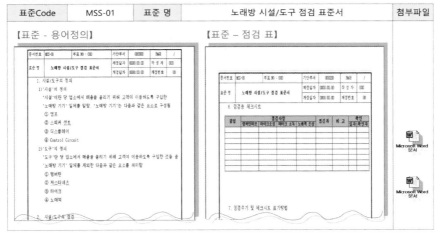

표준의 내용이 바뀐 부분만 캡처해 붙인 뒤 오른쪽과 같이 '첨부 파일' 난의 공간을 만들어 제·개정 전체 표준을 첨부한다. 이력 관리를 위한 조처다 ('파워포인트'의 '삽입/개체' 기능). 여기까지가 **'Step-13. 관리 계획 수립'**이다. 이어서 수립된 계획을 그대로 실행하는 활동에 대해 알아보자.

Step – 14. 관리 계획 실행

　　　　　　　'관리 계획 실행'은 앞서 Control Phase 초두
에 설명한 바와 같이 'Plan – Do – Check – Act' Cycle 중 'Plan'의 연장이다.
'관리 계획 수립'이 'Plan'에 대응하므로 여기서는 'Do'가 실행된다. 그러나
'15 – Step' 관점에서 'Check'와 'Act'를 넣을 단계는 없으므로 'Do – Check –
Act'를 본 'Step – 14'에서 모두 수행한다. 결과적으로 Improve Phase의 'Step –
12. 결과 검증'에서 수행한 과정과 정확히 일치한다.

　다만 차이점이 있다면 지향하는바, 즉 목적이 다른데 'Step – 12. 결과 검증'
에서는 최적의 환경 조건에서 얻어진 데이터(단기 데이터)를 통해 목표 달성
여부를 판단하므로 단기 성과적 측면에 초점을 맞추었던 반면(그래서 이론적
으로 '6시그마 수준'이 나오기를 기대했었다), 'Step – 14'에서는 양산 또는 실
제 프로세스에 최소 3주 이상 적용함으로써 마치 장기적 성향의 데이터를 통
해 향후 이런 추이로 전개될 것이라는 결론을 얻는다는 점이다. 최적화 내용
이 실제 프로세스에서 다양한 잡음과 예상치 못한 환경 등에 최소 3주 이상
노출되는 것은 마치 장기 데이터를 확보한다는 의미로(물론 여전히 장기 데이
터로서는 부족하지만) 받아들일 수 있으며, 따라서 이론적으로 산정된 프로세
스 능력은 '4.5시그마 수준'이 돼야 한다. 그래야 '단기 시그마 수준＝장기 시
그마 수준+1.5'를 통해 'Step – 12. 결과 검증'의 '6시그마 수준'과 일치한다.

　본 단계에서의 활동은 실제 프로세스에 적용해서 장기적인 효과를 예측하고
또 예상치 못한 양산성 문제들을 드러내 개선하는 데 목적을 두지만 현실에선
진행이 녹록지 않은 것 또한 사실이다. 예를 들어, 짧게는 한 달에서 길게는 6
개월 이상까지도 소요되는 고객의 승인을 받아야 하는 문제라든가, IT시스템
개선이 포함돼 그를 개발하는 데만 2~3달의 추가 시간이 소요되는 경우, 장
치 산업에 속해 실제 프로세스 변경을 단시일 내에 이루기 불가한 경우 등 수

없이 많은 난관에 봉착하기 마련이다. 따라서 장기적인 추이를 객관적으로 보여줄 적절한 접근법을 찾는 것도 리더가 해야 할 역할 중 하나다. 다음은 '관리 계획'을 실행하는 데 가장 유용하게 활용되는 '통계적 프로세스 관리(SPC, Statistical Process Control)'에 대해 알아보자. SPC의 핵심 도구인 '관리도'의 설명이 주를 이룬다.

Step-14.1. Do: Scale-up 실행

14.1.1. 통계적 프로세스 관리(SPC, Statistical Process Control)

'통계적 프로세스 관리(SPC)'의 백과사전적 정의는 "관리도(Control Chart) 사용을 통해 프로세스를 모니터링하는 효과적인 방법으로 이것의 가장 큰 장점은 프로세스 중심과 변동 둘 다를 동시에 모니터할 능력이 있다"이다. '통계적 프로세스 관리'에서 '프로세스(또는 공정)'는 초기에 주로 제조 산업에 적용됐기 때문에 붙여진 이름이며, 분야에 관계없이 데이터가 있는 경우면 언제든 활용이 가능하다. 원 명칭은 '통계적 공정 관리'이나 이후부터 분야에 관계없는 일반적 표현인 '통계적 프로세스 관리'로 정정해 사용할 것이다.

'SPC'는 1924년에 슈와르츠(Walter A. Shewhart)에 의해 처음 고안되었다. 당시 슈와르츠는 벨 전화 연구소에 근무하고 있었으며, 주로 제조 공정의 품질 수준을 눈으로 검사하는 수준에서 '통계적'이라는 용어는 호감을 갖기에 충분한 매력이 있었다. 이 매력에 푹 빠진 사람이 바로 데밍(W. Edwards Deming)이다. SPC의 탄생 배경에 대해서는 『Be the Solver_통계적 품질 관리(관리도/프로세스 능력 중심)』편을 참고하기 바란다.

통계 도구인 '관리도(Control Chart)'가 프로세스 모니터링용으로 통계적 품질 관리 체계의 중심에 있으므로 '최적화' 내용을 유지하려면 '관리도'에 어떤 것들이 있고, 또 어떻게 쓰이는지 알아볼 필요가 있다. 그러나 대부분의 품질 교육 과정에서 미니탭을 이용한 실습 등이 많이 다뤄지고 있으므로 세세한 내용은 피하면서 가급적 필요하다고 판단되는 부분들에 대해서만 설명을 이어나 갈 것이다. 다음 [그림 C-9]는 '데이터 유형'과 '표본 크기'에 따른 '관리도 선정 로드맵'을 나타낸다. 일반적인 관리도 유형보다 범위를 좀 더 확장해 기술하였다(T^2-관리도, g(또는, t)-관리도 등의 포함).

[그림 C-9] 관리도 선정 로드맵

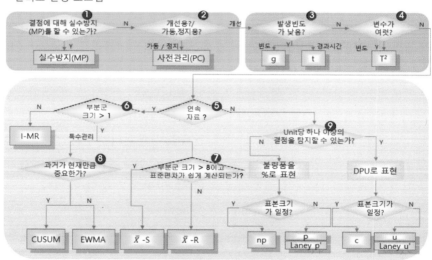

관리도 선정 로드맵

[그림 C-9]에서 우선 로드맵의 첫 판단 단계인 "① 결점에 대해 실수 방지(MP)를 할 수 있는가?"는 '실수 방지(MP, Mistake Proofing)'가 관리의 필

요 없이 시스템적으로 문제의 근원, 즉 결점 발생을 원천적으로 차단하는 도구이므로 만일 '실수 방지'적 접근이 가능하면 굳이 '관리도'를 사용할 필요가 없다. '실수 방지'는 '통계적 프로세스 관리(SPC)' 차원은 아니지만 관리 도구적 측면에서 묶어 고려하는 것이 효과적이다.

다음 두 번째 판단 위치인 "② 개선용/가동・정지용?"은 '관리 항목'들의 관리를 통해 프로세스를 더 나은 모습으로 변화시킬 필요성이 있으면 '개선'으로 표기한 경로를 선택한다. 반면에 프로세스의 현 상황이 문제가 큰지 작은지를 판단해 생산을 지속하거나 멈춰야 하는 활동이 중요하면 '가동・정지' 방향으로 가서 해당 도구인 '사전 관리(Pre-Control)'를 활용한다.

참고로 '사전 관리'에 대해 간단히 알아보자. 다음 [그림 C-10]은 '사전 관리'를 알기 쉽게 표현한 그림이다.

[그림 C-10] '사전 관리' 개요도

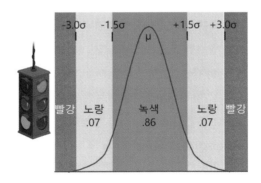

[그림 C-10]에서 '정규 분포'의 '±1.5σ' 영역은 '녹색'으로, '±1.5σ~±3.0σ' 사이 영역은 '노란색', 맨 바깥쪽은 '빨간색'으로 나뉜다. 그리고 프로세스로부

터 표본을 추출한 뒤 특성을 측정하여 어느 영역에 들어가는지 확인한다. 측정값이 어느 색 영역에 들어가는지에 따라 프로세스의 '가동/조정/정지'를 최종 판단하며 이 같은 과정을 반복한다. 이때 반드시 '정규 분포'를 가정할 필요는 없으며 통상 다음과 같은 순서를 거쳐 프로세스 관리가 이뤄진다.

- **단계 1** 관리하고자 하는 '특성'의 목표 값을 중심으로 ±1.5단위(또는 '정규 분포'이면 ±1.5σ)만큼을 정한 뒤 녹색 영역으로 구분하고, 동일한 방법으로 ±3.0단위(또는 '정규 분포'이면 ±3.0σ)만큼을 정해 노란색 영역으로 구분한다. 나머지는 빨간색 영역으로 한다.
- **단계 2** '프로세스 능력'과 '관리 상태'를 파악한다. 연속적으로 5개의 Parts를 표집해서 모두가 녹색 안에 들어가면 '프로세스 능력'과 '관리 상태'에 이상이 없다고 판단한다. 단 1개라도 녹색을 벗어나는 표본이 발견되면 이 과정을 만족할 때까지 조정 작업을 수행한다.
- **단계 3** 생산 과정 중에 미리 정해진 주기에 맞춰 연속 2개의 Parts를 표집한 뒤 특성 값 결과에 따라 다음과 같은 조치를 취한다.
  - ☞ 2개의 Part 모두 **녹색 영역**에 있으면 ▷ 생산을 계속한다.
  - ☞ 1개는 **녹색 영역**에, 다른 하나가 노란색 영역에 있으면 ▷ 생산을 계속한다.
  - ☞ 2개의 Parts가 둘 다 동일한 **노란색 영역**에 있으면 ▷ 공정 세팅을 조정한다. 단, 공정이 조정된 경우 생산을 개시하기 전 '단계 2'를 반복한다.
  - ☞ 2개의 Parts들이 서로 다른 노란색 영역에 있으면 ▷ 생산을 중지하고 변동 원인을 조사한다. 조치가 이루어진 후 '단계 1'로 간다.
  - ☞ 2개 Parts 중에 하나라도 **빨간색 영역**에 있으면 ▷ 생산을 중지하고 변동원인을 조사한다. 조치가 이루어진 후 '단계 1'로 간다.
- **단계 4** 표집의 주기는 가동 정지(서로 다른 노란색 영역에 각각 들어간 경우) 사이의 평균 시간을 '6'으로 나누어 구한다.

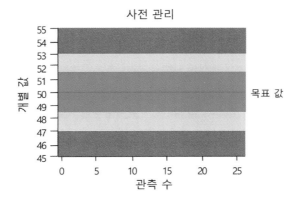

[그림 C-11] 사전 관리 판단 영역

사전 관리

'사전 관리'는 운영 알고리즘이 단순하고 분포의 가정이 필요치 않으며 현장 담당자가 쉽게 접근할 수 있는 등의 장점이 있는 반면, 부품이나 제품이 연속해서 생산되는 경우에만 적용이 가능하다. 앞서 설명한 '실수 방지'와 동일하게 '통계적 프로세스 관리' 도구는 아니다(또는 다소 미약하다). 그러나 프로세스를 관리하는 도구적 측면에서 'SPC'와 함께 고려하는 것이 유리하므로 '관리도 선정 로드맵'에 포함시켰다.

다시 '관리도 선정 로드맵'인 [그림 C-9]로 돌아가 세 번째 판단 단계인 '⑤ 연속 자료?'는 '관리도'가 기본적으로 '연속형 관리도'와 '이산형 관리도'로 구분되는 만큼 데이터 유형을 판단해 이후 경로를 선택한다. '연속 자료'는 다시 '⑥ 부분군 크기 > 1?'를 판단하는 데 만일 '1개'면('0'개는 의미 없음.) 관리도 중 한 개의 데이터로 관리가 이뤄지는 '$I-MR$ 관리도'를 선택한다. 참고로 '부분군(Subgroup)'은 한 번 표집할 때의 '표본 크기'를 나타낸다. '1개'보다 큰 경우는 데이터 수(⑦ '부분군 크기 > 8')에 따라 '$\overline{X}-S$ 관리도'와 '$\overline{X}-R$ 관리도'가 있고, 특수한 목적의 관리도가 필요하면 '$EWMA-$관리도'나 '$CUSUM-$관리도'를 활용한다. 만일 '이산 자료'면 '불량 특성'과 '결점 특성'에 따라 전자는 'p-관리도'나 'np-관리도'를, 후자는 'c-관리도'나 'u-관리도'를 각각 선택한다. 이어서 사용 빈도가 높은 관리도를 통해 프로세스가 어떻게 관리되는지 용법에 대해 간단히 알아보자.

'연속형 관리도' 중 '$I-MR$ 관리도'나 '$\overline{X}-S$ 관리도', '$\overline{X}-R$ 관리도' 등은 데이터가 '1개', 또는 데이터가 많고 적은 경우만 차이 있을 뿐 근본적으로 관리도 용법과 해석이 같다. 따라서 가장 일반적으로 사용되는 '$\overline{X}-R$ 관리도'를 대표로 알아보자. 그 외 '$EWMA$-관리도'나 '$CUSUM$-관리도'는 특수 목적으로 사용되므로 일단 설명에서 제외한다. 또 '이산형 관리도' 역시 'np-관리도'는 개수(단위가 '개수(n)×불량 개수(n)÷전체 개수(N)'로 결국 단위는 '개수'가 됨), 'p-관리도'는 비율('p'는 비율이란 뜻의 'Proportion'의 첫 자를 의미)을, 동일하게 '결점 특성'인 'c-관리도'와 'u-관리도'도 '결점'과 '결점률'을 관리하되 용법은 동일하므로 각 차이점에 대해서만 알아본다.

1) 연속형 '$\overline{X}-R$ 관리도'

'$\overline{X}-R$ 관리도'는 명칭에서도 알 수 있듯 '$\overline{X}$(평균)'와 'R(범위)'를 시간에 따라 타점해나가는 '연속형 관리도'다. 현재 프로세스를 관리하고 있거나 새롭게 관리해야 할 프로세스가 생겼다고 해보자. 어느 경우든 관리를 위한 대상, 즉 특성(또는 변수, 구체적으로는 'x'들일 것임)들이 존재할 것이고, '연속 자료'이므로 프로세스로부터 일정 크기(표본 크기)만큼 주기적으로 '표집(Sampling)'을 해야 한다. 이때 '표본 크기'가 '8개 이상'으로 충분하면 '평균'은 물론 '표준 편차' 계산이 용이하므로 '$\overline{X}-S$ 관리도'가 사용된다. 그러나 경험상 현업에서 많은 수의 표본을 주기적으로 추출하는 것은 시간적, 경제적 제약이 따르며, 따라서 통상 '5개' 내외의 표집이 대부분이다. '표본 크기=5개'는 통계적 평가의 오차를 줄일 수 있는 최소한의 개수로 알려져 있다.

임의 특성에 대한 '10일' 동안의 데이터가 다음 [표 C-2]와 같을 때, '$\overline{X}-R$ 관리도'의 작성 방법과 결과의 해석에 대해 알아보자.

[표 C-2] '$\overline{X}-R$ 관리도'용 데이터

	1일	2일	3일	4일	5일	6일	7일	8일	9일	10일
1	19.7	22.8	20.3	21.1	19.6	19.1	22.8	19	20.7	18.5
2	21.7	21.3	21.6	19.5	20	20.6	22.2	20.5	21.0	21.2
3	21.2	21.8	21.9	20.8	20.9	20.8	23.2	20.3	20.5	19.4
4	22.3	21.5	20.2	20.3	19.3	21.6	23	19.2	19.1	16.5
5	23	21.9	22.1	19.8	20.8	19.8	22.8	20.1	20.6	17.6
X_bar	21.6	21.9	21.2	20.3	20.1	20.4	22.8	19.8	20.4	18.6
Range	3.3	1.5	1.9	1.6	1.6	2.5	1.0	1.5	1.9	4.7

우선 미니탭으로 결과를 먼저 본 뒤 필요한 설명을 이어나가자. 다음 [그림 C-12]는 미니탭 위치인 「통계 분석(S)>관리도(C)>부분군 계량형 관리도 (S)>X_bar - R(B)…」을 나타낸다.

[그림 C-12] '$\overline{X}-R$ 관리도' 입력 위치

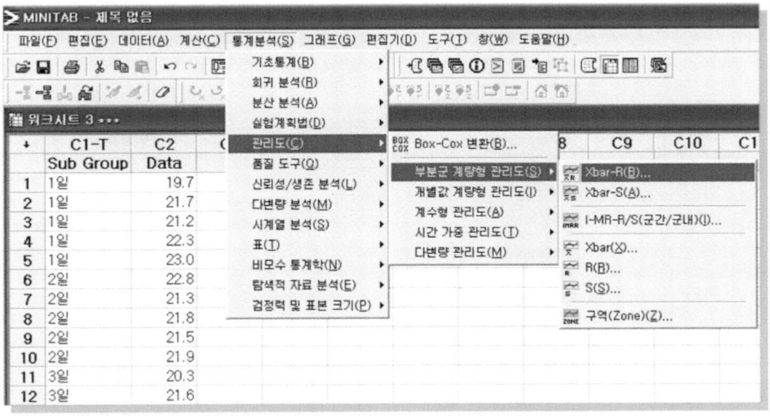

[그림 C‑12]에서 '연속형(계량형으로 표현됨) 관리도'와 '이산형(계수형으로 표현됨) 관리도' 및 '개별 값 계량형 관리도'가 모듈을 구성하고, 각 모듈 속에 개별 관리도들이 포함돼 있다.

또 데이터 입력 방법도 중요하다. '워크 시트'를 보면 '1일 차'에 '표본 크기=5개', '2일 차'에 또 다른 '표본 크기=5개'씩 반복적으로 수집됐음을 알 수 있다. 즉 '부분군(Subgroup)=1'은 '1일 차의 표본 크기=5'개를 지칭한다. 각 '부분군'이 외부의 영향을 최소화시킨 상태에서 수집됐으면 '합리적 부분군 (Rational Subgroup)'이다. 현재는 '연속 자료'이고 '5개'씩 수집됐으므로 적합한 관리도는 [그림 C‑9]에 따라 '$\overline{X}-R$ 관리도'이다.

다음 [그림 C‑13]은 '대화 상자'의 입력을 나타낸다. 입력 시 ' Xbar-R 옵션(P). ' 의 '검정' 탭에서 '8개' 검정 항목들을 모두 선택한다. 부합하는 현상이 생기면 관리도에 해당 '번호(1~8)'가 찍힌다. 이 경우 프로세스에 이상이 있다고 판단하고 적절한 조치를 취한다.

[그림 C‑13] '$\overline{X}-R$ 관리도'의 '검정 항목'용 '대화 상자'

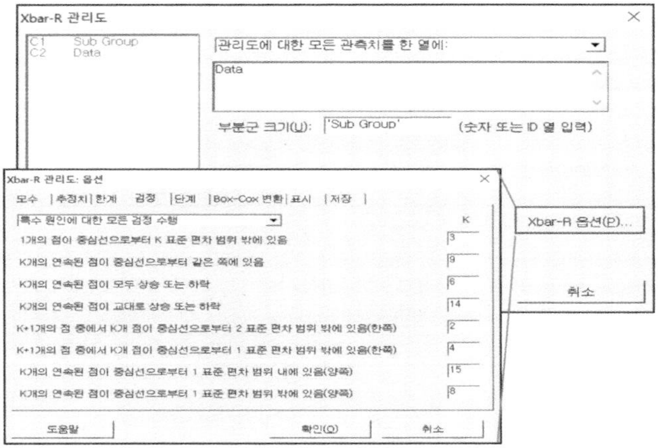

다음 [그림 C-14]는 실행 결과를 보여준다.

[그림 C-14] '$\overline{X}-R$ 관리도' 결과

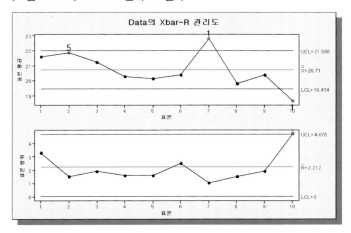

[그림 C-15] '$\overline{X}-R$ 관리도' '검정' 항목들 예

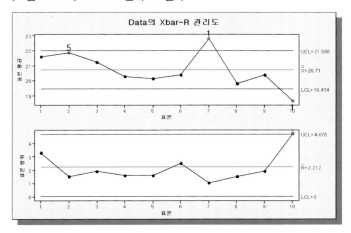

[그림 C - 14]의 'R-관리도' 역시 '10일'째 데이터가 'UCL(Upper Control Limit)'을 넘었으며, 'R-관리도'가 '그룹 내 변동', 즉 각 집단의 '범위(최댓값 - 최솟값)'이므로 표집상의 문제, 또는 프로세스 내 이상 유무를 파악해 해결할 필요가 있다.

'$\overline{X}$-R 관리도'는 통계적 관점에서 중요한 원리들이 포함돼 있다. 어렵게 생각될 수 있지만 학습했던 내용들을 참고하며 작동 원리에 대해 조금 더 들어가 보자. 세 가지인데 "그룹 간 변동과 그룹 내 변동의 해석"과 "UCL/LCL의 설정 원리(중심 극한 정리)" 및 "중심선±3표준 편차를 벗어나는 이상점들에 대한 해석(가설 검정)"들이다.

"그룹 간 변동과 그룹 내 변동의 해석": 문제 해결에서 쓰이는 주요 통계 도구들의 기초 원리 중 하나다. 이 원리로 설명되는 도구는 프로세스 능력, ANOVA, 회귀 분석, 실험 계획, 관리도들이며, 본문에는 '관리도' 내용만 포함한다. 설명을 위해 [표 C - 2]를 다음 [표 C - 3]에 다시 옮겨놓았다.

[표 C - 3] '그룹 내/그룹 간 변동' 해석

	1일	2일	3일	4일	5일	6일	7일	8일	9일	10일	
1	19.7	22.8	20.3	21.1	19.6	19.1	22.8	19	20.7	18.5	
2	21.7	2	그룹 내 변동		20	20.6	22.2	20.5	21.0	21.2	
3	21.2	21.8	21.9	20.8	20.9	20.8	23.2	20.3	20.5	19.4	
4	22.3	21.5	20.2	20.3	19.3	21.6	23	19.2	19.1	16.5	
5	23	21.9	22.1	19.8	20.8	19.8	22.8	20.1	20.6	17.6	총평균
X_bar	21.6	21.9	21.2	20.3	20.1	20.4	22.8	19.8	20.4	18.6	20.9

그룹간 변동

임의 데이터가 [표 C - 3]처럼 부분군으로 이루어져 있을 경우, 전체 집단의 변동은 다음 식 (C.1)과 같은 항등식에 의해 설명된다. 즉,

$$\sum_{ij}\left(x_{ij} - \overline{\overline{x}}\right)^2 = \sum_{ij}\left(x_{ij} - \overline{x_j}\right)^2 + \sum_{j} n_j\left(\overline{x_j} - \overline{\overline{x}}\right)^2 \quad \text{(C.1)}$$
$$\text{총 변동} = \text{그룹 내 변동} + \text{그룹 간 변동}$$

'총 변동'은 개별 데이터와 '총 평균'과의 차를, '그룹 내 변동'은 각 부분군 데이터와 '부분군 평균'과의 차를, 끝으로, '그룹 간 변동'은 '각 부분군 평균'과 '총 평균'과의 차를 통해 얻는다. 이때 '총 변동'이 '그룹 내 변동'과 '그룹 간 변동'으로 나뉘어 있음과, '변동의 정도'를 '관리도'는 '$\overline{X}$ - 관리도'와 'R - 관리도'를 통해 시각적으로 보여준다([그림 C - 14] 참조).

'그룹 내 변동' 경우, 매일 주변의 영향이 최소가 된 상태에서 5개를 표집할 때 5개들 간 값들의 차이는 크지 않다. 이같이 짧은 기간 내 주변의 영향이 최소화되게끔 추출된 표본을 '합리적 부분군(Rational Subgroup)'이라고 한다. 그러나 '합리적 부분군' 내에서도 여전히 값들의 차이는 존재하나 이런 미세한 변동을 유발시키는 원인은 찾기가 매우 어려울 것이므로 우연히 영향을 주는 원인들 모두를 총칭해 '우연 원인'이라고 한다. 또 미세한 변동(또는 산포)을 줄이려면 상당한 기술력과 자원이 요구될 것이므로 다분히 경영자적 문제로 귀결된다. 시간을 들여야 하는 일과 비용 투입에 대해 누군가 의사 결정을 해 줘야 하기 때문이다. 또 매우 높은 수준의 기술적 접근이 요구되므로 '기술적 문제'로도 불린다.

반면에 '그룹 간 변동'은 매일 '부분군 평균'의 차를 관찰하는 것으로 요약된다($\overline{X}$ - 관리도). 만일 평균 간 차이가 극명하게 드러나면 프로세스상에 예상치 못한 문제가 발생한 것으로 판단할 수 있다. 부분군 간 평균의 차가 극명하게 난다는 것은 잘 관리되던 프로세스에 '5M - 1I - 1E(Man, Machine, Material, Method, Measurement, Information, Environment)' 중 일부가 갑작스레 변한 것으로 해석할 수 있다. 이때 영향 준 원인들을 총칭해서 '이상 원인'이라고 한다. 또 '관리 상태'에서 벗어난 것이므로 '관리적 문제'로 해석한다. 다음 [표 C-4]는 '그룹 내 변동의 우연 원인'과 '그룹 간 변동의 이상 원인'을 대표하는 표현들을 모아 정리한 것이다.

[표 C-4] '우연 원인'과 '이상 원인'

그룹 내 변동의 우연 원인	정상	변동 폭 작음	복합적	기술적 문제	항상 존재	안정
그룹 간 변동의 이상 원인	비정상	변동 폭 큼	특정요소	관리적 문제	항상 존재하지 않음	불안정

'우연 원인'은 프로세스에 늘 만성적으로 존재하고, '이상 원인'은 '5M-1I-1E'의 원치 않는 변경 때문에 생긴 것으로 정리하면 [표 C-4]의 내용들이 서로 연관어로 묶여 있음을 알 수 있다. 다음의 [그림 C-16]은 '$\overline{X}-R$ 관리도'와 각 데이터들 간 관계를 나타낸다.

[그림 C-16]의 관리도 예를 보면 '1일 차' 부분군의 '평균'은 '$\overline{X}$-관리도'에 찍히고, 부분군의 '범위(최댓값-최솟값)'는 'R-관리도'에 찍힌다. 따라서 '$\overline{X}$-관리도'는 '그룹 간 변동'을, 'R-관리도'는 '그룹 내 변동'을 시각화시켰음을 알 수 있다. 이와 같이 '연속형 관리도'는 수집된 데이터의 '총 변동'을 '그룹 내 변동'과 '그룹 간 변동'으로 분해해 상황 해석에 중요한 정보를 제공한다. '그룹 내 변동'은 표집 시 '합리적 부분군'이 돼야 한다. 만일 [그림 C-16]의 '1일 차'와 같이 '관리 한계선'을 벗어나는 경우 '표집'에 이상이 있거나 프로세스의 단기 변동이 클 가능성을 암시하므로 시급한 원인 파악이 요구된다. 분석적으로 '그룹 내 변동'이 먼저 '관리 상태'를 유지해야 '그룹 간 변동'의 해석이 원활해진다.

**'UCL/LCL'의 설정 원리(중심 극한 정리)'': '중심 극한 정리'는 관리도의

[그림 C-16] '우연 원인'과 '이상 원인'의 관리도를 통한 시각화 예

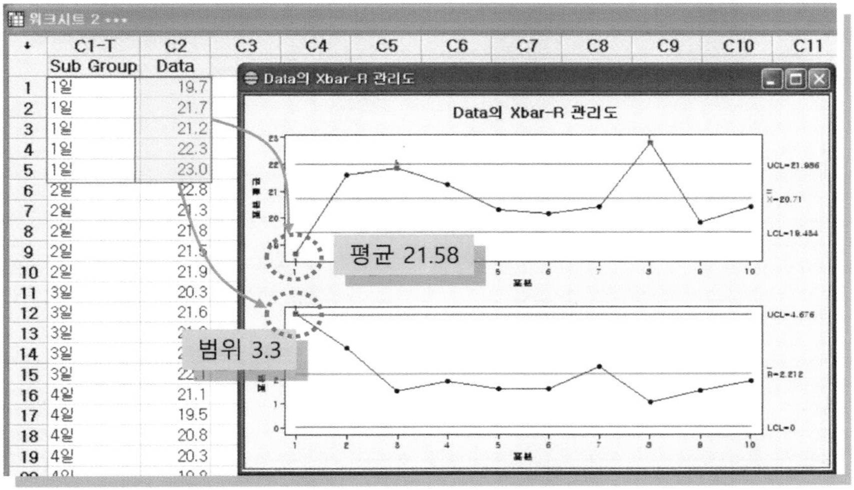

'UCL/LCL'이 데이터로부터 자동 계산될 때 핵심으로 작용한다. 사실 프로세스 개선 방법론에 배치된 여러 통계 도구들 중 '중심 극한 정리'에 기반을 둔 것들이 상당하다. 예를 들어, 신뢰 구간, 가설 검정 등 굵직한 도구들이 포함된다. 따라서 각 통계 도구들을 독립적으로 접하기보다 기본 바탕 원리를 학습한 뒤 응용적 차원에서 이해하면 좀 더 쉽게 내 것으로 만들 수 있다.

'중심 극한 정리'는 "모집단으로부터 추출된 '표본 평균'의 분포는 그 중심이 모집단 평균 'μ'와 같고, '표준 편차('표준 오차'라 함)'는 '모 표준 편차'를 '표본 크기'의 제곱근으로 나눈, 즉 '$\sigma/\sqrt{n}$'와 같다"이다. '중심 극한 정리'를 본문에서 설명하는 것은 많은 지면을 할애해야 하고 취지에서도 벗어나므로 학습이 필요한 독자는 『Be the Solver_확증적 자료 분석』편을 참고하기 바란다. 따라서 본문은 개념도를 통해 간단히 요약하는 정도로 마무리하고, 결과만을 활용해 원리가 'UCL/LCL' 산출에 어떻게 관여하는지에 초점을 맞추고자

한다. 다음 [그림 C‒17]은 '중심 극한 정리'를 설명하기 위한 개념도다.

[그림 C‒17] '중심 극한 정리' 개요도

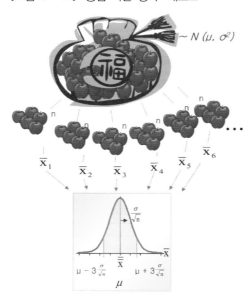

[그림 C‒17]의 개념도와 같이 '정규 분포(비정규도 됨)'하는 '모집단 ~ $N(\mu, \sigma^2)$'에서 '표본 크기, n'개씩 계속 표집한다. 이어 각각의 표본들의 '표본 평균'을 구한 뒤(여기서 사과의 직경을 측정하는 것으로 상상해도 좋다.), 이 값들로 히스토그램을 그리면 그 결과는 '정규 분포'를 하며, 분포의 중심은 '모평균'인 'μ(개념도에서는 '$\overline{\overline{x}}$'와 일치함)'와 같고, 그 '표준 편차(표준 오차)'는 앞서 설명한 바와 같이 '$\sigma/\sqrt{n}$'가 됨을 보여준다.

'$\overline{X} - R$ 관리도'는 '표본 평균'을 타점하므로 결국 그들의 전체 분포는 '중심 극한 정리'에 따라 '중심 값'과 '표준 편차'가 결정된다. 이때 '관리 한계'

인 'UCL/LCL'은 중심으로부터 '$\pm 3 \times$ 표준 편차' 위치에 설정되므로 '$UCL = \mu + 3 \times \sigma / \sqrt{n}$'와 '$LCL = \mu - 3 \times \sigma / \sqrt{n}$'가 된다. 다음 [그림 C-18] 은 '관리도'와 그로부터 형성된 분포 및 'UCL/LCL'의 설정 관계를 보여준다.

[그림 C-18] '관리 한계' 설정 예

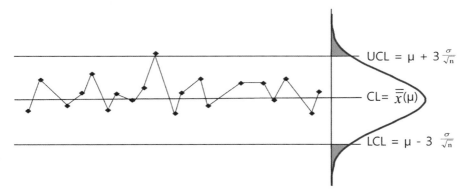

그런데 [그림 C-18]과 같이 '관리 한계'를 설정할 때 문제가 생긴다. 현업에서 형성되는 데이터는 모두 표집으로 얻어지며, 전체 집단(모집단)의 실체는 알 수 없다. 즉 '모 표준 편차'인 'σ'를 정확히 알기란 사실상 어렵거나 불가능하다. 따라서 'σ'의 추정 필요성이 생기는데 이 값을 대체하는 통계량이 바로 '$\overline{R}/d_2$'다. 여기서 '$\overline{R}$'는 각 부분군의 '범위(최댓값 - 최솟값)'를 '평균'한 값이며, 'd_2'는 '표본 크기'에 따라 결정되는 상수다.(미니탭 '도움말'에서 "불편화 상수"로 검색).

'모 표준 편차'를 추정하는 방법은 지금의 '$\overline{R}$'를 이용한 방법 외에 '합동 표준 편차'를 이용하는 방법이 있다. '$\overline{R}$ 추정 법'으로 실제 계산에 쓰이는 'UCL/LCL'을 구하면 최종 산식은 다음 (C.2)와 같다.

$$UCL = \overline{\overline{x}} + \left(\frac{3}{\sqrt{n}} \right) \left(\frac{\overline{R}}{d_2} \right) \qquad \text{(C.2)}$$

$$CL = \overline{\overline{x}}$$

$$LCL = \overline{\overline{x}} - \left(\frac{3}{\sqrt{n}} \right) \left(\frac{\overline{R}}{d_2} \right)$$

"'중심선±3×표준 편차'를 벗어나는 이상점들에 대한 해석(가설 검정)": **Analyze Phase**에서 논의된 '가설 검정'의 내용을 담고 있다. '가설 검정'이란 '가설'을 세운 뒤 그에 대한 '검정', 즉 객관적 자료를 근거로 어느 생각이 맞을 것인지 확인하는 도구이다. 따라서 우선 가설인 '귀무 가설' 및 '대립 가설'이 있어야 하고, 판단 기준인 '유의 수준'이 필요하며, '유의 수준'과 비교할 측정치인 '통계량'이 있어야 한다. 이들 중 '유의 수준'은 '0.1, 0.05, 0.01'이 있으며, '0.05'가 관습적으로 가장 많이 사용된다.

그러나 '관리도'는 기본적으로 '3×표준 편차' 패러다임이 적용된다. 이것은 프로세스 관리 중 '±3×표준 편차'를 벗어나는 값들에 대해 조치를 해야 하는 판단에 근거한다. 즉, 관리도 작성 중 '±3×표준 편차'를 벗어나는 영역에 부분군의 평균이 타점되면 '표본 평균(또는 부분군 평균)'의 급작스러운 변화가 생긴 것으로 간주하고, 이 현상은 곧 프로세스에 '이상 원인'에 의한 원치 않는 변동이 발생했음을 시사한다. 데이터 분석에서 흔히 분류하는 '이상점'이 발생한 것이다. 따라서 "의미가 있을 정도로 차이 나는 타점의 발생 확률", 즉 '유의 수준'은 '$P > \pm 3\hat{\sigma}$'가 된다. 이 면적(또는 확률)을 미니탭 '계산 기능'으로 산정한 결과는 다음 [그림 C - 19]와 같다.

[그림 C-19] '관리도'에서의 '유의 수준' 계산

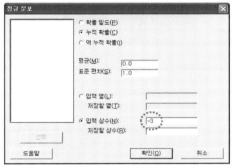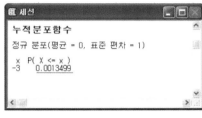

[그림 C-19]의 '대화 상자' 위치는 미니탭「계산(S)>확률 분포(D)>정규 분포(N)…」이다. '대화 상자'에서 강조한 '-3'은 "표준 편차의 3배"를, '누적 확률(C)'의 선택은 "이하의 확률"이다. 따라서 오른쪽 '세션 창' 결과의 '0.0013499'는 '$P(Z < -3)$'의 결과다('표준 정규 분포'에서 계산됨).

[그림 C-18]의 관리도 그림으로 돌아가 상태를 점검하면 '이상점'은 '±3×표준 편차'의 위쪽 또는 아래쪽 어디로든 갈 수 있으므로 [그림 C-19]의 결과 값은 그 두 배인 '약 0.0027(또는 0.27%)'이 돼야 한다. 한쪽 확률이 '약 0.00135(또는 0.135%)'이므로 '2'를 곱한 결과이다. 결론적으로 관리도에서의 '유의 수준'은 '0.27%'다('유의 수준=0.05 또는 5%'에 익숙한 리더라면 0.27%에도 익숙해져야 할 것이다.). 지금까지 글로 설명된 계산 과정과 관리 도상에서의 영역을 그림으로 표현하면 다음 [그림 C-20]과 같다. 이전의 [그림 C-19]에 '유의 수준' 내용을 추가한 결과이다.

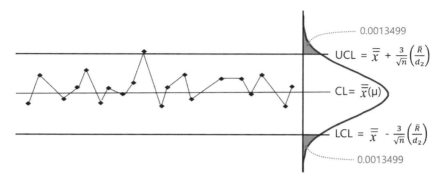

[그림 C‑19]와 [그림 C‑20]을 통해 관리도상에서의 '유의 수준'이 확인되었다. 다음은 관리도에서 '가설 검정'이 어떻게 이뤄지는지 알아볼 차례다. 우선 '가설'을 다음 (C.3)과 같이 설정한다.

$$H_0 : 프로세스는\,'관리\,상태'이다\,(또는,\,안정하다). \qquad (C.3)$$
$$H_A : 프로세스는\,'관리\,이탈상태'다\,(또는,\,불안정하다).$$

앞서 [그림 C‑15]를 통해 프로세스가 "관리 상태에 있지 않은 경우"는 미니탭에서 '8개의 항목'으로 규정하고 있다. 따라서 이들 각각의 발생 상황을 '확률' 관점에서 평가할 때 '유의 수준'인 '0.0027'(또는 0.27%)보다 작으면 '대립 가설'을, 그 반대이면 '귀무가설'을 선택한다. 기억을 되살리기 위해 [그림 C‑15]의 '연속 자료'에 대한 '8개 검정 항목'을 다음 [그림 C‑21]에 다시 옮겨놓았다(미니탭 「통계 분석(S)>관리도(C)>부분군 계량형 관리도(S)>X_bar‑R(B)…」).

[그림 C-21] '$\overline{X}-R$ 관리도'의 '검정 항목'

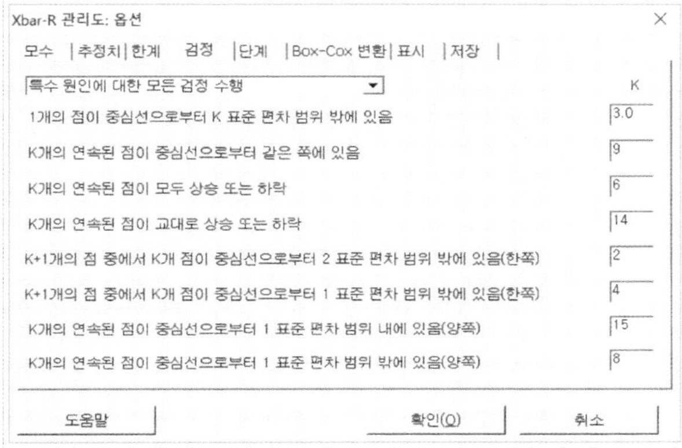

[그림 C-21]의 체계는 1984~85년 넬슨(Nelson)에 의해 처음 사용되었으며, 각각의 '발생 확률(p-값)'이 '±3×표준 편차'를 기준으로 한 '유의 수준 (0.27%)'보다 작음을 전제로 하고 있다. 그러나 다음의 넬슨(1985)이 언급한 말을 참고하면 '확률'을 통한 '검정'에 크게 얽매일 필요는 없다.

이상 신호를 감지하는 데 필요한 확률은 아주 정확하게 고려될 필요는 없다. 왜냐하면 확률은 정규성과 독립성이 결여됐다는 가정을 기반으로 산정되기 때문이다(즉, 8개 항목 중 하나가 발생했다는 것은 이미 정규성/독립성이 훼손된 것이므로). 따라서 검정 항목들은 확률이라기보다 단순히 개선 활동을 위한 실천 규칙으로 받아들여야 할 것이다. 가능성은 낮지만 프로세스가 관리 상태에 있지 않아도 8개 검정 항목 중 어떤 것도 잡히지 않을 수도 있음을 명심해야 한다. – 이하 원문 the probabilities quoted for getting false signals should not be considered to be very accurate since the probabilities are based on assumptions of normality and independence that may not be satisfied. Consequently, he recommends that the tests should be viewed as simply practical rules for action rather than tests having specific probabilities associated with them. Nelson cautions that it is possible, though unlikely, for a process to be out of control yet not show any signals from these eight tests. ⁻

2) 이산형 'np – 관리도', 'p – 관리도'

'p – 관리도'는 '비율'을 타점하는 관리도다. '비율'은 전체 대비 발생된 '개수(불량 개수든, 사건의 개수든)'를 나타내므로 결국 몇 개인지 세는 '이산형 관리도' 중 하나다. '이산형 관리도'를 선택할 때 다음 [표 C – 5]와 같은 간단한 '4 – 블록'을 이용한다.

[표 C – 5] '이산형 관리도' 선정 '4-블록'

앞서 설명한 바와 같이 'np – 관리도'는 '부분군 크기' 내 '(불량)개수'만 타점하므로 '부분군 크기'가 다르면 관리도로부터 '부분군' 간 차이를 감지할 수 없다. 따라서 '부분군 크기'가 일정한 경우에 사용한다. 반면에 'p – 관리도'는 '(불량)비율'을 타점하므로 '부분군 크기'가 달라도 관계없다. 다음 [그림 C – 22]는 비교를 위해 동일한 데이터로 작성된 'np – 관리도'와 'p – 관리도'이다 (예들은 미니탭의 '이항포아송분석.mtw'을 사용함.).

[그림 C - 22] 'np-관리도'와 'p-관리도' 비교

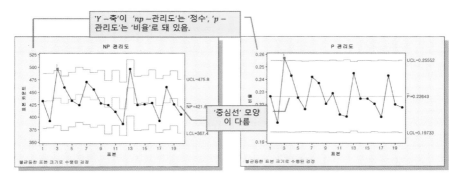

[그림 C - 22]는 [그림 C - 23]의 '이항포아송분석.mtw(일부만 포함)' 자료 ('부분군 크기'가 모두 다름)로 작성되었다. 원칙적으론 [표 C - 5]에 따라 'p - 관리도'가 적합하나 두 관리도의 비교 목적으로 함께 작성하였다.

[그림 C - 22]의 '설명 선' 내용처럼 'np - 관리도'는 'Y - 축'이 '정수'로 돼 있는 반면, 'p - 관리도'는 '1 이하'의 '비율'로 돼 있다. 따라서 [표 C - 5]와 같이 'np - 관리도'는 '개수'만 세므로 '부분군 크기'가 같은 경우에 적합하다. 또 '관리 한계'들이 오르내리는 이유(교육 중 '만리장성'으로 표현하곤 한다) 는 식 (C.4)로부터 '$\bar{p}$'는 일정한데, '부분군 크기'인 'n'이 차이 나기 때문이 다. 만일 'n'이 일정하면 'np - 관리도'의 '관리 한계'는 직선이다.

또 'np - 관리도' 경우 '중심선(CL, Center Line)'도 오르내리는데, 이 역시 식 (C.4)의 '중심선(CL)' 산식이 '$n\bar{p}$', 즉 '각 부분군 크기(n)×전체 불량률 ($\bar{p}$)'에서 '각 부분군 크기(n)'가 변동하기 때문이다. 다음 식 (C.4)는 각각의 산식을 나타낸다.

$$[p-관리도] \qquad\qquad [np-관리도] \qquad\qquad\qquad (C.4)$$

$$UCL = \overline{p} + 3\sqrt{\frac{\overline{p}(1-\overline{p})}{n}} \qquad UCL = n\overline{p} + 3\sqrt{n\overline{p}(1-\overline{p})}$$

$$CL = \overline{p} \qquad\qquad\qquad CL = n\overline{p}$$

$$LCL = \overline{p} - 3\sqrt{\frac{\overline{p}(1-\overline{p})}{n}} \qquad LCL = n\overline{p} - 3\sqrt{n\overline{p}(1-\overline{p})}$$

$$\therefore \overline{p} = \frac{총\;불량품\;수}{총\;검사\;개수} = \frac{\sum x_i}{\sum n_i} \;,\; n_i : 각\;'부분군\;크기'$$

'관리 한계' 중 'LCL'은 '음수'가 나올 수 있으나 '비율'이 '불량률'이면 '0' 보다 작은 '불량률'은 의미가 없으므로 미니탭에서 자동 '0'으로 설정된다.

다음 [그림 C-23]은 'np-관리도'의 3번째 데이터에 대한 '중심선'을 산정 한 예이다.

[그림 C-23] 'np-관리도'의 '중심선' 계산 예

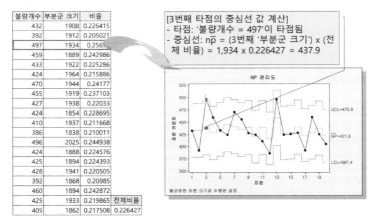

3) 이산형 'c - 관리도', 'u - 관리도'

'c - 관리도'는 '결점 수'를 그대로 타점한다. 다음 [그림 C - 24]는 '대화 상자'의 입력 예이다('이항포아송분석.mtw'의 '취약 부분'열 사용).

[그림 C - 24] 'c - 관리도'의 '대화 상자' 입력 예

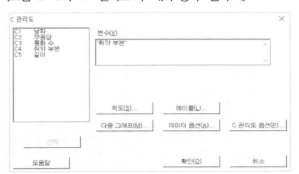

[그림 C - 24]의 미니탭 위치는 「통계 분석(S)>관리도(C)>계수형 관리도(A)>C(C)⋯」이며, '결점 수' 열(C4: '취약 부분')만 '변수(V)' 창에 입력하고, '부분군 크기'를 넣는 입력 창은 존재하지 않는다. '부분군 크기'가 일정하면 굳이 '분모'를 포함시켜 '비율'로 산정할 이유가 없고 '결점 수'만 관리하면 그만이다. 따라서 'c - 관리도'가 출력되면 'Y - 축'은 'np - 관리도'와 마찬가지로 '정수'가 돼야 한다. 반면, 'u - 관리도'는 '부분군 크기'를 입력하는 창이 있으며, 'p - 관리도'와 동일하게 'Y - 축'이 '비율'로 나타난다. 그러나 'p - 관리도'와의 큰 차이점이 있다. '결점'은 '1개 아이템(또는 Unit)'에 '1개 이상' 존재할 수 있기 때문에 'Y - 축'에 '1보다 큰 값'이 올 수 있는 반면, 'p - 관리도'는 '1이 넘는 숫자'는 올 수 없다. 다음 [그림 C - 25]는 'c - 관리도'와 'u - 관리도'를 비교한 것이다.

[그림 C-25] 'c-관리도'와 'u-관리도'의 비교

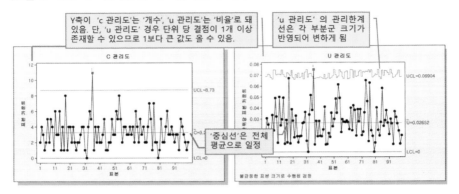

'c-관리도'와 'u-관리도'의 '관리 한계' 산식은 다음 식 (C.5)와 같다.

$$
\begin{array}{ll}
[c-\text{관리도}] & [u-\text{관리도}] \qquad\qquad (C.5)\\
UCL = \overline{c} + 3\sqrt{\overline{c}} & UCL = \overline{u} + 3\sqrt{\overline{u}/n}\\
CL = \overline{c} & CL = \overline{u}\\
LCL = \overline{c} - 3\sqrt{\overline{c}} & LCL = \overline{u} - 3\sqrt{\overline{u}/n}
\end{array}
$$

$$
\therefore\ \overline{c} = \frac{\text{총 결점 수}}{\text{총 검사 개수}}\ ,\qquad \overline{u} = \overline{c}/n,\ '\,n\,'\text{은 부분군 크기}
$$

식 (C.5)의 '관리 한계'와 '중심선' 산식에서 보듯 'c-관리도'는 일정한 데 반해 'u-관리도'는 '부분군 크기, n'이 들어가 있어 타점마다 '관리 한계'가 변동한다(만리장성). 일반적으로 'u-관리도'는 '부분군 크기'가 일정하므로 '만리장성' 고민은 불필요하다. 다음은 'Check'에 대해 알아보자.

'Step - 14. 관리 계획 실행'은 'PDCA Cycle' 중 'Do - Check - Act'를 포함한다. 따라서 '최적화' 내용들을 실제 프로세스에 적용한 뒤 'Step - 13. 관리 계획 수립'을 그대로 이행한다. 이때 [그림 C - 7]의 '관리 계획서' 중 '기록 방법' 열에 기록된 방법대로 '관리 항목(Xs)'과 'Y'의 흐름을 기록(또는 타점)하며, 최종 결과물을 '파워포인트'에 정리함으로써 'Do'를 마무리한다.

이어서 'Check', 즉 '분석'은 실행된 결과물(관리도, 체크 시트, 차트 등)을 분석하고 개선안 적용에 따른 문제점이 관찰되면 'Act'로 넘겨 개선한다. 만일 개선 중 실제 프로세스 적용에 별도의 고려 사항이 있으면 'Plan' 시점인 '관리 계획'으로 다시 돌아가 '관리 항목'을 추가하거나 보완한다. 이후 'Do - Check - Act' 과정을 반복한다. 문제가 더 이상 발생하지 않으면 'Y 데이터'를 수집해 '프로세스 능력'을 산정한 뒤, Measure Phase의 'Step - 5. 현 수준 평가'에서의 '현 수준'과, 'Step - 12. 결과 검증'에서의 '단기 능력'을 비교해 향상 정도를 파악한다. 이론적으로 본 시점에서 '4.5시그마 수준'이 나오며, 이 값에 '1.5'를 더해 'Step - 12. 결과 검증'에서의 이론적 '프로세스 능력'인 '6시그마 수준'과 일치한다. '3 ~ 4주' 간의 수행 결과를 '장기 데이터'로 확정할 순 없다. 다만 '총 과제 수행 기간(약 4개월)' 중 나름 꽤나 긴 '약 1개월' 동안 '최적화' 내용이 실제 프로세스 속 여러 요인들에 노출됐다는 의미에서 장기 성향의 데이터로 간주한다. 다음 [그림 C - 26]은 'Do'와 'Check'의 결과를 '파워포인트'로 정리한 예이다.

[그림 C - 26] 'Step-14.1/14.2. Do: Scale-up실행/Check: Scale - up 결과분석' 예

Step-14. 관리계획 실행
Step-14.1. Do: Scale-up실행/ 14.2. Check: Scale-up 결과 분석

Step-13 .관리 계획 수립'에서 작성된 '관리 계획' 항목들 중 'A 부위 두께'에 대해, 실제 프로세스에서 '최적화' 내용을 평가함.

관리 항목	검토 사항				이상 조치
	관리 규격	기록 방법	표본 크기/ 주기	담당자	
샤시체적(Y)	500± 8mm³	Xbar-R 관리도	5개/ 매일 1회	강순희	관리 상태를 벗어나는 경우 표준 F12-014에 의거 조치
측면두께	20 ± 3mm	Xbar-R 관리도	5개/ 매일 1회	홍길동	관리상태를 벗어나는 경우 표준 F12-014에 의거 조치
...	...	...	...		...

일	#1	#2	#3	#4	#5
1일	20.46	20.25	19.86	21.00	18.76
2일	16.23	15.22	11.87	17.32	15.67
3일	19.09	20.67	19.59	18.25	18.53
4일	20.22	18.68	18.95	21.25	22.10
5일	19.00	19.37	18.37	19.56	20.39
6일	21.71	18.84	18.12	19.76	18.91
7일	19.06	19.95	20.54	20.16	21.61
8일	21.66	21.72	20.10	19.87	19.45
9일	19.50	19.74	19.51	18.12	21.11
10일	20.96	19.74	21.39	18.77	20.50
11일	17.64	18.03	19.75	19.91	20.89
12일	20.31	17.50	19.41	18.40	20.70
13일	18.93	18.85	18.89	21.51	20.48
14일	21.46	19.54	18.58	19.87	19.58
15일	20.09	21.12	21.41	21.83	20.20
16일	18.30	20.45	20.08	19.93	20.44
17일	18.49	21.39	19.19	19.28	18.99
18일	20.20	19.85	19.02	20.16	20.07
19일	18.76	20.89	21.14	21.30	18.01
20일	19.35	19.67	22.37	20.09	20.38

Thick의 Xbar-R 관리도

UCL=21.224
X̄=19.844
LCL=18.064

개선안을 적용한 2일째 담당자 수동 셋팅 오류로 이상치 발생. 자동셋팅 으로 운영예정이므로 향후 발생 가 능성 없음

UCL=5.792
R̄=2.739
LCL=0

'측면두께'는 이상점 제외 시 관리상태로 파악되었으며, 이를 토대로 'Y'인 '샤시 체적'에 대한 프로세스 능력 평가.

계속

　　[그림 C - 26]의 상단에 위치한 표는 '관리 계획'이며, 이전 '세부 로드맵'인 'Step - 13. 관리 계획 수립'에서 왔다. 다만 흐름만 파악할 수 있도록 몇 개 항목들만 표시하였다. 첫 행은 'Y'이며, '샤시 체적'으로 가정하였다. 우선 'X'인 '측면 두께' 경우 '20일'에 걸쳐 일자별로 '부분군 크기, 5개'씩, '총 100개'의 데이터를 수집하였다. 앞서 설명한 바와 같이 수행 과정은 보여줄 수 없으므로 수행의 결과인 데이터를 붙임으로써 'Do' 과정을 대신하였다. 이어 'Check', 즉 '분석'은 '$\bar{X} - R$ 관리도' 중 '2일째' 부분군에서 '관리 하한'을 넘는 타점이 관찰됐으며, 조사 결과 새로운 '최적화'에 아직 익숙지 않은 작업자의 세팅 값 설정 오류로 확인되었다(고 가정한다). '원인'이 밝혀지고

'재발 방지책'이 마련된 경우 이상점을 제거하고 관리도를 다시 그린다(재작성은 생략하나 결과 장표는 'Act'에 포함시켜야 한다).

'기록 방법'에 표기된 다른 모니터링 방법의 사용 예는 과정이 동일하거나 유사하므로 생략한다. 다음 [그림 C-27]은 '이산형 관리도'에 대한 '노래방 매출 올리기'의 적용 예이다.

[그림 C-27] 'Step-14.1/14.2. Do: Scale-up실행/Check: Scale-up 결과분석' 예(노래방 매출 올리기)

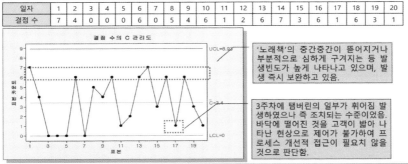

[그림 C-27]은 'Step-13. 관리 계획 수립'의 기록처럼 '탬버린, 마이크, 노래책 손상 여부'는 관찰 시점에 총 몇 개가 발생했는지가 중요하므로 '결점 개수'만의 'c-관리도'를 활용하였다. 예는 '노래책' 경우 고객들이 가장 많이 접촉하는 이유로 구겨지거나 뜯어지는 결점의 빈도가 높으나, '최적화'에서 내구성을 높이는 보호지 도움으로 심각한 손상은 줄었으며 '즉 개선'이 가능했

음을, '탬버린' 역시 최적화 내용에 근거해 심각한 손상은 없고, 또 주기적으로 교체하기로 함에 따라 고객 만족도를 높일 수 있음을, '마이크'는 결점이 없었던 것 등으로 가정하였다. 'Step‑13. 관리 계획 수립'에서 예로 보였던 '노래방 매출 올리기'의 '관리 계획'상 'Check Sheet' 설명은 생략한다.

Step‑14.3. Act: Scale‑up 보완/장기 프로세스 능력 평가

다음 [그림 C‑28]은 'Step‑14. 관리 계획 실행'의 'Act' 작성 예이다.

[그림 C‑28] 'Step‑14.3. Act: Scale‑up 보완/장기 프로세스 능력 평가' 예

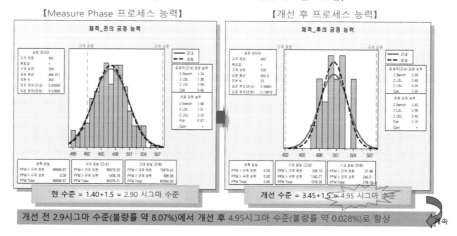

[그림 C-28]은 '관리 계획 실행' 결과를 토대로 '장기 프로세스 능력'을 예측하기 위한 평가 결과이다. 그림의 왼쪽에 위치한 '프로세스 능력'은 Measure Phase에서 그대로 옮겨온 '현 수준'이다. 당시 평가 결과는 '1.5 Shift'를 고려해 '2.90 시그마 수준'임을 알 수 있다. 오른쪽 '프로세스 능력'은 Control Phase에서 약 3주 이상 실제 프로세스에서의 운영 결과다. '1.5 Shift'를 고려해 '약 4.95 시그마 수준'임을 알 수 있다. 설명을 참조하면 '2.90 → 4.95'로 '약 2.05 시그마 수준'의 향상이 확인되고 있으며, '불량률' 관점에선 '8.07% → 0.028%'로 '약 8%' 줄었음이 확인된다. '정규 분포'를 이용한 '확률'적 평가이므로 프로세스가 장기적으로 이 수준을 유지할 것으로 예측된다(고 가정한다).

만일 이전 'Check'에서 예상치 못한 문제점 등이 발견돼 큰 규모의 추가 조치가 필요할 경우 다시 'Plan'으로 돌아가 'P-D-C-A Cycle'을 반복한다. 그러나 사안이 단순하고 '즉 해결'이 가능하면 'PDC'는 생략하고 'Act'에서만 문제점 처리(또는 개선) 후 '재발 방지책'을 마련한 뒤, [그림 C-28]의 '프로세스 능력'을 평가한다.

물론 Control Phase의 불과 '3~4주' 기간을 장기 수행 결과로 보긴 어렵지만 실제 프로세스에 적용해 나름 다양한 환경을 경험한 것으로 보고, 미니탭 내 '전체 공정 능력'의 '시그마 수준'에 '1.5'를 더해 Measure Phase와 비교한다. 이론적으로 Improve Phase의 'Step-12. 결과 검증'의 '6시그마 수준'과 여기서 '1.5'를 더한 결과가 일치해야 함을 몇 차례 설명한 바 있다. 물론 약 20여 일간의 수행 결과이므로 장기성을 예측하기엔 역부족이나 과제 수행 기간 내에 할 수 있는 최선임을 인정해야 한다.

다음 [그림 C-29]는 '노래방 매출 올리기'의 'Act' 수행 작성 예이다. 'Y'의 특성상 '정규 분포'가 아닌 '만족도 평가법'을 적용하고 있다.

[그림 C‑29] 'Step‑14.3. Act: Scale‑up 보완/장기 프로세스 능력 평가' 예
(노래방 매출 올리기)

Step-14. 관리계획 실행
Step-14.3. Act: Scale-up.보완/ 장기 프로세스 능력 평가

Control Phase 기간인 약 20일 동안 고객에게 전체적인 만족도를 재 평가함. 최적화 내용이 과제
수행 기간 내 완료되지 않은 '화장실 환경' 등은 개선내용을 설명하고 평가해 주도록 함.

【만족도 평가결과】

Y	하위특성	소분류	중요도	만족도	가중평균 (중요도*만족도)
종합 만족도	노래방 시설만족도	노래방 환경	0.22	94	20.7
		화장실 환경	0.08	95	7.6
		반주기 수준	0.15	94	14.1
	영상만족도	음향	0.15	90	13.5
		영상배경	0.04	100	4.0
		노래 후보 곡	0.16	100	16.0
	서비스 만족도	종업원	0.1	98	9.8
		기타	0.1	90	9.0
계/가중평균			1	-	94.7

【프로세스능력】

역 누적분포함수

정규 분포(평균 = 0, 표준 편차 = 1)

$$P(X <= x) \qquad x$$
$$0.947 \qquad 1.61644$$

$$Z_{st} = \phi^{-1}(0.947) \cong 1.61644$$

<개선 후>
$$Z_{st} \cong 1.62 + 1.5 = 3.12$$

<개선 전>
$$Z_{st} = 0.974 + 1.5 \cong 2.47$$

종합만족도; 83.5점

[그림 C‑29]의 상단 기술 내용을 보면, '화장실 환경' 등은 과제 수행 기간 내에 인테리어 공사가 완료되지 않을 가능성을 염두에 둔 표현이다(라고 가정한다). 과제 수행 중 자주 발생되는 상황이다. 기간 내 완료하지 못한 내용들에 대해서는 'Step‑15. 문서화' 단계에서 '실행 계획'이란 장표를 추가하여 "언제까지/누구 담당으로/무엇을" 할 것인지를 '간트 차트(Gantt Chart)' 등으로 명시해야 한다('Step‑15' 참조). '최적화' 내용을 적용하여 약 20여 일간 운영한 결과 '종합 만족도'는 Measure Phase 'Step‑5. 현 수준 평가'의 '83.5'에서 '94.7'로 약 '11.2점' 향상됐으며, '시그마 수준'도 '2.47'에서 '3.12'로 높아졌음을 알 수 있다.

Improve Phase 'Step‑12. 결과 검증'에서의 '프로세스 능력'은 단기로

'1.42시그마 수준'이었다. 과제 수행에 따른 '시그마 수준'은 Measure Phase부터 Improve Phase를 거쳐 Control Phase에 이르기까지 '2.47 → 1.42 → 3.12'가 되며, Improve Phase가 낮은 이유는 다른 것과 달리 '1.5시그마 수준'을 더하지 않은 결과이다. 이는 설명한 바와 같이 측정 수단에 쓰인 데이터가 단기임을 고려한 것인데 사실 간접성 과제의 경우 유사한 상황이 비밀비재하게 발생한다. '만족도 90점 이상'은 상당히 높은 수준이나 '불량률' 관점은 '10%', 즉 '100,000ppm'은 매우 큰 값에 해당한다. 제조 공정에서 이 정도의 불량이 발생하면 한바탕 대소동이 벌어질 만한 수준이다. 따라서 과제를 수행할 때 제조, R&D관련 '품질 특성'을 제외한 일반 특성들의 '시그마 수준'은 권장 사항이지 필수 사항은 아님을 명심해야 한다.

'시그마 수준'은 사용하되 '시그마 수준'만의 비교보다 실제로 통용되는 측정 수단을 함께 사용하는 지혜가 필요하다. 예를 들어 '시스마 수준'을 쓰고 바로 옆에 괄호를 해서 '점, %' 등 현업에서 쓰이는 측도를 함께 기입하는 식이다. Control Phase의 'Step‒14. 관리 계획 실행'이 완료되면 이어 과제의 최종 마무리 활동인 'Step‒15. 문서화/이관'으로 들어간다.

Step-15. 문서화/이관

　　　　　　　　　　'최적화' 내용을 실제 프로세스에 최소 3주에서 한 달가량 적용해본 후 개선 효과가 만족할 만한 수준이면 곧이어 수행 결과를 문서화하고 필요한 인력들과 공유하며, 향후 지속적인 관리를 위한 해당 P/O(Process Owner)에게로의 이관 및 사업 부장의 최종 승인 절차를 밟는다. 물론 다년간 과제 운영 체계가 잡힌 회사의 경우 IT시스템이 갖춰져 있어 문서화와 공유, 승인 및 사후 관리까지 한 번에 이뤄지기도 한다. 본 '세부 로드맵'에서 중요하게 고려할 항목들을 요약하면 '과제 성과'의 종합, '실행 계획서' 작성, '문서화/공유/승인'의 표현, '차기 제안 과제'의 요약 같은 세부 활동들이 포함된다. 이들 내용과 표현법들에 대해 알아보자.

Step-15.1. '과제 성과'의 종합

　주로 '재무성과'와 '비재무성과'(또는 체질 개선, 무형 효과 등으로도 불림)를 대상으로 한다. 'Step-14. 관리 계획 실행'에서 'Y'의 '프로세스 능력'을 평가했으나 그 향상 정도에 해당되는 '재무성과'는 산정하지 않았다. 물론 'Y'의 평가 후 바로 '재무성과'까지 마무리하는 것도 한 방법이나, 과제 수행 효과를 종합하고 강조하는 차원에서 '문서화' 초기에 언급하는 것이 바람직하다. 다음 [그림 C-30]은 '불량률 감소' 상황을 가정한 '재무성과' 산정 예이다. '관리도'에 마련된 'Y'의 개선 전후 폭에 '단가'를 곱하는 식의 '재무성과'를 산출한다. 참고로 '재무성과'는 '재무 분석 전문가'의 검증을 거쳐 확정된다.

[그림 C - 30] 'Step - 15.1. 과제 성과의 종합' 예

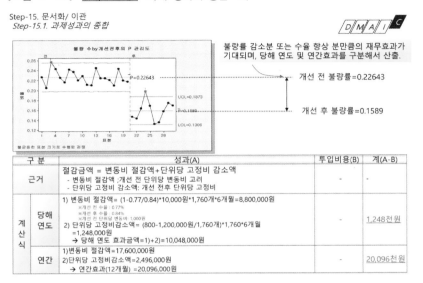

Step-15. 문서화/ 이관
Step-15.1. 과제성과의 종합

불량률 감소분 또는 수율 향상 분만큼의 재무효과가
기대되며, 당해 연도 및 연간효과를 구분해서 산출.

개선 전 불량률=0.22643

개선 후 불량률=0.1589

구 분		성과(A)	투입비용(B)	계(A-B)
근거		절감금액 = 변동비 절감액+단위당 고정비 감소액 - 변동비 절감액 ;개선 전 단위당 변동비 고려 - 단위당 고정비 감소액: 개선 전후 단위당 고정비	-	-
계산식	당해 연도	1) 변동비 절감액= (1-0.77/0.84)*10,000원*1,760개*6개월=8,800,000원 ※개선 전 단위당 변동비: 0.77% ※개선 후 수율: 0.84% ※개선 전 단위당 변동비: 1,000원 2) 단위당 고정비감소액 = (800-1,200,000/1,760개)*1,760*6개월 =1,248,000원 → 당해 연도 효과금액=1)+2)=10,048,000원	-	1,248천원
	연간	1)변동비 절감액=17,600,000원 2)단위당 고정비감소액=2,496,000원 → 연간효과(12개월) =20,096,000원	-	20,096천원

[그림 C-30]에서 '당해 연도'는 과제가 종료된 해의 잔여 월 동안을, '연간'은 종료 시점부터 1년 동안의 예상 재무성과를 각각 산출한다. 국내는 회계 연도가 12월에 맞춰져 있어 기간에 대한 구분이 내용 파악에 도움 된다.

Step - 15.2. '실행 계획서' 작성

"과제 수행 기간 내 완료가 어려운 사항들은 어떻게 처리합니까?" 하는 질문을 자주 받는다. '프로세스 개선 과제'는 4~5개월 내 완료하는 것이 원칙이다. 그러나 "예외 없는 원칙은 없다"처럼 불가피한 상황도 발생한다. 예를 들면, 개선에 필요한 설비 입고가 밀리거나 개선 내용이 고객 승인을 요하는 경우, 또는

전산화면 개발·수정의 지연 등이다. 따라서 확정된 사안은 '간트 차트'로 언제까지 누가 어떻게 완료할 것인지를 명확하게 명시한 뒤 완료 승인을 요청한다.

그러나 국내 과제 운영 경험도 20년이 넘어선다. 지연 빈도가 높은 사례들은 미리 예측해 극복하는 시도가 필요하다. 즉, 과제 성격이 초반에 드러나므로 지연 사례들을 미리 파악해 수행 기간 동안 관계자들과 협의를 거쳐 작업을 걸어두거나, 그것도 어려우면 과제 수행 전 협의를 통해 필요한 시점에 바로 투입될 수 있는 환경을 조성하는 예 등이다. 모든 개선은 가급적 과제 기간 내에 완료하는 것이 가장 바람직하므로 이 활동을 최소화하거나 아예 수행하지 않는 노력이 무엇보다 중요하다. 다음 [그림 C-31]은 '실행 계획서'의 작성 예이다.

[그림 C-31] 'Step-15.2. 실행 계획서 작성' 예

Step-15. 문서화/ 이관
Step-15.2. 실행 계획서 작성

'최적화' 내용이 확정된 사항들 중 타 부서와의 협의결과 기간 내 처리가 어려운 내용들에 대해 다음과 같은 일정에 따라 마무리해 나갈 계획임.

마무리해야 할 사항	일정		담당부서	담당자	비고
	시작	종료			
흡착로봇 PLC 기능추가	200x. 5.1	200x. 5.31	생산기술연구소	김OO	
흡착로봇 Pilot Test/ 신뢰성 테스트	200x. 5.1	200x. 7.31	생산기술연구소	홍OO	생기연 및 Outsourcing
CC카메라 구매 및 설치	200x. 5.1	200x. 5.31	생산기술연구소	홍OO/마OO	
CC카메라 작동 안정화 및 테스트	200x. 4.7	200x.6.31	생산기술연구소	김XX	
데이터 저장용량 추가확대	200x. 5.1	200x. 5.31	생산기술연구소	신XX	
로봇-CC카메라-데이터 정상연동 확인	200x. 5.1	200x. 8.31	생산기술연구소	마OO/ 황OO	
관리시스템 장 표 개발	200x. 5.1	200x. 5.31	IT개발팀	이OO	Outsourcing
관리시스템 안정성 평가	200x. 5.1	200x. 6.31	IT개발팀	이OO/리더	
A-재질변경 고객통보 고객평가 최종 승인	200x. 5.1	200x. 6.30	구매팀	조XX/ 리더	-
최종 평가 및 완료보고	200x. 5.1	200x. 9.15	과제리더	리더	-

Step-15.3. '문서화/공유/승인'의 표현

'문서화'는 많은 내용을 함축한다. 과제의 **PPT** 작성, '표준화'나 '기술 자료'도 포함한다. 그러나 '문서화'와 '공유'의 표현은 과제 관리 시스템을 최대한 활용한다. 예를 들어 시스템의 '입력 화면'을 캡처해 삽입하는 예 등이다. IT시스템의 존재 이유가 자료의 저장과 직원들 간 공유에 있으므로 '문서'의 포함, 필요한 사람들과의 '공유' 및 전산 결재인 '승인'을 캡처 화면으로 대신하면 최상이다. 이 경우 한 장의 캡처 화면으로 '문서화/공유/승인'의 전 과정이 "어떻게 정리할까?" 하는 의문점을 말끔히 씻어준다. 다음 [그림 C-32]는 이 과정을 '파워포인트' 한 장에 표현한 예이다. 그 외의 상황은 적절한 방법으로 대응한다.

[그림 C-32] 'Step-15.3. 문서화/공유/승인의 표현' 예

Step-15. 문서화/ 이관
Step-15.3. 문서화/공유/승인

과제를 관리하는 OO시스템에 완료된 과제를 등록하고, 관련 파일을 첨부한 뒤 챔피언에게 승인을 구함. 다음은 승인 후 화면이며, 결과물의 공유가 가능하도록 관련 내용을 첨부함.

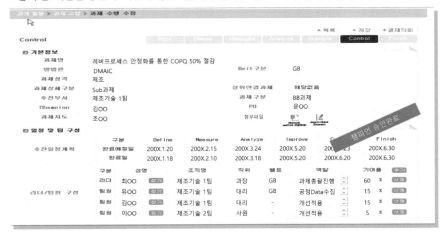

리더가 할당받은 과제를 수행하는 동안 짧게는 3개월에서 길게는 1년 가까이 한 분야에 집중하는 기회를 갖는다. 예를 들어 **Define Phase**의 '범위 기술'에서 '프로세스 범위'를 '시작'과 '끝'으로 명확히 정했고, '공간적 범위'를 통해 관련 부서를 명시했으며, '유형적 범위'는 최적화 대상이 되는 제품 모델이나 유형을 규정하였다. 따라서 회사 내 전 프로세스 중 특정 영역에 초점이 맞춰진 만큼 다른 직원들이 보지 못한 프로세스 내 문제점들이 리더에 의해 발견될 가능성이 높고, 좀 더 좋은 방향으로 개선할 수 있는 아이디어도 상당수 떠오르기 마련이다. 그러나 과제 수행 기간 동안의 자원 부족이나 시간적 제약, 또는 과제 범위에서 약간 벗어나 '최적화' 내용에 포함시키지 못하고 그대로 방치해두는 상황이 생기곤 한다. 실제 과제 지도 때 리더들이 "왜 이런 업무들이 벌어지고 있는지 기존엔 전혀 몰랐다"고 하소연(?)하는 일부터 "예상했던 내용들인데 그럴 줄 알았다"는 핀잔 섞인 반성들이 줄줄이 엮여 나온다.

만일 다른 직원들이 동일한 내용을 알아내려면 적어도 비슷한 수준만큼의 시간과 노력이 요구되는 만큼 이들은 매우 귀중한 자산임에 틀림없다. 따라서 본인이 다음 과제로 수행할 수도 있겠으나 파악된 내용들을 상세하게 정리해 놓으면 차후 다른 예비 리더들이 과제 선정 때 활용할 수 있어 매우 유익하다. 또 회사 차원에서 제도화해놓으면 그 양도 매우 많을뿐더러 훌륭한 '잠재 과제' 은행이 될 가능성이 매우 높다.

표현 방법에는 제약이 없으나 제3자가 쉽게 이해할 수 있도록 가급적 상세하게 기술하는 것이 좋다. 다음 [그림 C-33]은 가정된 상황을 통한 작성 예이다.

[그림 C-33] 'Step-15.4. 차기 제안 과제 요약' 예

Step-15. 문서화/ 이관
Step-15.4. 차기 제안과제 요약

과제수행기간 동안 향후 추가 과제수행이 필요할 것으로 예상되는 내용들을 정리함. <u>3개의</u> <u>'문제 처리' 수준</u> 과제와 <u>1개의 '문제 해결' 수준</u> 과제를 제안함.

> 현 과제에서 해결하지 못한 Issue
>> ✓ 본 과제수행은 신입사원에게 공통적으로 적용되는 분야를 선정하여 최소의 기간 동안 최대의 적응력을 높일 수 있도록 프로그램화한 반면, 분야별 특화된 교육내용은 부족한 것으로 판단됨. 분야별 전문성이 포함된 프로그램 마련이 향후 추가돼야 할 것으로 판단됨('문제 처리' 과제 수준).

> 현 과제의 성과 창출을 저해하는 Neck 요인
>> ✓ 자체적으로 연수원이나 다양한 교육 운영이 어려워 외부 기관 등을 활용한 아웃소싱이 불가피하며, 이에 따라 비용, 장소 섭외 등의 어려운 점이 있음. 최소의 비용과, 일정 수준의 연수원 확보 등 교육 여건과 재무상태를 고려해 적합한 운영을 할 수 있는 규격화된 체계가 마련됐으면 함('문제 처리' 과제 수준)

> 부분적 별도 최적화 항목
>> ✓ 신입 사원의 업무적응기간 단축을 위한 커리큘럼은 만족할 만한 수준이나, 경력직까지는 확대하지 못함. 경력 사원들의 업무 적응 기간 단축을 위해서도 종합적인 커리큘럼 마련이 필요할 것으로 판단됨 ('문제 처리' 과제 수준).

> 시간적으로 오래 걸리는 별도 개선 검토/추진 사항
>> ✓ 교육 과정 명, 내용, 일정, 장소, 기타 운영 등의 공유가 현재는 수작업과 공문 등을 통해 이루어지고 있으나, 본인에 맞는 교육을 임직원이 직접 선택하고 교육 현황을 각자가 모니터링 할 수 있도록 IT시스템의 개발이 필수적임('문제 해결' 과제 수준).

이 외에도 과제 완료를 위해 필요한 내용이 있으면 추가해도 무방하나 각 장표의 목적과 그와 관련된 내용이 정확하게 표현되고 전달될 수 있도록 노력하는 자세가 필요하다. 왜 이 장표가 여기에 있는지 존재 이유를 모르는 결과물들은 '문제 해결'에 중요한 실체, 즉 로드맵을 혼란스럽게 하는 요인이 되기 때문이다.

맺음말

지금까지 'D‑M‑A‑I‑C'의 원 로드맵으로부터, 초보자가 쉽게 이해할 수 있도록 접근성을 높인 '15‑Step', 그리고 최근에 경영 혁신 활동이 20여 년 넘게 국내에 정착된 이후 보다 체계적이고 실무화된 '세부 로드맵'까지, 과제 수행 중 기본적으로 필요한 '사전 지식'과 또 그 '표현 방법'들을 조명해보았다. 본문에서 언급한 '세부 로드맵'은 필자가 국내 기업들의 문제 해결 과정에 함께 어우러지면서 얻어낸 소중한 산물이며, 누구나가 본 수준을 마스터하면 '문제 해결'에 충분히 눈을 뜨는 확실한 계기가 될 것이다.

또 잊어서는 안 될 사항이 '문제 해결'은 '통계'나 '기타 품질 활동 중 하나'가 아닌, 어떤 일을 하든 항상 알게 모르게 접하는, 즉 '일하는 방법'을 구체화했다는 점이다. 본문에서 '일하는 방법'의 실체가 '로드맵'임을 여러 번 강조한 바 있다. 따라서 '로드맵'의 마스터는 어느 과제나 빠트리지 않고 내실 있는 결과를 유도할 수 있도록 안내하는 중요한 역할을 한다.

또다시 강조하지만 먼저 '세부 로드맵'을 충분히 익히고 다음 도구들, 즉 '툴(Tools)' 학습에 임하는 것이 바람직하며 여건이 되면 둘을 병행 학습하는 것도 고려해봄 직하다. 모름지기 본인의 문제 해결 역량을 극대화해 기업에서 스스로의 가치를 높여나가는 노력에 전념하기 바란다.

색인

System Analysis); 187

송인식

PS-Lab 컨설팅 대표

한양대학교 물리학과 졸업
삼성 SDI 디스플레이연구소 선임연구원
한국 능률협회 컨설팅 6시그마 전문위원
네모 시그마 그룹 수석 컨설턴트
삼정 KPMG 전략컨설팅 그룹 상무

인터넷 강의: http://www.youtube.com/c/송인식PSLab
이메일: labper1@ps-lab.co.kr

※ 도서 내 데이터 및 템플릿은 PS-Lab(www.ps-lab.co.kr)에서 무료로 받아보실 수 있습니다.

Be the Solver
프로세스 개선
방법론

초판인쇄 2017년 10월 16일
초판발행 2017년 10월 16일

지은이 송인식
펴낸이 채종준
펴낸곳 한국학술정보㈜
주소 경기도 파주시 회동길 230(문발동)
전화 031) 908-3181(대표)
팩스 031) 908-3189
홈페이지 http://ebook.kstudy.com
전자우편 출판사업부 publish@kstudy.com
등록 제일산-115호(2000. 6. 19)

ISBN 978-89-268-8152-1 94320